Inheritance and
Innovation

A Collection of Papers on the Study of
Social Vicissitudes in Modern China

Vol. 1

肖如平 ◆ 主编

第一辑

传承与创新

近代中国社会变迁研究论文集

社会科学文献出版社
SOCIAL SCIENCES ACADEMIC PRESS (CHINA)

代序：研习历史四十年

陈红民[*]

2017年暑假回南京，拜见九十岁的业师茅家琦教授，他告诉我刚写完《南京大学读史七十年》，总结自己治学七十年的心得，这是他最后的一篇文章，今后要收笔不再写了。辞别时，他把文章郑重地交给我。

拜读茅老师的文章，感触颇深。我比老师年轻三十岁，没有他那么丰富的人生阅历与治学经验，可自1978年考入南京大学历史系学习迄今，亦有整整四十个年头了，时间不算短，遂起意仿照茅老师，写此小文，对研习历史四十年的经纬与得失，做个小结。

我这四十年，粗略可分为三个阶段：懵懵懂懂进入历史学领域（约十年）、初步领略研究意趣（约二十年）及经营浙江大学蒋介石与近代中国研究中心（约十年）。

一　懵懵懂懂进入历史学领域

瞿秋白在《多余的话》中说，他担任中共领袖是一场"历史的误会"。套用这句名言，我学习历史，也是"历史的误会"，是许多机缘巧合的结果。

我1965年上小学，1976年中学毕业，正好贯穿了十年"文革"，中小学根本就没有历史这门课，只记得初中的政治课上讲过"社会发展史"，内

---

[*]　陈红民，浙江大学蒋介石与近代中国研究中心主任，教授，博士生导师。

容是"从猿到人""劳动创造人"。1977年恢复高考时，我已是工厂的学徒工，利用工余时间复习迎考，当时心中揣的是"文学梦"，理想是当作家。第一年高考落榜。1978年再考，总分挺高，达到南京大学的录取线，语文单科成绩离中文系的录取线差两分，历史单科成绩却莫名其妙地高，为了能上南京大学，就选择了历史系。

准备写本科毕业论文时，看到张宪文老师新发表关于"学衡派"的论文，知道"学衡派"起源于南京大学的前身东南大学，学校图书馆有全套的《学衡》杂志，我便决定以此写论文，请张老师指导。我每天去图书馆期刊部看布满灰尘的《学衡》杂志，两位管理员老师对一个本科生天天来看旧杂志，印象深刻，很是照顾。为完成论文，我还去拜访了健在的"学衡派"成员、南京大学外语系的希腊语教授郭斌龢（郭斌和）。郭教授已年过八十，学识渊博，记忆力惊人。本科论文的写作虽幼稚，但自己初步接触了原始资料，知道如何查找资料、处理资料、摘录卡片，如何进行访问调查。史学研究的种子大概是在这时埋下的。

本科论文的质量幼稚不提，"学衡派"的研究后来一度成为学术界的热点，南京大学还建立了"学衡研究院"来传承这一脉学统。作为1980年代初就查阅过全套《学衡》杂志，且拜访过其成员的我，并未意识到该课题的价值，没有深耕。起个大早，连晚集都没赶上。仅此一点，就说明自己的愚钝。

应了"越得不到的就越觉得珍贵"这句话，在历史系四年中，我并未完全从"文学梦"中醒来，选修了不少外系的课，花挺多时间准备报考南京大学中文系现当代文学专业的研究生。可运气不佳，该专业实行隔年招生，我毕业那年正好停招，报考无门，只得转考中国近现代史专业，内心充满着无奈与纠结。

1982年本科毕业时，南京大学历史系中国近现代史专业有王栻与茅家琦两位老师具备招收硕士生的资格，招生名额只有一个。投考的学生不少，最后是茅老师录取了我，王栻先生当年没有招生，这说明我应付考试还是有些功夫的。

茅老师是知名的太平天国史专家，他非常有眼光，意识到南京大学应该开展中华民国史研究，要率先招收研究生。那年他招生目录上有太平天国史与中华民国史两个方向，我选择后者，无意间成了全国高校系统的首位民国史硕士研究生。茅老师自己是近代史方向，我入学后，他就让张宪文、姜平与杨振亚三位现代史方向的老师参与对我的培养，并指导我撰写论文。

三位老师对我很关心、负责，但他们的工作方法与个性各不相同，指导过程中有时也难免意见相左。尤其在毕业论文的选题、写作与修改过程中，他们各持己见，让我无所适从。硕士学位论文，听老师们的意见，我共准备三个选题：冯玉祥研究、新生活运动研究与晚年胡汉民研究。最后，老师们达成妥协，让我做晚年胡汉民研究。

之所以选择晚年胡汉民，是因为我看到的书中对胡的记载到"约法之争"就结束了，这么重要的一个人物，最后的结局都没有基本的交代，这引起了我的好奇。史书对胡晚年的记载不详，研究资料自然难以寻找。我花了大量时间找资料，甚至去过北京与广州（均是第一次访问）。值得记忆的是，我专程去扬州师范学院（现扬州大学）访问过任仲敏教授，去华东师范大学访问过王养冲教授，他们分别在不同时期担任过胡汉民的秘书，后均弃政从学，任先生治唐代文学，王先生治法国史，都卓然而成大家。

搜集资料的过程挺辛苦，有些典藏单位不让查阅，或者以"资料保护"为名，收取高额费用，我一个普通学生，无钱无势，为得到资料就得软磨硬泡。经过一年多的努力，基本上把资料搜集齐全了。我不知该如何下手，便下最笨的功夫，将所有资料编成一个大事长编，然后再按类型进行梳理。硕士学位论文初稿的结构是，依胡汉民所坚持的"三民主义"为线索，分三条线展开论述，分析其晚年思想的变化。初稿完成后，交各位老师审阅。茅老师提出，初稿中分别按"民族主义""民权主义""民生主义"，三条线又都分为"旧"与"新"两部分，结构显得拖沓、零散，他建议将"旧三民主义"的内容汇成一部分，可以略写，而后再详细分析"新三民主义"，这样的结构既可以清楚地显示胡思想的发展变化，也更加紧凑。我照此修改，果然，文章顺畅多了。茅老师教导我，要重视文章的修改工作，每次修改，意境与文字都会有进步，"论文不是写出来的，是改出来的"。他的这句教导，我奉为至理名言，并不停地向我的学生灌输。

我的硕士学位论文《九一八事变之后的胡汉民》上印有四位指导教师

的名字。这与现在一位导师指导多名学生形成了鲜明对比。多位老师严苛的"挑刺"与不同意见，使论文更严谨，少许多漏洞。论文的主体是评析九一八事变后胡汉民"三民主义"的理论与实践，为完整反映胡那个时期的全貌，充分体现辛勤搜集到的新史料，我又编了一份同时期的胡汉民政治活动年表，作为论文的附录。论文正文不到三万字，但附录则超过了六万字，也算是一个奇观。那时硕士生答辩相当严格，我的论文答辩就用了整整一个上午。答辩委员们最后给予较好的评价，顺利通过。

开始选这个题目时，只是想将胡汉民的后半生历史弄清楚，没有想到找到的资料显示其后半生的活动与思想如此丰富，这为论文写作提供了较大的空间，也客观上提升了论文的价值。发现该课题更大价值的，却不是我们这些当事人。

1984 年我硕士生二年级时，民国史研究的奠基人李新先生到南京大学讲学，我得到就近请益的机会，李先生关切询问我的论文题目，并给予了些指导意见，嘱咐我写好后给他寄一份。1985 年 7 月论文答辩完后，我依约寄到北京。没想到李先生很快就给张宪文老师来信，说这是一篇好文章，要亲自到南京来主持研讨会。当年的下半年，南京大学联合中国第二历史档案馆，在南京为我的硕士学位论文组织了一场专题讨论会，除了当地学者，还有北京、上海、杭州的学者参加。为一篇硕士学位论文举行讨论会，且规格如此高，实属罕见。

李新先生在会上高度评价我的论文，说他在主持民国史编写时，一直思考"如何评价民国人物"，尤其是一些"反共人物"的问题。虽然提出"具体人物具体分析"的原则，但没有研究的实例，不知如何落实。我的论文具体研究九一八事变后的胡汉民，胡仍然反共，但同时主张抗日，反对蒋介石的独裁统治，在那个时代，有进步性，值得肯定。这解决了民国史研究中的一个难题。

会后，李先生问及我论文的去向，我说投稿给一家刊物后，编辑说文章太长，让我截取一部分发表。李先生说这篇论文是一个整体，分割后意义会大减，要我交给他来处理。经他力荐，我的硕士学位论文，也是学术处女作，很快就全文发表在《历史研究》。论文的附录《胡汉民活动年表（1931—1936）》也分两期发表于新创刊的《民国档案》上。

虽然是懵懵懂懂进入史学领域，起点却不低。

二　初步领略研究意趣

硕士毕业后，南京大学历史系中国近现代史教研室急需老师，我便留校任教，与老师们成了同事。

相当长的一段时间里，我继续进行胡汉民的相关研究。经王学庄先生牵线，与在暨南大学任教的周聿峨相识，她的硕士学位论文是研究辛亥革命时期的胡汉民。我们合作研究，将各自的硕士学位论文补充，完成《胡汉民评传》书稿，由广东人民出版社出版。这是最早出版的"国民党右派"传记，张磊先生作序，对两位"年轻人"的勇气与学识给予很高的评价。后来，该书又修订成《胡汉民》，收入"岭南丛书"。

我还涉足过当代台湾史的研究。1980年代中期，茅家琦老师在历史系倡导对当代台湾的研究，有老师觉得当代台湾是"政治"而非"学术"问题，无人响应。我留校后担任研究生辅导员工作，茅老师就找到我，让我组织入学不久的硕士研究生共同来做。大家初生牛犊不怕虎，积极性极高，除了中国近现代史专业的，还有些考古和国际关系专业的研究生加入，大家在茅老师领导下分工合作。我负责"台湾政治"部分的写作，进展非常顺利。

项目进行中，我们在南京大学校园内举办"当代台湾"系列公开讲座，首讲是我的"从蒋介石到蒋经国"。当晚，校园轰动，江苏省广播电台也来现场录音采访。讲座教室内座无虚席，冯致光副校长也来听，只能在讲台上我的旁边放张凳子，周围全是站着的同学。茅老师将我们的研究成果，主编成《台湾三十年（1949—1979）》，由河南人民出版社出版。这是中国大陆第一部完整研究当代台湾的学术著作，一炮走红，多次重印，不仅在高校开启了当代台湾研究的先河，而且也配合了两岸关系的发展，引发社会大众对台湾的关注。

当代台湾的研究，研究对象敏感，资料极为缺乏。茅老师教导我，敏感问题要"实事求是"，有几分材料说几分话，没有材料的可以先搁置。在《台湾三十年（1949—1979）》中，政治部分的内容较少，到《八十年代的台湾》时，政治的内容大幅增加。有一次，与在江苏文艺出版社做编辑的朋友叶兆言聊天，他提议我将《八十年代的台湾》中政治部分抽出，用叙事的方式与文学语言改写，单独成书，他负责出版。我接受他的建议，在具体编写过程中，我们产生了较大分歧，他要求用文学的方式对史实进行加工，甚至合理想象，吸引读者；而我坚持每段文字都要有出处，最多只能在叙述方式方面下功夫。《台湾政坛风云》在当年江苏文艺出版社的销售榜上排名靠前，成了畅销书。我很开心，没有实现"文学梦"，但好歹也在文艺出版社出版过著作。

这个阶段，张宪文老师在南京大学积极推进民国史研究，建立了中华民国史研究中心，我参与了该中心的筹建及其成立后的各项工作。在学术方向上，张老师主攻抗日战争史研究，尤其是正面战场的研究，开了学术界的先河。我参加了《抗日战争的正面战场》《中国抗日战争史》的写作，还担任后一部书的副主编，对抗日战争史产生了浓厚兴趣。

我的从教之路起步相当顺利，因教学科研"成绩突出"，1992 年被南京大学特批为副教授。

差不多同时，高校青年教师中突然兴起攻读在职博士的热潮，历史系还专门进行了动员。那时有指导博士生资格的教授较少，报名的青年教师非常踊跃，许多外系的青年教师也投到历史系来（因本校老师在职读博士不需要考试，有些工农兵大学生与本科生毕业留校的，对此要求十分迫切）。茅家琦老师每年的招生数量有限，他就将所有投考的校内教师按年龄排序，年长者先入学。我年龄算小的，排在后面，等了两年还没有轮到。1994 年，张宪文老师获得博士招生资格；茅老师对我说，你的专业是民国史，就转到张老师名下吧。这样，我就成了张老师获得资格后独立招收的第一批博士之一。他是我的本科学位论文导师、硕士学位论文导师之一、博士学位论文导师。我的三个学位是在同一所大学获得的，接受同一位老师一以贯之的指导，也属难得。

读博士要考虑博士学位论文，限于资料，我对于胡汉民的研究已逐渐停了下来，希望能寻找到另一个有意思、范围稍宽的能进行持续性研究的课题。经过一段时间的思考，终于选定以抗日战争时期某些"经济复古"现象（包括田赋征实、驿运和"军队大生产运动"等）为未来一段时间的研究对象，准备就此撰写博士学位论文，并着手前期搜集资料工作。1995年夏天赴台湾参加"纪念抗日战争胜利五十周年两岸学术讨论会"，提交的论文是《论抗日战争时期的驿运事业》。当年秋天，赴香港中文大学访问，与中国文化研究所金观涛教授聊起关于"经济复古"现象的研究，他对此表示出极大的兴趣，说这课题可列入他主持的研究计划，希望我尽快完成一部专著，由香港中文大学出版社出版。我用驿运与大生产运动作为素材，写过一篇《国共两党动员能力之比较》的论文，登在《二十一世纪》上。课题最后没有继续下去，那篇文章却是迄今为止最令自己满意的论文之一。

1996年初，我获得哈佛燕京学社（Harvard-Yenching Institute）访问学者的资助，去哈佛大学访问研究一年，这成为我学术生涯的一个重要节点。

在哈佛燕京图书馆（Harvard-Yenching Library），我看到了41册由胡汉民女公子胡木兰捐献的《胡汉民往来函电稿》原件，既震撼又兴奋，这批珍贵资料所载的历史时段与我硕士学位论文研究的时间是重合的。刚接触《胡汉民往来函电稿》，我只想通过阅读，选出其中"有用的"函电，做些摘录，写几篇论文。但不久就意识到，它的价值绝不限于胡本人，每件函电至少还涉及另一个人，许多人与事是我所不熟悉的，不能妄断其价值为"有用"或"无用"。我决定重拾胡汉民研究，将《胡汉民往来函电稿》中的每件函电都录下来，完整地保存一份史料，带回国内。

去哈佛大学前，我自己有一系列的、完善的学术"构想"：学习英语、听几门课、多与美国学者交往、学习西方现代史学理论，……做了上述决定后，在哈佛大学的工作重点完全转变。经过八个多月的工作，终于将《胡汉民往来函电稿》一件件地录入电脑。日复一日，我坐在哈佛燕京图书馆提供的固定位置上阅读、录入，工作变得十分枯燥与乏味，眼睛因长期受电脑荧屏刺激，疼痛难忍。当录完最后一册最后一个字后，我伏在图书馆的桌上，泪水一涌而出。

在哈佛大学访学这一年对我影响颇大：一是增加了学识与见识；二是对自己的学术兴趣（喜欢接触第一手史料）与能力（用笨办法、能沉得下来）有了较清晰的认识；三是认真的工作态度得到认可，"用功"的名气由此传开。时任哈佛燕京学社社长杜维明教授、哈佛燕京图书馆吴文津馆长对我每天去图书馆录入函电稿印象深刻，称赞有加。哈佛燕京学社通常只资助学者一次，而我在 2002 年、2009 年又获得该学社的两次资助，赴哈佛大学访问、研究，这在哈佛燕京学社历史上是罕见的。与哈佛燕京学社、哈佛燕京图书馆的联系也长期维系了下来，这都缘于早期打下的良好基础。

我以哈佛燕京图书馆的资料为基础，完成了博士学位论文《函电里的人际关系与政治》。论文对函电内容进行了考证、辨析，在方法论上试图有所突破，用量化统计来分析胡汉民晚年的人际网络。博士学位论文后由三联书店于 2003 年出版。

在写作论文的同时，我花时间将所有函电稿整理、注释，编辑成 15 册的《胡汉民未刊往来函电稿》（"哈佛燕京图书馆学术丛刊"第四种），2005 年由广西师范大学出版社出版。有位学界朋友不解，问我为何将自己辛辛苦苦抄来的资料公开，而不是独享。我说辛苦抄录的目的，就是方便国内学者利用海外史料。这套资料在 2007 年获得浙江省的哲学社会科学优秀成果一等奖。

1998 年，我顺利获得教授职称，时年四十周岁。2001 年获得博士学位，2002 年获得博士生导师资格。

2004 年，承韩国裴京汉教授举荐，我获得韩国高等教育财团资助，赴延世大学访问、研究一年（合作教授白永瑞）。行前，我的韩国知识甚少，韩语更是无知。获得机会后，就想如何利用便利，做些与韩国有关系的研究，在与韩国学者交流时，特别留意中韩关系的原始史料。功夫不负有心人，我真的在首尔市的韩国国家记录院（国家档案馆）的"日本朝鲜总督府档案"中，找到了晚清与民国时期中国驻汉城（今首尔）总领事馆与总督府外事课的往来档案。我兴奋异常，觉得可以开始一个新的研究方向。我用了大量的生活津贴来复制这批档案（国家记录院的档案复印价格昂贵）。当时的如意盘算是，研究、整理这批韩国档案大概要用十年，正好可以做到退休，再不用为找课题而发愁了。我在韩国的学术会议上报告这一发现，韩国的学者很吃惊，之前没有人发现过这批档案，更不用说利用了。我用这批资料写过几篇论文，其中一篇《晚清外交的另一种困境》，论述晚清政府面对朝鲜的"独立"要求的进退失据，刊登在《历史研究》上，这也是我属意的文章之一。如果不是调到浙江大学转向蒋介石研究，或许我真的会在近现代中韩关系史的研究上走得更远。真是可惜了花大钱复印来的大量档案资料，至今只能躺在书橱中了。

一年的韩国访学生活，竟然改变了我的生活走向，实在意外。在韩国的那一年，完成的论文是往年的几倍。细究原因，是在韩国生活简单，没有多少杂事，可以专心写论文。我就想，如果在国内换个环境，没有多少人认识，没有杂事相扰，自己读书教书，优哉游哉，岂不很好。何况，自己从十岁起就在南京生活、读书、留校工作，在南京大学近三十年，生活与学术交往的圈子有限，内心一直有到外地见世面的冲动。同期在韩国访问的学者中，有位浙江大学历史系的教授，朝夕相处间成了挚友，时常听他批评浙江大学的"工科治校"，这反而引起我的好奇。经他引介，2006 年春，我从南京大学离职，到了浙江大学任教。

三　经营浙大蒋研中心

刚到浙江大学时，自我定位是"南大退休，浙大返聘"。杭州有西湖，号称要建"休闲之都"，正合我休闲的心态。某日傍晚，与时任浙江大学人文社科部主任的罗卫东教授、历史系主任包伟民教授三人邀约喝茶。闲聊之中，话题引到浙江大学的中国近现代史学科建设上，他们问我有什么前沿的课题可做。我说，在浙江，做蒋介石也许可以吧，但有不确定的风险。他们就鼓动我试试，说做成了，大家开心，做不成好像也没什么损失。随后，我们雷厉风行，2007 年 1 月，酝酿于茶社的"浙江大学人文学院蒋介石与近代中国研究中心"成立（2011 年蒋介石研究中心升格为校级研究中心，更名为"浙江大学蒋介石与近代中国研究中心"，简称"蒋研中心"）。

想到要以蒋介石研究为浙江大学中国近现代史学科未来的重点，并非一时心血来潮。一是蒋介石是中华民国史研究的指标性人物。民国史研究经过四十年的发展，从无到有，从"险学"成为"显学"，但蒋介石研究仍属"禁区"，有不少课题值得做。民国史研究的成果可作为蒋介石研究的基础，蒋介石研究又可为民国史研究拓展出更大的空间。二是学术研究的环境较为宽松，两岸关系稳定，学术交流频繁，台湾已开放蒋介石档案（不久之后，斯坦福大学胡佛研究所也开放了蒋介石日记）。三是浙江是蒋介石的故乡，有天时、地利、人和之便，浙江大学的前辈学者曾为此做过努力。

四是我接触过蒋介石的课题，参加张宪文老师主编的《蒋介石全传》（河南人民出版社，1996）的写作，自己也合作写过一本《蒋家王朝·台湾风雨》（中国青年出版社，2001），有不错的基础。

该中心虽然成立了，却是一个无人员编制、无办公场所、无经费的"三无中心"。中心人员由中国近现代史研究所的老师兼任，办公场所因陋就简，只是没有经费，就无法开展工作。我刚到杭州，人地两生，一筹莫展。幸好经人介绍，认识了毕业于杭州大学历史系的校友、恒励集团的张克夫董事长。我们一见如故，他愿意出资共建蒋研中心。由此起步，恒励集团与浙江大学蒋研中心建立了良好的关系，十多年来合作无间。

虽是白手起家，我们的志向却并不低，希望未来蒋研中心能走"国际化"与"学术化"的道路，成为有影响的学术中心、资料中心与人才培养中心。"国际化"，是要与国际上知名的学者与学术单位建立联系，中心采用开放式的结构，聘请了海内外知名学者担任客座教授，请他们来中心参加会议与举办讲座；"学术化"是严格按照史学规范从事蒋介石研究，一切实事求是，不追逐"潮流"，不唯上，不媚俗，不感情用事。坚持这两条，蒋研中心稳步发展，小有所成，但距离最终目标尚远，仍需要继续努力。

蒋介石研究也是千头万绪，从何处入手呢？我最初设想了两个方向：一是做蒋介石研究学术史的回顾，通过对既往研究成果的梳理总结，找到新的课题与方向；二是对台湾时代蒋介石的研究，以前对蒋的研究主要集中于大陆时期，蒋在台湾二十六年的历史，缺乏基本的研究，缺少了这一大块，蒋介石研究就不完整，况且，研究蒋的后半生，对评价其在大陆的事功也有益处。实际进行中，蒋介石研究学术史的回顾，曾联合一些博士生分头进行，后来得益于蒋介石档案与蒋介石日记的开放，研究迅速进入一个新阶段，我将之形容为"从蒋介石不在历史现场的蒋介石研究，转到蒋介石在现场的蒋介石研究"，前后两个阶段的关联度没有这么密切，这个计划就暂停了。台湾时期的蒋介石研究，我们出版了《蒋介石的后半生》（浙江大学出版社，2010）一书，发表了几篇关于蒋介石与胡适、陈诚关系的论文，反响都不错。蒋研中心也有学生选择台湾时期的蒋介石作为博士学位论文研究的主题，我坚信这是个大有可为的方向。

为落实"国际化"，2009年我们筹划开一次蒋介石研究国际学术研讨会。之前有不少学者尝试过召开类似的会议，均未成功。我想，社会在进步，学者总要不断争取，共同推动研究往前走，就抱着试试看的态度提交了举办蒋介石研究国际会议的报告。申请获得教育部批准时，我正在美国访问，当地最大的华文报纸《世界日报》采访我，问是透过什么"高层关系"获准在大陆地区举办首次蒋介石国际学术研讨会的。我说，没有任何"关系"，经过多年改革开放经验积累，中国已有足够的自信与雅量，能公平客观地研究评价历史人物的功过，包括蒋介石，这是肺腑之言。在与台湾学者联系时，他们对大陆能举办此会将信将疑，甚至有人提起以前大陆学者声称要办蒋介石的学术会议，从台湾拿到了经费资助后，最后却未办成的旧案。

2010 年 4 月，浙江大学蒋研中心主办的"蒋介石与近代中国"国际学术研讨会在杭州举行，除了中国大陆地区的学者，来自美国、日本、韩国及中国香港、中国台湾地区的学者也参与了这一学术盛会。中国大陆地区的张宪文教授、杨树标教授，台湾地区的蒋永敬教授、陈鹏仁教授、陈三井教授，香港地区的胡春惠教授等前辈学者均出席，蒋氏家族后人蒋方智怡女士也到会致辞。中外学者对会议的成功举办交口称誉，教育部有个交流主办国际会议经验的刊物，还专门让我们写了总结发表。2012 年、2014年、2017 年，浙江大学蒋研中心又成功主办过第二、第三、第四届"蒋介石与近代中国"国际学术研讨会，这成为我们的一个学术品牌。

浙江大学蒋研中心做的工作，还包括：出版了海内外首套"蒋介石与近代中国"学术丛书（2013）；设立"恒励研究生学位论文奖助"，先后资助了国内各高校的近三十位硕士生、博士生完成蒋介石相关的学位论文；与银泰公益基金会合作，举办了两届"蒋氏家族与近现代中国青年学者研习营"，共有三十余位来自全球的青年学者参加研习；组织过两次高水平的"蒋介石研究笔谈"，邀集全球各地学者总结蒋介石研究的学术成就，展望未来的发展，笔谈成果在海外学术刊物发表；2015 年，我们提出的"蒋介石资料数据库建设"被列入国家社科基金重大招标项目的目录，这是国家层面上首次资助与蒋介石相关的学术研究，更何况此重大招标项目是迄今国内最高的人文社科基金项目。我们集中力量，用整整一个暑假的时间精心准备申书，终于申报成功。经过两年的努力，该项目又顺利通过中期评估，再次获得国家社科基金的滚动资助。这些，均意味着浙江大学蒋研中心的学术地位获得认可。

在成立十周年之际，浙江大学蒋研中心于 2017 年 6 月举办了第四届"蒋介石与近代中国"国际学术研讨会。浙江大学主管文科的罗卫东副校长著文肯定中心的工作："学术团队建设已初具规模，在研究成果与人才培养方面成果显著，为海内外学界所认可。……十年耕耘，今天结出了硕果，向学术界、向学校交出了一份圆满的答卷。"罗副校长认为，浙江大学蒋研中心不仅在它自身的研究领域产生了影响，而且也为浙大人文社会科学研究机构的建设提供了成功的示范：（1）必须要有一位有理想、有激情、有实干精神、有工作经验，愿意奉献时间和精力去经营，砥砺前行的学术带头人；（2）必须凝练方向，突出特色，有可执行、可积累的学术计划，长期布局、循序渐进、久久为功；（3）团队成员之间团结协作、分工明晰；(4）要能争取学界与社会各界的广泛支持；（5）走国际化发展的道路，每一项活动，既要有国际学者的支持，也要产生国际性的影响。

坦率地讲，浙江大学蒋研中心是个较小的学术机构，所作所为，还在夯实基础阶段。大家对中心工作的肯定，既是溢美之词，也是我们未来努力的方向。

四　几点感想

回望个人四十年研习历史的过程，该如何自我评估呢？

要评估就得有参照，我想到两个参照坐标：一是与优秀的同侪相比，则自己差距不小；二是以自己庸常的天赋与对史学研究的虔诚程度，能走到现在，获得若干荣誉与奖项，担任一些重要的学术评委，有不少的论著发表，与一批有才华的青年人教学相长，以历史研究安身立命，在学界略有薄名，诚属不易，是我年轻时从未想过的。从第二个坐标出发，我是十二分的满意，姑且称为"庸人式满足"吧。

回顾四十年的经历，感慨万千。

一是幸运与感恩。有次学生访谈时，让我用最简单的话来概括自己已走过的学术之路，我脱口而出的是"幸运"二字。

一位学者的成功，除了个人的天分与努力，运气也是不可或缺的因素。考上名校读书，遇到名师指教，是一生的幸运。我的硕士导师茅家琦教授、博士导师张宪文教授均是名重海内外的学者，道德、文章双馨，南京大学首批荣誉资深教授只聘了八位，他们都在其列。读书时我得到他们的教诲，毕业后留在他们身边工作，言传身教、耳濡目染，让我获益良多。茅老师深邃的理论功底、敏锐的学术眼光、与时俱进的开拓创新能力，张老师的审时度势、组织大团队与规划大项目的气魄、运营学术机构的技巧，等等，均是我一生崇拜与模仿的榜样。他们视史学为生命，学术之树常青。茅老师写文章到九十岁，张老师八十多岁还在为国际合作研究抗战史而不倦地奔波。我的学术血脉中有他们的遗传基因，这是引以为傲的资本与永不枯竭的动力。

做学问的道路艰辛而又枯燥，但在此过程中结识众多的师友、所得到的教诲、所建立的友谊令人终身受益与难忘。四十年研习历史的学术之路中，我不仅在考取南京大学、海外访学、转到浙江大学教书等重要关节点上，得"贵人相助"而变得异常顺利，而且在日常做课题、发表论著、参与学术活动等小的方面，也每每得到朋友的提点与惠助。不只是师友，年轻的同事与学生对我的帮助也很大，蒋研中心的日常工作有他们支撑，会务组织、新媒体运作做得有声有色。我五十岁生日时，曾试着将所有帮助过我的老师、朋友列出清单，"贵人相助"的情境一一浮现在眼前，太多了，无法尽列。最后只能分成前辈老师、同辈朋友与海外师友三个系列，每个系列选出十位。写下他们的名字的时候，我仿佛又见到那熟悉而又关切的目光，心中涌起一股暖流，感激之情油然而生。现在，又过了十年，如果再来列相同的名单，肯定会更长。

二是选择正确的研究方向。依据个人经验，史学研究最重要的是研究方向（课题）选择，"好的方向是成功的一半"。这是我很晚才悟出的，最初完全没有这样的意识，考取中华民国史专业的研究生，选胡汉民晚年研究做硕士学位论文，都有点"瞎猫碰到死老鼠"的意味。民国史是刚兴起的研究领域，空白点多，专家少，非常适合年轻人进入与立足。在选择新研究方向方面，茅老师、张老师都是成功的典范。茅老师本科学的是经济，做太平天国史研究一举成名，后来拓展至研究当代台湾史、近代长江中下游城市现代化、中国国民党史等，成就斐然。不仅自己华丽转身，还带出了一批人才，打造了南京大学中国近现代史的全新格局。我到浙江大学后，转而做蒋介石研究，建立浙江大学蒋介石与近代中国研究中心，很大程度上是受到他们的启发。

虽说学者有选择研究课题的自由，但历史学是门科学，它有研究过去、总结得失、探索人类发展规律、启迪现实、昭示未来的作用。从这一点出发，历史研究课题的价值还是有高下之分的，学者更应该找到具有规律性的、对人有启发意义、学术上有开拓与创见性的课题。这样付出的劳动才更值得，更容易引起学界与社会的共鸣。实际一点讲，年轻学者选择这样的研究方向更容易得到认可，发表与找工作的机会也相对多些。学术史上留名的史学家，都是能在研究领域中及在课题、方法论上开风气之先、引领潮流的。

什么是好的史学研究课题呢？每人的标准不同。我认为大致可以用"四性"来衡量，基本上符合"四性"的课题都不会太差。"四性"是指国际性、前沿性、现实性和可持续性。历史研究是人类共同的学科，随着中国史研究日益走向世界，所选择的研究课题应该具有国际性，即有国际化的视野与交流渠道，不能关门做学问。如所研究之课题能在国际学界具有前沿性，这自然也能在国内处于领先地位。课题必须有现实的关照，从历史中找到能供现实发展的参考和回答社会关切问题的依据。课题必须有良好的延展性，便于未来在时间与空间上拓展，不宜过窄过小，更不能只做"一锤子买卖"。年轻学者在确定研究方向之前，应该跳出具体课题，仔细思考对照，看看这个课题是否具有"四性"，至少得符合其中的一两个，如果一个都不具备，就建议放弃。我做胡汉民研究二十余年，下了大功夫，是学术前沿，但从整个学术潮流来讲，胡的代表性不强，国际上没有几个学者关注他，也没有多少现实意义。我的成果虽得到学界的认可，但影响有限。蒋介石研究则完全不同，不仅学界注意，而且社会大众也普遍关切。

学者个人选课题时要注意"四性"，研究团队在选课题时更要如此，课题体量要能包容更多的人参与，让每人都有施展才华的空间。茅老师做太平天国研究，是因为农民战争史在 1980 年代前是史学界热门的"五朵金花"之一。后来，他敏锐因应两岸关系的变化，转做当代台湾研究，开发出学术热点，引导了学术潮流。到浙江大学之前，我对近代中韩关系做了大量的资料积累工作，这是很好的个人研究课题，但很难形成集体合作，所以在确定学科的发展方向时，还是定在了蒋介石与近代中国上。实践证明，这个选择比较正确。无论我个人，还是浙江大学历史系，都有了一个新的学术增长点。

三是特长与坚守。唐代刘知几在《史通》中提出，史家必须兼具史才、史学与史识，清代章学诚又加了史德。严格说，兼具才、学、识、德四种品质的史学家凤毛麟角。山有山的高度，水有水的深度，没必要模仿、攀比。史学研究者的天分、学术背景、训练与兴趣千差万别，不能强求一致，只要恪守职业道德，认清自己的特长，在研究中扬长避短，发挥优势，按自己的兴趣选择课题，用个人擅长的方法进行研究，坚持不懈，也能取得不俗的成绩。

历史研究是个既苦又累，且不易出成果的学科，它最大的特征是实证，无论多么玄妙的结论，都需要坚实史料的支撑，容不得投机取巧，也鲜有捷径。夸张一点说，历史学是上帝给天资不聪颖而又肯刻苦努力的人留的一条"生路"。对此，我深有体会。

我非常羡慕那些精于理论的学者，从几个概念出发，演绎古今、勾连中外，就能写出一篇漂亮的文章或者一部著作，真是举重若轻。但自己不具有这样的天赋，只能下死功夫，举轻若重。我的研究方式是标准的"论从史出"：先穷尽史料，梳理出头绪，从中找出问题，写文章。不会问题意识先行，提炼重大问题，再去读史料来对问题进行研究、印证。我撰写论文的格式与结构，最初是模仿茅老师的文章（可能只学了点皮毛），史料扎实有余而灵动不足，行文滞拙而欠流畅，真正是"拙文"。不过，久而久之，形成了个人风格，自己难再脱胎换骨，也有学界同人与编辑为之叫好的。

四十年来，我基本上用最笨的办法来做研究，搜集第一手史料、整理史料、从新史料中发现问题，写作论文。第一手珍稀史料的获得，需要耗费大量的时间与精力，甚至也需要运气，真可谓"上穷碧落下黄泉，动手动脚找东西"。写硕士学位论文时，为搜集胡汉民资料，南下广州，北上北京，当时的交通与住宿条件极为艰苦。在哈佛燕京图书馆，用八个月时间抄录胡汉民资料，又花了近十年时间将其整理成 15 卷出版。蒋廷黻资料从开始介入到整理成 24 卷出版，前后也超过十年。正合了前贤们所提出的坐十年冷板凳的要求。目前进行的"蒋介石资料数据库"建设，所需时间会更长。

四是局限与遗憾。人贵有自知之明。在史学研究方面，我现在达到的高度已超过自己的能力，有前文所说的"庸人式满足"，应该没有多大的遗憾。所有的结果，都是一个人秉性、天赋、努力与运气的综合，都是最好的安排。这里说的"遗憾"，是通过对比一些成功的学者，复盘反思：如果从头再来一次，是否可以做得更好一点？

我在才识方面的主要局限是，理论素养较差，问题意识不够，导致史料发掘不深，研究未能提升到整体性、体系性的高度。可能知识结构的偏差，我本科时就疏于对理论性课程的学习，理论性的书籍避之唯恐不及。对此偏差，我早有意识并试图弥补，在个别研究中也引入过政治学、心理学的理论，恶补相关知识，但总体上，研究往往陷入就事论事，史料罗列。自己找到的珍稀史料，宁可花大力气考订、解释，很少去深入发掘内涵，思考史料背后的逻辑，提升分析水平。就像是充当苦力的矿工，千辛万苦将原料从地下挖出，当成原材料出售，而其他人用先进设备加工成精品，获得高额回报。这不是比喻，而是有真实的经历印证。首次在香港中文大学拜访金观涛教授，他说很喜欢看我这类学者写的文章，运用了新史料且考订严谨，引用起来特别放心，省去了许多查找史料的时间。他是诚心地称赞，但我听起来心里却不是滋味。金教授非历史专业出身，但他理论功底好，将史学界的"初级成果"吸收消化升华，自成体系的一家之言，其著作的影响力"超越"了许多历史学家。技不如人，奈何?!

回头看，我的遗憾有两个。一是开悟稍迟，未在开始就将史学研究作为终生职业去经营。我的学术起点有个令人羡慕的高度：国内高校系统的首个民国史专业的硕士生，学位论文在《历史研究》上发表。李新先生要我报考他的博士生，如若成功，会是民国史专业的第一位博士，经他栽培可在北京的学术平台上发展，有那样的大格局，我后来的学术之路也许是康庄大道。可惜，我直到四十岁左右，才真正省悟到自己确实没有从事其他行业的本事与机会了，才死心塌地于史学。

二是没有完整的留学经历，缺乏现代史学系统的理论素养，眼界不够开阔，格局有限。我一度渴望出国留学，但直到 37 岁时才首次出国参加会议。之后，出国出境访学的次数不少，在外面的时间加起来也不算短，与海外学者交往很多，但因为出国时岁数偏大，在外期间，或专心搜集史料，或零碎地有选择地学些理论，没有系统学习，导致从未用史学理论来规划、构架自己的研究体系。

历史是不能假设的。人生谁能无憾？何况，走了另外的路，前景就如何如何，只是推测。真的走了，或许还不如现在也未可知。所以写出来反思，是提醒自己今后加以改善（当然，可能性微乎其微），也想让能看到此文的年轻学者与学生有所参考，他们或可引以为训，避免重蹈覆辙，能在学术研究的路上起步正，走得顺。

目 录

威权体制中的自由主义知识分子：
台湾时期蒋廷黻与当局关系研究

徐 亮[*]

蒋廷黻（1895~1965）是民国时期著名史学家、自由主义知识分子[①]，同时也是文人从政的典型。[②] 他以学术研究起家，后在政界活跃近 30 年，故而在学术史、思想史、政治史、外交史上均有一定的位置，对此前人已有不少研究。台湾学界在蒋廷黻故后不久，即开始研究其人其学其事[③]，并论及其在中国近代史研究和政治思想方面的特点。大陆学界曾因"革命史观"的局限，未能正视蒋廷黻及其学术贡献。1980 年代后，学术氛围日渐宽松，研究成果层出不穷，其关注点多集中于他对中国近代史研究的贡献、

---

[*] 徐亮，浙江大学历史系博士研究生。

[①] 蒋廷黻早年赴美求学，获哥伦比亚大学哲学博士学位。1923 年回国后，任教于南开大学、清华大学历史系，尤其在中国近代外交史研究领域成就斐然。1932 年，蒋廷黻与胡适共同创办《独立评论》，使之成为自由主义学人论政议政的阵地，影响颇大。

[②] 1935 年底，蒋廷黻应蒋介石之召，出任行政院政务处处长，开始学人从政的生涯。1935~1946 年，两度担任行政院政务处处长近 7 年，出任驻苏大使 1 年有余，负责善后救济总署工作两年多。1947 年，蒋廷黻接替因病辞职的郭泰祺，担任联合国常驻代表。这一任命确定了他后半生的基调：从此长驻域外，先后任联合国常驻代表、"驻美大使"等重要职务长达 18 年，1965 年退休，同年在美国纽约去世。

[③] 具有代表性的三位学者及其主要作品为：李敖《蒋廷黻和他走的路》及其为《蒋廷黻选集》初版写的序言，吴相湘《蒋廷黻的志业》和陈之迈《蒋廷黻的志事与生平》。整体而言，三人对蒋廷黻的志业做了较为系统的梳理和颇为客观的评价，这在某种意义上当可视为对蒋廷黻其人学的一种历史定位，为后来学者的研究预设了基调。

《独立评论》时期的言论，以及作为自由主义知识分子在国家社会中的角色等几个方面。①

　　然而，在既往研究中，因相关资料的时代限制，学者的焦点集中于1949年之前，而对其晚年在美国的16年经历鲜有论及。以政绩而言，1949年之前蒋廷黻虽在国民党政权之中，因职位性质所限，表现中规中矩、乏善可陈，与同时期其他从政的知识分子相较，并不突出。蒋廷黻此后以"驻美外交官"的身份活动，先是1947～1962年任"联合国常驻代表"，1962～1965年任"驻美大使"，其与台湾当局的联系更为显现、紧密。这一阶段研究的缺失，让我们难以对蒋廷黻有整体、详当的认知。② 随着"蒋廷黻资料"的开放③，且于近年在中国大陆选编出版，④ 大可弥补因资料空白而造成的研究缺陷。其中，《蒋廷黻日记》是"蒋廷黻资料"中有着极高价值的部分⑤，透过该日记，可了解其晚年的个人生活、政治思想与活动，对蒋廷黻研究有着全方位的开拓意义。

　　基于此，本文将主要借助《蒋廷黻日记》以及"蒋廷黻资料"，探究处

---

① 大陆地区论及蒋廷黻思想与实践的论文主要有：王永平《中国近代化悲剧的反思——读蒋廷黻〈中国近代史〉》，《博览群书》1988年第3期；顾卫民《评蒋廷黻的〈中国近代史〉研究》，《上海教育学院学报》1989年第3期；林冠群《评蒋廷黻的鸦片战争史观》，《海南大学学报》1997年03期；沈渭滨《蒋廷黻与中国近代史研究》，《复旦学报》1999年第4期；欧阳军喜《蒋廷黻与中国近代史研究二题》，《复旦学报》2001年第2期；李建军《蒋廷黻的外交史观》，《安徽史学》2000年第3期；蔡乐苏、金富军《蒋廷黻外交思想探析》，《清华大学学报》2005年第1期；冀满红、吕霞《蒋廷黻的选择：从外交史家到外交家》，《历史教学》2009年第5期；王春龙、卢旗英《蒋廷黻对创建联合国善后救济总署的贡献》，《南昌大学学报》2012年第5期；高志勇《试析胡适与蒋廷黻关于"民主与独裁"的论争》，《历史教学》2005年第2期；任骏《胡适与蒋廷黻的政治主张之比较》，《史学月刊》2006年第2期；吴跃农《蒋廷黻向蒋介石提出"联苏抗日"始末》，《文史春秋》2013年第4期；部分学者有多篇论文，在此仅选其一。张玉龙的《蒋廷黻社会政治思想研究》（中国社会科学出版社，2008）基本代表着现阶段蒋廷黻思想研究的主要成果。
② 关于蒋廷黻在台湾时期的外交活动的研究，主要有傅敏《蒋廷黻与1961年"蒙古人民共和国入会案"》，《当代中国史研究》2014年第3期；傅敏《蒋廷黻与台湾当局的国际公关魅影"莱特公司"》，《江淮论坛》2016年第4期。
③ 有关"蒋廷黻资料"的介绍，详见陈红民《风云历历：哈佛大学典藏"蒋廷黻资料"的史学价值》，《中国历史评论》第五辑，上海文化出版社，2014。
④ 陈红民、傅敏主编《美国哈佛大学哈佛燕京图书馆藏蒋廷黻资料》，广西师范大学出版社，2014。
⑤ 《蒋廷黻日记》，由于全部是用英文手写，在大陆暂未出版，学界利用不多，本文引用皆由笔者简译为中文。

在威权体制中的自由主义知识分子，是如何在体制内外寻求变革，以及与政治强人互动的，并借此深化台湾史相关领域的研究。

一 转折年代的抉择

蒋廷黻作为自由主义知识分子群体中的一员，虽身处国民党政权之中，但在面对军事失利、党内腐败横生、民主体制形同虚设的情况下，其对既有体制逐渐产生疏离倾向。早在 1945 年蒋廷黻就有另组一个政党的想法，他在日记中写道："思考创立一个新党，可叫'新自由主义者'，依靠教授、记者知识阶层、工程师、医师、商人中产阶级等，与新启蒙运动携手并进。"① 1949 年 10 月以前，随着国内政局风云变幻，国共军事决战渐入尾声。蒋廷黻此时为中国驻联合国常任代表，外交身份特殊，但他对国内政治日益失望，组党之事开始提上日程。② 经与胡适等自由主义知识分子商讨，这个新党定名为"中国自由党"，蒋廷黻亲自拟定"党纲"。在国民党败退到台湾之后，他甚至进一步考虑"自由党在台湾掌权"的问题，提出"中国的关键是一个新的政治领导来提振士气，争取新美援"。③ 1950 年 1 月，在台湾出版的《自由中国》刊出了《中国自由党组织纲要草案》，这等于在台湾公开宣布组党的进程。《自由中国》的负责人雷震在致蒋廷黻的信中称："中国自由党章程在本刊发表后（香港时报亦发表），有人询问在台湾的负责机关，以及在美的进展程度，足见社会对此注意。"④

以蒋廷黻为代表的自由主义知识分子，在国民党政权存亡之际，试图选择组建新政党，来改变旧有的政治风气，以挽救所谓的"民主体制"。然而，作为体制内的当权者，蒋介石却对自己的失败有不一样的反思。1950 年元旦，他在日记中写道："从前种种譬如昨日死，自后种种譬如今日生。

---

① 《蒋廷黻日记》（英文手稿本），1945 年 6 月 1 日。

② 对于蒋廷黻组建新党活动，研究亦有不少成果，如张玉龙《体制内自由分子与战后中国自由主义政治运动——以蒋廷黻、胡适、顾维钧为中心的考察》，《东南学术》2008 年第 5 期；陈红民《蒋廷黻与夭折的"中国自由党"（1947—1951）》，《江苏师范大学学报》2013 年第 1 期；陈红民《"蒋廷黻资料"中的"中国自由党"》，《江苏师范大学学报》2015 年第 1 期。

③ 《蒋廷黻日记》（英文手稿本），1949 年 12 月 8 日。

④ 《雷震致蒋廷黻函》，1950 年 1 月 28 日。

对于党务、军事、政治与决策、组织、教育及作风与领导方式，皆须彻底改革重新来过。"① 他认为国民党失败的很重要的原因便是派系林立、自相分化，故而他到台湾后，既要改造国民党，还要加强个人的威权统治，绝不可能允许有其他政治势力出现。而确立自身地位的第一步，便是要恢复自己的"总统"身份，"复行视事"。1949 年底，身为"代总统"的李宗仁不甘在政治斗争中束手就擒，于是以"出巡"为名，远赴美国，与蒋介石隔洋"斗法"。

蒋廷黻组建新党之际，正值蒋李"总统"相争的高潮。他曾对人说："国民党已经结束了，无论'蒋'还是'李'。唯一的希望落在新兴政治力量上。"② 李宗仁作为"代总统"，在对美外交时派甘介侯充任私人代表，分访美方朝野人士，其中请蒋廷黻"惠予协助"③，并曾想用甘介侯来担任"联合国代表"之职，但蒋介石支持下的"外交部""坚持蒋廷黻（留任）"④。在蒋廷黻组党过程中，有人建议蒋廷黻可与李宗仁结盟，蒋廷黻认为这是"不可能的一步"⑤。1949 年 12 月 9 日，当蒋廷黻与李宗仁在美国相晤，谈及"中国自由党"时，李宗仁认为"蒋介石恐怕不会赞同"，但李个人可以提供帮助，但蒋廷黻当场未予回应，实则拒绝。⑥

1950 年初，随着台湾政局逐步稳固，蒋介石复职的形势也愈加明朗。李宗仁在美国的"不合作"渐为自由主义知识分子所不屑。蒋廷黻与胡适担心李宗仁的"分离主义运动"造成严重后果，认为李宗仁最好是"辞职并回国，然后向蒋介石提供道义上的支持"⑦。此时台湾岛内党、政、军、财各种大权，已被蒋介石完全掌握，李宗仁返台无异于自投罗网，因此绝无可能。1950 年 2 月下旬，蒋介石透过国民党中常会的一系列会议，于 3 月 1 日"复行视事"，重新行使"总统"职权。对此，李宗仁大为恼火，批

① 《蒋介石日记》（手稿本），1950 年 1 月 1 日；藏于斯坦福大学胡佛档案馆，下同。
② 《蒋廷黻日记》（英文手稿本），1950 年 1 月 1 日。
③ 《李宗仁致蒋廷黻函》，1949 年 5 月 5 日。
④ 《黄少谷电王世杰：联合国大会代表，外交部坚持蒋廷黻，李宗仁则意甘介侯》，1949 年 9 月，台北，"国史馆"，"蒋中正总统文物"，《革命文献——蒋总统访菲》，馆藏号：002-020400-00033-050。
⑤ 《蒋廷黻日记》（英文手稿本），1949 年 10 月 28 日。
⑥ 《蒋廷黻日记》（英文手稿本），1949 年 12 月 9 日。
⑦ 《蒋廷黻日记》（英文手稿本），1950 年 2 月 5 日。

评蒋介石的复职活动是专横跋扈的行为，是"非法的"和"违宪的"。① 蒋廷黻和胡适都非常忧虑李宗仁在新闻发布会的言行，认为此举是"试图引发一个爆炸"②。在蒋李之争的最关键时期，蒋廷黻的态度可谓鲜明，他在日记中写道："外交部发来的电报要求我发送庆贺的电报，我对此没有任何想法，因为我认为蒋的复职应被视为理所当然的事。面对李的行为，我向媒体发表了一个声明。"③

蒋介石强势"复职"，蒋廷黻在倾力支持的同时，仍不忘组建新党。蒋介石"复行视事"后，蒋廷黻在美国告诉蒋梦麟其组建自由党的计划，说组党是基于两个意图："1. 蒋的光荣引退；2. 较便利地引导（美国）国务院的改变。"蒋廷黻进一步解释道："蒋能保留总统职位，但必须遵循宪法对总统权力的限制，国民党能作为第二党参与联盟。"蒋梦麟答应回台湾后向蒋介石报告④。事实上，此时此刻，在台湾组建新党的时机与空间已经丧失，其他原本致力于自由党的人士也渐渐与之疏远。

1951 年 3 月 20 日，蒋廷黻第一次来到台湾，当天便受到蒋介石的接见。或出于胡适的劝导，或出于个人对台湾现况的理解和观察，他在与蒋介石的几次面会中，皆无提及组建新党之事。4 月 9 日，蒋廷黻记载了和蒋介石的一次长谈，他"强烈批评了（国民）党和它所称的改造"，蒋介石则"为改造辩解"，并要求他加入其中，对此蒋廷黻很是气馁。⑤ 但蒋廷黻终究是在国民党内部思考改革的问题，不再提及新党之事。有意思的是，他接受一名《自由中国》编辑的采访，讨论到新党的可能性时，蒋廷黻认为"（他）比我更具热情"⑥；而在返回美国后，有人"催促组建一个新的政治党派"时，他同样没有回应⑦。

---

① 《顾维钧回忆录》（七），中国社会科学院近代史研究所译，中华书局，1988，第 598 页。
② 《蒋廷黻日记》（英文手稿本），1950 年 3 月 1 日。
③ 《蒋廷黻日记》（英文手稿本），1950 年 3 月 2 日。蒋廷黻回应："本人系一中国公民，赞成蒋总统复职，蒋总统此举系根据宪法并将加强中国政府。"详见《美联社消息，蒋廷黻称蒋中正复职，系根据中国宪法，并谓加强中国政府》，1950 年 3 月 3 日，台北，"国史馆"，"蒋中正总统文物"，《革命文献——蒋总统复行视事》，馆藏号：002-020400-00035-052。
④ 《蒋廷黻日记》（英文手稿本），1950 年 3 月 6 日。
⑤ 《蒋廷黻日记》（英文手稿本），1951 年 4 月 9 日。
⑥ 《蒋廷黻日记》（英文手稿本），1951 年 4 月 8 日。
⑦ 《蒋廷黻日记》（英文手稿本），1951 年 10 月 8 日。

在 1949 年后的中国政局变革的转折年代，蒋廷黻最终选择支持蒋介石的政治地位，放弃了组建新党的念头。

二　威权体制与民主的困惑

国民党败退台湾后，为保证"法统"地位，坚持 1948 年的"中华民国宪法"。按照规定，"总统"每六年改选一次，蒋介石 1948 年当选首任，而 1954 年是改选之年。在国民党掌控台湾政局而蒋介石又完全控制国民党的情况下，他谋取连任，当不在话下。但依照"宪法"，"总统"仅可连选连任一次，故 1960 年蒋介石任期届满，理应退位让贤。国民党当局早在 1958 年就开始制造让蒋再任"总统"的舆论。到 1958 年 12 月，台湾省议会"吁请蒋介石第三次出选总统"，"国民大会年会"也"一致赞成蒋介石再度连任"。[1]

对于蒋介石所流露的谋求第三个任期的意图，蒋廷黻甚是担忧。他屡屡和友人提及此事，认为"这将是一个灾难"，"此刻，更多的注意力被集中在蒋的第三个任期的问题上。这存在每一个人的心中，虽然很少有人公开讨论它"。[2]

由于与"宪法"规定相矛盾，台湾岛内外存在不少反对蒋介石"违法连任总统"的声音。《自由中国》杂志常与当局持分歧意见，而被国民党视为装潢政治门面的青年党、民社党领袖左舜生、张君劢也表示"如果国民党当权派竟然如此行动，无异是自己丧失了中华民国法统下的合法地位"。[3]

蒋廷黻身处国民党体制之内，自然不可能公开反对蒋介石，便在 1959 年回台述职期间几次劝说蒋介石放弃"连任"，在台湾实现民主政治的良性发展。1959 年 3 月 27 日，蒋介石在台北郊外的官邸接见蒋廷黻。两人谈话一小时，蒋介石认为"彼对公私皆表关切为慰"[4]。蒋廷黻同样对该次谈话抱有很大的热情，认为这次谈话比"以往要舒适地多"，蒋介石对他"相当

---

[1]　薛化元：《台湾历史年表》（1945—1965），台湾业强出版社，1993，第 324 页。

[2]　《蒋廷黻日记》（英文手稿本），1959 年 2 月 25 日、3 月 14 日。

[3]　（台北）《联合报》1960 年 2 月 20 日。

[4]　《蒋介石日记》（手稿本），1959 年 3 月 27 日。

直率"，"谈得很自在"。在这个氛围下，蒋廷黻趁机建言："国民党应该领导国家，使之处在民主实践与传统的稳定发展之中"，为此他愿意"辞去现在的职务，并在台湾组建一个反对党"。按蒋廷黻的描述，蒋介石戏称要将他"冻结在联合国"①，以示拒绝。

这是蒋廷黻自从 1950 年代初期组建"中国自由党"未果以后，再次向蒋介石提出组建反对党的要求，可见他对台湾民主发展的迫切要求。此时台湾社会内部，因不满政治现状的人士增多，组建新党的酝酿已有多时，其中心人物就包括胡适、雷震等人。蒋介石极力要拉拢蒋廷黻，在 4 月 5 日的日记中把"（蒋）廷黻入党问题"列为当日第二要务，认为"应先促其认识公私之利害关系"。② 蒋经国在与蒋廷黻长谈时，劝说蒋廷黻应该回到国民党之中，而蒋廷黻的回应是"1. 军费开支的减少；2. 一个反对党；3.《自由中国》杂志以及胡适"；③ 可谓旗帜鲜明地表达对现行体制的不满。蒋廷黻在与胡适讨论时，提到蒋氏父子"并不反对这样的一个党，事实上，还会提供帮助"④。没有明确拒绝反对党的建议，可视为当局对蒋廷黻这样处在体制内自由主义知识分子的一种安抚。

1959 年 4 月 9 日，蒋介石邀蒋廷黻共进晚餐，谈话氛围活跃，话题既有"联合国代表权"，也有"民主政府"与国民党的领导，也谈及胡适、蒋经国等人。蒋介石在日记中写道："晚约廷黻单独谈话，彼之态度已得转变，但其精神与表示仍非诚服耳。"⑤ 这种态度的转变，在涉及次午的"总统"选举问题时，"蒋（承诺）将让位并且陈诚应当上台"，这仿佛让蒋廷黻吃了一颗定心丸。蒋介石甚至表示蒋廷黻"应当回国就任更大的职务"。⑥

4 月 9 日的讲话让蒋廷黻对蒋介石充满信心，进而充满幻想。此后，蒋廷黻几度与友人谈及蒋介石的承诺，旁人多持疑意态度，而蒋廷黻却坚信不疑。当有人谈及蒋的连任将有助于"反攻大陆"的"伟大目标"时，蒋廷黻在日记中记载道："蒋（介石）在 4 月 9 日晚上也提及'反攻大陆'是

---

① 《蒋廷黻日记》（英文手稿本），1959 年 3 月 27 日。
② 《蒋介石日记》（手稿本），1959 年 4 月 5 日。
③ 《蒋廷黻日记》（英文手稿本），1959 年 4 月 4 日。
④ 《蒋廷黻日记》（英文手稿本），1959 年 4 月 6 日。
⑤ 《蒋介石日记》（手稿本），1959 年 4 月 9 日。
⑥ 《蒋廷黻日记》（英文手稿本），1959 年 4 月 9 日。

他不能丧失领导权的原因。然后我试着让他相信，即便他没有总统一职，领导权也是他的。"① 在蒋廷黻周围的人中，叶公超不仅怀疑蒋介石4月9日的承诺，而且称"台北在毁掉他在华盛顿尝试的事情"，坚信"蒋会谋求第三个任期"。胡适虽比较担心，但仍对"蒋不坚持第三个任期"存有一丝希望。②

实际上，在第三任"总统"任期的问题上，蒋介石本人内心同样也充满矛盾。他在同年5月1日的日记中自我感慨，"故总统决不愿再任，而统帅则不能不任"，他与张群谈"国代大会职权与决辞总统"，而"至不得时可由国大推选余为三军统帅，专负反攻复国之全责"。蒋介石此时的想法是不愿"修宪"，同时也不愿"放弃领导权"。他认为，"坚持不修改宪法。无论宪法如何修改，我决不愿再任修宪后之总统"，同时怀念起抗战时期作为名义上国家元首的林森来，"但望能有林主席者，赤忱为党国与我精诚合作而不受外来之谗邪所挑拨离间，始终合作无间耳"。③

如果蒋介石退居幕后，由谁来接班自然是众人所关注的话题。陈诚1949年出任台湾省政府主席，为国民党退台打下坚实的基础。此后接连出任"行政院院长""副总统"，并当选国民党副总裁，可谓"一人之下，万人之上"，台湾岛内名副其实的"二号人物"。然而蒋介石长子蒋经国的存在，始终让陈诚无法以接班人自居。在1960年"总统"选举之前，各界关于蒋介石接班人的猜测不一，台湾政局一度扑朔迷离。

在陈诚与蒋经国两人之中，蒋廷黻与蒋经国有着并不寻常的私交。蒋经国在1920年代赴苏留学，蒋介石与苏联交恶后，蒋经国便长期滞留苏联。1936年"西安事变"后，时任驻苏大使的蒋廷黻与苏联当局交涉，为蒋经国顺利归国做出了一定的贡献。为此蒋氏父子颇有感激之情，蒋介石常与蒋廷黻提起此事，视此事为双方私人关系中一个非常重要的纽带。1953年9月初，蒋经国以私人名义赴美考察，在美停留40余日，其间蒋廷黻多有指导与款待。④ 而蒋廷黻每次回台述职，蒋经国都到机场迎接，并亲自送蒋廷

---

① 《蒋廷黻日记》（英文手稿本），1959年5月21日。

② 《蒋廷黻日记》（英文手稿本），1959年6月10日、8月4日。

③ 《蒋介石日记》（手稿本），1959年5月1日、5月5日。

④ 《蒋经国电蒋廷黻二十日安抵台北感谢教导与款待》，1953年10月27日，台北，"国史馆"，"蒋中正总统文物"，《对美关系》（一），馆藏号：002-090103-00002-248。

黻前往下榻之处。① 在台期间，蒋廷黻除在日记中记载与蒋介石会面外，与蒋经国交谈也往往被详记，相反陈诚、张群、黄少谷等其余政界要员，不过"点名"而已。

但蒋廷黻与蒋经国的私交并不意味着蒋廷黻就支持蒋介石的"传子计划"；相反，蒋廷黻对蒋介石培养蒋经国的方式有所分歧。蒋介石败退台湾初期，采取各种措施整饬军纪，其中尤以改革政工制度为厉。蒋经国正是奉命经手此事，透过政工体系，干涉军事，从而确保蒋氏父子对军队乃至台湾岛的控制。蒋廷黻对这种近乎"秘密警察"的方式极为不满，曾当面向蒋介石建言："不要让经国在政工部门中和秘密警察联系在一起。"② 当他听说政工部门对《自由中国》进行猛烈批评时，在日记中写道："政工部门被视为蒋经国的大本营将招致麻烦。在这个部门中的人并没有意识到，希特勒被打败并且已经自杀了。"③ 直接将政工部门与纳粹挂钩，可见其内心的反感。

故蒋廷黻更倾向于由陈诚接替重任。早在 1958 年，蒋廷黻与胡适讨论蒋介石的接班人时，两人都不约而同地指向陈诚。④ 此后二人便密切关注陈诚与蒋氏父子之间的关系。1959 年，当国民党内外为蒋介石"连任"造势时，陈诚的亲信们也在制造陈诚"接班"的舆论。胡适就认为陈诚这种过度的"渴望"会伤及自身，而蒋廷黻则企盼陈诚能与蒋介石之间有"妥协"与"合作"。⑤ 自由主义知识分子们一致认为"假使蒋介石作为国民党总裁而陈诚担任总统"，肯定会有冲突；但蒋廷黻仍坚信"陈诚和黄少谷等人在协商妥协上是非常熟练的"，即认为陈诚能够在蒋介石退居幕后的情况下，担负起"总统"之责。⑥

然而台湾岛的政治形势日趋明朗，蒋介石显然已有打压陈诚之势。黄少谷给蒋廷黻去信，明确询问给予蒋介石"第三个任期"的最好方式。蒋廷黻踌躇再三，回信中表示不存在这样的方式，"对蒋介石最好的（方式）

---

① 《蒋廷黻日记》（英文手稿本），1956 年 3 月 9 日、1959 年 3 月 20 日、1960 年 4 月 22 日。
② 《蒋廷黻日记》（英文手稿本），1956 年 3 月 28 日。
③ 《蒋廷黻日记》（英文手稿本），1957 年 2 月 16 日。
④ 《蒋廷黻日记》（英文手稿本），1958 年 6 月 25 日。
⑤ 《蒋廷黻日记》（英文手稿本），1959 年 5 月 13 日。
⑥ 《蒋廷黻日记》（英文手稿本），1959 年 5 月 20 日。

是试着在总统职位之外锻炼自己的影响力；而国民党则应为蒋介石提供这种可能"。①

由于蒋廷黻不支持蒋介石的"连任"，常被许多政客就视为陈诚一派。蒋廷黻虽为此辩解，却也意识到"当我反对蒋的第三个任期时，很自然地被认为是支持陈诚的参选"。② 蒋廷黻在蒋介石连任的事件上情绪激动起伏，他认为蒋试图连任的举动令他"哭泣"，而稍一听到有关蒋不打算连任的传闻，就能喜出望外，直言"一切都在变好"。③

将民主的幻想寄托在一个塑造威权的政治强人身上，注定将破灭。当蒋廷黻收到蒋介石即将"连任"的电报后，一切希望都消散了："蒋用这个行为向人显示：他的思想是多么迂腐；他不能够使政治运行在现代的模式中；他渴望用权力来增加威信；他准备让自己的儿子作为继承人。我曾幻想他可能对中国政治现代化的贡献。他没有选择这么做。"④

三　与权力核心若即若离

作为处在威权体制之中的自由主义知识分子，蒋廷黻既害怕不加限制的权力，也希望能与政治强人合作。早在蒋廷黻试图组建"中国自由党"时，他便未对当局隐瞒组党的过程，甚至非常直接地向一些亲蒋人士征询意见并寻求支持。蒋廷黻组党期间，宋子文、宋美龄等人都在美国活动。蒋廷黻与宋子文联系密切，讨论时局时，蒋廷黻曾给宋一份自由党的党章，并告诉他"只有中国出现新的政治领导，才能赢得美国援助"⑤。宋美龄在美国争取援助期间，蒋廷黻多次与她见面，并向她"解释了关于组建自由党的计划，企求她对我们助一臂之力"，不过宋美龄"没有表态"。⑥ 在蒋廷黻的意识中，组党并未以推翻当局为目标，只是作为一种新兴的政治力量与国民党竞争。

---

① 《蒋廷黻日记》（英文手稿本），1959 年 8 月 12 日。
② 《蒋廷黻日记》（英文手稿本），1959 年 9 月 8 日。
③ 《蒋廷黻日记》（英文手稿本），1959 年 10 月 8 日、12 月 14 日。
④ 《蒋廷黻日记》（英文手稿本），1960 年 2 月 16 日。
⑤ 《蒋廷黻日记》（英文手稿本），1949 年 11 月 13 日。
⑥ 《蒋廷黻日记》（英文手稿本），1949 年 10 月 26 日。

作为威权体制内的自由主义知识分子，蒋廷黻与处在体制外的胡适，对"参政"有很大的分歧。在蒋廷黻的构想中，胡适是这一批自由主义知识分子的领袖，理当是自由党的"党魁"。早在 1949 年，蒋廷黻就多次强调胡适出任"行政院长"的重要性。① 然而，胡适的态度却颇为暧昧，他既支持蒋廷黻的组党行为，却不肯担任新党首脑。蒋介石"复行视事"的当天，胡适与蒋廷黻长谈两小时，二人对未来的设想完全不同，蒋廷黻认为应加快组党步伐，胡适却表示他"甚至不会领导一个自由协会，遑论是一个自由党"。② 而到 1951 年春，胡适的态度更为坚决，他不仅自己不组党，而且劝蒋廷黻"放弃所有开始一个新党的努力"，一个以蒋廷黻为首的新党，"意味着与蒋和国民党的决裂"。胡适还劝蒋廷黻在返回台湾时，要多待些时间，以便多了解情况，而自己"和新党的关系已经终结"。③

在蒋介石第三任"总统"期间，蒋廷黻和胡适虽欲重新组建反对党，但发现缺少合适的领导人，因为胡适仍不愿出任"党魁"。为此蒋廷黻建议胡适"别让自己被任何狭隘的极端组织所利用"，可见蒋廷黻并不愿意胡适过于激进，从而引火烧身。之后《自由中国》和雷震因有组建"中国民主党"之举，被蒋介石极力打压，胡适也险遭牵连。经国民党体制的长期浸染，蒋廷黻已愈趋保守，更多的是扮演建言者。蒋廷黻的这种态度也直接反映到他对"雷震案"④ 的理解上。他认为"雷（震）是一个平庸的人，（却）有着巨大的野心和极大的勇气"。⑤ 当胡适与雷震走得过近而受到蒋的冷落时，蒋廷黻甚至在没有蒋介石的要求之下，真诚地劝说胡适"与雷震撇清关系"⑥，其保守立场由此可见一斑。

涉及个人的政治宏图时，蒋廷黻认为"只要蒋是总统"，谁当选"行政

---

① 《蒋廷黻日记》（英文手稿本），1949 年 6 月 6 日、7 月 19 日。
② 《蒋廷黻日记》（英文手稿本），1950 年 3 月 1 日。
③ 《蒋廷黻日记》（英文手稿本），1951 年 3 月 13 日。
④ 雷震等人比蒋廷黻、胡适在组党行动上更为极端，也走得更远。其主导的《自由中国》杂志，在 1959~1960 年的关于"修宪问题""政党承认问题"等社论，步步紧逼当局之大忌。正当雷震等人谋建"中国民主党"时，1960 年 9 月 4 日，台湾当局以"涉嫌叛乱"罪，逮捕雷震等人，是为"雷震案"。
⑤ 《蒋廷黻日记》（英文手稿本），1960 年 9 月 5 日。
⑥ 《蒋廷黻日记》（英文手稿本），1961 年 5 月 5 日。

院院长"都"没有任何区别"。① 胡适曾提到蒋廷黻本人是否可当任"行政院院长"，蒋廷黻表示不可能：一是因为"立法委员不会赞同"，二则是蒋介石对蒋廷黻"没有必要的信心"。②

蒋廷黻寄托于蒋介石的民主幻想破灭，但蒋介石却仍能给蒋廷黻的仕途打开新的大门。蒋介石第三次连任"总统"后，就曾有意让蒋廷黻回台担任要职。在他思考"行政院各部"应调整之人事时曾记道："五、今后教育与外交政策与人事之研究。六、蒋廷黻、沈怡与沈昌焕。七、联合国代表之人选。"③ 由此可见，蒋介石把蒋廷黻视为"新政府"的重要角色，并且考虑他回台后，何人替代他的"联合国代表"之职。他向陈诚指示其"行政院"用人求才方针，明确推荐蒋廷黻，认为"如其能遵循实施，必能增强政府之内容与观感也"。④ 可见他对蒋廷黻之信任。

蒋廷黻对于是否就任"行政院副院长"或"外交部部长"，其实内心有过反复考虑。蒋廷黻个人觉得他不能胜任这个职务，"任一种情况下都将是一场赌博"，尤其指出"如果张群担任行政院长，他不会担任副院长"，因为张群在他眼中是个"什么都不做的人"⑤，而如果仍旧是陈诚担任"行政院院长"，他认为自己"没有机会去发起一个具有新观点的路线"。而且在胡适看来，蒋介石只不过是想要利用这批自由主义知识分子的"名字"来得到"胜利"。⑥ 4 月 28 日下午，蒋介石亲自召见蒋廷黻，蒋廷黻拒绝任"外交部部长"。⑦ 为此，蒋介石让蒋经国前往相劝，"属其代作劝告其就任外交事"，结果回报"以其对立监二院不易对付及其对外交无兴趣为辞"，蒋介石认为"是否真话，不得而知，惟已尽其情而已，乃不再劝也"。⑧ 除此之外，按照旁人观察，蒋廷黻作为一名自由主义知识分子，实则难以真

---

① 《蒋廷黻日记》（英文手稿本），1954 年 2 月 17 日。
② 《蒋廷黻日记》（英文手稿本），1954 年 5 月 9 日。
③ 《蒋介石日记》（手稿本），1960 年 3 月 15 日。
④ 《蒋介石日记》（手稿本），1960 年 3 月 26 日，"星期反省录"。
⑤ 《蒋廷黻日记》（英文手稿本），1960 年 3 月 27 日。蒋廷黻形容张群的英文原文为"a do nothing man"。
⑥ 《蒋廷黻日记》（英文手稿本），1960 年 4 月 16 日。
⑦ 《蒋介石日记》（手稿本），1960 年 4 月 29 日。
⑧ 《蒋介石日记》（手稿本），1960 年 4 月 30 日。

正地融入威权官僚体制。陈诚咨询王世杰意见时，亦觉"廷黻不易合作"。[①]故此次新"内阁"组建之事，便告一段落，蒋廷黻最终选择不进入权力的"核心圈"。

在蒋介石第三任"总统"期间，蒋廷黻可谓困惑万分，夹杂着对理想与现实的多重思考。作为自由主义知识分子，敦促当局实行民主政治是其内在的使命；而处在体制之中，又无法真正站在台当局的对立面。蒋廷黻始终处在权力核心的边缘，与蒋介石保持若即若离的关系。蒋廷黻在精神上对当局怀有幻想，破灭后又无奈地接受蒋介石继续"威权统治"的事实。

四　余论

蒋廷黻的好友陈之迈说："蒋氏有一个天真的性格。天真有两个方面，一方面是把事情看得过于简单，另一方面是知其不可而为之精神。"[②] 他本以为自己的组党行为可以得到国民党体制内其他人员的支持，甚至能得到蒋介石的理解。然而蒋廷黻错判了形势，以致组建新党的计划胎死腹中。正因为蒋廷黻并没有试图完全否定蒋介石的权威地位，也不去推翻国民党统治的根基，而是出于制衡考虑，使民主政治走上轨道，这使得他有着极大回旋的余地。他试图在体制内进行改良体制的努力，终因这个体制根深蒂固而难以撼动。

在《独立评论》时期，对于自由主义知识分子而言，他们的心态是做政府的"诤友"和"诤臣"，对国民党污浊政治有深刻的指责和批评。[③] 蒋廷黻是学人从政的典型，同时又具有自由主义知识分子保守的一面。既对民主政治充满热情与期待，又不能完全反对当局，故而若即若离。对于蒋廷黻而言，"国民政府"、国民党以及蒋介石，这三者虽有必然之联系，但绝非完全相等之概念。"国民政府"，在蒋廷黻看来，应当是他践行民主政治的载体，故他必将竭尽全力维护其存在。作为执政党，国民党无论是大

---

① 林美莉编《王世杰日记（手稿本）》下册，1960 年 4 月 28 日，台北，中研院近史所，1990，第 940 页。
② 林子候：《蒋廷黻传》，台湾省文献委员会，1997，第 158 页。
③ 黄波粼：《自由主义知识分子关于民国政治建设的思考路径分析》，《求索》2010 年第 7 期。

陆时期的糟糕表现，抑或败退台湾后的"改造"，留给蒋廷黻的完全是令其失望的印象。作为集"国民政府总统"与国民党"总裁"于一身的蒋介石，蒋廷黻的观感则更为复杂与多变：一方面，蒋介石肯定需要为在大陆的失败负责，因此蒋廷黻试图用新的政党来取代蒋介石与国民党的执政地位；另一方面，在国民党旦夕存亡的危急时刻，企图通过民主政治的"温和"方式来拯救，既不现实，也难获支持。因此，蒋廷黻最终无奈认可了蒋介石的"威权统治"。

而面对这一类型的学者政客，蒋介石显得游刃有余。蒋廷黻自由知识分子的身份，成为蒋介石对美外交的"粉饰"：一面可向美国朝野展现其"民主"面貌；另一面又能联络在美的"寓公"与文人。① 既以良好私交加以笼络，并不时示以"恩隆"，使其发挥所长为己所用，又对其民主政治等建议充耳不闻，在关键决策中完全没有赋予其学者政客的位置，这充分彰显了蒋介石老练的用人策略。当蒋廷黻试图在台湾岛内展露其民主自由的政治抱负时，蒋介石决意将他"冻结在联合国"。最终，蒋廷黻不过只是蒋介石外交领域中"冲锋陷阵"的士兵，只能"奉旨行事"，自身却难有建树。

作为处在威权体制中的自由主义知识分子，蒋廷黻始终处在与蒋介石既合作又批判的复杂关系之中。蒋廷黻几度有返回台湾就任高官之契机，但终因自身理念与当局相背而搁浅。他们之间的互动，从一个侧面反映了当时台湾当局民主政治的生态，这值得学界进一步拓展研究。

---

① 蒋介石曾致蒋廷黻信中指出："适之（胡适）、野声（于斌）、月涵（梅贻琦）诸先生，谅常晤叙，并望为我代候为感。"《蒋中正函蒋廷黻》，1950 年 5 月 9 日，台北，"国史馆"，"蒋中正总统文物"，《革命文献——对联合国外交》，馆藏号：002-020400-00051-182。

论蒋介石与北伐准备

银　品[*]

在国民革命运动高涨之际，北伐战争推动着分裂的中国走向统一。波谲云诡的乱世年代，北伐战争对诸如蒋介石一类军事强人的政治生涯产生了重要影响。学界有关蒋介石与北伐战争的研究着墨甚多，但多侧重探讨北伐发动之后的相关史实，对于蒋介石在北伐誓师前的谋划关注较少。[①] 事实上，蒋介石为平息"中山舰事件"所造成的风波，加速了北伐的准备进程，希望借助军事手段转移政治危机。然而，在李宗仁、李济深等两广军事领袖相继表现积极北伐的"热情"之际，为何蒋介石却相对"冷淡"，他究竟如何判断当时的复杂局势，在北伐前采取了哪些举措，其效果是否达到预期？本文以《蒋介石日记》[②] 和相关报刊史料为基础，对蒋介石的北伐准备策略和实施效果进行初步探讨，以期深化认识蒋介石处置危局的政治手段和心路历程。

[*] 银品，历史学博士，湖南师范大学历史文化学院讲师。本文系国家社科基金重大项目"蒋介石资料数据库建设"（项目编号：15ZDB048）阶段性成果；原刊于《民国档案》2017 年第 1 期，收入本文集时略有修改。

① 相关研究有：杨天石《蒋介石与北伐时期的江西战场》，《中共党史研究》1989 年第 5 期；杨天石《北伐时期左派力量同蒋介石斗争的几个重要回合》，《中共党史研究》1990 年第 1 期；杨天石《蒋介石与前期北伐战争的战略策略》，《历史研究》1995 年第 2 期；杨奎松《蒋介石从"三二〇"到"四一二"的心路历程》，《史学月刊》2002 年第 6、7 期；左双文、高文胜《北伐出师后蒋介石的对外方略》，《南京大学学报》2009 年第 3 期；陈谦平《济南惨案与蒋介石绕道北伐之决策》，《南京大学学报》2011 年第 1 期。

② 本文所引《蒋介石日记》（手稿本）承蒙陈红民教授惠赐，谨表谢忱！

一　蒋介石的北伐思想和主张

早在广州国民政府肇建之际，蒋介石就在思考北伐的策略。1925 年 7 月 1 日，蒋介石在《军政意见书》中指出："政府如欲北伐，除守备广东本省，对抗香港、福建以外，应作两省战斗之方略。"① 当选广州国民政府军事委员会委员后，他又提出与西南联盟的想法。② 11 月，"二次东征"取得胜利，蒋介石个人的军事实力明显增强。这种因战争胜利而带来的荣耀，使他对北伐充满信心和期待。1926 年 1 月 4 日，蒋介石在国民党"二大"上演讲时称："去年可以统一广东，今年即不难统一中国。"③ 他于军事报告中说道："我现在敢说一句，我们的政府已经确实有了力量来向外发展了"④，"国民革命的成功，当在不远"。⑤ 舆论也注意到蒋介石北伐的动向，称其"到省至今瞬半越月，无时不为北伐之准备"。⑥

与此同时，蒋介石也非常重视苏联顾问团的建议。1 月 11 日，他在日记中写道："下午假眠后，思索战略。先统一西南，联络东南，然后直出武汉为上乎？或统一湖南，然后联络西南、东南，而后再问中原为上乎？其或先平东南，联络西南，而后再问中原乎？殊难定也。"⑦ 四天后，他找季山嘉商量"政略战略"。⑧ 不过，季山嘉和罗加乔夫提出了不同的主张。这令蒋介石感到不满，认为"我以诚往，彼以诈来，非共事之同志也"。⑨ 相反，当蒋介石得到鲍罗廷的认可后，他觉得"彼甚开诚"。⑩ 虽然苏联顾问团内部对北伐存有分歧，但是蒋介石始终认为利大于弊，"在北方得一革命

① 中国第二历史档案馆编《蒋介石年谱初稿》，档案出版社，1992，第 381 页。
② 中国第二历史档案馆编《蒋介石年谱初稿》，第 387 页。
③ 中国第二历史档案馆编《蒋介石年谱初稿》，第 503 页。
④ 《大会始末纪要》，《政治周报》第 6、7 期合刊，第 23 页；《蒋介石先生之军事报告》，《政治周报》第 6、7 期合刊，第 37 页。
⑤ 《中国国民党第二次全代大日刊》第 18 号，1926 年 1 月 9 日，转引自杨天石《中山舰事件之谜》，《历史研究》1988 年第 2 期。
⑥ 铜驼：《粤省军事问题与北伐之筹备》，《申报》1926 年 1 月 19 日，第 3 张第 10 版。
⑦ 《蒋介石日记》（手稿本），1926 年 1 月 11 日。
⑧ 《蒋介石日记》（手稿本），1926 年 1 月 15 日。
⑨ 《蒋介石日记》（手稿本），1926 年 1 月 18 日。
⑩ 《蒋介石日记》（手稿本），1926 年 1 月 18 日。

根据地，其效亦必大于南方十倍也"。① 这表明他坚决推动北伐的态度和立场。

当时，两广领导层为建立统一的后方基地陆续展开对话。1月25日，汪精卫、谭延闿等人赴梧州参加"西南大会谈"。蒋介石获得反馈消息后，猜测"广西当局或可诚意合作也"，②"两广政治、军事、财政统一计划似有希望"。③ 负责广西政务的黄绍雄（即黄绍竑）亦赴粤展开谈判。3月15日，黄绍雄出席国民党中央政治委员会会议，该会议商讨并通过了"两广军事政治财政案"。④ 关于政治者，"广西省政府于中国国民党指导监督之下，受国民政府之命令，处理全省政务"；关于军事者，"广西现有军队全部改编为国民革命军"，并编为第八军、第九军；关于财政者，两广之财政机关、财政计划以及税率税捐制度，均受国民政府财政部的指挥、监督与核定、施行。⑤ 应该说，两广接洽的进程符合蒋介石的预定设想，这有利于他北伐筹备的实施。

然而，蒋介石贸然发动"中山舰事件"，打破了既有的政治格局并引发巨大风波。⑥ 蒋介石身陷四面楚歌之境，进退维艰。为转移矛盾，他加快了北伐的准备步伐。4月3日，他上书国民党中央执行委员会，提出"整军肃党""准期北伐"的建议。他分析了"国内形势与外交方针"，认为英国会竭力"牵制广东之北伐"，"列强此后在华对于北方国民军处置既毕之后，其必转移视线，注全力于两广革命根据地无疑，且其期限，不出于三月至半年之内也"。对此，蒋介石提出应对策略，如"联合湘、赣，作攻守同盟之势，约其共同出兵之期限"，"两广决于三个月内，实行出兵北伐，如能于此三个月内北伐准备完毕，则北方之国民军不至消灭，而吴佩孚之势力

① 《蒋介石日记》（手稿本），1926年1月28日。
② 《蒋介石日记》（手稿本），1926年1月31日。
③ 《蒋介石日记》（手稿本），1926年2月20日。
④ 《统一两广军事政治财政之决议黄会办绍雄亲自出席讨论》，《广州民国日报》1926年3月16日，第3版。
⑤ 《关于筹议两广政治军事财政统一委员会决议事项》（1926年3月），中国第二历史档案馆藏广州与武汉国民政府档案，档号：6-13。
⑥ 参见杨天石《中山舰事件之谜》，《历史研究》1988年第2期；杨天石《中山舰事件之后》，《历史研究》1992年第5期。

亦不至十分充足之际，一举而占领武汉，则革命前途，尚有可为也"。① 蒋介石连对参战兵数、军费、武器弹药、训练等工作都做了详细规划。

其后，蒋介石多次言及北伐的必要性。蒋介石在"致黄埔军校同学书"中说道，"惟北伐未成，为总理毕生之遗憾，且以此重托于中正者"，"惟此北伐问题，非贯彻主张，则昔日同志之牺牲，皆成为无意义之举动，故不惮正色力争，期达目的"。② 蒋介石在宴退第一军党代表时说："还有北伐问题，我以为广东已经统一了，如果不去北伐，那不仅对不起总理，还对不起我们已死的同志。我们办这学校是为什么，不是统一广东就算的，乃是要北伐，就是要统一中国。"③

由此可知，蒋介石一贯主张北伐，也用较长时间构思作战方案。"中山舰事件"后，为了善后，他的北伐言论更显激进。

二 蒋介石对时局的认知和应对

值得注意的是，当时"湘局"形势的变动已成为各方瞩目之焦点。湖南地缘特殊，屏障两广，处于广州国民政府与直系军阀之间的缓冲地带。1926年3月，唐生智拥军坐大，掀起驱逐赵恒惕运动。唐生智投鼠忌器，担忧吴佩孚介入，所以他派遣代表至广州，"表示交好之意"，"愿输诚于国民政府"，并"请国民政府派员赴湘"。④ 唐生智在战局中逐渐失利，牵动着两广军事领袖的神经。3月15日，国民党中央政治委员会召开会议商讨"对湘方针"，决定"桂方派白崇禧、粤方派陈铭枢，共同入湘"。⑤ 此后，白崇禧和陈铭枢不断向外界释放积极信号，"国民政府对湘当局之最低要求，不过一举手一投足之劳，故均已得唐省长相当之容纳"。⑥ 他们致电广州称，"唐生智完全接受国民政府之意见"，"从此湖南惟依政府计划，一致

---

① 中国第二历史档案馆编《蒋介石年谱初稿》，第554~555页。
② 中国第二历史档案馆编《蒋介石年谱初稿》，第565页。
③ 中国第二历史档案馆编《蒋介石年谱初稿》，第573页。
④ 《要闻：唐生智输诚国民政府确讯》，《广州民国日报》1926年4月10日，第3版。
⑤ 铜驼：《黄绍雄来粤与粤湘桂之关系商定援助唐生智》，《申报》1926年3月22日，第2张第6版。
⑥ 《湘省输诚国民政府》，《广州民国日报》1926年4月14日，第3版。

进行，结果之佳，出于意想之外"。① 4 月 20 日，陈铭枢接受记者采访时，强调唐生智的"输诚"态度，"唐生智断无携二，此事我敢保证之"，"此次粤湘联合，已告成功"。② 两天后，两广召开广州国民政府军事委员会会议讨论"北伐问题"，委员"均谓确有把握"。③ 时人颇寄期待地称"将来实行协同出师北伐，当收事半功倍之效"。④

亟待以军兴转嫁矛盾的蒋介石在面对两广军事领袖的北伐"热情"之时，又是如何抉择应对呢？他拟定援助唐生智的底线、条件，即"先令其表示态度，服从政府，否则亦须令其与政府攻守同盟，然后约期相助也"。⑤ 不过，他并未向外界流露自己的内心态度，而是表现得相对"冷淡"。4 月 27 日，广州国民政府军事委员会再次召开"北伐问题"的会议，由于蒋介石的缺席而成"流会"。⑥ 蒋介石即使接到唐生智求援电报，亦不为所动。他致电谭延闿称：

> 唐生智敬戌之电，应如何答复？此时以小部队出江西无益而有害。弟意只有遥为声援，通电应之。一方则属 [嘱] 其与此间出兵准备未完以前，请生固守长沙，如万不得已，请生主力集中湘南保存实力。⑦

蒋介石按兵不动，主张"遥为声援，通电应之"，迫使唐生智退出长沙南守衡阳。⑧ 对此，李宗仁、白崇禧等军事领袖按捺不住。他们致电谭延闿，"湘战甚激烈，虑其不能支也"。⑨ 同时，他们在广州造势以加快"援

① 《要闻：唐生智输诚国民政府确讯》，《广州民国日报》1926 年 4 月 10 日，第 3 版。
② 《陈铭枢白崇禧已抵广州 本报记者与陈师长之谈话》，《广州民国日报》1926 年 4 月 21 日，第 3 版。
③ 《党政府会议北伐》，《晨报》1926 年 4 月 25 日，第 2 版。
④ 铜驼：《赴湘代表陈铭枢白崇禧回粤二十日出席军事委员会报告与湘唐接洽经过》，《申报》1926 年 4 月 28 日，第 3 张第 9 版。
⑤ 《蒋介石日记》（手稿本），1926 年 4 月 1 日。
⑥ 《军事委员会昨日流会》，《广州民国日报》1926 年 4 月 28 日，第 3 版。
⑦ 《蒋中正电谭延闿对唐生智求援请其固守长沙或湘南待北伐军共同反攻》（1926 年 4 月 27 日），台北，"国史馆"藏"蒋中正总统文物"，档号：002-010100-00001-008。附注：本文所引"蒋中正总统文物"档案系浙江大学赵晓红博士惠赐抄件。
⑧ 谭延闿：《政治报告》（1926 年 5 月 30 日），《政治周报》1926 年第 14 期，第 7 页。
⑨ 《谭延闿日记》（手稿本），1926 年 4 月 28 日；中研院近史所档案馆藏，下同从略。

唐"步伐：

> 此次吴佩孚、叶开鑫大举寇湘，表面上似为鄂湘两省之局部问题，其实此次湘南战争，不是湘鄂两省之问题，又非吴佩孚攻唐生智，实是革命军与军阀之战争。我们断不可袖手旁观，任从唐生智孤军奋斗。我们来粤后，与各军长晤商，已决议于最短时间，由粤出师江西，由桂出师湖南，大举北伐。①

李宗仁急切出兵"援唐"，实属"自身利害关系"所致。据报道，吴佩孚对桂省采取了双重手法。其一，吴佩孚唆使沈鸿英等旧桂系回巢；其二，吴佩孚命令贵州省主席袁祖铭率军攻桂。桂省面临多路威胁，一旦唐生智兵败，广西便门户洞开。所以，对李宗仁而言，最理想的方案是"湘桂携手，桂即获安存"。②

李济深也敦促蒋介石督军北伐。4 月 29 日，蒋介石于日记中写道："任潮（指李济深——引者注，下同从略）催出兵北伐甚急。"③ 事实上，两人此前的紧张关系曾令蒋介石极为难堪。早在"中山舰事件"前夕，两人就在粤"暗潮汹涌，甚嚣尘上"；时人认为"蒋李之交恶，实缘军权上之冲突"。④ 随后，双方矛盾不断加剧，甚有"一触即发之势"。⑤ 蒋介石在日记中写道，"任潮不明革命事理，仍不免有割据与封建之恶习也"。⑥ 可见，李济深长期盘踞广东，他敦促北伐目的是借机挤走竞争者从而独占广东。

身陷困境的蒋介石洞悉时局之后，并未着急亮出底牌。他追求的是如何有效利用两广军事领袖的北伐心态，部署最符合个人利益的军事方略，化危为机，摆脱困局。这也难怪他会于日记中写道："李宗仁等不识政治复

---

① 《白崇禧与本报记者谈话北伐声中之战略谈》，《广州民国日报》1926 年 5 月 14 日，第 3 版。
② 《李宗仁迟返广西之原因》，《申报》1926 年 6 月 13 日，第 3 张第 9 版。
③ 《蒋介石日记》（手稿本），1926 年 4 月 29 日。
④ 木庵：《粤省军界暗潮续闻蒋介石李济深意见相左之内幕》，《申报》1926 年 3 月 18 日，第 3 张第 9 版。
⑤ 毅庐：《粤省军界暗潮又趋和缓》，《申报》1926 年 3 月 21 日，第 3 张第 9 版。
⑥ 《蒋介石日记》（手稿本），1926 年 4 月 27 日。

杂情形，徒怪迟缓，可惜也；令人左右为难，可叹也。"①

三　蒋介石的北伐准备和效果

蒋介石一直坚持北伐，为何不借助外界声浪迅速践行计划呢？个中玄机，很可能是他对广东复杂局势深感棘手，希望利用外界北伐呼声来充当自身转嫁困境砝码。他在日记中写道："深思广东政局，甚难处理。党务、军事裂痕已明……土匪与地方主义更难消除，实无善后之策也。"② 面对种种不利局面，倘若处理不慎，便会雪上加霜。毋庸置疑，蒋介石需要"对症下药"，各个击破，逐步走出难关。

第一，他以易换广州市公安局局长为突破口，重新调整广州市政机构。安插心腹坐镇广州，确保后方社会秩序稳固，这是蒋介石开展军事战略的必要条件。长期以来，广州市公安局局长吴铁城负责社会治安管理，但是吴铁城并不依附于蒋介石而成为隐患。蒋介石为解除吴铁城职务，可谓煞费苦心。他先是命令吴铁城所部进行改编。虽然该部官兵扬言"不愿编归"，但因全师兵力已陷入包围，所以"只得奉政府命，唯谨以图苟存"。③接着，4月23日，蒋介石与谭延闿等人密商"免吴铁城公安局长之职"。④随后，即4月24日，蒋介石派遣李章达前往公安局"接事"。吴铁城由于"事前一无所知"，"尚未奉到更动命令"，所以"照常到局办事"。⑤两天后，《广州民国日报》正式公布了"任免之原因"：

> 此次更换公安局长，市民多以为事出突然，其实此事在数月之前，经已酝酿，月前军事委员会曾议决，凡当军职者，不能兼任他职，故其时宣传有换吴消息，职此之故。况公安局一职，关系广州治安，至

---

① 《蒋介石日记》（手稿本），1926年5月29日。
② 《蒋介石日记》（手稿本），1926年4月11日。
③ 木庵：《吴铁城在粤被捕详情》，《申报》1926年6月10日，第3张第9版。
④ 《蒋介石日记》（手稿本），1926年4月23日；《谭延闿日记》（手稿本），1926年4月23日。
⑤ 铜驼：《吴铁城解除公安局长情形伍朝枢因此事提出辞呈》，《申报》1926年5月2日，第3张第9版。

为重要，而吴铁城乃第六军第十七师师长，两项重职，同膺一身，若遇前方有事，而身在广州，则前方军旅，又谁人任之，故吴实势不能兼顾此，所以政府命吴专事军队工作，而免其公安局长之职也。①

在军政人物身兼多职司空见惯的年代，这份官方通告仅以吴铁城身兼军政双重职务为理由，其私心显然易见。

蒋介石变更公安局局长之举措，牵一发而动全身，庶几引起广州政局的动荡。广州市政委员会委员长伍朝枢"不以撤换公安局长事为然"，②流露不满之情。伍朝枢对记者说："公安局乃市政府统系之一部，该局长又市政委员之一"，按照文职官制规定，与军事无关，"今遽为军事委员会以非常手段处理，殊不以为然"。③这令蒋介石颇为无奈，顿感"人事之难极矣"。④谭延闿虽然居中调和，但是木已成舟，"事无可挽"。对此，他一针见血地指出，"表面在争手续，实际则以疑猜"。⑤

其后，伍朝枢之离粤又造成广州市政当局出现群龙无首的尴尬局面。为了将不利的连锁反应程度降至最低，蒋介石宣称伍氏行为"纯系个人私事，并不负有何种任务及关于政治上之行动"。⑥由于市政委员会委员长职责重大，"不可一日无人主持"，所以，蒋介石迅速安排广州市建设厅厅长孙科接替。⑦

紧接着，蒋介石又对广州市公安局之组织结构进行调整。他将公安局政治部改为由他担任主席的广州国民政府军事委员会直接指挥。⑧为加强对公安局的控制，蒋介石在国民革命军总司令部成立后，又将其改由总司令

---

① 《李章达任广州市公安局长吴铁城任免原因》，《广州民国日报》1926 年 4 月 26 日，第 3 版。
② 《蒋介石日记》（手稿本），1926 年 4 月 24 日。
③ 铜驼：《吴铁城解除公安局长情形伍朝枢因此事提出辞呈》，《申报》1926 年 5 月 2 日，第 3 张第 9 版。
④ 《蒋介石日记》（手稿本），1926 年 4 月 26 日。
⑤ 《谭延闿日记》（手稿本），1926 年 4 月 24 日。
⑥ 《伍朝枢请假赴沪》，《广州民国日报》1926 年 6 月 2 日，第 3 版。
⑦ 《要闻：任孙科为市政委员长》，《广州民国日报》1926 年 6 月 3 日，第 3 版。
⑧ 《公安局政治部之消息拟改组由军事委员会指挥》，《广州民国日报》1926 年 5 月 3 日，第 10 版。

部政治部"一律统辖"。① 此外，蒋介石为防止率军北伐所造成后方军事力量的弱化，他授命广州市公安局联合各界组织成立"市绥靖委员会"，并"联络本市之军警机关，维持治安"②，最大限度地维持社会稳定。

第二，多渠道筹措军费。财政状况与军费需求向来备受蒋介石重视。4月10日，广州国民政府军事委员会专门商议财政问题，"议四月预算，毫无办法，财部欲一切费皆在四百万中，而军事所需乃非五百万不能了。水长船高，未如何矣，仍以再核了事"。③ 蒋介石非常关心财政预算，他次日致电谭延闿称，"本月份预算似应确定"，并就"经常费"和"临时费"提出两点意见：其一，"经常费似不可少者，惟军用品与特别费二重，似可减少或从缓议，以为从速解决预算之一法，如此则超出之数不过十余万元，应请财政部增加，似难拒绝，否则只有在本月份临时增加之常费内平均酌减也"；其二，"临时费鄙见以为除医药费及零星少数不上千元者照数支付外，剩余只有缓给，未知尊意如何？"④

为了纾解财政窘境，蒋介石采取多种手段增加财税。首先，他有意改善与宋子文的关系。虽然宋子文在财政上时常引起蒋介石的不满，令蒋感叹"财权足以制人如此"⑤，但是蒋介石仍需利用宋子文的理财能力，因此提议"留子文财部"。⑥ 蒋介石为维系个人关系，甚至提出互相"换帖"。⑦ 其次，他采取多种渠道扩充军费。比如，为调剂军需而缩减政府职员薪俸，"百元以上者九折，二百元以上者八折，五百元以上者七折"；⑧ 与此同时，暂缓实行政府职员"递年加俸"规定，"以节国币"。⑨ 又如，提前增收一

① 《公安局政治部改隶总司令部政治部准备重新改组》，《广州民国日报》1926年6月29日，第10版。
② 《广州治安问题》，《晨报》1926年6月10日，第2版。
③ 《谭延闿日记》（手稿本），1926年4月10日。
④ 《蒋介石致谭延闿电》（1926年4月11日），台北，"国史馆"藏"蒋中正总统文物"，档号：002-010100-00001-007。
⑤ 《蒋介石日记》（手稿本），1926年4月13日。
⑥ 《蒋介石日记》（手稿本），1926年4月14日。
⑦ 《蒋介石日记》（手稿本），1926年4月25日。
⑧ 《粤筹北伐军费核减官俸》，《晨报》1926年5月2日，第2版。
⑨ 《政府所属各机关职员暂缓加俸因北伐用兵期内财政支出浩繁》，《广州民国日报》1926年6月10日，第3版。

年的钱粮、厘税等多项税收，"约共得二百万"。① 更有甚者，宋子文担忧军费无着，主张大开赌禁和恢复摊派。有人估计"规复番摊，日可得万四千元"，不过，"广州赌禁由将大开矣"。② 对此，宋子文承认称："明知此非良税，然北伐饷糈紧急，暂赖以资挹注，实非得已……暂假以削平国难，俟军事结束，施禁终有期也。"③

第三，加强军队整合，逐步取得最高军事指挥权。两广军政领袖为实施北伐，多次召开军事会议。1926 年 4 月 16 日，蒋介石、谭延闿、朱培德等重要军政人物召开国民政府军事政治委员会联席会议，"公推"蒋介石为广州国民政府军事委员会主席。他们宣称这次会议"决定根本方策"，所以"内容异常严重"。④ 这是蒋介石努力整合军队的第一步，正如谭延闿在日记中所称，"以北伐始，以推主席终"。⑤ 不过，说到底广州国民政府军事委员会制度仍为"军事分权制"，这并不符合蒋介石主张统一军权计划的目标。⑥

为了实现军权集于一身，他力主增设国民革命军总司令部。5 月 25 日，蒋介石向鲍罗廷表明设立国民革命军总司令部想法。⑦ 数日后，他又与张静江、朱培德、谭延闿等人协商"设立总司令部事"。⑧ 众人心知肚明，不约而同地推荐蒋介石为总司令。蒋介石故作扭捏之态，他在日记中写道："余惶愧力辞，推组安（指谭延闿——引者注）担任，而彼不允。各军长又推余不休，否则视为不负责任，进退两难矣。"⑨ 蒋介石甚至在日记中记载鲍罗廷也"力劝其任总司令，担任首领责任"，否则，鲍罗廷就辞去顾问职

---

① 《党政府筹北伐军费》，《晨报》1926 年 5 月 29 日，第 2 版。

② 《党政府终须大开赌禁》，《晨报》1926 年 6 月 11 日，第 2 版；执中：《党政府大开烟赌两禁预算可筹二三千万惟将出师之期尚未决》，《晨报》1926 年 5 月 14 日，第 5 版；执中：《北伐军出发与后方布置蒋介石决定作战计划军饷缺乏是最大难题》，《晨报》1926 年 6 月 11 日，第 5 版。

③ 《宋子文关于一年间库款收入及整理财政经过情形呈》，中国第二历史档案馆编《中华民国档案史料汇编》第四辑（下），江苏古籍出版社，1986，第 1403 页。

④ 《要闻：昨日国民政府开军事政治委员会联席会议》，《广州民国日报》1926 年 4 月 17 日，第 3 版。

⑤ 《谭延闿日记》（手稿本），1926 年 4 月 16 日。

⑥ 毅庐：《北伐声中之粤革命军总司令》，《申报》1926 年 6 月 14 日，第 3 张第 9 版。

⑦ 《蒋介石日记》（手稿本），1926 年 5 月 25 日。

⑧ 《蒋介石日记》（手稿本），1926 年 5 月 31 日。

⑨ 《蒋介石日记》（手稿本），1926 年 6 月 3 日。

务。① 所以，蒋介石便在"当此军事发展时期，不可无一重要人员出任各军总司令之责"的条件下，顺理成章地担任国民革命军总司令。对此，时人有深刻的揭露："查此次政府任蒋之原因，纯为将国民政府治下各军设法整顿，付蒋以全权，使号令一致。"②

之后，蒋介石立即扩大国民革命军总司令部的权限，规定各项军事机关"统移隶于总部之下"。③ 他还强化了国民革命军总司令部的战时特权，规定北伐期间所有军政事务均受该部指导，"始能收指臂之效"。④ 蒋介石此举真实动机是希望以国民革命军总司令职务作为担任北伐军总司令的铺垫。他对记者说："国民革命军总司令之设置，非全关北伐问题，而北伐之时期内有设立总司令之必要，所以国民革命军之总司令以负北伐之责任亦无不可。"⑤ 最终，蒋介石拥有最高军事指挥权后才"目下北伐问题，已如春雷爆发"。⑥

四 小结

综上可见，蒋介石为有效地实施北伐，从建立稳固的后方根据地、筹措军费和夺取最高军事指挥权等方面进行系列筹划。他巧妙利用"湘局"形势变化，不但顺利完成北伐部署的准备工作，而且成功摆脱"中山舰事件"后自身所面临的困境，化被动为主动。这也反映蒋介石掌控局势的能力比其他两广军事领袖略胜一筹。然而，各方军事强人在复杂的权力场中竞逐沉浮，各自行为取向是在综合权衡各项条件之后的结果，都是在实现自身利益的最大化。虽然蒋介石的计划得以实现，但从某种程度上而言，这种结果其实也是竞争对手请君入瓮之道，因此埋下诸多隐患。事实上，当蒋介石率军进入长江流域后，"前方"出现不利战局，且"后方"问题

---

① 《蒋介石日记》（手稿本），1926 年 6 月 3 日。
② 毅庐：《北伐声中之粤革命军总司令》，《申报》1926 年 6 月 14 日，第 3 张第 9 版。
③ 《总部成立后之军事委员会》，《广州民国日报》1926 年 6 月 29 日，第 3 版。
④ 《战事期间革命军总司令部之特权》，《广州民国日报》1926 年 6 月 30 日，第 3 版。
⑤ 《要闻：蒋介石之重要谈话春雷爆发之北伐问题》，《广州民国日报》1926 年 6 月 7 日，第 3 版。
⑥ 《政府组织审查新闻委员会》，《广州民国日报》1926 年 6 月 9 日，第 3 版。

暴露，这再次令他陷入困境。倘若把观察时段拉得更长就不难发现，广东虽然作为蒋介石崛起的重要空间场域，但是他一旦离开广东，便很难对广东实行有效控制。然而，就政略的空间格局来看，蒋介石一直以"全国一盘棋"的大战略筹划北伐，而两广实力派则着眼于区域统治。两者的"革命情怀"和政治考量显然处于两条轨道上。所以，蒋介石的政略和战略优点，在一定程度决定了其此后走向全国并实现中华民国形式上统一的重要条件。

《东南日报》对蒋介石1949年第三次下野后故乡之行的报道

周维煦[*]

1949年是蒋介石人生中最为灰暗痛苦的一年。他在1949年的年终总反省中认为，当年之生活，耻辱悲惨于此为甚，但有两件事"较堪自慰"，其一即为下野后的三个月故乡生活。[①] 以往学界对于蒋介石的第三次下野、其94天的故乡生活及蒋与故乡关系等问题，已有渐趋成熟的研究。《东南日报》为蒋介石故乡浙江省的地方性报纸，同时也是省党部的机关报，在东南地区影响甚广。本文拟从一个新的角度来考察此问题，即通过《东南日报》在蒋下野期间的报道、评论来看当时以《东南日报》为代表的浙江地方舆论是如何报道蒋下野后的活动的，同时又是如何引导舆论的。冀以此丰富对蒋介石第三次下野的研究，并使蒋介石研究的视角更趋宽广和多元化。

一 《东南日报》之报道

1949年1月21日，蒋介石因政局情势压迫宣布下野，下野之后第二天便回到了故乡奉化溪口。各方媒体对蒋都有不同程度之报道，尤以《东南

---

* 周维煦，浙江大学历史系2016级中国近现代史博士研究生。本文系国家社科重大项目"蒋介石资料数据库建设"（项目编号：15ZDB048）阶段性成果。本文原刊于《浙江档案》2016年第5期。

① 《蒋介石日记》（手稿本），民国三十八年总反省录；此日记藏于斯坦福大学胡佛研究院，下同。另一件让蒋介石甚觉安慰的事，为1949年底美国共和党参议员诺兰抵达重庆访问。

日报》最为详尽，多达 50 篇报道。这些报道在内容上大致可区分为对蒋介石行踪、会客、谕令、函电，以及报纸评论的报道。笔者对这些不同内容的报道进行了详细统计，见表 1。

表 1　《东南日报》关于蒋介石下野居留溪口期间报道统计一览

报道内容	行踪	会客	谕令、函电等	报纸评论
次数	33	9	5	3

　　由表 1 可知，有关蒋介石行踪的报道次数约占所有报道次数之三分之二，通过细读《东南日报》的相关报道，不难发现该报着力铺陈和深描蒋介石在奉化期间的游历、会亲、访友、谒墓、祭亡等行程。蒋介石在第三次下野之后，居留于溪口时间有 94 天，有计划地游览了宁波一带的山水名胜，光是用于会见亲友、游历山水的重要行程有 43 天，接近 94 天居留时间的一半。① 回乡后的第二天，蒋介石便谒拜母亲墓，参观武岭农场，意兴悠闲、心境坦然。② "赴宁波游览，并在中山公园小憩，旋即返溪口。今日上午复往奉化之风景区月岭游览……"③ 蒋介石归乡后，游览风景，阅书赏花，每观一处溪口名胜皆亲自题字，计有"奎阁凌霄""武潴浪暖""碧潭观鱼""屏山雪霁""锦溪秋月""松林晓日""雪峰晚照""溪船夜棹""南园早梅""平沙芳草"十景；并命名魏家庄山间大桥为"慈桥"，武林公阁中之阁为"慈阁"，其亭为"慈亭"。④ 《东南日报》相关观察即有："蒋总统近日生活，至为恬淡。日常除写字读报外，常以大部时间游览临近山水。彼似极少谈及政治，亦无离故乡之意。报载彼为国民党事将赴广州一行，纵令实现，仍将于短时期内返奉。"⑤

　　由《东南日报》报道可看出，蒋介石对故乡浙江有着很强的地缘认同

① 刘维开：《蒋介石的 1949：从下野到再起》，山西人民出版社，2013，第 56 页。
② 《蒋总统生活悠闲昨到武岭学校参加礼拜参观武岭农场后返慈庵》，《东南日报》1949 年 1 月 24 日，第 1 版。
③ 《总统游月岭》，《东南日报》1949 年 2 月 3 日，第 1 版。
④ 《蒋总统在故乡连日畅游名胜状至悠闲》，《东南日报》1949 年 2 月 26 日，第 2 版。
⑤ 《蒋总统生活恬淡日惟游览山水》，《东南日报》1949 年 2 月 10 日，第 1 版。

感，以致其爱屋及乌，在用人方面颇受地缘认同之影响。[①] 在蒋氏 1949 年第三次下野后居留溪口期间，有大量与溪口乡民亲密交往的报道和记载。1949 年 2 月 5 日上午，长子蒋经国、长孙蒋孝文陪侍蒋介石游育王寺，同行的还有陈立夫、张道藩、谷正纲、陶希圣、石觉、李文等人。蒋介石等人所经之处，当地乡民皆夹道欢迎，锣鼓喧天，"放爆竹，捧香炉，万人空巷，争瞻丰采"。[②] 蒋介石在当天的日记中也说："乡人如此热情，未知将何以未报。"[③]《东南日报》还记载了蒋介石与溪口基层干部亲切话家常的场景："蒋总统常询单副乡长姓名年绪，因何在此？经一一回答后，蒋总统以单恰与己同庚，且同生于九月，表示称奇。又逢单姓婚礼，即嘱侍卫官送羊一只，酒一担，花烛一对……主人燃放爆竹三个表谢。"从侧面观之，蒋介石与故里乡民的交往亲切而自然，其心情也十分舒畅。[④]

多达 33 篇的行踪报道有如下三个特点。其一，行踪报道的持续性和时效性极强。《东南日报》占地利之便，与当时的《大公报》和《申报》等报纸相比，更加注重追踪报道的力度，进而形成了新闻报道上的持续性和时效性。其二，自蒋下野之后第二日始，每一日的重要版面都有蒋介石的行踪报道，对蒋的关注远不似下野退休、赋闲隐居、远离政治中心的人物。其三，注重细节描写。在记述蒋在溪口期间与民众同乐的场景时，极为注重对细节的描述；比如，有一日蒋介石在游览途中经过溪口亭下镇时，该报对此场景的描述是"一时鞭炮喧天，老百姓夹道肃立恭接，并备茶点招待"，并将蒋介石与乡民们的对话还原呈现："蒋总统忙下轿说：'我此刻没有工夫，须待回来。'十二时正，经过岭下村，附近民众齐集该处欢迎。蒋总统即下轿，步上岭顶，迎面说：'谢谢。'"

此外，《东南日报》还极力渲染蒋介石注重人伦亲情。如旧岁年下，依照

---

① 对于蒋用人的方法，冯玉祥有着十分"精辟"的总结："第一是他的本家，如蒋孝先一类的人；第二是他的亲戚如孔、宋、毛一类的人；第三是用他的乡亲，那就多得很了；第四是用他的故旧，如二陈派。不问他贤与不贤，先问他故不故；不问他能不能，先问他亲不亲……"详见冯玉祥《我所认识的蒋介石》，国际文化出版公司，2011，第 104 页。

② 蒋经国：《危急存亡之秋》，1949 年 2 月 5 日，《蒋经国自述》，台海出版社，2014，第 202 页。

③ 《蒋介石日记》，1949 年 2 月 5 日。

④ 《蒋总统静居故里昨邀宴父老族人》，《东南日报》1949 年 1 月 27 日，第 1 版。

溪口民俗，蒋介石与家人一同制作年糕，"并亲自取粉捏成猪头形一只，微笑抚握良久，似在追忆童年度岁之乐也"。① 该报道以此引导人们深深赞许蒋介石"因一生许国，牺牲奉献个人小家之情感，无私回报国家人民"之精神，塑造完美的领袖形象，试图影响社会舆论导向。1949 年春节，蒋介石在故乡欢度新岁，这个旧历春节成为蒋此生在大陆的最后一个春节。据蒋经国的日记记载，蒋介石回到家乡奉化之后，体味到了"十分温暖的乡情"，并且尽情享受了天伦之乐趣。② 蒋介石极为重视亲情伦理，在节日热闹欢愉的气氛下，蒋氏一家井然有序恪守遵循所有传统礼节和伦理秩序。1 月 29 日是大年初一，蒋介石亲临王太夫人墓前向亡母贺岁请安，蒋经国夫妇率众子女一同拜谒。蒋氏家族本堂悬灯设祭，蒋介石与本家一同行礼，之后又接受了地方父老的拜年祝贺，继之"蒋氏全族去年新娶媳妇二十五人，分列三排向总统敬茶，由蒋经国分赠茶叶……"③ 此次旧历新年，在蒋身边的亲人看来，是"得庆团圆之乐，殊为难得"。④ 在辞旧迎新之际，按照家乡的风俗，家人一起制年糕。⑤ 蒋经国在日记里写道："家人制年糕，父亲颇为欣赏，食芋头亦津津有味，每含笑视孙儿，盖父亲一生最喜过平淡的生活也。"《东南日报》报道中所描述的蒋介石，尽享天伦之温情，欣喜安慰之情溢于言表。

蒋介石政治生涯中有三次下野，但辞去的主要是军权和政权，而他在国民党内的职务，则依然保留。第三次下野时，蒋仍为国民党总裁。蒋介石在下野文告中称，他下野是因为"倡导和平"，"减轻人民的痛苦"。⑥ 当时的一些新闻媒体称蒋氏下野为"牺牲之举"。⑦ 蒋介石第三次下野，主要

---

① 《总统在故里郊游叙天伦之乐亲手捏制年糕族人并准备迎灯以示欢迎》，《东南日报》1949 年 1 月 25 日，第 1 版。

② 蒋经国：《危急存亡之秋》，1949 年 1 月 22 日，《蒋经国自述》，第 196 页。

③ 《锦水临门蓝作带武山当户翠为屏总统在故里》（专访），《东南日报》1949 年 2 月 5 日，第 1 版。

④ 蒋经国：《危机存亡之秋》，1949 年 1 月 28 日，《蒋经国自述》，第 200 页。

⑤ 《锦水临门蓝作带武山当户翠为屏总统在故里》（专访），《东南日报》1949 年 2 月 5 日，第 1 版。

⑥ 《蒋总统元旦致辞》，《申报》1949 年 1 月 5 日，第 2 版。

⑦ 实际上，蒋介石在溪口期间曾认真反思下野的原因："此次革命剿匪之失败，并非失败于共匪，而乃失败于俄史（指斯大林），亦非失败于俄史，而是失败于美马（指美国特使马歇尔）冥顽不灵，任听俄共之宣传与英国之中伤。……马歇尔实应负其全责，而余之外交运用无方，过信美国之急公好义，致有今日之惨败，亦应引咎自责。"《蒋介石日记》，1949 年 1 月 31 日。

因素是中共军队的势如破竹和美国对华态度的转变。他在居留溪口期间，仍然能干涉党政，频繁会见军政要员，并对实际政令进行干预。如蒋介石频频召见张治中（时任北平和平谈判之首席代表）就是典型的例子。^① 第三次下野后蒋之还乡，其意义并非悠游赋闲、尽享田园牧歌生活。蒋介石仍旧是国民党总裁，在故乡的蒋总裁虽身处乡野山水之间，但心仍在"庙堂"，在大筋大脉之处、权柄得失之际，他是绝不含糊的。

在蒋第三次下野期间，《东南日报》对其会客报道次数相对较少，共为 9 次，且篇幅十分有限，并多冠以"传言某某见蒋""据称某某见蒋"等用语，用意隐晦。通过蒋介石日记的对比、佐证，发现《东南日报》所报道的具体会客日程与蒋日记中的记载不符。如 1949 年 4 月 2 日，蒋介石日记记载："一、军统局高方中案之追究。二、张延口（此字不清）案之追究。三、余纪中（著名报人）约见。四、上海市长人选端木恺、潘公展、谷正纲、何世礼。"接着记："朝课后约见俞鸿钧，……及到涵济厅联络组谷、陶等叙别，指导宣传方针"，"下午约见叶秀峰、俞嘉庸，对情报工作训斥之"。^② 蒋介石在 1949 年 4 月 4 日的日记中又写道："回丰镐房会程、萧、陈、曹等洽商党务与时局之方针……正午约雪艇（王世杰）等在慈庵午餐，下午约吴国桢与雪艇分别谈话，晚约国桢聚餐及晚课。"^③ 而《东南日报》在此两日并无相关的会客报道。分析其原因，大致有二。其一，作为被报道一方的蒋介石，其会见政要的安排大多是保密的，《东南日报》等媒体缺少获取准确信息的渠道；其二，作为报道方的媒体，《东南日报》有意淡化蒋介石下野之后的政治身份，对于其会客干政，其报道只能轻描淡写、含糊带过，以塑造蒋介石"不再干政"的形象。对于蒋之会见政府要员，该报的相关报道甚至将其暗含在蒋之游玩之中，如"（本报二日溪口专电）蒋总统一日上午曾赴宁波游览，并在中山公园小憩，旋即返溪口。今日上午复往奉化之风景区月岭游览。闻昨日曾有政府要员数人专程来溪口晋谒总统，问候起居"。^④ 此篇报道记载了蒋介石意兴悠闲的游览行踪，附带提了

① 《传张治中飞溪口》，《东南日报》1949 年 3 月 30 日，第 1 版。

② 《蒋介石日记》，1949 年 4 月 2 日。

③ 《蒋介石日记》，1949 年 4 月 4 日。

④ 《总统游月岭》，《东南日报》1949 年 2 月 3 日，第 1 版。

蒋前几日的会客情况，并且强调来客之意仅在于问候蒋介石的起居。可见《东南日报》刻意想淡化蒋在此时期的政治身份，达到以退为进之目的。因此，它对于蒋介石的报道多集中于游历、访友、会亲、祭亡、谒墓等活动，甚少涉及蒋介石进行党政会客、参与中枢决策等层面的活动。

　　蒋介石归乡并非稀罕之事，此前蒋氏执政时期也不时会有返乡之行，媒体自然有相应的报道。笔者对《东南日报》1927~1949 年对蒋介石返乡报道的次数进行了较为准确的统计，以便纵观《东南日报》以往的报道之侧重，如表 2。

表 2　1927~1949 年《东南日报》关于蒋介石归乡的报道次数统计一览

报道时间	1927~1931 年	1932 年	1933 年	1934 年	1935~1946 年	1947 年	1948 年	1949 年
报道次数	0	2	0	11	0	8	1	50

　　由表 2 可知，对于蒋介石返乡之事件集中报道的年份有 1934 年、1947 年与 1949 年，尤以 1949 年的次数最多，是此前所有报道次数总和之两倍有余。即使 1947 年，蒋介石以领导全国民众取得抗战胜利之领袖姿态"荣归故里"，《东南日报》对之的报道次数①也远远不及 1949 年该报对蒋下野归乡之报道。据此推之，《东南日报》对 1949 年蒋介石第三次下野归乡之报道大有受政治因素操纵之嫌。

　　《东南日报》在此期间着力塑造蒋介石深入民众的完美"领袖形象"，集报道其行踪，刻意淡化其政治身份，以塑造蒋介石"不再干政"的形象，达到欲退还进之效果。同时，这背后的政治意义不言自明：在国民党核心统治区域浙江、上海等地，通过《东南日报》诸多报道，持续不间断地提

---

①　1947 年，蒋介石以领导全国民众取得抗战胜利之领袖姿态"荣归故里"，回乡阵仗甚盛，相关报道可见《主席将返奉扫墓》，《东南日报》1947 年 3 月 28 日，第 1 版；《抗战胜利后第一次 蒋主席昨返故里扫墓》，《东南日报》1947 年 4 月 3 日，第 1 版；《蒋主席在溪口》，《东南日报》1947 年 4 月 4 日，第 1 版；《主席伉俪偕族人祭祀》，《东南日报》1947 年 4 月 5 日，第 1 版；《溪口镇上灯火辉煌 主席伉俪与民同乐》，《东南日报》1947 年 4 月 6 日，第 1 版；《主席探览故乡名胜》，《东南日报》1947 年 4 月 8 日，第 1 版；《主席遍访故里亲族》，1947 年 4 月 10 日，第 1 版；《主席巡视故居》，《东南日报》1947 年 4 月 11 日，第 1 版。

升曝光率，以期达到下野总裁在民众心中仍是"国民领袖"的舆情目的。

二 《东南日报》 之立场

《东南日报》属于浙江省地方性报纸，前身为《杭州民国日报》，属于国民党浙江省党部的机关报。《东南日报》的主办者胡健中，时人将他与《大公报》的胡政之并称"南北二胡"。胡健中办报十分有雄心，从一开始就不想将报纸的影响局限于浙江一省范围内，而是想与《大公报》《申报》等大报竞争，立足东南，面向全国。① 《东南日报》极力想淡化自身的"党性"色彩，胡健中曾说过："《东南日报》是一张党员办的报纸，不同于国民党的机关报，如果办成《中央日报》那样，就没人要看了。"② 长期贯彻《东南日报》的编辑方针为"党的立场，自由色彩"，即既不沦为群众情绪性泡沫所绑架之境地，又能尽量规避新闻统制制度对报纸话语权之钳制。建立一个健全的报学思想体系，是《东南日报》一直着力的目标。

同时，《东南日报》的国民党 CC 系背景亦不可忽视，陈果夫、陈立夫两兄弟在浙江的势力不容小觑，他们操纵报业为其制造舆论，既能为其二人遍揽政治资本，又能在蒋介石面前邀功献媚，实为必行之举。值得注意的一点是，在 1948 年初，正值解放战争如火如荼之际，东南日报社召开股东大会，公示了《东南日报》董事会成员，其名单上有陈果夫、陈布雷、陈立夫、张道藩、许绍棣、蒋经国、吴开先、胡健中、刘湘女等 12 人③。一年之后，蒋介石宣布第三次下野，《东南日报》是如何看待蒋介石第三次下野的，成为检验其如何在"党性"与"客观"间寻求平衡点的重要新闻事件。

蒋介石在每一次下野到再起间，总会在舆论引导方面做足准备，蒋介石早已认识到"报纸是国民的导师，报纸的言论记载，影响于国民的心理甚大……若引导不得法，国家前途甚为危险"。④ 故而蒋深知社会舆论的重

---

① 袁义勤：《胡健中与〈东南日报〉》，《新闻大学》1993 年第 1 期。
② 何扬鸣：《略论〈东南日报〉的立场、言论和新闻》，《浙江社会科学》1999 年第 2 期。
③ 浙江省新闻志编纂委员会编《浙江省新闻志》，浙江人民出版社，2007，第 95 页。
④ 《蒋主席对记者之演辞》，《中央日报》1929 年 7 月 11 日。

要功用，巧妙地利用舆论对民众心理进行引导，冀能产生巨大的民众认同的作用。1949 年第三次下野在蒋介石眼中，桂系逼宫并不是失败之首要原因。被迫选择下野，是为了能够减轻中共给予的压力，最大程度保存国民党的实力；以李宗仁代其总统之位，能求得与中共达成一定程度的和解，为自己赢得时间。而在"蛰伏"的这一段时间内，舆论准备是"三度出山"的关键环节。对于蒋介石故乡报纸《东南日报》而言，在解放战争期间，其政治立场及其立论是偏向蒋介石的，对其蛰居报道也因此因例附会，点到即止。为此，笔者通过详细的数据分析，将《东南日报》与当时在传媒界占有主导地位的《大公报》《申报》进行一个横向比较，进而分析得出《东南日报》的舆论倾向，如表 3。

表 3　有关蒋介石 1949 年下野溪口期间（1 月 21 日至 4 月 23 日）
三大报纸报道具体日期统计一览

	《东南日报》	《大公报》	《申报》
1 月	21、22、23、24、25、26、27 日	24、25、26 日	21、22、23、24、25、28、30 日
2 月	2、3、5、7、9、10、18、21、23、26、27 日	1、2 日	3、6、13、21、26、27 日
3 月	6、9、10、12、15、30、31 日	10、14、31 日	5、10、11、14 日
4 月	1、5、9、10、13、19、22、23 日	10、23 日	2、8、11、12、13、16、21、23 日
报道总天数	33	10	25
报道总篇数	50	10	35

注：报道总篇数的数据构成中，会有同一日有多篇报道的情况，故而累加，特此说明。

　　对三大报纸对于蒋介石 1949 年在溪口活动的报道天数和篇数的统计，可以看出《大公报》和《申报》无论是在报道的天数还是在报道的篇数上都逊于《东南日报》。尤其是通过表 3 中三大报纸报道的具体时间分布可见《东南日报》发布的报道更为密集，报道次数更为密集。足见《东南日报》的报道甚为集中、持久和深入。由此可看出，第三次下野期间的蒋介石仍是《东南日报》关注的焦点及舆论核心人物。

传媒报纸的新闻源是值得注意的关键点。当时,报纸之间新闻同质化现象十分普遍,所报道的新闻往往十分雷同,其新闻源大部分都是"中央社消息"。《东南日报》对蒋 1949 年在故乡之活动报道可见:一是受到国民政府新闻统制政策的影响;二是该报纸对特定人物或事件采取的是循例附会的立场或是置身事外的处理方法。针对在《东南日报》中对于蒋介石多达 50 条的新闻报道,笔者做出以下新闻源分析,如表 4。

表 4　《东南日报》关于蒋介石 1949 年居留溪口期间报道之新闻源分析

新闻源	本报讯	中央电	其他
报道次数	25	12	13

注:其他新闻源含合众社、大中社、路透社等。

在诸多新闻报道中,有必要对新闻源做一个"中央电"和非"中央电"的区分,由此可看出《东南日报》对于蒋介石在第三下野期间报道之重视。由表 4 可看出,本报讯有 25 条,是中央社稿的两倍有余。不仅如此,《东南日报》在处理重大新闻事件时,通常会引用多重的新闻源,丰富报道内容,提升其客观性。特引两日报道为例:

（本报廿三日奉化讯）蒋总统于十九、廿两日乘轿离溪口,登游雪窦寺、妙高台等名胜……

（大中社二十三日溪口讯）蒋总统回乡后,游览风景,阅书赏花,有时并观国剧,情状悠闲。溪口名胜皆亲加题写……①

（中央八日广州电）此间报载退休溪口之蒋总统可能于短期内来穗一行,便以国民党总裁身份,处理重要事务,传天河机场已奉令……

（路透七日睿继电）让广州方面今日传来未证实之消息称:蒋总统将于九日来穗,主持国民党中央政治委员会开会式,蒋氏对国务职务

① 《蒋总统在故乡连日畅游名胜状至悠闲》,《东南日报》1949 年 2 月 26 日,第 2 版。

虽已引退，但仍为国民党总裁。①

以上日则报道，每天报道相同内容，但每条信息分别援引不同新闻源，使报纸呈现的内容并不是"一家之言"，亦免有附会中央社之嫌。新闻来源多样化以及新闻渠道多元化，是衡量传媒报纸专业化以及客观程度的重要标杆。

报纸的评论部分最能代表报纸的思想和立场，甚至是政府之行动政治正当性的重要依据，具备廓清迷雾、向导国民、鼓励社会等重要作用。笔者摘录 1949 年 4 月 23 日《东南日报》的《请蒋总统重新出山》一文为例，从中可看出《东南日报》的立场是偏向国民党尤其是偏向蒋介石的。该篇短评充斥着对蒋介石的溢美之词，如"运筹帷幄，决胜千里""再造河山，非异人任也"，并言及"在南京方面，在广州方面，请蒋总统重行出山的呼声都甚嚣尘上。无论愿与不愿，向以民族国家为重、向为国家干城的蒋总统实宜毅然决然……"② 在该篇社评发表之前，解放军已经发起渡江战役，蒋介石也早已准备重新走到台前。《东南日报》积极为蒋出山造势，其呼吁蒋介石重新出山之迫切溢于言表。该报的舆论立场印证了 1937 年 2 月 1 日其社评："本报的指导机关是中央党部和省党部。在以党治国的原则下，其言论的发挥，新闻的采择，都不与党的立场相违悖。"③ 相较相对独立的《申报》《大公报》，《东南日报》的党报立场始终没有改变。

表 5　《东南日报》关于蒋介石第三次下野居留溪口期间的评论及专访略一览

时间	类型	篇名	主要内容
1949 年 1 月 23 日	社评	《和平第一》	"昨天本报，蒋总统离京文告与新华社论同日发表，令人于和谈前途，疑信参半。""和平之神业已在望，此时政府当局，应以蒋总统高蹈远引之风度为依据，力求接近，毋令失之交臂。这一点，是今日之中枢当局所必须切实把握的大原则。"

① 《传蒋总裁将离溪口可能赴穗处理党务》，《东南日报》1949 年 4 月 9 日，第 1 版。
② 《请蒋总统重新出山》，《东南日报》1949 年 4 月 23 日，第 1 版。
③ 《本报之今后》（社论），《东南日报》1937 年 2 月 1 日，第 1 版。

续表

时间	类型	篇名	主要内容
1949 年 2 月 5 日	专访	《锦水临门蓝作带武山当户翠为屏总统在故里》	"溪口镇全时沿剡溪的单面街,商店两百余家,住宅一百余间,正面朝北一字排列,街道水泥铺成,分上、中、下三段,共长两华里。""溪口山水足为东四明山风景的代表,妙高台拔高一千二百公尺,距镇上十五华里,三分之二一段乘小汽车可以直达。"此外还详细记述了蒋介石在故里安度春节每一日的行程和游踪。
1949 年 4 月 23 日	短评	《请蒋总统重新出山》	"在诸多问题之中,有一个特别重要的,是最高统帅权的确立问题。运筹帷幄,决胜千里,放眼阙中,我们觉得除蒋总统重行出山以外,实在缺乏相当指挥,以完成这个最高统帅权的重责。"

注:新闻评论的类型主要有:社评、短评和星期论文。

蒋介石是一个高度自省的人,十分注意反省总结失败的经验教训,因而前后三次下野,蒋都进行了深刻反思。比较蒋介石的第二次、第三次下野之后的反省,值得注意之处在于蒋反复用了同一个词:"另(重)起炉灶"。[①] 如果说前两次的下野,蒋介石还不完全具备"重起炉灶"的充足实力和完全把握,那么到了蒋介石 1949 年第三次下野,他对于国民党的掌控已经是无可撼动之地位,绝非李宗仁等人能比,因此蒋介石的重新出山只是时间和各方准备的问题。而《东南日报》的大量报道,无疑为蒋介石的"重起炉灶"起到了推波助澜的作用。

三　结语

《东南日报》着力报道蒋介石第三次下野后在溪口的行踪,试图塑造出一个平和、亲民、完美的领袖形象,连同其他方面的大量报道,形成了一个广泛而声气相同之纵深传播。通过对《东南日报》历年报道之纵向分析,可进一步见出:1949 年 1~4 月,该报纸对于蒋介石下野报道力度之大,其政治目的为在短时间内做足舆论准备;同时又增添了部分轶出官方正统声

---

① 汪朝光、王奇生、金以林:《天下得失:蒋介石的人生》,山西人民出版社,2012,第 44 页。

音的报道，有意淡化蒋下野后的政治色彩，力图塑造蒋热爱故乡、亲民爱民的领袖人格。通过对《东南日报》与《大公报》《申报》进行的横向比对分析，进而可以推断出《东南日报》之立场在解放战争时期，毋庸置疑的是倒向国民党的。

纵观《东南日报》之沿革，在抗战胜利之前，其言论从自由立场到民族立场，无不起到了良好的反响，在舆论界树立了良好的口碑。但到了抗战胜利之后，该报纸背后的权力结构悄然发生了变化。众所周知，《东南日报》三巨头为胡健中、许绍棣、刘湘女。这三人早年从事新闻工作，后来皆为"党国大员"，1943年，胡健中被蒋介石任命为中央日报社社长；许绍棣曾任浙江省教育厅厅长，国民党中央委员；刘湘女当过浙江省党部常委。① 三人均有党国政治身份。其中对报纸"党性"与"民性"权衡再三，始终充满矛盾的是胡健中，因为抗战胜利之后，主持报纸大局的主要是许绍棣，胡健中只是兼任社长，而许绍棣曾在公开场合言明其"烧了灰也是三民主义的信徒"，② "党国立场"足以彰显。通过本文对《东南日报》诸多报道的分析论证，且与时下《申报》《大公报》进行比勘对照，可印证在解放战争期间，《东南日报》无论是从言论立场还是舆论导向，皆偏向国民党尤其是蒋介石，尽心尽力地为蒋介石第三次下野再度出山做舆论准备。

---

① 浙江省政协文史资料委员会编《老报人忆〈东南日报〉》，浙江人民出版社，1997，第260页。

② 浙江省政协文史资料委员会编《老报人忆〈东南日报〉》，第261页。

退台初期国民党政权的"省院"纷争

潘建华[*]

1949 年，蒋介石在大陆的失败让其事业与权威跌到"谷底"，退台后蒋即着手整顿，以控制政局，重塑权威。关于退台初期的台湾政局，早年的研究较多关注蒋介石如何运用强力手腕，在党政军中清除异己，重建由其掌控的"威权体制"。[①] 近年的研究大致有两种切入视角。其一，从蒋介石和陈诚关系的角度，揭示蒋陈关系的演变过程及其影响因素。[②] 蒋介石、陈诚、吴国桢是退台初期台湾政局的主要人物，在阐述蒋陈关系时或多或少会涉及省主席吴国桢，但因着眼点主要是蒋陈关系，对吴着墨亦少。其二，以台湾省政府为视角，考察其与台湾政局的演变及其相关事件，[③] 但对吴国桢在施政过程中与"行政院"之间的矛盾冲突均阐述甚少。

本文以蒋介石如何处理"省院"关系作为切入点，梳理退台初期"省院"纷争的缘由及梗概。在考察蒋处理"省院"关系的决策经纬和心路历

---

[*] 潘建华，浙江大学历史系博士研究生。

[①] 早期代表性成果可参见茅家琦主编《台湾三十年（1949—1979）》，河南人民出版社，1988，第 1~51 页。

[②] 参见刘维开《迁台初期的蒋陈关系（1950—1954）》，黄克武主编《重起炉灶：蒋中正与 1950 年代的台湾》，台北，中正纪念堂，2013，第 11~45 页；陈红民《台湾时期蒋介石与陈诚关系探微（1949—1965）》，《近代史研究》2013 年第 2 期。

[③] 参见欧世华《吴国桢与台湾政局（1949—1954）》，硕士学位论文，台湾师范大学历史研究所，1999；左双文《退台初期国民党高层人事纠纷几桩个案的再解读——侧重陈诚的角度》，《社会科学研究》2011 年第 2 期；陈进金《蒋中正迁台初期的人事布局——以省主席的递嬗为中心》，黄克武主编《迁台初期的蒋中正》，台北，中正纪念堂，2011，第 115~145 页。

程的同时，探讨政治设计及蒋、陈、吴三人的执政理念、个性等因素对当时"省院"关系的影响。

一 "省院"改组与陈吴关系

1948 年底，蒋介石在第三次下野前夕任命陈诚为台湾省政府主席。临危受命的陈诚随即在台湾进行苦心经营，为此后国民党政权撤退台湾奠定了重要基础。然而，在陈诚欲有所为之际，却被蒋介石以争取美援为名，起用美方属意的吴国桢接替其省主席职位。蒋在复职后旋即起用陈诚出任"行政院院长"，"省院"改组的直接当事人陈诚与吴国桢因缘际会，隔阂矛盾渐起。

1949 年初下野后，蒋介石一直期待美方政策的转变，并通过各种渠道寻求美援。形象清新、有留美经历和能吏之称的吴国桢在与美方的往来联络中，成为美方之取代陈诚出任台湾省政府主席、改革台湾政治的人选，并以此作为援助台方的前提条件。① 对此，陈诚虽向蒋介石表示"凡于国家民族有利者，吾人任何牺牲，均在所不惜"，其个人更无问题，但亦陈明自己在省主席上绝不因各方的妒忌与攻击而消极，并提出为将来一切方便计，可先以吴国桢兄任省府秘书长。② 12 月，蒋飞抵台北，复与陈诚商讨省府改组问题，陈诚对美方条件的可靠性提出质疑，蒋亦有所犹疑。作为防备，蒋赞同陈诚提出的暂由吴国桢以台湾省政府秘书长身份代理省主席职务的建议，认为此举可以内外兼顾，即使美援不来，亦不至于"上当"。③

随后，蒋综合各方消息，判断美方已转变政策，决定以吴国桢代理省主席，以试美国援华之态度。④ 然而，吴国桢对于出任省主席一事坚持非正式之职不就，并造访美国领事馆，称蒋只予其代理台湾省主席职务，并限一个月取得美援，若能做到再授予全权。美方则表示台湾必须做出根本改

---

① "The Consul General at Taipei to the Secretary of State"（Nov 14, 1949），*FRUS*, 1949, Vol. IX, pp. 423–424.

② 何智霖编辑《陈诚先生书信集·与蒋中正先生往来函电》（下），台北，"国史馆"，2007，第 739 页。

③ 陈诚：《陈诚回忆录——建设台湾》，东方出版社，2011，第 59 页。

④ 《蒋介石日记》，1949 年 12 月 11、13 日；美国斯坦福大学胡佛研究所档案馆藏，下同。

革才会取得美援。① 对此，蒋介石再次做出让步。12 月 15 日，国民党中央通过吴国桢接替陈诚任省主席提案。② 陈诚不得已"忍辱"请辞，但自始即对此决议质疑与不满，认为起用吴国桢主台乃"得病乱投医"的荒谬之举，③ "大家都知道只有革命，但大家都走自杀的路。非制造自己的矛盾来瓦解自己"。④

对于取代陈诚，吴国桢自始至终有所顾虑，在蒋介石再三保证后方才答应出任。然吴国桢就职仅数日即遭遇人事风波，被迫请辞。⑤ 风波虽源于省府人事布局引起台籍派系的争执，但陈诚于此亦牵涉甚深。陈诚反对吴国桢省府人事的安排，要求此事应有合理之解决，以免失人心。其间，陈诚多次与反对吴国桢人事安排的台籍参议员、立监委等各方人士会商。1950年 1 月 17 日，蒋介石转告陈诚，希望其能与自己开诚解决一切问题，并与吴国桢合作。20 日，蒋与陈诚、吴国桢等人会谈后，决定撤换吴国桢任命的民政厅厅长与建设厅厅长，以解决此次风潮。但陈诚仍不满意，认为此决议是"经过吴（国桢）报告后，总裁即决定，并未征求各人意见，我自不便有所主张，惟临走时仅告吴问题并未解决，吴认为无法解决"。⑥ 对于陈诚的态度，蒋介石亦无可奈何，只能归咎于其心理病态甚深，与人不能相处。⑦

1950 年 3 月初，蒋介石复职。此前蒋即着手筹划"行政院"的重组。对于"院长"人选，蒋经多番考量后决定由陈诚"组阁"。但为协调各方意见，尤其是吴国桢对陈诚"组阁"的坚决抵制，蒋亦是煞费周折。起初，蒋介石的首选并非陈诚，认为"以辞修之心理病态绝不能担当此重任"，遂

---

① "The Consul at Taipei to the Secretary of State" (Dec. 14, 1949), *FRUS*, 1949, Vol. IX, p. 445.
② 吕芳上主编《蒋中正先生年谱长编》第 9 册，台北，"国史馆"、中正纪念堂、中正文教基金会，2015，第 412 页。
③ 何智霖编辑《陈诚先生书信集·与蒋中正先生往来函电》（下），第 740~741 页。
④ 林秋敏等编校《陈诚先生日记》（二），1950 年 1 月 7、12 日，台北，"国史馆"、中研院近史所，2015，第 715~718 页。
⑤ 《吴国桢函黄少谷并呈蒋中正请辞事宜》（1950 年 1 月 12 日），台北，"国史馆"藏，典藏号：002-080101-00045-010。
⑥ 林秋敏等编校《陈诚先生日记》（二），1950 年 1 月 1、2、6、12、20 日，第 711~720 页。
⑦ 《蒋介石日记》，1950 年 1 月 31 日，"上月反省录"。

属意王世杰。① 王世杰拒绝后蒋一度考虑让"行政院长"与台省主席兼任，以减少各方纷争。② 而陈诚亦无意出任"行政院长"，其说辞中明言"对地方不易配合"。最后，迫于人选困难，蒋决定直接命令陈诚出任。③

省政府改组之初，陈诚、吴国桢交恶已是政坛公开之事。蒋介石在提名之前有意知会吴国桢，让其有所准备，但吴反应强烈，当即表示辞职，让蒋颇感为难："吴国桢以辞修出长行政院，其心不安，坚求辞职。此在意中事，应恳慰之，如何使之安心服务？辞修气狭量小，动辄严斥苛求，令人难堪，奈何。"然而，蒋决计不顾吴之反对，仍提名陈诚。④ 为使陈诚顺利"组阁"，蒋在正式提名之前，多方协调，化解陈诚"组阁"的阻力。3月4日，蒋再召吴国桢商讨"行政院院长"改组后台省府政策及人事，劝其强勉留任，不可表示辞职意，吴则继续坚执不允。但蒋已决心提名陈诚，因此转而考虑如何调解陈吴关系及决定吴之工作。⑤ 在蒋的转圜下，陈诚"组阁"获"立法院"等各方的谅解。8日，"立法院"通过陈诚"组阁"提案。⑥

然而，吴国桢始终抵制陈的"组阁"，在以辞职抗议无效后，继而对"行政院"的人事提出责难。为争取吴国桢对陈诚"组阁"的谅解，蒋于3月6日约吴国桢夫妇聚餐，劝其强勉忍耐，与陈合作，甚至考虑以吴国桢兼任"行政院副院长"。但陈诚则另有主张，属意张厉生出任"副院长"，蒋亦无法强制。在"财政部长"一职上，吴国桢提出陈诚预定的人选严家淦不能与省政府方面配合，要求自兼，陈诚亦未接受。对此，蒋认为吴国桢多半受美国在台使馆人员的影响，决定尊重陈诚的安排，但吴仍要求不置，美使馆亦间接表示支持吴国桢。⑦ 陈诚鉴于"中央政府"迁台后与台湾地方的关系愈显重要，为表示与省府合作的诚意，决定提名吴国桢兼任"行政

---

① 《蒋介石日记》，1950年2月7日。

② 《雷震日记——第一个十年》（二），1950年2月26日，傅正主编《雷震全集》第32册，台北，桂冠图书股份有限公司，1989，第49页。

③ 林秋敏等编校《陈诚先生日记》（二），1950年2月19、20、22日，第735~737页。

④ 《蒋介石日记》，1950年2月27日，3月1日。

⑤ 《蒋介石日记》，1950年3月3、4日。

⑥ 林秋敏等编校《陈诚先生日记》（二），1950年3月6、8日，第745~746页。

⑦ 《蒋介石日记》，1950年3月6、8、11日。

院政务委员",认为此于"中央与地方的设施自无扞格不入之弊",但遭遇闭门羹。① 3月12日,陈诚召集"政务委员"及各"部长"谈话,吴国桢即断辞未到。次日,经陈诚亲自登门,"诚意劝其不可辞职,免为人借口造谣,于公于私均极不利"之后,吴国桢才打消辞意。②

吴国桢与陈诚以往在各自领域发展,并无特别交谊,两人交恶主要源于省主席一职。在蒋、吴以美援施压,陈诚被迫辞卸省主席的过程中,陈诚认为"吴氏不过是善于揣摩迎合上下一般人的意向而已,美援之有无,究非他个人所能负责"。而吴必欲取得省主席的姿态,更让陈诚对其极为反感和敌视。③ 用人权是省主席势力的源泉,此前,省府人员的组成基本由省主席保荐或同意后任命。④ 因此,吴国桢对于自己在省府人事上遭遇的风波极为不快,认为此事系陈诚在幕后指使,指称陈诚在公开场合指责自己用"欺诈手段猎取省主席一职",让其怒不可遏,此后"尽管他是行政院长,但由于大部分权利都集中在省政府",吴遂自行其是。⑤

退台初期,蒋介石权势虚弱,陈诚掌控台湾军政大权,蒋自对其有所疑忌。美方提出以吴国桢改组省府作为援助条件后,蒋让陈诚辞卸省主席自是顺水推舟。但省府改组后,美援并未依约到来,而吴国桢恃外的言行亦让蒋对其有所警惕。蒋继而选择陈诚"组阁",未始不无分而治之,让陈吴彼此抗衡,大权集于自己的考量。在吴国桢看来,蒋是为了抚慰陈诚被撤换省政府主席一职才有意让陈"组阁"的。⑥ 而陈诚则认为吴国桢取代自己是得力于外人的青睐,欲借外自重,且吴国桢主台以后,有恃无恐、为所欲为。⑦ 可见,蒋介石虽如计完成对"省院"的改组,但改组之初,"省院"的直接当事人吴国桢、陈诚之间即关系恶化,成为影响"省院"关系的潜在因素。复以退台后"中央"与地方在职权、人事上的冲突和分歧,

① 陈诚:《陈诚回忆录——建设台湾》,第71~73页。
② 林秋敏等编校《陈诚先生日记》(二),1950年3月12、13日,第748页。
③ 陈诚:《陈诚回忆录——建设台湾》,第59、61页。
④ 陈之迈:《中国政府》,上海人民出版社,2012,第454~455页。
⑤ 〔美〕裴斐、韦慕庭访问、整理《从上海市长到"台湾省主席"(1946—1953)——吴国桢口述回忆》,吴修垣译,上海人民出版社,2015,第89、103页。
⑥ 〔美〕裴斐、韦慕庭访问、整理《从上海市长到"台湾省主席"(1946—1953)——吴国桢口述回忆》,第133页。
⑦ 陈诚:《陈诚回忆录——建设台湾》,第269页。

使得退台初期的"省院"纷争此伏彼起。

二　人事与政潮：台湾银行事件

虽然省府改组后美援并未如约到来，但蒋介石仍极为器重吴国桢，对其工作甚为支持，故吴国桢领导的省政府表现得极为强势。而蒋有时为求效率，亦直接指示省府行事。1950年7月，台湾省政府决定发行储蓄券，方案提交"行政院"后迟迟未得批复，吴国桢认为是陈诚有意为难，在得到蒋的允许下即行实施。① 对于省府的咄咄逼人，陈诚埋怨最高领袖支持地方政府，以民众为敌，不败何待；② 并多次请求辞职。1950年11月，陈诚第四度递交辞呈，暗示其任职之不快。③ 而强势的吴国桢亦直接以与陈诚不合为由，提出辞职。④ 可见，改组后的"省院"关系自始即不顺畅，蒋亦感慨内部人事不能协调，尤以陈、吴为甚。⑤ 1951年初台湾银行事件的发生让"省院"的矛盾更加彰显。

退台初期，"中央银行"尚未复业，新台币的发行由隶属省政府财政厅的台湾银行代理。1950年底，台湾财政持续恶化，省财政厅厅长兼台湾银行董事长任显群为应付开支，在未经"行政院"同意的情况下，擅自突破陈诚在任时规定的2亿元印钞限额，导致金融动荡，米价与物价突涨。⑥ "行政院"获知后向蒋介石告发，要求撤换任显群，⑦ "省院"关系顿时紧张。

蒋介石对此事"忧虑至极"，并着手挽救。在与"中央银行"总裁俞鸿钧、"财政部部长"严家淦等人商谈后，蒋认为"台行额外发行甚大，事出

---

① 〔美〕裴斐、韦慕庭访问、整理《从上海市长到"台湾省主席"（1946—1953）——吴国桢口述回忆》，第101~102页。

② 林秋敏等编校《陈诚先生日记》（二），1950年5月6日，第762页。

③ 何智霖编辑《陈诚先生书信集·与蒋中正先生往来函电》（下），第750~751页。

④ 《吴国桢致总统》，时间不详，台北，"国史馆"藏，档号：011-100400-0014-008。

⑤ 《蒋介石日记》，1950年12月31日，"三十九年工作反省录"。

⑥ 秦孝仪总编纂《总统蒋公大事长编初稿》卷10，台北，中正文教基金会，2003，第19、26页。

⑦ 《陈诚呈蒋中正》（1951年3月3日），台北，"国史馆"藏，典藏号：002-080109-00005-010。

意外，金钞虽至月杪渐平，但隐患甚多，殊为可危，应力谋纠正"，"任显群之荒唐不则，如不撤换，终将为患"。然吴国桢则坚持保留任显群，并谎称印钞事乃经其许可，撤换任氏不公平，复以辞职相抗。而"行政院"方面则要求任氏必须撤换。① 鉴于"省院"两方彼此相持不下，蒋拟折中处理：免去任显群台湾银行董事长，保留其财政厅厅长职务，以与吴国桢关系较洽的俞鸿钧出任台湾银行董事长。既符合"行政院"之要求，也可消解吴国桢的抗拒。同时召集陈、吴、俞等人商讨善后办法：决定撤换台行主持者二人，其钞币皆归"中央银行"监督，以后发行权归还"中央银行"，并指定由"财政部"发起成立财经小组。② 并认为此举"实为安定内部之重要措置，亦为两月来纠纷暗斗之因素……卒能坚决断行"。③

风波初起，蒋介石更多的是责怪陈诚量狭不能容人。在了解实情原委后，蒋对吴国桢的不满骤增，认为"国桢不自反，且专怪陈、严，并以不切实际之攻讦，希图报复，其骄矜狭小，令人鄙视"。此外，蒋对吴国桢转而就陈诚在省主席任内发行新台币一事提出质疑、攻讦的行为亦颇不以为然。④ 但是，吴则认为蒋介石袒护陈诚，愤愤不平，旋即在"行政院"财经小组成立问题上发难。

1951年2月，"行政院"为在技术上加强与美方的联系，充分发挥美援成效，决定成立财经小组委员会，指派"财政部部长"严家淦为召集人，而吴国桢仅为委员。对此，吴国桢坚决抵制，使得财经小组迟迟无法运作。⑤ 2月19日，原拟召开的财经小组会议，吴国桢非但不参加，而且表示美国经援机构对台内部不能合作不满，并提出辞职：一是表示反严；二是仍坚持非彼不可。对此，蒋在感慨人事复杂的同时，埋怨自己"运用无方"，认为此事如过于重法而不体情谊，则不能行矣，若掩护其非法，则心有所不安。决定此后处事应以实际利害与功效大小为重，再以当时之势与法为凭断。此间，蒋对"行政院"因吴国桢反对，不敢下令召集财经小组

① 《蒋介石日记》，1951年1月20、27、31日，2月14日。
② 秦孝仪总编纂《总统蒋公大事长编初稿》卷10，第47页。
③ 《蒋介石日记》，1951年2月17日。
④ 《蒋介石日记》，1951年1月9日，2月17、18日。
⑤ 秦孝仪总编纂《总统蒋公大事长编初稿》卷10，第49页。

亦颇为不满："其无胆无识，何能负责任事，岂必欲余代其下令强制而后可乎!"①

为解决问题，蒋对吴国桢辞职缘由进行分析：一是"与陈、严势不两立"；二是"以为我厚信陈、严而有所祖护之意"；三是"有美国为他后援，故要胁请辞"；四是"与显群共进退"。于是蒋决定慰留吴国桢，并对其说明利害：如若辞职，"非与陈、严争意气，而与我对敌"，拟授意吴国桢今后可直接对其负责，秉承意旨。2月底，蒋对此次风波进行反省，认为吴国桢"恃外凌人，不肯降心相从，以致中央行政院与省府形成对立不能相容之势。此乃余对人对政不能确定方针，以致一着错误，全盘皆错之象……辞修量窄器小，不能容人，不顾大体，奈何！此为本月最大之不幸。当力图补救"。②

3月1日，蒋初定将任显群与尹仲容对调，而以吴国桢兼省府财政厅厅长；撤换台湾银行陈恭范而以刁培然任总董与经理，同时令"行政院"立即成立财经小组。③ 同日，陈诚对新台币的发行情况做出报告，对吴国桢此前的攻讦予以详细反驳："至吴主席以银行垫款放款，即等于发行一点，姑不论在学理上，全无根据。"④ 得悉此情后，蒋决心对吴国桢进行训诫，要求其"少藉外力骄慢与要胁"，"此事非辞职可了，最后必将公开，余不能违反国家纪律，为外人关系而有所迁就。如其再不了解，惟有实行最后一着：子、改组省府；丑、公开处治，执行纪纲"。4日，蒋介石两度召见吴国桢讨论其辞职的利害得失，表示任氏必须撤职方得免"国人"对省府方面的指责，否则无法转变僵局，但吴仍坚持辞职。蒋只得考虑陈、吴二人的去留问题，认为陈、吴既不能相容，不能不准其一人辞职。随后，蒋亲自查阅台行发行账目及调查报告，确定"国桢之罪责与显群之关系甚重"，决定对吴国桢进行最后警告，让其自定去留："明示其此案内容与余所以必欲撤换其厅长之用意所在，完全出自主动，并无受人影响之事，万一其要提出辞呈，余将如何处置之方法详告之。" 至此，吴国桢知道事已难为，不

① 《蒋介石日记》，1951年2月19、24日。
② 《蒋介石日记》，1951年2月28日，"上月反省录"。
③ 《蒋介石日记》，1951年3月1日。
④ 何智霖编辑《陈诚先生书信集·与蒋中正先生往来函电》（下），第754~756页。

再固辞。7 日，任显群向蒋报告吴国桢已自知认错，蒋介石决定接受张群的建议，任命吴国桢为财经小组第二召集人，以缓和其情绪。但台湾银行人事仍照蒋之意解决，任显群撤换，时间与人选则准省政府与"行政院"直接商洽，不限其期。[①] 10 日，任显群辞去台湾银行董事长，由"中国银行"董事长徐柏园接任，任显群则取代严家淦成为台湾银行常务董事。[②] 至此，围绕台湾银行秘密发新台币引起的政潮始告一段落。蒋对此处理结果亦甚为满意，在日记中记载，吴国桢与台银危机即所谓陈吴之争持已告一段落。此实为台政安危所系之要案也。[③]

在此事的处理过程中，蒋基本能把握"省院"冲突产生的缘由，明晰职责。虽然省府方面"事先既未得到政府（行政院）批准，事后又未立即向政府报告"，且吴国桢对其财政厅厅长的支持是导致矛盾激化的直接因素。[④] 蒋始终给吴留以余地，将解决问题的关键置于其助手任显群身上。为促进"省院"合作，蒋特于陈诚"组阁"一周年之际，约宴"省院"双方，希望他们能"切属中央与地方通力合作，使去年功绩更能扩充"。[⑤] 然而，"省院"关系并未得到根本改善，反而隔阂日深；陈吴二人经过此番摩擦后，也结怨更深，此后的"省院"冲突更加充满变数。

三　职权与政争："经济动员局"之纠葛

1951 年 7 月底，蒋鉴于"自我之陈、吴矛盾不和，财经拮据"，再次考虑调整财政金融方面的人事，对院部人事进行调整，以贯彻财政、金融集中统一之要旨。[⑥] 8 月中旬，"行政院"以"中央"及省政府主管生产、贸易、物价的机构、事权分散，重叠浪费，手续繁多，提案成立经济动员之最高决策机构，裁并"中央"与省的相关机构，以提高效率。8 月 16 日，国民党中央改造委员会决议在"行政院"成立"经济动员局"，统筹经济、

---

① 《蒋介石日记》，1951 年 3 月 3~7 日。
② 《中央日报》1951 年 3 月 11 日，第 1 版。
③ 《蒋介石日记》，1951 年 3 月 10 日。
④ 《顾维钧回忆录》第 12 册，中国社会科学院近代史研究所译，中华书局，1993，第 25 页。
⑤ 《蒋介石日记》，1951 年 3 月 15 日。
⑥ 《蒋介石日记》，1951 年 7 月 28、31 日，1951 年 8 月 1 日，"本月大事预定表"。

财政、交通等各项业务。① 23 日，蒋介石指示"行政院"，"当务之急应成立经济动员局，统一管理生产、贸易及有关经济动员之各项业务。中央暨省各单位与该局业务重复者，一律合并或撤销"，并责令吴国桢协力办理。②但是，吴国桢认为"经济动员局"的设置是蒋有意削减省府权力，是"行政院"与省府争权，坚持台湾作为一个经济单位，不能够在分割的基础上运作。③

此后，因"省院"双方均未协调到位，"行政院"人事调整与"经济动员局"成立等事迟迟未发表。9 月中旬，陈诚因对现况不满，率先提出辞职。④蒋为此深感内外交困，不禁悲从中来，"外侮如此而内部纠纷复杂，不能和洽，又如何能不痛心"，但仍勉励陈"应如来函所言，作通盘之调整，谋彻底之改革，积极努力，克底于成为要"。⑤9 月底，报刊披露"经济动员局"即将成立，旋即"行政院"对此否认，并表示该机构短期难以成立，问题症结待研讨。⑥10 月初，蒋与陈诚谈"经济动员局"人事问题，见其态度缓和，决定着手解决问题。孰料，陈诚却在未告知蒋的情况下，径对内宣布辞职。对此，蒋一度认为陈"既不能合，又不受命，亦只有照准，以保其勋绩，留备他日之用"。⑦但与幕僚商讨后，仍决定对陈予以慰留，并表示"经济动员局"不成立亦可。同时预备不得已时"行政院"的继任人选。随后，蒋又决定对陈诚做出更大让步，"经济动员局人选由其自决，不加干涉"。⑧但陈诚仍不释怀，并再度请辞。⑨

因陈、吴龃龉，"省院"不合，"经济动员局"难产，因之重要业务停

---

① 中央委员会秘书处编《中国国民党中央改造委员会会议决议案汇编》，台北，中国国民党中央委员会秘书处，1952，第 244、279 页。
② 《蒋中正分致陈诚吴国桢电》（1951 年 8 月 23 日），台北，"国史馆"藏，典藏号：002-080200-00347-007。
③ 〔美〕裴斐、韦慕庭访问、整理《从上海市长到"台湾省主席"（1946-1953）——吴国桢口述回忆》，第 113 页。
④ 何智霖编《陈诚先生书信集·与蒋中正先生往来函电》（下），第 759~760 页。
⑤ 何智霖编《陈诚先生书信集·与蒋中正先生往来函电》（下），第 760 页。
⑥ 《自立晚报》，1951 年 9 月 23、25 日，第 1 版。
⑦ 《签呈总统蒋以肝病加重请准辞职》（1951 年 10 月 17 日），台北，"国史馆"藏，典藏号：008-010101-00002-110。
⑧ 《蒋介石日记》，1951 年 10 月 18、20 日，"上星期反省录"。
⑨ 何智霖编《陈诚先生书信集·与蒋中正先生往来函电》（下），第 762 页。

顿而不能如计成立。"行政院"各"部"改组案，亦因陈诚顾虑多端而犹疑不决，因之各种业务无所进展。蒋不得已再次考虑陈、吴的去留问题："陈与吴之隔阂，应另定适才适所办法，陈、吴二人谁留谁去？其利害如何？此为一大问题。"① 但蒋始终犹疑未决。

1951年底，吴国桢不满"行政院"之财经措施，与陈诚关系更加恶化。蒋亦认为陈诚若不调整"行政院财政部"人事，恐无法与吴国桢合作，婉劝陈诚主动调整。然陈诚未及表示，吴国桢即于12月27日向蒋介石及"行政院"同时提出辞呈。蒋为此召见吴国桢，勉励其要耐心、负责，吴不为所动。陈诚在吴国桢向"行政院"请辞后并未立即回应。对此，蒋颇感无奈，认为："吴国桢辞职而辞修不识大体，好逞意气，故终日抑郁不乐"，"他们只知做英雄好汉，而不知其败坏大事以后，皆要由我一人来担任其罪魁祸首之责也"。为挽留吴国桢，蒋劝告陈诚对吴国桢必须忍耐坚留。② 在蒋的压力下，陈诚才复函挽留吴国桢，并言及今后财经措施如何改进，以及"中央"与地方政府各项施政如何配合良好的问题。但是，吴国桢辞意甚坚，于当日再提辞呈，陈则照例慰留。吴国桢仍不接受，于31日再次请辞，辞职函中内容直指"行政院"的财经措施："桢深知当前局势之艰危……今犹如昔，加税募捐，不独增加人民之负担，且只能解决问题三分之一，利用相对基金，虽能挖肉补疮于暂时，或且有害美援于将来。"陈诚意识到事态严重，遂将经过情形向蒋汇报，请蒋亲自慰勉吴国桢。蒋则继续指示陈诚恳切慰留，同时劝说吴国桢先打消辞职意，再商解决问题的办法。③

几经转圜后，吴国桢打消辞意，但蒋介石深知问题仍在，应确定解决方针，从速准备，力求事权统一。拟于陈诚、吴国桢、严家淦三人中去其一人，以缓和彼此矛盾，④ 但亦悬而未决。1月底，蒋在征得陈诚的同意后，决定采取措施挽留吴国桢，将台湾银行董事长徐柏园调任"中国银行"总经理，遗缺由与吴国桢关系较为融洽的俞鸿钧兼任，以使吴国桢得以"安

---

① 《蒋介石日记》，1951年10月31日。
② 《蒋介石日记》，1951年12月25~28日。
③ 《陈诚致蒋中正电》（1951年12月31日），台北，"国史馆"藏，典藏号：002-080101-00013-003。
④ 《蒋介石日记》，1952年1月5日。

心任职"。并认为此举乃安定内部之要着，实施后对于吴国桢之精神与陈吴之关系转变最有补益。① 此后，"省院"合作一度较为顺利，蒋对此颇为自得，说"年初调换台湾银行人事之政策，至今方见其效矣"，于是决定进一步加强"省院"关系。② 到1952年底，蒋对此次处理"省院"纷争的结果仍甚为满意："惟自春季派俞鸿钧为台湾银行董事长之后，与国桢尚能合作，因之中央与地方行政乃减少隔阂……而行政院经济部长张兹闿补充以后亦更充实，于是行政院与省府合作，因之亦能增进矣。"③

但"省院"纷争、陈吴矛盾终未消除，反有愈演愈烈之势，以致政、经皆难有重大进步。④ 直至1953年初吴国桢辞卸省主席，"三年来中央与地方权限与人事之争，相持不决"的问题始得到解决。⑤ "省院"纷争确于吴国桢离职后逐渐消弭。因在个人关系上，陈诚与吴国桢彼此的意气之争不复存在，而继任的省主席俞鸿钧基本唯蒋命是从，与"行政院"沟通亦较为顺畅。此外，在"中央"与地方关系上，强势的省主席吴国桢去职后，"中央政府"方面乘势收权，台湾省政府逐渐被边缘化，并于1954年后被疏迁到南投县中兴新村，沦为"行政院"的"派出机构"，职权日益缩小。

四 余论

退台初期国民党政权的"省院"纷争，症结在于"中央"与地方之间集权与分权的纠葛。在宪政抑或训政时期，国民党政权均以孙中山之均权原则为依归。在训政时期，即在中央与地方权限上采取均权制度，行宪后亦有"中央与地方分权"之说。⑥ 退台之前，在国民党政权统辖全国资源的情况下，此种矛盾即时隐时现。退台后，其掌控的范围基本限于台湾省，"中央"统治区域与台湾省政府管辖范围大致重叠，形成"一岛两府"的特殊环境。"中央"与地方的关系集中体现在"行政院"与省政府之间的关系

---

① 《蒋介石日记》，1952年1月29、30日；1952年2月2、29日。
② 《蒋介石日记》，1952年3月31日；1952年5月31日。
③ 《蒋介石日记》，1952年，"四十一年总反省录"。
④ 《蒋介石日记》，1952年，"四十一年总反省录"。
⑤ 《蒋介石日记》，1953年6月30日。
⑥ 陈之迈：《中国政府》，第487~490页。

上，则其关系即十分微妙。如何调整"中央"与地方关系，强干弱枝，维护"中央政府"的权威，自是蒋在处理"省院"关系中须斟酌的问题。因此，蒋在协调"省院"纷争的过程中不无削减省府职权的考量。"省院"纷争的背后实有"中央"向地方收权的暗流。

在退台初期的困境下，蒋介石不失时机地对台湾省政府和"行政院"进行改组，为其控制政局，应对内外困局发挥了重要作用。但改组后的"省院"却是矛盾重重、冲突迭起，出于现实的需要，蒋对"省院"纷争的两位关键人物吴国桢和陈诚均予以了较大的"宽容"，在处理纷争中亦基本能秉持中立态度。但"省院"冲突、陈吴关系并未因蒋的协调而得到改善，反而日渐严重。蒋介石在退台初期曾决心对其作风与领导方式"彻底重新来过"。① 但观其在"省院"关系上的用人之道与处事风格，实无多大改观。蒋在行事与决策时，仍常有犹豫、矛盾之处，对别人的不同意见，亦常是预设立场。就"省院"关系而言，陈诚、吴国桢是退台初期蒋介石最为倚重的政坛人物。蒋既希望利用二人的才干，应对内外困境，又希望其能不辞劳怨，唯命是从，认为人才最要者为顺理识体，而不倚外自重，这可谓威权主义者的共同心态。

此外，陈诚、吴国桢在协助蒋介石掌控大局的同时，亦有各自的执政理念与个性，亦让退台初期的"省院"纷争日渐复杂化。热衷于民主政治的吴国桢在执政理念与方式上与蒋、陈自始即存在分歧。加之退台后，蒋谋求的是如何控制政局，重塑威权，此间官场中的政治运作与人际关系更加微妙。蒋、陈、吴在"省院"改组之初即存嫌隙与纠葛，而吴国桢继续以其强势的个性和作风来处理与陈诚、蒋介石之间的关系，势必恶化与他们的关系。蒋虽欣赏、倚重吴的才干，但吴不顾其相对弱势的地位而强势处理彼此关系，不仅让"气量狭窄"的陈诚不能忍受，而且让蒋亦难以一再"宽容"。因为经过三年的改造和重组，退台初期的危局化解，蒋介石必然更加注重对内部的控制。

---

① 《蒋介石日记》，1950 年 1 月 1 日。

抗战时期的蒋介石与儒家思想

曾　超

曾　超[*]

蒋介石于 1887 年出生于浙江奉化，5 岁时即被送入蒙学馆，接受了相对系统且完整的传统文化教育。蒋就任黄埔军校校长后，担负着为国民党培养军队人才的重任，他特地为黄埔军校的学生编订了推荐阅读、探讨的书目：

> 五经；四子书；孔子家语；左传；战国策；六韬；孙子；吴子；管子；庄子；韩非子；离骚；史记；汉书；资治通鉴；清史辑览……①

从这个书单中，我们能够明显地看出蒋对于中国传统的政治学、军事学、伦理学的青睐。北伐后，蒋逐步成为国民党内的最高领导人，地位不可同日而语，在为人处世上对儒家文化反而有更加深刻的理解与践行。西安事变的发生打乱了蒋事前对于"剿共"与抗日的部署，不得不与中共联合将重心放在抗日上，而抗日的底气从何而来，如何才能获得抗日的胜利，蒋在 1937 年 7 月 18 日对庐山暑期训练团的演讲中说道：

> 建国的原动力没有别的，就是我们中华民族固有的德性。即忠孝仁爱信义和平之八德，而尤以仁爱为中心。这是中国几千年来世代相传的道统，深入于一般的人心，几乎成了每一个黄帝子孙的天性，只

---

* 曾超，浙江大学历史系博士研究生。
① 中国第二历史档案馆编《蒋介石年谱（1887—1926）》，九州出版社，2012，第 251 页。

要把他恢复过来，就是建国的原动力所在。①

富强新中国的建设则需要我们恢复中华民族固有的德行，即忠孝仁爱信义和平的中国道统，使国民认识到中国历史文化的伟大，提升民族自信力，自信革命必能成功，民族必能复兴。

从上面的论述可知，就所接受的教育而言，蒋介石从小便接受了相对系统的传统知识教育，而这种对传统文化的理解与信仰贯穿蒋的终生；抗战时期，这种理解与信仰更是成为蒋为人处世与抗日建国的重要思想资源。

一　个人实践

就生活习惯而言，蒋服膺宋明理学中关于修身与格物的观念，认为对欲望的克制，对自身的反省，对生活的体察是提升道德修养的必经之路；具体而言，则体现在其规律乃至刻板的作息上。

抗战时期，由于中日两国实力的悬殊，国内政治形势的复杂，蒋处于巨大的压力之下，通过规律自身的作息，让自己克服焦虑，维持运转，处理日常的政府与个人事务。在蒋介石的日记中，从1939年起，蒋开始定期撰写自己的课程表，每季撰写一次，分为春夏秋冬四种，将每日每个时间段做什么事情都安排得清清楚楚，蒋对这种有章可循的生活安排到了几乎强迫症的程度：

昨夜失眠，几至终夜不寐，直至今晨四时以后方得睡去，然未至五时半又醒矣。此次失眠为从来所未见，不知体力心神疲弱衰退，抑或为祸患之预兆，不胜恐惧，可不敬畏自制，以免天罚乎。②

因此一次失眠而打乱了作息，便焦虑不已，甚至认为是"祸患之预兆"。

---

① 秦孝仪主编《先总统蒋公思想言论总集》卷十四，中国国民党中央委员会党史委员会，1984，第594页。
② 抗战历史文献研究会：《蒋中正日记》，1940年2月19日。

除了有规律的作息，从蒋的课程表中，我们还能发现，虽然抗战时期事务繁忙，但蒋仍然坚持"体操、默祷、读经、看书、记事、反省"。蒋受宋明理学的影响，追求自身德业的精进，其实现的方式，具体而言则有二。

一是通过静坐、体操等身体运动来自励身心：

> 静坐工夫足有二十七年以上，至今且能朝夕无间，虽不见其有益于身心，然而以此可自试其有恒不息，亦足以验事业之进步。床上运动约有五年，晨间体操亦有两年半，皆能按时无间，自励身心者，惟此而已。[1]

一是通过看书来提升自己的修养水平：

> 看学案随看随亡，几乎人名与目录，亦多遗忘，惟仍继续阅读，未敢中断。此乃近年来读书有恒之可乐事耳。[2]

同时蒋通过记日记的方式，一方面记载每日所做过失，进行反省，告诫自己不再重犯；另一方面也通过摘抄经典中为人处世之道的箴言来帮助自己进德进善，这在蒋遇到令自己心虚烦乱之事时表现得尤为明显。

就为人处世而言，在蒋心中一直想要在成就事功的同时，立言于天下，内圣外王是蒋最向往的境界[3]：

> 急迫浮露，无复雍容深厚之风，此朱子自道其短处，恰为我所犯之病也。余尝叹朱子之性情，以及其反省工夫之笃实勇猛为不可及，朱子诚伟大矣哉！朱子先我而生七百五十五年，其生日为阴历九月十五日，正与吾之产生，同其月日，然而吾在民族精神文化上、哲学上，至今年逾五十，尚无贡献，思之忧惶曷已！如天能再假我以三十之年，

---

① 抗战历史文献研究会：《蒋中正日记》，1938 年 12 月 31 日。
② 抗战历史文献研究会：《蒋中正日记》，1942 年 10 月 31 日。
③ 黄道炫：《内圣外王是蒋介石最向往的境界》，《中华读书报》2013 年 2 月 20 日。

则十五年后可以学易知性矣，自信其亦必有所成也。①

蒋在日记中一方面会感叹时不我待，倘若假以时日必能在经典学习与理解上有所成就；另一方面也受到儒家对于个人的强调②，认为"每人皆有登峰造极的可能性"，对自己有足够的自信与要求，相信自己必能有所成就，不可因为取得一点成绩而满足，因此对自己要求极严。这种对自己的要求具体则表现在蒋追求的几项品质上。

其一是戒骄戒躁。蒋介石脾气十分暴躁，常常因为琐事而对下人打骂，如1937年的元旦，蒋便"心不耐烦，手打佣人，不自敬畏至此，何以为人，应记过一次，戒之"③。在日记中，蒋更是对党政要员进行辱骂。蒋也深知自己的这个毛病，认为自己做事过于冲动，感情常胜于理智，因此在日记中充斥着蒋对自己乱发脾气，使性动气的反省与告诫：

> 忿怒不能自制，是为人生惟一愚拙之行动，亦为人生最大之耻辱。昨晚对于达之昏聩固应严罚，然不应如此暴怒，徒伤身心，甚至今日腰背痛楚，精神疲惫。廿年修养一旦暴弃，何以对先生，何以对本身。自今已往，更应克己忍痛，切戒忿怒，以雪此次之奇耻。小子勉之……④

抗战时期，内政外交都陷于疲敝，蒋本是一性情急躁之人，对人对事耐心欠缺，因此常常动火，而这种动辄打骂的脾气必然与儒家对圣贤的定位相冲突，因此蒋将是否能够压制自己的脾气，是否耐心地处理事务，作为检验自己修养好坏的一个标准。

其二是忍辱自强。由于从小缺乏父权信仰，蒋有着敢想敢干、不屈不挠的个性；同时，儒家思想中对个人成圣成贤的肯定，也让蒋在行事过程中充满自信以及自强不屈的精神，在蒋成为国家最高领导人之后，蒋更是

---

① 抗战历史文献研究会：《蒋中正日记》，1940年2月17日。
② 杜维明：《学习西方回归传统是当今时代的趋势》，腾讯文化，2013年9月23日。
③ 抗战历史文献研究会：《蒋中正日记》，1937年1月1日。
④ 抗战历史文献研究会：《蒋中正日记》，1939年3月9日。

有了"不求人"的资本。但是抗战爆发后，蒋在许多时候不得不需要甚至依赖外国的援助，而外国势力对国内政事的干涉常常让自尊心极强的蒋备感屈辱，因此蒋不得不学会在自尊之心与接受援助之屈辱间进行调和。

一方面是蒋在日记中对于自立自强不断地自我强调：

> 美、俄对我之要求接济，皆淡然置之。英法对我提议在远东合作，亦以感谢二字答之。若非自立自强，谁能助人，后人须记今日我国之被列强轻侮之情状，可不发奋图强，以求己乎……①

若是依赖援助，则必然会受到列强的轻侮，抗战最终只能依靠自身的力量，自立自强，"以独立自强之精神，涤除徼幸投机之恶习。以磊落光明之态度，扫荡盲从附和之颓风。明是非、辨邪正、审曲直、识成败。为复兴民族，负荷革命责成。为建立国家，严守革命纪律。创造进取，牺牲奋斗，养成尔高尚伟大之人格。实事求是，精益求是，完成建国复兴之使命，皆有望于我全国青年之兴起也"②。

另一方面他又对于学会忍耐地不断地自我强调：

> 忍耐不易（变也）者难，瞬息牺牲者易，人生不惟要有牺牲之决心，而且要抱有忍耐之恒心……③

如果说上面这些只是蒋在个人品德修养上接纳了儒家思想中忍辱负重的观念，那么抗战期间面对列强以干涉中国内政作为条件的援助，则是蒋用忍辱负重的信念支撑自己的力量。忍耐的意义，既在于儒家圣贤皆能宽缓与忍耐，不会因为一时的荣辱而贻误大事，也在于"祸兮福所倚，福兮祸所伏"，一时的荣辱不能够太介怀，因为成败胜负常常逆转，因此必须学会忍耐。

其三是知耻雪耻。蒋介石具有浓厚的知耻雪耻观念，因此不管是在自

---

① 抗战历史文献研究会：《蒋中正日记》，1940 年 6 月 4 日。
② 抗战历史文献研究会：《蒋中正日记》，1944 年 3 月 28 日。
③ 抗战历史文献研究会：《蒋中正日记》，1937 年 6 月 19 日。

身的要求上，还是对国民的训导中，常常透露其知耻雪耻的信念，而这种知耻雪耻观念最显著的表现之一，便是其在日记中每日所记的雪耻条目。

蒋在日记中书写雪耻条目最早可以追溯到 1928 年 5 月发生的"济南事件"；抗战时期，蒋并未忘记当年的济南耻辱，也未忘记自己为什么每日在日记中记下雪耻条目，但正如当年不能对日反击一样，时下同样不能立马将日寇驱逐于国门之外，蒋之耻辱也更为宽泛，不能克制愤怒是耻辱，首都失陷未能收复是耻辱，未能将国家治理好是耻辱，未能带领国家富强也是耻辱。蒋之耻辱，未能尽善尽美皆是，小到个人修身，大到国家民族富强；这是蒋深受儒家思想影响，对个人事功之强调，以耻来自励之表现。抗战胜利后，蒋之对日雪耻便已完成，他在日记中写道：

> 雪耻的日志不下十五年，今日我国最大的敌国日本，已经在横滨港口向我们联合国无条件的投降了。五十年来最大之国耻，与余个人历年所受之逼迫与侮辱，至此自可前雪净尽。但旧耻虽雪，而新耻又染，此耻又不知何日可以前雪矣，勉乎哉，今后之雪耻，乃雪新耻也，特志之。[①]

知耻而后勇，蒋之以耻自励，便是蒋行事方式，也是蒋的为人处世之道。

正如上面所言，抗战时期蒋之为人处世的诸多方面深受其所信奉的儒家思想的影响，蒋作为一个政客，固然有其行事上实用主义，放弃原则之处，但其生活方式上的克己，以及自身为人处世上的忍耐、孝悌、自强等不能只将其视为宋明理学的表面文章。

二　军事理念

抗战时期，国防军队的建设成为政府工作的重中之重，为应付抗战需要，提升军队对日作战能力，蒋曾在庐山、峨眉、重庆等地组织军官训练

[①]　抗战历史文献研究会：《蒋中正日记》，1945 年 9 月 2 日。

团，而训练的重点，则是将全军统一在以蒋为中心的领导之下，执行蒋的军事理念。

蒋在阅读《曾胡治兵语录》后便"叹胡润之之才略识见，与左季高之志气节操，高出一世，是不愧为当时之名将。由是益知其事业成败，必有所本也。夫满清之所以中兴，太平天国之所以失败者，盖非人才消长之故，而实德业凌替之征也"①，因此，蒋认为：

> 吾故择曾胡治心之语之切要者，另列一目，兼采左季高之言，可为后世法者，附录于其后，非敢擅改昔贤之遗集，聊以增补格言之不足耳，噫！曾胡左氏之言，皆经世阅历之言，且皆余所欲言而未能言者也。其意切，其言简，不惟治兵者之至宝，实为治心治国者之良规，愿本校同志，人各一编，则将来治军治国，均有所本矣！②

正如蒋所言，兵书中除了治兵之言，还有不少治心治国之言，而这也是蒋一直以来的所坚守的治兵之道。蒋在对官兵的训练中更多地强调"明礼仪知廉耻"。而何为"明礼仪知廉耻"？明礼仪，即遵守军队的纪律、章程，作为一名军官或士兵来说，小而言之，则立正敬礼时端庄肃穆，动作标准，对长官尊敬服从，不可放荡不羁；大而言之，则要以仁爱之心，至诚之意为自己办事的根本动力，真正做到"随心所欲而不逾矩"，"这种'内而专静纯一，外而整齐严肃'精神，就是明礼义知廉耻的基本涵养，充此精神，我们就能重秩序，守纪律，也一定能够明礼义，知廉耻"③。知廉耻，即官兵要有廉耻之心，不可成为一麻木不仁，凡是都无所谓，只为混口饭吃之兵痞。小而言之，官兵要以未能尽责为耻，以倭寇入侵为耻，以国土沦丧为耻，以同胞被欺凌为耻，以兵败被俘为耻，诸如此种，皆为官兵之耻。大而言之，则作为一名军官或士兵，以未能己立立人，己达达人为耻；以未能明了总理之三民主义，未能遵循委员长之力行哲学，未能坚守一颗至诚之心为耻。蒋还认为：

---

① 蔡锷辑录，蒋介石增补《曾胡治兵语录》，广西师范大学出版社，2007，第5页。
② 蔡锷辑录，蒋介石增补《曾胡治兵语录》，第6页。
③ 秦孝仪主编《先总统蒋公思想言论总集》卷十五，第309页。

如何明耻教战呢？就是要我们高级将领以身作则，严格省察，以职责未尽为耻，以倭寇未灭为耻，要认定锦绣河山在我们手里破碎沦陷，是我们莫大的耻辱！同胞的生命财产被敌人随便惨杀破坏，是我们莫大的耻辱！从而激发廉耻，提倡廉耻，来感化部属，风动社会，使一般部下和人民，个个知耻，人人抗战，惟能知耻，缠能真正抗战；惟能知耻，缠能真正抗战到底！①

"明礼仪知廉耻"只为一抽象之纲领，实质而言即要求官兵要以身作则，自觉遵守军队之要求，尽到军人之义务，以达到统一军队精神，稳定军队秩序，提高军队战斗力的目的。这种对官兵"明礼仪知廉耻"的要求更多的是从蒋所吸取的传统兵书之道而来，蒋深受传统观念之影响，对现代军事观念接受较少，强调军队服从、忠诚，而这也是他军事训练的特色。

三　革命理念

在革命理念上，作为自诩革命领袖孙中山精神继承人的蒋自然提倡贯彻孙中山所提倡之三民主义，而何为孙中山之三民主义？蒋介石赞同戴季陶所提出的观点，认为"孙中山先生的思想，完全是中国的正统思想，就是继承尧舜以至孔孟而中绝的仁义道德思想"，主张这一思想是"继承尧、舜、禹、汤、文、武、周公、孔子以来的仁义道德思想，将之发扬光大，三民主义就是从仁义道德中发生出来"②的，而这种改造具体表现在被蒋奉为圭臬，戴季陶所著之《三民主义之哲学的基础》中，蒋在峨眉军训团宣讲时所言"总理的哲学，就是民生哲学。总理主义的思想系统，是以民生为指归，这个道理，在戴季陶先生所著孙文主义之哲学的基础一本书中，讲得很为透辟"③。

在戴季陶所著《三民主义之哲学的基础》中，大致从九个方面论述了

---

① 秦孝仪主编《先总统蒋公思想言论总集》卷十四，第19页。
② 蒋介石：《中国教育的思想问题》，秦孝仪主编《先总统蒋公思想言论总集》卷十，第617页。
③ 蒋介石：《国父遗教概要》，秦孝仪主编《先总统蒋公思想言论总集》卷三，第125页。

孙中山所提倡三民主义的精神：一是孙中山的思想渊源于中国正统思想的中庸之道，他是继承了中国正统思想的现代大圣，"中山先生的思想，完全是中国的正统思想，就是继承尧舜以至孔孟而中绝的仁义道德的思想，在这一点，我们可以承认孙中山先生是两千年以来，中绝的道德文化的复活①"；二是孙中山是了解科学与善用最新科学方法的革命家；三是三民主义原理，全部包括在民生主义之内，学说总和可谓民生哲学，"归纳起来，可以说衣、食、住、行、育、乐六个生活需要均等普遍的满足，为先生民生主义真义的所在，先生一生的精神，全部是注在民生主义"②；四是孙中山革命之目的在打破自私自利，以革命的手段救国救民，拯救民族；五是三民主义的原始目的在于恢复民族的自信力；六是三民主义的实行方法在以国家资本主义为建设民国之基础；七是三民主义之终极目的，在完成真正民有、民治、民享的大同世界，与社会主义在终极目标上趋同，"民生主义，就是社会主义，又名共产主义，即是大同主义。共产主义是民生主义的理想，民生主义，是共产主义的实行"③；八是民生主义与共产主义的哲学基础与实行方法，完全不同，"共产主义是很单纯的以马克思的唯物史观为理论的基础，而民生主义，是以中国固有之伦理哲学的和政治哲学的思想为基础"④，前者是以中国传统精神为基础，以仁爱和平为实行方法，而后者则是以马克思主义为哲学基础，阶级斗争为实行方法；九是"仁爱"是孙中山的人生哲学的基础，革命人格的根基。

蒋本对儒家文化十分重视与信仰，在孙中山对传统文化提倡的基础上更进一步，将孙中山的三民主义直接与儒家道统接续起来：

> 大概总理所有关于修养革命人格发扬革命精神的各种遗教，有一个共同的宗旨，就是要恢复并发扬中国固有优美的伦理道德，——"忠孝仁爱信义和平"之八德。即"智、信、仁、勇、严"之武德，亦即我所提倡的"礼义廉耻"之四维。总理心理建设的要义，或者说今后

---

① 戴季陶：《三民主义之哲学的基础》，西南游击干部训练班翻印，1941，第45页。
② 戴季陶：《三民主义之哲学的基础》，第11页。
③ 戴季陶：《三民主义之哲学的基础》，第14页。
④ 戴季陶：《三民主义之哲学的基础》，第14页。

国民精神建设的宗旨，就是要一方面普遍确立"知难行易"之力行哲学的信仰，一方面要恢复并发扬"礼义廉耻"之固有的道德和立国精神。[①]

将自己塑造成孙中山乃至中国道统的合法继承人，并在对大众的宣讲中，不断强化孔子、孙中山以至蒋本人的道统，确立自己的政治权威。

四　哲学精神

蒋介石本人十分推崇精神信念，早年在阅读完《泰戈尔传》之后写道，"太戈尔以无限与不朽为人生观之基点，又以爱与快乐为宇宙活动之意义。列宁以权力与斗争，为世界革命之手段，一以唯心，一以唯物，以哲学言，则吾重精神也"[②]，这种对精神力量的关注也一直贯穿其终生。这种对于精神力量的体认也来自蒋自身的留日经历，日本通过对儒家思想的借鉴与吸收，形成自身的武士道精神，并在明治维新后，由一个被西方欺凌的弱国，一举成为世界五强之一，并对亚洲其他国家进行侵略，这一事实对蒋影响很大，蒋认为日本能够强国的重要原因便在于武士道精神的树立，因此他也希望能够树立中国的立国精神，正如蒋在《力行哲学》一书中所讲：

> 一个民族，能够立在世界上，到几千年不被人家灭亡，那个民族一定有其立国精神的所在，就是所谓"国魂"，国家的生存与个人的生存，是一样的，一个人若是没有灵魂，仅剩一个躯壳，那个人就是一个死人，甚至反不如死人，仅有躯壳是没有用的，国家和民族也是这样的，立国于世界之上，他一定有一个立国的精神，就是国家的灵魂所在，日本之所以能够侵略中国，到今天世界上五大强国之一，他们的国魂，就是所谓的"大和魂"，就是所谓"武士道"德精神。[③]

---

① 蒋介石：《国父遗教概要》，秦孝仪主编《先总统蒋公思想言论总集》卷十，第110页。
② 中国第二历史档案馆编《蒋介石年谱（1887—1926）》，第412页。
③ 蒋介石：《力行哲学》，青年书店印行，出版时间不详，第66页。

因此想要提出中国自己的立国精神，而这种立国精神，便是力行哲学。那么何为力行？蒋在《力行哲学》一书中说，中国自古的立国精神是动静结合的，但是后来失掉了这种特点，变成只注重静的一面而忽视了动的一面，因此中国的国势才每况愈下，明代的王阳明看到了这种弊端，提倡"知行合一"学说，提倡行，不要读死书，但是因为满族入关使得这一传统未能发扬下去，反而被日本借鉴去，形成了武士道，而孙中山则看到了这一点，提出"知难行易"之说。蒋吸收孙中山关于人有先知先觉、后知后觉与不知不觉的区分，认为建国大纲之类国家的宏观理论已经由孙中山这样的伟人撰写提出，我们现在需要做的，便是实行：

> 建国大纲很简单明了，如日月经天江河行地，一见了然，用不着人家解释，那一个人也配不上解释，党外的人怀疑总理的遗教，批评本党的主义，自然是当然的事情，本党的人则绝对不许如此，现在我们党员的毛病，就是懒惰，腐败，喜发议论，不肯实行，不实行就是违背我们总理的遗教。①

遵循总理的遗教，听从本党的训令，少发议论，多干实事。我们从这里可以看出，蒋所谓的力行哲学，其实在哲理上很"接地气"，并没有复杂的玄思，粗看上去便是"少说话，多做事"，问题的出现便在于蒋的"力行哲学"中的行更侧重于具体的、现实的行，而不是超越的"行"的概念。但正如黄道炫所言，"'行'的现实化带来的问题是，现实的'行'和超越的'行'共存于一个逻辑框架中，哲学的逻辑框架和其现实需要不可避免地会发生冲突。既要承认人类日用常行亦为'行'，把现实政治活动纳入'行'的范畴，又要肯定'行'的先验性和目的性；既要使'行'现实化，又要维持'行'的超越地位，这必然引起概念的混乱。为此，蒋不得不再在概念上对'行'进行更深一层的界定，以设法化解冲突"②，具体到蒋而言，他的解决方法便是将中国哲学中"诚"的概念提出来，作为"行"的原动力，在源头上给"行"加上和目的性的制约。那么，何为诚？

---

① 蒋介石：《力行哲学》，第 38 页。
② 黄道炫：《力行哲学的思想脉络》，《近代史研究》2002 年第 1 期。

> 诚者，不勉而中，不思而得，从容中道，圣人也，诚之者，择善
> 而固执之者也。诚者，真实无妄之谓，天理之本然也，诚之者，未能
> 真是无妄而欲其真实无妄之谓，人事之当然也，圣人之德，浑然天理，
> 真实无妄，不待思勉，而从容中道，则亦天之道也，未至于圣，则不
> 能无人欲之私，而其为德不能皆实，故未能不思而得，生知也，不勉
> 而中，安行也，择善，学知以下之事，固执，利行以下之事也。①

在朱熹的话语体系里，诚是"真实无妄"，是"天理之本然"，人欲达
到圣人阶段必须使自己达到"诚"之境界，而蒋介石则将其纳入力行哲学
的体系，"三达德为入道之门，而至诚为行道之本"②，"不仅以具有勇力技
能为满足，必须彻底明了做人处世的大道，更要以'诚'贯彻始终——
'至诚无息'，来教化部下士兵和民众"③，只有合乎"诚"的力行，才不愧
为总理的革命信徒，而要合乎"诚"，则要做到两点，"其一，为内心的诚
意功夫……其二，为行为修养的修身工夫"④，内心的诚意即为格物致知正
心诚意，行为的修养则为修身齐家治国平天下，而实现的途径，即为力行。
所以蒋说"中庸所说的道理，完全是天理人情之必然的正道，惟其关键即
在'率性之谓道'，而贯彻此'道'的要领，全在乎'至诚'之道的一个
'诚'字，就将我们修己立身处世作事的要则统统说尽了"⑤，又说"《大
学》这部书，将一切做人做事的道理，都包罗无遗，发挥尽致。可说其是
由内在的德性之修养，到外发的事业之完成，为一贯不断进取开展的过
程……我们知道政治是管理众人之事，《大学》一书，把个人内在修省以及
向外发扬的道理，发挥到了极致，可以说政治上基本的原理全在于此"⑥，
至此蒋将中国哲学中的"诚"纳入他力行哲学的体系中。

蒋介石这种对中国传统修身治国的理念来源于他树立民族精神的信念，
何为他心中的民族精神，以传统中国哲学的修身治国观为基础，诚心正意，

---

① 蒋介石：《中庸章句》，秦孝仪主编《先总统蒋公思想言论总集》卷六，第121页。
② 蒋介石：《中庸章句》，秦孝仪主编《先总统蒋公思想言论总集》卷六，第121页。
③ 蒋介石：《中庸章句》，秦孝仪主编《先总统蒋公思想言论总集》卷六，第121页。
④ 蒋介石：《中庸章句》，秦孝仪主编《先总统蒋公思想言论总集》卷六，第101页。
⑤ 蒋介石：《中庸章句》，秦孝仪主编《先总统蒋公思想言论总集》卷六，第100页。
⑥ 蒋介石：《大学之道》，秦孝仪主编《先总统蒋公思想言论总集》卷六，第100页。

以诚为本，格物致知，使得自身说话做事不需外在的约束便可合乎规则，那么何为规则，规则即为总理遗教，即为儒化后的三民主义，即为建国大纲，即为总裁训令，不可置疑，因为人有先知先觉、后知后觉者，如果觉得有问题，只是因为我们现在还没有能够理解，因此我们需要做的便是力行，合乎诚，发乎内心地去实行，这样便是践行了我们的立国精神，才能战胜日本的侵略，赢来国家的富强。

五　结语

蒋介石出生于 1887 年，在抗战全面爆发的 1937 年已是"知天命"的年纪。在此之前的几十年里蒋信奉儒家思想，践行儒家思想，儒家思想在其身上刻下了深深的烙印。而这种接近成型的生活作息、为人处世的方式、思考问题的角度也成了蒋在抗战时期处理各项事务的"历史前提"。在抗战期间，坚持固定的作息，让他在巨大的压力下不至于慌乱崩溃，坚持修身自省，让蒋在与中外各类人士打交道时能够有所依循，而不断从典籍中寻找中国"独特的智慧"更是让蒋在抗战时期的治军建国方面特点鲜明。蒋介石在《中国之命运》里试图为战后的中国设定蓝图，在这个他想要建设的现代中国的蓝图里：

> 五千年来我中国国民所以能够保持民族的生命，维护国家的生存，并能够屡从危亡丧乱之中，拯救民族国家，致之于复兴的境域，就是我们国民所蕴积而益厚的，所锻炼而益精的救国道德的功能。故培养国民救国道德，即恢复我国固有的伦理而使之扩充光大。①

中国固有之文化道德乃是中国立国之根本，而不是崇洋媚外，觉得外国的就是好的，应该有民族自信心，将已经失掉的民族文化拾起来，建立一个真正复兴的中国。

---

① 蒋介石：《中国之命运》，北平时报社，1944，第 84 页。

国民政府"抗战建国纪念日"的政治意义

刘云虹[*]

中日战争是在国民党建立全国统治但尚未实现完全统一的情况下爆发的，国民党既担负着捍卫国家主权与民族独立的重任，又面临巩固政权统治的任务；国民党抗战建国的方针旨在进行民族战争的同时完成建国大业。抗日战争是在敌强我弱的情势下进行的，动员全国民众参加抗战、支持与认同政府，争取国际援助既是取得抗战胜利的重要保证，也是国民党实现民族国家建构的重要条件；对于国民党而言，抗战动员既是战争动员，又是政治动员。抗战时期，国民党充分利用了集体记忆符号，采取了纪念日政策，通过国家仪式的形式进行抗战动员，七七"抗战建国纪念日"即为其中之一。作为国民政府领袖，蒋介石在"抗战建国纪念日"分别针对全国民众与国际友邦发表了系列讲话，成为纪念日仪式的重要内容。本文试图通过分析蒋介石的"七七讲话"内容，及其讲话中七七记忆符号意义指向的变化，来了解蒋介石是如何进行政治动员和确立政治权威的，以期为了解国民党在抗战时期的政治动员提供一个微观的视角。

---

* 刘云虹，东南大学教研室副教授，研究方向为中国近现代政治史。

一 "抗战建国纪念日"的确立

七七是中国人难以忘却的日子，它既是日本全面侵华的标志，也是中国人民开始全面抗战的标志，作为一个集体记忆的符号，它承载了中国人的国仇家恨，凝聚了中国人的民族情感和爱国情怀。为了激发国人的抗战意识和爱国热情，1938 年 7 月 4 日，国民党中央执行委员会第八十三次常会通过决议，定七月七日为"抗战建国纪念日"。随后，国民政府行政院将"抗战建国纪念日"列入历书、学校校历，并规定了纪念活动的内容：组织各机关学校、各团体举行公祭大会，公祭阵亡将士及死难同胞，下半旗志哀，停止娱乐活动，素食一日；各宗教团体举行祈祷；举行建造"抗日阵亡将士纪念碑（墓）"的奠基礼；发动民众慰问阵亡将士及出征军人家属并慰劳伤兵；等等。1938~1945 年，在每年的"抗战建国纪念日"，国民政府都举行一系列的纪念活动；这一天成为国民政府表达抗战建国的信念、激励民众抗战的重要节日。1942 年 1 月 5 日，国民党中央第一九二次常会对各种纪念日进行整合，议决国定纪念日 5 天；同年 3 月 16 日，国民党中央第一九七次常会归并其他纪念日为党纪念日，沿用"革命纪念日"名称；1942 年 6 月 22 日，国民党中央二〇四次常会确定了 6 个革命纪念日，成为国民党党员参加大会的纪念日。[①] 虽然七七纪念日未列入 1942 年 3 月 5 日国民政府公布的国定纪念日表中，但是，"惟在此抗战期间，为激励国民抗战精神以符明耻教战之义"，"两纪念日仍有进行纪念必要，兹经中央第二一三次常会决议：在抗战期间，'九一八''七七'仍由各地党政军警机关团体学校分别集会纪念，并由各地高级党部召开联合纪念大会，慰问阵亡及出征将士家属与荣誉军人，全国一律悬旗不休假"。[②] 抗战胜利后，1946 年 4 月，国民党中央六届第二十七次常务会议决议，九一八、七七纪念日大会因抗战已胜利，无须再举行该纪念仪式，将 9 月 3 日定为"抗战胜利纪念

---

① 周俊宇：《塑造党国之民——中华民国国定节日的历史考察》，硕士学位论文，台湾政治大学，2008，第 62~63 页。

② 《关于"七七""九一八"纪念办法请转陈通饬》，台北，"国史馆"藏国民政府档案，登录号：0010516009139a。

日",同时公祭忠烈。实际上,1946年的7月7日在南京和全国各地仍举行了公祭仪式等纪念活动。1947年9月26日,国民政府将七月七日定为陆军纪念日。1948年9月8日,总统府增加"抗战胜利纪念日"为国定纪念日。

国民政府在七七"抗战建国纪念日"进行的纪念活动可以视为一种国家仪式。仪式是指"受规则支配的象征性活动,它使参加者注意他们认为有特殊意义的思想和感情对象"。① 集体记忆"是在(或多或少是仪式性的)操演来传达和维持的";② 仪式是唤起、强化和传递记忆的最有力手段,在集体记忆的传递和延续中有着重要的作用。国民政府在"抗战建国纪念日"组织的一系列活动,旨在强化人们对七七的记忆。"我们对现在的体验,大多数取决于我们对过去的了解。"③ 过去的记忆是为当下服务的,强化七七记忆正是为了激发民众的民族感情和爱国激情,动员民众参加抗战,也是借此契机向国际社会表明中国抗战的正义性与积极意义,争取国际支持。此后抗战的每年,蒋介石都会在"抗战建国纪念日"发表讲话,其讲话主要包括《抗战×周年告全国军民书》(1938~1945)、《告战地民众广播词》(1939)、《告全党同志书》(1940)、《慰问抗战阵亡将士家属的通电》(1938、1939)、《告友邦人士书》(1938~1941)、《对美广播演讲》(1940)、《告联合国民众书》(1943)、《告日本民众书》(1938、1939)、《在追悼抗战死难军民大会上的祭词》(1946)、《抗战十周年纪念日广播词》(1947)。

二 纪念的政治:"抗战建国纪念日"讲话的主要内容

七七抗战纪念是国民政府的战争动员与政治动员,国难当头,蒋的讲话内容除了哀悼、纪念抗战死难军民,还主要表达以下内容。

1. 宣传抗战的意义和抗战必胜,坚定民众的抗战信念

抗日战争是在敌强我弱的情况下进行的,发动民众,动员全国所有力

---

① 〔美〕保罗·康纳顿:《社会如何记忆》,"导论",纳日碧力戈译,上海人民出版社,2002,第6页。

② 〔美〕保罗·康纳顿:《社会如何记忆》,"导论",第4页。

③ 〔美〕保罗·康纳顿:《社会如何记忆》,"导论",第4页。

量一致抗战是抗战胜利的重要保障，阐明抗战的必要性和意义，争取民众的理解和支持是动员民众的重要内容。首先，蒋介石呼吁民众"不能忘了九一八以来殉国先烈被敌寇惨炸惨杀的仇恨"，[①]"我们若还不能洗雪耻辱，予打击者以打击，那么，在个人固生不如死，在国家也存不如亡，世界上断没有如此残颜苟活的民族能独立生存于世上的"。[②] 日本侵华以来，一方面实施惨无人道的侵略政策，企图以残酷的暴力消灭中国人民的抵抗意志；另一方面对中国民众进行政治欺骗，宣扬所谓"日中亲善"，如1939年，日本提出"东亚新秩序"，各地汉奸纷纷响应，发起所谓和平运动。对此，蒋介石揭露"东亚新秩序"是敌人灭我中国的欺骗手段，"这些汉奸的和平运动实在是亡国运动，东亚新秩序建立之日，就是我中华民国灭亡奴隶地位确立之时，东亚协同成功之日就是中国实行归并于日本之时"，"汉奸的和平，换句话说就是奴隶的和平，灭亡的和平"。[③] 1940年，日军在汪伪政权的协助下，对沦陷区实行残酷的"治安强化"和"高度清乡"运动，沦陷区民众的生活更加困苦不堪。蒋告诫民众："我们沦陷区内同胞所受的黑暗与痛苦，敌人惨无人道的暴行，不是世界上人类所能想象。"[④]"敌军的暴行不但是有形的焚烧掳奸淫杀而已"，在敌占区设立妓院、赌馆，贩卖毒品，是"要断丧我们民族的体力，消灭我们民族的道德"；"消灭我们的廉耻观念和民族意识，我们如不决心奋斗，势必至于种族渐灭，万劫不复"。因此，"我们要自救，要救我们的子孙，要保全我们的民族，就得握住这个重要的时机，誓死予敌寇以打击，再不能有一刻的因循，贻百世无穷的悔恨"。[⑤]

在论证了抗战的必要性之后，蒋介石总是通过分析敌我形势与世界政局，帮助民众了解战争的整体态势，树立中国抗战必胜的信心。自1937年全面抗战以来，淞沪会战、太原会战、徐州会战，中国军队虽付出了十分巨大的代价，但仍未能阻止日军的进攻步伐，随着日军侵略的步步深入，中国抗战日渐艰难，对抗战前途的疑问也越来越重。1938年7月，武汉会

---

① 蒋介石：《抗战五周年告全国军民书》，《大公报》1942年7月7日，第2版。
② 蒋介石：《抗战周年告全国军民书》，《大公报》1938年7月7日，第2版。
③ 蒋介石：《抗战二周年告全国军民书》，《中央日报》1939年7月7日，第2版。
④ 蒋介石：《抗战三周年告全国军民书》，《大公报》1940年7月7日，第2版。
⑤ 蒋介石：《抗战周年告全国军民书》，《大公报》1938年7月7日，第2版。

战正在激烈进行，面对日军猛烈的进攻态势，蒋介石指出：敌人速亡中国的计划已被打破，我们已做好长期抗战的准备，只要全国团结一致，定能取得抗战的最后胜利。1939年7月，日军已占领了大半个中国，敌我进入对峙相持阶段，蒋鼓励民众说：敌人虽投入了更多的兵力，但是战果减低、伤亡人数增加；国内内阁垮台、反战日益普遍；失业增加、农村疲敝、物价飞涨；外交日益孤立。"敌人几乎是步步都随着我们所预计的自陷于失败之中。"而对于中国来说，形势虽然严峻，但是各项工作都在向好的方向发展，尤其"我们的意志确是愈战愈强，愈久愈坚定，我们全国人民的精神意志和行动，都在三民主义之下更彻底统一起来了，整个民族都甘心为抗战而效死"。国际上"物资交通和技术上的援助更积极公开"，"公理正义力量的日见抬头"。① 1940年，中国抗战进入更加艰难的时期，汪精卫在南京成立伪政权，国内对抗战的信心发生了很大的动摇。为坚定民众的抗战信念，蒋介石指出：从军事、政治、经济、外交上比较，敌人危机加重，而我方正趋向好的方向转变，我国具有持久抗战的条件，我国"将在困难中促成经济复兴，而敌国的命运一定是整个经济崩溃"；就国际局势而言，美国禁运法必会打击日本的对外贸易与物资获得，而"各友邦继续与我以精神的物质的援助"；"敌人一天天的趋于末路，而我们最后胜利的自信因之更可以决定"。② 1941年，他指出：世界上侵略国与反侵略国家已形成显然分明的两大分野，反侵略力量合作加强，中国抗战必能在世界政局的变化中走向胜利。1942年，他表示：世界大战整个战局顺逆与成败将划然分明，太平洋战争爆发后，中国抗战作为世界反法西斯战争的一部分，最后的胜利已在必然。1943年，蒋介石指出：日寇在经济、军事、政略上已是穷途末路，"整个战局形势已极分明，最后胜利的前途更见确定"。③

面对凶猛强大的侵略者，国民党在动员民众中主要是用民族主义思想吸引民众，唤起民众的民族意识，复兴民族精神。如果我们把七七视为一个集体记忆的政治符号，那么，"政治符号除了可以刺激个人情感，形成态

---

① 蒋介石：《抗战二周年告全国军民书》，《中央日报》1939年7月7日，第2版。
② 蒋介石：《抗战三周年告全国军民书》，《大公报》1940年7月7日，第2版。
③ 蒋介石：《抗战六周年告全国军民书》，《大公报》1943年7月7日，第2版。

度外，并且能进一步激发团体群众的情绪"。① 在抗战期间，蒋介石每年的七七抗战纪念讲话，就是利用七七这记忆符号激发民众的民族感情和爱国热情，凝聚民族精神，创造抗战胜利的精神动力。实际上，在敌我形势的分析中，有些分析并不符合当时敌我情势的真实状况，存在夸大敌人弱点和我方优势，回避我方困难等问题，但是，在当时的情形下，这是可以理解的。在民族危机的情形下，在以民族主义为内容的政治动员中，"民族"这一具有显性符号化特质的内容能够使民众产生深层次的认同感，蒋介石的"七七讲话"对于激发民众抗战激情、树立抗战信心，以及动员民众抗战起到了重要的推动作用。

2. 阐明中国抗战的正义性及对维护世界公理正义与世界和平的意义，吁请国际社会的援助

中日战争是在敌强我弱的情况下进行的，中国是个大国，又是个弱国，没有国际力量的援助很难取得抗战的胜利。近代以来，中国一直处于西方列强的半殖民地之下，日本侵华势必损害英美等其他列强的在华利益，蒋介石希望利用列强间的矛盾，争取国际支持，且坚持认为中国抗战的命运必与国际格局和世界战局密切相关。所以，他始终将中国抗战置于世界格局之中，殷切希望并积极争取国际反法西斯力量，尤其是英美和苏联的支持。日本发动九一八事变之后，蒋介石曾认为英美必会干涉，对国联充满期待，随后英美等西方国家对日本的姑息政策令他很失望，但是，他仍然没有放弃争取国际同情与支持的努力。全面抗战爆发后，日军随即对上海进军，蒋介石积极组织淞沪会战，这既有打乱日本侵华战略的意图，也有利用列强矛盾争取国际支持的用意。1938 年 7 月 7 日，蒋介石在告友邦书中指出：日本对中国的侵略，致使"各友邦在中国多年经营之一切设施与产业亦泰半化为灰烬"，如不对日军的暴行予以惩处，则"世界必永无公理正义可言，吾人类亦必永留无从洗涤之污点"。中国人民珍爱和平，重视公理，中国抗战"事关民族之生存、领土之完整、主权之独立，且为国际正义与盟约尊严之所维系"，他呼吁各友邦迅速采取有效办法，履行国际联盟以及《非战公约》《九国公约》的义务，"竭力援助中国抗战"，"制裁此灭

---

① 陈恒明：《中华民国政治符号之研究》，台湾商务印书馆，1986，第 73 页。

绝人类天性之国际公敌，以树立世界正义和平"。①

　　但是，从 1931 年九一八事变到 1941 年 12 月太平洋战争爆发，西方列强对日采取所谓不干涉的绥靖政策，美国虽反对日对外扩张，但仍于 1935 年 8 月 31 日通过中立法案，继续保持同日本的经济合作，1932～1936 年，美国对日本输出的石油和废铁废钢数量比以前增长了将近一倍。七七事变后，美国并未采取任何制裁手段，反而大幅度增加了对日战略物资的供应。在 1937 年 11 月的《九国公约》缔约国会议上，由于美国、英国持消极态度，中国提出的对日本经济制裁，停止向日本提供贷款和输出军需物资等建议都遭到拒绝。1938 年 11 月 3 日，日本近卫内阁发表了"东亚新秩序"声明，宣布要独霸中国，遭到美国反对。1939 年 7 月 27 日，美国宣布废除《美日通商航海条约》，但美国对日输出仍占当年日本进口总额 34.3%。为此，蒋介石指出："日货所售之钱财，以及日本所购入之煤油，铜铁，其他军需原料，举足以增加日本之暴力"，"不仅助长其屠戮中国无辜之人民，且危害各友邦在中国公私之财产与其生命"。"东亚新秩序"实为日本去除欧美各国在亚洲之权益，独霸太平洋地区之企图。日本"不仅凌辱各友邦在华之侨民，掠夺各友邦在华之财产，而且盲炸残害我各友邦在华之宗教文化经济等一切事业及其机关与服务人员，在事实上，已无异向我各友邦开衅"。"中国对日抗战之功效，不仅所以保卫中国以独立生存，打破日本扰乱东亚与排除各友邦在远东权益之企图，而于全世界未来之秩序，全人类未来之福利，自当发生重大影响。""公约与正义，必须以实力保卫之，世界和平，固无可分割者也。故爱好和平与正义之国家，不仅应明辩（辨）是非，而且应认清利害，必须仗义立信，积极合作。建立共同战线，出之以公正之态度与坚决之行动"，"孤立自保，实无异鼓励侵略，决非维持世界和平之道"，"无论今日与将来，不惟中国需要我各友邦，而各友邦亦必需要我中国"。希望友邦"尽其神圣之职责"，"促进世界永久之和平与我人类全体之幸福"。②

　　1940 年 8 月 1 日，日本妄图借欧战之机独吞荷、法等国在东南亚的殖

---

　　①　蒋介石：《抗战周年告全国军民书》，《大公报》1938 年 7 月 7 日，第 2 版。
　　②　蒋介石：《抗战二周年告友邦书》，（香港）《申报》1939 年 7 月 7 日，第 3 版。

民地，提出建立"大东亚共荣圈"。蒋介石再次呼吁友邦以鲜明公正之态度共谋有效途径，支持中国抗战，制止日本侵略，"此为各友邦在道义上或法律上对中国、对远东所不能避免之责任，亦为各友邦为维护世界未来秩序必须履行之义务"。① 但是，1940 年 11 月 3 日，美国国会通过有关中立法的决议案，宣称在战争中保持中立，避免卷入其中。1940 年 7 月 7 日，蒋介石发表对美国民众的广播词，呼吁美国采取加大对华援助，对日本实行禁运等措施，履行美国的大国责任。

　　1941 年 7 月，日本确定南进计划，美日谈判中止，美国冻结日本在美国的全部资产，全面禁止对日本输出石油，这标志着美国从总体上结束了对日绥靖政策。苏联为避免东西两线同时对德、日作战，于 1941 年 4 月与日本订立《苏日中立条约》，承认伪满洲国，通过牺牲中国利益谋求与日关系的缓和。1941 年 6 月德苏战争爆发后，世界侵略国家与反侵略国家之分野已趋明朗，蒋呼吁"各友邦彼此必须彻底合作，应使侵略势力及早奔溃"。② 1941 年 12 月 8 日，日本突袭美国珍珠港，太平洋战争爆发。美国从反法西斯战争全局出发，与中国结成联盟，把中国与美、英、苏并列为世界四大国，蒋介石任中国战区盟军最高统帅，指挥中国、泰国和越南战区。1942 年 1 月 1 日的《联合国家宣言》宣告了世界反法西斯统一战线的建立。1942 年 7 月 7 日是中国第五个"抗战建国纪念日"，美国总统罗斯福、国务卿赫尔，以及英国首相丘吉尔分别致电蒋介石，祝贺中国抗战五周年。罗斯福称赞中国军队作战勇敢，表示"此次战争之为全人类战争"，"美国与各联合国之人民将继续联合作战，直至获得胜利并建立全世界之和平正义与自由而后矣"。蒋对此"倍感欣奋与光荣"，在回复罗斯福的信中他指出，对日本这个"太平洋之祸乱与障碍必须首予澄清，以促成全世界反侵略战争之胜利也"。③ 蒋还认为，在我国抗战五周年之际，美国总统及相关政要皆有所表示，且"皆自真诚，此民族之光荣，实为有史以来罕见"，是对全国军民五年艰苦抗战的告慰。英国虽亦有所表示，"然其内心则不愿我国之

---

①　蒋介石：《抗战三周年告友邦书》，《大公报》1940 年 7 月 7 日，第 2 版。
②　《抗战四周年告友邦书》，《蒋中正总统档案·事略稿本》第 46 卷，民国三十年，台北，"国史馆"，2010，第 464 页。
③　《蒋中正总统档案·事略稿本》第 50 卷，民国三十一年，台北，"国史馆"，2011，第 194~195 页。

复兴,盖为自利计乃不得不然耳。但余仍以礼报之。俄国毫无表示乃畏倭之所以致,亦可谅也"。①

1943年7月,第二次世界大战进入了历史性转折期,蒋介石出席抗战六周年纪念典礼,发表《告联合国民众书》,主张在东西两个战场一致采取攻势,战后创立一个保有充分国际武力的和平机构,以确立世界正义与集体安全。在罗斯福的积极推动下,1943年11月22~26日,在开罗举行了中、美、英三国首脑会议;1943年12月1日,《开罗宣言》正式发表,以国际法文件的形式谴责了日本自甲午战争以来对中国领土的窃取,承认了台湾及其附属岛屿等被占土地是中国的固有领土,并规定日本必须将其归还中国。开罗会议进一步确立了中国在战后的大国地位。中国参加了1944年夏天举行的敦巴顿橡树园会议,参与发起1945年春的旧金山会议,成为联合国的创始国、安理会常任理事国。1945年5月8日,德国无条件投降;7月26日,美英共同发布敦促日本无条件投降的《波茨坦公告》;8月8日,苏联向盘踞在中国东北的日本关东军发起进攻;8月6日、8月9日,美国分别在日本的广岛、长崎投下两颗原子弹;8月15日,日本宣布投降,中国历时14年的抗战终于取得了胜利。

蒋介石认为,中日两国交往历史悠久,日本发动侵华战争是少数日本军阀所为,希望日本民众能反对日本军阀的侵华战争,他指出:中国人民爱好和平,但为民族生存不得不战。日本军阀发动侵华战争,以暴报德,战争以来,日本除损失巨大人力财力外,精神损失也很严重,日本军队已成为"世界上最野蛮最残酷之破坏力,所谓大和魂、武士道精神已扫地无存"。日军对我国妇女奸淫暴行,"灭绝人伦,违逆天理","不仅日本之耻辱,亦留人类之污点"。② 日本侵略中国不能达到消灭中国的目的,两国仇怨深结必将贻害后世子孙,日本军阀不仅是中国人的敌人,也是日本国民的公敌。中国以日本军阀为敌,不以日本人民为敌,希望日本民众认清军阀危害,为日本自身与和平抵制战争。

蒋介石在七七"抗战建国纪念日"的讲话向全世界表达了中国政府和人民的抗战决心和信念,揭露了日本侵略者试图灭亡中国、称霸世界的阴

---

① 《蒋中正总统档案·事略稿本》第50卷,民国三十一年,第201页。
② 蒋介石:《抗战周年告日本民众书》,《大公报》1938年7月7日,第3版。

谋，体现了中华民族自尊、自立、自强的民族精神，申明了中国抗战的正义性和对维护世界公理正义与和平的重要意义，赢得了国际力量的同情和支持，对抗战无疑起到了积极的促进作用。

3. 号召民众发扬民族传统道德与精神，自尊自强、勇于牺牲、精诚团结、拥护政府，完成抗战建国大业

"符号的功能直接在权力过程中，帮助建立或移转或维持权力实行。"因为，符号"可激发人民一致集中之热情，加强其对政权拥护之信念，而使国家（政府）公权力得以扩充并更形巩固"。① 政治动员是"统治精英获取资源尤其是人力资源为政治权威服务的过程"，② 其根本目的在于将个体"询唤"为主体，实现民众对政府的政治认同。蒋介石一再强调"我们最后胜利的意义乃在消灭暴敌之后，彻底实行三民主义，建立民有民治民享富强康乐的新中国"。因此，从"抗战开始时就决定要从这一战争之中，促进我们民族的脚步，培养我们新生的力量，使得抗战胜利之日即是建国基础大奠之时"。③ 在他看来，发扬中国传统道德和民族精神，培育信仰三民主义的忠诚国民，是完成抗战建国任务的重要途径。中国抗战"能有如此艰苦卓绝的成绩，追本溯源，实在是由于我们国民信奉国父三民主义革命建国最高原理的指导，来发扬我们中华民族四维八德的传统精神和充分表现我们整个民族顶天立地，不畏强权、不可屈服的最高尚的人格"，这"不但是我们抗战胜利的保障，也是我们建国复兴唯一的要素"。④ 1939 年 3 月，国民党发动了国民精神总动员运动，主要内容如下。一是集合国民精神于"共同目标"，即"国家至上民族至上""军事第一胜利第一""意志集中力量集中"。"国家至上民族至上"，就是要求国民在民族生存受到威胁的时候，把国家民族的利益看得高于一切；"军事第一胜利第一"，就是要求国民的一切思想行动，都应当绝对受国家民族军事利益的支配；"意志集中力量集中"，就是要求全体国民的思想必须绝对集中于"国家至上民族至上"与"军事第一胜利第一"两义之下。二是统一建国信仰，即国民必须坚定

① 陈恒明：《中华民国政治符号之研究》，第 29、2 页。
② 〔美〕詹姆斯·R. 汤森、布兰特利·沃马克：《中国政治》，顾速、董方译，江苏人民出版社，1992，第 102 页。
③ 蒋介石：《抗战八周年告全国军民书》，《大公报》1945 年 7 月 7 日，第 2 版。
④ 蒋介石：《抗战五周年告全国军民书》，《大公报》1942 年 7 月 7 日，第 2 版。

三民主义的信仰。三是确立救国道德，即要求国民对国家尽忠，对民族行孝，而"忠"的先决条件则为军令政令之绝对统一。在中外历史上，战时集权是一种常见的现象，即使在民主国家亦是如此，如"二战"期间的英、美都有权力相对集中的情况，它适应了战时需要，有一定的合理性。但是，民主国家的集权是在民主制度的框架内的，公民基本权利仍是得到保障的。抗战时期，国民党统治下的民主制度远未建立，公民的基本权利也未能有所保障。国民党强调的集中与统一既是因抗战而集权，也是借抗战而集权，强化政府权力和个人权威；事实上，蒋介石的权力和威信正是在抗战时期得到了快速扩大和提升。国民精神总动员是抗战期间国民党动员民众、塑造国民的努力，也是为了克服物质困难，发挥精神力量来争取抗战胜利。战争是物质与精神的较量，在中日双方物质条件悬殊的情况下，更要依靠精神力量的支持。蒋介石认为，"道德堕落，精神丧失，那是我们抗战最大的危机，也就是我们民族最大的耻辱。我们抗战愈到后期，精神与道德的力量愈见重要，……只要我们精神旺盛，道德坚贞，能够再接再厉，屹立不摇，如何艰危，必可克服，最后的胜利绝无疑问"。[①] 对于战时中国而言，国家的一个主要任务是谋求自身的独立、解放和社会的现代化，并能够在国际社会中产生一定的影响力，在这种社会心理支配下，民众对国家政治目标的认同是能够较易接受的。

蒋介石对民众的具体要求有如下四条。第一，自重自立自强。他认为"人助先要自助，而且世界上亦唯有自爱自助的民族以见重于人，而后继能得到人家的尊重"，"世界上任何国家任何民族，无不是从千锤百炼中创造出他自身光耀的命运，亦无不是从极端艰苦危难中独立奋斗继续求得真正的胜利"。[②] 他要求中国军民自强不息，尽到中国在世界反法西斯战争中的责任，博得友邦的尊敬，奠定国家独立、自由的基础。第二，勇于牺牲。他要求军民"随时随事准备着牺牲。我们要牺牲享受，要牺牲小我的幸福，要牺牲个人的自由，而充其极处则不惜牺牲我们的生命"。[③] 第三，精诚团结。"我们同是黄帝的子孙，当前的命运只有一个，不奋斗即灭亡，能团结

---

① 蒋介石：《抗战七周年告全国军民书》，《大公报》1944 年 7 月 7 日，第 2 版。
② 蒋介石：《抗战五周年告全国军民书》，《大公报》1942 年 7 月 7 日，第 2 版。
③ 蒋介石：《抗战周年告全国军民书》，《大公报》1938 年 7 月 7 日，第 2 版。

即有前途"，因此，必须"无有例外的做到协同和团结，我们要绝对一致，永远一致"。① 第四，拥护国策。"符号的使用，其主要价值为替权威博得尊敬，推动服从与牺牲，以建立特权，尤用以保持威望。"② 政治动员的最终落脚点是民众对政府国策的认同与支持，蒋介石要求全国军民一致拥护政府的各项政策。"人人接受军训，踊跃应征兵役，或参加战时服务，全国皆兵皆工。"官兵临胜勿骄、遇挫不馁，坚守纪律、完成任务；集中资本生产与运输，加紧后方生产，"极端耐劳，绝对刻苦，理性节约，推广合作事业，力戒囤积居奇，杜绝营私舞弊"，"尽力遏止走私，杜绝仇货"。③ "必须实行极端的节约"④；拥护政府的地方自治、新县制的政策，信任和拥护政府的外交国策。

纵观蒋介石对国民的要求，存在着过于强调国民义务，忽视国民生活和权利的问题。他一再强调"我们同胞觉悟自身对国家对民族负有神圣责任和义务，要牺牲一切来负起这个责任"，"没有一个人可以不尽力，没有一个人可以自外于国民的责任"。⑤ 他还强调："现代国民的基本资格就是拥护国家权力法令的绝对性，尤其在战争时期，一切国法与军令是一样的森严，法律的轨迹任何人不能自外的。全国军民应该共怀国家神圣、国法神圣的大义，一致遵行，贯彻始终。"⑥ 号召民众履行国民义务是政府的权利，在战时更在情理之中，但是，现代国家的国民不仅有遵守国家法律、履行对国家责任的义务，更应享有自身的政治、经济等各方面权利，而后者更是现代国民的基本特点和本质，即使在战时也不应忽视国民的基本权利，这是现代民主国家应尽的义务与责任，是现代民主政治的实质。事实上，抗战时期，中国民众的生活相当艰苦，权利更无保障。但是，纵观蒋介石的历次讲话，要求民众履行义务的很多，但很少提及保障民众的生活与权利。

另外，还存在忽视民主政治建设的问题。蒋介石在谈到建国的重点事

① 蒋介石：《抗战周年告全国军民书》，《大公报》1938 年 7 月 7 日，第 2 版。
② 陈恒明：《中华民国政治符号之研究》，第 91 页。
③ 蒋介石：《抗战三周年告全国军民书》，《大公报》1940 年 7 月 7 日，第 2 版。
④ 蒋介石：《抗战周年告全国军民书》，《大公报》1938 年 7 月 7 日，第 2 版。
⑤ 蒋介石：《抗战三周年告全国军民书》，《大公报》1940 年 7 月 7 日，第 2 版。
⑥ 蒋介石：《抗战二周年告全国军民书》，《中央日报》1939 年 7 月 7 日，第 2 版。

项时，认为构成现代国家生命力的三大要素不外乎军事、教育和经济。在军事方面，他强调"要养成一般官兵忠勇牺牲以一敌百的精神，寸土必争，效死尽职的精神，更要造成我们进退生死同一的纪律，令出必行，贯彻到底的纪律"。在教育方面，"最要紧的是要陶冶青年的品德"，"注重我们民族哲学，恢复我们民族固有道德"，教育青年坚苦锻炼以造成强健体魄，耐得住劳苦，负得起艰巨使命。在经济方面，提出公营、私营并进，有管制、有计划地组织生产，发展交通运输，奠定战时建设基础。实际上，民主政治才是现代国家最主要的生命力所在，但是，关于政治方面，他只是简单提及"一切政治的法令和措施，凡是有关地方自治和基层政治及人民生活的新县制的推行，土地政策粮食管理等法令，希同胞至诚接受，共同努力，一致实行"。① 有意思的是，直到内战爆发后，在全国民主运动日益高涨的情况下，蒋介石在《抗战十周年纪念日广播词》中才明确提及要"实行宪政与推进民主工作"，但是，又说中共破坏民主宪政，要实行民主宪政，就必须"剿共"。可见，其本意仍在"剿共"。此时，蒋介石承认政府本身存在种种缺点，表示要"改革内政"，"我们同胞对于政治经济的缺点和民生痛苦的所在，凡有意见的贡献，政府无不竭诚采纳，努力改正。对于各级政府施政上的错误，更望指明事例，剀切举发俾资切实纠正"。② 但未提及改革内政的具体措施。

三　政治的纪念：七七意义指向的改变

"七七"标志着日本全面侵华与中国全面抗战的开始，纪念七七，旨在唤醒民众对于七七的记忆，激发民众的抗战意识和爱国激情。作为一个集体记忆的符号，七七的意义指向在于抵抗侵略，恢复国家主权，实现民族独立与解放。民族国家是一种"想象的政治共同体"，"尽管在每个民族内部可能存在普遍的不平等与剥削，民族总是被设想为一种深刻的，平等的同志爱。最终，正是这种友爱关系在过去两个世纪中，驱使数以百万计的

---

① 蒋介石：《抗战四周年告全国军民书》，《申报》1941年7月10日，第2版。
② 蒋介石：《抗战十周年纪念日广播词》，《外交部周报》1947年7月20日，第4版。

人们甘愿为民族——这个有限的想象——去屠杀或从容赴死"。① 可见，对于共同体的想象是一个主体间的文化过程，认同也就成为一种社会的和政治的建构。纪念七七，从某种意义上说，正是民族国家对政治认同的建构。但是，在这样的建构过程中，关于过去的记忆会随着时事的变化而发生着改变，因为过去"如果不是全部，那么也是主要由现在的关注所形塑的"②，哈布瓦赫的"现在中心观"强调集体记忆的当下性，认为人们头脑中的"过去"并不是客观实在的，而是一种当下社会性的建构。"过去的事实"，不过"是在人们各种主观情感、偏见，以及社会权力关系下的社会记忆的产物"。③ 在 1938～1944 年的讲话中，七七记忆符号的指向都是捍卫国家主权与民族独立的。1945 年 7 月，在抗战胜利形势已十分明朗的情况下，蒋介石在讲话中提出："抗战国策就在于外求独立内求统一"，"对内求统一，就是要集中我们全国的国力争取最后的胜利，进行和平建设以促成我们国家的现代化繁荣"。如何实现内求统一呢？他提出"在军事第一，胜利第一的要求之下，我们必须容小异而成大同"，"使我国同胞在长期抗战最后所做的重大牺牲求得宝贵的代价"。④ 可见，抗战的意义指向中，除民族独立之外，增加了统一的意义指向，但是，独立与统一还是并重的。抗战胜利后，七七真正成为过去的记忆，然而，对于过去的记忆取决于今天的现实，抗战胜利后，国家统一与建设成为最重要的主题。1946 年 7 月 7 日是抗战胜利后的第一个"抗战建国纪念日"，全国各地都举行了隆重的纪念仪式，蒋介石在追悼抗战死难军民大会上，提出："我们抗战的目的乃是为了建国，现在抗战已经胜利，而建国工作尚未开始，今后我们全国同胞必须以抗战初期艰苦卓绝的精神，同心一德，勉励努力，来实行三民主义，建设我们中华民国成为一个富强快乐的现代国家。"⑤ 1947 年 7 月 7 日是第十个"抗战建国纪念日"，此时内战已经爆发，"消灭中共"是当时国民党的首要目标。蒋介石在"广播词"中讲道："我们对日抗战的目的，原在于捍卫国

① 〔美〕本尼迪克特·安德森：《想象的共同体》，吴叡人译，上海人民出版社，2011，第7页。
② 〔法〕哈布瓦赫：《论集体记忆》，毕然、郭金华译，上海人民出版社，2002，第45页。
③ 王明珂：《历史事实、历史记忆与历史心性》，《历史研究》2001 年第 5 期。
④ 蒋介石：《抗战八周年告全国军民书》，《大公报》1945 年 7 月 7 日，第 2 版。
⑤ 蒋介石：《抗战九周年告全国军民书》，《大公报》1946 年 7 月 8 日，第 2 版。

土，收复东北，保持主权和领土完整，东北的主权和领土行政一天没有恢复，便是抗战的目的没有达到。”① 他将中共在东北的军事行动视为“分裂我们整个中国，断送我们整个民族”的行为，将内战的责任归于中共，并由此提出“戡乱剿匪是为了国家最高的利益，也为了人民的基本生存权利和民主自由的权利”，“戡乱剿匪”和“对日抗战神圣的意义并无二致。换句话说，今日剿匪工作就是继续对日开战未完的任务，也正如我对同胞们所说的要确保抗战胜利成果，获得国家民族真正独立自由所必须经过的奋斗”。② 七七与抗战的意义指向由捍卫国家主权与民族独立演变为收复东北，实现所谓的统一，这也印证了那句话：“记忆在本质上是立足现在面对过去的一种重构。”③ 但是，记忆的主观建构性并不能完全遮掩历史的真实性，内战与争取民族独立的抗日战争是性质完全不同的战争，在国家统一的名义下为内战辩护，将内战视为保卫抗战胜利果实的行为，显然是难以令人信服的，也是对七七这个集体记忆的意义曲解。

---

① 蒋介石：《抗战十周年纪念日广播词》，《外交部周报》1947 年 7 月 20 日，第 4 版。
② 蒋介石：《抗战十周年纪念日广播词》，《外交部周报》1947 年 7 月 20 日，第 4 版。
③ 〔法〕哈布瓦赫：《论集体记忆》，毕然、郭金华译，第 59 页。

试论南京国民政府时期围绕新疆的
央地斗争

侯风云[*]

新疆自古以来就是中国领土不可分割的一部分，是中国西北屏障。中国历届中央政府都对新疆实行着有效管辖。自1912年国民肇始，盘踞新疆的历任军阀虽表面上承认国民政府，但仍然割据自雄。杨增新主政时期（1912~1928）对中央政府是"认庙不认神"，"嘉略关外唯我独尊"；金树仁主新时期（1928~1933）与杨增新一样竭力阻止国民政府派人来新，即使来了也使其不能发挥作用。九一八事变之后，国人逐渐认识到西北的重要性，开发西北的呼声日益高涨，因此，南京国民政府急于加强对新疆的控制，与当时新疆的实际统治者开启了争夺控制权的斗争。

一　建立省党部与金树仁争夺控制权

早在辛亥革命时期，革命党人在新疆领导了迪化（今乌鲁木齐）起义和伊犁起义，但他们在伊犁建立的同盟会，随着伊犁起义的失败而消失了。杨增新鉴于伊犁起义的教训，坚决反对在新疆建立任何政党组织，因此国民党在新疆始终没有取得合法地位，更未获得发展。1913年，新疆选出的参议员、众议员中虽然有不少是国民党员，却不敢公开活动。对于杨的统治，新疆的国民党极为不满，1928年7月以前，他们特派定希程代表新疆

---

* 侯风云，历史学博士，鲁东大学马克思主义学院副教授。本文曾刊于《安徽史学》2004年第6期，收入本文集时有所修订。

国民党到内地进行倒杨活动。定希程到达南京后，一面报告新疆党务情况，一面鼓动冯玉祥进疆推倒杨增新政权。正当国民党中央酝酿冯玉祥插手新疆事务，以及在新疆设立省党部之际，新疆发生了"七七政变"。南京国民党中央根据突变局势，重新考虑控制新疆的方案，决定从设立省党部开始，发展组织，积蓄力量，以渗透的方式进入政权组织，最后在新疆取得控制权。1928 年 7 月下旬，国民党中央决定设立由 7 人组成的新疆省党部指导委员会。

对于国民党中央设立新疆省党部指导委员会的决定，刚刚取得控制权的金树仁采取了抵制的态度。他借口委员地方化，拒绝由内地派人到新疆办理党务。金树仁自主政伊始，就自行设立了一个省党部，并自命为省党部的党务委员，以此来抵制南京国民党中央派人到新疆建立省党部。对于这样的一个省党部，国民党认为"新疆省党部人员未经过中央正式委派，决议不理"①。1929 年，国民党中央发表命令，委任骆美奂等为新疆省党部委员，金树仁以这些人不熟悉新疆情况为借口拒绝接受，迫使国民党撤销了成命。南京国民党中央因与金树仁电商无法达成一致时，就干脆直接派人入新。1930 年，国民党 CC 派魏允中到新疆主持省党务。魏到迪化后，金树仁不得不应付一下场面，在上帝庙举行了盛大的欢迎会，然后把他安排在省党部，并派人予以监视。魏在迪化期间，军政上层人物并不与之来往，终日无事可做，最终被金以生活作风问题逐出新疆。

后来，经过国民党和金树仁一再磋商，最终达成一个"混合编组"的折中方案，即由南京和新疆各自推举四五人组成新疆省党部，然后由国民党中央党部任命。1931 年 7 月，国民党中央发表命令，委任金树仁、朱瑞樨、鲁效祖、宫碧澄、白毓秀、李洽、曹启文为特派员。这个名单，显然是相互妥协的产物。一方面，南京企图以省党部为跳板，逐步取代金而直接掌握新疆；另一方面，金树仁则想将省党部作为御用工具，以维护其控制权。"哈密事变"发生后，金树仁终日忙于应付战事，无力顾及党务，国民党中央则乘机加强其在新疆的力量，在中央一再催促下，宫碧澄、白毓秀于 1932 年冬以外交人员的身份离开南京，取道日本神户后再转至苏联，

---

① 张大军：《新疆风暴七十年》(5)，台北，兰溪出版社有限公司，1980，第 2718 页。

然后乘飞机到达塔城，12 月底抵达迪化。同行的还有新疆省府从天津聘请的开发阿山金矿的技术顾问吴蔼宸。这样新疆省党部就算成立了。

对宫碧澄、白毓秀的到来，金树仁并不欢迎，这使他们很难开展工作，除了办点所谓"慈善"事业，别无其他作为。

二　两派宣慰使入新与盛世才争夺控制权

九一八事变之后，随着日寇武力威逼日盛，西北战略地位渐趋凸显，开发西北的呼声也随之日益高涨，而新疆又是西北屏藩，地位更为重要；而此时，国民党的实际控制力尚未到达陇西，因此国民党政府急于实现对新疆的控制。1933 年 4 月 12 日，新疆发生了驱逐金树仁的"四一二政变"，这给国民政府提供了一个很好的机会，蒋介石和汪精卫两次策划了控制新疆的计划。

1. 派黄慕松入新宣慰

1933 年新疆"四一二政变"后，新疆省主席金树仁出逃。4 月 14 日新疆临时维持委员会推举刘文龙为临时主席、盛世才为临时边防督办。4 月 28 日，国民政府发表"特派黄慕松为新疆宣慰使"的国府令[1]。

黄慕松宣慰的实质是以蒋介石和汪精卫为首的国民党中央政权和盛世才为首的地方势力争夺新疆统治权的斗争。据国民党新疆省党部特派员宫碧澄回忆：蒋介石令他回新疆转告盛"好好听从黄宣慰使的指示，不得有格外行动"；汪则担忧黄慕松入新能否站住脚，让宫碧澄"通知新疆临时政府的有关人员要好好拥护黄慕松"[2]。于是黄慕松带了一个庞大的宣慰使团分批进入新疆；该团配备了党务、民政、建设、军事、教育、宗教、交通各方面的人才。如此配备，一旦南京明令黄任新省政府主席及边防督办后，即可走马上任。

黄慕松在新疆的主要活动是拉拢各方势力，以图架空盛世才。首先，他争取到了在新疆的东北军各部队的长官，获得他们"愿得中央编制名义

---

① 详见（天津）《大公报》1933 年 4 月 29 日。

② 宫碧澄：《国民党在新的活动点滴》，《新疆文史资料选辑》第 5 辑，新疆人民出版社，1980，第 58 页。

始正，咸愿驰驱"① 的支持。其次，他又争取到当时的伊犁屯垦使第五军军长张培元，其也"表示受中央驱策"②。再次，黄慕松又征得汪精卫同意，将被金树仁废黜王位、当时在维吾尔族及南疆各实力派中有一定影响力的哈密王白锡尔的爵位恢复，"着即查明发还"③ 其已没收之财产，并向其允诺"军事、外交悉听央主持，教育、交通、实业等事则由地方办理"④，争取到由白锡尔领衔的南疆一带各实力派首领在享有一定自治权基础上对南京政府的归附。最后，黄慕松还对新疆部分军界官员进行拉拢、利用。此外，黄慕松还提出改督办制为军事委员会制，但他的这个主张遭到盛世才的拒绝。虽然如此，但是黄仍然坚持，并且背着盛与陈中等商量改制的具体办法，拟将张培元、马仲英、和加尼牙孜等人委为军事委员，以盛为委员长。黄慕松的用意很明显，就是要弄垮盛世才。

可是，盛世才早已在黄慕松的身边安置线人对其一举一动进行侦察和监视，且黄慕松与中央的来往电报也被盛世才的电台截获，所以，盛世才对黄慕松的一切行动了如指掌。"四一二政变"后，盛世才由参谋主任一跃成为临时督办，这一机会他是不愿意轻易放弃的，尤其是在击溃马仲英部之后，其地位日趋稳固，当然不同意黄慕松提出的改督办制为军事委员会制，何况当时还谣诼纷传黄慕松将主持新疆。于是在得胜回到迪化后于1934年6月26日突然发动政变，将陈中、李笑天、陶明樾冠以图谋推翻现政权罪枪决，并且软禁黄慕松，以此向国民党中央表示在新疆是他盛世才说了算。次日刘文龙、盛世才致电南京政府说：陶明樾等人"趁隙勾煽后方军士，拟将现有之主席、督办同时推翻"，并"秘举黄慕松为新省主席，另组所谓军事委员会"，"请中央加派关心边局之大员如陈立夫、刘光、彭

① 中国第二历史档案馆编《中华民国史档案资料汇编（第五辑第一编）·政治》（五），江苏古籍出版社，1994，第545页。
② 中国第二历史档案馆编《中华民国史档案资料汇编（第五辑第一编）·政治》（五），第545页。
③ 中国第二历史档案馆编《中华民国史档案资料汇编（第五辑第一编）·政治》（五），第545页。
④ 中国第二历史档案馆编《中华民国史档案资料汇编（第五辑第一编）·政治》（五），第545页。

昭贤、张凤九等四员迅乘飞机来新疆，切实调查，以明真相"。① 黄慕松这时才发现自己根本不是盛世才的对手，不仅没有扳倒盛而且为其所制，危及自己身家性命。为了自救，他于 6 月 28 日以明码致电中央，内称："新疆僻处强邻，情形复杂，隐忧四伏，非定重心，难期安靖。查临时督办盛世才、临时主席刘文龙，辛苦维持，业经数月，拟请中央即予真除，庶名位既正，责任更专，有裨时局，殊非浅鲜，伏祈鉴核，迅赐发表，以定人心。"② 黄以明码发电中央，其用意明显，但是南京方面对刘、盛职务始终不予真除，这使得刘、盛寝食不安，害怕夜长梦多，于是策动各机关、团体纷纷致电国民政府要求真除刘、盛职位。

不过这件事的确让南京政府大失颜面——堂堂政府宣慰大员却卷入一场旨在推翻现地方政权的阴谋中。盛世才在给南京的解释中就是这样说的，而且当时迪化街头巷尾也是这样谣传的。当时国内各报纸也为此对国民政府责备甚烈。南京方面自然要为自己圆场，挽回颜面。7 月 7 日，蒋、汪联名致电刘、盛说："两兄维持秩序，巩固后方，中央良深嘉慰，黄宣慰使也屡电称扬，不遗余力。万不可自生携贰，致堕前功，黄慕松宣慰任务已完成，中央日前有电，促其回京报告，至对于新省善后办法，一经议决，当随时颁布施行，两兄务须体谅此意，共济时艰，是所至盼。"③ 13 日，新疆驻南京办事处处长张凤九也向报界透露蒋介石对新疆问题的意见："中央对于边疆官吏的任命，但求苟能捍卫国土，绝对服从中央，爱护人民，巩固地方治安者，自可以付托。"④ 由此可见，蒋、汪不得不自找台阶下。大概黄慕松的铩羽而归也使南京政府看到了这一点，因此，南京政府只好向盛世才表示妥协——只要盛宣誓效忠中央，就给他正名。于是，7 月 19 日，刘、盛联名致电行政院，一方面消除与黄慕松的误会，说陶明樾事件"皆系陶、陈、李扇动人心之一种阴谋，与黄使绝不相干"；另一方面向中央表示效忠："值此地方糜烂，几及全疆，尤非得援助于中央，必致无所措手。

---

① 中国第二历史档案馆编《中华民国史档案资料汇编（第五辑第一编）·政治》（五），第574 页。
② 详见《中央日报》1933 年 7 月 7 日。
③ 详见《中央日报》1933 年 7 月 8 日。
④ 《张凤九由赣返京——谈新事件周内可解决》，《中央日报》1933 年 7 月 13 日。

文龙、世才性非（虽）至愚，但能晓此，我中央如何彻底筹划，巩固边局，职等誓当竭诚遵从，以尽天职，此物此志，敢质天日。"① 7月26日，刘、盛再次致电蒋、汪，表明心迹："当此糜烂纷扰之余，寇匪侵凌之际，非仗中央威信，何能自立，职等粗知大义，万无携贰之理，皇天白日，实鉴此心，一切措施，谨当恪守文训，不敢稍有逾越，致负谆谆之意，谨此电陈，伏祈垂察。"② 这就等于是刘、盛给蒋、汪递上效忠书。8月1日，行政院第一一八次会议决议：（1）任命刘文龙、盛世才、张培元为新疆省政府委员，并以刘文龙为主席；（2）任命盛世才兼边防督办，张培元兼伊犁屯垦使陆军新编第八师师长。③ 这也等于宣告南京政府借黄慕松宣慰以控制新疆的计划失败了。

2. 罗文干入新宣慰

虽然南京政府被迫承认了盛世才在新疆的统治地位，但是这并不等于国民政府就轻易放弃了对新疆的控制，蒋从来不允许地方势力做大，派军队显然是不可能的，因为当时国民党连河西走廊都没有控制住，因此最可行的办法就是借助新疆现有力量限制盛势力的扩大，以此达到控制盛世才的目的。当时的确也有这种可能，因为当时在新疆的军事力量还存在马仲英、张培元两部，他们分别控制着东部和西北部，而且南疆也不为盛世才所掌握，盛世才控制的地盘只是以迪化为中心，东至古城，西至塔城这一片，大约占全省的1/5。1933年8月1日，行政院通过对刘、盛、张的任命，就是实现这一平衡策略的关键步骤。这一任命的政治用心是让张培元雄踞盛世才部之西，默认马仲英实际控制盛世才部之东，这样盛在张、马二人夹击之下也就不能有所作为。实施这一平衡牵制策略的前提是要将盛、张、马三方的关系相对固定下来；为此8月17日南京政府宣布派司法行政部长兼外交部部长罗文干，以中央代表身份去新疆主持刘、盛等人的就职典礼。据《中央日报》报道："自宣慰使黄慕松回京报告后，中央以新疆地处边要，除任命刘文龙为主席，盛世才为督办，俾地方事务，有人负责外，

---

① 中国第二历史档案馆编《中华民国史档案资料汇编（第五辑第一编）·政治》（五），第578~579页。
② 详见《大公报》1933年7月27日。
③ 详见《中央日报》1933年8月2日。

关于中央政务，如外交、交通诸端，深觉有派大员前往视察，以期分别办理之必要国民政府昨（十七日）命令，外交部部长兼司法行政部长罗文干出巡新疆，所有外交部部长职务，以行政院院长汪兆铭暂行兼署。"① 罗文干于 9 月 2 日到达迪化，主持完刘文龙、盛世才就职典礼后，就着手撮合盛世才和马仲英之间的关系。盛世才表示如果马仲英听从督办公署的调度，退往哈密就任东疆警备总司令，可以委任他为省府委员。罗于是前往吐鲁番劝马仲英停止与盛世才进行武力对抗，盛世才为了表示和平诚意还派其弟盛成骐等人随行，实际上他是想把马仲英骗到迪化来加以处置，后来由于罗文干没有把马仲英带到迪化来，盛世才因此对罗不满意，并把随罗文干来到迪化的马仲英的和谈代表拘押，借此向马仲英挑衅，对罗文干也多方刁难，罗文干无奈，决定离开迪化去塔城，然后去苏联与中国驻苏大使颜惠庆会晤；可是，临行时盛世才以没有汽油为理由，打算扣留罗文干，罗文干只好通过苏联驻迪化总领事弄到汽油，随后匆促离开迪化。罗文干离开迪化不久，盛世才与马仲英炮火重开。迪化当时有人说罗文干是被盛世才"吓跑"的，因为罗文干走时未带之行李，被盛世才以"逆产"没收，在 1937 年新疆财政监察委员会拍卖"逆产"时，"标有罗文干逆产一项，仅手提小皮箱一个，折扇一把，绸衫一件"。②

罗文干于 10 月 6 日由苏联回到伊犁。7 日，参加了张培元就职典礼。在伊犁期间，罗文干要张培元对盛世才"捐弃成见不计前嫌"，"张培元的答复，就只有斩钉截铁，全无回旋余地的两句话，'我就不让盛世才当边防督办，其他的事情什么都好谈'"③。至此，罗文干所推行的平衡政策实际上破产了，因为盛世才、马仲英这时正在迪化火并。罗文干原打算赴新疆南疆宣抚，也因南疆正在大乱而未去，遂绕道苏联西伯利亚铁路到符拉迪沃斯托克，然后乘船回京。本来，罗文干此行计划四个月，结果两个多月就结束了。南京派到新疆的大员再次"铩羽而归"。

但是，南京方面仍然试图控制新疆，于是先前的"平衡战略"便变成了"张马联手倒盛"策略。主要原因是，一方面罗文干之入新本来就是考

① 详见《中央日报》1933 年 8 月 18 日。
② 张大军：《新疆风暴七十年》（六），第 3311 页。
③ 张大军：《新疆风暴七十年》（六），第 3313 页。

察新疆的情况，如果平衡牵制政策在新疆能够实现当然好，如果不行就换个方式；另一方面中央不了解新疆情况，主要依靠黄慕松和罗文干带回来的报告来决定对新疆的政策，而黄、罗二人均受盛之刁难，对盛世才都没有好印象，尤其是罗更是不堪盛其辱，于是在离开新疆前夕便向国民政府建议说："以弟所见，盛昔以骗诈取得任命，中央为求苟安，循其所请。今盛仍恶性未改，怨声载道，中央若不早下最后决心，处以祸国害民之罪，此后中央将威信无存。一切善后办法，明日启程回京呈报，望中央此时勿再为其所愚，予以任何之援助。"①

于是"在国民政府和罗文干的促成下，1933年12月张培元、马仲英反盛同盟正式形成，张已对盛采取行动"。② 蔡锦松得出的这个结论有其合理性，因为他的主要依据是新疆社会科学院历史所资料室所藏的两份外交部档案抄件，这均是张培元给驻苏联大使颜惠庆的电报，其中有"培元遵照中央与罗部长计划，已出兵讨伐，将盛逆购得大批枪弹，业派兵截留"③，"自奉罗部长转到中央忠密电令，着培元督师入迪，解决盛世才，肃清北疆，以除祸根，令与马仲英合作"。④ 这样也就不难理解为什么张培元死前遗书中有"一误于罗部长，再误于杨正中"⑤ 之语；况且蒋介石也承认有"属张罗特约专用"之电码本⑥。南京政府没有料想到的是，盛世才会得到苏联的直接军事帮助，打败了张培元和马仲英，巩固了他在新疆的统治地位。这样，南京政府失去了控制新疆的任何依托，第二次控制新疆的计划就彻底失败了。

分析上述两次失败，主要原因在于当时国民政府无法用武力控制新疆，在武人地方执政时期，没有军队作为后盾是万万不行的。而蒋介石正在全力"剿共"，此时，连河西走廊都没有控制住，派军队谈何容易。再者，国民政府在新疆又没有什么基础，仅仅派两个大员而没有非凡的手段是不行

---

① 蔡锦松：《盛世才在新疆》，河南人民出版社，1998，第129~130页。
② 蔡锦松：《盛世才在新疆》，第131页。
③ 蔡锦松：《盛世才在新疆》，第130页。
④ 蔡锦松：《盛世才在新疆》，第131页。
⑤ 王恩溥：《张培元事略》，《新疆文史资料选辑》第2辑，新疆人民出版社，1979，第178页。
⑥ 《蒋介石致盛世才督办妥慎处理新疆事务电》（1934年9月26日），秦孝仪主编《先总统蒋公思想言论总集》卷37别录，第105页。

的；事实上，黄、罗二人都是文职官员，并无军事实力，而盛世才已在新疆三年，手中掌握着兵权，又是个玩弄权术的高手。因此，黄、罗二人根本不是盛世才的对手。不仅如此，盛世才与南京交恶后，还竭力阻止南京势力进入新疆，制定亲苏的"六大政策"（反帝、亲苏、民平、和平、清廉、建设），做起"新疆王"来。南京政府鞭长莫及，奈何他不得。但是一旦有机会，南京方面是不会放弃的，没有想到这个机会居然在不久以后被盛世才自己送上门来了。

三　国民党势力进入新疆

1941年6月22日，德国法西斯突然进攻苏联。同年9月至1942年2月，苏联首都莫斯科被德军围攻，苏联卫国战争正处在最困难的时期。正是在这种形势下，盛世才认为苏联靠不住了，他要投靠新的政治力量，于是他改变了叫喊多年的亲苏政策。他对被重新起用的"十大博士"直言不讳地说："现在我的政策变了，要改信三民主义，如果你们能随我入国民党，我可以放你们，各个官复原职；如果不然，那你们就回去，哪一天放你们就不得而知了。"① 显然，盛世才已经把继续维持新疆地方独裁统治的赌注押在了国民党及蒋介石身上。对这一转变，盛世才在1942年7月7日给蒋介石的上书中解释为主要是受到苏联的欺骗，"现已澈底觉悟，苏联国家确实离开马克斯主义，走上帝国主义侵略道路，尤有甚者，即挂着马克斯主义假招牌，以援助落后国家与民族为名，暗中进行其侵略伎俩，其用心较之其他帝国主义者尤为毒辣！……是以职今后绝对不能再与此类假的马克斯主义者相合作，誓以至诚，拥护钧座与国民党之领导，效忠党国"。② 这样，蒋介石再次盼来了控制新疆的时机。事实上，以蒋介石为首的国民党从未放松图谋新疆，1937年上海"八一三"事变后，西北绥靖公署主任朱绍良曾向蒋介石提出辞去原职，蒋介石回答："不但不能辞，而且要做长期打算。你放走了盛世才，有责任收服盛世才。新疆问题一日不解决，你

---

① 郎道衡：《我所知道的"新疆王"盛世才》，《新疆文史资料选辑》第2辑，第13页。
② 《盛世才第一次上蒋委员长书》，中华民国外交部编印《苏俄对新疆的经济侵略》，第56页。

一日不能离开西北。"① 可见，蒋介石一直在等待着控制新疆的时机的到来。由于盛世才的变化，国民党便趁机向新疆全方位进军，重点是一方面在政治上进行渗透，另一方面是在军事上进行控制。

在政治上，国民党一面派大员与盛世才频繁接触，采取封官拉拢等手段，让盛世才死心塌地地"反苏""反共"到底；一面不失时机地派大批人员入新，从党务、政务、外交等方面逐步取代了盛世才的势力。

为能使国民党势力顺利进入新疆，国民党第八战区司令长官朱绍良先后 5 次出关到迪化。盛世才称："在朱长官逸民将军五次出关中，随着他每次出关任务的不同，而有不同的收获，所谓不同收获，并不是别的，乃都是对国家民族，对抗战建国建新，对巩固抗战后方等事业上有特殊的贡献与莫大的帮助。"② 朱绍良为国民党图谋新疆立下汗马功劳，真"可谓边疆大吏中之首功者"③。蒋介石还命令军事委员会参谋总长何应钦主持制定了《收复新疆主权方略》。1942 年 8 月 29 日，宋美龄代表蒋介石到新疆安抚和拉拢盛世才。宋一行受到盛世才的隆重接待。宋美龄代表蒋介石对盛世才表示："中央坚决信任盛氏，将来新省各项工作需要中央协助与否，全由盛氏决定。"④ 这等于给盛世才吃了一颗定心丸。最后双方协定："（1）调派肃境内政府军由兰州进驻安西、玉门，钳制在哈密俄军；（2）委派新疆外交特派员，将外交权收归中央；（3）肃清新疆共党；（4）着俄国军退出新疆等。"⑤ 盛世才表示："矢志拥护中央，尽忠党国，绝对服从领袖。"⑥ 宋美龄等在迪化除在政治上收买盛世才以外，还谈起军事、外交、"反苏"、"反共"等内容，盛世才遵照指示，切实奉行。果然，当宋美龄一行离开迪化后半个多月，盛世才就向中共驻新人员下了毒手。中共人员被软禁、逮捕和屠杀。

1943 年 1 月 16 日，国民党新疆省党部成立。重建国民党新疆省党部，

---

① 金绍先：《国民党反动势力进入和统治新疆》，《新疆文史资料选辑》第 2 辑，第 21 页。
② 晋庸：《四月革命的回顾与前瞻》，《新新疆》创刊号，1943 年 4 月 20 日。
③ 张大军：《新疆风暴七十年》（九），第 4909 页。
④ 吴忠信：《主新日记》，1945 年 10 月 20 日，中国第二历史档案馆编《中华民国史档案资料汇编（第五辑第三编）·政治》（五），第 331 页。
⑤ 张大军：《新疆风暴七十年》（九），第 4907 页。
⑥ 晋庸：《四月革命的回顾与前瞻》，《新新疆》创刊号，1943 年 4 月 20 日。

无疑是国民党控制新疆的一大要政。从此国民党在新疆的党务活动有了基地。组建的头几个月，省党部只有 40 多人，后来编制逐渐增加。国民党力图通过发展党员和建立各级组织来控制新疆地区，仅 1943 年就发展党员7224 名，发展对象主要是公务员以及青年学生、教员，还有商人和其他阶层的人员。这一年的 6~8 月，共成立县党部 31 个。全年成立区党部 84 个，区分部 461 个，小组 808 个。省党部下属各级组织的建立，使国民党在当地有了一批力量，这表明国民党在与盛世才争夺地方干部的斗争中已经迈出一大步。

国民党不断地从内地往新疆调派外交、党务、行政、军事、特工、金融、文教等各类人员。1942 年底，重庆集中了数百名青年进行进疆前的训练，还有 5000 多人报名愿意到新疆工作。官方宣扬进新疆要效仿张骞、班超，"献身边疆开发大西北"；"到新疆去！"在当时的重庆成为一个时髦的口号。国民党中央制定了一个《派新工作人员待遇办法》，对派新工作人员保留原任党政职务的职级和薪水，同时根据派新后担任工作的职级，按照给新疆地方相应待遇支付薪金，这对于当时濒于饥饿线下的重庆公教人员来说是一个很大的激励。通过如此措施，国民党一批又一批地往新疆派去了不少干事、总干事（相当于县书记长）级的人员。除一部分在省党部工作外，其余外派。在盛世才离新前夕，全疆已成立县党部的县已超过半数，县书记长均以此类派新人员充任。① 调入新疆工作的还有蒙、藏训练班的学生。这是国民党专门培养的党务人员，到新疆后担任基层领导职务。

国民党不但从内地调派人员到新疆，还在新疆就地培养力量。1942 年 4 月，国民党在迪化成立中央训练团新疆分团，仅当年就办了 3 期，训练出580 余名干部；此后一共举办 10 期训练班，训练了数以千计的人员，这些人员被分配到各级党部充当骨干。

在经济领域，国民党将经济部工矿调整处处长林继庸调往新疆任省府委员兼建设厅厅长。林出发时带了一批筑路、水利等方面的工程技术人员，后有一批教师、医生、新闻工作者等也陆续进入新疆。在金融、商业等方面，国民党当局更是迅速控制新疆。1943 年 3 月哈密成立中央银行哈密分

---

① 金绍先：《国民党反动势力进入和统治新疆》，《新疆文史资料选辑》第 2 辑，第 30~31 页。

局。次年元月，迪化也设立中央银行分行和中央信托局迪化分局，办理各种金融业务。该年 2 月，新疆海关建立，下设分关和支关，掌握了关税贸易大权。

国民党控制新疆的另一种手段是严密控制其意识形态。一方面，在文化思想领域大肆传播国民党的宗旨、党义，宣扬蒋介石的"反苏""反共"等言论。他们控制宣传出版机构，用维、汉、俄等文字刊印宣传国民党所谓党义的各类书籍达 16 种 1265 万册。另一方面，查禁进步书籍，经过他们审查的 332 种图书中有 71 种被查禁。具有讽刺意义的是，连盛世才引以为荣的《六大政策教程》也在封存之列。对进步戏剧、进步电影也不放过，有 12 个剧本、22 部电影被禁演。

国民党将控制新疆的外交放在极其重要的位置。宋美龄在新疆与盛世才见面时，谈到的条件之一就是国民党向新疆委派外交特派员，吴泽湘便充当了这个角色，在迪化建立了外交署。

由于前有黄、罗宣慰新疆的教训，国民政府把军事视为控制新疆之关键所在，"中央军之入新，表示新疆真正属于国民政府"。[1] 1941 年吴忠信劝说马步芳把河西走廊交给国民党驻防。马步芳为了自身利益，亲自到重庆向蒋介石表忠心，愿意让出河西走廊。次年春，蒋介石即派嫡系胡宗南部队进入河西走廊，从而控制了从内地通往新疆的通道。1943 年朱绍良以第八战区的名义调六个徒手新兵团入新交给盛世才训练；同年 9 月，又派所属十八混成旅入新；1944 年春，再将上年秋在武威成立的第二十九集团军总司令部移到新疆哈密。乌斯曼在阿山组织暴动反对盛世才统治，国民党乘机以平乱为由派大批部队入新。

盛世才投靠国民党的目的是继续维持其对新疆地方的统治。而国民党的方针是要通过盛世才之手全面控制新疆。因此随着国民党势力在新疆不断增长、扩大，盛世才与入新的国民党势力之间矛盾也就随之尖锐起来。起初，到新疆的国民党人员还能够按照蒋介石的指示"事事秉承盛督办之指挥督导"，"处处小心谨慎"[2]；但是没多久，就盛气凌人，自恃有中央为

---

① 张大军：《新疆风暴七十年》（九），第 5129 页。

② 《蒋介石对派赴新疆工作同志之指示》（1942 年 12 月 21 日），秦孝仪主编《先总统蒋公思想言论总集》第 19 卷演讲，第 403、405 页。

靠山，对盛多有抨击。盛世才对国民党人员也多方监视和限制。

1944 年，国际国内形势迅速发展，在国际上，反法西斯战争节节胜利，苏联军队把德军赶出国土；在国内，国民党在华中、华南一再败退，而共产党领导的八路军、新四军捷报频传，见风使舵的盛世才又想再次倒向苏联，继续依靠苏联的力量维持其在新疆的统治，保住"新疆王"的地位。于是他又玩起了惯用的伎俩，即制造所谓的"阴谋暴动案"，把重庆派来的绝大多数人员逮捕起来，对蒋说被捕者全是共产党人，对斯大林说是日本间谍、蓝衣社成员。但是，蒋介石和斯大林都不相信他，盛世才搬起石头砸自己的脚。当时，由于盛世才为投靠蒋介石而迫使苏联势力退出新疆，从而与苏联关系恶化，激起苏联的怨恨，盛世才已成为中苏关系正常化的一个障碍。蒋介石决心彻底解决盛世才。1944 年 8 月 12 日蒋介石在重庆黄山市官邸接见蒙藏委员会委员长吴忠信，告诉他准备去新疆接替盛世才。16 日朱绍良飞抵迪化，代表蒋介石逼迫盛世才离新，去重庆当农林部部长。与此同时，国民党军队亦做好应变准备，若干架飞机集中于酒泉待命。至此，盛世才感到大势已去，不得不听从蒋介石的安排。

四 结语

经过十多年的努力，南京国民政府最终统一了新疆，结束了新疆长期的实际上的割据状态。蒋介石为此也十分得意，认为这是"国民政府自成立以来最大之成功"。[①] 也正因为盛世才将新疆完整地交给了国民政府，所以蒋介石才不计一切前嫌，对盛世才过去的过错全部宥免，并为之一保到底。比如，1945 年 5 月 17 日国民党第六次全国代表大会上，新疆代表麦斯武德在大会上控诉盛世才在新疆的罪行；翌日，蒋介石就在大会上发言，为盛世才开脱："诸位同志，要知道新疆省在我国西北边陲，其面积十五倍于浙江省，自民国成立以来，中央与该省之联系似断似续，无权过问，盛同志卒能运用其力，将新省奉献于中央，功在党国，诸位同志，要明了此旨顾念大体，勿再责难往事。"[②] 但是蒋介石的喜悦并没有持续多久，随着

---

① 〔日〕古屋奎二：《蒋总统秘录》第 13 册，台北，《中央日报》译印，1982，第 64 页。
② 吴忠信：《主新日记》（1945 年 5 月 18 日），转引自蔡锦松《盛世才在新疆》，第 406 页。

国民党势力进入新疆，国民党的腐败也到了新疆。1944年秋，新疆发生了反对国民党统治的"三区革命"，建立了与国民政府对峙的政权，虽然经过和平谈判，建立了新疆联合政府，但是十分短暂，这样几十万国民党军队被牵制在新疆，不能开到内地配合蒋介石打内战。随着解放战争的胜利发展，新疆迎来了和平解放的曙光。

国民党党员队伍建设初探
（1924~1949）

王丛丛[*]

国民党在南京国民政府时期，党员队伍庞大，人数持续增长，不仅是执政党，且为当时的第一大政党。至 1927 年"清党"前，全国国民党党员总数号称超过 100 万。[①] 随着国民党推行"清党"政策，很多党员因对国民党失望而脱党未予登记，党员人数骤减。为了弥补党员数量，征求高质量的党员，国民党在"三大"修正的党章中，对入党条件进行了严格的限制，"凡年令在二十岁以上，并曾为本党预备党员，受党的训练一年以上，由区分部呈请区执行委员会考查合格，经县市执行委员会之审查及省执行委员会核准者，方得为党员"。并对预备党员进行了相应规定，"凡年令在十六岁以上，由本党党员二人以上之介绍，填具入党志愿书，经向所请求之区分部党员大会之通过，区执行委员会之考查及县、市执行委员会之核准，方得为预备党员"。[②] 同时，随着以蒋系为主的国民党在北伐以及派系斗争中接连取胜，军人集体入党蔚然成风。因此，抗日战争前，国民党党员数量增长主要以预备党员及军队党员为主。抗日战争全面爆发后，国民党党员因战争而大量流失。从 1939 年开始，国民党开始大量吸收党员，至 1945年底，国民党普通党员已达 311 万多人，如将军队党员和海外党员计算在

---

[*] 王丛丛，福建农林大学马克思主义学院讲师。

[①] 刘范：《如何才能做一个国民党的党员》，《现代青年》1927 年第 7 期，引自王奇生《党员、党权与党争——1924—1949 年中国国民党的组织形态》，华文出版社，2010，第 42 页。

[②] 荣孟源主编《中国国民党历次代表大会及中央全会资料》（上），光明日报出版社，1985，第 662 页。

内，党员总数超过 800 万。① 可见，国民党在南京国民政府时期，其党员数量确实庞大。

然而政党力量的强弱不仅在于其成员的数量，而且在于成员的质量。自国民党改组至败走大陆，国民党党员总数相比共产党及其他党派自然是占有绝对优势，但其存在的问题也较多。对于国民党发展史上的重要人物——蒋介石来说，国民党简直是问题重重，他在多次讲话中就指出了国民党党员存在的问题，并提出相应的措施进行党员队伍建设。学术界对于国民党党员的研究大多集中在党员群体构成及中央、基层组织中党务与党员存在的问题上②，对于蒋介石与中国国民党的研究集中在《中国国民党史》一书③以及《蒋介石与国民党》④一文中，但是关于蒋介石对国民党队伍建设的研究较少，基于此，本文拟通过梳理蒋介石的演讲及所制订并采取的相关措施及其实际效果如何等内容，考察蒋介石对国民党党员有何期望，以及其治党特征，并探究蒋介石与国民党的关系。

一 蒋介石对国民党党员素质判断

党员是政党的基本构成元素，党员的质量很大程度上影响着政党的力量。国民党队伍庞大，但由于入党机制不健全，党员素质参差不齐。随着蒋介石个人势力在国民党内的慢慢崛起，其对中国国民党的建设也日趋重视，因而对党员存在问题也逐渐有了比较深入的认识。

1924 年 6 月 26 日，黄埔军校开学典礼后，军校正式进入营运状态，作为校长的蒋介石注意深入学生党员之中观察和发现人才，他认为这部分学生党员存在着推诿疲玩、延宕的问题。"……现在中华民国已成立十三年

---

① 王奇生：《战时国民党党员与基层党组织》，《抗日战争研究》2003 年第 4 期。

② 相关著作：王奇生《党员、党权与党争——1924—1949 年中国国民党的组织形态》，华文出版社，2010；《革命与反革命：社会文化视野下的民国政治》，社会科学文献出版社，2010。论文主要有：王奇生《战时国民党党员与基层组织》，《抗日战争研究》2003 年第 4 期；汤向东《国民党党员群体结构分析——以 1929 年为中心》，《江苏社会科学》2004 年第 1 期；易青《1928—1930 年中国国民党党员总登记》，《民国档案》2006 年第 3 期；白纯《1931—1937：中国国民党党员人数考论》，《南京政治学院学报》2004 年第 2 期；等等。

③ 茅家琦、徐梁伯、马振犊、严安林：《百年沧桑：中国国民党史》，鹭江出版社，2005。

④ 王奇生：《蒋介石与国民党》，《理论视野》2011 年第 11、12 期。

了，中国国民党在中国的工作也很久了，论理在民国元年得政权的时候，就应该尽量地发挥本党的精神，实施本党的政策，不料事实上完全相反，所以本党的主义，至今也不能实行一点。这是什么缘故？这是由于我们同志推诿疲玩，自暴自弃，不去努力工作，所以弄的后来给人讨嫌不相信，说我们国民党没有建设的能力，直到了如今都还有许多青年，对于国民党怀疑不信任……"[①] 黄埔军校学生大都为青年，他们刚从社会青年转换为革命党员，对于革命还未有深刻的认识，加之其身上固有的惰性，因此，他们的疲玩、推诿等问题很轻易地被蒋介石发现。

1926 年 7 月，蒋介石率领国民革命军誓师北伐，在北伐过程中，他观察到党员存在缺少责任心的问题。"党员不肯负责任，不晓得自己在党内的地位，所以个个人营私舞弊，不真正做党的事情，党有利益给他，使他做官，他就是党员，党没有利益给他，他就不听党的命令，不听领袖的指挥，有党员好像没有一样，这是我们的党从前不能成功的真正原因。"[②]

1928 年底，张学良通电全国，改旗易帜，这标志着国民党在形式上实现了全国的统一。在此情况下，国民党于 1929 年 3 月召开了"三全"大会，作为国民政府主席兼海陆空军总司令，蒋介石在大会开幕式上致辞，指出"党内的根本弱点，是思想不统一，因为思想不统一，所以意志也就不能一致。因为意志不能一致，所以行动就不统一，团结就不坚固。因为行动不统一，团结不坚固，于是党内的纠纷，都是从党员思想不统一而发生"。[③] 此时，蒋介石领导的北伐在形式上完成了全国统一，其身份发生了变化，已由校长、北伐军总司令跃升为国民政府主席兼海陆空军总司令，在这样的背景下，蒋介石对国民党党员存在问题的观察也比较深入，他开始观察党员在思想上存在的问题。

随着日本大举侵华，国民党变更了领导体制。在 1938 年国民党临时全国代表大会上，蒋介石当选为国民党总裁，代行总理职权。总理的职权在

---

① 《革命党员必须见义勇为》（1924 年 8 月 2 日），秦孝仪主编《先总统蒋公思想言论总集》卷十，台北，中国国民党中央党史委员会，1984，第 82 页。

② 《党员的责任和地位与组织纪律之重要》（1926 年 8 月 14 日），秦孝仪主编《先总统蒋公思想言论总集》卷十，第 178 页。

③ 《中国国民党第三次全国代表大会开幕词》（1929 年 3 月 15 日），秦孝仪主编《先总统蒋公思想言论总集》卷十，第 377 页。

国民党总章第四章中有明确规定：党员须服从总理之指导，以努力于主义之进行；总理为全国代表大会之主席；总理为中央执行委员会之主席；总理对于全国代表大会之议决，有交复之权；总理对于中央执行委员会之议决，有最后决定之权。① 此时，蒋介石行使孙中山曾行使的职权，俨然成为国民党内的最高领袖，这也使得蒋介石对党员的期望值得以提高，对党员存在的问题观察得更加仔细与深刻。

首先，蒋介石认为党员不守纪律，"不仅一般党员违犯党纪自己不知道，就是许多负责同志对于党纪亦不知尊重，甚至以为我们作了干部，地位上不同于一般党员，对于党纪，就不妨随便一些，那里知道党纪是绝对尊严是绝对平等的……"② 党员的无纪律又会引起一系列的不良后果，如党务废弛、腐败成风、丧失革命精神等。"现在本党党务，几陷停滞，党权无形低落，主要原因，又是由于党纪废弛，一般党员精神不振作，大都缺乏负责守纪的自觉，丧失革命者奋斗前进的精神，种种颓唐腐化的恶习，就因此而发生。"③ 蒋介石认为，党纪不是一种以严刑峻罚作内容的国家法律，而是一种自觉自动、自律自制为特质的革命纪律，如果党员不遵守纪律，便会丧失党德，造成腐败成风、丧失革命精神等后果，最终使党消亡。

其次，蒋介石还认为党员存在"不确实"的问题。党员不确实问题主要体现在理论和行动两个面向上。在理论面向上，党员未能切切实实对党的主义和理论进行研究，导致党员的行动没有方向与目标。同时，蒋介石还将此问题上升到反革命的高度，认为如果不研究、不实行主义，就是违背主义，违犯革命。因此，党员要改正这个缺点，就需要"对于三民主义和总理遗教，以及凡与党义和本党政纲政策有关的一切重要书籍，要切实加以研究，而且要有不断的研究和发明……"④ 在行动面向上，党员的"不确实"体现在行动之前没有计划。从全局来看，缺乏整个工作计划，每个

---

① 荣孟源主编《中国国民党历次代表大会及中央全会资料》（上），第25页。

② 《唤醒党魂发扬党德与巩固党基》（1939年1月23日），秦孝仪主编《先总统蒋公思想言论总集》卷十六，第30页。

③ 《对日抗战与本党前途》（1938年4月1日），秦孝仪主编《先总统蒋公思想言论总集》卷十五，第201页。

④ 《建国建党的要务和党德的表现——五大建设之要义》（1938年4月3日），秦孝仪主编《先总统蒋公思想言论总集》卷十五，第208页。

部门都有自己的计划，但互相之间不联系也不配合。行动上的"不确实"还表现在"只能坐而言，不能起而行"，每次党员会议一结束，便认为自己的任务已完成，却并不知会上的决议，需要会后进行贯彻执行。即使有准备有执行，也会出现本末不分、步骤凌乱、半途而废、有始无终等问题。针对党员的"不确实"问题，蒋介石痛心疾首地指出，"我们主义之所以不能实行，民众之所以对于我们不生信仰，就是因为我们只有标语口号而没有工作成绩，只有文字的规定，而没有实际的行动，这是本党目前最大的缺点……"①

最后，除了对党员的思想、行为进行观察，蒋介石对于党务细微之处也格外注意。如在1925年在广州党军司令部的演讲中，蒋介石就指出党员存在不爱惜公共物件并随处浪费的问题。② 又如在1933年的一次演讲中，他指出党员唱党歌非常不整齐，"不仅是相差几秒钟，甚至差到两三分钟，前排已唱完许久，后面还是在那边唱"。③ 之所以对细节进行观察，是因为在蒋介石看来，若党员在党务细节处都无法做好，遑论去完成国家统一及建设了。

由于自身在国民党内地位的不断上升，蒋介石对国民党建设更加重视，他对党员问题的认识也不断深化，但是蒋介石并未对问题的原因进行分析、阐述。实际上，国民党党员素质不高，是由多方面因素造成的，如党员吸纳机制、管理机制、监察机制不健全，以及党员群体的文化氛围缺失等。但是蒋介石没有进行深层次分析、阐释，他更多的是提及党员本身存在的问题，因此，他所提的建设措施也只是从党员本身来入手。

二 蒋介石传统经验与现代文化相交互的
政党建设观

蒋介石在演讲中不仅严厉指出了国民党党员存在的各种问题，同时提

---

① 《党员对于国民精神总动员之责任》（1941年4月1日），秦孝仪主编《先总统蒋公思想言论总集》卷十八，第100页。
② 《革命党员办事的精神和方法》（1925年8月17日），秦孝仪主编《先总统蒋公思想言论总集》卷十，1984，第172页。
③ 《国旗与军乐之意义》（1933年9月3日），秦孝仪主编《先总统蒋公思想言论总集》卷十一，第450页。

出了相应的建议来解决问题。这些建议是蒋介石面对错综复杂的现实，综合传统经验与现代文化而成的，因而带着传统与现代交互的特征。

（一）崇尚传统圣贤的省克修身

蒋介石比较注重省克修身，其日记也常有记载，后人也将其日记中的反省部分进行编纂，成《省克记》一书。蒋介石早期的省克观念主要来源于阳明学说，自信仰基督教后，又将理学修身与宗教之信仰相联结，因此，蒋氏省克思想同时兼具传统理学与西方基督教因素。[①] 在省克方式上，蒋介石早期仿效朱熹等圣贤，采取传统的读书日记与静坐反省的方式来修身。1930 年后，祷告与静坐一并成为其修身方式。对蒋介石本人来说，其省克修身生活兼容了传统与现代的内容；而在处理国民党党员存在的问题上，蒋介石更多的还是从传统圣贤的修身模式出发。

在任黄埔军校校长时，蒋介石便对学生党员灌输省克思想，他曾在军校第一期学生毕业时讲道："革命军人最要紧的事，就是要自己反省，平日自己所讲与所做究竟对不对？教训部下与上官教我，又对不对？同志间有意见或误会，尤要反省自己有没有道理？为人自反最要，无自反之心者，一定无进步！吾人无论对人与自处，时刻要想到有没有做到这步工夫？"[②] 不仅普通党员进行反省，干部党员更是要反省自己："是否已具备作现在时代的革命干部——作一般革命战斗员之指挥者或督导者的精神和人格，而毫无愧色?!"[③]

蒋介石还具体说明了党员反省的内容，"我们首先要虚心反省，像本党现在这样消沉松弛的情形，能不能完成革命党所负的历史和时代的使命？我们一般同志要自问我们各人本身有没有完成革命使命的精神和力量？能否克服当前一切的艰危达到我们的任务？我们要问我们本身的工作如何？我们是否已尽力于本职而了无遗憾？我们工作的效能是否足以领导全国，

---

① 黄克武：《修身与治国：蒋介石的省克生活》，《杭州师范大学学报》（社会科学版）2013年第 2 期。
② 黄自进、潘光哲编《蒋中正总统五记·省克记》，台北，"国史馆"，2011，第 4 页。
③ 《革新党务巩固党基》（1938 年 6 月 1 日），秦孝仪主编《先总统蒋公思想言论总集》卷十五，第 291 页。

抵御外侮，驱除倭寇……"① 因此，反省的内容主要在于党员对党及党国的义务。在反省的方式上，蒋介石推崇记日记。他在 1935 年的演讲中曾讲道："现在我再要提示一件增进德业最浅近易行而切实有效的事情，就是写日记。今天我分赠各位一种日记簿，希望大家照我所订的样式，按日记记载。要晓得：日记不仅可以备忘，而且是我们每日省身励志最好的一种办法，也就是慎独存诚之一种必要工夫。如能行之有恒，一定可以增进自己的德业。但是总要实实在在的写，不好自己欺骗自己。对于自己每天的思想心得和言行，都要加以一番严密的检讨：看今天有多少心得？做了几件劳心劳力的事情？有没有做错？待人接物，又有没有过失？如有过错，以后又应该如何改正？每天晚上反省每天的事情，到星期日就反省一周以来的事情，到月杪就反省一月以来的事情，看是否可以对得起自己，对得起上官和部下，对得起社会和国家？自己审问自己评判自己，把所有的缺点记载下来，切实改正。自己心里，总要不断的反省和批评，才有不断的觉悟和进步！"② 通过上述不难看出，蒋介石建议党员反省的内容、反省的方式大都来源于他记日记的习惯，这也可以从侧面反映出蒋介石所记的日记在很大程度上是为了反省与修身。

传统圣贤的省克理念及方式，被蒋介石引用为自己的修身方式，同时，蒋介石又将此方式引入党员队伍建设，希望通过党员的反省来激发其内心的"耻感"，再通过党员不断反省来克己修身，解决存在的问题，以达到提高党员素质的目的。

（二）传统哲学与西方哲学的结合：力行哲学

针对国民党精神涣散、思想不统一等现状，以及当时社会舆论对孙中山"知难行易"观的质疑，蒋介石于 20 世纪 30 年代初提出"行"的概念。在综合中国传统哲学与西方哲学的逻辑架构和论证方法后，蒋介石把"行"视为世界的本原。"古往今来宇宙之间，只有一个'行'字才能创造一切，

① 《唤醒党魂发扬党德与巩固党基》（1939 年 1 月 23 日），秦孝仪主编《先总统蒋公思想言论总集》卷十六，第 25 页。
② 《陆大学生之责任与必要修养》（1935 年 12 月 14 日），秦孝仪主编《先总统蒋公思想言论总集》卷十三，第 570 页。

所以我们的哲学，唯认知难行易为唯一的人生哲学，简言之，唯认‘行’的哲学为唯一的人生哲学。"① 在阐释了"行"的基本精神后，蒋介石进一步指出行的原动力在于"诚"。"'诚'是行的原动力，有了诚，就只知有公，不知有私；有了诚，就只是一心不乱的去行仁，不知道有什么艰难和危险，很平易的做去，做到成功为止。"② 蒋介石将"诚""礼""行"较有逻辑地联系在一起，以"诚"为统贯政治的要道，以"礼"为制约政治的法则，以"行"为实施政治的力量。③ 由此，形成了系统的力行哲学。可见，蒋介石所提的力行哲学，既吸收了传统文化中的"诚"与"礼"的内涵，又借鉴了西方哲学中的逻辑与论证方法。

除了在理论层面对力行哲学进行阐释，蒋介石还在具体的行事方法上阐述了自己的观点。首先，党员做事要诚恳，办公事要像办私事一样有热情。党员接受了职务，就应该将公事当成自己的私事来做，甚至要比做私事更有热情。其次，要按照科学的方法来做事。"要讲组织、统系、范围，先定下次序，再分开类别，然后一件一件的负责做去，照这样做去是万无办不好的。如果办事有了次序、条理、系统，每天公事虽多，决不会混乱，也并不觉得困难。"④ 即办事要有条理有次序。最后，党员在办事时，还要学会演绎与归纳等方法的运用。"天下无论什么事物，总有一种事理，在事物之中，一定可以找出他正当的事理。如要找到这事理，就要将其中的成分，一条一条的分析出来。分析之后，就可以辨别是非利害，先后轻重，这样子又再归纳起来，就可以得到一个正当的结果。而每办一件事要要能将所得的经验加以体察融贯，发现新的道理和方法，不断的应用到以后的事物上。这样运用理智来推广经验的作用，便是办事的演绎法。总之，归纳法是事物的解析与综合；演绎法是经验之融贯与推广。"⑤ 在以上党员

---

① 《自述研究革命哲学经过的阶段》（1932年5月16日），秦孝仪主编《先总统蒋公思想言论总集》卷十，第541页。
② 《行的道理》（1939年3月15日），秦孝仪主编《先总统蒋公思想言论总集》卷十六，第151页。
③ 黄道炫、陈铁健：《蒋介石：一个力行者的思想资源》，山西人民出版社，2012，第118页。
④ 《革命党员办事的精神和方法》（1925年8月17日），秦孝仪主编《先总统蒋公思想言论总集》卷十，第173页。
⑤ 《革命党员办事的精神和方法》（1925年8月17日），秦孝仪主编《先总统蒋公思想言论总集》卷十，第174页。

"力行"的三点原则中，做事诚恳显然阐释了传统文化中"诚"的理念；运用演绎法与归纳法则是蒋介石对现代哲学概念的运用。

（三）恢复兼容传统道德与革命道德的党德

针对国民党党员存在的无责任、不守纪律等问题，蒋介石提出了恢复党德的建设措施。在蒋介石看来，党德包含两个方面。一方面为中华民族固有的"忠孝仁爱信义和平"八德，此外国民党又是担负革命责任的革命党，因此又必须有革命道德，即孙中山所谆切提示的"智、仁、勇"；另一方面是蒋介石提出的"礼义廉耻"，这与八德及"智、仁、勇"共同构成党德的精神表征。在具体实践中，蒋介石还根据党员要进行革命的现实又不断完善了党德的标准：

> （一）求之于党员相互间之关系及党员与党之关系，问则本党实为革命同志之家庭，凡我同志当以亲爱精诚为主。（二）求之于本党与社会之关系，问则本党实为革命同志之学校，凡我同志当笃信主义，考核社会之需要，坚忍刻苦，务求个人思想言论行动适合于实际之解决。（三）求之于本党与一切革命建设障碍之关系，问则吾党实为三民主义革命之军队，凡我同志当恪守纪律，执行决议，牺牲个人一切以求党的力量集中党的行动一致，而使党的主义政纲政策得以在最大威力之下而推行。（四）求之于总理遗教及全党同志远大使命之关系，问则本党实为三民主义的先天国家，凡我同志当悉以总理之思想为思想，以总理之理论为理论，以总理之遗志为意志，务须化党为国，使"以党救国以党建国"之名实具备，而党员个人当于党的组织之外无组织，于党的主义之外无主义，于党的政纲政策之外无主张。①

"忠孝仁爱信义和平""礼义廉耻"为中华民族固有的传统道德，而"智、仁、勇"及蒋介石在实践中不断完善的党德标准，则反映了进行革命实践的国民党党员所要遵从的道德准则。因此，传统道德与现代革命道德

---

① 蒋中正：《党员手册》，中国国民党中央执行委员会训练委员会编印，1939，第43页。

共同构成了蒋介石所提倡的党德。

除此之外，蒋介石还认为党员应该发扬服务精神，既要对党对国家进行服务，还要为人民服务。"我们作了本党的委员和党员，就要以国民公仆自居，而以公仆的态度和精神，为民众服务，来切实解除民众的痛苦，增进民众的幸福，更具体一些说：就是我们要服侍民众，不要民众来服侍我们，要为民众服役，有所贡献于民众，而不要民众来供养我们，亦就是我们要作民众的奴仆，使一般同胞都能受到我们的感应而为国家民族作奴仆。"① 蒋介石还就具体事件进一步阐释党员要做民众的奴仆。他在1940年的一次演讲中指出，党内配有汽车的高级官长未能格外节省汽油，许多官长一听到警报，立刻钻进汽车驶到安全地方躲避，毫不关心一般避难的老幼民众，这种人毫无恻隐之心，不配为革命党员和总理信徒。他还进一步规定，凡是遇到警报，若在郊外，官长们不必乘车行动，若在市内，可在市内防空室躲避，不可再往郊外，一来节省汽油，二来与部下、民众在一起，更能体现党员的服务与奉献精神。② 1945年，抗日战争即将胜利之时，蒋介石在规划改正国民党要旨中也提出"充分发挥人生以服务为目的之精神，发动党员为人民服务"。③

由此不难看出，蒋介石期望党员能够克己修身，做事既诚恳又会运用科学方法，还要兼具传统道德与革命道德，发扬服务精神。为了打造出理想中的国民党党员队伍，蒋介石将其建设理念应用到实践中，开办了训练团来训练党政人员。

三　从庐山暑期训练团到中央训练团

训练团最先源于军官训练团。在经历了四次"剿匪"失败后，蒋介石决定在庐山筹备军官训练团，训练中、下级军队干部，使其掌握"剿匪"的战略与技能。之后，蒋介石又将训练人员扩展至党政干部。

① 《党员任务及革命力行之要道》（1939年1月30日），秦孝仪主编《先总统蒋公思想言论总集》卷十六，第51页。
② 《党政军主官目前之急务》（1940年7月29日），秦孝仪主编《先总统蒋公思想言论总集》卷十七，第430页。
③ 《蒋介石日记》（手稿本），1945年12月5日。

1935 年 5 月，蒋介石委任陈诚为主任，继续举办庐山暑期训练团。由陈诚等拟出训练大纲后经中常会批准施行。大纲规定"训练团扩大训练范围，设党务、军训、政训、县政等八个组，分两期从中央党部、训练总监部、军政部、内政部、教育部等下属各单位抽调七千四百余名学员"在海会寺进行训练。① 后来为了反共军事需要，此次训练地点迁至峨眉山。1936年国民党继续在庐山办理暑期训练团，称"第一届庐山暑期训练团"。自庐山暑期训练团开始后，训练范围不再局限于军官，而是扩展到党政干部群体。虽然受训的范围扩展了，但训练的目的与性质仍是离不开"剿共"，训练内容也主要以军事训练与精神训练为主。在精神训练方面，蒋介石下了很大的功夫，他经常对训练团做精神训话，并在 1934 年制定了"十大精神训条"：

> 一、信仰三民主义，服从革命领袖，在统一意志下努力；二、磨练身心，精研学术，在充实本身力量上努力；三、思周虑密，言信行果，在谋定后动的古训下努力；四、克复天然，自强不息，在人定胜天的信念下努力；五、冒险犯难，艰苦卓绝，在不成功便成仁的训示下努力；六、敬上和下，克己勉人，在知礼义明廉耻上努力；七、精诚团结，牺牲小我，在负责人守纪律上努力；八、爱护人民，表率部属，在良兵良民的目的下努力；九、胜不居功，败不馁志，在公尔忘私、国尔忘家上努力；十、忍辱负重，继往开来，在复兴中华民族、完成国民革命的决心下努力。②

上述"十大精神训条"中，"磨练身心""在谋定后动的古训下努力""敬上和下，克己勉人，在知礼仪明廉耻上努力"等训条是由传统道德延伸而来的，而"信仰三民主义""精诚团结"等内容则是根据国民党当时的革命任务进行阐发的。这集中体现了蒋介石传统与现代交互的建设观。

---

① 陆军军官训练团：《陆军军官训练团日记》，转引自陈荣华、何友良《庐山军官训练团》，江西人民出版社，1987，第 93 页。
② 陈荣华、何友良：《庐山军官训练团》，第 73 页。

抗日战争全面爆发之际，国民党对庐山暑期训练团进行了调整。1938年，国民党临时全国代表大会决定设立中央训练委员会，分组掌理全国政治、军事、经济、教育等机关公务人员及学校教职员之思想训练事宜，由党总裁兼任委员长。① 同时，成立中央训练团，名义上受中央训练委员会的领导，由蒋介石兼任团长。

中央训练团下设各种训练班，其中以党政训练班为主。其训练内容包括精神训练、政治训练及军事训练，以精神训练为重。所有训练课程均须依照团长训话精神，发挥其理论，解释其内容，还得按照所拟定的主要工作项目，研究其办法，指示其实用技术，以达到训练大纲所规定的目的，堪称全部训练课程中最重要的部分。② 此外，中央训练团还刊印了总裁指定党员的必读书籍："（一）孙文学说，（二）民权初步，（三）军人精神教育，（四）三民主义，（五）五权宪法，（六）国民政府建国大纲，（七）实业计划，（八）大学，（九）中庸，（十）礼运大同篇十种。"③上述书籍，不仅要精读，还要常常温习，常常研讨。蒋介石制订的必读且精读的书目，包含了《大学》《中庸》《礼运大同篇》等传统经典，同时还有《孙文学说》《三民主义》《五权宪法》等书籍。实际上，无论是团长训话精神，还是总裁指定的党员必读书籍，都是蒋介石党员队伍建设观在实践中的直观反映。

蒋介石费尽心力地进行党员训练，那么训练的效果如何呢？在中央训练团办的团刊中会不定时的刊登受训学员的感想，由此可见其具体效果，如：

> 今日许多以正统派儒家自居之士，颇有暗地在批评本党，讥笑三民主义，以之比作新旧约全书者，不管他们的保守顽固昏乱如何，总之，我敢断定他们没有打开读过主义的书，他们真是醉生梦死，白过一生了！故我主张把团长二十八年五月七日讲的《三民主义之体系及

---

① 荣孟源主编《中国国民党历次代表大会及中央全会资料》（下），第480页。
② 黄燕：《中国国民党干部培养体制变革研究（1924—1945）》，硕士学位论文，重庆师范大学，2011，第38页。
③ 中央训练团印：《中国国民党党员必读书籍阅读法》，1942年7月，前言第1页。

其实行程序》一文，全部印成小册子，送给那些老头儿看，要他们的孙子逐一加以解释，看文武周公，孔子之道那一点没有包括在主义以内？那一点还是违背了礼义廉耻？中国固有的修身信条，那一点是异端邪说？那一点是荒诞无稽？①

通过学员感想可知，蒋介石训练党员的措施取得了一定的成效，但在张治中看来，由于蒋介石的训练措施并未适应现代政党的发展，训练团也未能达到预期的目的：

> 钧座为国家元首、革命党魁，仅持儒家态度以谋治理，似不足完全适应今日之时代。例如钧座若干年来对国民对干部所发表之文告与训示，多偏重于抽象之说教，绝少关于具体之现实政策，与其他国家元首对国民宣示政见之态度迥异。历时愈久，此类抽象之道德观点，一般人民尤其知识分子，甚至党内之若干同志，咸以为老生常谈，不能得到预期之政治效果与良好反应。②

陈公博也曾讲道："教育主要是老生常谈，我最近十余年来是承认教育失败的，在政府不易得一个奉公舍己的公务员，在军队不易得一个洁身自肃的军人，在社会不易得一个尽责守己的国民。"③ 这从侧面反映了蒋介石的党政人员训练并未达到预期成效。

四　结语

自 1924 年国民党改组直至 1949 年败退台湾，国民党党员数量一直处于优势地位；但是党员的质量却存在着严重问题，若不加以改正便会导致政党消亡的后果。因此，在国民党发展史上居于重要地位的蒋介石不间断地

---

① 《中央训练团团刊》1940 年第 49~50 期，第 390 页。

② 张治中：《张治中回忆录》上册，文史资料出版社，1985，第 408 页。

③ 南京市档案馆：《审讯汪伪汉奸笔录》上卷，江苏古籍出版社，1992，第 38 页，转引自黄宗华《中国国民党江西省干部训练研究（1932-1949）》，博士学位论文，南开大学 2010，第 63 页。

指出党员存在的问题，并提出并采取相应的建设措施。

蒋介石提出并采取的建设措施，既打上了中国传统文化的烙印，又在一定程度上体现其现代性，呈现传统与现代交互的特征。究其原因，一方面在于蒋介石自小学习"四书""五经"，并推崇曾国藩、胡林翼等传统圣贤的修身、治军方式；另一方面蒋介石早年曾留学日本，接触并研究过日本和西方国家政治理论书籍，这使得他在治党方式带有了一定的现代性。

虽然蒋介石经常对各个部门的党员进行演讲，苦口婆心地指出党员存在的问题并积极采取相应的建设措施，但实际上，这些措施并未收到良好的效果。其原因就在于蒋介石所提倡、采取的建设措施大都来源于传统文化，虽然对西方现代哲学有一定吸收，但并未形成系统的建设理论。蒋介石的提倡厉行、恢复党德等措施，在他演讲当时也许能够起到精神感召的作用，但对于现代政党建设来说，这些措施并无持久性及可行性。同时，蒋介石的建设措施并未触及国民党组织、体制等因素，这就使得建设措施只能治标而不能治本。加之长年的战乱环境，党员大都已经疲乏，因此，蒋介石党员队伍建设的目标并未达到。譬如，蒋介石所提倡的党员每日反省方式，也许更适合于成熟型的政党，对于处于长期战乱环境且发展不完善的国民党来说，明确的纪律条文、严厉的监督与惩罚似乎更加有效。因此，单纯的道德说教对于党员已无丝毫作用。这也正是国民党在抗日战争胜利后迅速溃败的原因之一。

蒋介石细致观察国民党党员存在的问题，提出并采取相应的党员队伍建设措施，并在实践中进行党员培训，但未能收到期望的效果，这从另一个角度呈现了蒋介石个人行为与国民党政党行为的不同步，即便在其担任国民党总裁时，也并未能完全控制国民党，其与国民党之间仍存有很大的缝隙。

抗战时期国民政府的计划政治

刘大禹[*]

计划政治是抗战时期国民政府为实现抗战建国的重要理念而执行战时政治建设的具体实践，同时也是抗战时期一种政治热潮，社会舆论与各类媒体也积极参与此主题相关讨论。如由吴景超创办于1938年的《新经济》杂志在1941年谈道："计划政治，是抗战时期我国政治的一个特色。"[①] 1940年3月15日在重庆创刊的《新认识》杂志，以宣扬三民主义理论为主，就经常刊载与计划政治有关的政论性文章。张金鉴说，"由计划经济的设计与运用遂泯生出计划政治的思潮与理想"。[②] 陈列甫言，"计划政治，同其他政治制度一样，为时代的产物"。[③] 然而，目前学术界对于计划政治，仅见个别探讨。[④] 需要阐释的是，抗战时期为何会形成计划政治的热潮？蒋介石为何要实行计划政治？抗战时国民政府是否具有推行计划政治的条件？抗战胜利后，无论是舆论、媒体，还是国民政府，对计划政治的探讨销声匿迹，是否意味着中国未有计划政治的土壤？这些都是本文关注的问题。

---

[*] 刘大禹，湖南科技大学马克思主义学院教授。本文系作者主持的国家社科基金项目"战时国民政府行政机构改革研究"（12BZS043）的成果之一。

① 《编辑后记》，《新经济》第6卷第2期，1941。

② 张金鉴：《计划政治的由来与实质》，《新认识》第5卷第1期，1942。

③ 陈烈甫：《计划政治在中国》，《新认识》第5卷第1期，1942。

④ 如张爱华《计划政治的体现与实施——1930年代广西县政的制定、实施和考核》，《江苏社会科学》2013年第4期。

一　推行计划政治的必要性

全面抗战爆发后，国民政府的政治与行政体制发生了重大变化，成立国防最高委员会，推行总裁制，蒋介石集党政军大权于一身。为实现国民党"临全大会"公布的抗战建国使命，蒋介石在国土日蹙、财政拮据的施政环境中，全面管控政治与经济资源，推行"计划政治"，以此保证抗战的胜利与建国的成功。

何谓计划政治？有论者提出，"所谓计划政治，即是有计划有步骤的运用科学方法去实施行政上之人、财、物、时、事五者的管理，以期完成政府的任务"，"计划政治是推动整个政治建设的工具"。① 甘乃光在《中国计划政治导论》一文中指出，计划政治之目的在于把国家变成一个坚强的战斗单位，"凡必须由国家管理的众人的事，如民政、财政、经济、教育、外交、军事乃至于一切社会事业，统属于唯一积极的、全部的、统一的，能适应政治的复杂性的总的计划之下，才是真正的计划政治"。② 计划政治就是以通过制订周详的政治计划，作为行政实施的依据，使之有证可查，有据可考。抗战时国民政府推崇计划政治，其主要原因有如下三点。

一是基于世界政治的潮流。计划政治发端于第一次世界大战结束后，至1930年代世界各国经济大萧条时期成为盛极一时的政治潮流。在实施计划政治的国家中，苏联实施最早，推行全面性计划，使共产主义理想与中央集权高度结合。苏俄于1917年设立最高经济委员会，委员有69人。1921年设立计划委员会，委员有158人，委员会之下分为10个部，33个司，职员有2000余人，其中统计人员约占一半。③ 苏联1928~1932年推行第一个"五年计划"，动用政府力量，按照计划，进行大规模全面建设，实现了从农业国到工业国的转变。其后的"二五计划"和"三五计划"的制订与实施，取得了举世瞩目的成就。

---

① 何振球：《县政建设与计划政治：安徽省实施新县制之检讨》，《安徽政治》第5卷第1期，1942。
② 甘乃光：《中国计划政治导论》，《中央日报》1941年2月17日，第2版。另见何晓履《关于实施计划政治》，《安徽政治》第5卷第1期，1942。
③ 陈列甫：《计划政治论》，《厦大学报》1944年第3期。

其他国家，亦以计划政治作为国家建设或应对经济危机的手段。德国于 1919 年共和宪法中设立一个经济会议，开始走上计划政治道路。1933 年希特勒提出了第一个"四年计划"，使德国实现人民生活富足；第二个"四年计划"是全面扩军备战。美国的罗斯福总统，动用国家力量，推行计划政治，实行新政，增加政府对经济的干预，极大缓解了大萧条所带来的经济危机和社会矛盾。资中筠认为，罗斯福新政调整了政府管理思路，从小政府向大政府转变，从政府尽量少管事的观念向多管事的观念转变。这种调整不仅在具体措施上，而且在根本观念上，也就是说资本主义世界中关于国家的理论产生了一次深刻的变革。罗斯福新政的实施，使联邦政府的职和权都空前集中。[①]

受国际计划政治思潮之影响，甘乃光认为，"中国欲迎头赶上欧美先进国家，必须走上计划政治之途。欧美所拟定之经济计划，皆赖欧美之政治机构来推行，故我国必先谋政治上上正规，则经济计划之施行，即可渐渐达其推动之目的"。[②]

二是基于计划经济的需要。九一八事变后，中国民众急迫要求抵抗日本侵略，收复沦陷国土，实现民族复兴；国内现实却是政治分裂，政府疲弱，经济落后。全面抗战爆发后，国民政府军事上步步失利，退居西南，经济资源紧缺。如不改观此种现状，既难保障抗战顺利进行，遑论建国任务的实现。因此陈之迈说，"在我国当前的政治社会中，我们所最感觉缺乏的是一个有权力的统筹计划及决策的机关"，[③] 以管制与利用有限的经济资源。

计划经济已成为抗战时中国的一种需求，国民政府及社会舆论、知识精英对此推崇备至。有论者提出，在经济上要采行计划经济制度，要这个制度产生实效，则在政治上必须采行与计划经济相适应的一种政治制度——计划政治。[④] 在交通部任职的原燕京大学教授黄卓描述道："年来计划经济的声浪，一天高似一天。同时，政府在经济建设方面种种的设施，

---

① 资中筠：《也谈罗斯福新政》，《国际经济评论》1998 年第 24 期。
② 《甘乃光讲计划政治》，《中央日报》1941 年 4 月 15 日，第 3 版。
③ 陈之迈：《行政机构的调整》，《新经济》第 8 卷第 3 期，1942。
④ 《计划政治与计划经济——建国的两大途径》（社论），《新认识》第 5 卷第 1 期，1942。

多少也具有一些计划性",① "要实行计划经济,就得实行计划政治";② 为此,国民政府依靠行政手段,推行统制经济,直接管制经济的生产、流通、分配等各经济环节,计划政治应运而生。

三是基于现代政治的要求。民国时期是一个政治与社会的转型时代,也是一个走向现代化的时代,以民主、科学为基础的计划政治是现代政治的特征。有论者提出"现代政治之趋势,即为计划政治之采行",③ 如李宗黄认为,现代的时代,是一个民主的时代,一切的工作,都须赖群策群力;同时现在的时代,是科学的时代,一切的工作,都需要分工合作,引出无论兴办什么事业,都需要有一个通盘的计划。这个时代的政治,也自然而然走上了计划政治的道路。④ 有论者高呼,"要按照总理的遗教、总裁的指示,用计划政治迎头赶上及最高速度的办法,去建设现代化,国防化的新中国"。⑤

为适应现代政治的需要,就要制订一个合理的政治计划。计划制订要符合民主、科学原则,计划实施要符合法治精神。如张金鉴所言,计划政治应谋求政治设施的制度化:第一是政治设施的系统化;第二是政治运用要以法治为归依。离开了法治的精神不足以言计划政治。⑥ 换言之,计划政治应使政治设施系统化、政治过程制度化及政府治理法治化。

二 全面实施计划政治

抗战进入相持阶段后,国民政府由单纯军事抗战逐渐转入政治建设,且"政治尤重于军事"。蒋介石考虑成立设计总机关,推行行政三联制,实施计划政治。蒋于1939年强调:"我对于一件事情,未办之前,一定要有

---

① 黄卓:《我们需要一个中央经济计划机关》,《新经济》第1卷第11期,1939,转引自阎书钦《抗战时期经济思潮的演进——从计划经济、统制经济的兴盛到对自由经济的回归》,《民国研究》2009年第5期。

② 《计划政治与计划经济——建国的两大途径》(社论),《新认识》第5卷第1期,1942。

③ 刘迺诚:《计划政治与现代政治趋势》,《新认识》第5卷第1期,1942。

④ 李宗黄:《行政三联制概论》,台北,中国地方自治学会印行,1953,第10~11页。

⑤ 甘乃光:《中国计划政治导论》,《新认识》第5卷第1期,1942。

⑥ 张金鉴:《计划政治的由来与实质》,《新认识》第5卷第1期,1942。

计划"，"有条理，才不致紊乱，办完之后，一定要检查，要改进，因为要检查，要改进，才寻得出过去的缺点，要改进，才会有进步"。① 计划政治实施的最高依据是国民党"临全大会"通过的《抗战建国纲领》及 1941 年3 月国民党五届八中全会通过的《战时三年国防建设计划大纲》。

计划政治是国民政府政治与行政体系不断发展的产物。训政初期，国民政府即有实施计划政治之端倪。自 1927 年国民政府建立伊始，钱端升提出设立中央计划委员会，"建设应有建设的计划，而计划更须有胜任的机关"。② 1929 年国民政府成立建设委员会，张静江任委员长，该会注重设计，"遵照实业计划"拟制全国建设具体方案。同期设立的全国经济委员会，亦有"关于国家经济建设或发展计划之设计及审定事项"的规定。1932 年 6 月 2 日，李宗黄向蒋介石建议成立国家设计委员会，"吾党自执政以来，对于国家设计，向无统一机关，以致凡百设施，均成枝节，训政之延缓，建设之无功，此实为重要原因"。李宗黄提出，因为苏联实行新经济政策，以至于"建设之突飞猛进"。他提出了"仿俄国之设计委员会及日德之资源局，以总其成，以植其基，专以国防的经济建设为中心，求吾国之独立生存"。③ 是年，国防设计委员会成立（1935 年与兵工署资源司合并并更名为资源委员会），网罗各界专门学者，从事调查研究，全面设计现代化的国防，涵盖外交、内政、经济、财政、教育、文化以及人文地理等领域。

如果说国防设计委员会是为全局制订计划的中央机构，那么蒋介石在江西"剿共"时在行营中设置的党政军调查设计委员会，就是典型的为局部制订计划的地方机构，该机构以"改进各省的党务政治军事"，"凭现代的科学知识，用现代的科学方法，来办理一切党政军方面的工作"。此机构具有"咨询""建议"两大使命，前者接受"由上而下"的问题委托，后者则主动"由下而上"汇报调查所得，既带有行营"参谋部""委员长的顾

---

① 付瑞华：《总裁行政论之研究》，拔提书局，1947，第 38 页。
② 钱端升：《设立中央计划委员会刍议》，《现代评论》第 6 卷第 138 期，1927。
③ 《李宗黄呈蒋中正，建设国家设计委员会及贺耀祖呈蒋中正调整行政与机构并充实机能建议书》，《蒋中正总统文物·各方建议》（一），台北，"国史馆"，典藏号 002-080101-00022-009。

问团"的色彩,而且时行营查探基层问题以备改革的"情报机构"。① 该机构的成立,为设计机构的调查分析、权力运行等方面提供了智力支持。

此后,计划政治在全国范围内全面得到重视。全面抗战爆发后,领导抗战的指挥机构国防最高会议即具有计划政治的特征,1939 年改国防最高会议为国防最高委员会,内设置设计委员会,同年行政院有县政计划委员会之设置。"凡此种种机构与设计人员的设置,均在力求计划政治的实现,而行政三联制的创导,对于促进计划政治,更迈进了一大步。"②

中央设计局的成立,是抗战时全面推行计划政治的标志。此前,国民政府行政部门有主管计划或设计事宜的机关,中央各机关和各省政府多设有设计机构或类似设计机构的机构,名称不一,组织各异,执掌靡定,组成分子不同,工作亦无一定规范,以致形成一种各自为政的分歧与紊乱现象,适与计划政治所要求者相反。③ 蒋介石希望成立一个代表中央的最高设计机关,使整个计划政治整齐有序。1940 年 1 月 7 日,蒋介石指示"中央政府各部设计机关,应归并统一",要求张群对"前设政治机构之运用与各种工作之设计与考核之联系紧密等办法及实施之组织等,请速研究,先拟具方案草案"。④

蒋介石对中央设计局的成立反复督促,多方指示。1940 年 2 月 18 日,蒋要求"设计局须速成立",⑤ 将中央设计局及相关各处组织限 3 月 30 日前呈报中央党部秘书处。⑥ 对于中央设计局的人选,蒋指示:一是要具有丰富行政经验的人;二是要有从事行政研究的各方专门人才,甚至包括外国专家。"此局人员须物色虽有能力与经验者(如杨端六等人)为职员(必须专任不得兼职),但其各处内容,不妨由小到大,分别缓急先后","并可聘请

---

① 蒋介石:《革命成败的机势和建设工作的方法》(1933 年 11 月),秦孝仪主编《先总统蒋公思想言论总集》第 11 卷演讲,第 602~603 页。

② 李宗黄:《行政三联制概论》,第 10~11 页。

③ 陈化奇:《计划政治体系之建立》,《安徽政治》第 6 卷第 4~5 期,1943。

④ 《1940 年 1 月 7 日手令国防会张秘书长陈主任》,《1940 年 1 月 7 日手令国防会张秘书长》,《1940 年 1 月 31 日手令张秘书长》,《蒋中正有关组织之手令登记簿》,《蒋中正总统文物·一般资料·手令登录》(十),台北,"国史馆"藏,典藏号 002-080200-00561-001。

⑤ 《蒋介石日记》,1940 年 2 月 18 日。

⑥ 《蒋中正电示张群陈布雷推进党政业务与其各机构之运用》,《蒋中正总统文物·筹笔·抗战时期》(三十一),台北,"国史馆"藏,典藏号 002-010300-00031-075。

外国专家为顾问或专员"。为成立中央设计机构，蒋多次下达手令（见表1）。

表1　1940年3~8月蒋介石关于中央设计机构成立的手令

手令时间	手令内容
3月19日	设计总局条律应速确定，尤应注重经济设计事宜特别组织，成为最重要有力之机构
4月4日	经济设计局有否规章，望早拟定方案呈核，其人选亦希拟核
4月15日	设计局筹划如何，望早日成立
4月19日	经济行政机构应即切实设计调整
6月5日	设计局组织条例与人选，以及党政工作考核委员会，现在之组织与主管人员，望即呈核为盼
8月9日	设计总局应不必待立法程序，务限一个月内初步组织完成为要
8月18日	设计总局应限9月1日成立为要

资料来源：《蒋中正有关组织之手令登记簿》，《蒋中正总统文物·一般资料·一般资料·手令登录》（十），台北，"国史馆"藏，典藏号002-080200-00561-001。

蒋介石反复催促中央设计机构的成立，心情颇为急迫，但国防最高委员会秘书长张群等并未及时拟出相关条例。个中缘由，或与蒋介石对中央设计局宽泛的功能定位有关，最初重点在政治领域，此后却转移至经济领域。蒋介石指示"设计总局之重点，应先注重于经济之制度"，"国防经济、国防教育与国防工业科学，三者为设计总局工作之急务"。①"中央设计局今后之工作一方面应为本身的设计，一方面是汇合各院部会的总设计"，"设计工作应集中精力，分定程序，实事求是，不可贪多务博，以致一事无成"。②

1940年7月蒋介石在国民党五届七中全会提案，推行行政三联制，即在行政领域分计划、执行、考核三个阶段。蒋明确指出："行政三联制是计

---

① 《1940年9月20日手令张秘书长、陈主任》，《1940年10月2日手令张秘书长》，《蒋中正有关组织之手令登记簿》，《蒋中正总统文物·一般资料·手令登录》（十），台北，"国史馆"藏，典藏号002-080200-00561-002。

② 蔡盛琦编《蒋中正总统档案·事略稿本》（45），台北，"国史馆"，第588页。

划政治、计划经济实施的基础。"① 蒋建议正式设立中央设计局与党政工作考核委员会，行政、经济、党务的设计概由中央设计局办理，行政设计与经济设计同时并进。

蒋介石要求设计任务宏大，包罗一切，设计工作并非拘泥于抗战，且欲实现孙中山的建国方略。1940年8月9日，蒋介石手令张厉生、陈布雷："战后建设整个计划与新实业计划（经济）（以总理实业计划为根据），应即指定人员，从速起稿，凡有德国国防经济研究与苏俄五年计划研究之人才，皆应集中于此，专任此项工作"；"总理三十年国防计划目录，亦应检出研究，且使之逐项拟定初稿或设立研究会，每星期内中出席一次，听取各研究院意见与研讨"。② 8月29日又手令张厉生："战后社会之组织，以军事化为第一，例如保甲、积谷、合作等，此为一例。应使之如何确实能切实管理统制而能持久不败，各市乡镇之自卫设备以及防空防毒等，亦皆在计划之内。"9月10日再次手令张厉生："战时及战后经济机构与制度之改造建设，应速组织研究会，从事研究与预备，先将研究之程序与目次拟定，然后分组分科研究，并将整个全国经济计划之中，分别地域与性能业务分列，如能以川康经济建设为中心，或以其为初步实施之楷模，亦可也。并将重要物品之生产消费配给之统制与实施办法设计在内更好，设计总局应以此经济一项为中心工作。"③

蒋介石在推进战时政治建设的内容时，重点参考苏联。苏联通过三个"五年计划"的完成，工业生产总值跃居欧洲第一位，世界第二位，令世界刮目相看，亦令蒋颇为羡慕。1940年9月15日，蒋手令王世杰："对于俄国情形，分政治外交军事经济各部门，须应指定一二人，切实研究，其人选不足，可与张委员仲洽商之。"王世杰1940年10月8日签呈：经拟约聘

① 蒋介石：《建设基本工作——行政三联制大纲》（1940年12月），秦孝仪主编《先总统蒋公思想言论总集》第17卷演讲，第528页。

② 《1940年8月9日手令张秘书长陈主任》，《蒋中正有关组织之手令登记簿》，《蒋中正总统文物·一般资料·一般资料·手令登录》（十），台北，"国史馆"，典藏号002-080200-00561-002。

③ 1940年8月29日手令张秘书长，1940年9月10日手令，《蒋中正有关组织之手令登记簿》，《蒋中正总统文物·一般资料·一般资料·手令登录》（十），台北，"国史馆"，典藏号002-080200-00561-002。

朱庆永为本室研究员，担任俄国方面问题研究工作。[①]

然而，国民政府推行计划政治与苏联却并不相仿。苏联虽面临严重外部压力，但国内相对和平，能够利用苏维埃高度集权的社会管制与政治动员从事大规模建设，而中国却需苦苦支撑抗战以待国际局势转圜。1941年12月"珍珠港事件"爆发，美国加入对日作战，此后，中国迎来了良好的抗战机遇，蒋介石让翁文灏和陈立夫立即组织了一个国父实业计划研究会，重点讨论战后中国重建计划，以便将来全面实施计划政治。不过，中国抗战局势并未因美国参战而得到明显改观，抗战依然是国民政府的主要任务。

蒋希望建立一个无所不包的全能型最高设计机构，却未能虑及一个人员极少的新机构深入研究全面建设，是何等费劲。针对蒋介石的督促，各方却不能完全置之不理，因为"计划政治是最高领袖的伟大政治理想之一"。[②] 1941年3月24日至4月2日，国民党五届八中全会召开，决定实行经济统制，通过《"战时党政三年计划"及"国防工业战时三年计划纲要"案》。该方案为战时计划政治实施的重要依据，于1942年1月开始全面实施战时政治、经济、国防、文化、教育等诸多方面的施政计划，包括"战时党政三年计划"的主要任务、实施程序、基层政治建设、国防经济建设等内容。各部门对此有三年计划之总配合及年度计划任务之分解，预计于1944年12月建设完成。

因计划政治与行政三联制的关联度较高，因此蒋介石既注重计划，亦高度重视设计考核，以使计划得到有效的贯彻与实施。1943年2月17日，蒋以国防最高委员会代电，颁布《党政军各机关设计考核委员会组织通则》，规定中央机关至迟于是年3月底，省市机关于6月底，县市机关于9月底以前应一律成立。[③] 1944年1月6日，蒋介石手谕熊式辉："中央设计总局以后应如何与各专门委员会党政考核委员会预算委员会设计部及主计处等机关保持密切联系。"蒋还谕令熊式辉："设计应有普通设计、专门设

---

① 1940年9月15日手令王主任雪艇，王世杰1940年10月8日签呈，《蒋中正有关组织之手令登记簿》，《蒋中正总统文物·一般资料·一般资料·手令登录》（十），台北，"国史馆"藏，典藏号002-080200-00561-002。

② 《计划政治及其实现》（每周专论），《中央日报》1942年7月20日，第2版。

③ 陈化奇：《计划政治体系之建设》，《安徽政治》第6卷第4~5期，1943。

计、行政设计与技术设计等，至于考核亦然。"① 1944 年 1 月 7 日，蒋介石手谕熊式辉、陈仪："对于纵横机构之组织，应竭力避免其重复与牵掣，而设法促进其分工与合作，如运用得法，则行政效率必可提高，是以将来对于各级政府机构之设计，对此尤应注意，希先由两机关究讨设计进行为要。"②

就事实而论，蒋介石集中了党政军大权，担任国民党总裁、国防最高委员会委员长并长期兼任行政院院长，成立了计划政治的设计总机构，制订通盘的政治计划。计划政治的实施由国防最高委员会发动，其下设有中央设计局及党政工作考核委员会，省市各机构均相应设置计划考核委员会，即中央成立了设计机构。各省市有相应推行计划政治的机构与人员，国民政府俨然形成了完备的体制机制，以推进计划政治的。

三　计划政治发展至敷衍政治

随着抗战的进行，国民政府资源逐渐枯竭，物价不断上涨，实行战时经济统制，推行计划政治，可以一面保障战时供给，一面从事政治建设。在紧迫困窘的危机时期，国民政府通过国家政权，强力推行计划政治，实行资源配置，实属合乎情理。然而，计划政治昙花一现，几年光景，竟发展至敷衍政治，让人唏嘘不已。

一是政治环境不允许实施庞大的计划政治。计划政治面临着政治环境的制约，全面抗战爆发后，国民政府提出了响亮的"抗战建国"口号。太平洋战争后，中国抗战前途大为好转，抗战依然是主旋律，但国民政府工作重心转移至建国规划。如《中央日报》社论认为：第一，它必定是指全部的计划，绝不是指部分的计划；第二，它必定是指一种与财政预算相配合的计划，绝不是指不管财政预算上有无办法，只凭理想做成的计划；第三，它必定是指照顾到实施条件如人力及物资的限度和来源等的计划，绝不是不管人力和物资的有无空缺，凭空列举数字，粉饰表面的计划。③ 然而在抗

---

① 叶慧芬编《蒋中正总统档案·事略稿本》(56)，台北，"国史馆"，2011，第 38 页。
② 叶慧芬编《蒋中正总统档案·事略稿本》(56)，第 56 页。
③ 《计划政治的开始》(社论)，《中央日报》1941 年 8 月 30 日，第 2 版。

战并未胜利在望之际，编制全面细致的建国计划该是何等艰难。据多次参与编制计划的陈之迈说，"我们在汇编中央行政计划与审查地方行政计划所最感困难的一点是使行政计划和预算相配合"，"在西洋国家中，预算便是计划，除了预算便无所谓计划"，"在谈计划政治与预算配合之时，我们首先应当使审核计划与预算的机构一元化"；但国民政府的计划政治范围过于宽泛，"西洋国家之以军事经济为计划政治的唯一对象，是有根据的"。①

计划政治实施之前提是计划应有重点。有论者提出，"作计划首须纵横配合前后贯通，因为每项行政都不是孤立的。作计划要适合人力物力财力时间空间等客观条件，切合实际环境，凡是脱离现实基础的计划，便不具有实行的条件"。②战时政治环境瞬息万变，但中央设计局及各计划部门并未充分虑及环境之制约以及计划实施的可行性，只为迎合领袖意见，计划过于庞大，计划制订仓促，事前计划编制缺乏缜密、深入的调查与统计，不符计划政治所具有的科学性与民主性。有论者高呼，计划政治应该是有重点的，如果找不着重点，"那便变成了'敷衍政治'，无始无终，只图应付于一时"。③

计划政治之根本为计划实施与事后考核。计划既未充分调研、论证，事后执行则易于落空，考核更是趋于形式。有论者建议，"计划的机关最好兼员考核的责任，一方面使负责考核的人，对于计划有深刻的明瞭，一方面使设计机关，能够以考核所得的实地经验，作现计划的修正，或作将来拟定计划的参考"。然而，国民政府却是"设计局与考核委员会分开，不是理想的机关"。④在抗战未果的政治环境中，上级考核下级，只侧重书面报告，难以考核具体事功。

其实，蒋介石也并非意识不到计划政治制订的可能性与计划实施的轻重缓急。蒋1941年2月称："各位主管同志就必须就其所管的事业，分别本来先后，权衡轻重缓急，因事制宜，因地制宜，择要举办。尤其要顾到我们现在只有多少人员经费与能力，就只能计划办多少事；如果我们的计划

① 陈之迈：《论政府机关的工作计划与报告》，《新经济》第6卷第9期，1941。
② 高崐峰：《对行政三联制的认识》，《中央日报》1955年3月20日，第2版。
③ 何梓人：《重点政治与计划政治》，《湖南省参议会会刊》［第二次大会特刊（十）］，1946。
④ 陈烈甫：《计划政治在中国》，《新认识》第5卷第1期，1942。

超出能力范围之外，什么事情都要一齐兴办起来，结果，一定不能成功。"①
然而，涉及具体的建国任务，他泰半未能躬行自己的理念，往往重设计而
轻预算。如 1943 年原定建设工作之目标有 24 个，所施行者不过 12 个，剩
下几未着手，这就应当考虑，剩下的 12 个是属于难度过高无法执行，还是
不属急务暂且毋庸执行？计划有之而办不到，要么是计划出了问题，要么
是执行出了问题。即使是执行的问题，也反映整个行政系统的实际能力不
足以完成计划设想，恐是计划未能明辨轻重缓急，好高骛远或陈义过高所
致。类似情况反复出现，反复无解，反复敷衍带过，或者表明计划政治实
施的政治环境所不允，或是表明政治计划的轻重失衡。

二是政治体系难以顺利推行计划政治。计划政治的实施，不但要有强
大的行政推动力，还需有与之相适应的行政体系。通过权威人物或强势人
物，进行自上而下的计划政治，不失为一种应对危机与完成建国的有效方
式，但应有自下而上的互动，否则便会流于敷衍塞责。

然而，抗战时国民政府行政系统执行不力，效率低下，早已成为顽疾。
久在行政院任职的陈克文对官僚体系甚感忧虑，如时任行政院秘书长的魏
道明对他说，"各方面不肯得罪，自己并无积极主张模棱两可，闪闪缩
缩"。② 陈克文认为，行政院会计处成立后，庶务科和会计处的人员不免有
些不合作的地方，不是互相牵制，便是互相推诿。这些毛病是现时机关里
最普遍的。③ 陈克文记道，一份重要的有关政治改革的文件，由蒋介石用代
电方式交给孔祥熙院长，到院之后，便到各科旅行，差不多半年，还未旅
行完毕，"我们的行政效率，于此可见一斑"。④ 而且，政府高官对计划政治
多抱敷衍之态。被蒋介石寄予厚望的王世杰，虽担任中央设计局秘书长，
但对设计任务并不热心；他认为："在目前形势下，设计局工作亦极难有重
大之贡献也。"⑤ 任设中央设计局秘书长的一年内，王多次向蒋提出辞呈，

① 蒋介石：《党政考核之责任与工作要旨》（1941 年 2 月），秦孝仪主编《先总统蒋公思想言论总集》第 18 卷演讲，第 43 页。
② 《陈克文日记》，台北，中研院近史所，2012，第 159 页。
③ 《陈克文日记》，第 534 页。
④ 《陈克文日记》，第 760 页。
⑤ 《王世杰日记》，台北，中研院近史所，2012，第 344 页。

抱怨"近来深以政府及党部同人缺乏共同负责精神为憾"。① 他本人也未能为蒋分担责任，"予自今日起开始规划中央设计局之工作，予任此局秘书长一年有余，原期彭浩徐、王文伯两君能对局务多负责，但彼等从未切实负责，局事一无成绩，使予心疚"。② 此后任行政院秘书长的张厉生给人的印象是"并非为政府做事，不过混资格耳"。③ "张厉生既不懂办事，似乎也不关心院里的事。院内同事现在对于他的失望，是愈来愈甚了"，"大概他的病根，在乎只知一味敷衍人事，对事埋并无真知灼见，更没有坚定一贯的主张"。④ 王宠惠谈到政府内部问题时直言不讳地指出："当局者只知争权夺利，装点门面，私心过重，缺乏公忠体国，顾存大局的精神，为我们政治上的最大毛病。"⑤

在敷衍塞责的行政体系中，蒋介石集党政军大权于一身，虽不遗余力地推进计划政治，且多番手令指示相关人员，对计划政治勉力督促与推进，但苦于分身乏术，为下级机构与负责主管敷衍塞责提供了机会，不得不哀叹工作之"无人负责"。孔祥熙对此曾有深邃分析："我国政治上还有一种事情，也是不好的，就是做事惯用搪塞推托的手段。譬如提一个应该大的预算，起先反提得很小，做做不够了，一次二次的追加，使你罢不了手。例如乐西公路，但是建筑预算2000万，后来追加，竟达到12000万。"⑥ 因此，在国民政府行政体系中，即使蒋介石有明确的改革意向，大抵政令不出侍从室，计划政治蓝图停留于纸面上，终将无法有效实施。在已患顽疾的行政体系面前，无论蒋介石如何心急如焚，依然落得"政治内部无甚进步，人事亦多牵制"。⑦ 1944年前后，朱家骅与沈伯刚言："我当年总以为国家不强，由于政治腐败，只要一些志士仁人能革新政治，国家一切问题可以迎刃而解。想不到竟如此之难。"⑧

---

① 《王世杰日记》，第466页。

② 《王世杰日记》，第475页。

③ 《陈克文日记》，第785页。

④ 《陈克文日记》，第817页。

⑤ 《陈克文日记》，第874页。

⑥ 党政工作考核委员会第五次委员会议中之谈话，1942年5月6日，《孔庸之先生演讲集》上册，美国纽约中美文化协会，1960，第104页。

⑦ 《蒋介石日记》，1940年3月反省录。

⑧ 杨仲揆：《中国现代化先驱——朱家骅传》，台北，近代中国出版社，1984，第92~93页。

　　三是手令制的泛滥难以保证计划政治的稳定。计划政治本应赋予最高设计机关的设计与考核之权，设计基于民主原则，科学编制，重点突出，主次分明；实施过程强调法治精神，保障计划具有稳定性与实施反馈的时效性。在高度集权的个人专制政治体制中，最易出现权威人物的随意性命令与行政程序的简单化处理。个人集权专制虽能快速决策，但常绕开最高政治机构，动辄发号施令，强制推行某些不合时宜的政治计划。

　　抗战时期的蒋介石在国民党内建立了无人取代的魅力型权威，大量运用手令等非制度化的行政程序。抗战前，蒋介石并未广泛采用手令制，然而，"到重庆后，下了许多手谕，有些手谕都变成了纸片工作"。① 而且，对同一事件，蒋介石手令对象常常发生变化，如王世杰、张厉生、张群、陈布雷、魏道明等经常接到同一事件的手令，究竟何人具体负责，亦不明确。对同一事件，蒋往往先后手令数度，自己也未必记得，前后矛盾、重复手令等问题不断发生。蒋介石的手令制波及行政院，陈克文就曾抱怨："做长官的一时高兴便下命令，绝不知道这命令执行的时候要费多少时间和多少手续。"② 受蒋的影响，张厉生也"喜欢下手条"，这种下手条的方式"皆为主管长官之通病，不独张公为然也"。③

　　由于蒋介石处理事务时的随意性，以致陈克文认为，虽其在法律上事实上均已享有绝大的权力，"但近一二年来他的威信却常常不能和他的权力相称，他所下的命令，常常不能贯彻"。④ 蒋介石手令愈多，权威反而愈弱，盖蒋并未将此部分命令程序化、合法化，往往是心血来潮对下级做出指示，至于执行与否，则不在其考虑范围。因此，下级常费心思揣摩上意，自做决断。长此以往，执行者便疲于应对，因无规范之考核与追责，因此疲于应对又常变成疏于应对、懒于应对，敷衍了事，最终出现命令越多，效率越低效的怪相，计划政治也就难免成了敷衍政治了。

---

① 《陈克文日记》，第 375 页。
② 《陈克文日记》，第 529 页。
③ 《陈克文日记》，第 786 页。
④ 《陈克文日记》，第 757 页。

四 结论

抗战时期，国民政府的计划政治是因应国际政治思潮及应对危机的政治选择。计划政治不一定是专制政治，无论是专政政府还是民主政府，都可以实行计划政治，但计划政治离不开民主科学的计划制订、高效运行的行政体系，以及相对稳定的政治环境三个基本要素。抗战时期的国民政府为实现"抗战建国"，实施计划政治，成立中央设计局、党政工作考核委员会，制订三年具体政治计划，其结果是，政治计划未及全面铺开，即发展为敷衍政治，由此引发如下思考。

一是蒋介石热衷计划政治却为何受阻？计划政治为其时的国际政治潮流，推行计划政治的国家在应对危机方面均显示其独到的功效。蒋介石热衷计划政治，亦体现了现代政治理念，但其理念受国民政府政治体制所限，在具体推行中困难重重。抗战时期的国民政府实行蒋介石个人高度集权的政治体制，这种体制缺乏西方所具有的程序理性，依靠个人权威发号施令，蒋居高位，自身虽建立起魅力型权威，但其权威传递路径被低效的行政体系所阻碍，不能与群众建立稳定的联系纽带，因此计划政治便难以取得稳固的执政基础，成空中楼阁。

二是以建国为目标的计划政治是否符合抗战时的需求？抗战期间，国民政府最大任务是集中各方资源保障抗战需求，将全面政治建设的建国与抗战并行，太平洋战争爆发后甚至强调"建设重于军事"，在战时军事行为尚未扭转之际，这一计划政治并不符合战时需求。抗战时期，政治环境瞬息万变，行政计划的拟定、财政预算的平衡常被打破，相关调研亦不周全，因此缺乏民主与科学基础的庞大政治计划多成纸上谈兵，行政体系亦无精力投入全面建设，对上级行政命令与施政纲要只能敷衍了事。1944年当世界反法西斯战争取得重大进展时，国民政府军事反而遭受豫湘桂大溃败，此与受建国方略驱动而放松军事有关，以至于时人认为"目前的政府已经束手无策，麻木不仁，势非亡国不可"。[①]

---

① 《陈克文日记》，第925页。

　　抗战时期的国民政府的计划政治作为一种政治理念，本身并无过错，最高权威人物蒋介石对此亦不遗余力，多方督促，但受国际局势与政治体制之制约，烜赫一时的计划政治发展为敷衍政治而草草收场。一个任意敷衍塞责的政府显然无法应对战后更为复杂的政治挑战。在战后民主宪政的冲击中，计划政治的名号日渐式微，代之以民主政治，但计划政治的内容在中国得以保留下来，一旦具有稳定的政治环境，在高效的政治体制中，计划政治便显示出了强大的吸引力和生命力。

抗战后期国人对战后国际
和平组织之设想

——以《大公报》为中心的考察

谭备战[*]

联合国是第二次世界大战的产物，中国在创建联合国的过程中，发挥了应有的积极作用，对此学界已有多篇论文给予关注。[①] 但在联合国筹建初期，随着中美苏英等国一系列有关战后问题会议的召开，国人对战后国际和平组织的设想也渐渐清晰，对此设想学界却鲜有论及。本文拟以《大公报》为中心，分析个人、民间舆论与国民政府对战后国际和平组织的设想及其差异，说明个人、民间舆论和政府对战后国际和平组织的期望基于不同的目的因而在某种程度上有所差异，阐述了国力的强大乃国家立于世界民族之林的基础，也是国家在世界舞台上发挥作用的最根本依据。

---

[*] 谭备战，历史学博士，河南中医药大学马克思主义学院教授，主要研究方向为中国现代史与中华民国史。本文原刊于《史学月刊》2012 年第 10 期，收入本文集时有所修改。

[①] 关于中国参与创建联合国的论文较多，如李铁城《中国的大国的地位及对创建联合国的贡献》，《中国社会科学》1992 年第 6 期；宗成康《中国与联合国的创建》，《民国档案》1995 年 4 期；刘少华《中国与联合国的创建》，《世界历史》1996 年第 3 期；李朝津《抗战时期中国对联合国成立的态度》，"中国"近代史学会编《庆祝抗战胜利五十周年两岸学术研讨会论文集》，台北，联经出版公司，1996；金光耀《国民政府与联合国的创建》，《中国社会科学》2003 年第 6 期；等等。但上述论文多从政府的角度论述中国与联合国的关系，极少从民间角度论述联合国在国人心目中的设想。本文试从民众视野的角度探讨在抗战胜利前夕，新的国际组织的理想模式。

一　国人对战后国际和平组织设想的背景

国人对战后国际和平组织的设想是基于对国联不良印象形成的。1920年成立的国际联盟（简称国联），在初期也曾为国际和平做了一些有益的工作，进入1930年代后，因国际形势急剧变化，英法等考虑各自的利害关系，对世界各地出现的一些侵略事件，如日本侵华、意大利侵略埃塞俄比亚等并未采取切实可行的措施加以制止。虽然南京国民政府成立后积极加入国联，实际上它并未给中国带来任何意义上的和平，相反助长了日本侵华等一系列事件爆发与升级，因此国人纷纷指责国联的软弱无力，并对之留下了非常不良的印象。

1927年4月南京国民政府成立后，意欲统一全国，却遭到日本政府的无理阻挠。1928年5月3日，发生了震惊中外的"济南惨案"。日本不但阻止国民党军队的继续北伐，而且侮辱我外交官。国联作为维持世界和平的有力工具，应立即制止日本对华的侵略，然而国联对此却束手无策。"济南惨案"一周后，国民政府主席谭延闿致函国联秘书长要求其制止日本的侵略行为：

> 　　现在日本侵略行动，实已侵犯中国领土及独立，而危害国际和平；应请执事依照国际联盟规约第十一条第二项，即行召集理事会会议。余丞盼国际联盟知照日本，停止日军暴行，并立即撤回山东军队，国民政府深信我方理直，对于此次事件之最后处决，愿承诺国际调查或国际公断之适当方法。[①]

此乃国民政府首次求助国联解决中日的军事冲突，当时南京国民政府没有加入国联，仅简单地诠释其盟约，认为它既是国际和平组织，定能主持公道，反映了弱国在受到强国欺凌时求助国联冀能主持公道，然结果却令国人颇为失望。因此无论是政府中人还是舆论均对国联印象不佳，如蔡

---

① 秦孝仪编《中华民国重要史料初编——对日抗战时期（续编）》（一），台北，中央文物供应社，1981，第140~141页。

元培就认为，"欧洲化之国际联盟于欧洲以外之国际问题，盖绝无设法处决之能力，……（只是）维持强国的既得利益"①；何应钦更认为，"国际联盟实为帝国主义用以欺骗宰割弱小民族之工具"②。

1931年九一八事变爆发时，中国已是国联成员，南京国民政府认为既然是国联成员国，国联对此就不能置之不理，便积极求助国联以和平方式解决中日冲突。9月22日，蒋介石在国民党南京市党部大会上首次提出依赖国联的外交策略："我国民此刻必须上下一致，先以公理对强权，以和平对野蛮，忍痛含愤，暂取逆来顺受态度，以待国际公理之判断。"在蒋看来，"日本此次举动，不仅乘我之危，违反国际道德；且极端破坏国际联合规约，及非战公约之精神"，故深信国联能秉公而断："余敢信凡国际联合会之参加国及非战公约之签字国，对于日本破坏条约之暴行，必有适当之裁制。"③事态发展仍令国人对国联倍感失望：国联并无采取切实有效措施以制日，仅派英人李顿为首之调查团调查日本在东北的侵略情况而已。《大公报》认为："国联对本案，不究其是非曲直，而只以劝告和平为事，自中国国民言，自属不满。"④因此，"国联约章华府条约之于中国问题，中国不能依赖，亦不能放任"⑤。正是国民政府对国联的过分依赖，才导致"中国年余以来，在服从国联决议之过程中，而失吉黑，祸淞沪"⑥。因而《大公报》指出："中国不应依赖国际之力，应于自身求解决。"⑦由此观之，国人对国联制裁侵略者的约章是深有体会的：它无力维护世界的和平与安全。

通过国联处理中日冲突一事，国人深刻认识到组织一个新的国际和平组织时，必须考虑它能是否真正制止侵略，维护世界和平与安全，也希望它能使中国处于有利的地位，以免再遭侵略而孤立无助。

---

① 蔡元培、吴稚晖主编，夏渠著《国际联盟》，商务印书馆，1929，第93~96页。
② 中国第二历史档案馆编《中华民国史档案资料汇编（第五辑第一编）·外交》（一），江苏古籍出版社，1994，第40页。
③ 秦孝仪编《中华民国重要史料初编——对日抗战时期（续编）》（一），第282~283页。
④ 《"恢复通常关系"之惟一解释》（社评），（天津）《大公报》1931年12月8日，第2版。
⑤ 《行矣，第一机！》（社评），（天津）《大公报》1931年12月8日，第2版；"国联约战章"指《国联盟约》，"华府条约"指在华盛顿签署的《九国公约》。
⑥ 《政府示最后之决心之时至矣》（社评），（天津）《大公报》1933年1月6日，第2版。
⑦ 《愿日本国民反省》（社评），（天津）《大公报》1931年9月26日，第2版。

二 个人及民间舆论对战后国际
和平组织的设想

七七事变爆发后，举国投入抗战洪流。因国联仍然存在，国内对成立新的国际和平组织较少提起。1939年9月，德国入侵波兰，"二战"在欧洲全面爆发。此时国联虽无解散，但事实上对战争已不再发挥任何作用。美英因利益关系开始联合；1941年8月，美国总统罗斯福与英国首相丘吉尔于大西洋上的纽芬兰岛会晤，商讨对法西斯侵略进行制裁问题，晤后发表了《大西洋宪章》，提出了重建新的国际和平组织以代替国联。12月7日，日本偷袭珍珠港，太平洋战争爆发。翌年元旦，中美英苏等26个国家在华盛顿签署了《联合国家共同宣言》，各国表达了共同抵抗法西斯暴力、维护世界和平与安全的决心。随着形势的变化，特别是国联的无形解散，成立新国际和平组织成为必然。因国人对国联的不良印象，在斯大林格勒战役后，成立新的、使中华民族在国际舞台上不再遭受欺凌的国际和平组织的设想，在个人、民间舆论均已开始酝酿。

《大公报》紧跟时代步伐，对战后国际和平组织较早进行了设想。《大公报》作为中国当时闻名中外的民间报纸，以"不党不卖不私不盲"[1]为办报方针，获得了极高的社会信誉。尤其抗战时期，《大公报》"对于国内新闻与国际新闻之报道，始终充实而精粹，其勇敢而锋利之社评影响国内舆论至巨"[2]。西安事变发生后，《大公报》"更为国人所重视，不知多少重要国家大事，各地读者都常以《大公报》的态度取舍为准绳"[3]。故《大公报》对战后国际和平组织的设想也基本上代表了国人的设想。

《大公报》对成立战后国际和平组织关注较多，粗略统计，在联合国成立前后，《大公报》所发表的相关社评或文章达17篇之多（如表1所示）。

---

① 《本社同仁之旨趣》（社评），（天津）《大公报》1926年9月1日，第2版。
② 周雨：《〈大公报〉史》，江苏古籍出版社，1993，第43页。
③ 朱传誉编《张季鸾传记资料》，台北，天一出版社，1979，第11页。

表 1　抗战后期（1943 年 2 月 14 日至 1945 年 6 月 21 日）《大公报》发表的
有关战后国际和平组织设想的社评及文章一览

时间	文章
1943 年 2 月 14 日	《战后世界建设之研究》（孙科）
1943 年 3 月 2 日	《战后世界和平的我见》（邹鲁）
1943 年 3 月 3 日	《中国抗战与世界和平》（张道藩）
1943 年 2 月 25 日	《新世界的斫丁》（社评）
1943 年 2 月 27 日	《摒弃均势政策实行经济合作》（社评）
1943 年 4 月 1 日	《战后世界建设》（社评）
1943 年 5 月 5 日	《我们所期待的太平洋宪章》（社评）
1943 年 9 月 10 日	《历史之鉴——论意大利的投降》（社评）
1943 年 9 月 15 日	《战后世界经济展望》（社评）
1944 年 6 月 1 日	《战后和平机构的性质》（社评）
1944 年 8 月 21 日	《世界和平机构会议开幕》（社评）
1944 年 9 月 30 日	《祝望中美英三国会议》（社评）
1944 年 10 月 12 日	《和平机构的症结与剖析》（社评）
1944 年 11 月 6 日	《今日世界今日中国》（社评）
1945 年 3 月 7 日	《旧金山会议的请柬》（社评）
1945 年 4 月 27 日	《所望于旧金山会议各国代表者》（社评）
1945 年 6 月 21 日	《旧金山会议的成就》（社评）

资料来源：据《大公报》1943 年 2 月 14 日至 1945 年 6 月 21 日统计。

从表 1 可知，国人对战后国际和平组织的设想于 1943 年初斯大林格勒
战役后即浮出水面。国人成立了战后世界研究会等机构以探讨其构成形式，
一些政府要员也纷纷在《大公报》上著文表达对它的看法，虽然并不代表
国民政府的观点，但因作者身份特殊仍有一定影响。随后《大公报》连续
发表一系列社评，清楚地表达了国人对战后国际和平组织的设想。

1. 个人对战后国际和平组织的设想

1943 年初斯大林格勒战役后，盟国胜局已定。一些政府要员便撰文表
达对战后国际和平组织的观点，以孙科、邹鲁与张道藩三人最具有代表性。

孙科认为战后国际和平组织应包含政治与经济两方面。1943 年 1 月 31

日，孙科于重庆中山文化教育馆举办的战后世界建设研究会上发表演讲《战后世界建设之研究》，提出"希望战后同英美苏各大盟邦永久保持团结一致，无保留地用大西洋宪章的精神来树立远东各国的和善关系"，表明在未来的国际和平组织内中国应站在英美一边。英美也应重视中国的地位，因为"如果战后的和平事业，不尊重拥有世界人口五分之一的中国的意见，或者不让中国有绝对平等的机会致力于这一事业，那么这一事业的基础就一定不会十分稳固的"。孙科还为其选定了两个具体的基础："民族平等"和"人类普遍的幸福生活"。① 这两个基础，可概括为政治上各民族一律平等和经济上各国全部富裕。此番演讲后以相同的题目发表于重庆《大公报》。

3 月 2 日晚，张道藩为国民外交协会国际问题讲习班发表演讲《中国抗战与世界和平》，表达了对战后国际和平组织的期望。笔者摘录如下以做分析。

> 各国并应于战争未结束以前，成立一国际的机构，……此国际机构可包括两个部门，一为行政部门，一为研究部门。前者有各国负实际行政责任之大员充当，后者应为一人数较多之委员会，罗致各国各部门第一流学者专家充任。此国际机构战胜国与战败国均为主要构成分子，弱小民族亦应有平等参加权。过去少数国家操纵国际机构现象，尤应避免。②

在张道藩看来，战后国际和平组织应包括行政与研究两个部门，强调各国之间的平等关系（含战胜国与战败国），防止由少数国家操纵该组织以致出现不良后果。

此前一天，作为国民党大员的邹鲁亦撰文表示，战后国际和平组织的原则至少应包括以下四项，否则真正的国际和平与安全无法保证：

> 第一，消灭战胜战败观念。……至于国际条约，应立于绝对平等

---

① 孙科：《战后世界建设之研究》，（重庆）《大公报》1943 年 2 月 14 日，第 3 版。
② 张道藩：《中国抗战与世界和平》，（重庆）《大公报》1943 年 3 月 3 日，第 3 版。

地位，决不该有战胜战败国之痕迹。……否则怨怨相报，终无已时。

第二，不应有地域之区分。地域观念为国际联盟失败主因之一。……战后成立之国际组织，当包括全世界各部分，而对于任何部分所发生之国际事件，宜视为与全体有关，积极依法处理，倘再有隔岸观火之心，决难免噬脐莫及之患。

第三，民族间不应该有歧视之心理。……如果摒弃民族歧视，小国对于强国之疑虑，可以冰释，而先进民族对于后进者之指导与协助，得免产生误会，如是世界各国始能协力合作，同舟共济，而造成国际真正团结之局面。

第四，经济问题。……以此次战争而论，经济之因素尤甚于政治，若战后国际经济问题不得正常解决，政治设施亦难得善良结果。……应根据互惠与机会均等之原则，使全世界经济平衡发展。①

孙科、张道藩和邹鲁对战后国际和平组织的设想，表面看来有些差异，但仔细分析，发现他们对其原则的设想大致相同，仅一些细节有别。首先，他们均强调未来国际组织必须各国家民族一律平等，不应有以强欺弱的现象。其次，张、孙、邹都认为战后国际和平组织应多从经济上考虑，不应简单地在政治上维持世界和平，因为长久的和平还需靠经济的健康发展作后盾。

由上述可知，政府要员在汲取国联失败的深刻教训后，提出成立一个平等团结和各民族共同繁荣发展的国际和平组织，以达到世界的永久和平与安全。

2. 以《大公报》为代表的民间舆论对战后国际和平组织的设想

一些政府要员于报端著文设想国际和平组织的同时，执全国舆论牛耳的《大公报》也开始设想战后国际和平组织之设立。《大公报》的多次社评均表明了民间舆论的看法。1943 年 4 月 1 日，《大公报》发表关于战后国际形势的社评《战后世界建设》，表达了中华民族在抗战中的贡献及感受："在联合国家中，我们的抗战最悠久，我们的环境最艰难，所以我们对世界

---

① 邹鲁：《战后世界和平的我见》，（重庆）《大公报》1943 年 3 月 2 日，第 3 版。

的认识也最逼真，（因此）关于战后和平国际制度，更能以白纸的心情，虚衷接纳。"① 5月5日，《大公报》针对英国发表的关于亚洲和平的《太平洋宪章》发表社评，认为它既然是维持战后太平洋世界和平的工具，"即应代表太平洋国家政策的总和，而不应代表任何一国或一二少数国家的外交政策"，并联系十余年前依赖国联解决中日冲突之时英法对日的偏袒态度认为，"我们倘使希望这宪章立于不败的地位，我们必须用公正持平的态度，把太平洋一切国家，不论大小，或战胜与战败之别的利益，予以一般顾及，而不应把它看作第二个国际联盟盟约，虽戴上了全世界各国的帽子，实际上只是一两个强大国家政策的工具"②，因为只有这样才能实现世界的永久和平与安全。

在《大公报》设想的国际和平组织中，在政治、经济、军事方面，组织原则均与国联有根本区别。政治原则上，针对"国联没有一致的表决是不能做任何决定的"而最终导致"国联的体系一遇到侵略者的挑衅便崩溃下去"的局面，《大公报》认为它应是"世界思想相同的国家，应自愿的组成联盟"③；这是针对国联无法制止侵略行为而采取的实质性措施。在《大公报》看来，"这一次的大战是空前的全世界大战，而今后的和平也将为空前的全世界和平。过去的国联会，不可否认的是一个以欧洲为重心的组织"④，将来国际和平组织不但包括欧洲诸国，还应包括世界上其他各国。无论战胜国或战败国，都应一视同仁、平等相处："不论国之大小强弱，皆能得其应得，与所应与，赢得永久和平。"⑤ 战胜国对战败国，"连战败后的德日诸国也在其内"，⑥ 不应歧视。当前形成的联合国家，"有中英美苏四大国积极参加，已形成一个以全世界为单位的广大组织"⑦，战后国际组织的形式已初露端倪。中国表示，"虽然国联的机构已失败，而中国则坚信要维持战后的和平，必须有一个有力的集体安全构，……中国是一个忠实的国

---

① 《战后世界建设》（社评），（重庆）《大公报》1943年4月1日，第2版。
② 《我们所期待的太平洋宪章》（社评），（重庆）《大公报》1943年5月5日，第2版。
③ 《新世界的匠工》（下）（社评），（重庆）《大公报》1943年2月25日，第2版。
④ 《和平机构的症结与剖析》（社评），（重庆）《大公报》1944年10月12日，第2版。
⑤ 《历史之鉴——论意大利的投降》（社评），（重庆）《大公报》1943年9月10日，第2版。
⑥ 《祝望中美英三国会议》（社评），（重庆）《大公报》1944年9月30日，第2版。
⑦ 《和平机构的症结与剖析》（社评），（重庆）《大公报》1944年10月12日，第2版。

际主义者，她将为战后的国际机构尽最善之努力与合作"①。

《大公报》强调战后国际和平组织应是以经济为主、政治为次的一个国际组织，"我们今后须建立一种健全的制度来维系各国的关系，及确保世界的安全。这种安全制度的确立，不独靠举世一致的努力，且须从文化、政治、经济各方面入手，其中尤以经济一项最为急要"，因为"战后世界经济能否安排妥帖，对于战后世界能否得到永久和平，关系甚大"。因此必须吸取"一战"经验，不能重蹈覆辙。《大公报》提出，"国际上非有公平的经济关系，不能谋致永久的和平，非采国际合作方式，国际经济关系亦无由达到公平"，所谓"公平"，"就是要放弃过去帝国主义经济的拓殖的政策，大家以平等地位相待，互通有无，把世界资源作有系统的合理的分配"②。对此应注意："一、工业先进国必须大量投资开发落后国的资源，帮助其建立工业，提高其生产效率，增加其国富；二、工业先进国必须转移其生产目标于更高度更专门更技术化之产业，而将粗浅的基本的工业生产留于后进国。"③ 为发展世界经济计，《大公报》认为，"工业先进的国家对于落后的国家，应该诚心协助其开发，在资本技术各方面予以接济，使整个世界的资源，都可以尽其开发，通过一种国际合作的机关，使大家都得公平享用。这种做法的结果可以使各方同样受到利益。"④ 可见《大公报》从全世界和平与发展的整体利益出发，主张国际的平等合作与和谐发展。

《大公报》认为，实行政治平等、经济合作并不能真正制止侵略，战后国际和平组织还必须拥有武装力量，起"国际警察或国际保安队"作用，并以国联为借鉴，即"前国联盟约仅凭藉经济武器，以'断绝一切贸易关系或经济关系的处分'为最大的制裁"，结果酿成更大的战争。国际军事应如何设防与应如何提供军力，各国应该根据不同的军备比例来承担相应的军事责任。虽然"将来国际军事化是必然的"，但《大公报》亦警告国人对"军事国际化不可存依赖的心理，因为无充足的武力，恐难保有完全的主

① 《祝望中美英三国会议》（社评），（重庆）《大公报》1944 年 9 月 30 日，第 2 版。
② 《摒弃均势政策实行经济合作》（社评），（重庆）《大公报》1943 年 2 月 27 日，第 2 版。
③ 《战后世界经济展望》（社评），（重庆）《大公报》1943 年 9 月 15 日，第 2 版。
④ 《摒弃均势政策实行经济合作》（社评），（重庆）《大公报》1943 年 2 月 27 日，第 2 版。

权"①。敦巴顿橡树园会议后，中美英苏公布了制裁侵略的办法，《大公报》则强调"如何采取海陆空军行动的条文，尤为全案精髓之所在，因为一个和平机构倘使没有武力制裁去做后盾，即将等于无用的空架子"②，足见对战后军事问题的重视。

《大公报》呼吁全世界爱好和平的人们要珍惜战后国际和平组织，使之"健全的生长和发育起来，我们不应再容许任何传统的自私政策继续存在"，将来如果"美英苏中四国能密切合作，倾诚团结，能使欧亚美各得安定，以此为世界的安定力，则将来的世界真可得到百年的和平"③。因为透过沉重的历史可见"和平的真谛，……只在国际间能够互信与互爱。我们相信在联合国家的互相扶持下，和平机构今后必能发扬光大，不再蹈过去的覆辙"④。由此可见《大公报》对战后国际和平组织维护世界和平的殷切期望。

三 国民政府对战后国际和平组织的设想

在个人和民间舆论对战后国际和平组织进行设想的同时，国民政府也积极参与其中。虽然联合国并非中国发起，但中国政府积极发挥自己的作用，在与美苏英等国的国际和平组织计划相冲突时，或逐步调整计划与之相适应，或站在美国一边，支持其计划。国民政府不失时机地调整策略进行务实外交，以便促进战后国际和平组织的迅速成立，抓住转瞬即失的大国地位。

1939 年 11 月，国民党五届六中全会提出战后成立一个国际和平组织的设想。虽然设想粗浅，却表明了中国政府已经意识到为了维护战后世界和平与安全，成立国际和平组织的必要性；蒋介石通过战争"更深切感觉此次东亚与西欧战事结束之时，诚能产生一种包括全世界之有效的集体安全组织，则人类和平共存之光明，庶几随战争之终结而开始，深信此一深切之感觉在东西两半球负责任具远见之政治家，必与吾人有其同感，吾人更

---

① 《战后和平机构的性质》（社评），（重庆）《大公报》，1944 年 6 月 1 日，第 2 版。
② 《和平机构的症结与剖析》（社评），（重庆）《大公报》1944 年 10 月 12 日，第 2 版。
③ 《祝望中美英三国会议》（社评），（重庆）《大公报》1944 年 9 月 30 日，第 2 版。
④ 《和平机构的症结与剖析》（社评），（重庆）《大公报》1944 年 10 月 12 日，第 2 版。

希望世界一切爱好和平的力量，皆为此一崇高目的，即建立一有效的集体安全组织而努力也"①；他也认为维护世界和平，必须成立一个国际和平组织。因此1941年在国防最高委员会之下成立了国际问题讨论会，讨论成立战后国际和平组织事宜。鉴于国联的深刻教训，国际问题讨论会设想在战后成立国际集体会，并为之拟定了《国际集体会公约草案》，该组织"较之国际联盟，其地位已大见增强，但与'世界国家'之程度相距尚远"，如果不受阻碍，正常发展，则"循此而进，将来不难演变为一真正之世界国家"②。国际问题讨论会设想的国际集体会与国联明显不同。一是表决方式不同，国际集体会只要求参加国2/3通过即可对侵略者实行经济与军事制裁，并建议成立国际警察执行机构。二是设立常设理事会随时处理国际冲突。此乃国民政府首次对战后国际和平组织的设想。设计者力图改变国联对侵略行为束手无策的尴尬处境，在组织与制度上制订了切实可行的措施。由此可见中国对战后国际和平组织的理想追求。

1943年下半年，战争形势越来越有利于同盟国，成立新的国际和平组织已为各国之共识。10月，美国国务卿赫尔、英国外相艾登和苏联外交人民委员莫洛托夫在莫斯科举行三国外长会议。在罗斯福坚持下，中国驻苏大使傅秉常代表中国政府在三国外长会议上通过的《关于普遍安全的宣言》上签字，其中第四条内容为："彼等承认有于最早可能实现之日期成立一普遍国际组织之必要，以各爱好和平国家主权平等之原则为根据，此种国家无论大小均可为会员，以维持国际和平与安全。"③ 在美英苏酝酿新国际和平组织的同时，国民政府也积极设计多种方案，如军事委员会参事室主任王世杰提出的"新国联"方案，外交部部长宋子文提出的"国际和平联合会"方案，国防最高委员会秘书长王宠惠根据前两者综合起来提出的方案。④《关于普遍安全的宣言》的发表对中国而言意义深远："我国自加入此次宣言后，已与英、美、苏三强平等，而居于领导世界政治之地位，对于

---

① 中国国民党中央委员会党史史料编纂委员会编《革命文献》（69），台北，中央文物供应社，1976，第346~347页。
② 1942年7月4日王宠惠呈蒋介石，《国际集团会公约草案要点》，台北，"国史馆"藏档案。
③ 秦孝仪编《中华民国重要史料初编——对日抗战时期（第三编）·战时外交》（三），台北，中央文物供应社，1981，第810页。
④ 各种方案见金光耀《国民政府与联合国的创建》，《中国社会科学》2003年第6期。

击溃敌人及重建世界和平均有莫大关系。"蒋介石也表示"我国外交地位得由四国协定之签字而巩固"①。

翌年8月,召开敦巴顿橡树园会议,讨论联合国问题,蒋介石致电在旧金山参加国际组织谈判的中国代表孔祥熙,提出"关于国际和平安全机构组织问题之主张",供代表们于谈判时参考:

一、国际和平组织应尽速在战事结束前成立。……战事结束后,各国——尤其各大国——因共同敌人已溃败,将不易接受重大义务与限制,此其一。美国政府之权威,在战时为最高,战事终止之后,美国对于各国之领导能力,或支配能力,不免减小。此种组织如迟至彼时始决定成立,困难必多,理想的组织愈将不易实现,威尔逊在巴黎和会之失败,可为前鉴,此其二。

二、国际安全和平组织应有充分力量,其行动应充分敏活。

三、不主张美英苏中四国享有过大之特权。我如主张其他特权,势必增加各小国对我之反感。且四国纵令享有其他特权,实际上我亦未必能利用,其能利用此种特权者,实际上将为英苏等国。彼等利用此权时,容或予我以不利。②

稍后蒋致电孔祥熙,强调为尽快成立联合国,"凡美国草案所未提及之各项重要问题,如一时不易获得一致意见外者,我方宜相机决定提出与否,及主张至如何程度,必要时宁可留待他日继续商洽,此时不必坚持,总以促成会议有成功为主"③。蒋意欲尽快成立联合国,因中国实力较弱至战争结束后再成立,则对我不利。

---

① 秦孝仪编《中华民国重要史料初编——对日抗战时期(第三编)·战时外交》(三),第812~816页。

② 秦孝仪编《中华民国重要史料初编——对日抗战时期(第三编)·战时外交》(三),第834页。

③ 秦孝仪编《中华民国重要史料初编——对日抗战时期(第三编)·战时外交》(三),第868页。

四　个人、民间舆论和政府三者对战后国际和平组织设想的比较

个人、民间舆论及政府三者均对战后国际和平组织有过设想，但经分析发现，因三者对国际形势的看法和所站的立场之不同，因而其设想既有相同也有区别。首先，三者都希望中国在未来国际和平组织中处于大国地位，不再受他国欺凌，彻底摆脱鸦片战争以来受人凌辱的局面，但民间似乎较政府看得更远，尤以孙科、邹鲁和张道藩的主张更明显。他们从世界和平利益出发，主张所有民族与国家均应平等相处，只有这样才能拥有永久世界和平。国民政府希望在未来的国际和平组织中能拥有与美英苏一样的世界强国地位。后来中国虽然名义上进入战后四强，但美英苏并没有把中国当成世界四强看待，因而在雅尔塔会议上仍遭到了盟友的欺凌，使国家主权受到损害。不过，两者的设想在联合国成立后还是得到了部分实现。

其次，未来国际和平组织应具有武装力量，它不应只是一个政治组织，对此国民政府与民间均表赞同。国人认为战后成立的国际和平组织应是"一种国际警察或国际保安队"。民间对这一组织的武力情况并无详细说明，只是认识到"将来国际军事化是必然的"，但也警告国人对"军事国际化不可存依赖的心理，因为无充足的武力，恐难保有完全的主权"[1]。政府则极力"赞成常设国际警察或国际空军，虽少胜无"[2]，提议筹设"国际空军"或"国际参谋部"一类的国际武装力量来保护自己不再遭受侵略，反映了国力弱小而图谋借助世界组织以保护自己的外交策略。

最后，在未来的国际和平组织中，政府与民间对战后世界经济问题的设想明显不同。民间从战后世界永久和平考虑，认为"国际上非有公平的经济关系，不能谋致永久的和平，非采国际合作方式，国际经济关系亦无由达到公平"[3]，认识到国际的经济关系如果不采取平等合作方式，则世界

---

① 《战后和平机构的性质》（社评），（重庆）《大公报》1944 年 6 月 1 日，第 2 版。

② 秦孝仪编《中华民国重要史料初编——对日抗战时期（第三编）·战时外交》（三），第873 页。

③ 《摒弃均势政策实行经济合作》（社评），（重庆）《大公报》1943 年 2 月 27 日，第 2 版。

的永久和平就毫无希望。因为"战后世界经济能否安排妥帖,对于战后世界能否得到永久和平,关系甚大"①。因此民间颇为注重战后的经济合作与发展问题;而政府对此似乎考虑较少,主要原因可能是此时正值战争极为困难之时,政府对军事问题的关注比经济问题为多,而且国民政府对国内经济难题无解决良策,无暇顾及世界经济问题。

五　结语

综上所述,抗战后期无论国民政府、民间舆论及个人均站在各自的立场,对战后国际和平组织提出过种种设想。他们既担心该组织会如国联一样置中华民族于不利境地,又担心在新成立的国际和平组织中没有中国的大国地位。故中国力争进入世界四强,以便在战后国际舞台上不再受人欺凌,在战后国际舞台上树立大国形象。中国对未来国际和平组织的设想在1944年8月的敦巴顿橡树园会议上基本得到实现。翌年4月25日,中国大国地位在旧金山会议上以联合国的成立为标志得到最终确立,基本上达到了国人设想的目的。中国在联合国合法席位获得恢复,为战后以至今天中国在国际舞台上开展国际事务,提供了广阔的外交空间,这一成就的取得,实质上是全国人民上下一致、奋力抗战的必然结果。

---

① 《战后世界经济展望》(社评),(重庆)《大公报》1943年9月15日,第2版。

抗日战争时期立法院的调整

陈书梅[*]

立法院是 1928 年 10 月成立的国民政府最高立法机关，在战前的"训政体制"之下，国民党全国代表大会等单位拥有最高立法权，掌握着国家法律体系中宪法性文件和最重要的行政法的立法权，但立法院仍是大量一般性法规的制定和法律体系建设的主要机构。进入抗战时期，整个国家的政治制度向战时体制转变，"军事第一、胜利第一"成为主要的目标，国民政府的立法体制也发生了巨大的变化。立法院在职权范围、立法程序等方面相应地做了调整，以适应抗战的需要。研究立法院的调整，对于研究抗日战争时期国民政府的政治制度与中国法制现代化的进程有一定的意义。

一　立法院权限的变化

七七事变发生后，正在各省市考察的立法院工作人员立即赶回南京，立法院加入了国家政治动员的行列。1937 年 11 月，国民政府决定迁都重庆。立法院在当月 17 日举行第四届第 119 次会议，决定随政府西迁，并于当天下午开始迁移。在西迁期间，立法委员们分赴各省市考察，为战时立法工作做准备。1938 年 4 月国防最高会议常务委员会许可立法院重行集会，25 日第四届立法委员在重庆举行第 120 次会议，立法院恢复活动。1939 年始，日本多次派飞机空袭重庆，各政府机关奉令分别转移到乡下办公，立

---

* 陈书梅，澳大利亚华裔学者。本文原刊于《江苏行政学院学报》2008 年第 3 期。

法院于 1939 年 5 月移到重庆郊区独石桥，直到抗战胜利。

随着国家的政治制度逐渐转为战时体制，国防最高委员会不仅是战时的政策决定机关，而且也是执行机关。国家行政权、立法权几乎都集中于国防最高委员会。战时集权体制的建立，保证了国民党对社会资源的全面控制，有利于在抗战时期集中全部国力来对抗日本的侵略。同时，国民政府迫于压力，采取了一些开放政权的举措：如设立国防参议会与国民参政会。在此情形下，国民政府的立法体制也相应地发生了很大的转变。

（一）立法院与国防最高会议（国防最高委员会）的关系

历次《国民政府组织法》都规定立法院为国民政府的最高立法机关，并明文规定："立法院有议决法律案、预算案、大赦案、宣战案、媾和案及其他重要国际事项之权。"[①] 但是抗战时期立法院的议决权颇受战事限制，独立立法的机会越来越少。国防最高会议常委会议第 54 次会议许可立法院重行集会时，以两个条件相约束："（1）凡应交立法院议决之案而国防最高会议认为有紧急处置之必要时，得以《国防最高会议组织条例》第 7 条办理，事后按立法程序送立法院。（2）立法院所议各案，与战事有关系者，应先送国防最高会议核议。"《国防最高会议组织条例》第 7 条规定："作战时期，关于党政军一切事项，国防最高会议主席得不依平时程序，以命令为便宜之措施。"这样的规定，是鉴于作战时期情形紧迫，而普通的立法程序手续繁复，费时较多，不足以适应作战期间的迫切需要。然而，这也表明立法院在抗战时期的立法权受到极大限制。

战前，国民党中央具有立法权的机构共有四个：国民党全国代表大会、国民党中央执行委员会全体会议、常务会议及国民党中央政治会议。抗战时期，国民党中央具有立法权的机构减少到两个：国民党全国代表大会与国防最高委员会。整个抗战时期，国民党只召开过一次临时全国代表大会与一次全国代表大会，故抗战绝大部分时间内最高立法机关只有国防最高委员会。1939 年 1 月通过的《国防最高委员会组织大纲》第一条规定："中央执行委员会于抗战期间设置国防最高委员会，统一党政军之指挥，并代

---

① 立法院秘书处编印《立法院法规》，1942。

行中央政治委员会之职权。中央执行委员会所属之各部、会及国民政府五院、军事委员会及其所属之各部、会，兼受国防最高委员会之指挥。"①

立法院隶属国防最高委员会，同时又是国民政府的最高立法机关，那么，国防最高委员会和立法院的关系如何？国民党于1939年3月将中央执行委员会常务委员会第116次会议决议案令通知立法院："国防最高会议组织条例案废止，现行法令中关于国防最高会议之职权，应由国防最高委员会执行。"此规定是原则性的。一直到1942年2月20日，国民政府才将国防最高委员会与立法院关系的调整办法告知立法院："（1）国防最高委员会决定之立法原则，立法院如有意见，应尽速陈述。（2）法律案如无紧急或特殊情形及《国防最高委员会组织大纲》第8条规定之事实发生，仍应交立法院审议；关于前项紧急或特殊情形之存在，应由提案机关以书面详述理由，呈国防最高委员会核定。（3）国民政府依国防最高委员会决定公布之法令，应令知立法院；立法院对于此项法令毋庸再行审议。"②

调整办法第一项表明，立法院对于国防最高委员会所定的立法原则有陈述意见权，但也只是"尽速陈述"，国防最高委员会采纳与否，立法院是无法置词的。调整办法的第二项并没有明确规定"紧急或特殊情形"的准确含义。对此调整办法，有立法委员明确提出异议："此种紧急或特殊情形之存在与否，应由国防最高委员会自行认定，以昭慎重，如许各机关提案请求核定，此例一开，未免妨碍立法职权，而于法制前途影响尤巨。""虽在战时，因紧急情形应为便宜之措施，仍须顾及立法权之行使，以扬法治之精神。"③

然而，这些意见并未被国防最高委员会采纳。抗战时期，国家的立法权基本上集中于国防最高委员会，身为"国民政府最高立法机关"——立法院的职权大为减少，这和战前的处境有很大的不同。

---

① 荣孟源主编《中国国民党历次代表大会及中全会资料》（下），光明日报出版社，1986，第563页。
② 《国防会与立法院调整办法案》，中国第二历史档案馆藏"立法院档案"，全宗号：十，案卷号：1881。
③ 《国防最高委员会与立法院关系之调整办法研究报告》，中国第二历史档案馆藏"立法院档案"，全宗号：十，案卷号：1881。

（二）立法院与国民参政会的关系

抗日战争全面爆发后，国民党做出一种"开放政权"的姿态，在一定范围内容纳异党参与国事。1938 年 3 月 31 日国民党临时全国代表大会通过决议：在抗战非常时期，"组织国民参政机关，团结全国力量，集中全国之思虑与识见，以利国策之决定与推行"。① 7 月 6 日，国民参政会第一届在汉口召集成立。《国民参政会组织条例》第 6 条规定："国民参政会有提出建议案于政府"之权，"凡与抗战建国有关之事项，均得提出为议案"。但是，国民参政会没有权利直接向立法院提出法律案。国民参政会的议案只能通过国民政府才有可能成为立法院的法律案。《国民参政会组织条例》第 7 条规定："国民参政会有听取政府施政报告暨向政府提出询问案之权"；第 11 条规定："中央各院、部、会长官得出席于国民参政会会议，但不参加表决。"② 根据这两条的规定，立法院院长要出席国民参政会会议，立法院要向国民参政会做报告。抗战期间，国民参政会共有四届，召开重要会议 11 次。立法院院长孙科出席了其中的大部分，数次代表立法院就当前审议各法案概况及今后立法计划和国民参政会做了书面报告，孙科还在国民参政会上作过中华民国宪法草案起草经过和内容说明的报告。

从制度设计上来说，国民参政会是国民政府的直辖机构，立法院是国民政府的最高立法机关，战时直辖于国防最高委员会，二者并无相互隶属的关系。但因为国民参政会有"听取政府施政报告暨询问权"，各部、会得向参政会报告工作状况，对参政会的询问要给以口头的或书面的答复。参政会对答复不能满意时，各长官要给予再答复。这种询问实际上是对政府部门所做工作的一种监督和制约。立法院的工作也同样要受到参政会的这种监督。由于有了这种制约，立法院在抗战时期的地位和作用无疑又进一步降低了。

由于国防最高委员会以及国民参政会的设立，战时立法院的权限受到很大的限制，地位也大为降低，导致立法工作中存在很多问题，主要表现为以下两点。

---

① 荣孟源主编《中国国民党历次代表大会及中全会资料》（下），第 468 页。
② 孟广涵主编《国民参政会纪实》（上），重庆出版社，1985，第 47~48 页。

（1）法律不经过立法程序的状况日益严重。此种情况战前也有，战争爆发后变得更为严重。立法院于 1938 年 10 月第 140 次会议上专门讨论了《请向国防最高会议建议注意立法程序以期保持法治精神案》，但此后情况并没有改变。特别是《国防最高委员会与立法院关系调整办法》公布后，国防最高委员会和其他提案机关都会以紧急或特殊情形为由，不经过立法程序，自己制定法律或发布命令，事后或送立法院备案以完成名义上的立法程序，或根本不送立法院。《立法院公报》中常见的一个情况是对某法案的"追认"，以至于立法委员"因为立法工作太少，大都感到太闲"。① 这和战前常常增开临时会议，以至于个别立法委员因劳累过度，昏倒在办公室的情况大相径庭。1942 年立法院派团外出考察，许多地方政府抱怨法令太多，"省政府奉到中央之法令，多至七千余件，加以寻常行政之法令，超过一万以上，平均每日有新颁法令一件半"。② 而这其中的许多法案，立法院根本就不知道。孙科在国民党中央纪念周做报告时每次都要强调立法的程序问题，希望"中央秘书处，国防最高委员会秘书处，国府文官处，各院秘书处等，以后要特别注意：应该送立法院审议的案子，必须送立法院通过，以符合法定程序之手续"。③ 针对各机关不遵守立法程序以及对法令混淆不清的毛病，国民政府于 1943 年 6 月颁布《现行法规整理原则八点》，以此作为整理现行法规及建立今后立法轨道的法律依据。于是，检讨法规也就成了立法院的一项工作，如 1945 年一年内送立法院检讨的法规计有规程 74 件、办法 17 件、细则 21 件、计划 1 件、纲要 1 件，共计 114 件。④

（2）修正案增多。抗战军兴，全国局势与社会状态均发生剧烈变化，平时法律多不适应，必须加以修正。问题是很多机关对于各项法规，常以"紧急情形"为由，先予公布实施，然后交立法院审议。事先既未经过缜密研讨，事后发觉实行困难，再送修正。"如某种法律，甫经通过，主管机关即又提出修正意见，如根据此意见再加修正，犯了朝令夕改的毛病。而且还有一种违法的行为，如某种法案立法院已经通过，正送国防最高委员会、

① 孙科：《孙哲生先生文集》第四册，台北，中央文物供应社，1990，第 413 页。
② 《立法院三十一年度考察团第一团考察报告》，南京图书馆特藏部藏，1942。
③ 孙科：《孙哲生先生文集》第四册，第 452 页。
④ 孙科：《孙哲生先生文集》第四册，第 452 页。

国民政府公布时，主管机关又有了新意见，于是乎先向国防最高委员会、国民政府文官处去接洽，请他把这个法案暂时不公布，一面再提出修正意见。"① 导致立法院要修正的法案特别的多。1937 年 11 月到 1945 年 3 月，立法院议决通过的法律案有 463 件，其中的修正案就有 223 件，几近一半。法令变更如此迅速，朝令夕改，使执行法令的机关无所适从。抗战期间兵役办理弊政不断，"就是由于法令太繁，朝令夕改，人民无所适从，办理者从中舞弊"造成的。②

二 立法院组织上的调整

依《中华民国国民政府组织法》的规定，立法委员每届任期都是 2 年。③ 1935 年 2 月焦易堂等 86 人被任命为第四届立法委员④，本该在 1937 年 2 月换届。1936 年 5 月 15 日，国民政府公布《国民大会组织法》，宣布国民大会定于 1937 年 11 月举行。国民党中央常委特决议将第四届立法委员的任期延至国民大会举行为止。随后抗战爆发，国民大会没能召开，第四届立法委员始终"未曾改派"。直到 1948 年 5 月第四届立法委员的任期才算结束，前后持续了 13 年，远远超过法定任期。

（一） 领导层的变化

1933 年 1 月孙科正式宣誓就任立法院院长，直到 1948 年 11 月才卸任，时间长达 16 年，贯穿整个抗日战争时期。

孙科就任立法院院长后积极的培植私人势力，安插与自己关系密切的人。叶楚伧与孙科关系密切，从 1935 年底就充任副院长，直到 1946 年去世。立法院秘书长在立法院中颇具实权，需要得力的心腹出任。孙科安排的立法院秘书长是梁寒操，他曾长期追随孙科，是"再造派"的干将。蒋介石也一直在拉拢梁寒操，1940 年任命他为军事委员会总政治部中将副部

---

① 孙科：《孙哲生先生文集》第四册，第 426 页。
② 《立法院三十一年度考察团第一团考察报告》，南京图书馆特藏部藏，1942。
③ 立法院秘书处编印《立法院法规》，1942。
④ 孔庆泰编著《国民政府政治制度史词典》，安徽教育出版社，2000，第 100 页。

长兼任中国远征军政治部主任、三青团常委干事、国民党中央宣传部部长等职。"梁寒操做国民党中央宣传部长的时候，正是孙科想领导国民党革新力量，为各方民主人士推崇的时候。宣传部当时的论调和孙科的论调是对立的，因此，孙对梁大不满意。"① 1941 年 1 月梁寒操被免去立法院秘书长的职务，和孙科集团几乎脱离了关系。孙科随即任命"太子派"的法学专家吴尚鹰为立法院的秘书长，吴尚鹰自第一届起就是立法委员，担任秘书长职务一直到 1948 年 5 月。此外，立法院的编译处处长则由从广东开始就追随孙科的谢保樵担任，任职时间从 1933 年 1 月至 1948 年 2 月。

从立法院领导层的情况看，抗日战争时期立法院在孙科的控制之下，立法院副院长、秘书长、编译处处长等重要职务都由孙科的朋友与亲信担任。

（二）抗战时期立法委员组成的变化

抗战时期的立法委员系立法院成立后的第四届，正常情况下在 1937 年 2 月应该换届，但因时事巨变直到 1948 年第四届立法委员的任期才算结束。

《国民政府组织法》规定立法院设立法委员 49~99 人，由立法院院长提请国民政府任命。第一、第二届立法委员都只是 49 人，孙科就任立法院的院长后，大幅度增加立法委员的人数，"大致旧任委员与新选委员各居半数"。② 第四届立法委员就职时总人数有 86 人，自 1941 年 5 月起开始扩充，至 1943 年 1 月即增加到最高限额的 99 人。

立法委员大量增加的原因有二：一、制度上的缺陷，加上派系斗争的影响，往往是用一个人容易，免掉一个人则困难重重。减人有困难，就只有增加。二、孙科通过增加立法委员人数，大量培植私人势力。"孙科在为他的追随者提供职务方面显示了才能。"③ 立法院扩充委员的 1941~1943 年并不是立法院事务繁忙的时期，权力受限，没有必要再增加人选。孙科是个想在政治上有大作为的人，抗战前期，孙科拥护蒋介石领导全国人民抗

---

① 周一志：《关于再造派》，载南京大学中国近现代史教研室编《国民党派系资料选编》，出版时间不详，第 28 页。
② 杨幼炯：《近代中国立法史》，商务印书馆，1936，第 228 页。
③ 〔美〕易劳逸：《流产的革命：国民党统治下的中国（1927—1937 年）》，中国青年出版社，1992，第 207 页。

日，曾两次以特使身份被派到苏联，向苏联寻求精神上、军事上、物资上的帮助。抗战后期，民众对蒋介石及国民政府的不满日益增加，革新国民党的呼声再次响起，孙科也希望领导国民党革新力量，再造国民党。他把立法委员的人数增到了无可再增的99人，有培植私人势力的目的。

根据相关资料对抗战期间孙科增补的屈武等31位立法委员在学历与主要经历方面的统计分析①，可以得出以下结论：新增加的立法委员不但拥有较高的学历，而且有一部分人已在政治上具有一定的影响力。他们聚集在立法院，对孙科在政治上的发展大有好处。如新增补的立法委员谌小岑本身就是再造派的元老级人物，一直追随孙科，而许宝驹、屈武、左恭等新增的立委和再造派的周一志等人在抗战后期也一直"从旁推动孙科做国民党革新派的领袖"。②

三　立法原则与程序方面的调整

（一）　有关立法原则方面的变化

立法原则有抽象和具体的分别。抽象的原则，指的是最高原则，而一般性的立法原则，是立法院平时行使立法权的基本依据。抗战爆发后，国民党临时全国代表大会制定的《抗战建国纲领》，其中的规定是抗战时期立法工作的最高指导原则。一般所说的立法原则指的是具体原则。中央政治会议自行提出的法律案由中政会自定原则；国民政府、各院、会、行政院所属各省、市政府或五院以外的国民政府直辖机关所提的法律案，应该先呈请政治会议决定原则，然后移送立法院讨论。各种法律案的原则，除秘密政治、军事、外交等法案，政治会议必须先送立法院审议，立法院审议后，再送中央政治会议做最后的决定。政治会议所定的原则，立法院不得变更。但有意见时，可以向政治会议陈述。

抗战爆发以后，《立法程序纲领》继续有效。但是，由于国防最高委员

---

① 笔者曾制成新增立法委员情况及其学历、经历的具体表格，限于篇幅，从略。
② 周一志：《关于再造派》，载南京大学中国近现代史教研室编《国民党派系资料选编》，第28页。

会的设立，情况稍有变化。国防最高委员会是党、政、军统一指挥的最高机关，一切法律案，其原则都要经过国防最高委员会决定。国防最高委员会所提的法律案，由国防最高委员会自定原则，各机关如有法律案提出，根据《立法程序纲领》，拟定该法原则草案，并附具说明，送请国防最高委员会决定。由于战时秘密的政治、军事、外交等法案的增多，战时的绝大多数法律案的原则都不会先交立法院审议，而是由国防最高委员会直接决定。对"国防最高委员会决定之立法原则，立法院如有意见，应尽速陈述"，但立法院只有"尽速陈述"权，国防最高委员会采纳与否，立法院是无法置词的。战前，立法院根据中国国民党中央政治委员会确定的原则草拟和审查订定法律条文时，仍有相当大的空间和自主性。战争爆发后，这种自主性的余地大为减少。

（二）"法律"和"条例"规定等方面的调整

如何界定"法"和"条例"，这是立法工作首先要解决的一个重要问题。为规范"法"以及"条例"等名称的界限，国民政府于 1929 年 5 月 14 日公布了《法规制定标准法》，规定如下。（1）凡法律案由立法院三读会之程序通过，经国民政府公布者，定名为法。（2）下列事项为法律案，应经立法院三读会程序之通过：关于现行法律之变更或废止者；现行法律有明文规定，应以法律规定者；其他涉及国家各机关之组织或人民之权利义务关系，经立法院认为有以法律规定之必要者。（3）凡条例、章程或规则等之制定应根据法律。（4）条例、章程、规则等，不得违反或抵触法律。（5）应以法律规定之事项，不得以条例、章程、规则等规定之。① 《法规制定标准法》是立法院执行立法工作的法律依据，也是对其他机关的一种约束。但实际上，中国国民党中央政治委员会（中政会）及军事委员会以条例代行法律直接交国民政府公布施行的情况，可以说是屡见不鲜。很多机关不遵守立法程序，应该经立法院通过的法案没有送立法院讨论决定，而应该以"规则""条例""章程"等名称来规定的又往往以"法"来命名。

抗日战争爆发后，情况就更加混乱了。先是立法院从 1937 年 11 月停会

---

① 孙科：《孙哲生先生文集》第四册，第 408~409 页。

到次年 4 月底重行集会，停会期间所颁布的法律条例，自然无法完成其应有的立法程序。不久，国防最高会议成立，《国防最高会议组织条例》赋予国防最高会议主席以"紧急命令权"：可以不依平时程序，以命令为便宜之措施，事后再按立法程序送立法院，这就是以命令来代替法律了。最后，国民政府公布《国防最高委员会和立法院关系调整办法案》后，弊端就更多了。时任中央执行委员会宣传部主任秘书的董霖认为："现行法规反映出立法上的弊端至少有四：1. 政府机关往往遇事立法，因而法规之项目繁多；2. 法规中颇多性质重要而未经立法程序者，尤以军事及财政法规为多。不少'法规'，应为'法'或'条例'，而实际以'规程''章程'或'规则'名之，甚至有以'命令'代替或变更'法律'者；3. 法规名称繁复：'法''条例''规程''章程''简章''办法''通则''规则''细则''简则''准则''原则''大纲''纲要''概要''方案''标准''程序''须知'等，不一而足，同一性质之法规，而所用名称各异者，亦复不少；4. 内容抵触、相互矛盾者众。"为规范现行法规，1943 年 6 月国民政府特将1929 年的《法规制定标准法》修正公布。依照该法规定，何者应以法律规定，何者可以行政命令处置，都有详细的划分。[①]

针对过去各机关对法令混淆不清的毛病，国民政府于 1943 年 6 月又特制定《现行法规整理原则八点》来规范已经混乱的法规，收到了一定的成效。但是，法令混淆不轻的现象并未因此而彻底改观。

（三）预算办理程序的调整

预算案是立法院的要议决的内容之一。但是，国民政府立法院议决预算案，与其他立宪国家议会议决预算不同。立法院成立以来，对于行政院提交的预算案，立法院财政委员会审查后，都是照案通过。因为立法院审议预算案，只是作为法律程序中的一个环节、它没有提请复议、修改、拒绝通过与否定的权利。

1942 年 5 月 12 日国民政府颁布《战时国家总预算编审办法》，规定国家总预算的办理程序，其中有关立法院审核部分规定："国防最高委员于 12

[①] 沈乘龙编著《中国现行政治制度》，台北，正中书局印行，出版时间不详，第 54 页。

月 10 日前核定总预算后，送国民政府发交立法院审议，立法院得于 12 月 31 日前议决总预算，并呈请国民政府施行。"① 战前，各机关的预算数目既已先经政治会议核定，立法院也就没有多少变更的权利，预算的核议差不多只是一种形式，但是在法理上，立法院是拥有全部的预算核议权的。而《战时国家总预算编审办法》就不同了，国防最高委员会不但决定概算的核定，而且也参与总预算的核定过程，并拥有全部的总预算的核定权。总预算经国防最高委员会最后核定后，才交给立法院审议。从时间上看，立法院议决总预算的时间非常的短促，要它短期内审议完成其他单位花了近半年的时间编制的总预算，勉为其难。因此，立法院对于总预算的审议实际上就只有同意权了，它没有提请复议、修改的权利，更没有拒绝通过与否定的权利。

实际上，就是这样的一个法律程序在战时也往往不被重视。中央的预算案很少有在预算年度之前送立法院，各省市的预算案往往是预算年度过去了以后才送立法院，如"1941 年立法院所讨论的各省预算案，比如四川、西康、福建、贵州、安徽等省地方岁入、岁出总预算，都是 1940 年的"。② 在预算已经执行后才把预算案送交立法院，已经完全失去时效。有的地方甚至追加预算也要到第二年的年底才送交立法院。立法院院长孙科多次强调，希望"行政院主管部门设法督促各省市按时编造送立法院审议，否则这种预算案只能作为历史材料，没有预算作用"。③ 可见，立法院对预算案的审议，在多数情况下只不过是一种形式与手续而已，没有任何意义。

根据规定，立法院还有议决大赦案、宣战案、媾和案、条约案及其他重要国际事项的权利。立法院虽然对这些议案有最后的议决权，但实际上，立法院议决此类议案时也只有同意权。如《对日本宣战及对德意志意大利宣战案》，系国民政府于 1941 年 12 月 9 日宣布，而由立法院于 1941 年 12 月 27 日议决追认。④ 立法院在制度设计上还有质询权和质问权，但战前立法院就几乎没有行使过这两种权利，抗战爆发后立法院更没有行使过。

---

① 孔庆泰等：《国民党政府政治制度史》，安徽教育出版社，1998，第 502 页。
② 孙科：《孙哲生先生文集》第四册，第 411 页。
③ 孙科：《孙哲生先生文集》第四册，第 411 页。
④ 《中国国民党第六次全国代表大会立法院工作报告》，南京图书馆特藏部藏，1945。

（四） 法律案的议决与公布时间

根据《治权行使之规律案》：一切法律案（包括条例及组织法案在内）及有关人民负担之财政案，与有关国权之条约案或其他国际协定案等，属于立法范围者，非经立法院议决不得成立。如未经立法院议决而公布施行者，立法院有提出质询之责，其公布施行之机关，以越权论，立法院不提出质询者，以废职论。可见，议决法律案是立法院的主要职权。立法院在议决法案时，原则上需要经过三读会程序通过，但是立法院院长可以酌量情形，或经 1/3 以上出席委员的连署请求，省略三读会。

但是，抗战爆发后，立法院议决法律案的职权受到了国防最高委员会的窒碍。《国防最高委员会与立法院调整办法案》第 2 条规定："法律案如无紧急或特殊情形及《国防最高委员会组织大纲》第 8 条规定之事实发生，仍应交立法院审议；关于前项紧急或特殊情形之存在，应由提案机关以书面详述理由，呈国防最高委员会核定。"这就是说，如果有紧急或特殊情形及《国防最高委员会组织大纲》第 8 条规定的事实发生，法律案就不需要经过立法院的审议了。调整办法第 3 条说："国民政府依国防最高委员会决定公布之法令，应令知立法院；立法院对于此项法令毋庸再行审议。"这就明确地指出国防最高委员会决定公布的法令，不必要经过立法院的议决了，至多事后送立法院完成立法程序就可以了。因此，《立法院公报》中所讨论的法案最后大都是"全体无异议照案通过"，原因就是这些法案已经不需要立法院议决，完成立法程序就行了。

战前的《立法程序法》规定，法律案经立法院三读会议通过后，尚须送交国民政府公布，才能成为法律。抗战爆发，国防最高委员会设立后，许多法案直接由国防最高委员会制定，国民政府何时公布，由国防最高委员会决定，立法院无权置词。

四 小结

抗战爆发以后，立法院因国家进入战时体制，在人员构成、权限、立法原则等许多方面进行了调整，总的趋势是立法院权力受到更多的削减与限制，正常的立法工作受到影响，国家的法制建设进程减缓甚至倒退。为了适应抗战的需要，立法院一般侧重于非常时期的立法工作，颁布了大量有关的战时法令，随时修正各部门的组织法及修正完成各项法典。虽然战时立法院的权限有所减少，工作环境日益恶劣。但是，立法工作人员每当议决法案时，"各种法案之缜密审议及起草，一本十余年来之成规而为，不敢稍息"。① 从而使国民政府的法律体系逐渐完备。②

---

① 中国国民党中央执行委员会训练委员会编印《立法要旨》，第 84 页，1942。
② 关于抗日战争时期立法院具体的立法工作及评价，参见陈书梅、陈红民《抗日战争时期立法院的立法工作述论》，《苏州科技学院学报》（社会科学版）2005 年第 4 期。

汲取、保护与规训：国民党新疆政权与乡村社会的关系

——以民国时期的绥来县为例

葛　浩[*]

绥来，今名玛纳斯，地处天山北麓的平原地带。1940 年代中后期，绥来县处在国民党新疆政权与"三区"对峙的前线，其乡村社会因之承担了较重的军供。本文利用玛纳斯县档案馆藏的民国绥来县政府档案，管窥国民党新疆政权与乡村社会的多重关系。[①]

在笔者看来，这种关系体现在三个方面。一是国家通过县乡保甲制度与军供体系、银行体系的紧密结合来实现其对乡村社会的汲取和役使，通胀成为重要而隐蔽的汲取手段。二是国家与地方精英也保护了底层社会。在难民救济、灾荒豁免等方面，县长乃至乡保长，为维护本土利益发挥了联络、协调的作用。三是为了巩固边疆政权，国家还对汉族社会进行了严厉的管控和规训。从这三方面来看，国民党新疆政权与乡村的关系颇具特色，尽管其直接掌控新疆的时间只有短短六年。

一　国民党地方政权与基层精英结盟

南京国民政府时期，国民党地方政权与基层精英的结盟体现在两个方

---

*　葛浩，新疆石河子大学政法学院讲师。

①　民国绥来县政府档案，保存于新疆昌吉自治州玛纳斯县档案馆。它主要形成于 1943~1949 年，其 1942 年以前的部分被盛世才下令销毁。截至笔者查访，相当一部分案卷仍未编目。

面：一是对县长的精心选择，确保地方行政权掌握在自己人手中；二是通过利益关系，与县以下的乡、保、甲长结盟。

1946 年，国民党新疆政权与"三区"达成和平协议，县长由各县参议会选举产生。在国民党的基层政权架构中，县长连接着军方、财政、基层，处于一个关键位置上。为保证对县长人选的控制，国民党新疆政权对县长这一关键人选进行了精心地挑选，在绥来县就挑选了史秉直任县长。[①]

县长之外，还由县府召集组织乡、保、甲长联席会议，则体现了地方政权与基层精英的结盟。虽然早在盛世才时期的区村制度就实现了这种结盟，但是其汲取粮食资源的能力在国民党掌控新疆之后才显现出来。县级政权通过津贴和惩罚来控制乡、保、甲人员，并通过县乡、保、甲长联席会议宣传政策，交代任务。乡、保、甲长们则根据各自对所辖范围内人力、物力资源的了解，在会上报出大体可承担的公粮数目。

为了进一步挤出乡村的"隐地"，增强国家对乡村富力的汲取，国民党新疆政权在北疆还推行了增产计划，即扩种冬麦、增加土地、增加产量等。为实现这个计划，国民党新疆政权必须与熟悉村庄情况的保、甲长结盟，并给乡保甲长们以职务津贴、缴税抽成、粮款经手等好处，如仅依靠警察力量，威逼或拘捕手段往往容易遭到村民的软抵、硬抗则难以实现。

乡、保、甲长们虽然在某种程度上与国民党地方政权结盟，但他们毕竟来自本乡本土，当国家与社会之间关系紧张、通胀汲取加剧之际，乡、保、甲长们在乡间的处境也往往比较艰难，甚至因为货币贬值迅速和迟迟拿不到售粮款而遭到农民的殴打。档案中常常看到乡长以各种借口辞职的记录，如第三乡的王以玺在 1947 年 2 月的因吸食鸦片受处罚后在所写的辞职报告中诉道：

---

① 史秉直（1904~1951），汉族，出身绥来商人家庭，其父史培元为民国新疆首位统治者杨增新之义子，1947~1950 年任绥来县县长，此间加入国民党军务处谍防组，充任通讯员。"1949 年和平起义后，史秉直为新政权留用，非常恭顺。"（2008 年夏，玛纳斯县档案馆陈宝体副研究员对笔者如是说）。在 1952 年"镇反"中，史"被错判镇压"；1983 年经新疆自治区高级人民法院"（83）新刑法二监字第 72 号刑事判决书"撤销 1952 年"刑字第 12号"死刑判决，按起义人员对待。参见《玛纳斯县志》，新疆大学出版社，1993，第488 页。

职自幼读书毕业后，投入商界做事，故对公事经实无验。虽然心想努力为大家服务，而在不知不觉中事已做错……因才疏识浅、经验薄弱……过去一年中真实千难万苦说不出口，因而积劳成疾，曾请退职，乃荷钧座挽留……至今春推选乡保长时，衷心退让……，孰料民众一致选举职接充正乡长。①

县乡、保、甲长联席会议的出现，大大强化了国民党政权对基层乡村的掌控力度，但这一制度早在1940年代初盛世才时期就出现了。通过乡、保、甲长，国民党政权对各种乡村资源如耕地面积、产量以及家庭人口、年龄、财产、受教育程度及政治态度状况有细致的掌握。又通过增开荒地、扩种冬麦、农技改进、春耕贷款等手段，挤出了乡村"隐地"，更深地发掘了乡村的劳力及其时间等资源，强化了对乡村的掌控与动员，但由此乡民的实际负担则加重了。

二　驻方、金融与行政系统的配合与汲取

国民党控制新疆之后不久，"三区"革命就爆发了，新疆增添了十几万军队，且失去了对"粮仓"伊犁的掌控，粮食供应十分紧张。据曾任吴忠信秘书的曾效鲁回忆，"朱（绍良）、吴（忠信）迭电中央请兵请饷，迟之又久才派俞飞鹏及蒋经国先后飞新，筹商饷糈的供应问题。俞在新大楼开了三天三夜的会议，主张粮食仍应由新疆自给自足，在财粮方面竭力搏节，一律按八折支给"。②

为保证军队用粮，1945年7月西北行辕下令，军粮供应交由军政部驻新疆供应局办理。③ 新疆供应局在各地设分局，其分支机构深入各县，由县府与之合作成立购粮委员会。财政厅也密切配合供应局，将采买军粮所需款项由县府拨给各乡、保的农户。军粮供应成为当时新疆省府最重要的任

---

① 《1947年王以玺请辞第三乡乡长职》，绥来县政府档案，未编目。
② 曾小鲁：《吴忠信主政新疆纪略》，《文史资料选辑》第十八辑（总118辑），政协四川省重庆市委员会秘书处供稿，中国文史出版社，1989，第204页。
③ 安文惠（专员）：《代电》（行财字第65号快邮），绥来县政府档案，件号711。

务之一。为确保军粮收仓，由县府向省田粮处每旬报告一次详情，其内容包括各类粮食上旬结存数、本旬收仓数、各乡保及各户所售数目。军粮采买及入仓的旬报制度使国民党新疆政权能够了解粮食详情，没有发生粮食供给不足或过度采买的情况。此外，新疆还成立了物价控制委员会，由商会每旬造赍市面物价的旬报送到县府。同时，严禁酿酒、宰杀耕牛、宴席等一切靡费行为，并对农民因粮价飞涨而受到的损失用纸币做了一些补偿。

严格的采购措施、金融手段的运用，成为调用民力的一种制度安排。在当时的情况下，县一级政府完全成了一个会计机构，财政权掌握在省级以上财政部门手中。由于执行货币超发政策，新疆出现了中国历史上面额最大的一张纸钞——60 亿币。北疆的汉族乡民们往往要等上一段时间才能拿到贬值迅速的纸钞，一石粮食所换取的纸币两个月后只能购买几盒火柴。如第一七九旅采买绥来县第一、三乡 50 石胡麻，物价管制放开后农民方才拿到钱，而此时每石胡麻价格已涨到了 2.6 亿元，农民"所领一千万仅能买火柴数盒，以至农民损失过巨，怨言啧啧"。绥来县第一、三乡的正副乡长李彦林、张生有上书县长，请求按上书时的市价"每石 4.8 亿元"予以补偿。

除了用纸币从乡村采买前线军粮，国民党新疆政权为了维持各县乡政府人员、警察局、看守所、自卫团、救济院、国民学校等运转，还以"代金"即纸钞发放款项，这些机构也以此从农村购粮。庞大的军事人员开支和政府、社会事业开支，造成了以粮价为主的物价飞涨，货币信用一落千丈。

三　新疆地方政权、基层精英对乡村社会的保护

1. 救济"西路难民"：拨给地亩加以安置

"三区"革命爆发后，伴随着国民党十万精锐部队在伊宁、精河一带被消灭，大批汉族人纷纷东逃；至 1945 年 4 月，自伊犁、塔城、阿勒泰三区逃出的难民达 13 万余人。[1]"其中不少人流落了迪化以西的绥来、呼图壁、

---

[1] 《新疆通志·民政志》，新疆人民出版社，1992，第 150 页。

昌吉等地。表 1 为当时从新疆阿山区经准格尔盆地西缘到达绥来的难民名册之残留部分，较为详细地统计了他们的职业和年龄等状况。

表 1　（绥来县府造赏）阿山往来难民一览

序号	姓名	年龄	职别	序号	姓名	年龄	职别
	黄振德	30			李姚福	34	士兵
	唐宗元	60					
14	马建山	22	工人	26	骆伯萍	22	公务员
15	殷天友	22	工人	27	刘文堂	28	公务员
16	熊生禄	33	士兵	28	赵武全	21	商人
17	孙伯权	28	公务员	29	殷占敖	49	工人
18	李贵	58	工人	30	武克池	25	商人
19	王从兴	31	工人	31	张世恩	45	司机
20	李永池	48	工人	32	闫发田	62	工人
21	马福贵	42	工人	33	李德胜	17	工人
22	周玉德	45	工人	34	周应德	29	工人
23	刘怀青	28	工人	35	潘子和	28	商人
24	田麒	27	工人	36	李瑞廷	30	公务员
25	张福廷	69	苦工	37	鄢祖瑞	28	公务员

资料来源：《（绥来县府造赏）阿山往来难民表》，绥来县府档案，件号 417；空缺部分因档案残缺，照旧。

西路难民们的逃离原来的家园后，生活、生产均极为困难。新疆省政府原定对"难民二万零七百一十一丁口，作一次救济，拨给冬季五个月食粮小米，大口四斗、小口二斗，计需小米陆千九百八十一石八斗"，"难民五岁以上者为大口，五岁以下者为小口"。因为粮食缺乏及运输不便，1946 年 12 月 12 日，新疆省社会处召集西路难民救济会议，对原定救济办法做出修改，关于粮食"以原拟价格四万五千元完全发给代金"，并规定救济对象仅限于难民，"凡当地贫民概不救济"。又规定了"凡未逃难、向在西路各县居住之垦民，按照救济办法发给三分之一"，试图对"三区"的汉族进行扶助。[①] 据

---

① 新疆省社会处：《西路难民救济会议记录》，新疆玛纳斯档案馆，件号 69。

《新疆通志·民政志》所载，1945 年冬新疆省社会处在昌吉、呼图壁设站救助西路难民，至 1946 年 2 月受救助者达 70685 人。[①] 1946 年 7 月 1 日国民党控制的"七区"与"三区"实现和平，成立联合政府之后，救助工作仍在进行。省城迪化设立救助所 2 处，成为 600 余名老弱妇孺转移前的暂时栖身之所，他们每人每日发放面半斤（5 岁以下减半）、菜金 100 元；冬季每房发炭 30 斤（后增为 40 斤）；截至 1946 年冬，仅省城迪化一地，救助所之外的受到救助的难民有 20711 人，按大口（5 岁以上）4 斗、小口（5 岁以下）2 斗的标准，发放赈济粮 5 个月。[②]

1946 年 1 月 20 日，绥来县冬令救济委员会成立，并决议由县府建设科科长会同乡、保长下乡调查，对难民发放贷款就地购买粮食，对"孤寡无力自活者加倍救济"。[③] 1945 年 4 月，绥来救济院接受了来自乌苏救济院的"精河难民中之老弱鳏寡者共 36 名"，他们"在乌救济逾月，精神均已复健"，其名单如下：

何万才、何方氏、胡天才、徐进教、岳达三、李长福、潘聋子、王木匠、老梁（乃梁治金）、杨玉珍、毕学廉、周宝山、杨福田、扬财源、张树堂、齐贵、王兴玉、潘福仁、宋义、马进才、尹太学、黄作升、梁夫、徐有计、姜凤益、张贤信"，其中还包括少数民族人士"阿西汗、沙以提、胡大的、木沙、塔计、士拉木汗、纳四、阿以汗（带女孩二名）"。[④]

表 2 则反映了 1946 年春绥来、呼图壁两县亟待救济的难民概况。

表 2　绥来、呼图壁两县难民救济概算一览（1946 年 3 月 28 日）

类别	难民数目	需用名称	数目	单价	合计
救济	3030（人）	食粮	七五七石五斗	10000 元	757.5 万元

① 《新疆通志·民政志》，第 150 页。
② 《新疆通志·民政志》，第 150 页。
③ 《绥来县冬令救济委员会成立记录》，绥来县府档案，件号不详。
④ 新疆省第二行政督察专员公署：《代电》（宣字第二号），绥来县政府档案，件号不详。

续表

类别	难民数目	需用名称	数目	单价	合计
农具	\	耕犁	三零三具	6000 元	181.8 万元
饲料	\	杂粮	九零九石	10000 元	909 万元
籽种	\	耕畜	六零六头	8000 元	484.8 万元
总计	\	\	\	\	2333.1 万元

附记：①留居绥来难民 2545 人，留居呼图壁难民 2000 人，共计 4545 人。1/3 能自谋生计外，其急待救济者 3030 人。自本月起，至冬麦登场日止，以三个月计算，平均大小口每人需粮 25 斤，共计粮如上数。②以 3030 人，平均为 606 户，每户仅需耕犁一具，再以半价折算需犁合价如上数。③难民每人耕种 10 亩地，总共计算可耕地 30300 亩，亩需杂粮种 3 升，共需杂粮如上数。④在春耕期间，请补助耕畜饲料费一个月，以青草苗长为限，按照每户一头折合，应需耕畜 606 头，共需饲料费如上数。

资料出处：《绥来县冬令救济委员会成立记录》，绥来县府档案，件号不详。

1946 年 4 月 29 日，国民党新疆省政府建设厅拨发贷款 1000 万法币①，其中的 884 万元以生产费名义②对寓居在玛纳斯河以东各县的河西难民进行了救济。③ 1946 年 5 月 20 日，绥来县府又对来自沙湾的 98 户难民发放了救济贷款。此外，还有一些难民得到了耕畜救济，寓居于绥来县的沙湾县第二乡第八分村 31 户难民全为汉族，其中 25 户得到了省府社会处的耕畜、籽种等救济。④

此时，"三区"民族军也迅速东进，其前锋抵达玛纳斯河西岸后，形成与国民党军队隔河对峙的态势。在国民党统治的"七区"，社会各界均担忧迪化危急，民心惶惶不安。受此影响，绥来、呼图壁等地的汉族乡村也有大量人口向东逃亡。据 1945 年秋季绥来县"人口调节概况调查统计表"，当时该县"移出民五百二十丁口（包括老弱妇孺）"，其中"男三百一十口，女二百一十口"；"移入民，男四百一十八口，女三百五十六口"；移出区域为呼图壁、昌吉、迪化，移出民的职业为"农（民）七十八口，工

---

① 绥来县政府档案，件号 574。
② 绥来县政府档案，件号 573。
③ 《发放救济贷款存根》（第六本），第 96 页，绥来县政府档案，件号 119。
④ 绥来县政府档案，件号 119。

（人）三百九十三口，商（人）五十七口"。① 由绥来县西山长乐村的保甲长联名请求县府拨给无主荒地的函件中称，"三十四年，贼匪闹乱，民方春秋两次纷纷逃乱。食粮、牲畜、庄田、财产，（因）众民危急，一并失完……民众食无粮米，耕无地田"，该村 12 户的牲畜、田亩、粮食损失情形比较严重。②

此外，救济院还收留了一批病弱残疾、无家可归的老人。截至 1945 年 7 月，绥来县救济院共收留"贫民八十一名"。③ 又，各县参议会成立后，参议长还应乡、保、甲长的请求向县府提请减免田赋，由省府派人实地勘察后，依受灾面积与收获状况予以减免。

2. 调处军民纠纷、调和军地矛盾

史秉直虽为国民党选拔的县长，但他毕竟为地方利益的代表者，为维护本土社会的利益而多次与各上级机构交涉。因为粮价飙升，农民损失惨重，早在 1947 年 11 月之前，绥来县县长史秉直就在"财粮字 956 号代电"中提出过对已订购粮食进行加价请求。④ 这个请求被西北行辕驳回了后，史秉直开始向本地的军需供应局补给站写信，请求延缓或减少采买军粮。1947 年 12 月 25 日，他致函供应局第一补给站刘站长阐述绥来的苦情：

> 因卅四年绥来遭受变乱，民众流亡，掳失殆尽，虽于去年逐渐归耕，但元气均未恢复，至去年春耕时玛纳斯大河被匪军占领，不能挖渠引水，致误农耕日期，播种无多，产量微薄；再，前以春耕贷款及预购粮秣马料共计七千余石，刻下秋粮正在播种，红粮数字预计实无再可买。即使强制购采，将来民户无粮缴仓，贻误军需，咎由谁负？⑤

驻军的到来，不光是引发了严重的粮食问题，还产生了许多起军民纠

---

① 绥来县政府档案，件号 119。
② 《绥来西山长乐村众章呈表册（求救赈济）》（民国三十五年旧历二月二十二日），绥来县府档案，件号 273。
③ 绥来县政府档案，未编目。
④ 未编目，原件藏于玛纳斯县档案馆。
⑤ 未编目，原件藏于玛纳斯县档案馆。

纷，如占用民房、无偿使用民力和畜力、战壕占用民田①、土地纠纷②、挖走民房所藏粮食、征用逃亡民户所留家什，甚至有诱骗民妇私奔，等等，这些在民国绥来县档案中都屡见不鲜。③ 此外，上文所述的绥来县第一、第三乡的出售胡麻的案例中，自 1948 年 10 月下旬至 12 月下旬，短短两个月内，胡麻的价格飙涨了 50 倍左右，1949 年 1 月绥来县县长史秉直向第一七九旅旅长罗某提出交涉，请求补偿农民的损失，但当时物资奇缺，农民最终能得到的只是飞速贬值的纸钞。④

不难看出，史秉直试图对国民党新疆政权和地方社会之间的紧张关系做些调和。以绥来为例，县长这一角色基本上由省府"空降"任命。但是自从 1947 年由参议会选举县长后，为保证对地方的控制，国民党新疆省府不得不从地方头面人物中择取。为保证县长能切实履行上级意图，还对他们的履历及立场、态度做了明察暗访。经选举产生的县长，往往更能在金融机构、军供系统与基层社会之间发挥了关键性的联络与协调作用，史秉直就是个典型例证。当时绥来地处对抗"三区"的前线，数年内重兵云集，战云密布。为了动员本地的民力物力，确保军、民、公教人员用粮，并协调好军民利益冲突、本土社会与政府间关系的紧张，县长史秉直等基层精英居间调和折冲，发挥了很大作用。1947 年底，新疆省田粮处的督粮员袁某、吴某、丁某还给田粮处发函请求嘉奖县长史秉直、副县长何立勋、参议长李千甫等人。⑤

当然，绥来驻军的基本职能是为了抵御玛纳斯河西岸的民族军，这本

---

① 此类案例很多。仅西中保一个村就就被占 117 亩，见《绥来县造赍三十八年度第三乡西中保驻军挖工事占用土地呈请豁免地亩花名清册》，中华民国绥来县政府档案，新疆玛纳斯县档案馆，件号 356。还有，1947 年长胜保户民傅元亮、王振荣、张万福等 8 户自 1946 年变乱逃离家园后，新来的驻军第五十八师军垦大队霸占了其房屋、土地、水渠，使其"流离失所，饥寒交迫，下苦为生"。中华民国绥来县政府档案，未编目，原件藏于新疆玛纳斯县档案馆。此外，1946 年 4 月，驻军第四十六师第一团第二营第四连强索户民张海泉的菜地一块后，复索求其韭菜地，并"强迫割菜"（绥来县档案，件号 615）。

② 如马炳元外逃后，其所租地亩被第二二七旅为建营房占用后，其庄稼受损所值 4000 万元，而仅得 1000 万元的补偿。经县长史秉直与军部交涉，后得到了 4000 万元的补偿。绥来县府档案，原件未编目。

③ 笔者造访之际，很多资料为散件而未能编目。

④ 绥来县政府档案，件号 348。

⑤ 未编目，原件藏于玛纳斯县档案馆。

身就为惶惶不安的当地乡村提供了某种保护。而军民之间的纠纷，除了粮价太低，其余基本都得到了调解。为缓和与地方的冲突，1947年春驻军也主动派300多人帮农民挖河，受到县长的嘉许。① 1946年12月，驻军节食一日捐给难民小麦27石2斗9升2合、白粮13石7斗零6合，作为难民的种子和口粮。②

大形势、大环境造成了物资紧张，为了保护家园乡民们也只好做出部分牺牲，大体上保持了良好的军民关系。此外，在局势不甚危急之时，省府有时也适当地体恤照顾民情，如省田粮处1948年4月13日致函绥来征收局，准许赤贫户缓缴采买粮，并拨发了4270万元的补发款项。③

四　政府对社会的管控与规训

北疆的汉族乡村地处边疆，在近代中国，边疆社会常常受到国内民族关系、大国角力等因素的影响。为确保边疆稳固，国民党新疆政权不得不以国家力量来实现对其社会的管控与规训，这体现在诸多方面。

首先，任何人非经军事方面许可，不得出入通往内地的各个关口。从档案上来看，1945年4月由于"三区"进攻，"七区"局势危殆，想通过关口回到内地须经新疆全省保安司令的批准。当时65岁、原籍北京来新疆当佣工5年的侯廷臣是比较幸运的，他以照顾远在兰州而生计困难的眷属为由，经绥来县县长邹某向新疆保安司令发出请求发放入关护照的公函。提出入关请求，除了有"正当"理由，还必须有商号或其他有实力的机构做担保，因此提出入关申请的人数不多。但是在绥来县，侯廷臣并非孤例，仅此一县，提出申请的就有因"染病数月"而护照过期的曹大成、商民寇守信，以及希望儿子郭正和入关完婚的郭广瑞等数人。④

其次，要求军政机关厉行节约、振作士气。由于粮食极度紧张，国民党政府极力倡导节俭，规定了"各级军政机关及公教人员，除接待外宾或

① 《为58旅派兵挖河转请嘉奖》（代电建字第597号），玛纳斯县档案馆，原件未编目。
② 《绥来县政府造赍三十五年奉拨各部队节食一日给养捐助难民耕种食粮收支结存移交四柱清册》，中华民国绥来县政府档案，新疆玛纳斯县档案馆，件号224。
③ 未编目，原件藏于玛纳斯县档案馆。
④ 绥来县政府档案，件号不详。

特别远客外，其余一切婚礼、集会及应酬概不得设备酒席，一切以茶点为宜"。① 同时，为了振奋人心，尤其是提振公教人员的精神士气，禁止诸如《妹想郎》之类的数十首歌曲流行，且禁令中附有一张被禁止的歌目表。

最后，严厉禁止维汉通婚。"信奉伊斯兰教各民族因宗教信仰、生活习惯、社会风尚各种关系，咸视与非伊斯兰教为大忌"，为避免由此引发民族矛盾影响到其统治，统辖北疆各汉族县份的新疆第一行政区专员兼保安司令遵照西北行营指令，于1945年8月发布训令，"禁止汉族官兵员役与伊斯兰教宗族通婚"。② 西北行辕1948年8月4日"迪辕字第13号代电"提出，虽然有"新疆省内汉族公务员及部队官兵，不得与信奉伊斯兰教各族人民结婚"的规定，但"仍有极少份子玩忽禁令"，要求新疆省府再次通令禁止此类婚姻。③

五　小结

从晚清到民国末期，在新疆，中央政府对基层乡村社会的控制趋于严密。面对来自"三区"的强大压力，国民党新疆政权与北疆汉族乡村社会关系复杂。汲取资源、救济保护、规训管控成为国民党新疆政权与乡村关系的并存不悖的几个侧面。

一是通过对县长遴选、创设区乡保甲制及收买乡、保、甲长，强化了对乡村资源的掌握和汲取能力。通过军供体系、县及以下的行政体系的密切合作，并借助于现代金融的通胀手段，国民党新疆政权实现了对乡村资源尤其是当时最紧缺之粮食资源的占有，而农民得到的只是贬值速度越来越快的纸钞。二是国民党新疆政权对东逃的汉族难民大力实施救济，并对荒歉的灾民进行详细调查和豁免救济，体现其对地方的某种保护。三是为了应对来自"三区"的强大军事压力，国民党新疆政权对社会各界实施了严厉的管控和规训，借此达到动员战力、维持其边疆政权的稳固的目标。

---

① 《迪化1208号电文》，绥来县政府档案，原件未编目。
② 新疆省第一行政区专员公署兼保安司令部：《禁止汉族官兵员役与伊斯兰教宗族通婚的训令》，民国绥来县府档案，玛纳斯县档案馆，件号95。
③ 《新疆省政府训令（秘字第00075号）》，绥来县政府档案，原件未编目。

民间媒体中的重庆谈判

——基于新记《大公报》的观察

曹明臣[*]

1945 年的国共重庆谈判是中国近代史上极为重要的历史事件。这一历史事件长期为学界所关注，并产生了大批研究成果，起研究内容大致涉及重庆谈判的背景与动机、过程及结果、美苏与重庆谈判的关系等多方面。作为重要历史事件，重庆谈判为当时传播媒体持续关注。历史事件在传播媒体中的反映，是构成历史认知的一个重要方面，也应成为史学研究的重要内容。目前，从传播媒体角度研究重庆谈判的论著尚不多。本文拟以新记《大公报》（以下简称《大公报》）资料为中心，展示该报在重庆谈判中的相关报道与评论，揭示该报对重庆谈判的基本立场与态度，从一个侧面反映当时民间媒体乃至社会舆论在相关问题上的关注焦点与价值取向。希望这样的尝试，能丰富相关课题的研究，扩大历史研究的视域。

一 热切盼望谈判到来

1945 年 8 月 14 日，蒋介石电邀毛泽东赴陪都重庆共商国是，称："倭寇投降，世界永久和平局面可期实现，举凡国际国内各种重要问题，亟待

* 曹明臣，历史学博士，安徽师范大学马克思主义学院讲师，研究方向为中国近现代史。本文系安徽省哲学社会科学规划项目"新记《大公报》视野中的中共媒体形象研究"（AHSKQ2015D11）之阶段性成果。原刊于《齐齐哈尔大学学报》（社会科学版）2017 年第11 期。

解决,特请先生赳日惠临陪都,共同商讨。"①《大公报》不仅全文刊载了此电,还撰文指出:"蒋主席致电毛泽东先生,请其克日来渝,共商国是。这真令人兴奋欣慰。"并认为"蒋主席既鞠诚相邀,期共商讨;毛先生自然也应该不吝一行,以定国是。果使国家的统一与团结完成于一席谈,那真是喜上加喜,不但八年抗战为不虚,且将奠定国家建设的千年大计!忠贞爱国的中国人,都在翘待毛先生的惠然肯来了!"②此外,该报还刊登读者来信,积极传达希望毛泽东来渝谈判的民意。署名为"俞影幻"的读者指出,"读者以一无党无派国民之资格,敬盼毛先生能以国是为重,光临陪都,共商大计,并望全国无党无派之同胞,一致表示,共向毛先生促驾,国家幸甚,民族幸甚";读者方克禧断言"国共两党假使不能携手,则不仅八年来军民的血白流,战后复员也将荆棘满途";读者陈昌权、陈忠福、王一兴等人认为:"大家站在国民的立场上,以利国利民为原则,开诚商讨,希望在最短期间有好消息给国人,那才真是我们应该狂欢的日子"。③这无疑造成了催促毛泽东赴重庆谈判的舆论压力。

接到蒋电后,毛泽东即于16日回电,其中并未直接回应是否赴渝问题,而是要求蒋回应第十八集团军总司令朱德关于受降期间要求共产党军队"就地驻防待命"问题至蒋的电文。④ 20日,蒋介石回电毛泽东,就受降问题做出解释,并再次请求毛泽东赴渝商谈国是,并指出:"以建国之功收抗战之果,甚有赖于先生之慧然一行,共定大计,则受益拜惠,岂仅个人而已哉。"⑤ 对于蒋介石的再次电邀,《大公报》特地发表社评,一方面指出团结问题的重要:"全国必须团结,不团结则有内乱的危险,更无从使国家走上民主团结的大路。这一星期来,人人为胜利欢欣,也人人为团结悬念。"一方面又积极发出希望毛泽东来渝的声音:"我们相信全国同胞的心情都与蒋主席相同,殷切盼望毛先生不吝此一行,以定国家大计。"此外,该报还提出建议,希望能保持一个使毛泽东到来的空气与环境,凡是可能会刺激

① 《蒋主席电毛泽东氏,请来陪都共商国是》,《大公报》1945年8月16日,第2版。
② 《日本投降了》,《大公报》1945年8月16日,第2版。
③ 《读者投书:欢迎毛泽东先生来渝》,《大公报》1945年8月18日,第3版。
④ 《毛泽东文集》第4卷,人民出版社,1996,第1页。
⑤ 中共重庆市委党史工作委员会:《重庆谈判纪实》,重庆出版社,1984,第23页。

感情的言论与宣传，都应该持重莫发。①

22 日，毛泽东电复蒋介石，指出为团结计，先派周恩来赴渝。对此，蒋介石于 23 日三电毛泽东，催促其来渝。24 日，毛泽东回电蒋介石表示愿与会见，商讨和平建国大计。② 28 日，毛泽东由美大使赫尔利及张治中陪同到重庆，周恩来、王若飞同来，当晚参加蒋介石宴请。对于毛泽东这一万众瞩目的重庆之行，柳亚子称其为"弥天大勇"。③ 《大公报》也专门发表社评《毛泽东先生来了!》，予以极高的评价，认为此举"关系目前与今后的国运极其远大"。此时，该报更多的是表达自己的欢欣喜悦之情："我们高兴，我们庆慰，我们仅以胜利中国言论界一分子的资格，敬表一些高兴与庆慰之忱。"该报认为，"现在毛泽东先生来到重庆，他与蒋主席有十九年的阔别，经长期内争，八年抗战，多少离合悲欢，今于国家大胜利之日，一旦重行握手，真是一幕空前的大团结!"并指出这是中国的一件大喜事："在抗战已告胜利，盟友业已结成，我们再能做到和平，民主与团结，这岂不是国家喜上加喜的大喜事!"④ 此时期该报刊载的读者来信也同样表达了欢欣喜悦之情。读者王岱龄就指出："正在这个时候，两党的领袖握手了，全中国的人民要兴奋到什么程度，快慰到什么程度啊! 个人读到这个喜讯，简直快慰的流出泪来。"⑤ 这些言论足以表达当时民间舆论对国共重庆谈判的高度认可与期待。正如张治中所说的"胜利与团结，正是双喜临门，……全国人民为之欢欣鼓舞"。⑥

二 竭力追踪谈判进展

对于举世瞩目的国共谈判，《大公报》在表达衷心庆慰与满怀希望的同时，也强调了会谈对国家与民族的极端重要性："目前的团结商谈，必须成功，而绝对不允许其失败。成功了，是国家的大幸，民族的大福；假使失

① 《读蒋主席再致延安电》（社评），《大公报》1945 年 8 月 21 日，第 2 版。
② 中共中央文献研究室：《毛泽东文集》第 4 卷，第 2 页。
③ 《柳亚子赠毛润之老友》，《新华日报》1945 年 9 月 2 日，第 4 版。
④ 《毛泽东先生来了!》（社评），《大公报》1945 年 8 月 29 日，第 2 版。
⑤ 《读者投书：向两大领袖献言》，《大公报》1945 年 8 月 31 日，第 3 版。
⑥ 《张治中回忆录》，华文出版社，2014，第 510 页。

败了，那不但是抗战胜利与外交成功要打大大的折扣，甚至依然把国家弄的乱七八糟。"① 正因如此，该报竭力追踪谈判进展。

8月底至9月初是国共双方交换意见阶段，在此阶段，该报对会谈有多次报道。如《蒋主席接见毛泽东，毛周等并与张治中等长谈》（8月30日，第2版）、《国共商谈开始，周恩来昨与王部长等会谈，毛泽东曾与孙院长等晤见》（8月31日，第2版）、《团结谈商程序商定，将由张群周恩来等逐一商谈，先谋恢复合作的精神》（9月2日，第2版）等。交换意见阶段结束后，会谈进入具体问题的研讨阶段。该报的相关报道就更多。如《团结商谈进展，蒋主席与毛泽东两度谈话，张部长等亦与周恩来王若飞续谈，交换意见完毕现就个别问题讨论》（9月5日，第2版）、《团结谈商连日继续进行，民主同盟将有所建议》（9月11日，第2版）、《团结商谈张群周恩来等续谈》（9月16日，第2版）、《团结商谈昨日会谈具体问题》（9月20日，第2版）、《团结商谈续谈具体问题》（9月22日，第2版）、《团结谈商研讨召开政治会议问题，双方将邀宴民主同盟等人士》（9月29日，第2版）、《团结商谈续谈政治问题》（10月3日，第2版）等。

国共谈判期间，双方相约不发表谈判内容及其经过，因而外界对谈判具体内容无从知晓。② 《大公报》也只能报道一些谈判的大致经过。尽管如此，对于谈判达成的一些共识与初步成果，该报还是想方设法进行披露。如该报在9月19日刊载了谈判初期达成的一些原则性协议：在方针上，"双方均认为今后为和平建国时期，不容再有内战。今后当以和平建国为唯一目的，以团结民主为基础，共同建设一独立自由幸福的新中国。在此方针下，全国各党派在蒋主席领导之下，国共两党在平等基础之下，共同长期合作。根据国情，彼此互相承认地位，及各党派地位"。关于地方自治的实施，军队国家化、补给、整编等问题之解决，人民人身自由及政治犯之释放，"亦均将在此方针下取得协议"。在实施方案上，"在国大会议前，在结束党治前实现承认各党派之合法地位"。在实施步骤上，"召开政治会议"，即由政府召集各党派及无党派会议，制定建国时期纲领及各党派参加政府

① 《政府可以先做一件事》（社评），《大公报》1945年9月1日，第2版。
② 中共重庆市委党史工作委员会：《重庆谈判纪实》，第535页。

之具体办法。① 起初，会谈"定期八日，前四天交换意见，后四天解决问题"。② 实际上会谈并未按照预期顺利结束。10 月初，该报对会谈进展缓慢的主要症结做了介绍：在军事问题上，"尚余军事整编详细方案，需要军事专家协助商洽。中共方面将增派军事专门人才来渝，第十八集团军参谋长叶剑英氏或有派来可能"。在政治问题上，"仍为敌后解放区之善后问题，尚未获得一致协议"。③ 事实上这种观察是相当准确的，由此也反映该报对谈判进展的追踪还是很努力的。

三　密切关注毛泽东活动

国共谈判期间，中共领袖毛泽东是当时重庆的焦点人物，一举一动都备受关注。与个别政治色彩浓厚的报纸刻意回避对毛泽东的报道不同，《大公报》积极予以报道与评论。

8 月 28 日，毛泽东抵达重庆。次日，《大公报》发表彭子冈的文章《毛泽东先生到重庆》进行详细报道。该文对初来重庆的毛泽东做了细致的描述："毛泽东先生，五十二岁了，灰色通草帽，灰蓝色的中山装，蓄发，似乎与惯常见过的肖像相似，身材中上，衣服宽大得很，……他的手指被香烟烧得焦黄。当他大踏步走下扶梯的时候，我看到他的鞋底还是新的。无疑这是他的新装。"毛泽东抵达张治中寓所时的一些细节，也被捕捉到："毛先生敞了外衣，又露出里面的簇新白绸衬衫。他打碎了一只盖碗茶杯，广漆地板的客厅里的一切，显然对他很生疏。他完全像一位来自乡野的书生。"④ 这些描述可谓细致入微。对于毛泽东的到来，该报还发表社评《毛泽东先生来了!》给予极高的赞许，认为"毛先生能够惠然肯来，其本身就是一件大喜事。"⑤

毛泽东抵达重庆之后，《大公报》从三个方面较为详细地记录了他的

---

① 《团结商谈已获部分结果》，《大公报》1945 年 9 月 19 日，第 3 版。
② 《国共商谈开始》，《大公报》1945 年 8 月 31 日，第 2 版。
③ 《团结谈商逐获进展》，《大公报》1945 年 10 月 4 日，第 2 版。
④ 《子冈：毛泽东先生到重庆》，《大公报》1945 年 8 月 29 日，第 2 版。
⑤ 《毛泽东先生来了!》（社评），《大公报》1945 年 8 月 29 日，第 2 版。

活动。

一是与国民党及国民政府相关人士的接触。如 8 月 29 日，上午毛泽东与张治中晤谈，下午与蒋介石晤谈，晚间又与张治中、王世杰、张群、邵力子等人做长时间谈话；① 30 日晚，毛泽东在张治中处与孙科、邹鲁、叶楚伧、吴铁城等会晤；② 9 月 1 日晚，中央党部秘书长吴铁城在私宅邀宴毛泽东、周恩来、王若飞三人，并约多人作陪；③ 2 日晚，蒋介石在官邸宴请毛泽东、周恩来、王若飞，并介绍与党政首长及参政员会面；④ 4 日下午，蒋介石在军委会 "复与毛泽东氏再度单独谈话"；⑤ 10 月 8 日，张治中借军委会大礼堂宴请党政军和文化新闻各界名人，"六时三刻，毛泽东、周恩来、王若飞三氏到了，立刻引起全场的注意，他们三位也忙于同大家寒暄，会场的空气好像显得更温暖了"；⑥ 9 日中午，蒋介石及夫人邀毛泽东午餐，在座的有宋子文、王世杰、张群、张治中、邵力子，以及周恩来、王若飞；⑦ 10 日下午，蒋介石 "亲赴曾家岩张部长治中寓，访毛泽东氏，晤谈约十余分钟后，即相偕乘车赴国民政府。……毛泽东氏昨晚复应蒋主席邀赴山洞官邸谈话，当晚即下榻该处"；⑧ 等等。

二是与民主人士的交流。如 "毛泽东、周恩来、王若飞三氏来渝后，连日毛氏分访政府当局，交换团结意见外，并曾约请前次赴延安之六参政员黄炎培、冷遹、左舜生、傅斯年、王云五、章伯钧及民主同盟等各党派张澜、柳亚子等晤谈，征询各方意见……国民参政会秘书长邵力子、副秘书长雷震两氏昨晚（31 日）八时在该会设宴，欢迎毛泽东、周恩来、王若飞三氏，并约请曾赴延安六参政员作陪，至十时余始散"；⑨ 9 月 14 日中午，中国民主同盟主席张澜及张申府等 "约请毛泽东、周恩来、王若飞与张群、

① 《蒋主席接见毛泽东》，《大公报》1945 年 8 月 30 日，第 2 版。
② 《国共商谈开始》，《大公报》1945 年 8 月 31 日，第 2 版。
③ 《团结谈商程序商定》，《大公报》1945 年 9 月 2 日，第 2 版。
④ 《蒋主席宴毛泽东》，《大公报》1945 年 9 月 3 日，第 2 版。
⑤ 《团结商谈进展》，《大公报》1945 年 9 月 5 日，第 2 版。
⑥ 《团结谈商大部协议》，《大公报》1945 年 10 月 9 日，第 2 版。
⑦ 《蒋主席暨夫人昨午宴毛泽东》，《大公报》1945 年 10 月 10 日，第 2 版。
⑧ 《团结谈商要点定于明日发表》，《大公报》1945 年 10 月 11 日，第 2 版。
⑨ 《团结商谈顺利进行》，《大公报》1945 年 9 月 1 日，第 2 版。

邵力子等午餐，餐后有所商谈"；① 18 日下午，留渝参政员借军委会礼堂举行四届一次大会后第二次茶话会，"毛泽东先生与周恩来先生在四点钟稍过一些便来了，他们一到场，大部分的人都站起来表示欢迎"；② 等等。

三是相关外事活动的参与。如 9 月 1 日，中苏文化协会举行鸡尾酒会，庆祝中苏友好同盟条约成功，"毛泽东、周恩来、王若飞三氏于七时许联袂到会，立时引起会众注意，多趋前寒暄祝贺，……毛氏在大众团聚中，与旧友新交饮酒欢谈，应接不暇，直至八时许始偕周恩来、王若飞等离开会场"；③ 3 日，苏联大使彼得罗夫在大使馆设酒会，招待重庆中外好友，"莅会嘉宾中最为人注目者，为毛泽东周恩来王若飞诸氏"；④ 5 日，蒋介石与宋美龄"在中央干部学校茶会招待苏联大使彼得罗夫及其馆员，并邀请中央各长官，及毛泽东、周恩来、王若飞三氏作陪，且演平剧助兴"；⑤ 17 日，蒋介石"在官邸邀赫尔利大使及毛泽东氏午餐，由张主席群吴部长国桢作陪"；⑥ 等等。

对于毛泽东的言论，该报虽记录较少，但比较正面。如 9 月 6 日，该报发表了毛泽东对《大公报》记者的谈话。其中毛泽东指出：内战决可避免；召开政治会议始能解决当前国是；对于国民大会代表问题，中共方面不主张维持旧代表，原则上主张实行普选。⑦ 9 月 19 日，该报刊载了毛泽东在国民参政会上的致辞。其中毛泽东强调，我们必需要避免内战，必须要团结一致，这是全国的希望，此外任何别的都是错的。我们唯一的方针是和平建国。我们的目的是和平、民主、团结、统一，建设新中国。⑧

四　积极回应谈判成果

10 月 10 日，国共双方签署《双十协定》。12 日，重庆《中央日报》

---

① 《民主同盟昨邀毛泽东张群等餐叙》，《大公报》1945 年 9 月 15 日，第 2 版。
② 《团结商谈已获部分结果》，《大公报》1945 年 9 月 19 日，第 3 版。
③ 《中苏文协盛大酒会》，《大公报》1945 年 9 月 2 日，第 3 版。
④ 《苏使馆昨胜利联欢》，《大公报》1945 年 9 月 4 日，第 2 版。
⑤ 《蒋主席招待苏大使》，《大公报》1945 年 9 月 6 日，第 2 版。
⑥ 《蒋主席昨宴毛泽东》，《大公报》1945 年 9 月 18 日，第 2 版。
⑦ 《毛泽东对本报记者谈》，《大公报》1945 年 9 月 6 日，第 2 版。
⑧ 《团结商谈已获部分结果》，《大公报》1945 年 9 月 19 日，第 3 版。

《大公报》《新华日报》等同时发表该协定。《大公报》在12日还刊发社评《团结会谈的初步成就》（第2版）予以评论。该文并没有直接表达满意或失望的情感，而是抱有"极大的希望"。这在一定程度上反映了当时国人的普遍诉求。不可否认，《双十协定》的签订给当时的中国的确带来了极大的希望。即使是毛泽东本人在离开重庆前也对记者与群众说对于团结与国家的前途是"乐观的"和"光明的"。① 对于《双十协定》的基本内容，该文从三个方面进行分析评论。

第一个方面是人民基本自由与基本权利，双方完全同意，如关于人民自由、各党派在法律之前平等、关于释放政治犯、关于地方自治等问题。这些问题是双方毫无争论而一致同意的。该文以为这不必作为任何交换性质的条件，无须等待时间，政府即可立予实行，以示抗战胜利与民更始之诚。

第二个方面是民主政治，双方部分同意而待继续扩大商谈，如关于政治民主化问题、关于国民大会问题等。该文认为一党训政应该结束，国民大会应该召开，以便国民党还政于民，而使国家走上民主宪政的轨道；政府与中共同意召开一个政治协商会议，邀集各党派代表及社会贤达，共商国是，是使政治前进的一条路，现在双方同意召开这一会议，是一个重大的收获。

第三个方面为现实的军政问题，如关于军队国家化问题、关于解放区地方政府问题、关于受降问题等。该文认为，现实问题本是最棘手的，也是危险的。因其棘手，所以难解决；因其危险，所以须解决。这种问题，由会谈内容看来，实在不易解决，目前似可从求安定着手，但求不决裂，力求妥协，尽力增加向心力，力避割据争夺现象，以求得一个过渡的办法，到国民大会开成，民主的宪政政府出现，就一切可以纳入正轨了。因此，该文希望拟议中的三人小组赶快组建，在军事方面商得一个大家都过得去而又不伤国家体面的办法；希望政府与中共代表仍继续商谈，把解放区的政治问题商得一个妥协的办法。只有如此，中国才能真正避免内战的危险。

除《大公报》的社评，《中央日报》与《新华日报》也在同日发表社

---

① 韩信夫、姜克夫：《中华民国史大事记》第5册，中国文史出版社，1997，第314页。

评。两报虽肯定谈判取得了一定成果，但《中央日报》重点强调军令政令需统一，《新华日报》重点强调要把协定上的东西变成现实，仍需全国人民继续不懈的努力。① 可见，《大公报》与《新华日报》的观点更为接近。

五　余论

《大公报》是近现代中国历史上一份极具影响力的报纸。该报在抗战时期曾获得过美国密苏里大学新闻学院授予的最佳新闻事业服务荣誉奖章，这是当时中国唯一获此殊荣的报纸。其奖状全文中指出："在中国遭遇国内外严重局势之长时期中，大公报对于国内新闻与国际新闻纸报道，始终充实而精辟，其勇敢而锋利之述评影响于国内舆论者至巨。"② 可见该报是当时中国当之无愧的舆论重镇。

该报之所以获得如此高之荣誉，与其独特的立场不无关系。美国学者易劳逸曾指出，《大公报》是近代中国"最有影响的独立无党派报纸"。③《大公报》作为一家民族资产阶级的报纸，其实就是中间势力的舆论代表。"《大公报》之所以能够赢得那么众多的属于'中间势力'的读者和作者的喜爱和支持，正是因为她代表了他们的意志和声音。"④ 在旧中国，中间势力就是除大地主大资产阶级与无产阶级之外的广大阶级与阶层，如民族资产阶级、小资产阶级和农民等。这些人构成了旧中国最广大群众的主体。正如《大公报》在续刊之初就宣称的那样，"纯以公民之地位发表意见"，做"公众喉舌"。⑤ 可见，该报是以公众的立场为立场的。《大公报》名称中的"大"和"公"就是很好的诠释。这正是该报能迅速成为当时中国舆论重镇的基本因素。在重庆谈判前后，该报始终坚决反对内战、极力倡导

① 《政府与中共的会谈》，《中央日报》1945 年 10 月 12 日，第 1 版；《和平团结，民主统一的基础》，《新华日报》1945 年 10 月 12 日，第 2 版。

② 《奖状全文》，《大公报》1941 年 5 月 14 日，第 2 版。

③ 〔美〕费正清主编《剑桥中华民国史》第 2 卷，章建刚等译，上海人民出版社，1992，第 178 页。

④ 方汉奇等：《大公报百年史》，中国人民大学出版社，2004，前言，第 20 页。

⑤ 《本报同人之志趣》，《大公报》1926 年 9 月 1 日，第 1 版。

和平建国，这无疑是当时社会公众都希望的。

从言论特点来看，《大公报》最基本的特点是文人论政。文人论政是中国知识分子的一个好传统，其基本出发点就是知识分子"天下兴亡匹夫有责"的担当和以天下事为己任的抱负。《大公报》是一份由知识分子精英主办的报纸。该报的文人论政充满了资产阶级民主主义思想，如始终呼吁当政者广开言路、俯顺舆情，希望政治清明、国家民主。对于重庆谈判，该报与《中央日报》等党派报纸明显不同，一开始就热切盼望谈判到来，真诚希望通过国共双方的商谈，中国能走上和平建国的新道路。谈判开始后，该报对谈判进展及毛泽东活动的竭力追踪与密切关注，反映了该报对实现和平建国目标的渴望。国共双方签订《双十协定》后，该报又迅速予以评论。对于已达成协议的具体落实，充满希望，对于尚需继续商讨的问题提出了解决的思路。这都充分体现了该报文人论政的言论特点。

· 经济与社会专题 ·

国民党高层与庐山第二次大规模开发

郭代习[*]

近代以来，庐山之所以在诸多名山之中脱颖而出，不仅仅因为它具有秀美的自然风光、丰富的自然资源、优越的地理环境、丰厚的文化积淀，更是因为近代以来契合中外人士避暑、疗养、办公、旅游的需求，得到两次大规模开发，而使其"屋宇骈列，万众辐辏，寖成一都会"[①]，并逐渐形成一个以牯岭为中心，以庐山周边为外围的政治活动大舞台，一度成为仅次于首都南京的次政治中心，"暑都""夏都"为其代名词，其影响之大，至深且远。

1934年夏，《大公报》著名报人王芸生在牯岭住了24天，临了给报社的总结文章一针见血地说："庐山上住了这许多人，大约可分为两类：一部分是来避暑的中外人士，另一部分是与政治军事有关系的人。"[②] 这大致说清楚了近代庐山两次大规模开发的原因，即第一次开发的主因在于外国人急于寻求避暑地，第二次开发则与蒋介石及其政治军事相关联。近代庐山的两次大规模开发，一是以英国传教士李德立（Edward Selby Little，1864~1939）为首的西方人为主导的开发，一是以中国人为主导的开发。本

---

[*] 郭代习，南昌航空大学文法学院教授。
[①] 陈三立：《〈庐山志〉序》，吴宗慈编撰，胡迎建注释《庐山志》上册，江西人民出版社，1996，第1页。
[②] 王芸生：《赣行杂志》，《王芸生文存（第二集）·由统一到抗战》，《大公报》，1937，第391页。

文主要讨论庐山的第二次大规模开发，并试图阐述蒋介石与庐山开发的关联性。

一　由外国人主导的庐山第一次大规模开发

1840年开始的鸦片战争拉开了西方资本帝国主义大规模侵略中国的序幕，同时也开启了西方人在中国占地开发、集中居住的新时代。1861年3月25日，中英订立了《九江租地约》，将九江府城西门外龙开河畔一片土地作为英国租地。1862年3月，英人在这块租地上，强行填塞了贯通甘棠湖与长江的溢浦港，拆掉民房，大兴土木，筑路建房，九江英租界正式被开辟，开启了西方帝国主义殖民九江及其周边地区的先河。自九江开埠通商以后，英国、美国、法国、德国、俄国、丹麦、荷兰、西班牙、比利时、意大利、奥地利、日本等10多个国家的洋人，经常往来于九江，起初是商人经商，随之伴随商品而来的是日益增多的披着宗教外衣的西方传教士。各国洋行、各式教堂和宗教学校、医院相继建立，洋人日益增多。据有关资料显示，1903年，仅在九江英国领事馆领取护照内游的传教士达41人，其中女教士32人，还有两人带了家眷。[1] 随着西方对九江及其周边武汉、南京等地区侵略的深入，加以传教士、商人、海关洋员、外交官等西方洋人的增多，长江流域炎热难熬的酷暑，兼之疫病流行，紧傍九江的避暑、疗养理想之地的庐山牯岭，很快被洋人发现，并开始了试探性的开发。有学者认为，从这个意义上说："牯岭的开发完全是九江开埠的产物。"[2]

庐山牯岭被开发成避暑胜地，经历了一个漫长而曲折的过程，其轨迹大约是自山下而山上的自然延伸，而且是伴随着西方侵略者对庐山周边由远而近的侵略活动。西方人首先是在庐山脚下的九江设立租界，并建设姑塘海关，这是西方人在庐山周边建房、办公、休闲的初步尝试，随之到庐山建房避暑成为一种需求。据后来牯岭避暑地创始人李德立说："许多久居和常年旅居在九江的传教士都认为：这里的夏天极为酷热，太难熬了，其

---

① 《九江道瑞咨派办处洋商请领游历执照按年发销文》，《江西官报》甲辰年（1904）第十期，转引自陈荣华、何友良《九江通商口岸史略》，江西教育出版社，1985，第20页。
② 陈晓鸣：《九江开埠与近代江西社会经济的变迁》，《史林》2004年第4期。

炎热超过了中国所有其它的地方，因此有必要创建一个能避暑的地方，在那里可以使被炎热折磨得精疲力竭、奄奄一息的侨民恢复活力。"于是，"险峻、清凉的庐山"成为外国人"尽享大自然的恩赐"。①

在九江、姑塘等庐山周边地区先后出现外国人的建筑活动的时候，庐山山脚下也开始有西方人建造房屋，他们起初是以团体的名义先后在"这座大山脚下和在适当高度的山坡上建起了五套小平房"，这"五套小平房"应该被理解为五栋西式别墅，分别隶属卫理公会、汉口圣公会、九江海关、俄国人和九江的外国人社团。② 之后，英国传教士李德立在庐山狮子庵、九峰寺购地失败后，终于 1895 年 1 月成功地向清政府租借到庐山牯牛岭、长冲及周围土地，此后不久，美、法、俄等国纷至沓来，分别租下了医生洼地区、狗头石地区、星洲地区，使得庐山的租借地不断扩大，由西方人主导的初期开发正式开始了。李德立给新租到的这片土地起新名"牯岭"，并把英文写作"Kuling"，既借鉴了英语单词"Cooling"的中文发音，又直陈牯岭清凉气候特征。李德立成立了一个牯岭公司（Kuling Estate），并先后建立"托事会"（Board of Trustees）、市政会（Municipal Council）等管理机构，开展牯岭避暑地的开发、管理工作。他们用"和平与和谐的观念"规划牯岭，以使这片土地更加易于管理，最终成为一个名传遐迩的"样板示范区"。③ 1905 年《牯岭地区规划图》（*Plan of Kuling Estate*）完成，牯岭避暑地详细规划进入全面实施阶段。

1906~1926 年，是西方人主导的牯岭大规模开发阶段，也是牯岭大规模建设的第一个高峰。1911 年，牯岭"花园、球场、浴池，无一不备"。④ 1914 年，黄炎培到牯岭一游，这时的牯岭"南北长约三里，东西宽约二里。居留者之国凡七"，"界内欧美人住宅三百余所"，还有"俄人租界一区"⑤，牯岭已成庐山中心和标志，市镇已达到较大规模。有专家大胆地提出："到

---

① 〔英〕李德立：《牯岭的故事》（1899），穆德华编著《牯岭创始人李德立的故事》，江西教育出版社，2016，第 7 页。

② 〔英〕李德立：《牯岭的故事》（1899），穆德华编著《牯岭创始人李德立的故事》，第 7 页。

③ 〔英〕李德立：《牯岭的故事》（1899），穆德华编著《牯岭创始人李德立的故事》，第 61 页。

④ 《庐山西人举行得山纪念日》，《大公报》1911 年 9 月 12 日。

⑤ 黄炎培：《黄炎培日记》第一卷，华文出版社，2008，第 56~57 页。

1928 年前后，庐山已有及各类建筑 800 余栋，暑期来山避暑的人口多达30000 左右，外侨达 2000 左右；山上终年常住人口 3000 左右，常住外侨也有几十人。"① 总之，1894～1926 年中国北伐战争的前期、南京国民政府成立之前，西方人主导了庐山牯岭的开发，使荒无人烟的牯岭迅速发展成为一座可供中外人士避暑、疗养、游览，并具有较完整城市功能的山地城镇。就像吴宗慈在《庐山志》所评论的那样："凡所为乐生送死，其事业大抵皆创自租借地西人。"②

此后，1927～1935 年，受北伐战争和南京国民政府成立的影响，外国人对于牯岭的建设进入零星建设和稳固发展阶段。政局发生了急剧变动，未来中国政局走向扑朔迷离，西方人在华待遇不是很明朗。在这种情况下，出于对中国政局和自身地位的担心，外国人明显地放慢了牯岭避暑地内的建设速度，只对牯岭的建设进行零星的建设，而中国人开始慢慢成为牯岭建设的主力。

二　蒋介石的庐山情愫及其影响

有专家指出："庐山与民国高层政治相联系，是由蒋介石首开其端的。"③ 北伐战争挺进九江，庐山很快进入国民党的视野，特别是蒋介石初次踏上牯岭之后，对庐山情有独钟，产生他日退老庐山的念头。国民党党政军大员随之纷至沓来，江浙财阀随之跟进，商人、资本家、社会贤达也跟风挺进，从而掀起了在牯岭购房、买地、建房的高潮。

1926 年 11 月 8 日，以蒋介石为总司令的北伐军攻克南昌。第二天，蒋介石将国民革命军总司令部迁入南昌。此时的北伐军已经攻占两湖、江西，国民革命的中心已经由广州北移至武汉。11 月 16 日，国民党中央政治委员会决议迁都武汉。17 日，广州国民政府派遣交通部部长孙科、财政部部长宋子文、外交部部长陈友仁、司法部部长徐谦及宋庆龄等中央委员及苏联

①　彭开福：《牯岭地区的初期规划及别墅建筑》，彭开福、欧阳怀龙等著、庐山建筑学会编《庐山风景建筑艺术》，江西美术出版社，1996，第 36 页。
②　吴宗慈编撰，胡迎建注释《庐山志》上册，第 452 页。
③　何友良：《庐山与民国政治》，《江西社会科学》2010 年第 5 期，第 144～153 页。

顾问鲍罗廷等自广州启程经韶关入赣，调查各省党务、政务、筹备迁都武汉事宜。12 月 2 日，孙科一行抵达南昌。蒋介石在总司令部设宴招待。北伐军拟筹划向长江皖苏浙沪进军，如何继续推进国民革命，成为当务之急。席间决定北上九江，到庐山召开会议，解决政治军事等问题。

12 月 4 日，蒋介石与中央委员们由南昌乘火车抵到九江。蒋介石在日记中写道："今日，随同中央各委员赴庐山。"[1] 这是蒋介石第一次登上庐山，下榻牯岭条件最好的仙岩旅馆，从此他与庐山结下了不解之缘。到牯岭的头两天，蒋介石陪同各委员经游泳池游览含鄱口、莲花谷、小天池、黄龙寺、黄龙潭、仙人洞、大天池，很是逍遥。12 月 6 日晚和 7 日，在仙岩旅馆召开会议，蒋介石主持会议。在赣的第三军军长朱培德、第六军军长程潜、第七军军长李宗仁以及湖北省总监蒋作宾参加了会议。在 6 日晚的会议上，蒋介石"以无预备，故语多支吾，为人所疑也"。[2]

此次庐山会议并未有做出特别重大的决策，政治地位和影响力并不算大，但因其是在蒋介石控制范围内主持召开的首次庐山会议，拉开了蒋介石在庐山开展政治活动的序幕，被日后的党报官媒称为首次"庐山会议"。此后多年，蒋介石执掌中央后在庐山召开的历次会议都被冠以"庐山会议"的标签。吴宗慈在其 1947 年主修的《庐山续志稿》中记载道："今日最脍炙人口之一历史名词，是曰'庐山会议'……'庐山会议'之事，始于民国十五年，由是一而再，再而三，而至若干次，建国御侮之大计，常由是定策而决疑焉。夫以'庐山会议'名者，据其特殊之事言也。"[3] 截至 1937 年 7 月，吴宗慈"特载"的"庐山会议"竟有 11 次之多。

蒋介石之所以在庐山召开如此大的政治活动，可能是因为他偏爱庐山，这与他首次上庐山的阅历息息相关。根据中国第二历史档案馆编写的《蒋介石年谱初稿》记载，蒋介石 1926 年 12 月 4 日第一次上庐山，前后在庐山活动了近 10 天，除了开会，便是游览，并于 9 日接来当时的夫人陈洁如一起游览牯岭，其后游览了山南的海会寺、白鹿洞书院、观音桥、栖贤寺、秀峰寺、归宗寺等地。当值寒冬，并非庐山最美季节，但蒋介石在日记里

---

① 中国第二历史档案馆：《蒋介石日记类钞》（二），《民国档案》1999 年第 1 期第 7 页。
② 中国第二历史档案馆：《蒋介石日记类钞》（二），《民国档案》1999 年第 1 期第 7 页。
③ 吴宗慈主修《庐山续志稿》，江西省庐山地方志办公室，1992，第 13 页。

对庐山的秀美风景大为赞叹。比如，游含鄱口时说："至含鄱口，望汉阳峰、五老峰及鄱阳湖，雾中不易辨认，偶见其一角，则叹奇绝。"① 游大天池时说："至大天池，雾气迷漫，山岩全隐，偶露峭崖，可仰可爱。"② 游"观音桥下金井"时叹道："水声入耳，机心陡息。"游秀峰寺青玉峡时喟叹："水之声与色，皆令人流连不已。"③

陈洁如对此次的庐山之行也是经久难忘。在她的眼中，蒋介石"喜爱户外生活及大自然"，是个"爱山"的人，而且尤其喜欢庐山。陈洁如在其回忆录中说，在未去庐山之前，"他已好多次提到牯岭，以至于好像我也知道这个地方"。④ 她在其回忆录中写下了游览庐山的感受："我们深深饱吸山上那清新甜美、酥人心胸的空气；享受那灿烂耀眼、舒适宜人的阳光。我们爬山登高，饱览远处长江峡谷的风情。我们参观了各具情趣的寺庙，每到一处佛坛，都向佛像鞠躬行礼，并叫阿顺（注：蒋介石的仆从）付给'香油'钱，作为我们的奉献。"⑤ 蒋介石表示："这是一处奇妙的地方，得暇时，一定再来。"⑥ 后来，蒋介石在海会寺、观音桥慈航寺、秀峰寺旁都建有私邸。

对于正处在"迁都之争"旋涡和个人未来政治朝向转折点的蒋介石来说，他的首次庐山之行极为轻松、惬意。在游秀峰时，他甚至做出了"异日退老林泉，此其地欤"⑦ 的选择。此后20多年，蒋介石的政治活动始终与庐山紧密关联，庐山成为国民党的另一个政治中心。所以，有人说："是蒋介石把庐山变成了一座政治名山。庐山成为政治名山应该是始于1926年冬。"⑧

庐山进入蒋介石和国民政府的视野之后，达官贵人在牯岭购房的步伐加快了。1926年，时任广州国民政府委员、国民党中央执行委员、后来任

---

① 中国第二历史档案馆：《蒋介石年谱初稿》，中国档案出版社，1992，第835页。
② 中国第二历史档案馆：《蒋介石年谱初稿》，第835页。
③ 中国第二历史档案馆：《蒋介石年谱初稿》，第839页。
④ 石一流：《一个改写民国历史的女人——蒋介石第三夫人陈洁如自传》，北京师范大学出版社，1992，第268页。
⑤ 石一流：《一个改写民国历史的女人——蒋介石第三夫人陈洁如自传》，第268~269页。
⑥ 石一流：《一个改写民国历史的女人——蒋介石第三夫人陈洁如自传》，第270页。
⑦ 中国第二历史档案馆：《蒋介石年谱初稿》，第839页。
⑧ 柳秋荣：《蒋介石首次上庐山》，《党史文苑》2009年第5期（上半月），第56页。

国民政府主席的林森，购买了原垱坝埂2号的别墅（今日照峰6号），原房主为英国人迈吉（Fredire William Moge）。1932年，林森又在芦林黄龙寺旁修建"鹿野山庄"。1927年，宋美龄之母倪桂珍购得原15B2号别墅（今脂红路210号），原房主为美国人莫尔通姐妹，大约修建于1912年，面积约236平方米，将此栋别墅作为宋美龄的嫁妆。1928年，时任江西省政府主席朱培德购买了124号俄国别墅。据吴宗慈《庐山志》统计，截至1933年夏季，在租界区域（特区）购置房屋（购地不计）的有朱益之（朱培德，32-33号）、金汉鼎（119-B，105-B）、张治中（72-B）、熊天翼（熊式辉，117号）等人共计110号别墅；在牯岭附近非租界地购地建房的上流名人有吴铁城、叶开鑫、朱培德、李协和（李烈钧）、杨如轩、杨池生、汤芗铭、林森等人。① 1933年夏，巴莉女士将位于长冲河中段后来被称为"美庐"的别墅让给蒋介石夫妇居住，1934年巴莉女士将这幢别墅作为礼物，赠送给宋美龄。从以上可以看出，这些上层名流先是在东谷租借地购买外国人的别墅，而后就在牯岭地区的西谷开发建房。西谷与东谷一样地势平坦，适宜建筑房屋，此地段建造了大量的中国人别墅。还有一些中国人学习西方人开辟避暑地的方式，在庐山租地建设避暑新村。这些避暑新村规模远不及牯岭避暑地，且地处偏僻，距牯岭较远。其中较为有名的新村有"莲谷新村""小天池新村""太乙村别墅新区""三逸乡"等。

三 蒋介石对庐山第二次大规模开发的推动

山以人贵。进入20世纪30年代后，庐山牯岭已经成为一座可供人们避暑、疗养、游览，并具有较完整城市功能的山地城镇。随着庐山在政治地位上的提升，以蒋介石为首的国民党党政要人和财阀富人、社会名流争相在庐山购买或建筑别墅。庐山开始进入第二次大规模开发时期，这一时期的开发主角不再是外国人，而是中国人，并打上官方色彩，亦即政府开始主导一些建造项目的开发。就蒋介石个人而言，对庐山第二次大规模开发的影响力不言而喻，涉及方方面面，本文主要讨论以下五个大的方面。

---

① 吴宗慈编撰，胡迎建注释《庐山志》上册，第462~473页。

（一）牯岭租借地的主权回收

千百年来，中国地方政府实行着对庐山的有效管理和建设，除了星子、德化（九江）两县存在山地划界之争，不存在所谓主权之争。但是，自从清末以来，西方人"合法"租下庐山牯岭地区进行开发，并随意组织市政会、董事会、公事房等组织机关，设立巡警，维持治安，"俨然与租界相同，一般人亦呼该地为租界，遂致中国官厅不能过问，妨害主权，莫此为甚"。① 外国人视牯岭租借地为租界，严重损害中国主权，国人和当地政府也与之开始了抗争。

清末，九江府先后在牯岭设立警察分所、清丈局，民国建立后于1922年设立庐山警察署，1926年设庐山设管理局，隶属九江市政府。1927年1月，汉口、九江两地人民开展了收回租界运动。8月16日，牯岭租借地警察行政权由中国政府接收。但这次接收并不彻底，在原租借地内一切内务行政及财务行政，仍归英国牯岭公司处理。

1927年4月18日，蒋介石在南京成立国民政府后，为了争取在国际上的平等地位，摆脱外国压迫，于4月21日发布公告，决定"采取攻势外交策略"，发起关税自主运动。5月11日，发表对外宣言，宣称"国民政府以取消不平等条约为己任"。② 1933年，南京国民政府责令庐山管理局改组，治安各事，"极力推进中外情感交融，英人表示有交还所租避暑地之意"，③ 而庐山管理局也深刻认识到，"今欲发展牯岭，完全收回行政权，非将避暑租用地完全收回，无论财务行政及内务行政，统归管理局办理不可"。④ 因此，在双方目标一致的前提下，1934年8月初，庐山管理局局长蒋志澄与英国驻汉口总领事，开始商讨交还租借地事宜。经反复磋商，1935年9月，外交部又派皖赣视察专员程经远一起商讨，拟定协定草案，由中英两国政府核准。1935年12月30日上午10时，英国驻汉口总领事默斯代表牯岭产业董事会，与庐山管理局局长蒋志澄在庐山图书馆签订《牯岭产业地交还

---

① 《江西省政府令九江市政府文》（1927年8月），吴宗慈编撰，胡迎建注释《庐山志》上册，第414页。

② 朱汉国主编《南京国民政府纪实》，安徽人民出版社，1993，第9页。

③ 吴宗慈主修《庐山续志稿》，江西省庐山地方志办公室，1992，第177页。

④ 朱偰：《庐山新导游》，庐山管理局，1935，第40页。

江西省协定》。协议共计 14 条，主要内容如下：英国同意交还 1895 年中国政府发给李德立的租契，及 1904 年推广租地合约。而庐山管理局则"同意发给永租契于牯岭产业区内，现有之各国业主"；租契之交换，由庐山管理局办理，不问以前如何移转，现在各段业主，即认为该段之业主；租契交换完毕时，李德立的租契，及 1904 年的推广租地合约，应呈送中国官厅注销；为旧牯岭产业区内中外居民之公共利益起见，庐山管理局须设立一个"咨询委员会"，七年之内，关系原避暑地内居民公共福利的重要事件，庐山管理局必须与咨询委员会协商解决。咨询委员会由原避暑地内的七位业主组成，包括三名外籍业主；旧牯岭产业区内，外人得移转其现有之永久租契；现有外籍商店，可以继续营业，但必须遵守当地的市政章程及规则；庐山管理局应接受牯岭产业区内的财产与债务；庐山管理局须发表全年报告、收支预算及经审核的账目；等等。[1] 根据协定，1936 年 1 月 1 日上午 10 时，交接典礼正式开始，1000 余位中外嘉宾到场，场面一片欢腾，全体唱党歌，行升旗礼，悬挂庐山管理局匾额。庐山管理局将办公地点由大林冲迁至牯岭公司房（Estate Office，河西路 454 号，原 26B 号），正式接管牯岭租借地。当时，"庆贺之爆竹，声闻数里，搀以歌声乐声，欢腾情况，空前未有"。晚间，举行提灯会，民众参与者数千人。"遍山灯火，辉光如昼，至夜十一时狂欢始毕。"[2] 牯岭租借地主权的回收，为中国人进一步开发庐山奠定了基础。

（二）庐山国家公园计划的组织实施

由于自 1932 年开始，蒋介石几乎每年夏季都要来庐山避暑（除了 1935 年和庐山被日军占领期间），国民党主要党政部门高官都要随之来庐山办公。1934 年，行政院及其所属的各部委会署，开始成建制大规模正式在夏季移往牯岭办公，从而产生了在庐山芦林地区营建永久性办公用房和宿舍的计划。江西省政府和庐山管理局更是雄心勃勃，约来美国技士多人，制定方案，"拟将庐山建设为世界唯一之避暑胜地"。[3]

---

[1]　吴宗慈主修《庐山续志稿》，第 178~179 页。
[2]　吴宗慈主修《庐山续志稿》，第 177 页。
[3]　吴宗慈主修《庐山续志稿》，第 170 页。

1936 年 1 月 1 日，牯岭租借地正式收回后，国民党中央"甚为满意，经决定每年拨十万元为庐山事业费，以从事建设"，由江西省政府拟具规划。江西省政府高度重视，精心研究，组织专家拟就方案，在收回租借之地，建立大规模的"国家公园计划"，交由庐山管理局局长蒋志澄赴南京向行政院报告收回租借地情况，并请求核定"国家公园计划"。① 这可以说是我国历史上最早见于记载的国家公园计划构想。此项计划具体内容不详，但显然是蒋介石应对牯岭西方殖民文化弥漫的一个举措，也反映了蒋介石希望牯岭的开发建设要比西方人经营时更好一些的民族主义思想。1936 年开始进行的行政院所属各部会署的暑期办公公廨拟建计划，很可能是其中的一部分。

行政院各部会到山费用颇高，统计租屋赁金，耗损既多，且所租房屋分散，又不太适用。1936 年，蒋介石兼任行政院院长。据时任行政院政务处长的蒋廷黻回忆，该年"因为委员长整个暑期均在牯岭，所以院会也决定在该地举行"，同时"因为溽暑炎热，经决定政府下级人员留京办事，部次长级可以轮流到牯岭休假一个月。"② 有鉴于此，1936 年，庐山管理局局长谭炳训签呈江西省政府，主张征收芦林一、二、三号地段土地，由行政院自建公署，既壮观瞻，又切实用。谭炳训组织人马拟具了建造行政院芦林办公房屋计划呈送省政府审核。省政府径呈行政院核夺。经蒋介石同意，行政院第 276 次会议议决通过，其办法是"土地按公平价格征收，地价由财政部交付，建筑费由各部会署，由经费节省项下开支"。③

1937 年 1 月，庐山管理局拟具征收土地计划书图等，呈送行政院。行政院旋即召集各部、会、署开会，成立"庐山院部办公房屋建筑委员会"及设计委员会，并经第 301 次行政院会议议决，照审查意见通过。庐山院部办公房屋建筑委员会还派哈雄夫、戴志昂、高大经三位委员莅临庐山，与庐山管理局会商计划，修正总地盘图。然而这项宏伟计划因为紧随其后的抗日战争，于焉中止。

抗战胜利之后，1946 年夏，内政部曾派员来山勘察，似有旧事重提之

---

① 吴宗慈主修《庐山续志稿》，第 183 页。
② 《蒋廷黻回忆录》，岳麓书社，2003，第 191 页。
③ 吴宗慈主修《庐山续志稿》，第 156 页。

意。1946 年 9 月 3 日上午九时，庐山各界在协和大礼堂开庆祝抗战胜利周年大会，蒋介石莅会致训道："庐山为新生活策源地，牯岭人民更应为全国表率，努力以建设此'夏都'，使之成为全国模范区。"① 1946 年 4 月接任江西省政府主席的王陵基更有复兴牯岭的计划，中央也大力支持。7 月，江西省教育厅厅长程时奎在牯岭暑期学术讲习会上说："此次王主席为复兴牯岭，向中央请得三亿元，从事物质的建设。"②

但雄心勃勃的复兴牯岭计划终因时局不稳而告放弃。抗战胜利后，蒋介石于 1946 年、1947 年、1948 年来牯岭驻留，尤其是 1946 年从 7 月 14 日至 9 月 21 日在牯岭驻留 69 日，庐山再次成为全国政治军事中心，但是，国民政府各院部委会署不再整体上山度暑办公。庐山国家公园计划虽然最终没有实现，但在很大程度上促进了庐山建筑、工商业、教育、金融、卫生、水电、绿化、电信邮政、道路交通、风景名胜等市政基础设施建设。据专家研究统计，至 20 世纪 30 年代末，牯岭的建筑总共约 1500 栋，其中外国人的建筑约 660 余栋，中国人的建筑达 830 余栋。中国人的建筑数量已超过外国人的建筑数量。这可以说是庐山建筑史上的全盛时期。③

（三）庐山军官训练团的创办

庐山临傍九江，与南京同系长江水线，交通便捷，长江客轮一昼夜可至九江，飞机则在一小时内可抵达九江机场。庐山与首都南京适宜的距离拉紧了政府要员、财阀富豪与庐山的联系，每逢夏季，庐山自然成为南京上流社会避暑的首选之地。出于政治军事的需要和个人的偏好，蒋介石夏季也常来庐山避暑，同时办公，庐山逐渐成为南京国民政府的"夏都"。吴宗慈在其《庐山续志稿》中写道："蒋公莅山后，内政外交，辐辏咸集，蔚为全国军事政治之中心，牯岭一隅，乃有'暑都'、'夏都'等（报章亦有称'金都'、'夏京'者）称号。"④

庐山承担着重要的政治、军事功能。为了提高国民党军队的作战水平，

---

① 吴宗慈主修《庐山续志稿》，第 292 页。
② 吴宗慈主修《庐山续志稿》，第 514 页。
③ 彭开福：《牯岭地区的建筑活动》，彭开福、欧阳怀龙等著，庐山建筑学会编《庐山风景建筑艺术》，第 33 页。
④ 吴宗慈主修《庐山续志稿》，第 12 页。

1933 年夏，蒋介石决定在庐山创办"军官训练团"，培训赣粤闽湘鄂五省的剿共军官。庐山五老峰下海会寺地区，被蒋介石挑选为庐山军官训练团团址，团部设在寺内，陈诚为团长。

国民政府从 1933 年开始，在海会寺一带大兴土木，兴造新营房。至 1935 年，完成修建了一大批房舍，包括大礼堂、办公厅处、学员宿舍、教室、仓库、大会场、运动场、游泳池等以及蒋介石的"委员长官邸"。其时，国家银行和中国旅行社都在此设立办事处，训练规模之宏大可窥一斑。[①] 海会寺旁均为崎岖山道，交通十分不便。而军官训练团为集群行动，需要有大批物品运输，为此，修建各处通道成为当务之急。为此，筹备处派定兵工，征集民工，分段修筑道路，使附近道路四通八达。

军官训练团举办之时，蒋介石经常住牯岭"美庐"，为了便于蒋介石来往牯岭和海会寺，方便军官训练团活动，以及保卫他们的安全，专门修通了一条牯岭至海会寺的大道，后来命名为"中正路"。整条路修筑完工耗时仅 10 日，费用仅千余元，"可谓工速费廉"，此路开通，比经由观音桥达牯岭之路，"缩近十余里"。[②] 此外，将海会寺与联通庐山周边的道路一并打通。比如修筑山下九江至星子、星子至德安的公路，在德安与南浔铁路相联接，组成环绕庐山的交通网。九江至莲花洞的公路也重新修筑，并把海会寺、白鹿洞、栖贤寺、秀峰寺与九江至星子的公路联接起来。[③] 这样，山南五大丛林之一的海会寺及其周边的建设开发出现前所未有的良好局面。

（四）庐山三大建筑的兴建

随着牯岭主权的收回，南京国民政府将庐山作为夏都来规划建设，但庐山呈现的浓厚西方殖民主义文化的现状与夏都的身份极不协调，民族主义文化复归的呼声高涨。同时，随着所设计建造的房屋的增加，实际经验不断丰富，建筑整体水平不断提高，中国建筑师开始崭露头角，设计出了一些既有西方建筑特点，又有中国传统建筑风格的建筑，同时还设计出了一些追求现代主义风格的建筑，其中具有代表性的是国民政府主导、蒋介

---

① 吴宗慈主修《庐山续志稿》，第 128 页。
② 吴宗慈主修《庐山续志稿》，第 151 页。
③ 周銮书：《庐山史话》，上海人民出版社，1981，第 152~153 页。

石亲自过问兴建的"庐山三大建筑":庐山图书馆、传习学舍和大礼堂。

庐山图书馆创议于1933年夏。其时,蒋介石在海会寺创办"军官训练团","因鉴于庐山为中外人士游览胜地,避暑佳境,亟应创建'庐山图书馆',藉以供给避暑者及游人以精神食粮,兼以庐山训练,对于庐山图书馆更有密切需要",① 于是指示江西省政府督同教育厅、励志社及庐山管理局,迅速筹办创建庐山图书馆之事。江西省政府主席熊式辉,当即饬由庐山管理局,拟就建筑计划呈核,并派建设厅厅长龚学遂来山查勘,最终决定以火莲院旧址为建筑基地,由建设厅负责建筑设计及主持工程实施。

火莲院原名弥陀庵,俗称火场,在医生洼南掷笔峰南下邃谷中。据山中人传闻,在1933年暑期中,信奉风水的蒋介石曾数次来此地区,"缓步扶杖,沉默徘徊,状有所思"。故而,庐山图书馆建筑基地的决定,或出于蒋介石的决策。② 庐山图书馆建筑工程由杨荣猷营造厂独家承包兴建,于1934年8月开工,至1935年7月,全部房屋工程,连同自来水及卫生设备,同时竣工。在近一年的建造施工期间,数百名工人,无间断工作。特别是在1935年暑期工期迫近之时,连夜加班施工,数十盏汽灯绽放,亮如白昼。蒋介石对此工程非常关注,据参加当时建筑的工人回忆说:"蒋委员长对于本馆之建筑,特别关怀,在工程进行中,尝时来工地巡视,有时且亲加考验工程,施工是否切实。"③

庐山图书馆是一座宫殿式、三栋联立的二层楼建筑,左为图书馆,中为会客室,右为大礼堂。三栋房屋成一字排开,中间一栋横排,两旁各为竖排,每栋之间由侧廊联系,形成一个整体,是一栋典型的中国仿古建筑。④ 馆舍四周,配植风景树及花草。建成后,中外人士来游庐山,莫不来此观光,领略其中国气息,且多在馆前摄影留念。

庐山传习学舍位于庐山图书馆右后方较高的基地上,是一座"西式伟大建筑"。传习学社于1935年动工建造,1936年落成。建筑全部以钢筋水

---

① 吴宗慈主修《庐山续志稿》,第186页。
② 吴宗慈主修《庐山续志稿》,第194页。
③ 吴宗慈主修《庐山续志稿》,第195页。
④ 陈朝晖、陈蕴茜:《1927—1937年南京国民政府对夏都庐山的建设》,《民国档案》2006年第4期,第64~70页。

泥筑成，采用铁制门窗，占地面积八亩，高六层，"为庐山最伟大的精美建筑物"。① 门首有匾额"庐山传习学社"，下署"蒋中正题"。传习学舍运用了较多的现代建筑手法，但仍然能表现中国气息，比如，其前面的花池采用了中式的栏板和寻杖，立面女儿墙借鉴了民居马头墙的处理手法。

大礼堂在庐山图书馆的左前方，在建国坪正东的山下，为传习学舍的配套建筑，于 1935 年底开工，1937 年竣工。承建单位是上海华中公司，设计人为中国工程师高观四。庐山传习学社和大礼堂都是国民党中央党部为庐山军官训练团和各类培训班建造完成的。1937 年 6 月 24 日，国民党"中央社"电讯稿中对传习学社和大礼堂这两座建筑作了较详描述："'传习学舍'建筑之伟大精美，将为庐山之冠。……'大礼堂'则为宫殿式，复琉璃瓦，内分二层，下作膳厅，上为礼堂，可容千数百人，并可放映电影，一切设备极完善。"②

庐山三大建筑是中国人开发牯岭的代表作，其高大轩昂的气势将民族特色进一步彰显出来，给人一种庄严壮观的深刻印象。当时国内对三大建筑的赞美不绝于耳，随着抗战氛围的逐渐浓厚，舆论普遍认为图书馆、传习学舍、大礼堂这"三大新建筑物，为庐山生色不少，尤其具有民族复兴意义的'暑期训练'在庐山举行"。③

（五）国立中正大学的筹办

1934 年夏，蒋介石与当时江西省政府主席熊式辉同游庐山秀峰寺，蒋介石喟然认定秀峰寺"最宜讲学，大学社于此乃佳"，意图在此"试办一种理想大学，以为彻底改革大学教育，培植建国基本人才之试验"。熊式辉便建议由江西来办这所大学，"首先实验政教合一之理想"，得到蒋介石"嘉纳，并饬着手筹划"。④ 1935 年 11 月 21 日，国民党第五次全国代表大会通过设立"庐山中正大学"，"期以训练高级技术人员"。⑤ 1936 年，蒋介石拨

---

① 严品藻：《炎夏时的庐山》，吴宗慈主修《庐山续志稿》，第 542 页。
② 吴宗慈主修《庐山续志稿》，第 159~160 页。
③ 严品藻：《炎夏时的庐山》，吴宗慈主修《庐山续志稿》，第 542 页。
④ 熊式辉：《国立中正大学创立的意义及今后的希望》（1940 年 10 月 31 日），《江西民国日报》1940 年 11 月 20 日。
⑤ 吴宗慈主修《庐山续志稿》，第 155 页。

款 100 万元，作为创办这所大学的基金。这是国立中正大学创办的缘起。但 1937 年卢沟桥事变后，此计划一度被搁置。

1939 年前后，日军对中国发动大规模战略进攻，武汉、南昌、福州、广州等城市相继陷落。江西省政府也被迫迁往赣西南的泰和县，使这个偏僻县城成了东南数省的重镇之一。1940 年 10 月 31 日，国立中正大学在江西省泰和县的杏岭开学，赣籍学者胡先骕博士被任命为校长。1945 年 8 月，抗日战争胜利，经一番争议后，于 10 月决定暂迁西距南昌市区 20 公里的望城岗。迁校到南昌仅是权宜之计，因蒋介石早有在庐山办大学的夙愿，学校永久校址设在何地，一直是人们讨论的话题。

1946 年 7 月中旬，学校派员分别勘测了庐山海会寺和南昌东郊青山湖畔老飞机场，初步确定以庐山为校址。8 月 14 日下午，蒋介石在牯岭召见"庐山暑期学术讲习会"的讲师，并举行茶话会，席间致辞中说："中正大学之校址问题，该校若能迁移于庐山附近，以庐山气候景物之宜人，历史意义之伟大，将来必可作育许多人才，努力建国大业。"① 8 月 29 日，肖蘧校长应召来到牯岭，向蒋介石请示中正大学永久校址之事。肖蘧校长陪同教育部长朱家骅赴海会寺踏勘，9 月 4 日并呈蒋介石同意后，决定校址设在海会寺一带，并将白鹿洞一带圈入，校舍面积达数千亩。9 月 22 日，蒋介石来南昌校区巡视，表示要办好这所以他的名字命名的大学。朱家骅表示，中正大学"将来必须扩充发展成为规模最大之大学，凡大学内应有之院系机构，无不包容"。② 为此，学校拟订了 12 个学院，学生万余人的庞大发展规划。为了尽快实施，学校从上海等地购进大批测量仪器。1947 年 7 月，学校委派殷之润教授率领土木系 1937 级学生 160 余人，携带新式经纬仪、水平仪、大小平板仪各若干架，并有帐篷六具，测工 20 余人，在海会寺一带进行了实地测量，并征收了第一期土地 1000 亩。但随后，蒋介石公然发动内战。1947 年，全国各地反蒋学潮方兴未艾，此起彼伏。这所以"中正"命名的大学，也于 1947 年 2 月爆发了反内战的学潮，一直持续到 6 月上旬。这时，迁校庐山的庞大规划也告吹，中正大学仍留在南昌办学。

---

① 吴宗慈主修《庐山续志稿》，第 61 页。
② 《江西师范大学校史》，江西高校出版社，2000，第 6 页。

试论 20 世纪二三十年代山东的植棉业

邱从强[*]

一

山东位于黄河中下游地区，土地肥沃、气候宜人，自古以来就是重要的农业生产区域。宋末元初，棉花由江南传入华北地区。从此，山东的植棉业便开始发展。至明清时期，植棉规模已非常可观。中国步入近代社会以后，逐渐纳入世界体系，国内外棉花市场均有所扩大，推动了植棉业的进一步发展。

20 世纪二三十年代，山东的植棉业有了很大的发展，具体表现在以下四个方面。

1. 种植面积广

当时中国的棉花产地，主要是长江流域的江苏、浙江、安徽、湖北等省，以及黄河流域的陕西、山西、河南、河北和山东 5 省（现在也是如此）。山东当时有 108 个县，产棉县约占半数以上。总体而言，山东的棉花产地可分为三大区：黄河以北、津蒲路以西为鲁西产棉区，临清、高唐、恩县、夏津、清平、禹城、馆陶、冠县、邱县等都是该区的重要产棉县。黄河以北、津蒲路以东的小清河流域为鲁东区，滨县、蒲台、商河、博兴、广饶、齐东等地为该区的重要产棉县。黄河以南为鲁南区，曹县、单县、

---

* 邱从强，中共山东省委党史研究室研究员。本文原刊于《烟台师范学院学报》（哲学社会科学版）2003 年第 2 期。

菏泽等地为该区的重要产棉县。由此可见，棉花的种植几乎遍布山东各地。山东在 20 世纪二三十年代历年种植棉花的面积都很大，具体统计数据如表 1 所示。

表 1　山东在 20 世纪二三十年代历年种植棉花的面积一览

单位：千市亩

年　度	1924~1929	1931	1932	1933	1934	1935	1936	1937
种植面积	4261	5551	5496	5442	5373	4336	6239	6867

资料来源：许道夫编《中国近代农业生产及贸易统计资料》，上海人民出版社，1983，第 203 页。

根据华商纱厂联合会及中华棉业统计会的调查，1931 年全国棉田总面积（包括河北、山东、山西、河南、陕西、江苏、安徽、江西、湖北、湖南、辽宁等产棉大省）为 3170 余万亩，其中山东占 790 万亩，占全国总面积的 24.9%，居首位。1932 年全国棉田面积（缺辽宁省）为 3700 余万亩，山东有 680 余万亩，占全国棉田总面积的 18.37%，居第三位。1933 年据华商纱厂联合会及中华棉业统计会的第二次估计调查，全国棉田总面积 3960 余万亩，山东棉田总数有所减少，仅占 12.81%，但仍牢牢地占据前 4 名的位置。[①] 上述两组统计数据足以说明山东植棉业在华北地区乃至在全国所处的重要位置。

2. 产量高、棉质好

产量指总产量和单位产量。山东虽然为植棉大省，但在 1929 年以前，所产棉花也不过百万担左右，所占全国棉花总产量的比重，也从未超过 20%。1919 年产棉约 90 万担。1920 年由于旱灾的影响，产量更少，仅为 20 万担。1921 年以后，山东的棉花种植略有增加，产棉量逐渐上升。1930 年接近 200 万担，占全国总产量的 24.64%，居第 2 位。1931 年跃居第 1 位，占总产量的 33.62%。1932 年产量有所下滑，但仍占总产量的 21.83%，居第三位。1933 年由于自然灾害等原因减产很多，仅产棉 41 万担，占总产量的 14.13%。而后又逐年增加，1936 年产量为 255 万担。此时期历年的单位

①　实业部国际贸易局编《中国实业志（山东卷）》第五编第九章，1934，第 26 页。

产量具体如表 2 所示。

表 2　1924~1937 年山东产棉状况一览

年　度	1924~1929	1931	1932	1933	1934	1935	1936	1937
产　额 （市斤/市亩）	37	36	34	33	33	26	41	27

资料来源：许道大编《中国近代农业生产及贸易统计资料》，第 203 页。

由上表可知，除棉花受灾严重的 1935 年和战争时期的 1937 年，山东的单位产棉量还是较高的，特别是在山东广泛推广种植的脱字 36 号棉，普通每年产棉（籽棉）量竟在 140 斤左右。

山东所产的优质棉花，纤维所含的蜡质较多，同时天然的捻度也较高，深受纱厂、棉农的欢迎。与长江流域各产棉省的棉花相比较，"长江流域可谓不能得一担国产真正三十二支或四十二支之原料，甚至并适合标准之二十支原料亦不可得。而冀鲁产地，竟有数处，且有逐渐推广之势。一部分为四十二支原料，而大部分全属三十二支原料"①。

3. 品种优良丰富

品种的优良与否决定了棉花的收益。山东的棉种有洋棉和中棉之分，农民称洋棉为大花、中棉为小花。清末民初，山东开始引种洋棉，到 20 世纪二三十年代，洋棉种植面积虽少于中棉，但已遍及了各产棉区。洋棉主要为美国棉（简称美棉）、朝鲜金氏棉、脱字棉等。它们都纤维细腻，深受棉农的喜爱。金氏棉绒长 3/4 吋，出穰率为 33%；脱字棉绒长 7/8 吋，出穰率为 29%。在洋棉中，以美棉的种植为最广。就产量而言，临清、夏津、清平、高唐、堂邑、滨县、恩县等地的产量最多；就质品而言，以滨县的美棉为最优，其中滨县美棉与天津棉同为国内优良品种。中棉与洋棉相比，有其自身的不足之处，例如纤维短且粗，但也有其自身的优势，例如出穰率较高，一般在 33%~38%，况且中棉更适合山东的地质、气候的特点，种植面积广于洋棉。中棉的种类繁多，例如章丘的中棉中就有粗绒棉、细绒棉、小棉、白棉等；齐东县有白棉、齐细棉、粗绒棉等。中棉的质品也因

---

①　吴知：《山东棉花之生产与运销》，南开大学经济研究所编《政治经济学报》1936 年 5 月。

190

土质、气候的不同而有差异，其中鲁西、鲁南的重要产棉县所产的棉花，纤维比较粗，但出穰率相对较高；鲁北及小清河流域的中棉，纤维都比较细长，但出穰率不高。就全省而言，中棉的产量较高、质品较好的地方，当属滨县、齐东等县。

4. 棉花市场运销兴旺

棉花市场交易的兴旺也是植棉业繁荣的一个重要标志。鸦片战争以前，山东所产的棉花，一部分被农民当作衣被的原料。除此之外，才销售他地。鸦片战争后，洋纱、洋布纷纷涌入中国，严重冲击着中国的土纱、土布市场，植棉业遂不兴旺。后来外国资本家在中国设厂，收购棉花。民族资本家的新式棉纺织厂也纷纷建立，植棉业遂复兴旺。特别是在第一次世界大战时期，国内棉纺织业得到了充分的发展，棉花的需求量激增，价格日趋上涨，引起农民的植棉积极性，纷纷改种棉花。这时山东的棉花除少数自给外，绝大部分供给纱厂或运往他省及国外。植棉业的兴旺在一定程度上是基于新式棉纺织厂的建立。20 世纪二三十年代青岛有华新纺织有限公司等 7 家大型纺织厂，济南有鲁丰纺织股份有限公司等大型纺织厂，有纱锭约 45 万枚，年约需原料百万担。[①]

棉农与纱厂联系的纽带是花行。济南、张店、青岛、临清等地为山东棉花的主要集散市地。济南有花行 28 家，张店有花行 25 家，青岛有花行 14 家，临清有花行 20 家。

二

20 世纪二三十年代山东的植棉业无论是在种植面积、产量、棉质，还是在品种、市场运销上来看，都形成了良性循环。黄河经由山东流入渤海，沿河两岸及小清河流域的平原地区，属于积土与黄土混合沙壤地带，其中石灰质的含量更利于棉作物的生长。鲁北区、鲁南区的土质主要是沙壤，鲁西区则以沙土为多，这些都是比较适合棉花生长的土质。山东全年降雨量在 20~27 吋，棉花生长期的气温为 22 摄氏度。棉花适宜的气候是生长初

---

① 实业部国际贸易局编《中国实业志（山东卷）》第五编第九章，1934，第 107 页。

期两个月内的温度必须在 15~20 度，而后两个月内则须在 20 度以上。播种期内须少雨，生长期内宜有霖雨，开花后必须时有小雨，结铃后以天热、干燥为最佳。山东气候大体上是与棉花生长的理想气候相吻合的。美中不足的是五六月份天气稍旱，影响棉花的及时生长；秋收时温度偏低，降霜略早，使棉花不能成熟充分。20 世纪二三十年代是南京国民政府的"黄金十年"，其间虽有战争的发生，例如中原大战，但总体而言，政局比较稳定，工农业均有较大的发展。这时山东的植棉业也获得了长足的发展。除了自然条件、社会环境两个主要的因素外，笔者认为以下两个因素也是促使山东植棉业迅速发展的原因。

1. 棉种的改良与推广

农业的巨大发展离不开农作物品种的改良，品种的改良包括引进良种和自育良种两种方式。清末民初，美棉开始传入山东，并在各地推广。由于未经过驯化和筛选，再加上自然条件的限制，一些地区引入的棉种逐渐混杂退化。但美棉的种植还是取得了很大的成就，从 1927 年的 100 万亩扩展到 1931 年的 300 万亩。1922 年的产量是 5 万担，1931 年则达到 100 万担之多。自育良种也是棉种改良的一个重要方面。20 世纪二三十年代，临清、齐东等地纷纷建立棉业实验场，培育良种。实验场向棉农散发棉种，然后再与他们签订契约，提供技术、资金等方面的帮助。待收获季节，实验场按高于市场价收购皮棉，剩下的棉籽当作明年的种子。1928 年山东省矿业厅设立合作指导委员会，鼓励培育棉种的创新。1933 年山东省建设厅在全省划分棉区，要求各产棉区加强与实验场的联系，棉区要用实验场提供的种子。同时还组织讲习会、棉种展览会等，这些措施都极大地促进了优良棉种的推广。在自育品种中，推广比较成功的有脱字 36 号棉、脱字 47 号棉、脱字 57 号棉、齐细 4 号棉、正大 64 号棉等，其中脱字 36 号棉的推广尤为广泛。1931 年，齐东棉业实验场和山东农学院培育出脱字 36 号棉。脱字 36 号棉"对山东之气候、土质，甚为适宜。早熟丰产，抗害力强，受霜害轻……出穰率约为百分之三十二。普通年亩产籽棉一百四十斤，净棉供纺四十二支细纱原料，农民纱厂均甚欢迎，诚山东最宜之纯良美棉也"①。到 1936 年底，已推广到滨县、惠民等产棉大县。1933～1937 年脱字 36 号棉推广棉籽 420 万斤，推广面积 70 余万亩，生产籽棉 2500 万斤。另外，脱字 57 号棉推广面积有 500 万亩，脱字 47 号棉约 100 万亩，遍及邹平、菏泽、历城、齐东等地。另外，齐细 4 号棉、正大 64 号棉也得到了广泛的种植。② 优良棉种的推广，不但使产棉量有所增加，而且也使棉花种植结构发生了变化。

2. 棉花运销检验机制的完善

这一点突出表现在对商品棉质量的检验，严厉杜绝掺水作伪。以往很多农民在收获季节把干燥的棉花故意散落在地上，吸收露水，而后售于棉商。棉商必须在晒干后才能轧花，他们就在轧花后以掺水来弥补其损耗。其结果是棉花掺水后，质量变劣，发霉发臭，纤维变弱，光泽减退，甚至腐烂；其次由于含水的原因，棉花中夹杂的黏附物不易剔除，更容易损坏纺织机器。这种掺水现象兴盛一时，严重损害了山东商品棉的声誉。民国初年，山东行政公署就开始加强对棉花水分的检查工作并颁布棉花检查条例，严加限制棉花的含水量。1929 年实业部在青岛设立商品检验局，次年又在济南设立棉花检验分处。1931 年设立棉花检验室，实施出口检验，规定合格棉花以在摄氏 100 度内烘验三小时为标准。总之，棉花检验机制的完善，保证了山东商品棉的质量，提高了其声誉，更利于棉花种植规模的扩大。

三

山东的棉花种植及市场运销的兴旺，不仅使农业内部种植结构发生变化，而且还与其他相关行业发生了密切的联系，促进了一些地区的商业发展，逐渐形成了一些商业活跃区，例如鲁西产棉区的临清，鲁东区的青岛、济南，鲁南区的济宁、兖州等地。棉花收获后，若卖于市场、售于商家，还必须经过一系列的步骤，其中轧花便是棉花加工的第一道程序，由籽棉加工为皮棉，方便运输。打包是棉花加工的第二道程序，打包业大部分集

① 吴知：《山东棉花之生产与运销》，南开大学经济研究所编《政治经济学报》，1936 年 5 月。
② 安作璋：《山东通史（近代卷）》下卷，山东人民出版社，1995，第 476 页。

中于产棉区和棉花贸易区。植棉业的发展促进了轧花、打包、纺织、机器制造业等相关行业的发展，使产棉少或不产棉的地区也能得到棉花商品化带来的收益。以潍县为例，自棉花传入后，由于棉布有结实而廉价的优势，有很广的消费市场，致使棉纺业成为当地农民一项最主要的行业。潍县与河北高阳、宝坻并称全国三大土布中心。至 20 世纪二三十年代全县共有织布机 5 万架，专营织布者有 10 万人之多。1934 年产布 1080 万匹，占全省总产量的 62.95%。另外，潍县的土布几乎全部外销，运销河南等省。① 潍县在纺织业发展的同时，相关的机器制造、金融业也都有了很大的发展。据 1935 年的调查，潍县有与棉纺织业有关的制造业如表 3 所示。

表 3　潍县有与棉纺织业有关的制造业一览

业　　别	轧布厂	染织厂	颜料厂	铁工厂
数量（家）	7	7	10	2
资本总额（万元）	3.42	31	0.85	27.74
职工人数（人）	210	496	10	495
全年总产值（万元）	5.2	187.5	2.35	60.288

注：铁工厂以生产脚踏织布机为主，另外还生产轧花机。

为了适应棉花、土布业的发展，潍县各地的布庄纷纷建立。1935 年，据潍县营业税局的统计，全县有布庄 250 家，全年营业额为 3073000 元（银元）。如果依据布机的数量，其营业总额估计要大于此数。同时各地钱庄也相继设立，钱庄与布庄不同之处在于它是集贸易和金融于一身，况且也不单是棉业、布业的金融机构。潍县共有钱庄 24 家，据 1933 年的统计，钱庄资本总额约为 24 万余元，其中存款 264 万余元，放款 210 余万元，汇兑 84 万余元。②

棉花种植业提高了农民的收入。由于棉花商品率的逐年提高，棉花收益成为农民一项主要的收入。在棉花集中种植区域，农民生活有了很大的提高。相对其他作物，棉花种植的收益较大。

---

① 实业部国际贸易局编《中国实业志（山东卷）》第五编第二章，1934，第 47 页。
② 陈鹤侨等编《潍县志》（四），台湾学生书局，1968，第 1376 页。

四

20 世纪二三十年代，山东植棉业的发展是迅速的，但也存在着一些阻碍植棉业进一步发展的技术、经济等方面的因素。阻碍棉业发展的不利因素很多，笔者认为以下三个因素不能忽略。

1. 耕作技术落后

棉花种植虽然在山东有很长的历史，但落后的封建农村经济生产力得不到提高，基本上停留在以往的耕作水平上。棉花种植的操作性很强，对土壤、肥料的要求很高。山东棉农所施用的肥料，大都以厩料为主，豆饼、棉饼、人粪及灰肥次之。我国使用化肥始于 20 世纪初，由于人们对化肥的认识不足，或化肥的价格超出一般棉农的经济承受能力，施用化肥的人很少，山东也是如此，"鲜有施用肥田粉（化肥）者"，土壤改良不力，容易滋生棉花枯黄病，出棉不多，农民收入减少。若遇到棉花病虫害，棉农或把草木灰、热沙土撒在叶子上，或人工捉虫，或者听之任之，棉花长期存在着落蕾和大面积的病虫害问题。

2. 棉贱伤农

山东除了一些工商业比较发达的地区，一般农民的收入主要来源于农作物的收益。然而那时农作物的价格却是每况愈下，而农民还必须把大量的人力、物力投入农业，生活更加困难。就棉花而言，种植面积未发生大的变化，而价格却是逐年低落。仅就 1934 年而言，棉花价格只是往年的 1/3。往年像夏津、滋阳、广饶等地的棉花，每担常在 20～22 元，而 1934 年的价格最高不超过 16 元，最低卖到了 10 元以下。农民收入锐减，而植棉成本却在增加，棉农濒临破产的境地。这样一来，棉花种植成为山东农民无奈的选择。

3. 日本对棉花生产贸易的支配性控制

20 世纪二三十年代山东的棉花多供应日本在华的纱厂。1935 年日本在青岛的 8 家纺织厂约消耗 120 万担棉花，几乎是华商纱厂的 4 倍。日厂的原棉绝大部分来自山东，"这样一个棉花生产贸易结构，意味着日本公司的支配性控制。青岛日厂决定棉花的需求程度；济南和张店的日本的经纪行则决定棉花的标准和价格。华商的角色，主要限于低下层的贸易——在基层定期市集向小农生产者收购、轧花、打包，以及把棉花运至济南和张店，在那里由日本公司为青岛纱厂大批购货"[1]。日本在山东棉花生产贸易上的垄断性经济体系，改变了山东农业商品化的结构，使其依附性加强。一旦日本有经济上的"伤风"，那么山东的棉花市场就会有"感冒"的威胁。

总之，山东的植棉业在 20 世纪二三十年代有了很大的发展，给农业、工业带来了一些活力，但发展的背后也有阻碍植棉业进一步发展的不利因素。因此，山东的植棉业在新中国成立前始终未能完全形成一个规模巨大的经济种植模式。

---

[1] 黄宗智：《华北的小农经济与社会变迁》，中华书局，1986，第 133 页。

南京国民政府时期女儿财产
继承权问题初探

——以最高法院及司法院的司法解释为中心

易　青[*]

在中国家族形态变化的任何阶段，女儿与儿子对于家产的地位都存在本质的区别，民间谚语亦云"儿承家、女吃饭；儿受家产、女受柜"，即在财产继承权上男女不平等。① 1924 年国民党"一大"在广州召开，宣言规定"于法律上、经济上、教育上、社会上确认男女平等之原则，助进女权之发展"。1926 年 1 月国民党"二大"召开，会议通过了妇女运动决议案。不仅确定妇女运动方针"除领导妇女群众参加国民革命外，同时尤应注意妇女本身的解放"，且通过了"女子有财产继承权，从速制定平等法律；根据结婚离婚绝对自由制定婚姻法"等 11 项男女平等案。为推进国民革命运动、发动广大妇女参与，国民党规定男女在法律上平等，赋予了女子财产继承权。综合考察妇女运动决议案形成的背景，笔者认为国民党本意是无条件地赋予中国妇女财产继承权，但该决议案和国民政府司法行政委员会发布的《审判妇女诉讼案件应根据妇女运动决议案之原则令》里都没有明

＊　易青，南京师范大学副教授。在本文，女儿是父系家庭内相对儿子而言的性别群体，分为未嫁女与出嫁女。女儿的继承权仅指女性基于女儿的身份对娘家财产的继承权。出嫁女基于妻或寡妻、妾的身份的继承权问题不在本文讨论的范围。

① 赵凤喈主张，"女子之继承权，若就宗祧继承言之，则可谓绝对无之；若就财产继承言之，则可谓有相对之权利，或可谓有附条件之权利也"。《中国妇女在法律上之地位》，商务印书馆，1928，第 14 页。

确界定"女子"一词①，而当时的最高法院（1927 年 12 月广州国民政府时期的大理院更名为最高法院）运用法律解释权，把出嫁的女儿排除在财产继承之外②，之后又对未嫁女儿的财产继承权多加限制，出现了在政治制度层面虽然男女平等，但在司法实践层面，仍继续遵行《现行律民事有效部分》的逻辑，限制女儿拥有财产继承权。③ 因此，造成这一时期女儿财产继承权处于非常之状态，既不是完全享有财产继承权，又没有因"宗祧继承""家长权"而被完全排斥于财产继承权之外。这样的矛盾状态，既与国民党信仰三民主义有关，又与新政权不稳固相关；既与国民党基于政治信仰推行法制建设有关，也与法是现实之反映相关。质言之，南京国民政府建立之初，在法制建设上，遇到了调和现实与理想之冲突的困境。本文拟就女儿财产继承权问题的出现，以及司法实践中该问题的发展及国民党怎样解决这一问题进行探讨，勾勒出女儿财产继承权的实貌，进而探究南京国民政府初期司法审判的特点。

一　先行研究简介

从女性研究的角度出发，探讨民国时期妇女的法律地位，如寡妇的立嗣权、女性的财产继承权，结婚、离婚的权利，妾的法律地位等，值得关注的研究有赵凤喈《中国妇女在法律上之地位》、白凯《中国妇女与财产970—1949 年》、卢静仪《民初立嗣问题的法律与裁判——以大理院民事判决为中心（1912—1927）》、滋贺秀三《中国家族法原理》、徐静莉《民初

---

① 按白凯所言，"1920 年代，受西方影响的改革者和革命者的话语中'女子'一词在不同的语境中有两个不同的涵义，在与男子相对时，它指的是广义的女人，即所有的女性，而不论其年龄和婚姻状态；而当它与'儿子'相对时，则明白地是指女儿"。《中国妇女与财产970—1949 年》，上海书店出版社，2003，第 124 页。

② 在"宗祧继承"观念中，不承认寡妇、直系女性尊亲为继承人，而女儿却能在一定条件下享有财产继承权，如户绝。各地方法院依照传统很自然地将女子局限为女儿。

③ 民国建立之后，因为法典的编纂并不能在短时间内完成，依据 1912 年 3 月《临时大总统宣告暂行援用前清法律及暂行新刑律令》以及 1927 年 8 月 12 日南京国民政府令，《大清现行刑律》中的民事部分（史称《现行律民事有效部分》），成为全国各级审判机构审理民事纠纷最主要的审判依据，直到 1931 年民法施行为止。

女性权利变化研究——以大理院婚姻、继承司法判解为中心》① 等论著。这些先行研究对于 1928—1931 年女儿财产继承权问题的产生、地方法院在实际司法审判过程中遇到的问题，以及请求最高法院予以解释进行了分析，之后这一系列解释是怎样限制了女儿财产继承权、当时的法学专家是怎样评价女儿财产继承权、国民党又是采取什么方式试图解决这一问题的过程有所阐释。有的论著出于研究时段的限制没有涉及上述议题，有的虽然涉及了，但没有进行系统的梳理。本文在此将对这一问题进行全面、系统的阐释，以便把握妇女运动决议案发布之后到《中华民国民法典》颁布之前，女儿财产继承权的实貌。

二　最高法院对出嫁女儿财产继承权的排斥

进入问题正式探讨之前，有必要对南京国民政府建立之初的最高法院以及司法官的相关情况进行简单分析。1927 年末，最高法院成立，初任院长是徐元浩。1928 年 10 月，国民党采胡汉民之建议实施训政，设立五院制，而后最高法院隶属司法院管辖。1926 年国民政府在广州举办了第一次法官考试，录取 50 名法官。之后，随着国民革命军进入黄河以北，分别在武昌河南山西举行法官考试。1930 年 9 月国民政府公布《法官初试暂行条例》，12 月举行法官初试。在此之前，开办过法官训练所，毕业合格人数 172 人。② 结合法官考试科目来看，考生应考三民主义、五权宪法两门政治课程，国民党要求合格的法官必须具备三民主义基本理论知识，仅此而已。众所周知，王宠惠、居正相继担任司法院长之后，大力推行"司法党化"，尤其是后者，将法官的三民主义政治信仰置于考察司法官能力、业绩之首。从王用宾介绍的情况可以做出以下判断，即进入"训政"之前，最高法院是专职审判的独立机构，且由于法律专业知识传承及司法实践之特殊性，

---

① 赵凤喈：《中国妇女在法律上之地位》，商务印书馆，1928；白凯：《中国妇女与财产 970~1949 年》，上海书店出版社，2003；卢静仪：《民初立嗣问题的法律与裁判——以大理院民事判决为中心（1912~1927）》，北京大学出版社，2004；滋贺秀三：《中国家族法原理》，法律出版社，2003；徐静莉：《民初女性权利变化研究——以大理院婚姻、继承司法判解为中心》，法律出版社，2010。

② 王用宾：《二十五年来之司法行政》，《现代司法》1936 年第 1 期。

造成最高法院及下属的地方法院，仍保留了大量北洋时期司法系统之人员，具有一定的封闭性。加之这一时期，国民党还没有开始大规模的"司法党化"及正式实施司法官考试，因此初步具备三民主义理论知识的法官，人数并不是很多。这些旧政权遗留下来的法官在审判过程中，北洋政府时期大理院的审判案例、司法解释等，在这些人的意识中仍占据了主要地位。

最高法院及司法院涉及女儿财产继承权的主要司法解释，有"解"字第7、第34、第35、第47、第48、第92、第133、第163号文以及司法院"院"字第11号文，这些司法解释的主旨及发布背景如表1所示。

表1　最高法院及司法院涉及女儿财产继承权的主要司法解释一览

机构	文件名称	主旨	地方法院相关提问
最高法院	"解"字第7号文[1]	女子有财产继承权。	四川巴县地方审判庭电：顷据国民党女党员争女子全部承继权。谓中央党部会议，经议决在案。悬案待决。切盼电示祗遵。
			最高法院：筱电悉。查第二次全国代表大会妇女运动决议案，女子有财产承继权。特覆。
	"解"字第34号文[2]	未出嫁女子与男子同有继承财产权。[3]	广西司法厅电函："凡属女子，即有财产继承权。究竟已嫁之女子，对于所生父母之财产，是否有承继权？"
			最高法院："以财产论，应指未出嫁女子与男子同有继承权，方符法律男女平等之本旨。否则女已出嫁，无异男已出继，自不适用上开之原则"，即将女子出嫁视为男子出继。
	"解"字第35号文[4]	未出嫁女子与男子同有继承权。	浙江高等法院提问："依现行律规定，遗产承继除特别规定外，普通专为男子所独有，然则依现行政纲，妇与夫、女与子是否同等享受承继权？"
			最高法院："以财产论应指未嫁女子与男子同有继承权，否则即属例外。"

续表

机构	文件名称	主旨	地方法院相关提问
最高法院	"解"字第47号文[5]	未出嫁女子，不问有无胞兄，应认为有同等承继权。出嫁女子则不得主张。	浙江最高法院提问："所谓女子，是否妇女之通称，抑专指闺女而言。出嫁之女是否必须于其父母乏嗣时方可主张承继财产，抑不问有无胞兄弟，均有承继权之存在。又出嫁之女能否于其兄弟析产时主张平均分受其父母所有之财产。"
			最高法院："女子继承财产系指未出嫁之女子而言，不问有无胞兄弟，应认为有同等承继权，至出嫁之女子，对于所生父母财产不得主张承继权。"
	"解"字第48号文[6]	嫡庶长幼男女，对于承继财产毫无差别，惟出嫁女子，不得承继；女子既有承继财产权，则应负抚养亲属义务。	福建高等法院提问："关于财产承继问题，是否不问嫡庶长幼男女皆得为承继人同等承继，抑其应继部分有无差异，又出嫁女子能否复行主张父家财产承继权？"
			最高法院："嫡庶长幼男女，对于承继财产毫无差别，惟出嫁女子，不得承继。"
	"解"字第92号文[7]	（一）女子未嫁前，与其同父兄弟分受之产，如出嫁挈往夫家，除妆奁必需之限度，须得父母许可。若父母俱亡，须得同父兄弟同意；（二）女子未嫁前，父母俱亡，并无同父兄弟，此项遗产应酌留祀产及嗣子应继之分。至此外承受之部分，如出嫁挈往夫家，除妆奁必需之限度外，仍须得嗣子同意。如嗣子尚未成年，须得其监护人或亲族会议同意；（三）对于绝户财产，无论已未出嫁之亲女，于其全部遗产有承继权，但仍须酌留祭产。如本生父母负有义务，亦应由承继遗产人负担；（四）女子被夫遗弃，留养父母之家，其本生父母既许其分产，自无禁止与其兄弟分受遗产之理。	浙江高等法院提问：一是，女子在未出嫁时获得了遗产，到出嫁的时候这部分财产应如何处理？二是，离婚女子归家后，由父母留养，是否有继承财产权？

续表

机构	文件名称	主旨	地方法院相关提问
最高法院	"解"字第133号文[8]	女子赘婚留居母家，与夫家不发生家属关系，应准其承继财产权。	广西高等法院问：丧夫留居夫家且招夫上门的女子与赘婚留居娘家的女子，是否享有同等的财产继承权？
			最高法院："已嫁之女子对于父母财产不得有承继权，惟女子在夫家招人入赘，是否准已嫁论等语，此项赘婚仍与通常婚姻关系同，惟女既因赘婚留居母家，与夫家不发生家属关系，自应有承继财产权。"
	"解"字第163号[9]	（一）女子无宗祧继承权，其承受遗产，在未嫁前已有嗣子者，应与嗣子平分。即未立嗣，亦应酌留应继之分。（四）女子继承财产，以未出嫁为限。	复四川高等法院电
司法院	"院"字第11号[10]	女子与夫离异，留居于父母之家，如遗产未经分析，或另有遗留财产，仍得享有继承财产权。	令江苏高等法院院长张君度

注：[1]"解"字第7号（民国17年？月？日），转引自戴渭涛编《女子继承权法令汇编》，上海民治书店印行，1930年4月。

[2]"解"字第34号文（民国17年2月28日），该司法解释否定了出嫁女儿继承绝户财产的权利，转引自戴渭涛编《女子继承权法令汇编》。

[3]"女子"在传统话语中被用作未婚的闺女，与另一类女性"妇"相对，所以地方法院产生了"女子"是仅指未婚的女儿，还是包含已婚女子的疑问。从该司法解释看，最高法院延续传统将"女子"作为女儿的代名词，并进一步界定决议案中的"女子"仅为未嫁女儿。

[4]"解"字第35号文（民国17年2月28日），转引自戴渭涛编《女子继承权法令汇编》。

[5]"解"字第47号文（民国17年3月23日），转引自戴渭涛编《女子继承权法令汇编》。

[6]"解"字第48号文（民国17年？月？日），转引自戴渭涛编《女子继承权法令汇编》。

[7]"解"字第92号文（民国17年5月？日），该司法解释又重新赋予已嫁女儿继承绝户财产的权利，转引自戴渭涛编《女子继承权法令汇编》。

[8]"解"字第133号文（民国17年7月25日），转引自戴渭涛编《女子继承权法令汇编》。

[9]"解"字第163号（民国17年9月？日），转引自戴渭涛编《女子继承权法令汇编》。

[10]"院"字第11号（民国18年2月23日），转引自戴渭涛编《女子继承权法令汇编》。

　　以上司法解释一一遭到了法学专家的严厉批评。如高维睿认为，最高法院的司法解释严重违反了妇女运动决议案以及国民党政纲对内政策第十二条之规定——男女平等。他认为最高法院主张的"女子的出嫁等同于男子出继，未出嫁的女子便和男子一样享有财产继承权，到了出嫁以后，和母家不发生家属关系，就不能享有这种权利了"①，不仅是对男女平等原则的挑战，就是在旧律里也是不合逻辑，即男子在出继之前获得的财产并没有因为出继而要求退还，为什么女子出嫁就不能携产前往夫家？加之"男子的出继并不是个个都有的事，而女子则个个都必须出嫁"，因此上述司法解释不仅自相矛盾，且造成女子财产继承权有名无实。民法专家郁嶷也撰文批评这些司法解释，认为男子出继后虽然丧失了对所生父母的财产继承权，却取得了对所嗣父母的财产继承权。而女子出嫁后，不仅没有取得任何人的财产继承权，反而丧失了对所生父母财产的继承权。男子不因娶妻而丧失财产继承权，而女子却因为出嫁而丧失继承权，这是何等的不公平！如果是因为女儿在出嫁时获得了妆奁而丧失继承权，男子娶妻同样也有花费，为什么就没有丧失继承权呢？②笔名民隐的作者也发文质疑女子掣产之规定，认为"所加于出嫁女子掣产之限制，除父母许可一层尚无若何流弊外，其余谓得同父兄弟之同意，与得嗣子并其监护人或亲族会议之同意，均不免违反被继承人之意思，而发生社会纠纷"。作者主张，如果女子未出嫁之前通过合法途径继承了财产，应准许女子拥有财产的所有权，"而以后掣产出嫁，自无须更设同兄弟等之限制"。③

　　上述三位法学专家认为最高法院的司法解释存在以下四点问题。其一，观点——"女子如已出嫁，等于男子已出继"，不仅不符合男女平等之原则，也不符合旧律。其二，立论前后自相矛盾。第7号文规定了女子享有继承权，之后的解释却将女子分为出嫁与未嫁而享有不同的权利。其三，若实施这些法令条文，必将引发严重的社会问题，即未嫁女儿与出嫁女儿存在巨大的权利差距，为了保持权益，有些女子最后不得不选择留居母家，坚持不嫁。因此，这些法学专家得出结论，认定上述司法解释是对男女平

---

①　高维睿：《女子财产继承权的限制问题》，《法律评论》第 286 期，1929 年 4 月 7 日。

②　郁嶷：《女子继承权问题》，《法律评论》第 287 期，1929 年 4 月 14 日。

③　民隐：《关于女子出嫁掣产限制之商榷》，《法律评论》第 291 期，1929 年 5 月 20 日。

等原则的阳奉阴违，表面上赋予女儿财产继承权，实际上却采取种种限制。其四，女子没有取得任何权利，依旧是男女不平等。

笔者综合以上 9 个司法解释以及当时法学专家的评述，以妇女运动决议案发生效力为前提，推断具有财产继承权的女子包括：未嫁的女儿；由父母留养的离异之女；留居父家、招婿上门的女儿；户绝之家的已嫁女儿。[①]除去户绝之家的已嫁女儿，另三类女儿也获得了财产继承权，即相对于旧律，最高法院扩展了女子继承主体身份的范围。为什么最高法院承认上述女子具有继承权，最重要的依据就是在大理院时代发展起来的"家属观念"，即这些女儿仍是父家的家属。因为出嫁的女儿已经与父家不发生家属关系，因此被完全排除在权利主体之外。以上三类女儿虽然拥有了继承权，但这种继承权是不完全的，即没有取得遗产的所有权，因此才会出现限制掣产前往夫家的规定。在此，最高法院抱守的仍是中国传统继承制度——以宗法伦理之下的家庭财产为基础，坚持家产只能留在家族内部的观念。依据最高法院之"女子出嫁等同于男子出继"的逻辑，那些已经获得了遗产的未嫁女儿，在出嫁与留住遗产之间，只能择其一。出嫁即意味着只能获得妆奁，保住遗产也就意味着放弃出嫁。

最高法院为什么仍然坚持以旧律的逻辑来解释国民党的妇女运动决议案，其中的原因颇为值得思考。一种解释，即"当时的学者推测，主要是因为自古女子无财产继承权，现在突然给与其财产继承权，过于急进，所以为了迎合新旧观念的不同，才采取了这种折中的解释方法"。[②] 笔者认为更主要的原因，一是当时的最高法院及地方法院仍然充斥着大量旧政权遗留下来的司法工作人员，这些司法官大部分还没有接受过系统的三民主义教育，审判工作明显受到北洋时期大理院司法审判的影响；二是国民党内派系纷争，加之这一时期南京国民政府的工作重心是二次北伐，因此党与政府没有闲暇工夫推行司法党化。众所周知，这项工作是国民党巩固了新政权之后才展开的；三是也不能排除当时国民政府没有颁布

---

① 赵凤喈在《中国妇女在法律上之地位》中提道："女子承受绝户财产权，至元明之际，逐益确定。清律因明之旧。民国成立，此项规定，仍存现行律之中，大理院且有判例，明认亲女对于绝产有争讼权。"商务印书馆，1928，第 13 页。

② 徐静莉：《民初女性权利变化研究——以大理院婚姻、继承司法判解为中心》，法律出版社，2010，第 184 页。

《继承法》，最高法院只能在《现行律民事有效部分》的框架下进行司法解释，如果无视《现行律民事有效部分》，无条件赋予女子财产继承权，将会导致司法审判的混乱。因此，最高法院、司法院才采取了上述现实的做法。

三　司法院对出嫁女儿财产继承权的补救

司法院院长王宠惠很快意识到这些司法解释严重违反了男女平等的原则，建议中央政治会议重新解释女子财产继承权——"关于女子继承权之解释，业经从新论定，女子不分已嫁未嫁，应与男子有同等财产继承权。"[①]就新解释发生效力的日期，王宠惠提出两种办法，即以"新解释通令各省到达之日起"或"追溯及第二次全国代表大会决议案。经前司法行政委员会通令各省到达之日，发生效力。其通令之日，尚未隶属于国民政府者，溯及其隶属之日发生效力"。[②] 经中央政治会议第 181 次会议讨论，决定采行后一种办法。[③] 司法院随后于 1929 年 8 月颁布了《已嫁女子追溯继承财产施行细则》，通令各地方法院遵照施行。

《已嫁女子追溯继承财产施行细则》颁布后，地方法院参照细则审理案件[④]，并及时向最高法院或司法院请求更为详细的司法解释。以下就细则颁布后，地方法院在具体司法实践中遇到的问题展开分析，从而把握女儿财产继承权的状况，如表 2 所示。

---

① 《附中央执行委员会政治会议原咨》，戴渭涛编《女子继承权法令汇编》，第 2 页。
② 《国府文官处为女子继承财产权新解释致司法院》，戴渭涛编《女子继承权法令汇编》，第 2 页。
③ 各省隶属国民政府时间不一，具体如下：广东 1919 年；广西 1925 年 9 月；湖南 1926 年 7 月 11 日；甘肃 1926 年 9 月 17 日；湖北 1926 年 10 月 10 日；江西 1926 年 11 月 7 日；陕西 1926 年 11 月 28 日；福建 1926 年 12 月 5 日；四川 1927 年 1 月 1 日；浙江 1927 年 2 月 18 日；贵州 1927 年 3 月 1 日；安徽 1927 年 3 月 5 日；江苏 1927 年 3 月 25 日；河南 1927 年 6 月 1 日；山西 1927 年 6 月 3 日；云南 1927 年 12 月 1 日；山东 1928 年 5 月 1 日；河北 1928 年 6 月 12 日；新疆 1928 年 7 月 1 日；奉天、吉林、热河、黑龙江 1928 年 12 月 29 日。刘含章《民法继承编实用》，环琦书屋，1936，第 33~35 页。
④ 细则颁布后，最具轰动的司法审判是盛宣怀的七子女围绕义庄六成基金分析而展开的司法诉讼案件，其子女中未嫁女盛爱颐、盛方颐依据法令获得了同等的平分权。

表 2　地方法院向最高法院或司法院咨询司法解释一览

地方法院咨询内容	司法院解释
山东最高法院："甲有子乙女丙，甲于民国 15 年春间死亡，遗产由乙承受，今丙未出嫁，对于乙起诉，请求分析甲之遗产"，发函咨询。	"倘被继承人于第二次全国代表大会妇女运动决议案发生效力以前，已经死亡，其遗产已由其男子继承取得，则其女子于该案生效之后，虽尚未出嫁，亦不能对其兄弟所已承受之财产，而欲享有继承权。"[1]（笔者认为，即不合《已嫁女子追溯继承财产施行细则》第一条之追溯期之规定的，出嫁女儿不请求财产继承权）。
辽宁最高法院就被继承人的具体含义以及继承开始时间，发函咨询。	"按财产继承以所继承人之死亡时为始，除关于母之独有财产继承外，所继系指父而言，如果继承开始在该省隶属于国民政府以前，而所有财产已有其男子继承取得，依旧时法令，女子并无财产继承权，则无论其财产分析与否，已嫁及未嫁之女均不得主张再行与子均分。"[2]（笔者认为，该条司法解释否定了传统的"析产"为遗产继承开始的时间）。
江苏高等法院发函询问："若所继人于该省隶属国府以前死亡，有女无子，遗产由守志之妇承受，迨国府以后，守志妇始为所继人立嗣，此种场合，其财产继承开始，当如何起算。又如所继人，在隶属国府前夫妇双亡，遗产由亲女掌管，迨隶属国府后，族众始为所继人立嗣，其财产继承开始，又当如何起算？"另，"继承开始虽在决议案生效以前，倘无亲子，又未立嗣，其时仅有未成年之亲生女，且延至现在尚未有合法继承之男子，该亲生女能否主张财产继承权"？	"被继承人虽在该省隶属国民政府以前死亡，而隶属国民政府时，尚无继承取得遗产之人，则被继承人之亲女及嗣子，均得享有财产继承权。"[3] "被继承人死亡之日，在第二次全国代表大会关于妇女运动决议案发生效力以前，既无亲子，又未立嗣，依当时法例，如无同宗应继之人，其财产应归亲女继承"[4]，支持女儿拥有绝户之家的财产继承权。（笔者推测，1930 年 12 月 26 日国民政府虽颁布了《继承法》，但实施的日期定在 1931 年 5 月 5 日，因此《现行律民事有效部分》中的"宗祧继承"在此时仍有法律效力。据此，司法院针对地方院的提问，给出了上述司法解释）

注：[1] 司法院"院"字第 174 号文，（1929 年 11 月 19 日），转引自《法律评论》第 321 期，1929 年 12 月 8 日。

[2] 司法院"院"字第 275 号文，（1930 年 5 月 12 日），转引自《法律评论》第 346 期，1930 年 6 月 1 日。"析产"可以是父亲生前分家时处分财产，也可以是儿子们在父亲死后对财产的分割。而"继承"只能是在被继承人自然死亡或被宣告死亡后才能开始，被继承人生前是不可能发生继承问题的。

[3] 司法院"院"字第 385 号，（1930 年 12 月 30 日），转引自《法律评论》第 381 期，1931 年 2 月 1 日。

[4] 司法院"院"字第 412 号文，（1931 年 1 月 22 日），转引自《法律评论》第 383 期，1931 年 2 月 15 日。

《已嫁女子追溯继承财产施行细则》计 12 条，具体规定了已嫁女子追溯遗产的时间、已嫁女子怎样请求重新分析遗产、重新分析遗产的标准等，比较重要的规定有第一条、第三条、第五条、第六条。① 法律一般以不溯及既往为原则，但此次通过制定《已嫁女子追溯继承财产施行细则》，赋予已嫁女儿追溯财产继承权，显示出国民党贯彻男女平等的决心。但仔细研究这些条文，可以发现已嫁女儿追溯遗产的最大障碍是诉讼时效的限制，即细则的第二条规定，"已嫁女子应继承之财产已经其他继承人分析者，该女子得向原分析人请求重行分析。前项请求应于本细则施行后 6 个月内为之"。司法院以"如果关于期限上漫无限制，则权利状态久不确定"为理由，强制规定已嫁女儿必须在 6 个月内提出重新分析的诉讼。查《中华民国民法典》之《总则》的规定，消灭时效为 2 年，而该细则的消灭时效只有 6 个月，以至于当时的法学专家认为"不惜设此短期时效，使已嫁女子之财产继承权消灭于不知不觉之中"。②

细则不仅遭到一些法学专家的批评，又因在具体司法实践中引发了太多的问题，以至于国民政府也认为"此种法律如果实行，骨肉之讼争将寻无已，社会之秩序必陷于纠纷"，于 1929 年 10 月 11 日发布 990 号训令，要求立法院修正细则。在该训令中，国民政府一一列出了重修细则的理由。如，认为细则第二条规定，"女子虽经确定判决，因已嫁而不认其有继承财产权者，该女子仍得享有之"，即当事人依据细则，可要求法院重新审理案件，这将无疑大大损伤法院的司法威严，因此建议立法院修改该细则生效

---

① 《已嫁女子追溯继承财产施行细则》第一条：依民国 18 年 5 月 15 日中央执行委员会政治会议第 181 次会议关于女子继承财产权新解释发生效力时期决议案，凡财产继承开始在左列日期后者，虽已嫁之女子亦有继承财产权。一、第二次全国代表大会关于妇女运动决议案经前司法行政委员会民国 15 年 10 月通令各省达到之日；二、通令之日尚未隶属国民政府各省，其隶属之日。第三条：已嫁女子应继承之财产已经其他继承人分析者，该女子得向原分析人请求重行分析。前项请求应于本细则施行后 6 个月内为之。第五条：重行分析时，其财产已较原分析时减少者，以现有之财产额为准，但其减少由于受分人于民国 18 年 5 月 15 日中央执行委员会政治会议议决新解释发生效力时期后之恶意行为者，仍依前条之规定。原分析后其他继承人之财产增加者，其增加之数不在重行分析之列。原分析后其他继承人之财产增减不同时，分别依前二项之标准。第六条：已嫁女子之妆奁费重行分析时，应于应得之数内扣除之，但已超过应得之数者，其他继承人不得请求返还其超过额，曾受特别赠与或遗赠者，其受赠之财产亦同。转引自《法律评论》第 304 期，1929 年 8 月 11 日。

② 胡长清：《评已嫁女子追溯继承财产施行细则》，《法律评论》第 304 期，1929 年 8 月 11 日。

日期，即由颁布之日起发生法律效力，这样既可贯彻妇女运动决议案，又可维护司法审判之尊严。另，细则第三条规定"已嫁女子应继承之财产已经其他继承人分析者，该女子得向原分析人请求重行分析"，此处似有不妥，应加入"但原分析人之住宅应予除外"的限制。国民政府方面认为已嫁女子居于夫家，且依据中国的现状，大多数人除了住宅一无所有，如果强行分割住宅，势必造成"已嫁女子所得无几，而原分析人流离失所矣，似非保护民生之道"。此外，细则第六条规定"已嫁女子之妆奁费重行分析时，应于应得之数内扣除之，但已超过应得之数者，其他继承人不得请求返还其超过额"，此处似有违反男女平等之嫌，既然女子可以向兄弟请求重新分析遗产，则兄弟也有请求已嫁女子归还所得妆奁超过应继份额的权利。最后，依据权利义务对等的原则，国民政府认为已嫁女子还必须与兄弟平均负担被继承人的债务以及丧葬费用。国民政府以上述理由"或关乎社会之秩序，或关于法律之威信，或为保持男女待遇之均等，或为避免原分析人无谓之损失"，要求立法院重新修订《已嫁女子追溯继承财产施行细则》。① 但最后此事不了了之。

　　笔者就妇女运动决议案发生效力之后，至 1931 年 5 月《继承法》生效之前，以最高法院及司法院的司法解释以及《已嫁女子追溯继承财产施行细则》为依据，对这一时期女儿继承权的大致状况做如下分析。凡继承日期开始于下列日期之后的，未嫁女与出嫁女都享有财产继承权"（一）第二次全国代表大会关于妇女运动决议案经前国民党司法行政委员会民国十五年十月通令到达各省之日。（二）通令之日尚未隶属国民政府各省，则以其隶属之日"。② 但女儿的财产继承权又有一定的限制，具体体现在以下四点。（1）在《继承法》发生效力之前，司法审判默认宗祧继承，因此女儿必须酌留嗣子的应继份额，而不能要求全额继承父亲的遗产。（2）女儿在未出嫁前获得的遗产，出嫁时能否全部携往夫家，必须征得同父兄弟、或嗣子、亲族会的同意。（3）享有继承权的女儿仅限于亲女，养女依旧没有此项权力。《继承法》生效后，养女拥有继承权，但份额与其他亲生子女有差别。（4）户绝之家的女儿，在酌留祭祀份额的前提下，可以继承所有财产。值

---

① 《国民政府第 990 号训令》，《法律评论》第 315 期，1929 年 10 月 27 日。
② 《已嫁女子追溯继承财产施行细则》，《法律评论》第 304 期，1929 年 8 月 11 日。

得注意的是，最高法院和司法院在《继承法》生效之前，一方面默认宗祧继承的合法性；另一方面也有条件地赋予了女儿争取被继承人死亡于上述日期之前的财产继承权，即该被继承人死亡时没有立嗣、至该省隶属国民政府之时仍没有遗产继承之人，则女儿与嗣子均享有财产继承权。总而论之，1927～1931 年，女子继承主体身份在司法解释中，有了某些扩展，但这种外延也是有条件的。

从 1931 年 5 月 5 日《继承法》开始生效之后，国民政府正式从国家法律层面彻底否定了"宗祧继承"，继而确立了女儿与儿子在法律上享有同等的财产继承权。但习惯以及宗祧继承观念仍持续发挥着影响，阻碍了女儿财产继承权的真正实现。今日，我们所看到的民国时期的案例，只是一小部分女性（主要集中在城市）利用法律维护自身权利的个案，更多的女性不得不服从于传统习俗，继续处于无权的状态。正如滋贺秀三先生依据满铁调查资料——《中国农村惯行调查》所揭示的那样，在华北农村女儿与财产没有关系。"对于已出嫁的女儿来说，虽然在某种程度上分得父母的遗物，但其本意并非分配遗产"；直至父亲死亡仍留居在家的未嫁女儿，"期待从作为父亲之承继人的兄弟那里享受如同父亲在世时应享受的同样的待遇"，希望承继父亲一切权利的同父兄弟适当地为其出嫁做准备。总而言之，这一时期女儿的财产继承权之实貌即为——"相对于儿子总括性的承继家产，女儿对于家产可期待的只是'吃饭'，即养育到结婚为止。"①

---

① 〔日〕滋贺秀三：《中国家族法原理》，法律出版社，2003，第 353～356 页。

"孤岛"时期上海女工的日常规训

经先静[*]

关于近代女工的研究相对薄弱，且以宏观概述居多。传统的研究多在工运史的研究框架内，强调女工基于工人身份而形成的阶级意识，重视女工的斗争史，相对忽视了其基于女性身份而形成的独特生活体验。近年来，有学者试图突破这一框架，尝试从女工的主体性出发还原她们的历史。佟新通过对近代和当代女工的研究，提出异化与抗争代表了女工工作史的两大特点。异化显示了女工被国家政治、经济和社会文化等各种非自身的力量所左右的状况，抗争则表达了她们的自主性和能动性，[①] 其观点和研究方法都令人耳目一新。美国学者艾米莉·洪尼格运用政治学、社会学与社会性别的理论，考察了20世纪二三十年代上海女工的生活状况、工作情形，精彩剖析了20年代女工内部由原籍问题而导致的严重分裂，展现了深嵌历史之中的性别意识与阶级意识之复杂性。[②] 本文从社会性别理论出发，以"孤岛"时期上海女工的日常工作空间为切入点，关注在近代社会转型时期传统的父权制如何与现代性的资本制相互作用在日常工作空间内完成对女工的规训，以此试图接近和还原底层女工真实主体性之存在。

写作本文，笔者有一点限定："孤岛"时期，上海租界内的工厂由于英美的庇护具有一定的独立性，其生产、管理体制与战前保持了更多的一致

* 经先静，上海杉达学院马克思主义学院副教授，华东师范大学历史系博士。

① 佟新：《异化与抗争——中国女工工作史研究》，中国社会科学出版社，2003，第2页。

② 〔美〕艾米莉·洪尼格：《姐妹们与陌生人：上海棉纱厂女工1919~1949》，韩慈译，江苏人民出版社，2011。

性。然而在日军占领区内，还存在日本人控制的工厂①。鉴于两种类型的工厂在对女工的控制规训上有明显之差异，本文的研究对象锁定为租界内工厂的女工，② 不求全贪大，只求一斑窥豹。

一

处于工人与女性两种身份的叠加之下，近代女工不仅被认为是廉价的劳动力，而且是更容易管理和控制的女性。正如潘毅对当代女工的研究所指出的那样："生产机器的微体权力对平凡的身体没有兴趣；它只对特殊的身体，即女性的身体才感兴趣。因为女性的身体通常被想象为更加驯服、忍耐并且更加适应工厂机器。"③ "孤岛"时期，工厂内部正是通过苛刻的规章制度、语言及身体暴力和性别控制规训女工的身体，力图将其变成驯服且有生产能力的劳动力。

众所周知，棉纺织行业是上海女工最为集中的一个产业。"孤岛"时期，上海女工集中的行业普遍经历了繁荣的时期，其中尤以棉纺织业发展最为突出。从1938年下半年开始，经历过战火破坏的棉纺织业逐渐复苏，在短时间内进入一个迅速发展的时期。1939~1940年，女工集中的上海纺织业达到全盛时期，产销两旺。在高额利润刺激之下，租界内新增的工厂如雨后春笋般建立起来。到1941年底，租界内21家华商纱厂拥有的总设备指数已经比战前1936年增加了95%，纱锭增加了83.6%，布机增加了213.4%。④ 新老工厂都开足了能够运转的设备，无论是纱锭还是布机的单位产量都超过战前水平。从全行业设备平均产量来看，1940年每万锭产纱量比1936年增长26%，1939年每台布机产布量比1936年增长20%。⑤

---

① 包括为日军强占的华商工厂以及日商工厂。
② 关于在日本人工厂的女工之生存情形，将另撰文叙述。
③ 潘毅：《阶级的失语与发声——中国打工妹研究的一种理论视角》，《开放时代》2005年第2期。
④ 孤岛时期租界新建工厂11家。《中国近代纺织史》（下），中国纺织出版社，1997，第29页。另一说1941年华商纱厂计20家，参考许涤新、吴承明主编《中国资本主义发展史》第3卷（新民主主义革命时期的中国资本主义），人民出版社，1993，第436页。
⑤ 王子建：《"孤岛"时期的民族棉纺工业》，中国近代经济史丛书委员会编《中国近代经济史研究资料》第10辑，上海社会科学院出版社，1990，第14页。

"孤岛"经济"繁荣"时期，几乎所有的工厂都提高了工作强度、延长了工作时间。大多数女工的工作时间都在 12 个小时左右，一些人甚至长达 15 个小时。[①] 然而仅延长工作时间、提高劳动强度并不一定能保证高效率的生产，工厂规训权力还需要借助于一套严密的规章制度以保障劳动力的高效使用。由此，规训体现出两方面的意义：一是能够给人以惩罚和强制行为的联想和威慑，使其成为一个驯服的人；二是能够教人以某种职业技能和知识体系，使其成为一个满足规训权力要求即有用的人。[②] 工厂管理者经常反复强调各种规章，不断地对各种违规行为发出警告。事实上，无论女工们多么反感，这些规定日复一日终将被灌输到人的潜意识之中。

租界内的华商工厂对工人的控制管理普遍比较严格。申新纺织九厂被誉为华商工厂中的"模范厂"，其管理以严格著称，各种条例尤其多。以下是其部分内容[③]：

对于女工而言，犯下列各条者开除：（1）具有危险思想或行动；（2）在工房内赌博；（3）工作不力，屡戒不听；（4）侮辱职员；（5）其他。

违反以下规定者，罚工钱 5 分至 1 元：（1）工作不力；（2）与他人殴打；（3）损坏公物；（4）消耗公物；（5）偷窃公物（重则开除）；（6）不遵命令；（7）其他。

每个生产车间因工作内容不同，又有更详细的规定。以申九筒子间为例，打一个大结，每个罚款 5 分；结打好纱没拉直，每次罚 5 角；纱头没拉断，每根罚 5 分；接头时，纱绕三个手指，每次罚 5 分。

这些规则如此详细、苛刻，贯穿于女工的日常工作生活中。具体而言，上述管理条例在实际运用时表现出以下三个特点。

一是由于条例内容自身的不确定性，管理者（尤其是下层管理者）惩

---

① 陈达：《我国抗日战争时期市镇工人生活》，中国劳动出版社，1993，第 333 页。朱邦兴：《上海产业与上海职工》，第 40 页。

② 张之沧：《论福柯的"规训与惩罚"》，《江苏社会科学》2004 年第 4 期。

③ 朱邦兴等：《上海产业与上海职工》，上海人民出版社，1984，第 71~72 页。

罚时拥有更大的裁量权，惩罚本身也更具有主观性、随意性。在申新九厂开除和罚款的条例中，最后一条的内容均为"其他"。这意味着即使有条例约束不到的空间，管理者也可以随时根据需要来决定女工的行为是否需要惩罚以及需要何种惩罚。有些纱厂虽然没有"其他"性的条例，但也有类似模糊性的惩罚条例。如鸿章纱厂做错事罚3~5角，偷懒罚2~3角。[1] 条例中显然没有关于"做错事"以及"偷懒"的明确界定，其在实践中的运用不可避免地取决于管理者的主观判断。实际上，女工日常工作中接触最频繁的管理者是工头或称指导员，俗称"拿摩温"。他们是规章条例的具体执行者，是严厉的监督者，也是工厂规训权力的直接化身。苛刻、严厉、可恶是女工们对拿摩温的普遍评价。管理者试图通过对女工的监视，使其在长达12小时的工作时间内每分钟都要保持高强度的劳动量，以生产更多的产品。主观性的惩罚方式显示的是工厂规训权力的强大威慑作用。管理者（尤其是底层管理者）最重要的职责就是监督女工，对她们的工作态度、工作过程进行尽可能全面地监督。监督者借助于对规章制度的主观性解释拥有了近乎绝对的惩罚权力，那些被监督者认为对生产有害、无益、多余的行为都将接受严厉的惩罚。监督者们希望达到这样的效果：女工们小心翼翼地工作，她们心存恐惧与担忧，害怕因某种无意的行为被惩处。

二是与上述那些内容含混的条例相反，涉及工作内容的惩罚条例又极为细致、具体。不同的车间根据不同的工作内容，制定了更为详细具体的条例。以申九筒子间为例，条例实际上对工作中的一系列完整动作的细节（如接头、打结、拉直纱、拉断纱头）都设定了强制性的标准，以保障出品的质量。同兴纱厂中也有类似的规定：坏布罚5分到1元；每部车每日织布不到40码罚1元；接生头、白花、油花、揩车不清，罚5角到1元；单头纱或并头纱，罚5角到1元；坏纱每只罚一分；坏筒子每只罚1角。[2] 这意味着女工不仅承受超长的工作时间、恶劣的工作环境，还必须精神高度集中以完成标准化的工作。规训权力一方面需要女工们在封闭的工作空间内对权力本身产生恐惧、顺从的心理；另一方面还需要对其身体的每一个动作进行标准化的控制。所谓的标准化实质就是去除一切与保障、提高劳动

---

① 朱邦兴等：《上海产业与上海职工》，第72页。

② 朱邦兴等：《上海产业与上海职工》，第72~73页。

效率无关的多余动作。熟练女工与新手的差异就在于她们已经将标准动作自我内化，无须动脑，手脚机械地去完成每一个标准动作。这种标准化的程序确保了对动作本身的精细规定，时间渗透进肉体之中，各种精心的力量控制也随之渗透进去。规训权力不会放过工作中任何一个影响生产的细节，包括女工们的用餐时间。对日工而言，中午用餐是她们一天中唯一的休息时间。各厂都对用餐时间有严格的控制，一般是半个小时。在申二、中九厂，女工的用餐时间被严格控制在 10 分钟以内，超过一分就要罚款。有的女工不得不一边看着机器，一边用餐。① 正如福柯所言："精打细算并支付费用的时间也必须是毫无瑕疵、毫无缺损的。这段时间应是高质量的，肉体应自始至终被投入其中。"②

三是条例中无处不体现着管理阶层（男性管理人员）的绝对权威，强化了工厂内部的性别分工。诸如"侮辱职员""不听命令"的惩罚条例都意图向女工传递着这样的信息：以工头为代表的管理阶层具有绝对的权威，因此必须绝对服从。任何敢于挑战权威的行为都将受到严厉的惩罚，在底层女工的上面是一个庞大的金字塔式的管理阶层。以申九为例，管理阶层不仅人数众多，而且层级烦琐。工厂内权力最大的是总经理，之下是正副厂长各一人、工程师一人。工程师之下有主任、考工、领班、工头等。这些中层管理职员不仅有正副之分，而且数目较多。其中，负责监督工人生产的共有 4 级管理层，按从上到下顺序分别为考工师、领班、小领班、指导员。③ 其他工厂的管理体系也大致如此。从社会性别视角出发，这一时期，工厂内的劳动分工带有典型性别分工色彩，女性从事低工资的底层工作，扮演被管理者的角色，男性则从事高工资的中高层管理工作，扮演管理者的角色。工厂内的管理职务几乎由清一色的男性担任，女工在其职业生涯中所能担任的最高的管理职务也只是管理体系中地位最低的拿摩温而已。形成这种情形的原因在于近代资本制与传统父权制在社会转型时期的谋合。父权制社会中强调男尊女卑、男权至上，劳动分工上男主外、女主内。女

---

① 朱邦兴等：《上海产业与上海职工》，第 41 页。
② 〔法〕米歇尔·福柯：《规训与惩罚》，刘北成译，生活·读书·新知三联书店，2012，第 171 页。
③ 朱邦兴等：《上海产业与上海职工》，第 28 页。

性在家庭内部从事的劳动被视为无价值或低价值的。男性的家长权威不容挑战，女性在家从父，出嫁从夫。近代的资本制显然利用了父权制话语中这一根深蒂固的规则。虽然女性已经进入公共领域，然而其地位低下、从事低价值的劳动、顺从的形象被自然顺延到公共领域。同时，男性的权威被"合理"地移植到公共领域。工厂的规训权力也因此被赋予了鲜明的性别色彩，即女性工人不仅作为工人，同时也作为女性，接受从身体到精神的规训。

"孤岛"时期，隐藏在这些苛刻的规章条例背后的是工厂中无处不在的对女工的语言及身体暴力。尤其是与性别分工话语结合起来后，这种暴力反而被合法化了。在无形的暴力基础上，以男性为主体的管理者构建了对底层女工的直接控制。抗战爆发前，上海工厂中普遍存在责骂、殴打、羞辱女工的现象。1936年冬，上海纺织业工人发动了全沪日商纱厂的同盟罢工，提出的条件之一为"不得打骂工人"，资方被迫接受。[①] 抗战爆发之后，男职员或女工头对女工的歧视、辱骂、殴打，成为女工们日常工作中的家常便饭。手持一根小手杖的工头在车间来回走动，监控着女工们的一举一动。[②] 女工稍有不慎，就会"吃排头"（挨骂）、"吃生活"（挨打、吃耳光、拳脚相加等）等。[③] 男性管理者对女工羞辱性地语言暴力更是工厂中司空见惯的现象。他们常常张嘴就骂女工"猪猡""牛配""死人""浮尸"。一位女工不小心把香烟掉到地上，工头随即大声辱骂："猪猡，这样的不当心，罚作三天。"除了语言暴力，男性管理者还公开直接对女工施加身体暴力。1938年9月，统益纱厂细纱间的一个女工上夜班时，坐在地上休息，被一位职员踢打。当这位女工立刻就去工作时，她还是被打了一个耳光，女工不服，职员就威胁要开除女工。[④] 即便是怀孕的女工，也可能惨遭殴打。1940年年末，一位怀孕的女工因为上班迟到了15分钟，就遭到管理人员的

① 朱邦兴等：《上海产业与上海职工》，第73页。
② 〔美〕艾米莉·洪尼格：《姐妹们与陌生人：上海棉纱厂女工1919～1949》，第133页。
③ 宋钻友、张秀莉、张生：《上海工人生活研究（1843～1949）》，上海辞书出版社，2011，第130页。
④ 朱邦兴等：《上海产业与上海职工》，第74～75页。

群殴，头、牙、肩、肋多处受伤。[①] 肆意暴力实质上反映了传统父权制与近代资本制对女工的双层压迫。男尊女卑的社会化过程使得以男性为主体的管理员处处表现出了男权意识。男性、女性均在其人生的日常体验中积习了各自不同性别认同的规范。女性被认为是温顺、胆小、怕事，这种家庭私领域的性别形象同样延伸到工厂的公共领域，传统性别建构中普遍存在的针对女性的暴力行为被顺其自然且无可争辩地拓展到社会的公共领域。

需要说明的是，虽然一些工厂的底层管理人员拿摩温为女性，但已经被"男性化"。她们看起来和男工头一样严厉、苛刻，甚至对女工的打骂比男工头有过之而无不及。女工汤桂芬回忆自己刚进厂时，遇到的不公平待遇："在厂中陌生人受人欺侮。拿摩温凶的要命。拨不来筒管，挨骂挨打，手都碰麻了，还要学……吃饭时，红灯一亮，拿摩温就喊工人轮流为她拿饭、换鞋。对好欺侮的更是欺侮到底。"[②]

二

对于年轻的女工而言，除了被"先生们"、工头训斥打骂，来自男性管理者的性骚扰、性侵害常常是女工们最为害怕的事情。虽然这样的性别控制不合理，一些大厂也制定了禁止调戏女工的条文，[③] 然而作为一种潜在的规训方式，这种性别控制在工厂中司空见惯。在日常的管理中，一些男领班、工头照例找女工们"揩油"，调戏几句，名曰"打浜"，脸上摸一把，名曰"吃豆腐"。[④] 纱厂中，"吹着口哨，他（即男性职员）摇摇摆摆地踱开了，隐约地还听得他对那个最漂亮的女工调笑：'明天请你吃点心去不去，肯去呢，笑一笑，喂，呵呵。'"[⑤] 一位工作多年的女工谈及这种屡见不鲜的情形时，说："他们对于年轻而长得比较漂亮的女工，常存有可鄙的

---

① 《注伪上海特别市警察局徐汇分局第二股关于劳资问题处理法条文规定》，上海市档案馆藏，档号 R36-4-37。
② 《上海市妇女联合会有关解放前女工斗争资料、座谈会记录、访问记录等》，上海档案馆藏，档号 C31-2-1046。
③ 申九的厂规之一：禁止调戏女工。详见朱邦兴《上海产业与上海职工》，第 71 页。
④ 《上海纱厂女工的生活现状》，《女声》1933 年第 2 卷第 6 期，第 7 页。
⑤ X 女士：《走上新生的路》，非哲编《抗战中的上海女工》，第 93 页。

'企图'：一有机会，便来兜搭。无理的戏谑，已是司空见惯，有时竟会邀你上馆子、看电影、逛公园。"① 那些年轻的单身女工更易面临这种危险，女工王罗英回忆说："要是有男工头的话，那么如果这儿有没有配偶的年轻女孩，他就想要她们做他的性伴侣，陪他睡觉。如果女孩儿顺从了他，他会给她安排更舒适的工作。"② 如果女工坚决拒绝了这一要求，"那么他们就假职务上的便利，作无耻的报复：或是吹毛求疵地罚你的工资，或是少加你的工资；或是借题发挥，在大庭广众中斥骂你，使你置身无地；甚至会挟嫌诬害。"③ 不顺从的女工会被安排做更糟糕又辛苦的工作，而且更易被以各种各样的借口罚钱，甚至开除。对她们而言，最好的一种方式就是辞职，换到其他的工厂。④

那些顺从的女孩又会有怎样的遭遇？她们在工作中得到"照顾"，可以更容易增加工资，可以做轻松些的工作。在这些表象的背后，不为人察觉的是这种以性侵害为主的性别控制对她们造成的伤害。当时的女性关于性和性行为的知识十分缺乏和封闭，不少女工的年龄仅有 14、16 岁左右，尚未成年。面对这种男性管理者的强势性别控制，更多涉世未深的女孩成为"牺牲品"。即使是那些已成年的女工，她们也耻于谈论性暴力，只有将不幸与痛苦深深埋在心底。一位曾被工头强奸的女工，在多年以后谈及这段屈辱经历时，内心悲愤之情溢于言表："我就在这'上天无路，入地无门'的魔窟里，被这个残忍的野兽破坏了我的贞操，天！乌天黑日，没有阳光，我是敢怒不敢言，只得暗暗哭泣，我不敢抬头见熟人……我为了家庭的生活，无法可想，在这样的环境下，我又一次被奸污。"⑤ 究其原因，性别的社会化过程迫使女性在两性关系上处于被动和消极的地位，女性认为谈论性问题是羞耻和不道德的。虽然当时的新闻报道以及后人的回忆都证实了工厂中对女工的性骚扰、性暴力的普遍存在，但鲜有受害女工公开站出来

① 《我是一个女工》，《申报》1941 年 5 月 15 日。
② 对王罗英的采访。〔美〕艾米莉·洪尼格：《姐妹们与陌生人：上海棉纱厂女工 1919~1949》，韩慈译，第 133 页。
③ 《我是一个女工》，《申报》1941 年 5 月 15 日。
④ 对王罗英的采访。〔美〕艾米莉·洪尼格：《姐妹们与陌生人：上海棉纱厂女工 1919~1949》，韩慈译，第 133 页。
⑤ 劳动出版社编审部：《上海工人的反特斗争》，上海劳动出版社，1951，第 47~48 页。

对这种暴行进行抗议、控诉。

1940 年，《申报》报道了一起针对女工的性侵害案件。袜厂女工吴瑞弟上夜班时，恰遇停工休假，正要回家之时，被 40 岁的该厂经理吴炳修诱骗到工房内。对于其后的暴行，报道仅用一语简单概括，"将女作种种猥亵行为"。① 该事件的特别之处在于女孩后来报了警，经理被拘捕。这起案件使得工厂中常见的性暴力进入了公众的视野。但案件的结果出人意料又顺理成章——双方庭外和解。② 其中具体的调解详情，报纸没有报道。即使受害女工勇敢地公开站出来控诉这种暴行，以法庭为代表的社会体制并没有对此罪恶的暴力行为进行有力惩处。作为底层社会的女性，她们被无处不在的父权制与资本制规训成工厂的生产机器、两性关系中的被控制者。她们是受害者、牺牲品，然而确是悄无声息、得不到社会支持，甚至被人们有意"忽视"的受害者、牺牲品。作为一家具有现代意识的大报，《申报》对此事的报道也彰显了男权社会普遍存在的性别歧视，如报道称受害女孩："生得矮小非凡、姿色平庸。"③ 充满男权意识的言语凸显出对受害女孩的蔑视与不屑。事实上，受害女孩往往得不到社会应有的理解、同情与支持。

社会权力话语长期以来对工厂中的性暴行处于失语状况。一直到 1949 年建国以后，在新的历史语境中，旧社会工厂中的性暴行才被揭露了出来。如密丰绒线厂工头陈小毛被揭发强奸女工多人。④ 以下是一位钱姓女工对陈小毛的控诉，"孤岛"时期她介绍邻居女孩徐某到工厂做工：

> 谁知陈小毛一见这个才十八岁的小姑娘就动了心，起初拿各样言语来打动徐××，人家小姑娘讲正义，不理睬陈小毛，后来，他百般威迫，终于在一个白天两点多钟，这个小姑娘就在一家小旅馆里被陈小毛奸淫了。之后，陈小毛常强奸徐××，而且都在白天，这样××的肚子渐渐地大了，他的母亲发觉了，就骂我，骂徐××，但是不敢明骂陈小毛，××气得就跑去向陈小毛交涉，那（哪）知陈小毛的老婆很凶恶的

① 《袜厂经理猥亵女工被控依妨害风华罪起诉》，《申报》1940 年 9 月 18 日。
② 《女工控袜厂经理业经和解》，《申报》1940 年 9 月 22 日。
③ 《女工控袜厂经理业经和解》，《申报》1940 年 9 月 22 日。
④ 劳动出版社编审部：《上海工人的反特斗争》，第 47 页。

迫××当陈小毛的小老婆，把××和她的母亲吓得不敢作声，××就去打了胎，从此生意也开除了。过不多日，把我的生意也开除了。[①]

这些经历充分反映出，在工厂内部，男性管理者对女工的性别控制。一旦受害女孩怀孕了，或有所抗拒时，就被以各种借口开除出去。[②]

事实上，如果认识到当时在公共领域内广泛存在着对女工的性骚扰，那么对于工厂内部存在的性别控制就不足为奇了。以下是一篇题为《被调笑的一群》的报道：

> 调笑是常会光顾在我们这一群——一群凄楚的女工头上。在清晨和黄昏的时候，这一种猥亵的把戏，无论你在那一条马路或在街边街内，是不难发现的。整日的工作，疲乏的身体，饿瘪的肚皮，已经是够苦了，还要被他们碰撞，甚至捏你的手臂面庞。在穿过马路时，是受到卡车上的煤灰痰沫，狞笑秽语。这一种侮弄，未曾见有人来干涉过，甚至当作看到一幕戏剧，在发出卑鄙的微笑。唉！难道我们女工不是一个人吗？赢弱的身躯，不论酷暑严寒，在工厂里捱尽整日的凄楚，"工作时也会受到调笑，来求得餐宿，出来便被当作调笑目标"，……诚然他们多数是一部分的无知的劳动阶级，那末这些伫足而观的，也是无知吗？[③]

女工无论在工厂内部还是在日常生活中，都频繁遭遇过公开的性骚扰，至于隐蔽场所内的性侵害更无法计数。这种性骚然不仅来自管理阶层，也来自普通的男性工人。上班的路途中，有些胆大的男工遇到相识的女工，"轻佻地摸一摸她的面孔"，带着侮弄的口吻调笑几句。[④] 公共领域内性骚扰的常态化本质上强化了工厂内部以暴力为基础的性别控制，并使其自然地合理化。

---

① 劳动出版社编审部：《上海工人的反特斗争》，第48~49页。
② 劳动出版社编审部：《上海工人的反特斗争》，第47页。
③ 《被调笑的一群》，《申报》1941年8月1日。
④ X女士：《走上新生的路》，非哲编《抗战中的上海女工》，第86页。

三

福柯把"规训与惩罚"视作人对人的驯顺、塑造和统治形式。在考察近代资本制形成的历史中，他指出权力在工厂、军队、学校等封闭空间内形成一套规训的程序和系统功能，它可以"被用来对个体进行分配、分类，在空间上固定他们；提取他们最大的时间和精力，训练他们的身体，对他们的连续行为进行编码，把他们等级注册，在他们之中建构一套累积、集中化的知识"。[①] 简而言之，权力试图通过"温柔的暴力"规训身体，并达到个体自我规训的目的。

在中国近代农业社会向工业社会转型的历史过程中，福柯所言的"规训"始终伴随着资本制权力的进入出现在每一个工厂。工具性的规训权力不仅通过严格的工作时间表、苛刻的管理制度来规训女工的身体，而且更为重要的是利用传统父权制中特定的性别话语建构起对女工们更深层意义上的规训。"孤岛"时期，上海女工在日常工作中不仅面临苛刻的规章制度，忍受着男性管理者的语言和身体上的暴力，还遭遇以性骚扰、性侵害为主的性别控制。深嵌历史之中的"规训"凸显的是传统的父权制与近代资本制共同建构的日常工作空间内对女工身体的规训。在工厂的封闭空间内，权力既利用福柯所言的分配艺术、对活动的控制、层级监视等温和的方式将女工的身体规训为温顺且具有高效生产力的肉体，又利用父权制中种种对女性的性别规范建构出工厂内部的"性别规训"，它是建立在对女工语言暴力、身体暴力以及性暴力基础之上的。

需要说明的是，规训的另一面即抗争。长期共同的工作经历促使女工们形成了一定程度的自我意识，她们寻求一切可能机会进行日常抗争。虽然这种包括消极怠工、放慢工作节奏、偷偷休息等揩油行为在内的日常抗争更多具有自我保护的防御性色彩，而非对权力者的直接进攻，但这种长期存在的日常抗争给女工个体带来直接可见的"利益"，一定程度上改善了她们生存的恶劣环境，使其免于更深的压榨，其所具有的积极意义不容忽视。

---

① 〔美〕乔治·瑞泽尔：《后现代社会理论》，华夏出版社，2003，第70页。

"孤岛"时期沪市的粮食危机及其原因

丁志远[*]

"孤岛"时期是上海史上的一段特殊时期，在抗战的大背景下，"孤岛"的粮食问题也有其自身的特点。抗日战争爆发前上海是全国最大的粮食消费及转口贸易市场，加之上海毗邻全国最主要的产米区，交通便捷的上海素无缺米之忧。战争爆发后，随着战事的扩大，仅靠本国及朝鲜提供的军粮已经无法满足日军需求，他们开始大肆搜刮沦陷区米粮，将米粮运销纳入统治轨道。这直接导致到沪米粮数量直线下降，甚至一度断绝。1939年以后，沪市的米粮市场逐渐成为洋米的市场，到1941年粮食在进口总值中占22.4%，进口比重排在第一位。纵观"孤岛"时期的米粮市场，可谓风潮迭起，1937年6月，上海米价为11.3元每石，而到了1941年11月洋米价格竟达130元每石，黑市米价最甚者已突破500元每石。在多种因素的作用下，这一时期的粮价涨无止境，普通贫民只能采取暴力的"抢米"手段，谋求生计。本文就试图通过对"孤岛"时期沪市米粮供应状况、米价格的波动情况进行分析，全面探求沪市民食危机的原因。

一

抗日战争爆发前，沪市的米粮来源基本稳定，以1932年、1933年为

---

[*] 丁志远，浙江大学中国近现代史专业博士生。本文原刊于《党史研究与教学》2013年第2期。

例，米粮的输入总量基本维持在 600 万石左右。[①] 米粮价格虽因自然灾害等原因出现过小范围波动，但也基本维持在 10 元左右。

1937 年七七事变爆发后，江海关立即发布公告，禁止面粉出口。上海的豆米业公会、油饼杂粮业公会也于 20 日举行联席会议，会议议决："长江一带装运粮食，不再委托日轮；对大连、安东、营口、秦皇岛四埠米粮交易概予拒绝；组成粮食到销委员会，由陈子蠡为召集人。22 日，委员会议决，外埠来沪采办者须持有当地商会证明。"[②] 自此，沪市的米粮自由交易时代告一段落。

据统计，战前上海有米店共计 1500 余家，其中上海公共租界和法租界有粮店 700 余家，其余散布于沪东、沪西、虹口、闸北、南市、浦东一带。1937 年"八一三"抗战爆发后，大部分粮店纷纷避难迁入租界。[③] 与之一同涌入租界的还有大批难民，战争未稳，一般贫民及难民食米堪忧，抢米等事日有多起。租界部分米店为避免混乱局势所带来的损失，纷纷开始选择关门大吉，这更加剧了沪市民食危机。庆幸的是，沪战爆发之初正值米粮丰收之际，新米到沪较多，米价并未因受战事影响有较大涨幅，9 月最高白粳米限价 14 元，10 月底米价又回落至 13 元 6 角。

1937 年 11 月 12 日国民党军队撤出上海后，由于英、法等国对日本的侵略行为持中立态度，上海最终形成"孤岛"之势。南市及北市的米业交易，也被迫分别集中在巨鹿路同义小学和厦门路同乐茶楼进行。[④] 部分米商想趁米粮交易受限来抬高米价，大发国难财，为此米号业公会向工部局请求救济，对此工部局方面决定：自 13 日起，由 50 家零售米店向工部局购米，依成本出粜，每人限购 1 元。[⑤] 加之自 1937 年 12 月 14 日起至 1938 年 1 月 25 日，公共租界及法租界当局订购之西贡米已运抵上海共约 2.2 万吨，其中 1.4 万吨为工部局所定，8000 吨为法租界公董局所定，此外，另有 1500 吨业已定妥，到 1938 年 1 月底所有存米，共计 10500 吨。[⑥] 加之，随

---

① 应飞：《上海粮食志》，上海社会科学院出版社，1995，第 32 页。

② 任建树：《现代上海大事记》，上海辞书出版社，1996，第 670 页。

③ 应飞：《上海粮食志》，第 48 页。

④ 应飞：《上海粮食志》，第 32 页。

⑤ 《申报》1937 年 11 月 14 日，第 6 版。

⑥ 《文汇报》1938 年 2 月 5 日。

着战事内移，主要产米区局势相对稳定，上海的国米来源也日趋畅通，米价逐渐回落，由最高的交易价 18 元降到了 12~13 元。

但是好景不长，一向依赖国米输入的上海，以 1938 年 6 月为例，"沪市存米五十万包，其中洋米仅两万五千包，其余均为国米"[①]，很快就因日军在上海、常熟、芜湖一带实行的贸易统制，禁止米粮自由运销，而陷入困境。内陆米源不畅，加之对外海路交通尚未恢复正常，从 1938 年 7 月开始，沪市到米量骤减，市场的实际交易价格已经突破 14 元限价。[②]

1938 年底，经过淞沪会战、南京保卫战、太原会战、徐州会战、台儿庄会战和广州会战等重大战役，中国军民以坚强的毅力和勇气，打破了侵略者"速战速决"的美梦，日本不得不开始实行"现地自活"的作战方针。自 1938 年 8 月开始，日本军部就将米粮运销纳入统制范围，日军指定三井物产、三菱商事、大丸兴业等日本大商社为米粮收买商，发放许可证，为军方采购军米，禁止指定商以外的商人收买米粮。除了日军及伪政权在主要产米区的收刮外，南北洋行各帮亦直接向沿长江各产地采办米粮转口，据统计 1938 年 1~7 月自上海运往国内各口岸米粮共为 423436 公担，价值 4804658 元；8 月运 1283 公担，价值 18189 元；9 月运 6891 公担，价值 84752 元，这些走私的转口粮食多运往华北。[③] 国民党当局为储备长期抗战军粮、民食起见，也规定各省产地由就地政府统治，新产米粮由国民政府评价收购，绝对禁止运往沿江一带。[④] 致使 1939 年初每月到沪米粮只有六七千包，输入量较之 1938 年第四季度，减少了 30%~40%。而上海的日消费量约一万包，每天要亏额三四千包。[⑤]

国米到沪有限，为调剂沪市民食，抑制米价上涨，两租界当局及沪市米业团体极力采购洋米，据统计，受洋米大宗进口的影响，1939 年上海口岸进口总值中粮食位居第三；而到 1940 年则上升到第二位，占进口总值的 10%；1941 年更是上升到第一位，占进口总值的 22.4%。以 1940 年为例，

① 吴景平等：《抗战时期的上海经济》，上海人民出版社，2001，第 140 页。
② 上海市档案馆：《工部局董事会会议录》第 27 册，上海古籍出版社，2001，第 581 页。
③ 《申报》1938 年 11 月 27 日，第 8 版。
④ 《申报》1939 年 2 月 2 日，第 13 版。
⑤ 任建树：《现代上海大事记》，第 734~735 页。

全年运沪之米，估计约有洋米 340 万石，但国米仅有 32.5 万石。[①] 仅 1941 年 5 月 11 日至 11 月底，就自香港运到洋米 1128377 袋之巨。

外有日军封锁，内有奸商囤积，再加上大批难民回流，自 1938 年下半年开始，沪市的粮食供应可谓内忧外患。虽有大宗洋米采购但根本无力挽救沪市粮食危机。就粮价而言，1939 年 3 月上海的米粮暗盘交易就突破了 14 元限价；5 月份涨到 17.7 元，暗盘交易完全公开，迫使米市提前停市；[②] 6 月到 20 日，头号白粳米已经飞涨到每石 22.4 元，创 75 年来米价之最高纪录。[③] 物价方面，与 1937 年 12 月物价相比，到 1939 年 12 月中白粳米上涨幅度为 17 倍。如果按工资实际购买力比较，1939 的真实工资仅及 1936 年的 60% 左右。[④]

1940 年初，由于洋米到货有限，受外汇猛缩的影响，沪市金价、米、面粉及煤全部猛涨，次号粳米暗盘接近 50 元，12 日籼米售罄，西贡米价格达到 47 元每石，14 日又涨到 50 元每石；[⑤] 6 月，受沪市存米减少，且香港宣布禁止米粮出口，再加上囤户现货多不肯脱手影响，米价爆腾至 74 元 5 角之空前高峰，头号粳米月平均价较 5 月上涨 29.48%；10 月，头号粳米已经突破 90 元大关，二号粳米每石月平均价格 79 元 3 角 6 分。1941 年 2 月，因传言南洋局势紧张及日军图南进侵略，米粮市场鲜有洋米交易，大屯户翘首盼望炮声响起。传言替米商再造机会，沪市米粮价格继续上涨，国米仍来源稀少，以常帮粳米为例，已达 108 元每石；[⑥] 4 月，投机米商恐日军南进，竟向市场收购现货，米价飞涨，一号西贡米涨至 123 元每石。[⑦] 29 日一号西贡米涨至 150 元每石。[⑧] 到 1941 年 10 月底，一号西贡米上升至每石 190 元。以 1937 年 6 月为准，上海米价为每石 11.3 元，而到了 1941 年 11 月洋米价格已达 190 元每石，上涨了 15.8 倍，黑市米价更甚，最高已突破 500 元。

---

① 《上海公共租界工部局年报》，1940，第 283 页。
② 任建树：《现代上海大事记》，第 743~744 页。
③ 任建树：《现代上海大事记》，第 746~747 页。
④ 《1939 年度上海工人生活状况》，《申报》1940 年 2 月 2 日，第 10 版。
⑤ 任建树：《现代上海大事记》，第 766~767 页。
⑥ 《洋米又借势高抬》，《申报》1941 年 1 月 17 日，第 8 版。
⑦ 《米价越抬越高空言压制无效》，《申报》1941 年 4 月 17 日，第 7 版。
⑧ 任建树：《现代上海大事记》，第 804~805 页。

二

米价狂涨，一般贫民难堪重负，饿毙者屡见不鲜，据工部局年报统计，公共租界马路上的无主尸体，逐年猛增：1937 年 20746 具；1938 年 101047 具；1939 年 110173 具。[①] 据《申报》报道，1941 年 1 月沪市气候煦暖，露宿街头里巷之乞丐贫民，冻死者虽然不多，但饿死的颇多，根据普善山庄的记录，仅 1 月 8 日就收敛成人尸体 36 具、孩童尸体 43 具，都是由米价高涨惊人，贫民生活受到严重威胁所致。[②]

而另一些不甘坐以待毙的贫民，为求生计，只得铤而走险，抢夺米店，整个"孤岛"时期抢米事件屡有发生，但称得上大规模抢米风潮的主要有三次：第一次发生在 1939 年 8 月，以 8 月 20 日发生在沪西昌平路寄米店的抢米事件为开端；[③] 第二次发生在 1940 年 2 月，以 2 月 16 日发生在虹口的抢米事件为开端；第三次发生在 1941 年 3 月，以 3 月 7 日晨有某米号老虎车运米至经静安寺路同孚路口时被抢为开端。大规模抢米风潮的爆发是贫民对沪市食米危机最直接、暴力的表达方式。三次抢米风潮规模巨大，最长的持续接近半年之久，关于"孤岛"时期沪市粮食危机及爆发大规模抢米风潮的原因，可以总结为以下四个方面。

（一）日军搜刮、日方大商社囤积居奇

随着战事的扩大，仅靠日本国内的物资供应已经无法满足庞大的战争消耗。为执行"以战养战"的方针，日军从 1938 年开始实行米粮统治、禁止米粮自由运销。规定只许经日军特务机关发给"物资搬出许可证"的日本商行运销米粮。中国米商只能向日商交纳一定的费用，取得日商名义的"许可证"，才能运销米粮。1939 年 8 月，日军加紧掠夺食米，禁止长江下游主要产米区芜湖、无锡、苏州、常熟、昆山、松江、嘉兴等地区的食米搬运出境。同时日本指定垄断资本的三井物产、三菱商事及大丸兴业等日

---

① 唐振常：《上海史》，上海人民出版社，1989。
② 《沪米价奇昂，饿毙命者日增》，《申报》1941 年 1 月 9 日，第 8 版。
③ 《大公报》1939 年 8 月 22 日，第 3 版。

本在华大商行，为军用米的办商，指定采办商得再指定各地日本粮食商人为各地采购米粮的承包商。除指定承包商外，一律禁止搬运米粮出境。①1938 年，日本"三井""三菱"及日军军部合作社，在松江县城马路桥南塊开设粮谷公司，有上海总公司提供资金收买大兴、大松、大丰、聚兴、益昌、公平 6 家米行，开办"六行办事处"，大量收购米谷，加工运往北方。据统计，1939 年春日军在苏南地区搜劫米粮约 100 万石北运，致使沪市米粮比 1938 年第四季度减少 30%～40%，②单就米粮一项每星期由日船运出常在两万包左右。③

1940 年起，日军加强对长江流域产米区的搜刮，将主要产米区划分为日本军用米收买地区，规定在松江区（松江、青浦、金山、嘉善、嘉兴平湖六县）、苏州区（吴县、吴江、太仓、昆山、常熟五县）、无锡区（无锡、常州、江阴、宜兴四县）三大地区内仅许可日本军方指定商收买米粮。芜湖南为汪伪政府粮食管理委员会的收买地区。1941 年又把芜湖区一分为二，把北区（和县、巢县、含山、无为、卢州）五县增为日本军需米区域。④

日军将主要粮食产区尽数划为军米采购区，由日军指定的大商社收购军粮，日军在华中作战部队每年至多不过消费米粮十万吨左右，而日军每年在华中一带强制收买之米粮至少有三十万吨。日军收买米粮价格往往不足产地市价 1/2，⑤其中有两方面原因：一方面，受战争军费开支过大的影响，军部打算在军粮收购上做文章；另一方面，日军的军事预算是以日本物价水平为标准，在物价水平较高之华中收购米粮，其收买资金当然不敷应用。这使得日本的大商社蒙受了巨大损失，于是日军军部与大商社之间形成了这样一种默契，日军为补偿其委托商之损失起见，准许委托商采运食米，运销上海等各主要都市以牟巨利，借资弥补代办军粮之损失，赚取巨额利润。据《申报》载，上海愚园路上就有日本大商社开设米店名为

① 黄美真：《伪廷幽影录》，东方出版社，2010，第 173 页。
② 吴景平等：《抗战时期的上海经济》，第 141 页。
③ 《申报》1938 年 10 月 21 日，第 11 版。
④ 《中华民国史档案资料汇编（第五辑第二编）·附录》（下），江苏古籍出版社，1994，第 1262 页。
⑤ 南京市档案馆编《审讯汪伪汉奸笔录》，江苏古籍出版社，1992，第 1031 页。

"东兴公司",当时工部局的米粮限价为粳米每担 45 元,籼米 38 元,而该公司的籼米每担售价 30 元,在日军的协助下,他们在米粮产地的收购价格仅为 15 元每担,正当米商根本无法获得较"东兴公司"更低廉的米粮,再加上日商运米入沪不会受到任何阻滞。[①] 因此虽然米粮售价远远低于工部局的限价,其仍可获得暴利。整个"孤岛"时期,沪市的国米运销都在日军的严格控制之下,自 1939 年开始,沪市的米粮市场逐渐为洋米所占据,受外汇紧缩的影响,洋米价格爆腾,1942 年底,沪市周边的产米区米价为每石 220 元,而沪市的米价已逾千元。[②] 这就给了日商更大的获利空间。

此外,日军为实现在华中地区的军用米收购,对于日方商社购米所需资金,日本军方也有政策上的支持,中国派遣军总参谋长就曾于 1941 年 12 月 2 日,给兴亚院华中联络部次长发了一封名为《为促进军米调集在金融上采取的措施》一文,附记中规定:在日人银行贷款(含华兴商业银行)中,以购买大米为目的者,在具有军方融资证明、用以购买军米的范围内,望允许贷款。[③]

在日本军部种种措施的帮助下,江南产米区除个别由汪伪政权负责收购,其他地区绝不允许伪政权插手,尽管汪伪也想争取米粮采购权,但正如汉奸周佛海在日记中写道:"日人上下之不贯彻,意见之不一致,于粮食统治一事,亦表现无疑。总司令部方面,表示粮食统治权交回中国,而下级阳奉阴违,实使吾辈无从着手。"[④] 伪政权的粮食采办权始终未能得到解决。一方面,日军将主要产米区牢牢控制在自己手中,以防止资敌为名严格控制米粮运销;另一方面,又命令伪政权在米粮运沪道路上设置重重关卡,对到沪米粮强行征收军米三成,否则全部扣留没收,如 1937 年 11 月,太古公司运输船嘉应号自西贡运米 2500 吨至沪,定由上海某入口商收购,途中被日军没收。[⑤] 由此可见,日军的大肆收刮是造成沪市粮食紧缺和价格暴腾的主要原因。

---

① 《日在沪西售米动机》,《申报》1939 年 12 月 29 日,第 7 版。
② 《粮食问题论坛》,《申报》1942 年 12 月 18 日,第 4 版。
③ 上海市档案馆编《日本在华中经济掠夺史料 1937~1945》,上海书店出版社,2005,第 344 页。
④ 《周佛海日记》,上海人民出版社,1984,第 100 页。
⑤ 《大批西贡米被日军没收》,《申报》1937 年 11 月 13 日,第 6 版。

（二） 奸商囤积及金融界的支持

日军的大肆搜刮是导致沪市米价暴涨、米潮迭起的最主要原因。但在1938年之后，国米来源日渐阻滞，上海的米市场逐渐成为洋米的市场，决定沪市食米供应状况的是洋米而非国米，但在洋米输入未见阻滞之时，沪市仍旧爆发了严重的粮食危机，这方面在第三次抢米风潮的爆发过程中就体现得淋漓尽致。因此，还有一个不容忽视的因素，即奸商囤积是沪市爆发抢米风潮的直接原因。

第一次米潮爆发时，虽主要产米区已为日军所统治，但时值秋收之际，当时国米运沪亦未见完全阻滞。据统计，沦陷区中产米区，如苏、嘉、常、锡、昆等地，每日到货平均在 6000 包左右。[①] 自 1939 年 5 月开始，大户就不断扒进，由于囤户大多资金雄厚，米价越贵越不肯出售，市场之米价完全为投机者操纵，价格之涨落，全视囤户之吸收及吐出而定。市场米价突破 19 元关后，在市场调节委员会的调节之下，市场稍见稳定。但 7 月 16 日市场开市之后，囤户继续扒进，至价格又涨，头号白粳米价格 19 元 8 角，一般贫民无力购米，最终酿成大规模的抢米风潮。

1941 年初爆发的抢米风潮亦是如此。此次米潮的爆发，虽时值青黄不接之际，但沪市国米来源几乎中断，沪市米粮市场早已成为洋米的市场，因此时节对沪市影响并不是最重要的。据不完全统计，1941 年 1 月份共到沪洋米 539000 余包，2 月共到洋米 479798 包，大概可敷全市民食四月之用。[②] 3 月到沪米粮也有 68 万包，其中 341621 包由西贡运抵，17457 包来自泰国，306792 包经香港转沪，其余采自仰光。[③] 工部局董事何德奎向总董汇报米情时指出，根据捕房的定期检查，沪市 3 月米粮总储量为 80 万袋以上，每袋 100 公斤。[④] 如此种种都证明了沪市存米颇丰，足敷数月之用。但另外，米价仍继续暴涨，米市一度有行无市，自 3 月中旬开始，抢米事件频频发生，究其原因，自然还在于囤积米商。

---

① 《申报》1939 年 12 月 2 日，第 9 版。
② 《两月间到沪洋米可供全市民食用四月》，《申报》1941 年 3 月 5 日，第 9 版。
③ 任建树：《现代上海大事记》，第 802 页。
④ 上海市档案馆编《工部局董事会会议录》第 28 册，第 620 页。

面对陆续到沪的米粮,囤户不但携其所存米粮不肯出售,还以雄厚的资本,将陆续到沪米粮席卷于仓库之中。2月,囤户又借"南洋局势紧张及日军图南进侵略"之传言,故意抬高米价。加之,一般订购洋米者的心理,以为囤货越多则飞涨后财富越多,多多益善,并不是为一般市民之口粮而办米,因此大众则为此多多亦苦矣。[①] 一般囤户及订购者的心理都是想借战争之机大发国难财。

面对如此嚣张的囤积气焰,工部局及米业团体,也曾采取各种措施挽救民米危机,如举办平粜、倡导集团购米、颁布法律条文及成立相关米粮运销管理机构等,但其所取得的实际效果并不理想,囤积之风始终未见消减,大部分囤户并未为其囤积行为付出应有的代价。对此笔者认为这与租界当时的政治环境相联系,一方面,自上海沦陷后,国民党政府虽多次颁布政令,蒋介石也曾针对沪市局势,颁布过手谕,但自1937年11月11日国民党军队撤离南市,沪市全面沦陷之后,国民党政府的法令已无法执行,于是一般奸商就开始囤积居奇,投机取巧,故意抬高米价获得厚利。另一方面,面对涨无止境的米价,租界当局及米业团体采取了强制限价政策。但在工部局及米业团体出台限价政策后,囤户索性拒绝出市,一些资金雄厚的囤户,不但拒绝上市以限价售米,还继续大宗扒进,进行黑市交易。对此,米业团体就曾表示:"市场之米价已为投机者操纵,价格之涨落,全视囤户之吸收及吐出而定,米号业团体对投机者之操纵,表示在特殊情形之下,取缔为权力所不及。"[②] 在整个"孤岛"时期,我们未曾看到任何一个大宗的囤积商受到过严厉惩治,往往查封的米店都是小额囤积者。因此,缺乏强有力的权力机构,间接助涨了囤户的囤积气焰。

奸商要想囤积米粮,资金自然是首要条件。那么这些奸商何来如此巨额的资金囤积米粮呢?据资料显示,囤户中自然有一部分是战前从事其他商业活动的商人,战争爆发后,他们看到了战时米粮的重要性,于是转行将巨额资金用于囤积米粮,以期获得巨额利润。而另一部分则是受了金融界的支持,据《申报》载,囤户所以资金雄厚,正是因为金融界对囤米押

---

① 《本为发财而囤米,非为民食而办米》,《申报》1941年2月26日,第8版。
② 《囤户操纵米价迫近二十元关》,《申报》1939年7月17日,第13版。

款提供政策支持，即"金融界对于囤米押款，闻可得到八折之数"，① 因此，民众食米昂贵，金融界有推卸不掉的责任。

（三）受华中主要产米区粮食减产的影响

尽管单就"孤岛"的民食而言，笔者认为自 1939 年开始米市场逐渐为洋米所占据，国米运输阻滞，其对沪市食米供应的决定作用已不复存在，但这里仍有必要对战争给华中主要产米区粮食产量所带来的影响加以说明。

关于战争给华中产米区带来的影响，学界存在两种观点。一种观点认为，战争造成长江中下游地区的粮食大幅度减产，1939 年、1940 年除东北外的沦陷区粮食歉收，产量分别比 1936 年下降 30%、25%。抗战爆发后，关内日本占领区原有耕地 11.4 亿亩，有 6 亿亩遭到了破坏。② 还有一种观点认为 20 世纪 40 年代，苏浙皖三省的大米总产量维持在 650 万吨水平，基本接近战前的产量。③ 而这一观点的产生主要是依据日本学者浅田桥二给出的数据。

表 1　苏浙皖三省米粮产量及指数趋势（1937~1941）

单位：千吨

省份	战前六年年均	1937 年	1938 年	1939 年	1940 年	1941 年
江苏	2863（100%）	2032（71%）	2700（93%）	2577（90%）	2322（81%）	3077（108%）
浙江	2750（100%）	2276（83%）	2495（91%）	2613（95%）	2230（81%）	2833（103%）
安徽	1382（100%）	1121（82%）	1400（101%）	1797（130%）	1400（101%）	1648（119%）
合计	6995（100%）	5429（78%）	6595（94%）	6987（100%）	5952（85%）	7558（108%）

资料来源：〔日〕浅田桥二等：《1937~1945 日本在中国沦陷区的经济掠夺》，袁俞伫译，复旦大学出版社，1997，第 63 页。

根据表 1 数据，1937~1941 年苏浙皖三省粮食产量基本维持了战前产量，个别年份产量还超过了战前。虽然按常理来推测，战争必然造成农业

① 《造成今日米市究竟是何方之责任》，《申报》1939 年 8 月 8 日，第 13 版。
② 北京师范大学政治经济学系《中国近代经济史》编写组编《中国近代经济史》下册，人民出版社，1978，第 124 页。
③ 黄美真：《伪廷幽影录——对汪伪政权的回忆纪实》，中国文史出版社，1991，第 213 页。

用地被毁，粮食减产，但笔者认为后一项数据更为可靠，原因有二。第一，正如表中数据所反映，随着战争的爆发，战火所到之地，必然造成难民转移，耕地闲置甚至被毁，1937年三省粮食总产量较战前平均水平减少20%有余，正是战争影响所致。但随着战事的发展，主要战场已经深入内地，这些产米区虽为日军所掌控，但至少已脱离硝烟之苦，因此难民便会出现回流现象，农业生产自然也将逐渐恢复正常。第二，随着战争形势的发展，日军"速战速决"的美梦被打破，不得不向长期作战的战略方针转变。日本为应付长期战争，开始提倡"现地自活"，强化"以战养战"的方针。粮食作为重要的战略物资，自然是日军经济统治的重中之重。在日军控制苏浙皖主要产米区之后，为求军粮充足及日商利益也不会刻意破坏产米区耕地。当然这一政策是为日军的侵华战争服务的，作为产米区的农民，并不会因此得到任何好处，反而会受到更加严酷的剥削。

（四） 租界人口激增及外汇紧缩所带来的影响

1937年8月13日，日本侵略者在上海燃起战火，沪市硝烟四起，民众生灵涂炭，随着战区的扩大，难民人数不断增加。为躲避战火，他们纷纷涌入租界。据统计，1936年公共租界的总人口数为1180969人，法租界为477629人，两租界总人口不过一百六七十万而已。[1] 而战争爆发后，一时间难民聚集，仅分布在两租界难民收容所的难民就达20万之多，至不收容于难民所而恃亲友为食者，据工部局估计，亦有66万人之多。[2] 到1938年下半年，租界人口达到最大值，估计人口总数在450万～500万。[3] 较之战前增加了两倍有余，人口骤增给租界的民食供应带来巨大压力，食米供不应求，价格自然高涨，而许多投机商也正是看到了这点，开始筹集资金，加入食米投机行列之中。为了缓解难民增加所带来民食压力，租界当局组织难民遣散委员会，将难民遣回原籍，再加上随着战争推移，主要战场深入内陆腹地，一些难民也主动返回暂别硝烟的家乡。根据1942年2月的租界户口调查，两租界人口已经降到了2440401人，较之高峰时期已去将半。

---

① 上海文献委员会编《上海人口志》，上海文献委员会印，1948，第21、25页。
② 《疏通上海租界人口问题》，《钱业月报》1937年第17期，第11～12页。
③ 任建树：《现代上海大事记》，第724、732页。

　　此外，自 1939 年开始，沪市食米供应几乎依赖洋米，而洋米进口需以外汇结算，随着外汇的日益紧缺以及法币汇率的持续下跌，购买洋米的成本不断提高，价格飞涨。如 1941 年 8~10 月，为限制日人的套购，英、美两汇均被冻结，致使 1941 年 10 月底，一号西贡米直线上升为每石 190 元，小绞米涨至 170 元。[①] 如果以 1936 年的物价值为 100，到 1941 年时，上海物价值为 1099.3。以米价为例，仅正市米价从 1937 年 8 月到 1941 年 12 月，上海米价由每石 14 元上涨到 238 元，[②] 黑市价格已破千元大关。

　　由上可见，日军疯狂的经济掠夺和封锁是造成沪市民食危机的最主要原因，但战时奸商囤积、金融界的支持及租界人口膨胀都客观上促进或加速了民食危机的爆发。

---

① 吴景平等：《抗战时期的上海经济》，第 142 页。
② 张海鹏：《中国近代通史》第九卷，江苏人民出版社，2009，第 325 页。

超越租界的声波

——上海早期外商广播电台*之考察

马超俊**

20 世纪 20 年代上海的日常生活中包含着多种异质文化元素，而这些文化元素最初都出现在租界内，20 世纪上半期最伟大的传播手段广播即是如此。史学界对上海租界内外商广播电台的研究尚不多见，且仅停留在简单介绍的层面，对其自身经营方式、中国政府和社会层面对其的接纳过程等比较深层次的问题则关注不够。对上海早期外商广播电台的出现与中国广播事业发展关系的探讨，更付阙如。本文拟对上海早期外商广播电台的建立、经营方式、管理及社会意义做一分析与探讨，以深化对此问题的研究。

一 早期外商广播电台的建立

世界上最早的广播电台始于 1920 年 10 月美国匹兹堡私人 KDKA 广播台，随后英、德、苏等国相继开办。从此，广播事业在全世界范围内迅速发展，广播一举成为当时信息传播最具时效性和广泛性的大众传媒。

中国最早的广播出现在上海租界，而上海的广播是由外商传入的，故上海早期广播电台主要是以外商广播电台为主。1922 年 12 月，美国人奥斯邦携带一套无线电广播设备从美国来到上海，创办了中国无线电公司。之后，奥斯邦与英文报纸《大陆报》合作，经过短暂的筹备和试验，在上海

---

* 特指 1922~1927 年在上海租界内出现的由外商经营的广播电台。

** 马超俊，南京信息工程大学滨江学院讲师。

外滩广东路大来洋行楼顶设立"大陆报—中国无线电公司广播电台"（亦称奥斯邦广播电台），并于 1923 年 1 月 23 日晚 8 时开始首次播音，该电台呼号 XRO，波长 200 毫米。后因内讧，奥斯邦离开公司，后该公司不能维持，只得宣告倒闭。在该公司倒闭之前，奥斯邦另外"设电台于倚云阁上……名称国有无线电局（National Radio Administration），……归于美商独办"。[1] 该广播电台原定于 5 月 31 日开始播音，但通过英美领事向中国政府申请立案时，交通部以"本部正在拟订规则从事取缔。在此项规则未公布之前，凡属无线电机器未便进口"[2] 为借口多次干预，并派出交涉员进行取缔。在交通部、农商部、上海总商会以及英美领署协同交涉下，该广播电台最终还是以拆卸了事。接着在永安公司之后兴起的外商电台则由美国人戴维斯（Davis）创办的新孚洋行开办，为了销售无线电机和相关配件，该洋行在其楼上开始装置广播电台，发射功率 50 瓦。后来，该洋行在进口收音机时，被海关发现并扣留三次，导致营业受到重大打击而于该年 8 月停办。在新孚洋行营业极为兴盛之时，此举引起同行的注意，认为经营无线电器材有利可图，纷纷效仿。于是，开洛电话材料供应公司（简称"开洛公司"）由该公司经理迪莱（Roy·E. Delay）出面租用大来公司楼上所关闭之广播电台开始播音，该台呼号 KRC，波长 365 毫米，发射功率 100 瓦，后发射功率又有增高。开洛公司广播电台的播音一直持续至 1929 年 10 月，历时 5 年多，是早期外商在上海开办的广播电台中经营时间较长、影响较大的一座电台。

二 早期外商广播电台的经营

上海早期外商广播电台的经营目的和经营方式与当今的广播公司相比，都具有较为鲜明的特色。

上海早期外商广播电台的设立者全是无线电器材公司，他们设立广播电台最重要的目的是向听众推销自己所经营的无线电器材及收音机。《大陆

---

① 曹仲渊：《三年来上海无线电话之情形》，《东方杂志》第 21 卷第 18 号，1924 年 8 月 15 日，第 50 页。

② 《永安公司无线电问题》，《民国日报》1923 年 7 月 26 日。

报》登载的新孚洋行广播电台的广告即说："这个电台将用于试验和向顾客示范该公司经售的收音机及其零件。……如果您从未听说过无线电话，邀请您到他们底楼的样品陈列室，打开该公司的一架收音机随意收听广播。"①外商广播电台设立的初衷就在于通过培养听众收听广播的习惯从而扩大其收音机的销量，其制作的节目也是为潜在的消费对象量身打造的。开洛公司"之所以如此苦心经营、劳神伤财者，不过欲使惠顾诸君，加以赞许，源源采购，借答雅意耳"②。外商广播电台早期的节目主要面向租界内外籍人士或者出入高档消费场所的上层中国人士。由于刚刚引进收音机，具有收音习惯和购买实力的主要还是居住在租界内的洋人。播报新闻用英语，娱乐节目也以外国人为对象，如奥斯邦电台正式播音的第一天的广播内容如下：

　　20：00：介绍性预告；

　　20：15：小提琴独奏——诙谐曲——德伏乍克；世界著名的捷克小提琴家贾罗斯拉·科西恩（Jaroslav Kocian）今晚稍晚在法国总会演奏；

　　20：30：金门四重唱，目前每晚在卡尔登演出；

　　20：45：萨克管独奏，最新动人歌曲——蓝色；卡尔登乐队的乔治·霍尔；

　　21：05：舞曲。③

　　这些节目的表演者都是来自当时大上海重要的娱乐场所——礼查饭店和卡尔登大戏院，演奏的节目主要是西方上流社会的流行音乐。能听到这些音乐的地方，除了装有收音机的家庭，还有礼查饭店、卡尔登大戏院以及中华基督教青年会等一般中国人很难进入的场所。随着租界内洋人消费群体市场的饱和，早期外商广播电台的营销目标转而瞄准了上海的广大中国人。因此，后来的开洛公司在制作节目时"以该公司经理发售之收音机

---

①　《新孚洋行广播电台试验播音》，《大陆报》1923 年 5 月 30 日。

②　《无线电话乃最高尚最雅致最经济的娱乐品》，《申报》1925 年 8 月 22 日。

③　《今晚无线电节目》，《大陆报》1923 年 1 月 23 日。

未能畅销。嗣经曹仲渊为电台主任，徐大经为副主任，报告商情、时事，以灵通内地华人之商情，并多插中国唱片，添播弹词节目一小时以增兴趣"。① 到 1925 年 8 月，开洛公司"增加播送时间，全部节目十分之七均系中国音乐，西乐只占十分之三。……凡京剧、苏滩、三弦、拉戏等，应有尽有"，② 也正是因为开洛公司在争取中国听众中所做出的这些努力，才使得该电台能维持较长时间。此时，不仅电台大部分播音时间以中国听众喜闻乐见的节目为主，并且以此作为宣传该电台，鼓励购买收音机收听该电台的播音节目的广告。从中也能发现，当时国人已经成为收音机最大的潜在消费群体。

早期外商广播电台在收音机销售过程中，与当时发展已较成熟的传统纸媒体的合作，达到了广泛宣传收音机的效果。例如，奥斯邦电台就曾与《大陆报》合作，开洛公司电台与《大晚报》《申报》《大陆报》建立了业务关系。收音机这项新媒体的出现，其新闻传播的快速性对于报纸这样的传统媒体来说应该是一种威胁。但在广播电台诞生初期，两者并没有形成对立的状态，其主要原因是两种媒体之间具有互补作用。广播相较报纸而言具有传播速度快、更具有感染力等特点，但因为受广播时间限制，无法达到报纸所报道新闻的深度与广度，两种媒体的深度合作，实现了优势互补，发挥了两大媒体各自的优势，使广播电台得以发展并扩大广播器材的销售。尤其是在广播电台发展的早期，更是需要借助报刊这一传统媒体来扩大影响，引起读者对广播的关注与兴趣。如开洛公司，"在播送站机器间装置一寻常电话号牌，共分十号，每号用电线连接至订定播送之家，该订定之家即按照分配所定时间，或语言，或歌唱。……现已订定者共有五家：第一号为开洛本公司；第二号申报馆；第三号大晚报馆；第四号巴黎饭店；第五号神户电气公司。以下五号尚无顾主"。③ 可见，广播电台设立之初与报馆之间的联系更加紧密，报馆的简明新闻无须送到电台就可以直接在报馆内播报。若想更深入了解新闻的内容则需要订购报纸，而报纸则刊登了

---

① 金康侯：《中国播音协会之兴替》，《无线电问答汇刊》第 19 期，1932 年 10 月 10 日，第 50 页。
② 《此曲只应天上有，请购最著名的开洛无线电话收音机》，《申报》1925 年 8 月 29 日。
③ 曹仲渊：《三年来上海无线电话之情形》，《东方杂志》第 21 卷第 18 号，1924 年 8 月 15 日，第 57 页。

广播节目，因此要想知道广播内容也需要订购报纸。如电台的广告有"无线电讯和本埠新闻简报、演播者名单和收听广播时间请看当天的《大陆报》"，① "无线电音乐会的节目将独家刊登在《大陆报》上。无线电爱好者要是现在尚未成为《大陆报》日益增多的读者中的一员，建议他们订购《大陆报》"。② 报纸的广告栏中亦经常可以看到"无线电话乃最高尚最雅致最经济的娱乐品"，③ "此曲只应天上有，请购最著名的开洛无线电话收音机"，④ "家中装置一具，可以省去一切无谓的消费，增进家庭幸福；学校机关装置一具，可以灵通消息，作为正式之娱乐；总会游戏场装置一具，可以增加游资，辅佐兴趣。总之，无线电收音机是新式社会不可缺的娱乐品"⑤ 等宣传和鼓励购买收音机的广告。在广播与报纸的联合宣传之下，广播与收音机具有鲜明的社会地位表征，被称为现代性与进步性生活方式之代表。在这种现代性生活方式的吸引之下，上海的收音机也得到了很快的普及。在奥斯邦广播电台开播之初，"上海已安装了数百架接收机；由于有了定期无线电节目的预告，又额外出售了一大批接收机。今晚时钟敲响8点时，将有500多架接收机收听广播"。⑥ 外商广播电台还在礼查饭店和卡尔登大戏院等公共场所安排放大机，以扩大广播的受众范围。因为当时政府没有实行收音机注册登记，而当时北洋政府的权力不能在租界内施行，对于收音机的装设则更无法限制，以致难以准确统计当时上海的收音机数量。但据有关材料，北洋政府时期全国有收音机一万台左右。⑦ 据此，其中大部分收音机应该是在上海地区，因为在北洋政府时期广播电台大部分集中在上海。

三 早期外商广播电台的管理

对早期外商广播电台的管理，北洋政府的态度经历了由最初的干涉到

---

① 《星期二为上海广播的无线电新闻和音乐节目》，《大陆报》1923年1月21日。
② 《今晚无线电节目》，《大陆报》1923年1月23日。
③ 《无线电话乃最高尚最雅致最经济的娱乐品》，《申报》1925年8月22日。
④ 《此曲只应天上有，请购最著名的开洛无线电话收音机》，《申报》1925年8月29日。
⑤ 《无线电话空前大廉价》，《申报》1925年11月14日。
⑥ 《今晚无线电节目》，《大陆报》1923年1月23日。
⑦ 方汉奇主编《中国新闻事业通史》第2卷，中国人民大学出版社，1992，第245页。

允许其有条件设立的转变过程。

当外商开始在上海开办广播电台时，当时的北洋政府对此项事物缺乏足够的认识，将广播电台与无线电台混淆，不允许私自设立；对于收音机则认为是无线电发报机，同样不允许任意销售。① 奥斯邦广播电台刚在上海问世，北洋政府交通部②即下令严行取缔。稍后的开洛公司广播电台开始播音后，北洋政府交通部立即致函上海有关当局设法禁止。交通部在致上海护军使函中称，"该报馆连同开洛公司经营广播无线电话，并销售无线电接收机，……此项事情，显系违反《电信条例》之规定，损害主权，妨碍电政，关系殊为重大。……应请所属广为晓喻，迅予禁止，以维电政，以保主权，以消隐患"。③ 中国政府的严正态度，并没有能够真正取缔这些外商电台，"设造者依旧设造，营业者依旧营业，广播者依旧广播"。④ 而牵涉其间的申报馆，则在与交通部所派遣的专员交涉后仅仅将《申报》原先报头的电台节目预告删除，而广播照旧。有鉴于此，交通部对于无线电机器的进口进行限制，以从根本上清除了上海的无线电器材供应，迫使那些以售卖无线电器材为主要营业手段的外商广播电台就范。上海江海关严厉执行命令，新孚洋行三次进口均被发现，损失巨大，以致新孚广播电台倒闭。

---

① 1915 年 4 月，北洋政府公布《电信条例》，这是中国历史上第一个涉及无线电的法令。按照当时中国政府的有关规定，无线电器材属军用品，非经陆军部特别许可不得自由输入我国。同时，未经中国政府有关当局批准，也不允许外国人或机构在中国境内私自设立无线电台，擅自收发无线电报。但是，外国列强根本无视中国主权，纷纷在华设立无线电台，但其中也存在很多问题，列强之间的争夺非常厉害。出于各自利益的考量，1922 年 2 月结束的华盛顿会议的限制军备会议第十八条决议案规定：各种无线电机非经中国政府允准，不得在中国境内经营或建设。但外国列强漠视此项决议案，依然在中国开设无线电台，在这基础之上，外商广播电台开始在中国出现。

② 中华民国成立后，政府设交通部，内置电政司，掌管包括有线电报和无线电报在内的电政事宜。北洋政府时期，处理外商广播电台在中央涉及陆军部、交通部电政司、农工商部（该部主要负责商业登记事宜）、外交部。上海地方则有上海电政监督、上海交涉公署。因此外商广播电台因为涉及与外国人打交道，外商广播电台的取缔问题，一般由电政监督与上海交涉公署与租界的外国领事协调处理；而如果涉及中国人，则由护军使与地方官（沪海道尹、淞沪警察厅）负责取缔。

③ 《交通部致护军使咨稿》，原件存中国第二历史档案馆，转引自上海市档案馆、北京广播学院、上海市广播电视局合编《旧中国的上海广播事业》，档案出版社、中国广播电视出版社，1985，第 45 页。

④ 曹仲渊：《三年来上海无线电话之情形》，《东方杂志》第 21 卷第 18 号，1924 年 8 月 15 日，第 61 页。

开洛公司由于存货尚多，虽未倒闭但是其营业受到了很大的影响。随后，北洋政府在此领域进行了政策上的调整，客观上帮助了开洛公司，使其渡过难关。对于民间一些私装电台的无线电业余爱好者，如"童子军奚康福及吴石仙之子，则直接被护军使卢永祥与警察厅拘囚"①。

　　早期广播电台的创办也引起了列强在华利益的矛盾和冲突。奥斯邦、永安（未开播）、新孚、开洛等公司的电台都是美国商人在租界里开办的，且经营和售卖的都是美国的收音机和无线电器材。如当时在上海经售收音机的商号"西门子德律风根无线电机公司，德商，在江西路，为在吾国经营此业之最早者，然只对于官场兜售，与私家或个人可谓毫无经营；新孚洋行，美商，经售美国各种机器，惟售价颇昂；开洛公司，美商，在江西路，比新孚洋行较稳固，货较齐备，价亦较低廉；时评洋行，华商，在南京路，经售美货，并能自制小另件；鸿康，华商，在南京路，开洛公司之代理人；神户电气公司，日商，在四川路桥北塊，开洛公司之代卖人；其他零星代卖所尽属于美货，间或略带法国出品，如真空管之类者，但为数甚少"②。可见当时的上海充斥美国产品，其主要原因是当时开洛公司的矿石收音机售价便宜，"只卖五元"，而其他如"英国出品价值太高，法德两国进口甚缓，又极无常故"③，由此，美国抢占了当时中国无线电的大部分市场份额。这就必然引起列强为争夺中国市场而互相攻击。1923 年 11 月，外交部在报告中称："准英国公使函称：据上海英领事报告，在沪日有传播无线电之事，于私人寓所内装设无线电收音机，并可向许多商号购买材料，自造机器全具。"④此报告来自上海英国领事，对中国电政看似深刻之同情，但实则是英国另有所图。因为英国马科尼无线电公司早在 1918 年就与北洋政府陆军部签订了 60 万英镑的有关无线电收发报机的军用无线电借款合同。此合同规定，借款未还清以前，中国不得向英国以外的国家购买无线电器

① 参见曹仲渊《三年来上海无线电话之情形》，《东方杂志》第 21 卷第 18 号，1924 年 8 月 15 日，第 60 页。

② 参见曹仲渊《三年来上海无线电话之情形》，《东方杂志》第 21 卷第 18 号，1924 年 8 月 15 日，第 55 页。

③ 《申报》1925 年 11 月 14 日。

④ 曹仲渊：《三年来上海无线电话之情形》，《东方杂志》第 21 卷第 18 号，1924 年 8 月 15 日，第 60 页。

材，同时还限定无线电的修理和无线电收发报机只能由该公司负责。从市场的实际占有情形与英国先前的优先权来看，英国上海领事如此做法实在是有同行相妒之意。英美在华利益上的冲突，却给了中国政府机会，中国政府利用他们的冲突试图将广播事业纳入国家控制中。交通部旋即发文称，"对于广播无线电事业，一律照电信条例定为国有，并拟在各通都大邑次第筹设广播电台，颁布领照条例。……在此项条例未公布以前，无论何人均不得私自购造无线电报接受机，藉以营业，或私自传播"。①交通部并咨江苏省省长令沪海道尹、淞沪警察厅转饬所属查禁外商广播电台。但此次查禁没有依照先前取缔永安公司楼顶无线电台的惯例，与上海租界英美各领事协同查禁，而是只让地方官员负责查禁。因为中国地方官员无权直接干预租界内事务，因此租界内的广播照旧营业，收音机照旧收播。经过这场冲突之后，美国无线电产品在很长一段时间内仍然占有上海无线电市场的主要份额。

华界与租界毗连，而广播之电波则不能有地域之划分，因此在广播的管理上不应该有华界与租界之分，而应该有一个统一的管理机关，北洋政府也试图借此理由将其行政权力伸入租界，再加上有华盛顿会议有关限制军备的法律支持，因此北洋政府有理由且有法律依据对中国境内的广播进行管理。但由于北洋政府的软弱，地方实力军阀与列强有千丝万缕的利害关系，且在上海争权夺利，因此北洋政府对于上海的管理没有一套一以贯之的政策。这些主客观原因的存在，使得在上海取缔外商广播电台成为泡影，甚至普通大众购买的收音机因有租界的庇护，北洋政府也未能对之加以有效的管理。外商广播电台的继续存在，虽然侵犯了中国的主权，但也确实使先进的科学技术在中国生根，并且开始推动北洋政府无线电法令的改弦易辙，使其对于广播事业不再采取一味禁止的政策。一方面，交通部在屡次查禁广播电台之事中逐渐认识到广播电台不同于一般的无线电台，收音机也不同于无线电收发报机。故在要求查禁开洛公司广播电台的公文中还提到"为谋中外人民幸福起见，对于广播无线电话正在积极筹备，厘

---

① 曹仲渊：《三年来上海无线电话之情形》，《东方杂志》第 21 卷第 18 号，1924 年 8 月 15 日，第 60 页。

订规则，不日公布。该商民人等，尽可静候政府办法"。① 另一方面，交通部于 1924 年 8 月制定了中国历史上第一个有关无线电广播的规则《交通部装用广播无线电接收机暂行规则》，该法令依照《电信条例》制定，共计 23 条，对于安装广播无线电接收机（收音机）的手续、费用、注意事项及违反规定的处罚方法等都做了初步规定："1. 装用接收机者，须先呈请交通部核准，发给执照。2. 接收机只限于通都大邑及繁华市镇，惟军事边防、海防及政府或地方官厅示禁之区域不得装设。3. 凡装用接收机者，应先具请愿书并依照左列二项之规定附具证书呈请交通部核给执照……4. 接收机只准供接收音乐、新闻与气象时刻、汇兑之报告以及演说、试验之用，不得借以牟利，并不得将所收任何电信私自泄露。5. 装用机器每付每年应照下列之规定预缴执照费暨印花税费。6. 装用接收机者，如经交通部查有违背本规则之规定时，应处以五元以上、二百元以下之罚金或没收其机器。"②

虽然上述规定相当烦琐苛刻，但建立广播电台和出售、安装收音机不再是违法之事。此项法律的颁布，实际上是默认广播电台继续存在的合法性，这无疑对于后来中国民营广播电台的出现具有一定的刺激作用。

四 早期外商广播电台的价值

上海早期外商广播电台的出现与发展极大地推动了中国广播事业的发展，并深刻影响到之后国人的生活方式。

首先，早期外商广播电台在上海的发展对于华商广播电台的出现具有示范带动作用。从华商创办的第一座广播电台——新新广播电台来看，无论其电台开设的目的，还是经营的方式，都与早期外商电台相似。"新新公司为推广营业起见，特设一座无线电发音机"，③ 开设目的仍为推广该公司的无线电器材，其节目设置亦以吸引顾客为要旨，"除每日按时播发新闻、商情、各种音乐、京调、小曲以及粤调外，并逢星期一、三、五、六晚另

① 《交通部致护军使咨稿》，原件存中国第二历史档案馆，转引自上海市档案馆、北京广播学院、上海市广播电视局合编《旧中国的上海广播事业》，第 45 页。
② 国民政府交通部编纂委员会编《交通史·电政篇》，第 4 章，第 13~14 页。
③ 《新新公司无线电播音特别节目》，《申报》1927 年 11 月 23 日。

加特别节目多种，并召该公司之群芳会会唱，故极受各界欢迎"。① 经营方式上亦吸收和继承了早期外商广播电台的经验，新新广播电台亦与《申报》等报纸合作。"国民党广播事业的始作俑者陈果夫也正是因为在上海听到开洛公司的广播之后深感广播的宣传能力之强，在征得蒋介石的同意之后才开始着手创办国民党的广播事业。"②

其次，早期外商广播电台的经营为后来上海广播事业的发展培养了一大批技术人才。中国早期的收音机制造业也得到了一定的发展。随着广播电台在中国大地的出现，很多关心无线电事业的人开始研究和试验无线电，如后来亚美广播电台的经理苏祖国即为其中的杰出代表。时人称誉苏祖国说："余曾造其居，观其自制之收音机，叹为非常之才。今果为国家挽回利权不少，此极可喜之事也。"③ 作为我国第一所招收电学本科生的南洋大学，培养了一大批的无线电人才。另外，很多学习无线电专业的留学生也陆续归国。这些人才很多从事广播电台的技术工作，如开洛公司广播电台的改造计划，"一切设施多出于该公司徐炳勋之力。徐君为本届南洋大学电机科学士，于无线电素有研究"。④

再次，在与外商处理广播电台的合法性问题中，中国政府对于广播的认识进一步加深。北洋政府一度将广播电台认为是军用品的无线电而严厉禁止，到后来因认识到广播电台与无线电的差别，转而允许其存在，并为之提供法律保障。这一政策的转变虽然在很大程度上是向西方妥协的产物，但就当时而言，《交通部装用广播无线电接收机暂行规则》的颁布相当于默许了上海民营广播电台的发展。南京国民政府在建立之后的很长一段时间之内对于民营广播电台的管理在很大程度上继承了此时期的管理原则和经验，即使是之后南京国民政府创立的管理法规也借鉴了这一时期的管理规则。

最后，早期广播电台在上海创立与经营产生的最重要影响是它把"听广播"这一时尚的生活方式，带入了彼时上海人的生活，并扩展了上海都

---

① 《新新无线电话播音台》，《申报》1927 年 12 月 11 日。

② 杨者圣：《特工老板徐恩曾》，上海人民出版社，1997，第 11 页。

③ 赵君豪：《记申报播音》，《无线电问答汇刊》第 19 期，1932 年 10 月 10 日，第 46 页。

④ 《无线电话音乐消息》，《申报》1924 年 8 月 3 日。

市文化的内涵，为以后广播电台的发展提供了良好的发展空间和市场。20世纪20年代，上海人的日常生活融入了多种异质文化元素，而广播作为当时最先进的日常生活品更能体现当时上海上流社会世俗生活的时尚潮流，且吸引一般中下层市民对此时尚元素的跟随，形成一种将广播作为时尚幸福生活的价值体现。在这种文化氛围之中，"当是时国人认无线电为高尚之娱乐，渐示欢迎"，① 使得广播成为时尚生活的表征而被上海市民所接受。在早期外商广播电台的刺激之下，广播加速进入大众的日常生活，成为人们日常生活中日益重要的组成部分。这也为广播事业在上海的发展，乃至在全国的推广，提供了良好的土壤。

五 小结

综上所述，虽然上海早期外商广播电台规模都较小，播音范围有限，但外商广播电台的出现对于中国本土的广播事业和当时社会生活产生了既深且巨的影响。早期外商广播电台培养和训练了一大批技术和管理人才。在与外商广播电台的交涉过程之中，中国政府的态度也经历了由开始时的不理解而加以干涉，到后期允许其有条件设立的转变过程。"听广播"这一时尚的生活方式逐渐成为人们日常生活中日益重要的组成部分并扩展了上海都市文化的内涵，客观上为以后广播电台的发展提供了良好的发展空间和市场。上海租界内的早期外商广播突破了租界与华界在地理意义上的区隔，对上海地区乃至近代中国广播事业的发展都产生了巨大的推动作用。

---

① 金康侯：《中国播音协会之兴替》，《无线电问答汇刊》第 19 期，1932 年 10 月 10 日，第 50 页。

城市政府对民众休闲的
管理（1927~1937）

——以南京市为例

刘丰祥[*]

　　休闲是衡量一个国家生产力水平高低的标志，是衡量社会文明的尺度；它也是人的一种崭新的生活方式、生活态度，与每个人的生存息息相关，因而历来备受政府的关注。休闲文化总是与一定历史阶段的政治、经济、道德、伦理水平紧密相连，并相互促进。在封建社会，民众的休闲方式、内容都比较单调，封建统治者认为休闲是不正当的行为，容易滋生事端，所以对民众休闲活动有很多限制，管理手段也以严禁为主，主要是防止民众休闲内容超出封建伦理纲常所允许的范围。民国以后，特别是南京国民政府时期，政府已经认识到休闲对于人民身心健康乃至整个民族国家发展的巨大影响，因而对民众休闲生活的管理趋向积极引导。1930 年 2 月，国民政府内政部制定《改进人民娱乐方法案》，该案认为："娱乐方法之良善与否，对于工作之精进影响甚巨。常见先进各国娱乐方法非常繁多，大都不但不碍于身心健全，并能助其发达。一民族之强盛，不独可占之于其工作，并可占之于其娱乐方法。该案还认为，欲消极禁止不良之娱乐，必须辅以积极提倡良善之娱乐，庶可收纳民轨物之功。"[①] 本文以 1927~1937 年的相关档案资料，对南京市[②]政府的民众休闲管理进行研究，以期了解南京

* 刘丰祥，历史学博士，青岛大学马克思主义学院副教授。
① 转引自严昌洪《20 世纪中国社会生活变迁史》，人民出版社，2007，第 395 页。
② 本文中的南京市，即南京特别市。

国民政府时期城市政府休闲管理的内容及特点。

一 对休闲领域的管治措施

作为国民政府首都所在地的南京，其市政府采取了许多措施，积极推进对休闲领域的管理。

（一）对休闲娱乐领域的整治

为了建设一个文明现代的城市典范，南京市政府加强了对休闲娱乐领域的治理，由市政府下设的社会局、公安局、卫生局乃至教育局共同介入。南京市政府认为，"要改造成了整个新的革命的南京社会"，其中很重要的一点就是要"逐渐来改善南京市民的生活习惯，务要养成他们纪律化的生活，职业和娱乐方面的习惯，都要有规则，有秩序，尤其要注意的是卫生和不良的迷信观念"。[①] 为此，南京市政府组织"公共娱乐场所调查及艺员登记"活动，还推行新政，从"三禁"入手，"刷新首都市政"。[②] 公安局严格执行"首都三禁"："取缔娼妓""取缔卜筮星相""取缔赌博鸦片"。[③]

虽然积习难改，"三禁"行动阻力很大，但是南京市政府还是克服困难，坚持自己的做法，显示了市政府刷新政治的决心。有报道称："南京自市府下令禁娼禁赌禁卜筮星相后，期以九月一日一律禁绝，期间虽经妓女与星相业之请愿，而市府仍屹然不动。"[④]

为了保证娱乐时身体的健康，南京市政府对休闲场所的饮食卫生做了较严格的规定。以戏院为例，对其卫生要求："戏院内一切用具须保持清洁"，"春秋二季戏院内部墙壁须全面洗扫粉刷各一次，并须保持清洁"，"戏院内各处及桌椅等物，每日均须拭扫清洁，其地面上并应保持洁净，设置痰盂，不能随地吐痰"，"各戏院每演场须应清洁地面一次"，"戏院内男女厕所各别设立，每日早晨须将粪溺出清，其周围并须用石炭酸水冲洒"，

---

① 黄曾樾：《发刊词》，《南京社会》1928年第2期，第3页。
② 朱霞山：《首都三禁——赌》，（南京）《民众周报》1928年第48期，第4页。
③ 刘纪文：《南京特别市政府工作总报告》，南京特别市秘书处编译股编辑，1930，南京市档案馆藏，全宗号：1001，目录号：1，案卷号：1732，第97页。
④ 见《申报》1928年9月9日。

"戏院烹茶使用之水，须用自来水，并须煮沸之"，"戏院内所用手巾，每供一客使用，除非经沸水洗涤，不得再供他客"，"戏院内不准贩卖不洁食物"。另外，还规定"凡患肺痨病、皮肤病及其他传染病者，不准在内操作"。为了保证休闲者的舒适，南京市政府对休闲场所的空间、温度、湿度、营业时间等做了较详细的规定，有别于中国传统的做法和要求。仍以对戏院的规定为例，卫生条例规定："戏院各通气门窗当开演时不得关闭，倘已有之门窗流通空气不足时，本所得随时饬令增加"，"夏季必须按照戏院座位之多寡设备风扇，流通空气减低热度"，"戏院窗门必须关闭时，须别设适当之气筒流通空气"。① 为了安全的需要，规定："戏剧场所四周应各备太平门并预置救火器具"。剧场的演出时间规定为"至迟以夜间十二点为限"。② 这些以身体健康为中心的具体规定是传统社会所不曾有的，显示南京国民政府对休闲空间的管理已经开始现代化。

（二）加强官方意识形态的灌输和审查

南京国民政府建立后，加强了官方意识形态的灌输和对异己思想的打压，戏曲、电影等是群众喜闻乐见且极为普遍的娱乐形式，因而是审查的重点。南京市政府规定，在公共娱乐场所表演的游艺中，"违背本党主义者""宣传反动思想者"等不得表演。③

阅读通俗读物是南京国民时期城市民众较为普遍的休闲消遣方式，因而大众读物也成为政党进行意识形态争夺的重要场所。国民党政府已经注意对"含有封建思想或违背本党党义""词句淫秽，遗害青年"④ 的民众读物进行审查。

国民政府成立后设立了许多"革命纪念日"来纪念国民党与民国历史上重要的人物和事件。在这些纪念性节日中，国民党政府通过对节日期间休闲行为的管理，增强民众对政府的政治认同。例如，当时的国庆节（"双

---

① 南京市卫生事务所：《取缔戏院规则》（1934年4月），南京市档案馆藏，全宗号：1001，目录号：4，卷号：31。
② 南京特别市市政府公安局：《取缔剧场规则》，南京市档案馆藏，全宗号：1001，目录号：4，卷号：31。
③ 《公共娱乐场所调查及艺员登记》，《南京社会》1929年第2期，第180页。
④ 刘纪文：《南京特别市政府工作总报告》，第146页。

十节"）被要求热烈庆祝："首都各界已定于是日举行提灯游行大会，凡属首都各机关应扎搭彩楼，扫除清洁，并于汽车上悬挂小党旗以示庆祝。"①有的节日则被禁止娱乐行为，如在孙中山逝世纪念日，"按照中央革命纪念日简明表规定，各娱乐场所于是日一律停止娱乐宴会一天，以示哀悼"。②

南京市政府对许多娱乐节目以"有伤风化"的名义予以禁止。如市政府规定，在公共娱乐场所禁止演出的游艺种类就有"有伤风化者""有悖人道者"等③。经过调查，南京市政府社会局认为："本市娱乐场所，内容陈腐，如清音大鼓唱书各茶社以及歌舞戏院及露天戏曲场所，应通盘计划从事改善，以资整顿而端风化。"④

有学者认为："生活习俗虽是民间百姓的一种自觉或不自觉的选择，但往往和政府的导向联系在一起。一个政府常常从维持统治的角度出发，干涉百姓的生活习俗。"⑤ 这一时期的南京市政府强力推行对传统生活习俗的改造，推动市民休闲生活现代化。在20世纪二三十年代的特殊历史条件下，为了维护政府的权威，对休闲内容的意识形态审查非常严格。在国民政府新设立的纪念性节日里，休闲问题被当作民众对政府意识形态认同的政治仪式。

二 多种方式引导民众休闲取向

南京市政府认识到，现实生活错综复杂，仅仅依靠强制管理很难改变民众的休闲方式，而引导民众自觉趋向文明健康的娱乐才是治本之策。就对社会危害严重的"三害"来说，首都警察厅1934年的报告就认为："烟赌娼为社会三害；根深蒂固，流毒至为普遍，本厅虽历经饬属严密查禁……禁令虽严，犯者仍多，沉迷陷溺，大有人在，此诚社会一大问题也。

---

① 南京市政府园林管理处（战前）：《南京市政府训令字第 NO 10099 号令公园管理处》，南京市政府训令（1928.2.4~1934.10.8），南京市档案馆藏，全宗号：1001，目录号：7，卷号：8。

② 南京市政府公园管理处（战前）：《南京市政府训令》（1928.9.2~1937.6.16），南京市档案馆藏，全宗号：1001，目录号：7，卷号：1。

③ 《公共娱乐场所调查及艺员登记》，《南京社会》1929年第2期，第180页。

④ 南京市社会局：《本局行政述要》，《南京社会》1929年第2期，第177页。

⑤ 李喜所：《民国初年生活观念和习俗的变迁》，薛君度、刘志琴主编《近代中国社会生活与观念变迁》，中国社会科学出版社，2001，第147~149页。

若非导以高尚之娱乐，而禁其旧染之污，乌能一变靡敝之俗乎。"① 为此，南京市政府在大力提倡的社会教育中，加强了对民众休闲观念与休闲方式的引导。

（一）提倡运动休闲

对民众运动休闲的提倡是这一时期社会教育的一个重要特点。逐渐兴起的体育运动，不单单是个人的休闲娱乐活动，而且含有国家对公民身体进行改造的目的："教育部乃发起召集全国体育会议，……确定体育目标：计（一）供给国民机体充分平均发育之机会；（二）训练国民机体，运用身体以适应环境之能力；（三）培养国民团结合作之精神；（四）培养国民侠义、勇敢、刻苦、耐劳之风尚，发扬民族之精神；（五）培养国民以运动及游戏为娱乐之习惯。"②

全国运动会的召开，从休闲的角度来看，就是要培养民众运动休闲的习惯，摒弃不良的娱乐，为民族国家的振兴而拥有身心的健康。"全国运动大会的成功，已表示我国建设的进步，体育事业的渐臻普及与发达，实为复兴民族的良好现象。盖集合全国优秀青年，竞技于一场，目的不仅在夺得锦标，而欲藉此盛大的集会，以鼓舞全国民众的心灵，得有接触的机会以沟通全国人民的思想与观感，使全国民众发扬振作，养成好尚体育的风气；并能以高尚的运动，代替不良的娱乐；于政治教育社会经济诸端，影响至重且要焉。"③

南京市政府除把办理参加全国运动大会的运动员事务作为社会教育的重要工作外，还学习先进国家经验，计划筹建多个运动场所供市民使用："体育场为提倡体育之要端，以增进市民身体之健康，并改善民众业余生活为主旨，关系民众教育至重且大，以最近首都人口之调查，有居民五千余万，依八千或八千以上居民之都市，须有一公共娱乐场所，三万人以上，设一公共体育场之标准观之，……至少应设四处：（一）城内第一体育场

---

① 《首都警察厅概况》，《民国丛书》第 5 编第 76 辑，商务印书馆，1937，第 100 页。
② 沈嗣良：《十年来的中国体育》，《民国丛书》第 5 编第 69 辑，第 613 页。
③ 沈嗣良：《十年来的中国体育》，《民国丛书》第 5 编第 69 辑，第 616 页。

（二）鼓楼第二体育场（三）下关第三体育场（四）浦口第四体育场。"①

南京市政府的上述举措是在休闲领域对公民身体进行改造的具体实践，如积极提倡过去一直被社会轻视的体育活动，就是要通过强健国民身体而达到强国的目的。

（二）在社会教育机关中加强对新式休闲的提倡

为了培养适应现代文明国家需要的公民，南京国民政府在许多城市中成立了专门的社会教育机关，如南京市政府在教育局下设立通俗教育馆，负责市民的社会教育工作，其中很多内容就是引导市民进行新式休闲："第二通俗教育馆，原名'市立第一公园图书馆管理处'成立于民国十七年十二月一日，即由前第一公园内，历史博物馆图书馆阅报室体育场合并组织之，……图书现有五八三三册，每月阅书报者平均百人以上，历史博物馆陈列古代文具、武器、雕刻、金石书画等类，现有物品共一七四六件，每日平均游览人数，均在四五百人以上，每逢假期及纪念日期，均在千人以上，弹子房一所，内设弹子台一座，以供游人娱乐，另有体育场一方，设网球场一篮球场一，在夏季时期，弹子房及运动场每月收入运动费最多者，在四五千元以上，显见运动者之多，在冬季，即稍为减色，约在二三千元左右……"②

茶园是普通民众喜欢光顾的休闲场所，它也成为市政府对民众进行意识形态渗透的场所："教育局利用民众喜入茶社心理，采取娱乐方式，开办革命化、科学化、艺术化之民众茶园若干所，以培养本市市民，应有之常识，高尚之习惯，成一健全之国民。"③

（三）建立新式休闲空间与提倡新式休闲方式

公园是近代以来的新式休闲场所，建设者希望公园能对入园休闲之民众"发人兴趣，助长精神，俾养成一般强健国民，缔造种种事业，而国家

---

① 刘纪文：《南京特别市政府工作总报告》，第142～143页。
② 刘纪文：《南京特别市政府工作总报告》，第140页。
③ 刘纪文：《南京特别市政府工作总报告》，第135页。

因之强盛"。① 正是基于这一目的，有人建议在南京进行大规模的公园建设，使其成为一个休闲与学习各种现代科学知识以及锻炼体魄等的综合性空间。② 因而公园成为南京市政府市政建设的重要内容。南京国民政府成立后，百废待兴，政府资金异常紧张，在此时期，南京市政府仍然坚持公园的建设和规划。1936 年以前兴建的公园就有玄武公园、莫愁湖公园、白鹭洲公园、秦淮小公园、鼓楼公园、政治区公园和燕子矶公园等。

南京国民政府时期，一般民众由于信息闭塞，对于世界潮流、国家大事的真实情况都较少了解，这样容易使谣言流传，影响社会的稳定。为了"开通民智"，南京市政府积极在各处设立民众阅报处及阅报牌，进行大力宣传，努力使民众养成在空闲时间读报的习惯，以便获悉时事、国事的正确消息，收到良好教育效果。③

南京市政府还利用电影这种现代休闲工具对市民进行现代知识的传授，"电影教育为推进社会教育利器，欧美各国风行已久，本市为首都所在地，对于此项事业，自应努力推进"。④ 南京市政府举办的电影教育运动成效显著，从中受益的人很多。

作为振兴民族国家的重要手段，这一时期的南京市政府利用社会教育的各种形式对市民的休闲生活进行合理的引导，既对市民生活方式现代化的转变起了良好促进作用，也对培养具有现代观念与素质的公民具有一定效果。

三　城市政府休闲管理的特点

南京市政府的休闲管理举措呈现诸多特点，从而可管窥南京国民政府时期城市休闲管理的如下特征。

---

① 董修甲：《市政新论》，商务印书馆，1924，第 40~41 页。

② 业春涛：《建设首都大规模公园刍议》，《南京社会》1929 年第 2 期，第 47 页。

③ 刘纪文：《南京特别市政府工作总报告》，第 135 页。

④ 南京市政府秘书处：《十年来之南京》，南京市档案馆藏，全宗号：1001，目录号：1，卷号：1737，第 38~40 页。

（一） 休闲空间与社会教育空间的重合

这一时期，南京市政府对社会教育非常重视，在社会局中有专门机构负责推进，其中较为普遍的做法是把许多社会教育活动融合在休闲活动之中，使民众在轻松愉悦的氛围中习得现代科学知识。这是南京国民政府时期，政府对休闲管理模式的重要探索。如当时城市中较为普遍的休闲空间公园，就是一个重要的社会教育空间。"因为当时的市政建设理论家就是将公园内的旅游娱乐设施的功能定位为'增进群众合作之精神，寓教育于游戏之中'以开启普罗大众之民智。所以公园内不仅有阅报亭，还有图书馆，甚至还有民众学校。……正是由于旅游娱乐空间与教育空间的交错，而产生了民国时期特殊的现象，即将教育场所当作旅游景点推介给大众。"再如南京汤山的农民教育馆，也被作为游览处加以介绍。"这些现象充分展示了政府试图使旅游场所具有娱乐与教育双重功能，从而让民众在旅游娱乐中形成与政府相一致的观念意识。"①

（二） 对风化审查的重视

对风化审查的重视是南京国民政府社会管理政策由旧向新过渡的表现。南京国民政府时期的各地方政府在执行风化审查制度时，尺度差别很大，显示当时各地经济发展水平和政治宽松程度等差异。具体而言，对风化的审查受三个因素的制约。（1）南京国民政府时期，政治的不统一在文化上有所反映，许多省级政府在政治上处于半独立状态，政策制定随意性较大；（2）思想文化类作品主观性较强，尺度难以把握；（3）各地社会发展程度不一，对风化类活动的判断标准难以一致。如时人对戏剧审查的叙述可做一参考："审查戏剧之例行，首都开封等处似较平津两地紧张，而所订禁戏范围，亦嫌广泛。观于去岁于连泉（小翠花）在金梁（开封）有'一戏不展'之苦，可见一斑！而'当禁'与'不当禁'之标准，各地又极不一致。如最近王玉华（新艳秋）被平市'戏剧审查委员会'未予通过之'赛金

---

① 陈蕴茜：《论清末民国旅游娱乐空间的变化——以公园为中心的考察》，《史林》2004 年第 5 期，第 99~100 页。

花'新戏，而在上海'河北歌剧场'之蹦蹦戏班朱宝霞等固大唱而特唱也！"① 作为南京国民政府的首都南京，其市政府对休闲娱乐节目的审查是比较严格的，甚至歌女都要有佩戴标志，如必须穿青色衣服，挂桃花胸牌等。

（三）积极参与国际交流与合作

南京国民政府积极参与一些休闲类的国际组织和活动，与世界增进了解并学习了先进的管理经验，这是南京国民政府比以前的封建王朝政府有所进步的表现。以前的中国王朝政府都以"天下之中"自视，只想以中华文化征服四方"蛮夷"。晚清政府，为了挽救其统治，已经开始学习西方的先进技术与管理经验，但是具有明显的被动性。南京国民政府时期，无论是从政权的建立模式，还是各项制度的制定，都体现一种向现代西方文明国家学习的意识。

南京国民政府时期，国民党政府不但选派代表参加国际性体育比赛，组织考察团进行交流，而且还参加国际休闲与娱乐的讨论会，与其他国家一起探讨如何建立良好健康的娱乐方式。如第十一届体育大会于 1936 年在德国柏林举行时，全国体育协进会积极筹备，"复得政府的资助，除选派七十余名运动员赴会参加比赛外，另有体育考察团的组织，随同出国考察欧西各国体育状况，并出席亚林匹克学员大会，及亚林匹克休闲及娱乐讨论会，结果在竞技方面，虽然遭了失败，但是经了这次参加，对于国际间的认识，以及此后我国改进体育的借镜，获益良匪浅鲜也"。② 这些都体现出南京国民政府在民众休闲管理上已开启现代化进程。

（四）加强精神与思想的控制

在 20 世纪二三十年代特殊的社会环境之下，国民政府为了确立政权的合法性地位，有意识地对民众加强了官方意识形态的灌输，休闲领域也不例外，这从休闲娱乐政策的制定中可见一斑。无论是休闲方式的规定与提

① 杀黄：《禁戏之不划一》，《北洋画报》1935 年 4 月 13 日，第 3 版；此处"首都"指河南首府。
② 沈嗣良：《十年来的中国体育》，《民国丛书》第 5 编第 69 辑，第 622 页。

倡方面，还是休闲内容的鼓励与禁止措施等方面，都借助国家政权的力量，使官方意识形态不断渗透到民众思想之中，如对三民主义的信仰，对共产主义的排斥，对国民党革命历史的崇敬，对国际意识的培养等。

四　对现代休闲管理的启示

南京国民政府的休闲管理举措呈现现代化的特点，这和整个南京国民政府时期的社会特点是一致的，其中的经验教训对当今政府的休闲管理政策的制定也有重要的启示。

现代休闲空间的建立与开发更多地考虑是以满足休闲者身体的舒适且获得较多的经济利益，很少有意识地把休闲空间塑造为一个提高国民素质和进行爱国主义教育的精神空间，而南京国民政府的许多做法给我们以启发。另外，从提高市民身体素质的角度来看，南京国民政府以社会教育的形式，大力提倡非竞争性的运动休闲活动，这种管理思路也是值得当今借鉴的。

虽然南京国民政府时期的风化审查有维护其统治的保守、落后的一面，但也提醒我们在现代社会的发展过程中，休闲方式及其内容都有延续中国传统优秀文化的义务。因此，休闲管理政策应具有灵活性，各地方可根据当地社会、经济、文化的特点，因地制宜地对其进行适当调整。

国民党中央军队现代化的得失
探析（1927~1937）

刘孟信[*]

　　1927 年 4 月 18 日，南京国民政府成立。蒋介石坚持将"先求政权而后推行主义"，也就是所谓"简易"策略作为施政方针[①]。强调以稳固"中央"政权为根本，按照先派系"中央"，次国民党"中央"，最后民族国家"中央"，也就是先"讨逆"、次"围剿"、最后"御侮"的思路来处理军事问题。虽然由此衍生出了中央军队现代化建设的新需要，但也不能不使中央军队现代化建设从一开始就埋下一些根本性的方向问题。

---

　*　刘孟信，历史学博士，空军勤务学院政工教研室教授、硕士生导师，从事中国近现代军事历史与军事文化研究。

　①　《蒋介石年谱初稿》："民国 12 年 1 月 26 日复廖仲恺书，泛论粤局与政治及主义"中提出"盖党义与政权二者，此时尚难融为一炉，今日吾党政策，要言之，只有二道，一曰先求政权而后实行主义，一曰先行主义而后求得政权"，"然此时欲急求得政权，而又欲在先行主义上着手，则十年二十年后之事，非今日中国之所能也。弟以为只求实行主义而不问政权之得失，则日久时常，固必有见效之一日，但此时不应急求政权也。尚欲实行主义兼欲求得政权，则进行步调当先求政权而后推行主义，较为简易也"。"弟发此议……乃在欲速得政权，先以政治方法统一中国，而求实行主义。"引用于此，以说明南京国民政府建立前后，蒋介石为取得政权，采取实用主义态度，新旧力量兼容并蓄，甚至不惜放弃主义之实行而分裂国共合作，待政权建立之后再行主义的思路。

一　军队现代化：派系中央的需要及其问题

　　某个角度说，蒋系南京国民政府本来就是国民党内各派系之间相互利用、斗争和妥协的结果。尤其 1926 年 7 月 9 日北伐开始后，按照蒋所谓"简易"策略，一切以夺取政权为目的，国民党军各派系不加选择地竞相收编各类军队。据统计，到北伐结束时，国民党扩编、收编和改编的部队达到 41 个军。其中归宁方指挥的有 14 个军，归汉方指挥的有 10 个军，没有明确政治倾向的 17 个军，使国民革命军由北伐开始时的 8 个军猛烈扩大 6 倍，达到 48 个军。如将拥护国民革命的冯玉祥之国民军的 9 个方面军计 27 个军，以及阎锡山国民革命军北方军的 8 个军、7 个师计算在内，则扩大了 10 倍左右①。蒋介石本人的部队也从北伐前的 1 个军，包括 5 个师和 1 个补充团，发展到了 1927 年 4 月 15 日前后的 7 个军 19 个师，约扩充了 4 倍。虽然正是靠着迅速膨胀的军事实力，蒋介石才得以联合其他派系，成立了南京国民政府中央，但南京国民政府一旦建立，派系纷争便成为蒋介石不得不首先面对的最为棘手的问题。比如，从兵力对比看，蒋介石的第一集团军，包括嫡系、半嫡系和旁系，1929 年 1 月编遣会议时共计有 20 个军、4 个独立师、约 50 万人，1930 年底进一步扩充为 27 个军、80 多个师②。而反蒋倾向最明显的地方实力派中，仅冯玉祥的第二集团军在 1929 年编遣会议前就有 10 个军、8 个独立师，计 42 万余人③。阎锡山的第三集团军，1929 年 8 月时也有 13 个师、6 个独立旅、2 个独立团、6 个骑兵师、1 个骑兵独立旅、2 个骑兵独立团、8 个辎重兵营，合计官佐 16150 人、士兵 218695 人④。

　　对蒋来说，这些地方实力派既有违中央政令、军令统一，擅自截留中央赋税，不间断地向中央追索军费，甚至还与中央兵戎相见，是可忍孰不

---

① 曹剑浪：《国民党军简史》，解放军出版社，2004，第 38~47、51~61 页。
② 戚厚杰、刘顺发、王楠：《国民革命军沿革实录》，河北人民出版社，2001，第 91~102、153~158 页。编遣会议第一、第二集团军情况，第四集团军及唐军情况参见《李宗仁回忆录》，第 591、569、537 页。
③ 戚厚杰、刘顺发、王楠：《国民革命军沿革实录》，第 103~106、180 页。
④ 戚厚杰、刘顺发、王楠：《国民革命军沿革实录》，第 183~186 页。

可忍。尤其 1929 年 1 月 1 日开幕的编遣会议，因地方实力派反对而无果而终，使蒋切身感到，试图让各路军队效法日本明治维新中西南诸藩主动"奉还版籍"，将军队"和平地"交到中央手里，进而熔铸为一支统一的国家军队，以为现代化国家基础，已绝无可能。只能一面虚与委蛇，一面通过先急后缓、先外后内、打拉结合逐步化解的方法加以解决。也正是按照这一思路致使一系列事件爆发：1927 年 8 月的蒋唐军事对抗，1927 年 9~11月的二次宁汉对立和宁粤纠纷，1929 年 3 月的蒋桂战争，1929 年 5 月的蒋冯战争，1930 年 5 月的中原大战，1933 年冬的福建事变，以及 1936 年 5 月的两广事变。10 年之间，蒋以中央的名义东征西讨，几无宁日。尤其1927~1930 年的 4 年间，因其他派系数度威胁其根本统治，蒋将主要力量投入"讨逆"战争当中。特别是中原大战，历时近半年，蒋介石以 40 万人，最多时达到 70 万人，对抗反蒋军的 70 万人，双方分别死伤 9 万和 15 万人。

这些"讨逆"战争本身并没有多少现代化含量，更多的是规模庞大但缺乏技术、训练和纪律的人数众多的军队之间以近代"仪式化"方式进行的纯军事对抗，但事实证明，正是这些频繁进行的"讨逆"战争，较早坚定了蒋进行军队现代化建设的决心。蒋之所以一直与德国保持联系，并在1928 年 2 月派陈仪访德，"为建军计划聘请经验丰富的军事顾问"，在二次北伐完成后，率先压缩部队员额，坚持将军校教育统一收归中央办理，并且在德国顾问协助下依托中央军校建立小型教导部队，其首要用意就在于此。1930 年 3 月 8 日中原大战前夕，蒋在日记中写道："已叛而未归、反复无常者，不必姑息，此辈盖无所谓信义也；无论联甲联乙、与其联人以落边际，不如任其自斗，我则整理内部，充实兵力，或使甲乙皆得归属效命而不敢斗也。"① 这更是表明了蒋试图借助德式化推进军队现代化的决心。连续频繁的"讨逆"战争，不仅加剧了中央和地方的分裂，使二者水火不容、互为寇仇，而且也极大地消耗了南京国民政府中央的精力和财力。据统计，1928 年 6、7 月，全国财政收入 405 万元，而 84 个军 272 个师的军费（应为基本维持费，不包括战争费）开支就达 304.26 万元，占 75%以上。1928 年 6~11 月，中央军费支出的 57012890.71 元中，已有总司令部 500 万

① 〔日〕古屋奎二：《蒋总统秘录》第七册，日本产经新闻连载，（台北）《中央日报》译印，1981，第 155 页。

元、第四集团军 120 万元以善后公债拨付，第三集团军 200 万元、第四集团军 80 万元以军需公债拨付①。除了"东挪西凑"，南京国民政府还不得不将频繁且大量地发行债券作为筹措军费的基本方法②。穷困之极时，连宋美龄都不得不变卖房产，以为资助。以至于 1931 年 12 月 15 日蒋辞职当天，还曾"迭接各军师长电告以军费多未领到，膳食无法维持"③。事实证明，受"讨逆"战争影响，不仅蒋的军队现代化建设一开始就主要局限在所谓"中央"军队范围内，并且只能以"整军"而非"建军"的方式来推进；而且其所谓军队现代化只能按照先编制、教育、精神等"软指标"后武器装备等"硬指标"，先小型示范部队后逐步推广到标准作战部队的这样一种边缘化、渐进式军队建设路线来进行。至于如何兼顾眼前与长远计划，如何妥善处理依靠已经落后、不堪为用的军队进行"讨逆"战争与在不损伤且提升现有军队战争能力基础上进行军队现代化建设的关系，如何处理数年大规模战争导致经费困难所带来的新武器装备匮乏与可以立即着手先行改革的教育训练的关系，如何弥补和修复连年派系军事纷争所造成的官兵精神错乱，等等，则无所办法。换言之，坚持站在派系中央立场上进行"讨逆"战争，虽然较早激发了国民党军队现代化建设需求，但也限制了军队现代

① 宋了文：《确定军费总额实行统一财政办法提案》（1929 年 1 月 11 日），罗家伦主编《革命文献》第 24 辑，台北，中央文物供应社，1978 年影印，第 48～49 页。

② 〔美〕帕克斯·M. 小科布尔《江浙财阀与国民政府（1927—1937 年）》（蔡静仪译，南开大学出版社，1987）的研究表明，由于对共产党所控制的工会及蓬勃发展的工人运动惊恐万状，1927 年初国共分裂前后上海资本家确实曾给蒋介石以经济上的支持，但当蒋的需索超过银行家所乐意提供的限度，又不能以正常手段——如利用青帮采取绑架、勒索等手段控制资本家——取得时，这种联合到当年 4 月底就很快结束。另据金普森、王国华《南京国民政府 1927—1931 年之内债》（《中国社会经济史研究》1991 年第 4 期）、王同起《评 1927—1937 年国民党政府的内债政策》（《天津师范大学学报》1990 年第 3 期）的研究，1927～1931 年军费开支 121188 万元。1928 年，《财政部报告》曾强调："政府亦屡次力主减少军费至最低限度，……但不旋踵间，内乱又复频作，致政府不得不用尽办法，筹供军费，重渡东挪西凑之难关。"为支持庞大的军费开始，1927 年 5 月 1 日～1931 年约 5 年间，国民政府财政部、铁道部和资源委员会共发行 29 种计 10.4 万元的内债债券。平均每年发行约 2.08 万元，以 1931 年发行最多，达到 4.16 万元。其中 82.7% 用于军费政费开支。1933 年 1 月宋子文说："自国民政府成立以来，国内多故，不得已遂有数次大规模之军事行动，军费浩繁，税收不足以应，遂不得不时时发行短期公债，以资挹注。"1933 年 10 月～1937 年 1 月，孔祥熙主持发行各种内债 22 项，总额达 15 亿元以上。到 1935 年底，国民党政府未偿付的公债累计已达 14 亿元。预计 1936 年仅偿付本息就要支出 1.26 万元。

③ 黄仁宇：《从大历史的角度读蒋介石日记》，九州出版社，2008，第 89 页。

化范围，削弱了军队现代化能力，这是蒋介石和南京国民政府进行军队现代化建设不得不面临的第一个不可能解决的问题。

二　军队现代化：国民党中央的需要及其问题

蒋介石本来就充满了对中国共产党的不信任，不仅利用"三二〇"事件打击共产党人和国民党左派，而且是"整理党务案"的始作俑者。在南京国民政府建立前后，蒋更不遗余力地把"清党""剿共"列为首要政治任务，希望借此达到所谓"反共""建国"的目的。1927年2月，蒋即表示作为国民革命领袖之一，有"责任和权利"干涉与制裁中国共产党。1927年4月2日，在上海仅五分之一人员参加的所谓"监委全体会议"上，蒋又重申，共产党当初加入国民党时就"不怀好意"，"如果不清党，国民党就要被CPCY篡夺"，并提议"清党"。1927年4月12日，南京国民政府成立当日，蒋又在阅兵典礼讲话，诋毁共产党，大讲"清党"运动的意义。1927年11月蒋在访日期间，订立所谓"日蒋密约"，表示要以反共到底为筹码，邀取日本支持。1928年国民党二届四中全会上蒋致开幕词，积极鼓吹"要实现总理的主义和政策"，"唯一的方法，就是共同一致反对共产党，我们不仅反对他的主义，而且要反对他的理论和方法"，并推动会议以国民党中央全会名义，通过了《制止共党阴谋案》[1]。1931年7月23日，九一八事变前夕，蒋在江西"剿共"前线发表《告全国同胞书》，提出"唯攘外应先安内"，"不先剿灭赤匪"，"即不能攘外"[2]。九一八事变爆发后，国民党四全大会召开，虽然主题是"团结内部"与"抵御外侮"，但蒋仍称"赤匪之扰乱，诚为中国民族之根本大患，……嗣后仍须努力清剿，勿使功亏一

---

[1] 荣孟源：《中国国民党历次代表大会及中央全会资料》（上），光明日报出版社，1984，第507页。

[2] 《蒋介石通电全国国民》，《大公报》，1931年7月27日，参见刘健清等《中国国民党史》，江苏古籍出版社，1992，第382页。许纪霖、陈达凯主编《中国现代化史（第一卷，1800～1949）》（上海三联书店，1995）：1931年7月23日蒋介石发表文告称"以卧薪尝胆之精神，做安内攘外之奋斗，以忍辱负重之毅力，雪党国百念之奇耻"，正式提出"攘外安内"口号，转引自蒋介石《告全国同胞一致安内攘外》，载《蒋总统言论汇编》第21卷，台北，正中书局，1956，第14页。校之〔日〕古屋奎二《蒋总统秘录》，确为7月23日《告全国同胞一致安内攘外》首次提出安攘政策。

簧"。1932 年 6 月，蒋在庐山召开鄂、豫、湘、皖、赣五省"剿匪会议"，再次提出"此次剿匪，是关系国家生死存亡的关键"，明确宣布"攘外必先安内"政策①。直到 1935 年 11 月，蒋仍推动国民党五全大会通过决议："赤匪为民族复兴之大患"，虽已基本"摧破""戡平"，"惟陕甘一带，余孽尚存"，应"迅予肃清"。②

　　事实证明，虽然起初蒋介石"清党"主要是基于政治考虑。即使此后中国共产党广泛领导武装起义，创建革命根据地，蒋也依然认为这不过"中国旧式流寇式的暴动方法"，没有也"不能分出较大兵力"实施"围剿"，而是让地方军阀当此重任。1930 年 11 月中原大战结束后，蒋开始腾出手来，将军事重心转到对红军及其根据地进行"全面清剿"上来，其中较大的军事行动有 5 次。1930 年 12 月开始的第一次"围剿"中，第九路军所属张辉瓒第十八师在龙冈被消灭，谭道源第五十师救援中遭受重创，此次"围剿"最终以失败而告终。1931 年 4~6 月，实施第二次"围剿"，先是第二十八师和暂七师 1 个旅在龙冈全军几乎覆灭，后是第五路军第四十三师，以及第二十六、第六路军所属各师被各个击破，再次以失败告终。1931年 7~9 月的第三次"围剿"，郝梦龄第五十四师在莲塘大部被歼，毛炳文第八师在黄陂"受损甚大"。韩德勤第五十二师在方石岭遭遇伏击，"伤亡极多"；9 月陈济棠、李宗仁、白崇禧进军湖南，不得不因故停止。第三次"围剿"失败。1932 年 7 月到 1933 年 3 月，发动第四次"围剿"，蒋介石自任"剿匪"总部总司令兼鄂豫皖三省"剿匪"总指挥，调动 81 个师、29个旅，另有 39 个团，总兵力达 65 万人，但第五十二、五十九、十一师被围歼，第四次"围剿"又以失败告终。只有 1933 年 5 月发动的第五次"围剿"中，红军由于受到"左"倾机会主义影响，坚持"御敌于国门之外"和"短促突击"的御敌方针，被迫长征。

　　6 年之间，数次"围剿"失利，尤其"围剿"中官兵常常望风而逃，第五次"围剿"兵力达 100 万之众，犹不能收全胜之功，使蒋逐渐体会到，以"讨逆"军队直接用于"围剿"战争难以取得胜利，必须通过"整军"，对现有军队进行现代化改造。所谓军队现代化改革，关键是两点。一是必

① 《中华民国史事纪要（初稿）》，1932 年 6 月，第 919 页。
② 荣孟源：《中国国民党历次代表大会及中央全会资料》（下），第 323 页。

须破除大而不当的旧编制体系，改革劳而无用的旧教育方式，按照实际战争要求，有针对性地对军队进行现代化编组、教育、训练以及技术革新、战术培训；二是必须"复兴"因"清党""反共"而陷入萎缩与停顿的国民党军队政治工作，以强化军人精神教育，努力克服国民党军队内普遍流行的像北洋军人一样的"贪污卑劣，自私自利，苟且偷安，偷生怕死"以及"连站队都站不好"等腐败、习气，着力培养军人的实战意识、实战技术和实战能力。也正是在这个意义上，有人说是红军教训了蒋介石，使国民党军队的政治工作"经过一个睡眠时期的停顿，以共产党的大炮而觉醒"①。正是在反"围剿"战争中红军的表现，为蒋和国民党军队提供了一部真正意义上的精神教育教材，促使蒋再次注意到了学自苏联，黄埔建军和北伐战争时期一度努力实行，而在北伐后期和南京国民政府建立初期，因为"清党"而受到破坏，甚至一度被停滞的政治建军的重要性。同时，连续的"围剿"战争也必然使南京国民政府的军队现代化建设面临更加严重的困难。比如，连续"围剿"战争所体现的国民党中央强硬的反共政治立场，使蒋再也不可能借助"革命"，效法法俄等国，走由内而外，以"主义"为核心的建军路线，而只能选择以德国军队为代表的，由外而内，以"纪律"为核心的建军路线。比如，连续"围剿"战争进一步从根本上破坏了国民党中央在政治和军事上的正义性与合法性，破坏了官兵团结的精神基础，从根本上妨碍国民党军队政治工作和政治建军工作的实施。尤其在九一八事变后，抗日"御侮"成为全国的最强音，蒋介石及其南京国民政府中央依然继续坚持"围剿"政策，其所谓政治工作只能变成为特务巢穴、派系斗争工具和一部分野心家的舞台，只能变成对蒋介石所谓"德威"进行空洞宣传的工具，毫无教育意义。如此一来，所谓强化军人精神自然成为一句空话。再比如，"围剿"进一步加剧了国民政府的财政困难。据1934年1月南京国民政府财政部给国民党四届四中全会的《中央财政状况报告》称：1932年为"事变最多之年"，"赣省剿匪方殷，而榆、热告急，平、津濒危，饷糈支出，为数益巨。迄军事略定，战区救济，需款复多，银行借垫日增，国库拮据更甚，收支无法平衡，势不得不举债，以资挹注；乃先

---

① 褚思柏：《中国军队政治工作》，白雪出版社，1939，第60～61页；此书为南京图书馆特藏部藏。

后发行爱国库券、救济华北战区公债、二十二年关税库券，俾谋收支之合适"。加之入秋以后黄河水患救济、福建事变军费，不赋之数约达160万元。① 由此，所谓军队现代化建设更只能以"整军"方式，按照先"软"后"硬"的边缘化渐进式方式来推进。换言之，坚持站在国民党中央立场上进行"围剿"战争，虽然进一步激化了军队现代化建设需求，但同时也进一步从根本上破坏了军队现代化建设的物质和精神基础，这是蒋和南京国民政府面临的又一个不可能解决的问题。

三 军队现代化：民族国家中央的需要及其问题

作为一个民族主义者，蒋介石对日本侵略危险的认识应该说是敏感的。1927年11月5日，蒋与日本首相田中义一会晤后，便感叹"综合今日与田中谈话之结果，可断言其毫无诚意，中日亦绝无合作之可能，且知其必不许我革命成功，而其后必将妨碍我革命军北伐之行动，以阻中国之统一，更灼然可见矣"。② 二次北伐接近济南时，日军决定出兵，蒋闻信惊呼："呜呼，今日之日本，其侵略毒谋必加甚于昔日之俄人也。"③ 1932年12月23日，蒋复在日记中写道："倭寇攻热，恐不出三个月内，甚或进占河北，捧溥仪入关；或另觅汉奸作为傀儡，以伪造华北之独立，使我中华分块离立，不得统一，而统属于倭寇卵翼之下。其狂妄之欲，且得陇望蜀，不征服我全中国必不休也……"④ 然而，相当长的时间里，以蒋为代表的国民党人膺服西方"坚船利炮"。按照蒋自己也是当时许多人的研判，日本已经是现代化国家，日军武器精良，技术高明，三天可以占领中国沿江沿海地区，切断中国军事、交通、金融命脉，从而灭亡中国。1931年9月19日，蒋听到沈阳沦陷，在日记里写道："天灾频仍，匪祸纠缠，国家元气衰蔽已极，虽欲强起御侮，其如力不足何！"⑤ 1935年11月19日，蒋在国民党第五次全国代表大会上仍强调"和平未到完全绝望时期，决不放弃和平，牺牲未到

① 罗家伦：《革命文献》第27辑，台北，中央文物供应社，1963，第398~399页。
② 转引自黄仁宇《从大历史的角度读蒋介石日记》，九州出版社，2008，第67页。
③ 〔日〕古屋奎二：《蒋总统秘录》第七册，日本产经新闻连载，第23页。
④ 转引自黄仁宇《从大历史的角度读蒋介石日记》，第92页。
⑤ 转引自黄仁宇《从大历史的角度读蒋介石日记》，第94页。

最后关头，亦决不轻言牺牲"，表示要"抱定最后牺牲之决心，而为和平尽最大之努力"。① 因此，所谓抗敌"御侮"，在一段时间内实际上成为空洞的政治口号。

以 1919 年五四运动为开端，20 世纪二三十年代中国民族观念持续增强，尤其是中国知识分子"民族独立观念""迅速觉醒"。在此背景下，1932 年第十九路军和秘密参战的第五军在上海坚持抗战达 30 天，且多次重挫日军，由此"证明中国士兵在反侵略战争中是勇敢的"，这不仅打破了一些人"日本在四点钟以内可以扫平上海"的嘲笑，而且"打破了百年来人民虚怯的心理"，坚定了蒋的抗日决心。1932 年 6 月 6 日，蒋在日记中写道："倭寇咄咄逼人，战祸终不能免，然必有相当之准备时期，始得应付裕如。"也因此，1933 年 4 月 28 日蒋复在日记中写道："此时以稳定抗日战线，加强北方防御，为目前之急务。"② 从 1933 年初开始，蒋陆续下达指示，在长江沿岸的马当、田家镇、武穴等要塞构筑防御工事，在江苏、安徽、江西、湖北等江岸分散布置潜伏炮兵，迅速修建南京附近各要塞联络道路，限令军政部 1936 年底前建立江防、航空、通信、新兵工厂等设施。1934 年蒋进一步要求加快国防建设，限 2 月底前完成制订东南国防以及以南京为中心的防空及东南空军作战计划，并勘定江防、海防各要塞附近步兵阵地，全面启动国防工程。据统计，截至 1937 年 2 月，全国建筑机关枪掩体、小炮掩体、观测所、掩蔽部等各类军事工事 3374 个。

应该说，由"御侮"所激发的军队现代化建设是当时民族国家中央最为需要的，也最能够获得来自社会各界的物质和精神的支持。因此，自南京国民政府建立后，便始终（至少在名义上）将抵御西方尤其日本军事侵略，作为国家军队现代化建设的最终目标和凝聚共识的基础。在此期间，1928 年第二次北伐结束，蒋率先倡议"裁兵""整军"，召集编遣会议；1933 年、1934 年、1935 年连续提出整军任务，并且始终坚持将反帝尤其是反日教育列为军校精神教育的重点课程。应该说，迄至抗战前夕，围绕抵抗日本军事侵略进行的军队现代建设，是说的多做的少的，是时断时续的，且其工作主要集中在抗战前两年。虽然如此，但至少在观念上，自第二次

---

① 杨天石：《蒋氏秘档与蒋介石真相》，社会科学文献出版社，2002，第 377～403 页。
② 转引自黄仁宇《从大历史的角度读蒋介石日记》，第 96 页。

北伐结束，"发展为坚固的国防力量，以抵御外来侵略"已是国民党推进军队现代化建设的基本考虑之一。从 20 世纪 30 年代初开始，随着蒋对日本威胁体认的日趋深刻，国防建设逐步落实，围绕国防建设推进军队现代化，就成为推动国民党军队尤其中央军队现代化建设的基本考虑之一。尤其是蒋先后以检验性质，将新编练的配备德式装备的部队投入 1932 年上海抗战和 1933 年长城抗战所得的经验教训，使其对日中军队作战能力的差距有了更加清晰明确的认识。如 1932 年由第八十七、八十八师和中央陆军军官学校教导总队共同组成的第五军参加上海抗战，其后的经验总结明确指出：比较而言，我军"士气旺盛，皆富于勇敢牺牲之精神，不怕死"，"官兵常数昼夜不得睡眠，不得饮食，伤亡又重，皆能坚忍抵抗，无有怨言"；但"物质不充足"，"工事构筑不坚固，以至伤亡过多"，"第一线守兵太多，故多损害"，"不照纵深配备"，"前后左右缺乏连系"，"后方勤务不良"，"不知对空隐蔽"，"各兵种未能发挥其固有性能，并缺乏协同精神"，"重火器不善使用，不能相机变换阵地，致受重大损害"，"炮兵效力太小"，"救护组织不健全"，"战斗军纪未能确守"，"射击军纪不良，浪费弹药"，"班长以下，无独立作战能力"，"进攻前进中，有用近乎密集队形以接近敌人者，致多蒙极大之损害"，"当敌机来时，我官长未能认真禁止部属之活动"，[①]等等，这些能集中说明中国军队包括装备有德式武器的部队在内，虽然具有勇敢牺牲精神，但正规化条件下的实战能力与日军显然存在差距。事实证明，正是"御侮"战争中暴露出的问题，激发了针对日军编制厚重、现代化水平高、合成作战能力强等特点，尽快和尽可能大规模地整顿军队，提高指挥机关效率，统一部队编制，改善武器装备，提高官兵素质，加强临战和实战教育，提高整个军队的正规化实战效能等的军队现代化建设。但由于蒋介石和国民党长期坚持"攘外必先安内"政策，所谓"御侮"既不坚决也不彻底，其留给南京国民政府中央进行军队现代化建设的问题也是尖锐、复杂的。比如，如何处理因连续"讨逆"和"围剿"战争造成的财政困难，导致军队装备、编制、技术普遍落后而人数庞大的军队现状，与未来对日"御侮"现代化战争要求之间的关系；如何处理实际中普遍实

---

① 张铎：《淞沪抗日作战所得之经验与教训》，1933 年复印本，第 163~167 页。

行着的日式教育，与未来对日"御侮"战争要求的关系；如何解决反日成为时代潮流后，下层民众革命风起云涌，与蒋及南京国民政府坚持"讨逆"和"围剿"之间的关系；等等，亟待解决。换言之，虽然站在民族国家中央立场上预备进行"御侮"战争，激发了军队高速现代化需求，却因为"讨逆"和"围剿"，使其已经没有什么可以支持军队高强度的现代化建设，这是蒋和南京国民政府面临的第三个不可能解决的问题。

四 总结

总之，政治决定军事，派系利益服从党的利益，党的利益服从国家利益，这是军队现代化建设的基本规律和经验。以蒋介石为代表的南京国民政府中央，在政治上坚持以派系中央政权为核心，从派系中央、国民党中央和民族国家中央三个层次上理解中央的责任与利益，始终将维护派系中央和国民党右派中央本身的存在作为基本考虑，采取先"讨逆""围剿"后"御侮"的施政方略。事实证明，正是这些连绵不断的沉重战争任务，刺激其产生了进行军队现代化建设的需要，但这也就意味着其军队现代化只能在连续不断的"讨逆"战争、连续不断的大规模"围剿"战争，以及屡败屡战的"御侮"战争环境下进行；只能在"讨逆"战争、"围剿"战争和"御侮"战争三种不同性质的战争对军队现代化建设提出不同要求，，既相互推动又相互矛盾的条件下进行；只能在政权合法性遭到持续严重破坏，官兵思想混乱，财政经济条件尤其是军费十分困难，物质、精神两缺的情况下进行。换言之，蒋介石和南京国民政府虽然抛弃了北洋时期纯粹武力统一的落后观念，但显然对克劳塞维茨 19 世纪前期就提出的战争是政治的继续的论断缺乏清醒的认识。因此，利用既已获得的中央权力资源，在连续不断的战时环境下，利用极其有限的经济、技术和政治资源，进行一些既不彻底也非根本的表面建设，成为 1927~1937 年蒋介石和南京国民政府中央军队现代化建设不得不接受的现实。从单纯军事角度看，正是这种局面为日后南京国民政府最终垮台种下了失败的种子。

1937 年国民政府西迁重庆后备用
"陪都"的兴建

张祖粦[*]

1937 年 11 月，国民政府西迁重庆之后，就把位于西南的川、滇、黔三省作为抗战基地。蒋介石笃信"只要川滇黔能够巩固无恙，一定可以战胜任何强敌，恢复一切的失地，复兴国家"[①]，尤其是"刘湘统一四川并表示拥护国民政府"，更令其视蜀地为"我方军事与政治重心"[②]。政府设在重庆以后，拟修建川陕、川滇、川黔、川湘公路，借以加强重庆与四川各地及相邻各省的联系。地处川滇结合部的西昌，是滇缅线直达重庆的重要枢纽，资源丰裕，山势险峻，利于隐蔽，从根本上符合备用"陪都"的基本条件。因此，几乎是在同一时段，国民政府开始将西昌作为备用"陪都"兴建，对其修建甚至一直持续到抗战胜利。

然而，西昌作为备用"陪都"的方案只有为数不多的几次"预演"，从未正式启用，始终停留在"备用"阶段，由此也让这段历史

* 张祖粦，四川农业大学马克思主义学院副教授。本文原刊于《民国档案》2013 年第 1 期，收入本文集时有所修改。

① 周开庆：《四川与对日抗战》，台湾商务印书馆，1987，第 13 页。

② 秦孝仪：《中华民国重要史料初编——对日抗战时期（续编）》（三），台北，中国国民党中央委员会党史委员会，1981，第 314 页。

就此尘封，鲜少提及。[①] 本文以台北"国史馆"、中国国民党党史馆所藏档案为基础，探究抗战时期国民政府有关西昌备用"陪都"建设的起因及其兴建详情，以期对研究该时段西部建设的成果做有益的补充。

一 后方抗战基地的策定与国民政府西迁

蒋介石及国民政府把四川设为"抗战基地"，是经历过一番慎重考虑的。实际上，四川并非首选。1932 年，"一·二八"事变在上海爆发，日军已进攻淞沪，政府所在地南京随之受到严重威胁。在此期间，国民政府一度将办公机构短暂迁至西安、洛阳，直到《淞沪停战协定》签订后半年，才再从西安、洛阳等地相继迁回南京。经过这次迁移，国民政府不得不对政府首脑机关和国家权力中枢的安全进行重新审视，并将国防基地建设问题提上日程。

同年 11 月，蒋介石秉持"强国之国防重边疆，取攻势；弱国之国防重核心，取守势"的原则，提出"战时以努力经营长江流域，掌握陇海铁路为第一要旨"[②]，强调"守"为国防之关键，并欲拟定西北作为最后的抵抗基地。次月，国民党四届三中全会陆续通过三宗关于开发西北的决议案。12月 25 日，建设西北专门委员会成立，并开始着手对西安等西北各地进行建设。随后，在蒋的授意下，陇海铁路向西延长，并从西安分别修筑到甘肃兰州、湖北襄樊的公路，又打通宝鸡经秦岭、汉中入四川的道路，形成以西安为枢纽的交通系统。为使西北补给与之跟进，国民政府又逐步建成渭北灌溉工程。但即便如此，西北仍存在物产不丰、经济落后等不利因素，使其成为将西安建为抗战基地的严重障碍。

---

① 具代表性的相关学术成果有：张弓主编《国民政府重庆陪都史》，西南师范大学出版社，1993；顾乐观主编《中国重庆抗战陪都史国际学术研讨会论文集》，华文出版社，1995；邹明德等《抗战胜利后蒋介石西昌之行及其对西南政局的影响》，《贵州大学学报》（社会科学版）1990 年第 4 期；刘敬坤等《民国时期的首都、陪都与行都》，《民国档案》1994年第 1 期；黄立人等《关于"陪都"史研究的几个问题》，《民国档案》1997 年第 1 期。其中，涉及"陪都"的研究大多以"重庆"为主要考察对象，而涉及西昌备用"陪都"的专门学术性研究几乎没有。

② 张其昀：《中华民国史纲》第 4 卷，台北，中华文化出版事业委员会，1954，第 21 页。

直至 1935 年，国民政府才对以西北为抗战基地的设想做出新的调整。契机正是蒋介石在同年的两次入川。3 月 2 日，蒋第二次亲赴四川，时间达半年之久。蒋此次行程原本为"围剿"红军而来，却因此策定四川为抗战的后方基地。蒋认为，此前将政府中枢迁到西安、洛阳"仍不能算作安全"①，对抗日军则必须要有"地大物博、人力众庶的区域"作为"根据地"，四川正符合此要求。同年 8 月 20 日，德国军事顾问法肯豪森在呈送给蒋的《关于应付时局对策之建议》中也提出，"以长江为未来对抗日本的主战场，不得已时退守四川，作为最后抵抗基地"②，这与蒋的想法不谋而合。半年后，基于"人口之众多，土地之广大，物产之丰富"③ 的考虑，加之有"远处西陲，形势天成，估计当时敌人的实力，况不能深入"的优势，蒋决定把四川建为"抗战唯一的根据地"④，从而确立四川为国民政府的战时后方基地。

方向一经确定，蒋立即在同年指示对四川及所辐射的滇、黔等省进行改造建设。首先，督促四川实行军政改革，整顿军队，统一省内币制。其次，蒋要求当局在三年内完成川陕、川黔、川湘、川滇等四条主要干线的修筑任务，务必修成以四川为核心的贯通中南、西南、西北的交通网络。在四川开始实施基地建设的第二年，即 1936 年，国民政府根据蒋的方针，制定《国防计划大纲草案》。该草案指出"长江以南以南京、南昌、武昌为作战根据地，长江以北以太原、郑州、洛阳、西安、汉口为作战根据地，四川为作战总根据地"⑤，在确保对西北原有建设不致荒废的前提下，将抗战防御扩大到长江沿线，并最终以文件形式明定四川作为国民政府在战备紧张状态下的中枢转移地。此时正处于战争的胶着阶段，蒋仍等待尚对日本采取绥靖政策的美、英转变立场，对华进行军事援助。他向一些英美人士透露，对日本要做长期抵抗，但有可能向内陆撤退。此处"内陆"，即指

---

① 秦孝仪：《先总统蒋公思想言论总集》第 14 卷演讲，台北，中国国民党中央委员会党史委员会，1974，654 页。
② 戚厚杰：《德国总顾问法肯豪森关于中国抗日战备之两份建议书》，《民国档案》1991 年第 2 期，第 25~27 页。
③ 秦孝仪：《中华民国重要史料初编——对日抗战时期（续编）》（三），第 329 页。
④ 周开庆：《四川与对日抗战》，第 12 页。
⑤ 张其昀：《党史概要》，台北，中央文物供应社，1979，第 675 页。

四川，这意味着蒋选择将抗战重心转向西南方向，并非一时冲动，而是几经比较、筛选的结果。

1937 年卢沟桥事变爆发，南京已处于唇亡齿寒的危急关头。政府西迁计划必须尽快实施，但若贸然大规模迁移必引来日军追击。为使西迁顺利，蒋决意在政府迁移的同时，开辟上海战场以牵制敌军。是年 10 月 29 日，蒋在国民政府会议上做名为《国府迁渝与抗战前途》的重要演讲，正式公布四川为抗日战争的大后方，以重庆为国民政府的驻地。30 日，国民政府决定迁都重庆，并于次日电告前线将士。至此，国民政府西迁计划正式付诸实施。

南京与重庆虽同为沿江城市，但两地相距甚远，后者又位于地势险要的四川，不免令公众颇多猜疑，认为政府西迁等同于退逃。为避免民心溃散，释疑美英——此时英美对华之抗战信心不足，在援华问题上犹疑、停滞——政府主席林森于 11 月 20 日签署颁布《国民政府移驻重庆办公宣言令》以正视听，强调迁都不是临阵脱逃，而是形势所逼，如仍留在南京，则被日军"挟其暴力，要我为城下之盟"；并称"移驻重庆，此后将以最广大之规模，从事更持久之战斗"[1]。在南京被日军占领前，国民党早已闻风而动，此番表白实在难以掩盖其抗战决心；但另有一个事实毋庸置疑，即国民政府适应战况、统筹全局的重任已经完全移交到了重庆。

重庆因国民党政府之到来而灾祸频仍，日本于 1939 年 5 月 3、4 日接连轰炸重庆，导致城内损失惨重。为安定民心、坚定抗战，国民政府暂未再做搬迁，而定于次年 9 月 6 日发布命令，宣告定重庆为中华民国"陪都"。重庆的"陪都"地位一经确立，随即而来地是大规模、成体系的备战建设。为使战区的工矿企业免遭敌人的破坏和掠夺，保持国力以利长期抗战，国民政府决定将东部沿海地区和豫、晋、鄂、湘、赣等省的重要工厂迁建至西南内地，而此前下令打通的川湘、川黔、川滇、川陕公路仍陆续进行。这为国民政府西迁重庆提供了工业、交通等重要的战略后备力量，进而使其"西迁、长期抗战"的战略部署得以顺利实施。

---

[1] 中国第二历史档案馆编《国民政府移驻重庆办公宣言令》（1937 年 11 月 20 日），《中华民国史档案资料汇编（第 5 辑第 2 编）·政治》，江苏古籍出版社，1998，第 1 页。

二 设西昌行辕促建备用"陪都"

国民政府迁都重庆后，随即面对后方抗战基地的巩固和建设两大问题。为保障四川对中央的绝对服从，蒋在 1938 年 1 月刘湘死后，曾属意委任亲信张群接替四川省主席一职，却遭刘文辉联合本地军阀邓锡侯、潘文华加以反刘。此事未果，蒋只得改由曾为刘湘部下的王缵绪继任四川省主席。该事件亦暴露刘文辉在川康一带势力极大，人脉颇广。政府初迁，尚未稳定，如果不能妥善处理与刘等人的关系，那么蒋政权则极易腹背受敌。将刘的军队以直接火并之方式去除，并非上策。蒋故而采取怀柔政策，同意刘文辉筹谋已久的"划宁归康"要求，即把之前隶属四川的宁属地建第十八行政督察区、领，包括西昌、会理、越巂（今越西）、冕宁、盐源、盐边、宁南、昭觉在内的八县，划归新成立的西康省管辖，并任刘为西康省主席①，以示笼络。

"划宁归康"不过是刘文辉的一次试探，他并非不了解蒋此举的真实意图，不接受中央任命只会提供给蒋调集军队铲除自己的借口；因此，万全的方法是，寻找新的"合作伙伴"与中央抗衡。在明知蒋已同意设西康省的请求后，刘仍与邓（锡侯）、潘（文华）联络云南军阀龙云，实行川、康、滇三省军事、政治、经济合作。西康省辖内的宁属各地与云南接壤，表面看来是三省互通往来，实质则是地方势力对抗中央的一次联盟。结盟形成后，势必威胁中央，并使原设定的"陪都"方案实施困难。

此时，蒋刚应允刘文辉"划宁归康"，且刚迁都重庆根基未稳，不便公开打破刘、龙等人的协议。但川滇西线一旦通车，刘、龙等人必打着"加强抗战"的旗号往来增多，届时蒋也只能束手无策。为防止局面难以控制，蒋必须在康、滇二省交界处选择一可靠据点监视刘、龙。西昌正处于两省往来要道之中点，便于控制宁属，隔断康滇，且气候宜人，物产丰富，先于刘文辉掌握此地，对"陪都"建设相当有利。

鉴于上述考虑，1939 年初，即在刘文辉"划宁归康"成立西康省后不

① 四川省西昌市志编纂委员会编纂《西昌市志》，四川人民出版社，1996，第 56 页。

到一月，蒋以国民政府军事委员会的名义在当年的第一次常务会议上决定："为开发边区，整饬边备，及辅导地方绥靖垦务之进行起见，特在西昌设立行辕。"① 此前，国民政府已相继在重庆、成都设立行辕（营），为表重视，将西昌与成渝并列。1939 年 2 月，国民政府正式设立国民政府军事委员会委员长西昌行辕（简称"西昌行辕"），并委任国民党内资历深厚的张笃伦为西昌行辕主任，直接听命于蒋介石。此外，分别担任西昌行辕第一、第二、第三组（处）组长的程冠珊、王襄、徐远举等人均来自国民党军政各部，即便是经济专员的虚职，也多由陈志明、胡博渊、雷孝实等在昌学者担任②，将川滇地方军阀完全排除在外。

西昌行辕的成立，迫使刘文辉采取相应措施，他深恐蒋插手西康，随后在西昌安设机构以避免中央加强渗透。同年 5 月，刘即刻率领各厅、局、处人员赶赴西昌，就地召开各县、局地方士绅会议，决定在昌成立宁属屯垦委员会。刘自任该会主任，同时委任他信任的杜履谦为秘书长，并将麾下第二十四军常驻西昌。宁属屯垦委员会表面上是便于即时推行省政，与西昌行辕不相及，实则是与中央争夺西昌，与蒋抗衡。

但无论如何，国民政府设点西昌的工作已基本完成。在对刘文辉等人加以控管的同时，蒋并未放松对川康抗战基地的建设。川康两省曾向行政院呈报，"筹划完成康、缅、滇、青交通网"，以缓解"中枢与沿海各省受敌胁制"，并按照中央要求，拟将"川省一隅"建设为"吾国民族最后复兴根据地"③。该报告分析，西康较四川而言，更占地理优势，依山而傍水，如建设成功，不仅可形成自四川至云南的有效防御带，还能增加对藏区的控制力度。鉴于西康有诸多可取之处，国民政府先后两次组织包括专家、技术人员在内的专业人士赴川康考察，其中以由国民参政会组织、李璜与黄炎培任正副团长的川康建设视察团尤为著名。该团于 1939 年 3 月下旬陆续派出五组成员对两省省情，特别是西康宁属地进行详细调研，并将资料

---

① 《西昌行辕组织大纲及编制》（1939 年 2 月），国防最高委员会，台北，中国国民党党史馆藏，档号：国防 0049。

② 胡恭先：《张笃伦在西昌行辕》，《四川文史资料选辑》第 12 辑，四川省省志编辑委员会，1979，第 145 页。

③ 四川省档案馆编《近代康区档案资料选编》，四川大学出版社，1990，第 56~57 页。

汇总编，拟为长达数十万字的《国民参政会川康建设视察团报告书》①。

国民政府对川康建设的决心，足见一斑。1939 年 9 月，日军攻势日益猖獗，重庆岌岌可危。国民政府令时任四川省政府主席的王瓒绪率兵出川抗日，王出征期间由蒋介石亲自兼任川省主席一职，具体事务则令贺国光代行。政府首脑亲任地方行政机构长官，在近代中国史上并不多见，但蒋在战时做此"突破"，就是要以更合理贴切的身份监管川康。如此一来，四川、西昌、西康就可以更紧密地联系在一起，加快后备基地的建设步伐。

随着国民党正面战场的接连溃败，川康的防御地位日渐突出，经济协作也成为迫在眉睫的重要任务。至 1940 年 1 月 18 日，西昌行辕主任张笃伦电告国防最高委员会，称行辕工作已"初具规模"②，并报请在前人考察的基础上成立西昌行辕经济建设设计委员会。该委员会将由原行辕第一、二组组长牵头，下设委员 9~15 人，均为当地的专家学者，以引导"边区资源之开发，以应抗战建国之迫切需要"③。该委员会要集思广益无须赘述，经济发展也并非朝夕可见，但国民政府将西昌乃至整个川康作为长远打算的企图已显而易见。西昌周围矿产、水利资源丰富，可为重庆"陪都"提供坚实储备。如果形势发生变化，蒋也不必困守孤城，弃重庆而把西昌作为政府迁移的下一个目标。

之后的一系列举动，陆续证实蒋准备将西昌作为备用"陪都"的想法。刘文辉仍与中央存在利益争夺，但后防建设又必须加紧运行。蒋不能因噎废食，必须对刘等地方势力采取有效措施，确保建设的同时防范刘等人从中坐享其成。与刘文辉部队硬拼，只会适得其反，蒋改用方式调派军队进行威慑，扩大对其的监控范围。1941 年，蒋介石便以"维护乐西公路交通安全"为名，命令原系国民党精锐部队的宋希濂部第七十一军第三十六师自四川潼南开进西昌，监视隶属刘文辉的第二十四军刘元瑄部。第三十六师师部及直属部队驻扎西昌城内，实际已把负责城防的刘元瑄部完全架空。

---

① 参见《国民参政会川康建设视察团报告书》，台北，文海出版社，1971。
② 《西昌行辕经济建设设计委员会组织规程》（1940 年 1 月 18 日），国防最高委员会，台北，中国国民党党史馆藏，档号：国防 003-934。
③ 《西昌行辕经济建设设计委员会组织规程》（1940 年 1 月 18 日），国防最高委员会，台北，中国国民党党史馆藏，档号：国防 003-934。

该师另一分部针对刘文辉部而调守河西、新村等地，以控制西昌城郊。其余兵力则进驻泸沽，扼守西昌对外通道，并控制靖边司令邓秀廷①。将刘文辉驻昌部队完全箍实后，蒋再假意授令两军统帅共同协管以维护宁属治安，从而彻底掌控军队实权，重兵把守西昌。

由此可见，西昌行辕的设立并不单纯，它是国民政府对西南控制的开始。政府西迁是被迫而为之，但对西昌建设却是有意进行的。蒋通过西昌行辕增大军事管制权，使中央政府对地方的监管更为行之有效，而从西昌行辕到备用"陪都"的计划也随之酝酿开来。

三　备用"陪都"的兴建

大批兵力进驻西昌后不容小觑，昭示西昌行辕肩负着控制和开发的双重任务，换言之，这些部队除了扼制地方势力壮大，还必须为当地大规模的建设提供安全保障。国民政府在经过相关部门一系列较为全面的考察后，基本达成以西昌为重点的分批建设目标，交通和通信的规划、建设是其核心所在。此次兴建也显得十分特殊，它并非以往的常规项目，而是由蒋亲自督办，指定专门部门负责，"西昌行辕"具体承办实施的；除此之外，其他任何机构不得干涉。西昌为边陲小城，当时各项基础设施尤为薄弱，甚至是空白，城市化进程极其缓慢，被列入重大建设规划后，对其的兴建工作就更显得时间紧、内容多、任务急。

兴建规划中率先启动的便是交通规划。早在 1938 年 4 月，国民政府为贯穿滇缅线，已将西昌纳入川滇交通方案。国民政府航空委员会主任钱大钧向蒋汇报"西昌机场与成都西昌至昆明间公路均急扩修接通，请速拨款以利军运"②，迅速得到蒋的回应。此公路既是机场专用的军需通道，也是其可控范围内将西昌与邻近省加以连接的通道。西昌行辕成立不到一年，以西昌为中心发散的公路修建已同步展开。1939 年 12 月，蒋又令交通部抽

---

① 胡恭先、刘元瑄、伍柳村：《刘文辉和蒋介石在宁属的明争暗斗》，《凉山文史资料选辑》第 4 辑，凉山彝族自治州委员会文史资料委员会，1986，第 181 页。
② 《钱大钧呈蒋中正西昌机场与成都西昌昆明间公路扩修》（1938 年 4 月 27 日），《蒋中正总统文物》，台北，"国史馆"藏，档号：002080200496159。

调数万民工抢修西昌至云南祥云（今大理一带）全长 548 公里的西祥公路；早前，从川康两省征调 14 万民工，建筑连接成都、重庆川中干线的乐山至西昌公路，全长达 525 公里。这些蜿蜒曲折、地势险阻的省际公路多有修筑时限，比如，自乐山至西昌的公路，限令一年内必须完成。但至是年底，公路仍不能如期交付，蒋立即电令贺国光要求"严促川康与乐山西昌公路修筑"，并勒令"勿再延误"①。

1940 年 1 月 14 日，蒋再次电告时任交通部部长的张嘉璈，"限六月前完成乐山至西昌公路"，并且要求"每星期详报筑路进度"②，足见其对西昌沿线交通的重视与急迫。虽然如此，乐西公路仍然一拖再拖；7 月 15 日，张笃伦向蒋保证"遵令赶筑乐西公路，期于年内通车"③。几日后，蒋又电令贺国光"务限于今年赶修乐西公路"，而原本修建的川康路"如能直达泸定，则泸定至康定一段可以暂停"④。贺国光随即复电，"乐西路赶工办法及川康路构筑现状，已加派人员督促，并严催各县征工上路"⑤，以示其已采取积极措施。

就在乐西、川康方向公路开通仍需时日之时，蒋已把西昌公路通往的下一个目标锁定云南，借西昌至云南通路而与滇缅公路合龙。他先责成张笃伦试修，但张称"西昌至昆明一段须继续勘测"，又"因招工不易"⑥，只能先修西昌至会理一段。这样一来，此公路仍未出西康，完全达不到预期效果。此事关乎战时军需物资运输，蒋不再把该工程交给张，而是转由军方直接负责。8 月 4 日，蒋手谕何应钦，一再强调"滇西直达西昌及川南

① 《蒋中正电贺国光负责严促川康与乐山西昌公路修筑勿再延误》（1939 年 12 月 29 日），《蒋中正总统文物》，台北，"国史馆"藏，档号：002010300020014。

② 《蒋中正电张嘉璈限六月前完成乐山至西昌公路》（1940 年 1 月 14 日），《蒋中正总统文物》，台北，"国史馆"藏，档号：002010300031015。

③ 《张笃伦电蒋中正遵令赶筑乐西公路》（1940 年 7 月 15 日），《蒋中正总统文物》，台北，"国史馆"藏，档号：002080200292011。

④ 《蒋中正电贺国光务限于今年赶修乐西公路川康路》（1940 年 7 月 19 日），《蒋中正总统文物》，台北，"国史馆"藏，档号：002060100142019。

⑤ 《贺国光电蒋中正乐西路赶工办法》（1940 年 7 月 25 日），《蒋中正总统文物》，台北，"国史馆"藏，档号：002080200292019。

⑥ 《张笃伦电蒋中正遵令赶筑乐西公路》（1940 年 7 月 15 日），《蒋中正总统文物》，台北，"国史馆"藏，档号：002080200292011。

之公路,应即限期兴工,并将具体实施计划呈报"①。9 月 29 日,蒋再嘱咐何应钦,西昌通云南公路务必"派专员负责完成",与其他公路不尽相同的是,蒋要求此路必须"呈阅路线图"②。由此可见,西昌至云南公路是交通建设计划系列的重中之重。

然而,公路建设进度远达不到蒋的预定目标。直至 1941 年 3 月 12 日,张嘉璈才向蒋报告,称"乐西公路工程状况,已饬工程处努力赶筑"③。这厢尚未结束,蒋已电令张笃伦,准许"乐西路特别费余款移作西祥路赶工之用"④。战事紧急,加之修筑条件艰苦,进程非常缓慢,至同年 7 月底,仍未竣工。已百事缠身的蒋仍拨冗回复张笃伦"对于乐西,西祥两路事宜,中央已拟有确定办法",而关于两路的工程改善,"已交运输统制局照办"⑤。8 月 23 日,乐山至西昌、西昌至祥云公路终于完工,并定在"西昌车站举行乐西、西祥两路通车典礼"⑥。至此,基本形成以西昌为中心的公路体系,北通乐山,连接重庆;南经祥云,贯通云南。

考虑到战时的特殊环境,西昌公路的两线延伸并不是循序渐进、逐步深入的,通常采用的是多段复式的同步开展。1941 年 8 月 8 日,蒋介石指示张嘉璈等人"康印公路西昌中甸段应先修筑"⑦;9 月 24 日,蒋又电示刘文辉"康青公路进展至三十二(1943)年度兴筑至康定营官寨一段,仍须如期完成",以作为西昌公路的支线。次年 3 月 7 日,蒋电令何应钦"即修筑西昌至玉树公路",要其告知川康公路修建情况,特别是"康定至营官寨

① 《蒋中正手谕何应钦滇西直达西昌》(1940 年 8 月 4 日),《蒋中正总统文物》,台北,"国史馆"藏,档号:002060100143004。
② 《蒋中正电令何应钦派专员负责完成西昌通云南公路》(1940 年 9 月 29 日),《蒋中正总统文物》,台北,"国史馆"藏,档号:002010300038055。
③ 《张嘉璈电蒋中正乐西公路工程状况》(1941 年 3 月 12 日),《蒋中正总统文物》,台北,"国史馆"藏,档号:002080200294034。
④ 《蒋中正电张笃伦请由乐西路特别费余款移作西祥路赶工之用》(1941 年 3 月 21 日),《蒋中正总统文物》,台北,"国史馆"藏,档号:002060100150021。
⑤ 《蒋中正电复张笃伦对于乐西西祥两路事宜》(1941 年 7 月 25 日),《蒋中正总统文物》,台北,"国史馆"藏,档号:002060100154025。
⑥ 《张笃伦电蒋中正在西昌车站举行乐西西祥两路通车典礼》(1941 年 8 月 23 日),《蒋中正总统文物》,台北,"国史馆"藏,档号:002020300015089。
⑦ 《蒋中正条谕张嘉璈彭学沛康印公路西昌中甸段应先修筑》(1941 年 8 月 8 日),《蒋中正总统文物》,台北,"国史馆"藏,档号:002020300015084。

段通车日期"①。

来来回回，西昌的发散公路修建竟通过不同部门事无巨细地向蒋呈报。蒋不但每电必复，而且事必躬亲，随时过问与督办。西昌公路建设一事，的确透露不少信息：公路等级由其责任单位可窥见一斑，乐西路属交通部，川滇路则归军方，西昌行辕必参与其中，凡事均可直接向蒋汇报，而不必辗转于各级单位之间。这种直属中央的操作形态，在当时已极大地加速了西昌公路的修筑进程。而在如此偏远小城同时段、大规模地修筑公路网络，从中不难看出蒋对建设备用"陪都"的心情是多么的迫切。

此外，几乎在西昌行辕成立的同一时期，扩建西昌机场的工作也正紧张进行。西昌原有机场位于城区西侧约二公里处的小庙，无论是规模还是等级，都无法适应战时需要。在蒋的直接命令下，"限三个月内建成西昌大飞机场"②。开始扩建的西昌机场系国民政府航空委员会设计，由西昌行辕具体负责调集民工修建。至 1942 年，已建成能起降民航和各类重型轰炸机的大型机场。为使机场功能更加系统化，蒋又令原驻广西柳州的空军第五修理厂迁往西昌，并成立空军第六站，进驻空军机群。截至此时，包括美国空军在内的轰炸机组都曾从这里起飞奔赴前线，执行抗日轰炸任务。西昌也由此成为美军开辟驼峰航线的重要中转站，是自印度兰姆迦抵达重庆的必经之路。

在交通规划基本实施后，国民政府随即在西昌增设通信设施。经国民党中央广播管理处批准，首次在西昌开设对外宣传的短波西康广播电台。此时，后方抗战基地只有两处建设短波广播电台，一个建在重庆无可厚非，而另一个则设在西昌，可见其重要性。1941 年 1 月 23 日，蒋又特令张嘉璈负责专款投入，专程架设西昌与乐山间的长途电话③，并限令"今年六月以

---

① 《蒋中正电何应钦即修筑西昌至玉树公路》（1942 年 3 月 7 日），《蒋中正总统文物》，台北，"国史馆"藏，档号：002070200014020。
② 《蒋中正电表示钱大钧限三个月内建成西昌大飞机场》（1939 年 2 月 7 日），《蒋中正总统文物》，台北，"国史馆"藏，档号：002010300020014。
③ 《蒋中正令张嘉璈架设西昌与乐山间长途电话》（1941 年 1 月 23 日），《国民政府》，台北，"国史馆"藏，档号：001016142009。

前接通"①。电台与电话的配备，填补了国民政府在西昌通信的空白，建立起重庆与西昌的通信联系。蒋可以通过更为迅捷的方式督管各种项目的进程。

如果只是交通与通信两个领域的双管齐下尚不足以证明蒋欲将西昌打造为备用"陪都"的话，那么修建政府系统设施就是其有力的佐证。从1939 年下半年起，西昌行辕先后征集数千民工，在西昌城东南 10 公里处的背靠泸山、面临邛海的狭长地带修建"新村特区"；"新村特区"即为含国民政府办公区在内的政府用房。这是当时西康省境内最大的房建工程。但在赶修过程中，也曾遭遇各类问题，如"因距城较远电力薄弱"而导致"卫生设备尚未安置"②，西昌行辕竟直接报呈中央，寻求电力供应支持。

政府用房的工程量浩大，一直持续到 1942 年初才基本建成。该建筑群共有青瓦小楼 36 幢，均为灰色基调，四面走廊、土木结构。为防止电力吃紧而突然中断，宅区专门配有发电、供电系统，并安装有线、无线电通信设施。与此同时，医疗卫生、物资供应等后勤保障设施一应俱全。其中一幢专供蒋来西昌使用，又称"特宅"，共有 6 个房间，总建筑面积近 240 平方米，其中 3 间为蒋的起居、办公室用房。"特宅"面朝邛海，四周苍松翠柏，环境十分幽静。有公路可以直达"特宅"，其间要经过严密的层层关卡③，附近另设有防空洞，可从两端进出，隐蔽而安全。是年 3 月初，国民政府行政院组成行政院康昌考察团，在西昌验收此工程后，将各楼分配给政府各院部，并为其一一挂牌。④ 整个新村"36 宅"在交付使用后，则由负责情报稽查、归属军统管辖的西昌行辕第三组设管理处直接管理。从规划到兴建如此完备的办公设施，足以证实这并不是仓促之举，而是蒋为一旦重庆告急就立刻将政府机关迁往西昌的充分准备。

① 《蒋中正手谕张嘉璈希即架设西昌至乐山间长途电话》（1941 年 1 月 23 日），《蒋中正总统文物》，台北，"国史馆"藏，档号：002060100148023。
② 《张笃伦电请翁文灏设法供给》（1941 年 2 月 7 日），《蒋中正总统文物》，台北，"国史馆"藏，档号：002060100149007。
③ 张剑波：《蒋介石解决龙云西昌之行》，《四川省文史资料》第 10 辑，四川省省志编辑委员会，1979，第 194~196 页。
④ 赵乐群：《蒋介石西昌行辕概略》，《凉山文史资料选辑》第 4 辑，凉山彝族自治州委员会文史资料委员会，1986，第 155 页。

除了公路、通信、政府机构搬迁，蒋还曾谋划修筑一条贯通西昌、成都直至昆明的铁路。早在 1938 年，国民政府为加强对川、康、滇三省的控制，拟议修筑连通三省的铁路。这条铁路的规划引起了地方关注，刘文辉就曾因商议川滇铁路具体路线而专门致电蒋。① 但是，此时西昌陆续有公路、扩建机场等多项工程亟待进行，各占相当多的人力、物力，已无力启动铁路修筑，只能就此搁浅。

1945 年国共谈判虽在进行中，但双方都积极备战，蒋为备战又重提此事。11 月 3 日，蒋电令俞飞鹏"勘察修筑通往西昌铁路适宜路线"②。几日后，俞飞鹏经考察认为"往西昌铁路线，以由乐山至西昌之线较宜"③。内战爆发后，蒋疲于应付战事，加之乐西公路早已修通，致使铁路计划再遭搁置。1947 年 7 月 7 日，国民政府参政会又再次建议筹建川滇铁路④，但此时的国民党战场接连溃败，实际已是心力不济。

虽然铁路并未付诸实施，但在蒋的直接督促下，西昌在不到五年的时间内，就从原本偏僻落后小城一跃而成为具备公路、航线、通信等现代化设施的中心城市，其发展速度实在令人惊诧。蒋完全依照备用"陪都"的兴建规划来建设西昌，所有工程也均服务于此。这符合国民政府"重核心、取守势"的长期抗战方针，但是否真能"备用"则另当别论。

四　围绕备用"陪都"展开的其他各项准备

先于声势浩大的工程建设，国民政府各部在西昌早已提前开展各项准备工作。1939 年 3 月，经内政部卫生署核实，国防最高委员会批复西昌行辕，同意在昌设立西康卫生院。该院原址选在康定，因"人才、经济两困难"而改设西昌，原属西康卫生院的医务人员都"先后来昌开始业务"。该

---

① 《刘文辉电蒋中正拟请仍照原议办理川滇铁路线勿改道之》（1938 年 10 月 3 日），《蒋中正总统文物》，台北，"国史馆"藏，档号：002080200503092。

② 《蒋中正电俞飞鹏勘察修筑通往西昌铁路适宜路线》（1945 年 11 月 3 日），《蒋中正总统文物》，台北，"国史馆"藏，档号：002070200022125。

③ 《俞飞鹏呈蒋中正研拟通往西昌铁路线以由乐山至西昌之线较宜》（1945 年 11 月 9 日），《蒋中正总统文物》，台北，"国史馆"藏，档号：002020400040074。

④ 《国民参政会建议筹建昆明至西昌成都铁路》（1947 年 7 月 7 日），《国民政府》，台北，"国史馆"藏，档号：001011130058。

卫生院服务的主要对象并非无差别的普通民众而是特定对象。自各项工程开展以来,"开发宁属边区动员人工甚众",为不延缓工期,对工伤的配套医治必须跟进,"绥抚夷人,尤以医药为先"①。基于上述目的,该卫生院常派员到各工地及彝民聚居地进行"巡回治疗"。后为配合建设进程,内政部同意增加该医院经费,使该院成为西昌乃至整个西康地区的专属医疗机关。

同年 4 月,教育部为培养本地技术人才"以为开发之助",拟在西昌创办职业学校。在参考"西北前例"的基础上,西昌成立国立西南技术专科学校(简称"西南技专"),由教育部直接主持。同时,西昌行辕还筹办简易技术班或补习班专门招收"边民青年"②。这两种班附设在西南技专之下,使西昌职业技术人才培养机构呈现一体化模式,为之后的相关建设提供了人力支持。

此时,由于"机场公路即将动工,各项资源亦须开发",而当地缺乏专门机构,导致"此间金融非常枯窘紊乱"。4 月 22 日,西昌行辕要求在西昌设立"农民银行及四行联合办事处"的建议迅速得到蒋的批示,并"于日内遴员前往筹设"③。此类国家银行首设西昌,对当地实情并不熟稔,而当时"经济部并不在宁(宁属)设办事处",因此,国防最高委员会于同日批准专设隶属于经济部名下的西昌"经济调查所"④ 以作咨询。是年 8 月 5日,该会驳回刘文辉在宁属设立造币分厂的请求,但随即会同财政部商议,责由中央造币厂派员调查会理产量丰富的铜矿,而收买、备用则必须经此部同意,然后再交由该厂的成都分厂开铸⑤,严密防范刘文辉等人对当地金融的渗透,并在一定程度上缓解地方货币紧缺而导致流通匮乏的压力。正

---

① 《西昌行辕请在西昌设立卫生治疗机关》(1939 年 3 月 3 日),国防最高委员会,台北,中国国民党党史馆藏,档号:003-169。另注:"夷人"即"彝人"。"夷",是民国时期对彝族等少数民族的蔑称,此处专指彝族,中华人民共和国成立后已改"夷"为"彝",因档案引用关系,文中使用档均保留原文。

② 《教育部拟在西昌创办职业学校请指示》(1939 年 4 月 1 日),国防最高委员会,台北,中国国民党党史馆藏,档号:003-190。

③ 《西昌行辕请在西昌设立农民银行》(1939 年 4 月 22 日),国防最高委员会,台北,中国国民党党史馆藏,档号:003-211。

④ 《西昌行辕请设经济调查所》(1939 年 4 月 22 日),国防最高委员会,台北,中国国民党党史馆藏:档号:003-224。

⑤ 《西昌行辕请于会理筹设造币分厂》(1939 年 8 月 5 日),国防最高委员会,台北,中国国民党党史馆藏,档号:003-272。

因如此，国防最高委员会同时严令禁止地方私自开采包括冕宁、泸沽、会理、毛姑坝在内的磁铁矿，另交经济部地质调查所统一勘测。其中所有矿产一律"设定国营矿业权""划定国营矿区"，一切事宜均须通过与新增的经济部西昌办事处"商洽进行"①，其他任何机构未经许可皆不能擅自开矿、建厂。通过这一系列措施，银行专为公路、矿产等提供必要的经济支援，而对矿区的控管，则奠定了国民政府在西昌重工业的基础。

由政府各部直接管辖如此边远地区，且完全不允许地方各级机关插手，实属罕见，但由此也可对国民政府后将西昌设为备用"陪都"的构想窥之一二。不可否认，在工业、金融、医疗等不同领域对西昌的兴建，无疑更加凸显其极为关键的战略地位。不过，投入了大量人力、物力的配套建设并没有使西昌真正成为备用"陪都"，而仅仅只进行了几次重要的"预演"。

其一，1944年初，日军自广西侵入贵州南部，国民政府在匆忙之间曾重提迁都西昌计划。为此，西昌行辕奉命将自建成后基本空置的西昌新村"36宅"重新进行粉刷装修，添置办公用品以备政府机关随后迁来，后因战局缓和又就此作罢。②

其二，在国共重庆谈判期间，蒋介石曾于1945年9月27日偕夫人宋美龄突飞西昌，下榻"特宅"，随行的还有侍从室主任俞济时、陈希曾等30余人。蒋此行专为坐镇西昌，遥控指挥处理云南龙云事件。③ 与此同时，国民党大批军政要员，如宋子文、陈诚、何应钦、李宗璜、关麟征、王叔铭、杜聿明、戴笠等也纷纷因龙云一事而奉令奔走于西昌、昆明、重庆三地之间，并频频赴西昌向蒋汇报④。10月3日，蒋得知国民党军接管云南防务，龙云问题得以解决之后，开始陆续接见西昌各界人士，于10月5日飞回重庆。

其三，1949年12月，蒋介石飞赴成都督战失败。在解放军势如破竹的进攻态势下，蒋的驻川部队陷入困境。是月7日，蒋在随即举行的军事会议

---

① 《西昌行辕拟请开采冕宁泸沽及会理毛姑坝之磁铁矿》（1939年8月29日），国防最高委员会，台北，中国国民党党史馆藏，档号：003-263。

② 李良如：《"新村"的来历》，《西昌月》2006年第3、4期，第50~53页。

③ 参见张剑波《蒋介石在西昌解决龙云事件纪实》，《凉山文史资料选辑》第2辑，凉山彝族自治州委员会文史资料委员会，1984，第31~43页。

④ 张剑波：《蒋介石解决龙云西昌之行》，《四川省文史资料》第10辑，第197页。

上，制订"政府迁台，西昌设大本营，成都设防卫司令部"[①] 的方针，将原本拟作备用"陪都"的西昌正式确立为"反攻大本营"，力图一搏，但根本无法抵挡解放军的强大攻势。1950 年 3 月 27 日，西昌得以解放，国民党剩余残部全部被歼。[②]

五 结语

综上所述，西昌备用"陪都"的兴建，实际是在 1937 年国民政府西迁重庆后，建设四川为抗战基地总体战略的延伸；也是其为巩固中央实权，加强地方控制的结果。最初，蒋介石拟建西昌为备用"陪都"，完全是配合政府迁往重庆而做出的辅助方案。为免南京惨剧重现，国民政府再三权衡，决定舍西北而取西南。然作为政府所在地的重庆，很快被日军列入侵略的下一个目标，进而连遭空袭。蒋不得不随时准备二次迁都，位于三省交通枢纽且位置边远、地势隐蔽的西昌因此入选。为了保障备用"陪都"的建设，蒋先于 1939 年设立西昌行辕，在与地方军阀的缠斗中不断巩固中央政权，同时抢修包括公路、通信在内的基础设施项目，以做长期抗战之谋算。

在抗战时如此艰难的条件下，蒋仍亲自督询建成以西昌为中心的全面迅捷的交通体系和较为完善的办公系统，从客观上讲加快了西昌现代化的进程，值得肯定。但所有的建设并不是为了当地的民生发展，而是应对政府的紧急"备用"，以及稳固其在川康等省权力根基。蒋虽通过上述措施，增强了对川、康、滇三省的政治控制意图，并把中央势力不断渗透到地方，然而令他意想不到的是，备用"陪都"并没有起到"备用"的实质作用，更不能按照其意愿改变国民党政权倾覆的最终命运。

[①] 《蒋中正主持军事汇报并提议西昌设大本营》（1949 年 12 月 7 日），《蒋中正总统文物》，台北，"国史馆"藏，档号：002060100259007。

[②] 李振、王应尊、姚国俊：《胡宗南部入川前后到西昌覆灭》，《四川文史资料选辑》第 18 辑，四川人民出版社，1978，第 76 页；又见程豫文、程豫刚《往事忆来多》，《西昌市文史资料选编》第 2 辑，西昌市文史资料研究委员会，1985，第 126~128 页。

浙赣会战再探讨

郭昌文[*]

正面战场是抗日战争史研究的重要课题。抗战时期，国民政府在正面战场进行了多次大规模会战。依据第一手资料，对这些会战的背景、经过、国民政府的决策等，进行实证性个案研究和分析。在此基础上，进而形成对正面战场的总体性认识，无疑是开展这一课题研究的重要途径。

1942 年夏，国民政府在东南沿海地区组织的浙赣会战，较能反映相持阶段国民政府正面战场的基本面貌。故颇受学界关注，相关研究较为丰富；但因受史料或视角等限制，仍有一些问题有待补充、厘清。本文拾遗补阙，冀以此深化正面战场抗战的研究。

一　浙赣会战背景

1942 年之浙赣会战多被解读为一场报复之战。[①] 即 4 月 18 日，为回应日军偷袭珍珠港，美国空军首次空袭日本本土，并在中国东南沿海机场着陆，引起日本"惊慌"，激起报复心理，因此发动此次战役。[②] 在美军空袭第二天，日本大本营即指示"中国派遣军"出动空军轰炸浙江机场。4 月

---

[*]　郭昌文，历史学博士，福州大学马克思主义学院副教授。本文原刊载于《福州大学学报》（哲学社会科学版）2015 年第 1 期。

①　参见楼子芳、袁承毅《浙赣战役：中国为盟军承受的一次巨大报复》，《浙江社会科学》1994 年第 6 期。

②　日本防卫厅战史室编纂《日本军国主义侵华资料长编》中册，天津市政协编译委员会译，四川人民出版社，1987，第 212 页。

21 日，日本又下令从"南方军"调飞行第六十二战队（重轰炸机）至南京，第九十战队（轻轰炸机）、第八十四中队（双座战斗机）至广州，隶属"中国派遣军"，参与对浙江机场的轰炸。"南方军""中国派遣军"与关东军并列为"二战"时期海外日军的三大主力。"南方军"当时在东南亚、太平洋地区与英美军队激战正酣，从"南方军"增调空军支援"中国派遣军"，可见日本摧毁浙江机场之决心。与此同时，日本大本营开始研究出动地面部队，强化对浙江机场的摧毁效果。4 月 20 日，日军大本营电令"中国派遣军"为迅速摧毁浙江省内的机场群，特别是丽水、衢县、玉山等地机场，在利用空军轰炸同时，可使用地面部队。① 4 月 30 日，日军大本营正式命令发起摧毁浙江机场为主要目的"浙江作战"，"遏制敌利用该方面空袭帝国本土之企图"。② "浙江作战"计划以第十三军为主力，并配属第十一军及"华北方面军"之一部，共计 40 余个步兵大队，自浙东向西攻击。

从使用空军轰炸到出动地面部队，以摧毁东南沿海机场为主要作战目的，发动"浙江作战"，属于报复范围。身处战争一线的日本"中国派遣军"则认为，"浙江作战"仅以摧毁机场为目的的效果有限，如打通浙赣线，歼灭第三战区中国军队主力，则可动摇中国将领抗战意志，有助于中国事变的解决。③ 为此，"中国派遣军"倾向于进行更大规模的"浙赣作战"，并最终得到日军大本营的认可。

日本从"浙江作战"到"浙赣作战"，作战规模进一步扩大，投入兵力从 40 余个大队追加至 82 个大队，包括第十三军（配属"华北方面军"的 15 个大队、第十一军的 5 个大队）54 个大队（计 5 个师团与 3 个混成旅团），5 月底才开始策应作战的第十一军的 25 个大队（2 个师团与 4 个支队），以及 6 月下旬从"华北方面军"增派的 3 个大队。④ 作战方式则从单方向的向西攻击演变为东西合击。作战性质实已超越报复之范围，打击中国军队主力，动摇中国抗战意志，解决中国事变的整体战略成为此次会战的主旨。

---

① 《日本军国主义侵华资料长编》中册，第 210 页。
② 《日本军国主义侵华资料长编》中册，第 213~214 页。
③ 《日本军国主义侵华资料长编》中册，第 320 页。
④ 《日本军国主义侵华资料长编》中册，第 209~215 页。

从中国方面而言，战争虽因美军空袭日本而起，但其准备却在此之前。1937 年底，日军占领杭州、嘉兴、湖州等地以后，并未沿浙赣路继续西进，浙西赣东长期为游击区。太平洋战争爆发后，日本实施南进战略，进攻英美在太平洋和东南亚的殖民地。国民政府判断，浙赣路将为日本所重视，第三战区"较前似重要"。[①] 蒋介石进一步认为，衢州与缅甸、海参崴将成为日本发动战略进攻的三个方向。[②]

浙赣铁路是民国时期我国长江以南唯一的东西铁路干线，从杭州站起至株洲站止，与南北大动脉粤汉线相连。日本若打通浙赣线，再通过粤汉线直达东南亚，这对于日本军运大有裨益。衢州位于浙西，是浙赣线上的重镇，第三战区此处驻有重兵守卫。

为此，国民政府做了相应部署。1 月 17 日，蒋介石手谕军令部部长徐永昌督促 3 月底前完成衢州城防核心工事。2 月 3 日，蒋介石致电第三战区司令长官顾祝同，令其于 3 月 15 日以前"预防敌军以四个师以上之兵力进攻衢州，希切实部署督训及构筑工事如期完成为要。"[③] 4 月初，国民政府从第九战区抽调丁治磐的第二十六军、王耀武的第七十四军至浙赣线。[④] 其中，第七十四军堪称国民政府的王牌部队，作为绝对主力多次参加正面战场的会战，有"抗日救火队"之称。第七十四军增援第三战区，守卫浙赣铁路，可见国民政府之重视。

综上，日本从"浙江作战"到"浙赣作战"，其作战性质实已超越报复范围，与打击第三战区中国军队主力，动摇中国抗战意志，解决中国事变的整体战略密切相关。而对国民政府而言，浙赣会战是一场有准备之战。[⑤]

二　放弃衢州决战原因

放弃衢州决战是浙赣会战中国民政府的重要举措，历来颇受争议。放

---

① 《徐永昌日记》第 6 册，1942 年 1 月 12 日，台北，中研院近史所编印，1991，第 417 页。

② 《蒋中正总统档案·事略稿本》（以下简称《事略稿本》）第 48 册，台北，"国史馆"，2011，第 97 页。

③ 《事略稿本》第 48 册，第 220 页。

④ 《丁治磐日记手稿本》第 3 册，1942 年 4 月 9 日，台北，中研院近史所，1994，第 165 页。

⑤ 楼子芳、袁承毅：《浙赣战役：中国为盟军承受的一次巨大报复》（《浙江社会科学》1994年第 6 期）。该文认为浙赣会战国民政府准备不足，比较被动，显然不实。

弃衢州决战的原因，既往研究主要提到两点：其一，归责于国民政府的消极抗战；① 其二，归因于国民政府的战略考量。例如，"金衢之得失，已不关今日战局之成败"，②"保全战力继续不断袭扰日军，迫其撤退，故决策极为正确"。③ 实际上，无论是消极避战，还是避免决战战略上极为正确，都难以解释当初为何确定衢州决战，即国民政府当初为何决定衢州决战，其决策依据是什么。

在会战之初，国民政府即决定在衢州与日军决战。1942 年 5 月 15 日，日本正式发起进攻。5 月 16 日，蒋介石召集军令部部长徐永昌等人开会，确定应对之策。徐永昌记载："会议讨论敌在杭绍宁一带已开始出动问题，判断其将主动对衢州等有机场区域进攻，决定以二十六军、七十四军及四十九军、八十六军集结衢州以打击之。"④ 会后，蒋介石致电顾祝同，要求严守衢州决战策略，"务将王铁汉、王耀武、丁治磐三个军皆集结于衢县附近，切勿控置于金兰一带被敌逐次消耗，我军方针决在衢州决战，不得变更此作战方针，希即照此部署勿延"。⑤ 王铁汉，第四十九军长。王耀武，第七十四军军长。丁治磐，第二十六军军长。"金兰"即金华、兰溪。根据蒋的指示，第三战区迅速制订实施方案："先以有力部队，逐次在长乐、安华、桐庐及东阳、义乌、浦江、建德各线既设阵地，极力迟滞、消耗敌人，坚守金、兰及切断敌后，猛烈围击敌寇，严重打击敌人。尔后再诱致敌人于衢州要点前，配合伏击、截击、尾击部队，以主力分由衢州南北山地合力围击而歼灭之。"⑥

从战术上讲，衢州决战包含两层含义：一是坚守衢州；二是以阵地战方式歼灭对手。敌我力量对比是制订战术的决定性因素。国民政府决定在衢州决战正是源于对敌我力量的判断。具体而言，国民政府决策层基于对日本北进攻苏的判断，认为在中国战场日本不会大举进攻，投入兵力有限。

---

① 刘善庆：《抗战中一次典型的消极避战之役——浙赣会战述评》，《安徽史学》2001 年第 4 期。

② 张宪文：《中华民国史》第三卷，南京大学出版社，2005，第 162 页。

③ 蒋纬国：《国民革命战史·抗日御侮》第 8 卷，台北，黎明文化实业公司，1978，第 16 页。

④ 《徐永昌日记》第 6 册，1942 年 5 月 16 日，第 402 页。

⑤ 《事略稿本》第 49 册，第 360 页。

⑥ 郭汝瑰、黄玉章：《中国抗日战争正面战场作战记》（下），江苏人民出版社，2002，第 1149~1150 页。

　　1942 年 4 月 25 日，蒋介石判断美军空袭日本本土将促使日本"心理精神与战略必有重大变更"。具体如何变更？蒋首先想到的是日本北进攻苏，"可能促成敌寇急求北进先攻取西伯利亚以免其本土受威胁，故倭寇此后攻俄必不在远或不待德国春季攻势而彼先自发动之可能也"。① 西伯利亚是苏联远东领土，地近中国东北和日本。对日本而言，苏美都可能以西伯利亚为基地威胁日本本土。空袭日本本土的美国飞机除在中国东南沿海着陆外，还有一架在西伯利亚着陆。②

　　5 月 1 日，蒋介石对日本战略又有如下分析："就敌之战略上论，实有先用相当兵力解决中国军事而后再应付美俄之必要，盖可减除其侧背之威胁也。然而，以时间与气候地形而论，敌军在此时对华大举进攻，决不能在四个月内奏效，则本年夏季一过，又失攻俄之机矣。余惟尽我所能照常准备应战而已。"③ 在蒋看来，日本理论上有先解决中国事变之可能，但攻苏有时间与气候的限制，只有夏季合适，解决中国事变就会错过攻苏时机。蒋的潜台词是相较解决中国事变而言，日本更可能北进攻苏。5 月 2 日，蒋怀疑日本大举进攻中国"是其宣传作用"，进一步确定北进攻苏的判断。④

　　5 月 16 日，在确定衢州决战的会议上，国民政府对日本战略意图做了相似判断。徐永昌提出："我固应努力准备敌之进犯，惟敌对我不能特别深入，即抽东北对苏之兵内用，则无以对轴心亦且以受苏挟制，抽太平洋兵则有受美反攻，失其所得之虞，所以在目前焦急而未有决策之时。"徐的意思是日本对中国的进攻有限，无论是从东北抽兵，还是从太平洋战场抽兵，都有困难，日本接下来是北进攻苏，还是继续南进，其决策均未定。蒋同意徐永昌关于中国战场形势的分析，并重申其日本即将北进攻苏的判断，"并举截译敌电日政府令驻苏大使对苏先敷衍之事"。⑤

　　基于日本北进攻苏，"敌对我不能特别深入"的判断，国民政府决策层认为，面对日本在浙赣铁路发起的进攻，可以坚守衢州，通过阵地战而战胜之。故会战之初，国民政府颇为自信。5 月 16 日，蒋介石记录："滇西战

① 《事略稿本》第 49 册，第 206 页。
② 《日本军国主义侵华资料长编》中册，第 208 页。
③ 《事略稿本》第 49 册，第 246~247 页。
④ 《事略稿本》第 49 册，第 261 页。
⑤ 《徐永昌日记》第 6 册，1942 年 5 月 16 日，第 402 页。

局已稳，而浙东倭寇已如我之预期开始向衢州进攻，但我方已准备已久，当不难制敌也。"① 5 月 22 日，徐永昌在日记中记："敌自十五日前开始由浙东进犯，前线发现之敌约六个联队番号，我作战比八个师。据情报判断敌人约集有十一个联队，我准备二十二个半师应战，其战斗力最低限抵敌十四个联队（判断十一个联队为最大限）准备如此，全看各级将领努力如何？"② 判断日本投入兵力最大限为 11 个联队，按照日军标准编制，1 个联队下辖 3 个大队，11 个联队最大可含 33 个大队。国民政府方面准备 22 个半师应战，至少可抵敌 14 个联队。实力已经具备，"全看各级将领努力如何？"徐永昌难掩轻松之意，道出国民政府自信之原因。前线军事将领也信心十足，第二十六军军长丁治磐在 5 月 26 日日记中记载："此战必胜，敌以抽凑小兵力深入四百余里，孤军深入。"③

国民政府显然低估了日本发动浙赣会战的力度与决心。日本既未抽东北对苏之兵内用，也未抽太平洋战场兵北上，而是成功地从华北、华中地区抽兵南下。随着战事进行，国民政府方面察觉日本进攻之力度与决心。5 月 26 日，徐永昌记载："由二十一至二十三日由京沪运杭敌兵据报达三万众，敌攻势开始已一星期，尚大量增兵，其势不占衢州不止。汉口十八日尚向下游运兵更众。"④ 6 月 3 日，徐终于清楚了日本增兵之来源，"敌由各方抽兵来，山东之三十二师，河北之百十师，山西第一独旅，苏北之十七师，湖北之第三师，第四十师各一部或主力"。当晚 8 点，国民政府在蒋介石的官邸曾家岩举行会议。徐永昌记载"判断敌攻衢可用约三师团，其后方约两师团，出我意料之外"，决定放弃衢州决战。⑤ 徐很坦诚，承认出乎意料。蒋介石记："对于衢州方略决心放弃会战，以敌军抽集在华各战区最大限度之兵力与其空军之掩护，进攻衢州大机场所在地，志在必得。若我与之决战，不仅无甚意义，而且徒耗兵力，不易补充也。"⑥

实际上，即使 6 月 3 日晚国民政府对日本进攻衢州兵力之判断也并不准

① 《事略稿本》第 49 册，第 365~366 页。
② 《徐永昌日记》第 6 册，1942 年 5 月 22 日，第 406 页。
③ 《丁治磐日记手稿本》第 3 册，1942 年 5 月 26 日，第 197 页。
④ 《徐永昌日记》第 6 册，1942 年 5 月 26 日，第 408 页。
⑤ 《徐永昌日记》第 6 册，1942 年 6 月 3 日，第 417 页。
⑥ 《蒋介石日记》，1942 年 6 月 3 日，美国斯坦福大学胡佛研究所藏手稿本；下同。

确。从日方材料看，日本进攻衢州部署如下：第三十二、一一六师团从龙游北方衢江北岸，河野旅团和第十五、二十二师团从衢江南岸，于6月3日拂晓同时发起全面攻击；并以小蘭江混成旅团为第二线，进至汤溪和龙游之间，充当战略预备队。第七十师团担任后方警备。① 国民政府判断一线兵力三个师团，而日本实际兵力是四个师团加一个混成旅团，后方兵力判断基本准确。

综上，国民政府基于日本北进攻苏，不能大举进攻中国之判断而确定衢州决战，但因日本集结大量兵力进攻衢州，致使国民政府放弃决战。放弃之依据确属事实。正因为如此，当美国总统特使居里以"外传敌方攻击实力甚微"质疑国民政府消极抗战时，蒋介石颇为不满，说"敌方攻击浙赣之实力，最少有十五万人。美国在华军官多不愿切实研究事实之真相，只知抚拾流言，遽加判断，实足遗憾"。居里颇为尴尬地以"愿钧座对美国军人多加体谅"敷衍过去。②

当然，除有日本进攻之力度与决心因素外，战略考量在国民政府放弃衢州决战的决策中的也起了重要作用。此种考量除前文所提"保全战力继续不断袭扰日军，迫其撤退""金衢之得失，已不关今日战局之成败"两点外，还与促日北进攻苏有关。如前所述，蒋介石有日本北进攻苏之判断。日本在浙赣线发起大规模进攻后，蒋进一步将日本发动浙赣会战与其北进攻苏联系起来，认为占领浙赣线是"敌军对俄进攻以前必有之战略"。③ 在日本"不占衢州不止"之情势下，放弃决战，既避免"敌军在东北部队调移于关内"，也可使日"如期达成占领衢州之目的后，可早日北进"。④

三　国民政府的失误

浙赣会战中国民政府的判断失误对衢州会战决策及结果均产生重要影响，这在抗战的正面战场中具有一定的普遍性。值得注意的是在蒋纬国主

① 日本防卫厅防卫研究所战史室编《昭和十七、十八（1942、1943）年的中国派遣军》（上），贾玉芹译，中华书局，1984，第109~116页。
② 《事略稿本》第50册，第653~657页。
③ 《蒋介石日记》，1942年6月30日。
④ 《蒋介石日记》，1942年6月3日、5月29日。

编的《国民革命战史》因有"极为正确"之评价前，对此中问题只字未提，视而不见。中国大陆学术界对此则极为重视，已有充分的分析、论述和总结，如重大战略方针的变更、消极避战、情报失误、第九战区配合不力、部队行军与集结的问题等。①

放弃衢州决战被论者视为在战术上的"最大的失误"，② 国民政府方面亦有类似检讨。1942 年 7 月 6 日，蒋介石在日记中记："此次浙赣战争始则严令在衢州城决战，既以敌军兵力厚集，乃于临时改变方略，不令决战，放弃衢州城防。然而其时敌已逼近，衢城且通常玉山后路已被敌截断，守城部队与炮兵不易撤退。而顾长官（顾祝同——引者注）犹不即下令撤防，以致守城部队被敌包围之外，又被洪水围困，及至冒死突围而损失难计，因之全军心理犹疑，战斗精神低落，此种无形损失更不可量计。经此次教训以后，凡决心决战与准备完成敌军逼近时，再不可变更决心矣。"③

在检讨中，蒋介石把战争损失、士气低落与放弃衢州决战联系起来，承担了部分责任，亦属难能，却回避了决策犹豫的关键性失误。

国民政府是在 6 月 3 日晚确定放弃衢州决战的，其实早在 5 月 27 日，蒋介石对衢州决战之决心已有动摇。当日，蒋介石获悉日军"抽调在华各战区精强部队集中于浙东进攻我衢州等之空军根据地，其势在必得"，也认为"金衢之得失已不关今日战局之成败"。④ 此时，参与决战的中国军队主力还在向衢州集结中，而日军尚在金（华）兰（溪）一线，但在此后一星期时间内，蒋介石一直在犹豫不决中，并未下定放弃决战之决心，错失先机。

5 月 29 日，蒋介石在日记中记："金兰各城虽陷，然并未决战，敌如直攻衢州，则彼知我准备充足，或有中止可能。……即使其来攻，予以打击以后暂时放弃使其如期达成占领衢州之目的后，可早日北进。"⑤

———————————

① 参见刘善庆《抗战中一次典型的消极避战之役——浙赣会战述评》，《安徽史学》2001 年第 4 期；赖继年《浙赣会战新探》，《抗日战争研究》2011 年第 1 期；楼子芳、袁承毅《浙赣战役：中国为盟军承受的一次巨大报复》，《浙江社会科学》1994 年第 6 期。

② 刘善庆：《抗战中一次典型的消极避战之役——浙赣会战述评》，《安徽史学》2001 年第 4 期。

③ 《蒋介石日记》，1942 年 7 月 16 日。

④ 《蒋介石日记》，1942 年 5 月 27 日。

⑤ 《蒋介石日记》，1942 年 5 月 29 日。

5月31日记："浙东赣西皆无甚关系，不必力争。"①

6月2日记："我为政略计固应放弃衢州，为兵力计亦应放弃衢州。万不可以无关紧要二地之得失争一日之荣辱，而忘最后成败之大计。"②

6月3日记："浙衢会战与否之方针未能决策，故忧虑益甚。"

直至当晚8时，蒋介石召集军事会议，"过去经历往往为一时之毁誉得失而贻误战略，且致政略失败，此鉴于北平、南京以及此次缅甸进退、守弃之教训，尤为寒心，故对于衢州方略决心放弃会战"。③

作为国民政府最高决策者，蒋介石并非没有战略视野，"还算个战略家"。④ 就放弃衢州决战而言，依据敌我力量变化放弃衢州决战，不计较一城一地得失，保全有生力量，分散兵力，坚持持久抵抗，符合抗战相持阶段的基本特征，在战略层面实有可取之处；但蒋优柔寡断，谨慎有余，魄力不足，作为决策者的这种性格弱点，在放弃衢州决战之决策过程中显露无遗，而且这绝非孤例。

在抗战相持阶段，国民政府正面战场上向有"消极抗战"之论，浙赣会战则被视为"一次典型的消极避战之役"。⑤

这种从意愿层面的解释有失片面。在浙赣会战中，国民政府似不缺战的意愿。会战前，鉴于浙赣铁路之战略地位，国民政府调兵遣将，构筑工事，是有迎战准备的；会战初，根据对敌力量的判断决定衢州决战；会战期间，依据敌军力的变化放弃衢州决战，其目的之一在于分散兵力，坚持持久抵抗；衢州决战放弃后，蒋介石亦明电顾祝同，要求分散兵力，积极进攻，"敌军深入赣东，正为发挥我军功效，天予我以歼敌之机，否则如失此良机，任敌回窜扰乱，则我军将无立足之地，应即以此意转告各领袖，严令各军共同协力，积极进攻，完成使命勿误"。⑥ 实际上，浙赣会战期间的"消极避战"主要源于促日北进攻苏的考量，即蒋在日记中所说的"暂

---

① 《蒋介石日记》，1942年5月31日。
② 《蒋介石日记》，1942年6月2日。
③ 《蒋介石日记》，1942年6月3日。
④ 〔美〕埃德加·斯诺：《红色中国杂记》，党英凡译，群众出版社，1983，第73页。
⑤ 刘善庆：《抗战中一次典型的消极避战之役——浙赣会战述评》，《安徽史学》2001年第4期。
⑥ 《事略稿本》第49册，第614页。

时放弃使其如期达成占领衢州之目的后，可早日北进"。① 此种损人自保的考量在反法西斯同盟国家中并不鲜见。

浙赣会战中，国民政府在能力、技术层面的不足更为凸显。前述决策者的犹豫不决，优柔寡断，即属典型的能力局限。情报失误、第九战区配合不力、部队行军与集结的问题等亦属能力、技术层面上不足。能力、技术层面的局限，在整个抗战时期，国民政府都未能解决。典型例子是，浙赣会战充分暴露国民政府各战区不能有效防止日军自由抽调兵力；对此，国民政府检讨深刻，"认为系一极大耻辱"。军令部亦制定相应对策，诸如加强谍报及通信组织工作；加强第一线轮番出击兵力及攻击队，对敌各要点不断轮袭围攻，使敌顾此失彼，无法抽调；加强敌后游击及特务工作；激发敌后民众同仇敌忾志心；等等。各军事学校及各战区训练团贯彻机动攻势战术时，以此为个案，轮流抽调中下级干部进行分区训练，灌输其攻击精神。② 可惜实际效果有限，此后一旦战略需要，日军仍可从各战区集结大量兵力发动进攻，如 1944 年之豫湘桂战役。

综上所述，浙赣会战是国民政府一次较有准备的战役。国民政府基于日本北进攻苏，不能大举进攻中国之判断而决定衢州决战，体现了战的意愿，亦因日本集结大量兵力，势在必得而放弃决战。其决策符合抗战相持阶段的基本特征，却因决策者的犹豫不决而错失先机。浙赣会战中的国民党军之溃败充分暴露国民政府在能力、技术层面上的不足，其消极避战主要源于促日北进攻苏的考量。

---

① 《蒋介石日记》，1942 年 5 月 29 日。
② 《事略稿本》第 51 册，第 179~186 页。

胡汉民与 1933 年察哈尔抗战

段智峰[*]

1933 年的察哈尔抗战，轰动一时。相较局部抗战时期的其他著名抗日之役，如淞沪抗战、长城抗战、绥远抗战等，有其独特之处。此独特之处就在于其既非南京国民政府主导，亦未曾接收任何源自南京方面之援助。相反，察哈尔抗战，因迅疾遭到国民政府的全力绞杀，旋即重挫，无果而终。南京方面之所以如此决绝，原因固然不止一端，但察哈尔抗战牵涉彼时国民党内部激烈的朝野竞逐，这无疑是重要诱因。换言之，南京方面的决绝态度与狠辣出手，正是党内朝野竞逐白热化的直接表现。作为 1930 年代前期国民党内在野势力的精神领袖，胡汉民的影响贯穿察哈尔抗战之始终，乃立于冯玉祥、方振武身后，进而与蒋介石真正博弈者。所以，厘清胡汉民与察哈尔抗战的相互关系，对于全面深入研究察哈尔抗战具有一定学术价值。在该问题上，随着近年来海外档案资料的不断开放、使用，学界已有一定的研究成果。唯既有研究，尽皆阐述胡汉民对察哈尔抗战的种种影响及其所处之角色，而对察哈尔抗战对胡汉民乃至整个国民党在野阵营所发挥的影响与作用，则付之阙如。即便在论述胡氏对察哈尔抗战的影响与作用方面，已有的研究也尚嫌粗略，解释上亦有不尽周延之处。基于上述原因，笔者特综合相关史料，对胡汉民与察哈尔抗战的相互关系做另一种诠释与解读，以图解析、厘清其中之关节，让其能更加贴近历史的原貌，以便学界能够更为准确、全面的了解和参考。

---

[*] 段智峰，历史学博士，河北大学历史系教师。

一 运筹与策动：胡汉民的华北政略演变与 察哈尔抗战的勃兴

察哈尔抗战的勃兴，并非仅仅源自冯玉祥、方振武、吉鸿昌等军事将领的抗日爱国热忱，以及激于国民政府秉持对日妥协政策的义愤，胡汉民以反蒋为最终鹄的地对华北地区进行持续的政略运筹与策动，乃该地抗战勃兴的重要动力。然而，这并不意味着察哈尔抗战是胡氏华北政略的全部，抑或是胡的华北政略的一成不变之途径。事实上，就结果而言，察哈尔抗战仅仅是胡氏华北政略的组成部分，并非全貌，只因其浮出水面而备受瞩目。就过程而论，胡的华北政略随着形势发展而呈现一个持续演变的脉络，察哈尔抗战虽是这一脉络的重要节点，但其勃兴有形势发展使然的因素，这远非胡汉民初始时即已洞鉴的。

1932 年初，国民党四届一中全会确定在广州成立国民党西南执行部与国民政府西南政务委员会（简称"西南两机关"——引者注），代表国民党中央与国民政府行使职权。胡汉民等人遂利用西南两机关对抗南京政府，形成了"胡汉民—蒋介石""西南—南京"的对立。[1] 对峙之初，胡汉民所面对的形势颇为微妙。依大势而论，彼时淞沪抗战正酣，国民政府以"一面抵抗，一面交涉"政策肆应，致物议呈鼎沸之势。对于以抗日反蒋为政治口号的胡汉民而言，这一形势正是其力求一逞之时机。与此同时，积极于华北串联旧部共同起而反蒋的冯玉祥，于 1932 年 3 月间主动接洽胡汉民，希冀合作反蒋，要求"西南方面联络闽、赣、湘、鄂等省，合谋举兵"。[2] 然而，西南阵营中居于主导地位的陈济棠，此时正忙于内部的翦除异己，巩固"南天王"的统治地位。在处理与南京的关系问题上，陈寻求主动"改善关系"。陈甚至在 1932 年 4 月间，有意取消西南两机关，"改为粤桂绥靖公署"。[3] 此议虽因胡汉民力持异议而作罢，但胡欲于粤另行组府，以

---

[1] 陈红民：《冲突与折衷：国民党五全大会延期召开原因探讨》，《民国档案》2009 年第 1 期。

[2] 杨天石：《胡汉民的军事倒蒋密谋及胡蒋和解——海外访史录》，《抗日战争研究》1991 年第 1 期。

[3] 肖自力：《陈济棠》，广东人民出版社，2002，第 195 页。

左衡南京，无疑已窒碍难行。鉴于此，彼时奉派赴华北策动反蒋起事之陈中孚对胡建议："盖对方犹利用傀儡政府于洛阳，国人不察，易为号召。吾侪非设政府，不足与抗衡也。欲设政府，粤省当最为适宜，如粤不能为，非从北方策动大局不易着手。欲策动北方时局，非去平、津孺子（张学良——引者注）不易成功也。"① 衡诸后续举措，胡汉民无疑认同陈中孚之议，即通过华北政略的施用来破解困境。

胡之华北政略的核心在于，借去张学良代之以冯玉祥，策动华北首起反蒋大旗，嗣后借北方大势促使陈济棠率西南实力派跟进，最终达成南北呼应共同倒蒋的目标。华北地处要津，南京国府因关河悬远而对之鞭长莫及。因此，该地历来反蒋势力丛集，尤以"扩大会议"为极至。中原大战后，蒋以张学良统摄华北，防阎、冯等死灰复燃。由是观之，胡谋以冯代张，进而策动华北起事，倚为反蒋先声，确是允当之策。

1932 年 8 月，行政院院长汪精卫与张学良因华北抗日问题而生龃龉。汪氏去张之念虽坚，无奈蒋介石左祖张甚力，愤懑之下，以辞任行政院院长之职逼张下台。胡汉民见有机可乘，遂致电汪精卫，图联汪倒张。② 汪虽未纳此议，但胡彼时扶冯代张之意已显露无遗。

在运作扶冯代张的同时，胡汉民还助冯起事，此一方面，胡不乏大手笔之作。1932 年 9 月，胡遣曹四勿赴华北见冯，在以监察人身份发展其加入"新国民党"后，向冯转交一百万元，以为组织武装起事之用。③ 此款于彼时而论，不可谓不巨。西南内部，粤省以四十万元即可创建一师之武装，而桂省则一师之武装的创建费用仅为十万元。④ 对外金援方面，纵观粤省 1931~1932 年的援外款项分布，单笔百万之数，已是最高的。勉与之可较者为陈济棠对第十九陆军的援助，"1932 年 8 月 11 日，陈济棠特汇 20 万元补助十九路军军饷，不久又令省财政厅发给十九路军军费 80 万元，省财政厅的正常支出为此停支数日"。⑤

---

① 陈红民辑注《胡汉民未刊往来函电稿》第 13 册，广西师范大学出版社，2005，第 509 页。
② 陈红民辑注《胡汉民未刊往来函电稿》第 7 册，第 564 页。
③ 谢幼田：《谢慧生先生事迹纪传》，台北，近代中国出版社，1991，第 373 页；杨天石：《胡汉民的军事倒蒋密谋及胡蒋和解——海外访史录》，《抗日战争研究》1991 年第 1 期。
④ 陈红民辑注《胡汉民未刊往来函电稿》第 9 册，第 539 页。
⑤ 肖自力：《陈济棠》，第 205 页。

除却金援外，胡为与冯处联络的顺畅、及时提供保障，也曾着力在沟通管道进行维护。早在 1932 年 7 月间，胡已派上海"新国民党"的活跃分子何世桢、任援道驻冯玉祥处，与相对应，冯玉祥则遣张允荣、黄建平驻胡汉民处。① 此外，上海"新国民党"中的重要人物如程潜、李烈钧、熊克武、陈中孚等，在胡汉民与察哈尔方面的沟通联络方面，亦曾发挥过重要作用。② 由此观之，上海"新国民党"组织是胡汉民与察哈尔方面联络的枢纽。之所以如此安排，是因为沪上居地利之便，沟通南北得天独厚，且其"新国民党"组织的人员配备，颇为合理。何世桢、任援道、陈中孚对华北军政情形相当熟稔；程潜、李烈钧、熊克武等皆行伍出身，通晓兵事，与冯玉祥保有不同程度的交谊，特别是程、李二人，俱属党内元老，拥有一定政治影响力，在具体的沟通协调过程中，较易获取事半功倍的效果。

众所周知，察哈尔抗战的主要领导人为冯玉祥、方振武、吉鸿昌。其中，方、吉为冯玉祥所创西北军之旧部，与冯交往渊源有自。然而，吉鸿昌彼时倾向中共，与之联系紧密。方振武的起兵乃至投身察哈尔抗战，则主要受胡汉民的影响。胡、方本无交往历史，二人接近的发端源自方振武的主动投效。

1932 年 5 月 9 日，方主动致函胡汉民，在抨击南京对日妥协的同时，表露效忠之意，并派代表孟芸生赴港，尝试与胡建立关系。③ 胡此时着力罗织各方力量共同反蒋，对于方之靠拢，自然顺势接纳。不久，方即加入"新国民党"。④ 1933 年 2 月，方振武于山西介休起兵，成立"抗日救国军"，开赴河北。此举目的，除利用日军进攻热河进逼长城各口之机，于河北谋一"立足之地"外，还是配合胡汉民彼时的南北联合反蒋抗日计划之实行。⑤ 如胡所言，方振武"对党忠实，历来主张极与我人一致，其所部抗

---

① 王晓荣：《国共两党与察哈尔抗日》，人民出版社，2005，第 63~64 页。
② 详见陈红民辑注《胡汉民未刊往来函电稿》第 2 册，第 440 页；第 12 册，第 506 页；第 8 册，第 489 页；第 8 册，第 490 页；第 8 册，第 481~482 页；第 12 册，第 434 页；第 12 册，第 510~511 页；第 13 册，第 510 页。
③ 陈红民辑注《胡汉民未刊往来函电稿》第 12 册，第 424 页。
④ 陈红民：《函电里的人际关系与政治》，三联书店，2003，第 191 页。
⑤ 王晓荣：《国共两党与察哈尔抗日》，第 276 页。

日将士不重为我西南抗日军之先遣部队"。唯时势如白云苍狗，方部"由晋而豫而冀而察，跋涉数千里"，不仅沿途遭国民政府所辖军队各部的"横加威迫"，而且因长城抗战大局已定，方部出师抗日之名难以为继。① 方振武入察联冯，从表面看乃为环境所迫，而实质则是唯胡是从，但方、冯合作相对松散。与胡、方关系中的主从特征明显不同，胡、冯关系则是平等合作关系。这也就可以解释，当察哈尔抗战陷入困境之时，冯离察后方依旧能苦撑之原因。

胡对冯、方部之扶植固然不遗余力，联络沟通亦未有实质性窒碍，但胡力推以冯玉祥为核心的华北政略，实乃格于形势退而求其次之选择。华北域内，军系林立且盘根错节。就反蒋而言，可登高一呼搅动风云者，唯有阎锡山、冯玉祥，但其各自软肋亦颇明显："阎、冯使负华北军事责任，资望固甚相宜。惟冯原有实力已离掌握，所有旧部又难集结，虽具爱国热忱，恐难指挥如意。阎则素持慎重，向不轻有主张，当此复杂局面，更难单独表示。"② 相较于阎，冯既勇于担当任事，胡就自无他选。但胡之华北政略调整的必要性显而易见，一旦形势易动，显现调整空间，胡顺势操作，乃情理之中。

1933 年初，日军攻占榆关，并进攻热河，拉开长城抗战序幕。严峻的军事形势之下，中央军持续渗入华北不可避免，在既有军系博弈的思维主导下，不仅华北域内原有之军系的忧虑与敌意急遽拉高，而且张学良与蒋介石的关系"已渐发生裂痕"。③

形势如此，胡自然要加大力度策动华北，特别是笼络张学良，毕竟华北军政实力以张为雄。然而，张与胡、冯不同：胡为政客，本无一己之实力；冯虽实力派出身，但中原大战后，实力凋零殆尽；张学良则坐拥东北军，名副其实的实力派，力保实力不损乃其根本利益所系，自不会轻掷本钱。况且在张眼中，胡之反蒋抗日，"无具体计划"与"切实保障"，特别在"充分援助"问题上，尤为忧虑。④ 故在蒋郑重承诺优容东北军的前提

---

① 陈红民辑注《胡汉民未刊往来函电稿》第 3 册，第 569 页。
② 陈红民辑注《胡汉民未刊往来函电稿》第 12 册，第 456 页。
③ 陈红民辑注《胡汉民未刊往来函电稿》第 12 册，第 456 页。
④ 陈红民辑注《胡汉民未刊往来函电稿》第 12 册，第 456 页。

下，张学良选择下野出国，以示承担热河沦陷之责。① 蒋、张得以达成妥协，胡只得复归倚冯之策。

在华北，胡着力策动者，却远不止于冯、方两人。就现有史料来看，察哈尔抗战前夕，鹿钟麟、宋哲元、孙殿英、石友三、韩复榘等在胡的策动下，对反蒋抗日一节，"均表同情，且盼有更深一层之表现"。② 至于阎锡山，胡在派员多番游说后，亲自致函称："华北之事，惟华北同志能精诚团结而自理之，庶可以戢暴日之野心，杜狡者之诡谋。近闻瑞伯、向方、汉章诸兄咸有意于此，且拟有所组织，藉谋固结，幸左右有以提携而督励之。"③ 阎虽"素持慎重，向不轻有主张"，但面对胡之多番策动，则"又有些动野心"。④

地方实力派皆以极端务实为圭臬，故蠢蠢欲动距发动起事，相差何以道里计。各方相互观望，以风向而定行止乃属常态。胡汉民对此并非没有洞鉴。所以尽管运筹、策动华北多时，且已至察哈尔抗战勃兴前夕，胡对起事将以何种形式展开，仍胸无成竹。

依形势而言，冯、方等揭橥抗日大旗崛起察省之际，前景委实难期：究竟是星火得以燎原，抗日军兴；还是孤军抗日无援而败。起决定性作用的因素有二。其一是胡能否给予持续稳定的援助。如胡能持续援助，则冯、方就能苦撑待变。其二是地方实力派可否群起响应。如能群起相应，则可实现胡之南北两军会师长江共同倒蒋。而以上两个因素能否存在实质上端赖胡汉民与陈济棠博弈的结果。

二 功亏一篑：胡、陈博弈与察哈尔抗战的失败

依国民党内朝野斗争的发展脉络而论，1930 年"扩大会议"至 1931 年的"非常会议"，仅隔年余，党内在野力量就将重心由华北移至西南。此后，华北军系依旧林立，相较于西南，在野阵营内仅处侧翼地位。所以，

---

① 《车中要人会议》，《国闻周报》第 10 卷第 11 期，"一周间国内外大事述评"，1933。
② 陈红民辑注《胡汉民未刊往来函电稿》第 12 册，第 456 页。
③ 陈红民辑注《胡汉民未刊往来函电稿》第 9 册，第 411 页。
④ 《徐永昌日记》第 3 册，台北，中研院近史所，1991，第 13 页。

不仅冯、方等崛起察省后，后援端赖西南，而且即便是阎锡山、宋哲元、韩复榘等实力派可否后续起事，亦视西南动向而定。胡汉民虽西南位居精神领袖，但实力之核心却是陈济棠。围绕察哈尔抗战问题，胡、陈博弈实所难免。

后援问题的核心在于金援。察省贫瘠，且周边军系林立，强敌环伺，冯、方等又初到该地起事，就地筹款并不现实，故经费一端唯有仰赖西南。然而，早在1933年2月，金援问题已渐显棘手之兆。邹鲁向胡诉苦，经费事令其大感头痛，"冯处要款"甚急，但邹对陈济棠"说亦无用"，"即五万元之拨一部，亦尚须加工夫，方能达到"，即便如此，邹亦无十足把握，仍请胡"加来一函"说陈，其艰困程度可见一斑。① 由于金援迟迟无果，干系匪浅，担负联络重任的何世桢等直接电胡："务须按月拨汇若干，接济张垣。"② 前方需款孔急，胡心知肚明，奈何陈济棠迟迟不动，金援只得延宕。

在金援问题上，尤应强调指出的是，冯玉祥与方振武虽共立察哈尔抗日同盟军旗下，且有上下分际，但在接洽西南金援方面，自始至终都是两条线，各显神通。与冯玉祥起事之前业已收到西南巨额金援不同，方振武起兵款项缘自变卖家产所得，当行军至邯郸之际，方才向胡提及金援问题，称："惟给养经济等等，异常困难，弟倾家荡产，罗掘已穷，将伯谁呼，不胜焦急，务祈我公设法接济，速利戎机，以达共赴国难之真义。"③ 方为补强接洽，遣代表先行赴沪，接洽程潜，得程向胡疏通之函后，方才赴港谒胡。④ 胡对方之求援，甚为积极，亲笔致函西南同侪萧佛成、邓泽如等，高度评价方部起事的意义，引介方之代表赴穗商洽金援细目。⑤

胡令于前，萧佛成等元老自然不会等闲视之，积极向陈济棠疏通金援事宜，然而过程却颇显跌宕，最终铩羽而归。6月1日，陈融向胡报告："二马（冯玉祥——引者）总无覆电，即头一电问他力（陈融——引者注，下同）、衣（邹鲁）如何汇去，亦未见覆。"⑥ 据陈融3日的致胡函显示，已

---

① 陈红民辑注《胡汉民未刊往来函电稿》第11册，第482页。
② 陈红民辑注《胡汉民未刊往来函电稿》第9册，第450页。
③ 陈红民辑注《胡汉民未刊往来函电稿》第13册，第541页。
④ 陈红民辑注《胡汉民未刊往来函电稿》第2册，第440页。
⑤ 陈红民辑注《胡汉民未刊往来函电稿》第3册，第569页。
⑥ 陈红民辑注《胡汉民未刊往来函电稿》第11册，第515页。

为冯备十万元，"俟有汇址即汇"。① 次日，陈融对胡言："二马处本定汇十万，款已有，只问汇处。而二马几日皆无电覆，问代表李时甫亦无法。方处相助二万，现在亦正商汇处，或较冯为易也。"② 据陈融种种所述，陈济棠对金援一事应已大开绿灯，款项无虞，只待汇款地址解决即可汇出。换言之，窒碍汇款者与陈济棠无涉。至 6 月中旬，陈融方确定症结所在，其对胡言，若用十万款，"除与爵（陈济棠）商决无办法，与爵商则仍一毛不拔耳"。③ 拨冯十万元若此，予方之款也遭陈济棠敷衍。23 日，陈融对胡称："某兄（陈济棠）云，方款三万大约已交，如未交，亦须大会通过，渠无办法也。"④ 粤省财政乃陈济棠独断，所谓"无办法"显系托词。如果说先前胡汉民对陈济棠的真实态度未有所察觉，毕竟陈济棠曾单次拨款百万援冯，那么至此，胡业已对陈济棠之态度洞若观火。28 日，胡对陈融吐露心迹，认为陈济棠"皆云目前因纸币汇不出，办不到（然则因此竟一事不办矣）"。⑤ 至 7 月中旬，西南元老们依旧是"冯、方筹款事似未尝有办法"。⑥ 款项无着，胡已预感冯、方部前途灰暗。⑦ 为了尽可能地让冯、方部支撑下去，胡只得采取迂回策略。7 月 15 日，胡亲自致电阎锡山、韩复榘、宋哲元等华北实力派，请其"对冯、方诸部力予维护"，借此改善察哈尔抗战的地缘环境。⑧ 此外，为了牵制南京方面武力弹压冯、方部，胡于政治层面发起攻势，策动各方向蒋介石施压，"阻止攻察"。胡认为此举，"予冯、方以精神上之援助极大"。⑨ 20 日，胡汉民、唐绍仪、陈济棠等电京，"请停止入察之师，否则西南不能坐视"。上海程潜、李烈钧等亦电京诘责。⑩

对察省起事诸部而言，无论是金援，抑或政治运作，只是治标，即创造条件得以苦撑。唯有西南组府起兵，形成南北呼应之势，才是治本之道。

---

① 陈红民辑注《胡汉民未刊往来函电稿》第 10 册，第 492 页。
② 陈红民辑注《胡汉民未刊往来函电稿》第 10 册，第 496 页。
③ 陈红民辑注《胡汉民未刊往来函电稿》第 8 册，第 492 页。
④ 陈红民辑注《胡汉民未刊往来函电稿》第 10 册，第 459 页。
⑤ 陈红民辑注《胡汉民未刊往来函电稿》第 6 册，第 474 页。
⑥ 陈红民辑注《胡汉民未刊往来函电稿》第 11 册，第 513 页。
⑦ 陈红民辑注《胡汉民未刊往来函电稿》第 9 册，第 456 页。
⑧ 陈红民辑注《胡汉民未刊往来函电稿》第 8 册，第 480 页。
⑨ 陈红民辑注《胡汉民未刊往来函电稿》第 8 册，第 481 页。
⑩ 郭廷以：《中华民国史事日志》第 3 册，台北，中研院近史所，1984，第 285 页。

正因如此，熊克武等在致胡电中云，所力促西南者，重中之重仍是组府起兵，最后才是"北方接济"问题。① 胡为遂西南组府起兵之目的，对陈济棠可谓软硬兼施威逼利诱。

早在冯、方部崛起于察省之际，胡汉民业已操纵萧佛成等元老对陈济棠展开行动。6 月 2 日，胡令萧等元老，对陈济棠以"全体离粤相威胁"。在威逼之外，萧佛成又衔胡命，与陈密谈三小时，极尽游说之能事。② 会谈中，萧"反复开陈，谓讨蒋不但可以救国，亦且可以巩固其个人地位"。谈毕，萧颇为乐观，并向胡云，陈"似大觉悟"，明确表示讨蒋决心，唯待闽省蔡廷锴、陈铭枢及桂省李宗仁、白崇禧来粤共商大计。其余重要问题上，不仅截收关余，可以随时照办，即便对宿敌陈铭枢，亦可在不图粤的前提下予以合作。③ 然而，居一旁观察的陈融，对于形势的洞鉴，更为全面客观。其对胡言，会谈实质上"仍得无结果之结论"。在最核心的起兵问题上，陈暧昧地表示，"华北、华中各将领仍须派员与之联络，若能先由彼方发动则尤佳"。至于己之发动，陈则以"无此力量"为由，坚持"须询各将领意见再行决定"。④ 萧佛成与陈融两方陈述叠加，更可看出谈话全貌。事实上，陈济棠的态度中，确有积极部分，特别是在一些重要问题上的表态，符合胡等之预期，这也是萧乐观的主因。基于此，胡之威逼难有着力之处。更为关键的是，在起兵的问题上，陈济棠总是闪烁其词，以拖待变。正因如此，胡示意萧趁热打铁，自可想见。3 日，萧亲自致函陈济棠，晓之以理动之以情。

陈得函后，与萧佛成、邓泽如会商，虽同意挂牌讨蒋招，但不同意另行组府，且将粤省出兵之窒碍归于财政困难，以及闽、桂共同出兵诚意不足。会商中，陈济棠大肆宣扬对陈铭枢的猜忌与敌意，将这位十九路军精神领袖置于西南起兵的主要障碍中。陈之说法，颇为精明。一方面，既然障碍在外而不在粤省之内，则诸元老的斗争压力自然得以舒缓。萧等当日即分电闽、桂领导人来粤集议，以利协调。⑤ 另一方面，基于历史恩怨，陈

---

① 陈红民辑注《胡汉民未刊往来函电稿》第 8 册，第 489 页。

② 肖自力：《陈济棠》，第 220 页。

③ 陈红民辑注《胡汉民未刊往来函电稿》第 10 册，第 488 页。

④ 陈红民辑注《胡汉民未刊往来函电稿》第 9 册，第 521 页。

⑤ 陈红民辑注《胡汉民未刊往来函电稿》第 10 册，第 496 页。

铭枢不仅不见容于陈济棠，而且即便在元老中，也仅邹鲁对其友善，其余皆颇多怨怼。胡则立场相对务实，认为在陈铭枢放弃觊觎粤省的前提下，可以携手合作。陈济棠于此时抛出陈铭枢问题，不仅理直气壮，而且直接引发元老内部意见分歧，可谓转守为攻。[①]

然而，陈之策并未得售。经过数日磋商，闽、桂实力派与诸元老形成共识，陈铭枢力主之西南开府、迎胡主政等议为各方接纳，斗争焦点再次转向陈济棠。13 日，白崇禧电粤，以"时势急迫，万不容稍存犹疑"，迫陈起事。[②] 面对重重压力，陈则双管齐下，以求转圜。一方面，陈穷尽口实以敷衍搪塞胡汉民等人，争取以拖而待变；另一方面，陈寻求外援，与蒋介石暗通款曲，相互配合，消弭压力。

借内部口实方面，陈济棠回复萧等，余汉谋等一批粤军高级将领对于起事持保守态度，理由有三："兵力不敷；蒋将以倭祸嫁于西南；财政问题。"[③] 上述论调虽与陈并无二致，但余汉谋等粤军主要将领一贯对反蒋、内争冷淡、反感，态度保守故亦属情理之内。[④]

引外援方面，陈向蒋介石详述粤省情形的基础上，要求协助，以纾缓困境。蒋则于 13 日复电陈："凡可以解除吾兄周围之困难者，中央必与兄互相呼应，尽力协助。第各方如只顾私利，不复顾念党国之存亡，则中央绝不畏缩避让，而令兄独任其难也。"[⑤] 蒋所言"尽力协助"，系指先后派遣黄绍竑、石瑛、段锡朋等赴西南疏通。特别是黄绍竑，得益于桂系核心的资历，不仅深谙两粤军政脉络，而且人脉丰沛。其周旋各方经月，对于消极彼时西南反侧力道，贡献颇多。[⑥] 冯、方等部所亟盼之西南起事出兵者，在胡汉民与陈济棠的拉锯中，被延宕下来。随着察省形势危殆，各方催促函电交乘致胡。催迫之下，萧佛成得胡示意，致陈长函游说。

胡、陈上述抵牾，与蒋介石向陈施用银弹密切相关。1933 年 6 月 1 日，

---

① 陈红民辑注《胡汉民未刊往来函电稿》第 6 册，第 494 页。

② 陈红民辑注《胡汉民未刊往来函电稿》第 10 册，第 425 页。

③ 陈红民辑注《胡汉民未刊往来函电稿》第 10 册，第 425 页。

④ 肖自力：《陈济棠》，第 202 页。

⑤ 王正华编注《蒋中正总统档案·事略稿本》第 20 册，台北，"国史馆"，2005，第 551 页。（下称《事略稿本》）

⑥ 郭廷以：《中华民国史事日志》第 3 册，第 283 页。

陈济棠就任南路"剿匪"军总司令，与此同时，闽、粤、桂三省陆续出兵入赣，参与"围剿"中央苏区。在军费问题上，蒋与陈济棠商定，自是年5月起，每月拨给三省军费50万元。由于彼时南京财政支绌，蒋亲自致电行政院院长汪精卫予以说明，以保证按时拨付。至于目的，蒋直言不讳地指出，除却"为增厚剿匪兵力"外，还为"使两粤渐趋合作"。① 事实上，陈济棠等参与"围剿"，"不甚积极，大多数时候是在虚张声势，骗取蒋介石提供的饷械"。② 即便如此，蒋仍照拨款项，着眼点已是彰明昭著。值得强调指出的是，陈济棠于其间受益最大。蒋虽以三省"剿共"军费名义拨付该款，但具体分配权却界之陈济棠。如此一来，陈不仅攫得大部，且无形中增加了其与闽、桂的博弈筹码。③ 陈既收获蒋之银弹，自然投桃报李，胡之碰壁则顺理成章。

三 知天命而尽人事：胡汉民与察哈尔抗战的善后

冯玉祥离察后，宋哲元接收察省军政。同盟军部分，除方振武、吉鸿昌部外，其余由国府改编，以为善后。方、吉两部则不甘屈服，虽遭宋哲元压迫而无法立足察省，但仍分率本部突进北平周边之怀柔、密云等地，伺机攻占北平，为呼应西南起事之张本。④ 事实上，方振武等因关河悬远，不可能洞鉴西南内幕。胡等元老，碍于立场、道义等，又难据实以告，只得以西南起事在即为托词，而要求方等苦撑待变。

西南方面，陈济棠既然"托词不干"，无论寻求金援，还是起兵反蒋抗日，胡就都只得另辟蹊径。金援方面，胡一方面训令萧佛成等元老，"西南同志以抗日、剿共相号召已数年，于兹方同志艰贞卓绝之抗日行动，当不忍其以给养之不给，坐视其覆亡"，示意其对方部尽力拨款。⑤ 在西南财经脉络方面，萧等元老可调用者，唯"两委会"的小额经费，实乃聊胜于无。

---

① 王正华编注《蒋中正总统档案·事略稿本》第20册，第7页。
② 肖自力：《陈济棠》，第199页。
③ 陈红民辑注《胡汉民未刊往来函电稿》第9册，第538~539页。
④ 郭廷以：《中华民国史事日志》第3册，第295、300~301页。
⑤ 陈红民辑注《胡汉民未刊往来函电稿》第3册，第610页。

另一方面，胡亲自上阵，利用其在部分国民党海外党部及侨界的影响力，争取捐款援方。①

海外募款本非稳定财源，应付大额需款，更是捉襟见肘。故对察省抗日而言，胡用此法筹款，杯水车薪。胡坚持以此法筹款，固可见其穷尽手段金援察省抗日的诚意与决心，但更重要者，折射出这位国民党领袖暮年的困境与无奈。

在西南起兵问题上，胡曾计划撇开陈济棠，策动闽、桂联合出兵，呼应北方。8 月底，胡曾召集萧佛成、邓泽如、邹鲁、李宗仁、李济深、陈铭枢等在港集议，谋划起兵诸事。磋商虽有成，但桂系尚缺白崇禧，闽亦缺蒋光鼐、蔡廷锴。胡为促成该议，在分电白崇禧与蒋、蔡时，施展权术。胡致白电称："伯南至今仍托词不干，佛成、泽如、海滨三兄已于前星期来港与德邻、任潮、真如三兄磋商桂闽出师湖南办法，十九路军态度至为坚决。两省出师，兼以北方犹有方、吉等部策应，较之洪宪之末云南起义形势实优。兄有何卓见，仍请见示为荷。"② 事实上，第十九路军态度远非坚决。同日，胡等曾电蒋、蔡，促其即日派人赴港磋商，"以便早见事实"。③ 胡之风格向不以权术著称，此次如此，可见协调双方起事，远非易事。该议最终流产，亦应与协同有关。嗣后，胡曾向心腹陈融提及，"前途问题绝不单简，意志统一，尤复难言"。④ 究其根本，闽、桂联合出兵未成，症结仍在陈济棠。须知闽、桂两省财政羸弱，均赖粤省接济。陈不予财政挹注，闽、桂即便冒然起兵，前景之黯淡可以想见。鉴于此，闽、桂实力派自然不会轻易孤注一掷。胡力推此议，显然已是明知不可为而为之。

从以上种种可以看出，胡确已在其力所能及的范围内，穷尽资源肆力善后。在大局挫败的形势下，胡奋力而为的价值与意义，究属有限，正所谓形势比人强。不过，败局已定的前提下仍奋力有为，逆流进取，胡性格特质中的倔强、好胜、坚韧得到了颇为充分的体现。

---

① 陈红民辑注《胡汉民未刊往来函电稿》第 3 册，第 593、598、601~602 页。
② 陈红民辑注《胡汉民未刊往来函电稿》第 9 册，第 463 页。
③ 陈红民辑注《胡汉民未刊往来函电稿》第 9 册，第 464 页。
④ 陈红民辑注《胡汉民未刊往来函电稿》第 6 册，第 494 页。

四　余论

胡汉民固然是察哈尔抗日中的关键博弈方，其对察省抗日的滥觞、发展与结局，皆发挥了不容忽视的作用与影响。然而，易为忽略的是，短暂的察省抗日对胡汉民晚年所不遗余力领导的反蒋抗日运动，产生了微妙而深刻的影响。

就胡个体而言，察省抗日的历程，特别是善后阶段的所遭所遇，无疑使其内心备感纠结与煎熬，处境亦尴尬、艰困。须知，察省抗战的缘起，作为西南实力重心的陈济棠，不仅给予了巨额经费挹注，而且也直接或间接对胡等元老做过积极的态度示意，否则，胡等不会如此大费周章地运筹与策动。然而，待察省硝烟腾起，陈却冷眼旁观，抽身事外，即便前方求援之电急如星火，处境危急惨烈，陈依然不为所动。对于晚年体弱多病的胡汉民而言，这无疑构成了强烈刺激。胡曾致电陈融，称："方振武来电，令人不堪卒读，亦乞交雨翁（林翼中）读之，使知我人此时真难对人说话也。闻某兄（陈济棠）曾面许冯、方代表以济款也。①胡汉民其人，传统文人色彩浓重，甚为讲求道德自律，与蒋介石、汪精卫等国民党其他领导人相比，极为独特。正因如此，察省抗日如此结局，胡难免深觉有负冯、方。事过境迁，胡甚至在心腹面前，曾有过直接的情绪表露。②

如前文述及，华北历来为国民党内反蒋运动之重镇，即便"非常会议"后，反蒋重心移至两粤，华北在反蒋侧翼中的重要性，无出其右。胡自建立西南反蒋局面始，即积极联络华北，根源亦在于此。无论是冯、方的崛起察省，还是阎、韩、宋等在华北的蓄势待发，都与胡长期着力策动不无干系。然而，察省抗日的历程及其结局，不仅对胡在华北的政治信用构成了颠覆性破坏，而且形成了强烈的负面效应，二者交乘，导致此后的华北彻底脱离了反蒋运动，西南顿失一翼。可引以为证的是，在《胡汉民未刊往来函电稿》中，胡与华北各实力派的联络在察省抗日结束后，显著减少，至胡去世，亦未见起色。即便在颇为有限的联络中，往往也是形式大于意

---

① 陈红民辑注《胡汉民未刊往来函电稿》第6册，第388页。
② 陈红民辑注《胡汉民未刊往来函电稿》第6册，第494页。

义，寒暄居多，深度沟通难觅踪迹。

察省抗日虽起于华北，但其在反蒋抗日运动中所形成的负面示范效应，却并非止于华北。1933 年之闽变与这一示范效应，存有紧密关联。众所周知，1932 年第十九路军调防闽省后，即迅速与两粤形成合作，成为西南重要组成部分。[①] 因第十九路军为抗日劲旅，闽省处境相较粤、桂，又更为不利，故闽对反蒋抗日素来持之甚力，对粤闽桂三省联合反蒋抗日局面的形成，亦最为迫切。然而，察省反蒋抗日的结局，促使第十九路军领导人，不仅对陈济棠在反蒋抗日问题上的基本立场与底线有了更为深刻的认知，而且对胡汉民整合西南以共同反蒋抗日的能力、空间与可能性有了更为冷静客观的估量。所以，察省抗日结束不久，第十九路军即开始单独反蒋。随着闽变迅疾遭到国民政府的弹压，胡之反蒋抗日运动再折一臂，两粤的地缘政治空间遭到大幅限缩。

---

① 肖自力：《陈济棠》，第 216 页。

国际因素与国民政府淞沪抗战决策再探讨

钟　健[*]

　　近代中国利用列强在华利益纠葛来制衡或消解某国的压迫，可谓其来有自。面对日本的步步蚕食，在国民政府内部起主导作用的蒋介石，很早便开始思索如何在错综复杂的国际格局中寻求出路。1937 年 7 月全面抗战爆发，处于弱势的中国迫切需要国际社会的援助和支持。在国际形势并不明朗的情况下，最高统帅蒋介石在首场大规模会战——淞沪抗战决策中如何借助和权衡"国际因素",[①] 颇值得关注和深入探讨。

　　1938 年 2 月，蒋反省称："去年最大之失着，为美总统发表芝嘉谷演说，召集九国会议时，不即退兵于苏嘉阵地，而于精疲力尽时，反再增兵坚持，竟使一败涂地，无可收拾!"[②] 同年，陈诚亦称："这次战略受政略的影响极大，乃是国家的不幸，并不是国家的错误，因为我国本身准备不足，要希望人家援助的关系。"[③] 唐生智晚年也回忆称："蒋曾说过：'上海这一仗，要打给外国人看看。'"[④] 其他表述各异，但语意相近，这类事后言说比比皆是。史事尽在史料之中，时人之事后言说不消说会影响史家的叙事

　　*　钟健，华南理工大学马克思主义学院讲师。本文原刊于《党史研究与教学》2017 年第 6 期，收入本文集时有删改。

　　①　本文"国际因素"指"国际社会的同情和干涉"，"政略"指该目标的外交政略。

　　②　黄自进、潘光哲编《蒋中正总统五记·省克记》，台北，"国史馆"，2011，第 133 页。

　　③　中国第二历史档案馆：《陈诚私人回忆资料（1935—1944 年）》（上），《民国档案》1987 年第 1 期。

　　④　唐生智、刘斐等：《南京保卫战》，中国文史出版社，2013，第 6 页。

与认知。李君山认为，蒋决定在上海作战，就是考虑到上海的国际地位，寄希望"耸动国际视听"；十月初旬蒋原本同意上海撤守，但由于对《九国公约》会议寄予厚望，复又改变主意，一再坚守，致使上海成为角力场，酿成溃败的苦果，"为政略殉"。① 李著成文较早，许多核心资料尚未开放，其立论的主要依据正是亲历者的事后言说。其后，蒋介石个人档案、日记等逐步开放，但史学界并未同步跟进。相关研究中多数仍然认为，蒋坚守上海是为了引起国际社会的同情和干涉，其战略选择服从于政略的需要，对国际干预、大国介入存有不切实际的幻想，进而影响战争进程及走向。②

齐锡生指出，把中国方面所有行为之动机归结为引起国际干涉这单一目标是不准确的，唯有从政治军事战略角度对国民政府的决策进行仔细分析，才可能得出更为合理的解释。③ 检视新近开放、出版的蒋介石日记、陈诚日记及其他相关史料后不难发现，上述时人、史家之言说叙事，可进一步讨论之处颇多。譬如，蒋开辟淞沪战场是为了吸引国际眼球吗？蒋淞沪抗战决策的主要依据是外交政略抑或军事战略？在战局持续恶化的情况下，蒋一再坚守，是为了引起国际同情和干涉吗？日军从金山卫登陆后，蒋对上海撤守犹豫不决，是因为对《九国公约》会议寄予厚望吗？鉴于此，本文拟以淞沪会战发展过程的波动起伏为线索，重新审视国际因素究竟对蒋之决策产生了什么影响，以及在多大程度上左右了战局的发展。④

一 淞沪会战是"打给外国人看"的吗？

1936 年底，军事委员会参谋本部拟订《国民党政府 1937 年度国防作战

① 李君山：《为政略殉：论抗战初期京沪地区作战》，台湾大学出版委员会，1992，第 138~160 页。
② 代表作有：杨天石《蒋介石与 1937 年的淞沪、南京之战》，《学术探索》2005 年第 3 期；姜良芹《从淞沪到南京：蒋介石政战略选择之失误及其转向》，《南京大学学报》2011 年第 1 期；林桶法《淞沪会战期间的决策与指挥权之问题》，（台北）《政治大学历史学报》2016 年第 45 期。
③ Hsi-sheng Ch'i, *Nationalist China at War: Military Defeats and Political Collapse, 1937-45*, Ann Arbor: The University of Michigan Press, 1982, pp.43-45.
④ 王建朗对全面抗战初期国民政府的外交活动及其成效做了非常详尽系统的研究（详见其《抗战初期的远东国际关系》，台北，东大图书股份有限公司，1996）。本文在外交方面仅做粗线条的勾勒，更多的是综合军事、外交、政治等多方面因素展开立体论述。

计划（甲案）》之"作战指导要领"明确指出，"长江下游地区之国军于开战之初，应首先用全力占领上海。无论如何，必须扑灭在上海之敌军，以为全部作战之核心"。① 1937 年 7 月七七事变爆发后，蒋担心日本重演"一·二八"事变之结果，下令驻守嘉兴的第二师补充旅乔装进驻上海；7 月底日军进攻平津，蒋又下令教导总队约 1.3 万人开赴苏州一带驻守。但凡中日发生军事冲突，蒋必定会对上海做出相应的部署，且在战前已有先发制人的预案。

7 月 29 日，北平沦陷。中日全面战争箭在弦上，如何先发制人，成为国民政府重要的战略选择。30 日，蒋手令军政部部长何应钦"速定进攻汉口租借计划与各部队任务经费"。② 当晚，何在官邸召开军事会议，讨论"对上海日陆战队之应付计划""对汉口日租界之扫荡计划"等。③ 由于进攻汉口的计划泄密，驻汉日军主动撤走，未能成为现实。

8 月初，蒋忙于华北战场的部署，调整内政以适应全面战争，无暇分身，进攻上海的计划进展甚缓。8 日，负责主管作战计划的军委会第一部部长黄绍竑在军事会议上称，"对上海应作积极之准备，如敌人增兵上陆，应先以空军轰炸之，因之我空军应推进至上海附近，随时至海上行侦察"。④ 可见，当时并未部署妥当。9 日，日海军军官率领士兵驾车企图闯入虹桥机场侦察，与保安队发生冲突，两人均被击毙，上海形势骤然紧张。

11 日，上海周特派员致电军委会称，日航空母舰一艘及海军陆战队 4000 人先后到沪，后续部队 16 日前可到齐。⑤ 蒋记道："下午闻倭舰队集中沪市，且有八大运输舰到沪，预料其必装载陆军来沪，故决心封锁吴淞

---

① 中国第二历史档案馆：《国民党政府 1937 年度国防作战计划（甲案）》，《民国档案》1987 年第 4 期。

② 《蒋中正致何应钦手令》，1937 年 7 月 30 日，"筹笔——抗战时期（一）"，台北，"国史馆"藏，蒋中正总统文物，002-010300-00001-056。

③ 中国第二历史档案馆：《芦沟桥事变后国民党政府军事机关长官会报第十六至卅三次会议记录》，《民国档案》1987 年第 3 期。

④ 中国第二历史档案馆：《芦沟桥事变后国民党政府军事机关长官会报第十六至卅三次会议记录》，《民国档案》1987 年第 3 期。

⑤ 《军委会敌情通报》，1937 年 8 月 11 日，中国第二历史档案馆藏，国防部史政局及战史编纂委员会档案，787/5233；下同。

口"，连夜从九江乘舰返京。① 徐永昌记道："（晚）九时何敬之电话，以上海日军官闯飞机场，不听阻止，彼此杀伤事。今日到陆战队四千、兵舰十数艘，战事恐将爆发，转蒋先生意，进取良乡事可暂勿发。"② 张治中回忆称，当晚九时"接到南京统帅部的电话，命令将全军［推］进至上海附近"，他随即率军从苏州、无锡一带开拔，12 日清晨占领上海。③ 可见，虹桥机场事件发生后日军增援上海，迫使蒋调整全盘部署，放缓华北战场的进攻步伐，将注意力转移至上海。

12 日，蒋甫抵南京，即查吴淞口是否实施封锁，并致电张治中询问准备情况如何。④ 13 日，中日两军已呈对垒之势，步哨有所接触。14 日午后，国军开始向虹口日军发起进攻。蒋记道："惟望神圣保佑中华，使沪战能急胜。"⑤ 可见，蒋之本意并非与日军在上海久战。16 日，蒋下达总攻击令，电令张治中"第卅六旅或钟松旅，加入第八十七师方面，预定明拂晓全线总攻击，一鼓歼灭敌军，占领虹口为要"。⑥ 17 日晨，第八十八、八十七师对日军展开猛攻，炮击日本海军陆战队司令部，命中甚多，但因目标坚固，无燃烧弹，终不能毁坏。

18 日，英使许阁森提议在公共租界外设立中立区，中日两军均退出区外，区内秩序由英美负责维护，其意在促使日本海陆空军撤回国内。⑦ 在久攻不下的情况下，这未尝不是一种办法。20 日，蒋记道："对英提案运用其能实现，使倭得转圜离沪，以恢复我经济策源地。以今日战况，或有退却可能。"⑧ 21 日，日本拒绝英国调解。22 日晚，日大批援军在川沙、吴淞登陆成功，加入战局。蒋不得不接受上海战事扩大的现实。细察淞沪会战爆发的历史情境及其过程，实难以见出此战是蒋有意"打给外国人看"的；

---

① 《蒋介石日记》，1937 年 8 月 11 日，美国斯坦福大学胡佛研究院档案馆藏；下同。

② 《徐永昌日记》第四册，1937 年 8 月 11 日，台北，中研院近史所，1991，第 100 页。

③ 《张治中回忆录》，华文出版社，2007，第 75 页。

④ 《蒋介石日记》，1937 年 8 月 12 日。

⑤ 《蒋介石日记》，1937 年 8 月 14 日。

⑥ 《蒋中正致张治中电》，1937 年 8 月 16 日，《革命文献——淞沪会战与南京撤守》，台北，"国史馆"藏，"蒋中正总统文物"，002-020300-00009-030。

⑦ 林美莉：《王世杰日记（手稿本）》上册，1937 年 8 月 18 日，台北，中研院近史所，1990，第 33 页。

⑧ 《蒋介石日记》，1937 年 8 月 20 日。

但可以看出，蒋发动上海战事实为形势所逼，意在先发制人，迅速扫荡上海日本海军陆战队、空军及其驻地，从而避免被日军从海、陆包围夹击，巩固首都南京及经济策源地。①

二　外交政略抑或军事战略？

日援军登陆后，即向吴淞、宝山、罗店、浏河一线进攻。上海战场风云突变，蒋下令陈诚、俞济时率部增援。8 月 25 日，蒋与顾祝同等人前往南翔，召集陈诚、张治中训话，面示机宜，任命顾为第三战区副司令长官、陈为第三战区前敌总指挥兼第十五集团军总司令。② 陈临危受命，抱怨称"政府平时毫无准备，战时脚忙手乱，此次临时令我与顾来负此重任，事前毫无所闻，一切均无从着手，自难有妥当办法"。③ 这从侧面反映蒋之应对非常仓促，在战略政略上不大可能有很周全的考虑。

但随着南北战场逐步扩大，国内悲观论调甚嚣尘上，蒋不得不直面中国抗战该何去何从的问题。26 日，蒋召集各高级将领商讨全局。27 日，国民党中常会议决，授予蒋统一指挥党政军全权。28 日，蒋记道："此战不能避免，惟能持久而已。"④ 是时，南口、张家口失陷，平绥全线动摇。30 日，国防最高会议讨论通过蒋拟订的"抗战期间外交方略"：中国抗战的结果不仅影响东亚局面，而且有牵动世界大势之可能；中国单独苦战，不能为无限之支持，不能中途弃战求和，势必从世界大局上寻求出路；国际情势瞬息万变，难以预料，应尽可能造就"形式上中国单独抗战到底，但能得到苏联军事上积极援助，英法苏在外交上共同行动，逐渐演成军事干涉"的局面。⑤

蒋并未把在国际局势中具有举足轻重作用的美国列为争取对象，显然

---

① 中国第二历史档案馆：《南京国民政府大本营关于全面抗战作战指导方案等训令四件》，《民国档案》1987 年第 1 期。
② 《蒋介石日记》，1937 年 8 月 25 日；《陈诚先生日记》（一），1937 年 8 月 25 日，台北，"国史馆"，中研院近史所，2015，第 153 页。
③ 《陈诚先生日记》（一），1937 年 8 月 28 日，第 155 页。
④ 《蒋介石日记》，1937 年 8 月 28 日。
⑤ 张世瑛编辑《蒋中正总统档案·事略稿本》第 40 册补编，台北，"国史馆"，2015，第 399~403 页。

是意识到美国国内孤立主义盛行，难以有所作为。战前中国寻求国际社会干预中日纷争并无任何实质性收获的先例历历在目，蒋不会天真地以为国际干涉"召之即来"。换言之，中国抗战从世界大局中寻求出路，最终促成各国军事干涉，是"以弱敌强"不得已而为之的长远目标。

8月底，日军占领吴淞，国军整条沿江防线震动。蒋被迫做调整战略，缩短战线，集中兵力固守重镇。9月2日，陈诚向蒋报告称，淞沪在战略上极为不利，但在政略上绝不能放弃亦不可放弃；欲达持久战之目的，只有以攻为守，抱着牺牲的精神，断然攻击。蒋深以为然。① 同时，蒋记道："敌势滞钝，我军源源增加，持久之目的似可实现乎。"② 沪战扩大已成必然，蒋欲将其导引为持久战，既是无奈之举，也是政略所需。

9月上旬，国军在罗店、狮子林、月浦、杨行、宝山、吴淞、张华浜等据点与日军展开拉锯战，损失惨重。其中，月浦、杨行被日军冲破，中间阵地动摇，战况十分危急。但蒋和陈诚仍主张坚守。10日，蒋记道："各部死伤大半，已觉筋疲力尽，若不支撑到底，何以摄服倭寇，完成使命。"③11日，顾祝同主张全线撤退，陈诚再三力争不可，最终第十五集团军仍坚守原阵地。④ 13日晨，陈诚向蒋报告，"仍请全线出击，以免局部受攻"。蒋采纳，下午二时下令全线出击，嘱各高级将领亲临前线指挥。⑤ 蒋记道："前方指挥又不得其人，只想后退。余严令制止，问其廉耻心与主义何在。"⑥ 在持久作战的主基调下，蒋、陈二人主要考虑的是军事战术和作战纪律。

蒋、陈力主不撤，是否与国际因素有关联呢？8月30日，国民政府向国联秘书处递交照会，指陈日本蓄意扩大侵略，违反现行各种国际条约；并继续与有关大国商讨正式向国联提出申诉的时间、步骤和适用条款等问题，但情况并不乐观，英国并不赞同中国引用《国联盟约》中与制裁有关的第16、17条。国民政府转而把重点放在要求国联宣布日本是侵略者上。9

---

① 《陈诚先生日记》（一），1937年9月2日，第156页。

② 《蒋介石日记》，1937年9月4、6、11日，"本周反省录"。

③ 《蒋介石日记》，1937年9月10日。

④ 《陈诚先生日记》（一），1937年9月11日，第158页。

⑤ 《陈诚先生日记》（一），1937年9月13日，第159页。

⑥ 《蒋介石日记》，1937年9月13日。

月 12 日，顾维钧向国联秘书长递送正式申诉，请求援用《国联盟约》中第 10、11、17 条采取适宜及必要之行动。13 日，第十八届国联大会开幕。次日，国联行政院宣布了中国的申诉，并将它正式列入议程。但英法仍力劝中国不要诉诸第 17 条，不要提出宣布日本是侵略者的要求。16 日，国联行政院决定指派远东咨询委员会调查中日冲突问题。① 种种迹象表明，此次申诉不大可能收获满意的结果，蒋显然没有必要为此而有所顾虑。

令蒋感到棘手的是，各战区战场形势不容乐观。9 月中旬，第一战区津浦路北段马厂失守，平汉线右侧告急；第二战区日军进占大同，切断晋绥联络线，危及苏联援华运货交通线。蒋对战局思虑甚切，"自觉近年脑筋顽陋，远不如前"，但称"外交与战线并重"。② 但就当时的情况而言，军事缓解显然更加急迫。14 日，蒋记道："集中兵力在上海决战乎，抑纵深配备，长期抵抗乎？"③ 上海战场是守是撤，蒋仍在犹豫之中。陈诚认为，"现在我之方针在持久战，若能多持久，敌方崩溃即为我之胜利，故国际上现虽因国联开会关系，但终究视我力量为何，倘我获最后之胜利，则国际之态度，亦必转变"。④ 其言下之意是，政略的环境会随着战略的胜利而改变，即军事仍然是决定性因素。这与蒋所称的"使敌之弱点、缺点逐渐暴露，以促进各国之干涉"有异曲同工之处。⑤ 从这个意义上说，上海战场持久虽与政略目标有关，但关键仍是如何在军事上确保不败。

16 日，罗店与刘行阵地被日军冲破，战局演变成混战。各军筋疲力尽，蒋仍电令陈诚转告各部"不得轻退一步"。⑥ 蒋记道："上海之得失不关最后之成败，不必拘泥于此。"⑦ 上海战事的发展过程，并非蒋的精心设计，而是形势所逼，一步一步演变的结果。战前蒋之设想是，在长江以南与平汉线以西地区与日军决战。⑧ 从时空角度而言，上海战事结果确实不影响最终

---

① 王建朗：《抗战初期的远东国际关系》，第 69～74 页。

② 《蒋介石日记》，1937 年 9 月 12 日。

③ 《蒋介石日记》，1937 年 9 月 14 日。

④ 转引自苏圣雄《蒋中正对淞沪会战之战略再探》，《国史馆馆刊》2015 年第 46 期。

⑤ 《蒋介石日记》，1937 年 9 月 30 日，"本月反省录"。

⑥ 《陈诚先生日记》（一），1937 年 9 月 16 日，第 160 页。

⑦ 《蒋介石日记》，1937 年 9 月 16 日。

⑧ 吕芳上：《蒋中正先生年谱长编》第四册，台北，"国史馆"·中正纪念堂·中正文教基金会，2014，第 651 页。

的成败。

日军对罗店、刘行一线的进攻，遭遇国军顽强抵抗，迟迟无进展，第十一师团向大场转进的意图未能实现。21 日，该师团转而进攻罗店。22 日，川谷支队登陆，加入战斗。日军卷土重来，集结重兵持续猛攻罗店，国军伤亡惨重，被迫撤退。23 日，陈诚向蒋请示调整第一线部队，以达持久战之目的。蒋认为"原则甚妥"，记道："撤退时机之缓急，应特别研究。"① 24 日，国军弃守江防，退至第二预备阵地。是时，远东咨询委员会开会在即，但这并未影响国军撤退。

24 日、26 日，保定、沧州失守。蒋记道："平汉线军溃败，沧州亦不守，北正面只可守沿太行山脉侧面阵地矣，……但于心无甚虑，系以主战场在上海也。"② 华北战场颓势不止，蒋一度设想："一、引其在南方战场为主战场；二、击其一点；三、持久；四、由晋出击。"③ 不过，察绥日军已进占大同，并从察哈尔南部进入平型关一带，而平汉路日军占领石家庄以后，势必沿正太路西进。"由晋出击"显然行不通，蒋只能冀望于"引敌南下"，将主战场转移至上海。

9 月底，中国代表团接受英法之劝告，未在远东咨询委员会上提制裁问题。该会仅通过谴责日本轰炸中国不设防城市的决议。国民政府向国联申诉仍未有实质性的收获。截至 9 月底，蒋淞沪抗战决策的主要依据是南北战场局势的演变，实属中日军事较量的结果，尽管其间也夹杂着长远的政略考量，但这并未直接影响战争进程及走向。

三　外交转佳与战局转劣

10 月初，日军前进至广福后，猛烈炮击广福阵地，但其主力部队计划向南面大场方向转进，故未继续西进。5 日，日军发起全面进攻，主攻蕴藻浜一线，企图往大场、南翔方向疾进。至此，上海主战场转移至蕴藻浜一线，朱绍良指挥中央军在正面抵抗，陈诚指挥左翼军团在北面牵制。

---

① 《陈诚先生日记》（一），1937 年 9 月 23 日，第 163 页；《蒋介石日记》，1937 年 9 月 23 日。
② 《蒋介石日记》，1937 年 9 月 26 日。
③ 《蒋介石日记》，1937 年 9 月 27 日。

正当国军在上海的战事日益被动时，顾维钧等人在国际社会的折冲取得了较大进展。4日，在远东咨询委员会小组会议上，英国代表提议召开《九国公约》会议协商解决中日冲突；5日，该会提出第一、二报告书。前者明确指出，日本在华之军事行动违背《九国公约》及《非战公约》。后者认为远东冲突与各国均有关联，不能仅由中日两国直接解决，主张短期内迅速召开《九国公约》会议商讨办法。① 是日，美国总统罗斯福在芝加哥发表"防疫隔离"演说：对于侵略国，应如对于患疫之病人一样设法隔离；美国应与爱好和平诸国采取积极办法，以维持和平与条约之尊严。② 罗斯福的公开声明，使国际社会为之一振。6日，国联正式通过远东咨询委员会提出的两份报告书之旨趣。随即，美国国务院发表声明谴责日本，支持国联。

7日，蒋见及罗斯福演说与国联决议，认为"于精神助力甚大，惟军事局势不能转入主动地位为虑"。③ 但《九国公约》会议能否开成及其效果如何，仍是个未知数。蒋对此持谨慎态度，"九国公约即使开成，其结果究为如何"。④ 其后，蒋几乎逐日思考外交问题，多次提及国际会议形势与结果。9日，外交部次长徐谟致电顾维钧称，"政府诸公因制裁未成而感到失望，目前正急待九国会议的商讨结果"。⑤ 可见，蒋等人对《九国公约》会议的期望在于制裁日本。

9日，日军突破蕴藻浜全线，推进至蕴藻浜南岸。同时，华北德州、正定、崞县失陷，蒋其以"军势转入危境，不能与外交优势相应"为虑。⑥ 11日，日军动用飞机、重炮、毒气等，猛烈冲击大场北面蕴藻浜南岸国军阵地，达旦未止，情势甚危。蒋不为所动，"沪战仍应维持到底"。⑦ 由于日军进攻大场的计划延期，战事一时趋于沉寂。沪战将近两月，蒋不仅没有撤退，而且增兵，决定调桂军加入战场。

16日晚，蒋与李宗仁、白崇禧等一同前往苏州，督促桂军加入战局，

---

① "国防部"史政编译局编印《抗日战史——全战争经过概要》（二），台北，"国防部"史政编译局，1982，第124页。

② 林美莉：《王世杰日记（手稿本）》上册，1937年10月7日，第51页。

③ 《蒋介石日记》，1937年10月7日。

④ 《蒋介石日记》，1937年10月8日。

⑤ 《顾维钧回忆录》第二分册，中国社会科学院近代史研究所译，中华书局，1985，第572页。

⑥ 《蒋介石日记》，1937年10月9日，"本周反省录"。

⑦ 《蒋介石日记》，1937年10月11日。

"议决出击部署"。① 18 日晚，蒋下达第五号作战命令，下令各部全线出击，一举击破蕴藻浜右岸之日军。② 21 日晚，国军全线出击。然而，由于战术、经验、指挥等方面的疏漏，桂军出击后遭遇日军主力猛烈反扑，不久便败下阵来，23 日下午退至京沪铁路以南，战局急转直下。26 日，大场失陷，国军被迫调整战线。右翼各部连夜撤至苏州河南岸，除留一团死守闸北外，国军全部撤出上海市区，左翼方面仍固守原阵地。但蒋仍然没有退缩的打算，"沪战未列入整个抗战计划之内，一时与局地之得失无关全局之胜败，抗战到底，决无妥协余地"。③

蒋不愿放弃上海，是否与《九国公约》会议即将召开有关呢？显然，蒋不会满足于国际社会表面上的同情和道义支持，而是希望各国制裁日本。事实上，英美都不想走到制裁那一步。英国首相张伯伦一开始就对《九国公约》会议表示悲观，并明确表态，如果没有压倒性的力量，制裁是无用的。罗斯福发表公开声明后，美国国内反对声音颇大，指责他鼓动战争，要求避免使美国卷入战争，众议员甚至提议弹劾总统。罗很快就从芝加哥演说所标明的立场上退却，称美国压根就没有提议制裁。

23 日，蒋记道："对九国会议方针：甲、不得妥协。乙、不拒绝调解。丙、调解不成之责，由敌人负之。丁、目的使各国怒敌，作经济制裁及促英美允俄参战。"④ 次日，在蒋的授意下，外交部致电顾维钧，指示道："（一）依照当前形势，会议无成功希望，此层我方须认识清楚。……（三）我方应使各国认识会议失败责任应由日本担负，切不可因中国态度之强硬，而令各国责备中国。（四）上海问题应与中日整个问题同时解决，且不可承认仅谋上海问题之解决。（五）我方应付会议之目的，在使各国于会议失败后，对日采取制裁办法。"⑤

蒋意识到《九国公约》会议不可能成功，亦无与日本握手言和的打算。实际上，蒋根本没有放弃，从其在前线的部署亦不难看出。28 日晚，蒋在

---

① 《蒋介石日记》，1937 年 10 月 16、17 日。
② 蒋纬国：《国民革命战史（第三部）·抗日御侮》第五卷，台北，黎明文化事业公司，1978 年，第 51~53 页。
③ 《蒋介石日记》，1937 年 10 月 26 日。
④ 《蒋介石日记》，1937 年 10 月 23 日。
⑤ 《顾维钧回忆录》第二分册，第 592 页。

松江召集前线将领开会，"解决右翼与中央军区归并问题"。① 随即，上海战场重新部署战斗序列，中央军撤销，第九集团军归入右翼作战军序列，全线正面划分为左右两作战军，分别由陈诚、张发奎指挥。

是时，左翼军阵地并无变化，右翼军如能在苏州河南岸扎稳阵地，仍能与日军相持一段时间。随着华北战场的溃退，上海战场对全盘战局的战略意义愈加凸显。此外，相较于华北战场，上海战场有其优势所在。桂永清考察淞沪战场后指出，最高统帅便于指挥，兵力易于集中，物资容易补充，地形隐蔽，沟渠纵横，日军重火器优势不能尽量发挥，政治与军事、人民与军队能合作协力，日军暴行及弱点也容易暴露于国际社会。②

四　蒋介石对上海撤守踌躇之深层原因

11月初，上海战场再次风云突变。日军趁国军在苏州河南岸立足未稳，进逼苏州河，屡屡突入南岸。蒋深知前方军情危急，亟思补救。3日，蒋任命陈诚为第三战区前敌总司令，令其前往青浦指挥，左翼军总司令由薛岳接替。5日凌晨，由三个师团及山炮兵联队、野战重炮兵旅团等编组而成的日军第十军在金山卫登陆。该军来者不善，拟进入松江附近后，乘国军准备不及，进入平望镇—嘉兴一线，而后在太湖及其以西地区水陆并进直取常州，深入切断国军退路，一举围歼上海国军。③ 国军并未侦察到日军在杭州湾登陆的动向，守备兵力薄弱，待发现后立即增援两师已无济于事。第十军来势汹汹，陆续登陆上岸，一路势不可当；6日晚，其先头部队强渡黄浦江，向松江挺进。

6日，徐永昌透露，白崇禧"昨晚颇主上海军应撤至吴福线，蒋先生在考虑中。……八时会报，已为撤至吴福线阵地之准备"。④ 蒋记道："撤退次序；南市应否死守；金山登陆之敌应在三日之后，其主力方能集中前

① 《蒋介石日记》，1937年10月28日。
② 《桂永清呈何应钦之报告》，1937年10月16日，中国第二历史档案馆藏，787/7195。
③ 日本防卫厅防卫研究所战史室：《中国事变陆军作战史》第一卷第二分册，田琪之译，中华书局，1979，第87~88、93页。
④ 《徐永昌日记》第四册，1937年11月6日，第168页。

进。……本日敌对苏州河南岸刘家宅大施攻击，金山敌人亦占领松隐，据报为敌第十八师团。如我军能站稳现有阵地，三日以后当无危险。"① 陈诚回忆称，蒋曾致电询问如何处置，他回答须调整战线，但蒋命令他再坚持三日。② 此前，军委会情报组判断，"以外国军事家之观察，敌虽有在浏河西北及杭州湾登陆之企图，然登陆部队最多一个师"。③ 综合来看，此时蒋尚不清楚登陆日军兵力及其意图，一面准备撤退，一面下令前线部队坚守阵地，观察三日再看；可见其尚未下定决心完全放弃上海。

蒋深知"危急未有甚于此也"，④ 但仍存希望之心，显然另有原因。如前述，在蒋看来，淞沪会战不论结果如何，不会影响最后的成败。因而，无论伤亡多大，战况多危险，蒋都不愿放弃，期盼转危为安的心态始终存在。徐永昌每晚八时向蒋报告战况、商讨战局，最有机会了解蒋内心的想法。6日，徐讽刺蒋称，"一般人因无知而浮骄，此至可怜事也，何当局谋国者亦不察而戒之，乃竟济以投机"。⑤

6日晚，黄琪翔得知日军登陆部队为第六、第十八两师团后，紧急部署各部固守黄浦江各渡口。眼看形势日趋恶化，南京高级将领沉不住气了。7日上午，徐永昌、何应钦、白崇禧、朱绍良等一同晋谒蒋，咸谓不能不后撤，这时蒋才决定立即撤退。⑥ 蒋记道："决定沪战转移计划"，"沪战阵地转移与九国公约合议之影响"，"保持战斗力持久抗战，与消失战斗力维持一时体面相较，当以前者为重"。⑦ 蒋已意识到《九国公约》会议不可能成功，为何顾虑上海撤退对其有所影响？

当天蒋接见外国记者，表示："中国立场始终为尊重九国公约与国际一切条约，中国除竭诚与合法集团努力合作以外，决无单独行动之理。……我国此次抗战，其要旨在于始终保持我军之战斗力，而尽量消耗敌人力量，使我军达到持久抵抗之目的。过去三个月抗战情形，足以证明我方此种战

① 《蒋介石日记》，1937 年 11 月 6 日。
② 中国第二历史档案馆：《陈诚私人回忆资料（1935—1944 年）》（上），《民国档案》1987 年第 1 期。
③ 中国第二历史档案馆：《八·一三淞沪抗战史料选》，《历史档案》1985 年第 2 期，第 60 页。
④ 《蒋介石日记》，1937 年 11 月 6 日。
⑤ 《徐永昌日记》第四册，1937 年 11 月 6 日，第 168 页。
⑥ 《徐永昌日记》第四册，1937 年 11 月 7 日，第 169 页。
⑦ 《蒋介石日记》，1937 年 11 月 7 日。

略已获初期胜利。"① 显然，蒋此举是为上海撤退向外界放出风声，同时向国际社会阐明态度。蒋如此谨慎之原因在于，抗日在外交上只能借重国联盟约和《九国公约》，因而不能得罪英、美，且始终要做出信任国际公理的姿态。是时，《九国公约》会议刚开幕，正在商议调解中日冲突办法，因而蒋有所顾虑，自在情理之中。

8 日，蒋记道："苏州河南岸以兵力用尽，不能不令撤退，但并非为金山卫登陆之敌所牵动耳。惟藉此战略关系，使敌知我非为力尽而退，不敢穷追与再攻，是于将来之战局有利。"② 从战略上而言，蒋之考虑不无道理。上海弃守后，国军撤退，日军穷追猛打，恰恰证明了这点。蒋居于掌控全局的中枢位置，这决定了其决策不能仅从军事战略角度考虑，还要兼顾外交、内政等方面因素，以及将来战略计划。蒋称，"对撤退苏河南岸，隔离上海之战局，对九国公约会议之影响，对死伤军民之悲哀，皆使此心犹豫不决"，③ 其身不由己之苦衷表露无遗。因此，蒋对是否撤退上海守军踌躇不定，与内部压力极有关系。

其时，蒋掌控国民政府党政军大权，乾纲独断。李宗仁称，淞沪抗战的作战计划全以蒋之意志为依归，旁人没有置喙的余地。④ 自北伐以来，李与蒋亦敌亦友，知之甚深。他认为，蒋指挥淞沪抗战不免"意气用事""好逞匹夫之勇"，"溯北伐以来，凡蒋先生亲自指挥各战役，如武昌之围、南昌之围、徐州之溃败，以及后来'剿共'战争中，东北与淮海的全军覆没，均如出一辙"。⑤ 齐锡生指出，蒋深信战场上的胜利归功于他的毅力，"坚持最后五分钟是一切胜利的要诀"，正是这种所谓要诀，最终铸成一场军事灾难。⑥ 应该说，蒋个性倔强的特质与其不愿轻弃上海亦有一定的关系。

---

① 《抗战军事与外交——于南京答记者问》，1937 年 11 月 7 日。《先总统蒋公思想言论总集》卷三十八谈话，第 101 页。
② 《蒋介石日记》，1937 年 11 月 8 日。
③ 《蒋介石日记》，1937 年 11 月 7 日。
④ 《李宗仁回忆录》（下），广西师范大学出版社，2005，第 520 页。
⑤ 《李宗仁回忆录》（下），第 526 页。
⑥ Hsi-sheng Ch'i, *Nationalist China at War: Military Defeats and Political Collapse, 1937-45*, p. 49.

8 日晚，蒋下达第三战区各部转移命令，右翼军率先向嘉兴、苏州一带撤退，秩序混乱；10 日，左翼作战军奉令转移。由于日军截断沪杭路，国军只能向昆山、苏州一带后退，未能按照既定方案实施转移，进入太湖两侧国防工事阵地，亦未在嘉乍线阵地做有效抵抗。

五　结语

中国抗战仅凭自身的实力无法与日本抗衡，有赖国际社会之援助，这是毋庸置疑的客观事实。蒋介石较早便意识到中国抗战势必从国际格局中寻求出路，"解决中倭问题，惟有引起国际注意与各国干涉"。① 从宏观层面说，蒋的抗日决策无疑与国际因素息息相关。但就具体的战役而言，恐怕不能一概而论，应具体问题具体分析。淞沪会战即是显例。

在淞沪会战发展演变期间，国民政府在外交上采取种种举措试图唤起国际同情；战前蒋亦曾说过"上海作战为世界观瞻所系"②，加之淞沪会战爆发时所呈现的部分表相，如上海的国际地位，由北而南的战场选择及时间的微妙，似乎都说明蒋开辟上海战场是为了吸引国际社会的注意。然而，细察淞沪会战爆发前后的历史情境及其进程，却不难发现，蒋开辟上海战场实为形势所迫，意在先发制人，并非为了耸动国际视听。

在淞沪会战发展演变进程中，亦呈现外交逐步好转但战况则日趋恶化的巨大反差；日军从金山卫登陆后，蒋对撤守踌躇不定，此时正值《九国公约》会议召开，而《九国公约》又是蒋"抗日外交"的所借重的武器之一。这似乎也说明，蒋在上海一再坚守，与外交牵连甚大。不过，若非仅从外交政略一端入手，将外交、军事、政治等方面因素综合加以考察，也不难看出，蒋之战略演进主要是南北战场军事演变的结果，并非受政略所支配；蒋对《九国公约》会议持谨慎态度，早已意识到其不可能成功，未抱希望，更谈不上为此而坚守上海；日军从金山卫登陆后，蒋对上海守军撤守踌躇不定，是多方因素综合作用的结果，以免造成对《九国公约》会议产生负面影响，只系其一，且非主要。

---

① 《蒋介石日记》，1937 年 10 月 31 日，"本月反省录"。
② 蔡盛琦编注《蒋中正总统档案·事略稿本》第 35 册，台北，"国史馆"，2009，第 600 页。

1935 年蒋就曾说过，"在被侵略而且一切没有基础随时有被人灭亡的危险之弱国，那么，策略的运用，必须以战略为主。……政略必须依据战略来决定！现在照中国的情势而论，就必须如此"。① 其时，国际社会不能满足政略之需求，这从根本上决定了蒋对淞沪抗战决策只能以军事战略为主，而非外交政略。

① 《论"政略"与"战略"之运用》，1935 年 12 月 12 日，《先总统蒋公思想言论总集》卷十三演讲，第 559 页。

抗战胜利后的青年军复员：
以江苏为例

周倩倩[*]

　　抗战后期，国民政府发动知识青年从军运动，征召全国大中学生和公教人员入伍，组建了青年远征军（简称青年军）第 201 至 209 师，先后补拨赴印缅远征军、新 1 军、新 6 军等单位近 19000 人，余下约 76000 人，并未参加战斗。抗战胜利后不久，有部分青年军士兵要求复员。教育部 1945 年 9 月 20 日召开的全国教育善后复员会议上，也提出了青年军中的大学教员及学生的复员问题。但是国民政府另有打算，将青年军各师编成第 6、第 9、第 31 三个军，并且出于培养地方基层干部的考虑，安排青年军官兵进行了为期六个月的预备军官训练。直到 1946 年 6 月，国民政府才开始大规模组织青年军复员。学术界过去比较关注青年军的组建过程，以及三青团在知识青年从军运动中的作用，但很少涉及青年军的复员问题。[①] 本文主要依据江苏省档案馆的档案资料，以江苏省为个案，考察青年军的复员情况，

*　周倩倩，历史学博士，河海大学马克思主义学院讲师。本文原刊于《民国档案》2013 年第 4 期。

① 周倩倩，河海大学马克思主义学院讲师。相关研究有台湾学者林武彦的文章《青年军之复员与预干制度》（《复兴岗学报》1987 年第 37 期），叙述了全国青年军的复员过程，指出青年军官兵以预备军官的身份复员是国民政府确立预备干部制度的肇端。台湾学者应俊豪著有《青年军来台后复员问题》一文（《陈百年先生学术论文奖论文集》第四期，陈百年先生学术基金会、台湾政治大学文学院 2003 年编印出版），论述对象为 1946 年下半年国民党组建的第二期青年军，指出由于局势不稳，他们的复员工作一拖再拖，最终形成了两难问题。

同时分析国民政府的青年军复员政策在地方的实施效果。

一　复员前夕：机构与政策

1946 年 4 月 13 日，国民政府军事委员会下达青年军复员命令，规定青年军各师以及拨入其他单位的知识青年志愿兵，除有任务者应延役外，其余统于 5 月底复员。[①] 这一命令揭开了青年军复员的序幕。

首先，国民政府设立了从中央到地方的复员管理机构。1946 年 3 月 1 日，军事委员会在重庆成立青年军复员管理处[②]，军政部部长陈诚为处长，蒋经国、邓文仪、彭位仁为副处长，总揽青年军复员事宜。青年军第 31 军（辖 208、209 两师）已调驻杭州附近，因此在江浙区成立了青年军复员管理处东南分处，以该军军长黄维任分处长，负责该区青年军的复员工作，可直接向各省市政府洽办。

为动员地方力量，军事委员会又在重庆成立了青年军复员委员会，由青年军复员管理处代办，陈诚兼任主任委员；要求各省（市）以及必要情况下各县成立分会，由各地政府、国民党党部和三青团支团部共同主持，协助办理复员官兵返乡途中的交通、宣传、慰劳、食宿、医疗以及回籍以后的就学、就业事宜。[③]

5 月 15 日，江苏省政府民政厅召集江苏省各党政机关，组织成立了青年军复员委员会江苏分会（以下简称江苏分会），江苏省政府主席王懋功兼主任委员，省党部委员王振光、青年团江苏支团部书记徐铨担任副主任委员，省政府各厅、处局长以及省保安司令部副司令任委员。该会内分宣慰、招待、运输、就学、就业、医疗、生活指导、总务八组，前五组分别由省党部、三青团、建设厅、教育厅、民政厅负责，后三组由江苏省地方行政

---

① 《中央日报》1946 年 4 月 15 日第 3 版。

② 青年军复员管理处后来改组为国防部预备干部局，据曾任副局长的贾亦斌回忆，该处"原称退伍管理处，陈诚认为'退伍'两字不雅乃改为复员"。详见贾亦斌《半生风雨录》，中国文史出版社，1996，第 90 页。

③ 《军事委员会青年军复员委员会组织规程》，江苏省档案馆藏，卷宗号：1006-甲-112。有些地方（如四川省）并未设立青年军复员委员会，而是由军管区司令部或其他相关机构代办。

干部训练团（简称江苏省训练团）办理。会址设于江苏省训练团内。此外，镇江、无锡、高淳、溧阳等 26 个县市也相应成立了分会。①

其次，自发动知识青年从军运动以来，国民政府颁发了一系列保障复员青年军利益的法规。1944 年 10 月 27 日，国民政府颁布施行《知识青年志愿从军优待办法》，该办法以青年军退伍后的优待政策为主，内容包括：（1）知识青年从军期间，公务人员保留原职务，学生保留原学籍；（2）青年军官兵退伍后，党政教育机关及国营、公营事业机关人员，可以回原机关复职，并可优先升迁；（3）学生可以回原校复学，原享受的公费、免费以及奖学金待遇一并恢复，并可参加升级考试；（4）参加留学考试及其他各种考试，可优先录取；（5）申请国内外军事学校学习以及出国研究深造，享受优先保送待遇。②

1945 年 4 月 26 日，国民政府颁布了《知识青年志愿从军优待办法实施细则》。其中规定：知识青年服役期间，原工作机关已被改组或归并者，仍保留原职位和原薪津；原工作机关被裁撤或停办，原为公务员者由上级机关负责安插并保留职位，原为私营机关职员者由原机关一次发足从军期间应得薪津，如果该私营机关无力承担此项开支，则由原地从军服务会或其他社会团体照数发放；需要另聘人员顶替从军职员的业务时，公教机关可由上级机关增拨经费，私立学校和私营机关则自行筹划解决。③

由于青年军士兵以大中学生为主，国民政府制定了优待他们退伍后复学、升学及考试的政策。1944 年 11 月 25 日，教育部公布《志愿从军学生学业优待办法》，其中规定：毕业或已修满最后一学年第一学期课程的中等学校从军学生，以及大学先修班从军学生，退伍后均可免试升学；已修满最后一学年第一学期课程的中等及以上学校从军学生，退伍后直接由原校发给毕业证书。④

1945 年 1 月 4 日，国民政府公布《从军知识青年退伍后参加考试优待

① 王懋功：《江苏省政府三十四、三十五年政情述要》，《近代中国史料丛刊续编》第 970 辑，文海出版社，1983，训练部分第 5 页。

② 《知识青年志愿从军优待办法》，《革命文献》第 63 辑，台北，中央文物供应社，1973，第 328~330 页。

③ 《知识青年志愿从军优待办法实施细则》，江苏省档案馆藏，卷宗号：1006-甲-112。

④ 《教育部规定志愿从军学生学业优待办法》，《革命文献》第 63 辑，第 335~336 页。

办法》。这项办法规定，退伍知识青年参加检定考试时，免除笔试；参加绝大部分考试时，可将服役时间算入经历和年资，不受年龄、身体条件的限制，并降低及格分数。[1]

此外，国民政府还颁布了《工厂工人及商店店员参加从军后其原有薪给保留办法》。它规定工厂工人、商店店员服役期间保留原职；退伍时如原服务单位停业，则由社会行政机关优先介绍另行就业。[2]

青年军复员前夕，国民政府针对具体形势又颁发了部分政策。1946年5月20日，军事委员会颁发《青年军复员办法》。按照这项办法，青年军退伍官兵，原就读学校已裁并无法复学者，以及因特殊情形或正当理由不能回原校复学者，由教育部或该生原籍所在的省（市）教育厅（局）分发就学。对于原机关已裁并的各类从军人员，公务员由行政院复员计划委员会设法安置；教职员由青年军复员管理处分发临时中学服务，或由教育部派赴边疆从事教育工作；技术职业人员由经济、交通、农林、后勤及有关各部门分别派遣工作；工商从业人员由各该同业公会设法安插；军籍人员由各师送入各地军官总队。[3]

青年军复员管理处为方便实际工作，拟于青年军各师驻地附近分别开设七所青年中学和青年职业训练班，收容退伍青年军官兵就学，或对其进行专业培训后再分发工作。该处还制定了《青年军志愿兵复员就学实施细则》和《青年军志愿兵复员就业实施细则》，对《青年军复员办法》部分条款进行了解释和细化。"就学实施细则"规定：青年军退伍官兵，高中毕业拟升专科以上学校者、因故不能回原校复学的专科以上学校肄业者，由教育部统一分配入学；高、初中肄业学生由各省（市）青年军复员委员会分发就学。[4] "就业实施细则"规定：不能回原机关复业的青年军退伍官兵，公务员由各省市政府及其青年军复员委员会酌派工作；教职人员可以到青

① 《从军知识青年退伍后参加考试优待办法》，《主计通统》1945年第63期。
② 《工厂工人及商店店员参加从军后其原有薪给保留办法》，《革命文献》第63辑，第334页。
③ 《军事委员会青年军复员办法》，江苏省档案馆藏，卷宗号：1006-乙-367。
④ 《中央日报》1946年6月4日第2版。

年中学或青年职业训练班任教。①

1946 年 6 月 1 日起，各师青年军官兵分三批先后离营至月底结束。复员官兵以师为单位，由国民政府各交通部门免费运送至各原籍省会，每人每天按尉级军官旅费支给标准领取旅费 2400 元。

据统计，青年军八个师（第 207 师除外）及其他部别，共有官兵 62722 名，其中 58340 名复员，其余留营。复员官兵的去向如下：就学 23154 人，分为复学 6280 人、转学 10673 人、升学 6201 人；就业 23384 人，分为复业 5870 人、转业 17514 人；回籍 11802 人。② 其中，约一万人原为专科以上学校及高中三年级在读学生，依照优待办法，由教育部分发至专科以上学校就学。③ 另有 9126 人进入青年中学就读，7067 人入青年职业训练班培训。④ 余下三万多人，大部分依靠地方政府安置或回籍后自谋前途。

二　省内情况：慰劳、就学与就业

青年军复员受到了各界的关注。1946 年 6 月 3 日，蒋介石在南京通过广播发表对全国青年军退伍士兵的训词，要求复员官兵到社会各阶层发挥模范作用，⑤《申报》《大公报》《中央日报》以及地方报纸都有相关报道。复员官兵沿途受到各地政府和民众的欢迎，"有招待站，有人领队，车船食宿，都有人负责"⑥，情绪颇为高涨。

6 月 3 日，江苏分会宣慰组召集江苏省各部会、各厅处，镇江县政府、县党部，以及火车站、邮局等 23 个机构举行筹备会议，确定如下事项：开

---

① 陈曼玲：《抗战与知识青年从军运动》，纪念抗战胜利四十周年编委会编《抗战胜利四十周年论文集》（上册），黎明文化事业公司，1995，第 892 页。
② 青年军各军师人数区分及退役安置情形一览表，《中国近代青年运动史》，时代出版社，1948。
③ 《教育通讯》1946 年第 1 卷第 9 期。
④ "国防部" 史政编译局编纂：国民革命军青年军军史（上），第 407~410 页。青年中学共成立了六所，可视同公立学校，学生的就学公费由校方供给，远高出各省市公立中学。（《教育部公报》1947 年第 19 卷第 4 期。）青年职训班共成立五所，至 1947 年 7 月办理结束时，共有学员 7595 名（《中央日报》1947 年 9 月 29 日第 4 版）。
⑤ 《申报》1946 年 6 月 4、5 日，第 1 版。
⑥ 《中央日报》1946 年 11 月 29 日，第 7 版。

展演讲、看戏、欢迎会等慰劳活动；由省党部征集慰劳品；在火车站设置招待站。① 之后，省党部组织各党政机关和社会团体派代表组成了慰问团。

根据青年军复员管理处及各师的通知，江苏省估计共需接待来省复员者 2238 名，过境者 2032 名。② 6 月 17 日，青年军第 208、第 209 师官兵共 695 人首先抵达镇江火车站，由车站招待处接待，省政府各机关共派代表 5 人到站欢迎。车站附近张贴宣传标语，诸如"复员不是复原、复员不是休息""欢迎复员青年军完成五大建设""复员青年军是建国的新动力"等。③ 中小学生列队欢迎，三青团江苏支团部遴派女团员献花。车站招待处维持了一个月，江苏分会共发动县立初级中学、京江中学、敦本中小学及长安镇小学等校师生约两千人到站迎接。④ 镇江各报馆发行了欢迎青年军的专刊，壮大了声势。

青年军的宿营地设于江苏省训练团内。江苏分会提前备下食米 80 石、柴 272 担、棉被 304 条、医药品若干；在营地安装了电话、电灯、篮球场、洗面间；开设理发室，每月为青年军免费理发两次；雇洗衣工人代为洗涤衣服；每隔一日组织青年军分赴镇江各澡堂轮流洗澡。自首批青年军抵镇后的两个月来，医疗组负责喷洒 DDT 为营地环境消毒，并且诊疗青年军 1749 人次，注射霍乱疫苗 823 人（含职员、工役 186 人）。⑤

江苏省政府各厅处及省党部官长轮流为青年军演讲，主题为江苏省施政概况及各种专门技术。江苏分会组织青年军分赴镇江附近游览，参观工厂和学校，到镇江各戏院免费看电影、京剧、扬州剧。其间，省会汽车一律加以轮流征用。江苏分会还征募或购买日记本、毛巾、牙膏等慰劳品以及各种刊物、纪念章，分赠给青年军。

复员官兵回省后，安排他们就学就业成为亟待解决的问题。志愿就

---

① 《青年军复员委员会江苏分会宣慰组筹备会议记录》，江苏省档案馆藏，卷宗号：1006-甲-112。
② 《青年军复员委员会江苏分会工作报告》之总务组工作报告，江苏省档案馆藏，卷宗号：1004-乙-4511。
③ 《发动各界欢迎复员青年军志愿兵办法》，江苏省档案馆藏，卷宗号：1006-甲-112。
④ 《青年军复员委员会江苏分会工作报告》之招待组工作报告，江苏省档案馆藏，卷宗号：1004-乙-4511。
⑤ 《青年军复员委员会江苏分会工作报告》之医疗组工作报告，江苏省档案馆藏，卷宗号：1004-乙-4511。

学的复员官兵需持青年军复员管理处所发就学通知书，及从军以前肄业学校的学历证件，向江苏分会报到。经对照青年军复员管理处转来的就学学生名册，并对复员官兵调查登记后，江苏分会先将他们送到该分会附设的暑期补习班。补习期满后，由江苏省教育厅分发至江苏省各省立中学或职业学校公费就学。据当时的青年军退伍学生称，江苏省各省立中学奉令保留了 20% 的名额，以招收教育厅分发的青年军及其他复员学生。①

补习班由江苏省教育厅筹办。6 月 1 日，省教育厅举行第一次筹备会议，对补习班开设时间、地点、班级数、人事组织、授课等各项进行了讨论。② 15 日，江苏分会各组会报会议决定：暑期补习班暂以 360 人为收容标准，借用省立镇江中学为班址，派省镇中校长负责筹备。③

7 月 14 日，补习班正式开办。江苏分会主任委员王懋功兼班主任，就学组组长（即教育厅厅长）陈石珍兼任副主任；省镇中校长曹书田兼任教育长，并从该校的教职员中聘定教师 14 人，职员 7 人，共 21 人。事实上，此时俟请教育厅分发入学的复员青年军仅有 85 人，其中 77 人入补习班。由于这些学生学力不齐、年级各异，该班采取混合教学的方式，编配适当教材，补习国文、英文、数学、物理、化学、生物、博物、历史、地理、教育各科。6 周后，各复员青年军志愿兵补习期满。8 月 22 日，教育厅连同另外 8 名就学者一齐分发至江苏省省立各中等学校共 14 校就学，分别为省立各师范学校 12 名、省立职业学校计 10 名、省立各中学 63 名。④ 绝大多数学生都享受了升级入学的优待。

本来，按照该班教育长曹书田向青年军复员委员会江苏分会的呈文，77 名学生中，除 72 人经结业考试成绩及格应发给结业证书外（其中包括 11 名无证件者），尚有 5 名既未呈缴证件又未参加考试，应扣发结业证书。教育

---

① 青年军退伍学生俞开宏致江苏省教育厅的呈，1946 年 9 月，江苏省档案馆藏，卷宗号：1006-乙-366。
② 《青年军复员委员会江苏省分会就学学生暑期补习班第一次筹备会议记录》，江苏省档案馆藏，卷宗号：1006-乙-367。
③ 《青年军复员委员会江苏分会各组会报记录》，江苏省档案馆藏，卷宗号：1006-甲-112。
④ 江苏省政府训令府教二字第 733 号，1946 年 9 月 3 日，江苏省档案馆藏，卷宗号：1006-乙-366。

部早在 1946 年 4 月 30 日向各省市教育厅局发布训令，对于"分发给各校之学生如未能随带证件，得准展期三个月补缴"①。江苏省政府为方便分发入学，要求全部发给结业证书，同时饬令财政厅拨发全部 85 名学生的公费款项。

到实际入学的时候情况又有变动，从未报到、自行转校、拖延入学的情况屡有发生。根据现有资料统计，上述 85 学生有 69 名报到入学。此后的一学年里，有部分学生退学、升学或转学。江苏分会分发各校人数及此后两个学期内在校人数如表 1 所示。

表 1　江苏分会分发青年军复员官兵就学及此后两学期内学生报到情况

（单位：人）

学校＼时间	1946 年 8 月	1946 年下半年学期	1947 年上半年学期	学校＼时间	1946 年 8 月	1946 年下半年学期	1947 年上半年学期
省立徐州师范	5			省立连云中学	4	4+1	3
省立无锡师范	5	5	5	省立常州中学	3（1）	1	
省立江宁师范	2			省立徐州中学	3		
省立苏州中学	22（20）	20+1	15	省立溧阳中学	3	1	1
省立镇江中学	10（6）	6	2	省立常熟中学	3（1）	1+4+1	6
省立扬州中学	9（5）	5	2	省立盐城中学	2	2	2
省立上海中学	4	4	4	省立苏州高级工业职业学校	10（8）	5	5

注：（）中数字表示实际报到人数，+后面的数字表示后续分发或自行来校就学的人数。

资料来源：江苏省档案馆档案：《青年军复员委员会江苏分会工作报告》之就学组工作报告（1004-乙-4511）；各学校给江苏省教育厅的呈文和电文（1006-乙-371 至 375）。

对于志愿就业的复员官兵，以复职复业为首选，余下的由江苏分会安插到相关单位。4 月中旬军委会下达青年军复员命令时，蒋介石和青年军复员管理处分别电令各省市政府，要求协助并尽先录用复员青年军

---

① 教育部训令渝中字第 23648 号，1946 年 4 月 30 日，江苏省档案馆藏，卷宗号：1006-甲-112。

复业就学。① 4 月 20 日，江苏省召开青年军退伍复业就学研讨会议，省府各机关代表 20 余人与会，经商决各单位可安插复员青年军共计 400 人。②

6 月 16 日，江苏分会制定了分发江苏省复员青年军就业的具体政策和流程。就业组在就业复业者报到后负责调查登记，按其专业和志愿分发各处工作，"如学教育愿充中小学教师者，分发教育，愿学会计者，分发会计处，学农工技术方面者，分发建设厅，学军警方面者，分发保安司令部及民政厅设法就业，一般工商业复业人员依照奉领办法规定，由各该同业公会设法安插之（先分发社会处统筹办理）"③。

一般情况下，持有专科以上学校学历的复员官兵可留在省政府各机关工作，其余分发至各县政府机关或企事业单位。复员官兵向各机关报到前，由江苏分会提供一周食宿，逾期由各该机关负责；在各县待业期间，食宿由各县供给。在分发过程中，江苏分会要求各公务机关允许职员在没有保人的情况下先行报到，以免贻误就业。④

青年军复员管理处后来规定，对于未在 1946 年 8 月 15 日以前到各省市青年军复员委员会报到的就业者，各该会可予以除名；同样，对于未能在上述日期之前到原机关报到的复职复业者，原机关可开除其底缺。⑤

至 8 月 15 日，江苏分会共安排 6 名青年军复员官兵复业，分发转业官兵 12 批共 163 人至各级政府部门以及三青团工作。江苏分会分发复员官兵就业详情如表 2 所示。

---

① 江苏省民政厅通知，1946 年 4 月 19 日，江苏省档案馆藏，卷宗号：1006-甲-112。
② 社会处谢东山给该处处长的签呈，1946 年 4 月 21 日，江苏省档案馆藏，卷宗号：1009-乙-40。
③ 青年军复员委员会江苏分会代电青业字第 87 号，1946 年 6 月 16 日，江苏省档案馆藏，卷宗号：1009-乙-40。
④ 青年军复员委员会江苏分会代电青总字第 151 号，1946 年 7 月 1 日，江苏省档案馆藏，卷宗号：1009-乙-40。
⑤ 青年军复员委员会江苏分会通知青总字第 230 号，1946 年 7 月 30 日，江苏省档案馆藏，卷宗号：1004-乙-4511。青年军复员委员会江苏分会代电（无电文号），1946 年 7 月 25 日，江苏省档案馆藏，卷宗号：1009-乙-40。

表2 江苏分会分发青年军复员官兵就业情况

单位：人

转业				复业	
江苏分会分发单位及人数	各单位再次分发情况	江苏分会分发单位及人数	各单位再次分发情况	原工作单位及人数	复业单位及人数
财政厅15	江苏银行1	建设厅5	农林改进委员会1	前江南行署4	省府秘书处2
	各县税捐征收处14		度量衡检定所1		田粮处2
保安司令部14	转发保安团队		江宁县政府1	前军事厅1	保安司令部1
教育厅10	转分各学校		镇江电厂1	吴江县府1	吴江县府1
会计处7	民政厅会计室1		宜兴县政府1		
	警察局会计室1	社会处4	社会处2		
	吴县县政府会计室1		省会救济院1		
	镇江县政府会计室1				
	丹阳县政府1	省府电台3	镇江面粉厂1		
	宜兴县政府1	省府印刷所2			
	江阴县政府会计室1	九区专员公署2			
公路局7		卫生处2			
田粮处7		省训练团2			
民政厅5	转发省警察训练厅及警察局	地政局1			
		三青团1			
		各县76			
合计163				合计6	

资料来源：江苏省档案馆档案编《青年军复员委员会江苏分会工作报告》之就业组工作报告以及江苏省建设厅安插青年军复员官兵情况（1004-乙-4511），江苏省会计处安插青年军复员官兵情况（1012-乙-778），江苏省社会处复员青年军就业调查表（1009-乙-40）；王懋功编纂《江苏省政府三十四、三十五年政情述要》，《近代中国史料丛刊续编》第97辑，文海出版社，1983，财政部分第19页。

为平衡中央和地方的经费负担，青年军复员管理处规定：各省市青年军复员委员会的各项办公宣慰等费、发给复员官兵的旅运费均由中央归垫；开办暑期补习班的经费、膳食等费以及复员官兵待业期间的食宿费由地方政府承担。① 但是中央延迟拨款的情况十分普遍，各省青年军复员委员会在费用上捉襟见肘，严重影响了复员工作的进行。

江苏分会由于开支过大，经费短绌的现象日益明显，以致最后无力支撑。1946 年 7 月 13 日，江苏分会向青年军复员委员会透露出结束复员工作的意愿，但仅得到缩小工作范围的答复。7 月底，江苏分会声称："如不办理结束，来镇青年军将长期来会膳宿，致本会经费消耗甚巨，本会事实上亦无法再行支持办法。"② 再加上人员调用的紧张，江苏分会于 8 月 15 日宣告结束。由于战乱影响，部分复员官兵未能如期离营，复员工作仍需要继续。8 月底，青年军复员委员会要求各地分会延期开办至 9 月底，但是各地由于经费困难——如南京市分会"营房及经费一无着落"③，很难照办。

据统计，至 8 月 30 日，江苏省政府为青年军复员工作支出膳食、修缮、招待宣慰、旅费、办公杂费等各种费用约 3700 万元，办补习班挪用教育厅经费 814.5 万元，并拨出了大量的柴油食米。④

江苏分会撤销后，青年军复员工作由江苏省训练团和省政府教育厅、民政厅负责。截至 1946 年 9 月底，江苏省共接收复员青年军官兵 421 名，其中就业 173 名、就学 85 名、回籍 163 名。⑤ 该年 9 月开始，青年军第 207 师、伞兵总队等延役官兵陆续复员。各省市奉令仍照前述各项优待办法安置，直至 1948 年秋才完全结束。

---

① 重庆复委会陈主任委员渝办四巳铣电，1946 年 6 月 16 日，江苏省档案馆藏，卷宗号：1004-乙-4511。
② 《青年军复员委员会江苏分会第四次会报记录》，1946 年 7 月 27 日，江苏省档案馆藏，卷宗号：1004-乙-4511。
③ 马市长致军事委员会青年军复员管理处的函，1946 年 9 月 10 日，南京市档案馆藏：全宗号 1003，目录号 1，案卷号 397。关于难觅营房一事，应该不是夸大之辞。例如，1946 年 5 月底，南京市青年军复员委员会初选营地的时候，欲以中央大学为之，奈何中央大学教授兼复员委员会总务长程憬"坚不允借"，才改在了和记洋行。
④ 《青年军复员委员会江苏分会工作报告》之总务组工作报告，江苏省档案馆藏，卷宗号：1004-乙-4511。
⑤ 王懋功：《江苏省政府三十四、三十五年政情述要》，训练部分第 5 页。

三　后续难题：公费短缺与失业

江苏省政府虽然勉强完成了青年军复员工作，然而限于就学公费和就业岗位的短缺，仍面临重重困难，陷入了一定程度的困境。

首先，是青年军复员学生的公费问题。教育部规定，原属公费生的退役复学学生，各省市中等学校学生的公费在该省市原公费名额内开支，国立中等学校公费生的公费名额划拨到学生原籍地。青年军复员后，各省市普遍有为青年军复员学生增加公费名额的诉求。① 江苏省除师范院校外，各省立中学都没有公费生名额。1946 年 6 月 10 日，江苏省教育厅致电教育部，要求转请行政院为该省增加 1000 名公费生名额。② 7 月 22 日，行政院驳回了这一要求，称江苏省该年度公费名额已核定为 7000 名，"所请增加公费生名额一节，仰由该省政府酌量收入情形办理"③。10 月，教育部明确规定：青年军退伍就学学生，凡经教育部分发者，一律给予公费待遇；省立中学学生向省教育厅申请公费，私立中学无公费名额。④

自江苏分会结束后，江苏省政府对于零星来省复员的青年军官兵，常以证件不全、复员机构已经撤销为理由拒绝接收，对于要求就学者又以无公费名额推搪之。1947 年 2 月，国防部预备干部管训处⑤电请江苏省教育厅分发一名延期退伍的青年军士兵公费入学。对此，教育厅反过来要求预备干部管训处向行政院索要公费。10 月，省教育厅再次向国防部预备干部局说明分发就学的困难，即"本省各校班级复因限于经费，未能扩充，原有

---

① 早在 1945 年 8 月 10 日教育部召开的教育复员计划整编问题第一次会议上，行政院和中央设计局就提议对青年军退役官兵一律给予公费待遇。

② 江苏省教育厅代电教一 3063 号，1946 年 6 月 10 日，江苏省档案馆藏，卷宗号：1006-乙-366。

③ 行政院代电节京嘉丁字 6462 号，1946 年 7 月 22 日，江苏省档案馆藏，卷宗号：1006-乙-367

④ 教育部代电总字第 22716 号，1946 年 10 月 1 日，《教育部公报》1946 年第 18 卷第 10 期，第 5 页；《教育部核定发给公费三项办法》，《申报》1946 年 11 月 8 日第 8 版。

⑤ 1946 年 8 月，青年军复员管理处由临时机构改组为国防部预备干部管训处，成为国民政府的正式建制。1947 年 1 月，改为预备干部管理局。

学生已觉臃肿，如再分发，势将无法收容"。①

1947年12月，行政院再度驳回了各省市教育厅局提出的为青年军复员官兵另拨就学公费的要求，认为"各省公费生名额本年度大都均有增加，青年军复员学生仍应由各省核定公费生名额内统筹"②。

江苏省立中等学校的公费待遇，是指学生可以免交学费和住宿费，每年由省政府发给10个月的膳食费，每月1.4万元。1946年10月，行政院将大中学生的膳食费调整至每月2万元，但是江苏省一直维持原标准。江苏省青年军复员学生入学后一学年内，尚有膳食费发放，但不敷使用，各校苦不堪言。1946年9月23日，省立无锡师范学校请求省教育厅核发加倍公费。11月8日，省立镇江中学向教育厅呈请以补习班剩余的粮米流补膳食费。11月28日，省立苏州中学呈报教育厅，要求补发21名退役复学学生3个月来所拖欠的74.2万元膳食费。国防部一度介入省立苏州中学的膳费纠纷中，敦促教育部令江苏省教育厅按照该校膳食实际需要酌予增加。

1947年7月，国民政府将抗战时期实行的大、中学生公费制度改为奖学金制度，同时保证国立中等以上及省立专科以上学校青年军复学学生仍享有公费待遇。③ 自此，江苏省政府开始停发青年军退役复学学生的公费，至该年12月仍拖欠不发，引起了学校和学生的恐慌。校方催缴膳费甚急，学生数次向省教育厅求援，教育厅置若罔闻，干脆把责任推给财政厅。

贺金林对战后国民政府教育制度的研究指出，与抗战期间大力发展中等教育不同，战后国民政府紧缩教育经费，这成为影响中等学校发展的深层次原因。④ 江苏省的青年军复员就学困难也颇缘于此。

其次，是青年军复员官兵的就业问题。从青年军的复员去向可知，志愿就业的复员官兵以转业为主，江苏省的情况更是如此。江苏分会分发复

① 江苏省教育厅批示教二字第10131号，1947年10月8日，江苏省档案馆藏，卷宗号：1006-甲-113。

② 教育部训令中字第68714号，1947年12月20，《教育部公报》1948年第20卷第1期。

③ 《国立中等以上暨省立专科以上学校学生奖学金办法》，《贷金·公费·奖学金》，行政院新闻局印行，1947，第14～15页。教育部又规定，自1947年度第一学期起，"凡自行考入专科以上学校之青年军退役学生，应自缴学宿杂费，该部因经费困难，不再予以补助"（《教育通讯》1948年复刊第4卷第11期）。

④ 贺金林：《抗战胜利后国民政府教育复员研究》，社会科学文献出版社，2010，第85页。

员官兵转业的过程中，一度出现了徐州、无锡、常熟等县市不予接收的情况。自江苏分会缩小工作范围，特别是宣布结束后，这种现象更加明显。1946 年 8 月 12 日，复员青年军士兵陈白痕①到江苏省政府报到。9 月 5 日，被分发教育厅工作，但是教育厅以无适当工作安插为由，不予录用。10 月 12 日，陈复呈省府主席再派工作。18 日，省政府再次令教育厅接收。31 日，教育厅再次拒绝。经过反复交涉和拖延，陈的就业问题最终不了了之。

各机关单位之所以对安排复员官兵就业有很大抵触情绪，不外乎经费和岗位的缺乏。1946 年 7 月 18 日，江苏省农林改进委员会给省建设厅的呈文表示：对于分发到会的一名复员官兵，每月支薪 60 元，但是因该会员额已满，该项薪给暂在中央补助散发蔬菜经费项下开支。② 这同江苏省的社会经济条件密切相关。由于社会动荡和工业内迁的影响，江苏省内工、商、农业一片萧条，政府财政赤字严重。抗战胜利后对日伪资产接收的失败，又加重了经济的严峻局势。待到国共内战爆发，苏北地区成为主战场之一，经济局势更加一发不可收拾。③

其他各省市亦然。以南京市为例，1946 年 7 月 21 日，南京分会总干事钱江潮称："南京复员登记总数二百余人，其中除去就学部份或少数已自行就业者外，急待解决职业问题者估计一百十一人。"④ 黄维曾回忆说，青年军复员官兵的"升学、复学和复职基本上得到兑现，但就业仅得到一定程度的兑现"⑤。

1946 年 7 月 29 日，青年军复员管理处给国防部的签呈指出，"此次青年军复员志愿兵按府颁复员办法赴各省市及各部会院就业者，多有藉故拒

---

① 原系中央大学肄业，历任吴江县警察局巡官，三民主义青年团中央团部讯查员，及中央图书杂志审查委员会检查工作，并曾受中央询查统计局及预备军官训练。

② 江苏省农林改进委员会给江苏省建设厅的呈，1946 年 7 月 18 日，江苏省档案馆藏，卷宗号：1004-乙-4511。

③ 参见孙宅巍《略论战后江苏国统区经济》，《学海》1992 年第 1 期；许倬云《战前与战时社会的比较》，许倬云、丘宏达主编《抗战胜利的代价——抗战胜利四十周年学术论文》，台北，联合报社，1986。

④ 钱江潮：《青年军就业问题》，《中央日报》1946 年 7 月 21 日，第 5 版。

⑤ 黄维：《关于青年军的回忆》，《文史资料选辑》第 33 卷第 96 辑，中国文史出版社，1986，第 66 页。

绝收受情事，至流落失所情节可悯者颇不乏人"①，希望国防部转请行政院饬令各省市以及各部、会、院尽量收容，并分发适当工作。另外，即使复员青年军官兵已经就业，也难免很快又被裁撤下来。1947 年 3 月 2 日，行政院通令各省市机关："于裁员减政时，予就业复员之复员青年军志愿兵以工作保障或另行予以安置。"②

对于青年军复员官兵的就业问题，国民政府一直没有拿出切实有效的解决方案，仅以收容救济为主要对策。青年职业训练班和国防部新闻局设立的"新闻工作干部训练班"（简称新闻班），都是收容复员青年军官兵的专门机构。1946 年 6 月 16 日，青年军复员委员会电令各省（市）分会："其因特殊情形又无家可归不能即行就业者，由省训团收训，再行分发工作。"③ 各省训练团也在一定程度上成为复员官兵的救济场所。

1946 年 8 月 14 日，青年军复员管理处针对青年军复员就业人员的现实处境，即"各青年师复员志愿兵分发各省市就业人员，有因原机关借故拒绝，有因原机关撤销，均无法复业者，为数颇多，或因家乡沦陷，或因家境清贫，亟待救济"④，向国防部请求给予救济。8 月 31 日，国防部颁发了《青年军复员志愿兵分发各省（市）求业人员调查及救济失业办法》。该办法规定，青年军官兵退伍后，原机关借故拒绝而不能复业者，由各省（市）政府或省（市）青年军复员委员会负责安插。原机关确已撤销无法复业以及原为求业人员尚未分发者，有如下安置办法："（一）、愿入所属各省（市）干训团受训者即予收训；（二）、愿回师服务者准予回师；（三）、愿回籍者准予回籍；（四）、除右述三项外，其余人员如合格于青年职业训练班规定者准就近参加职业训练班受训；（五）、高中程度者得入新闻班受

---

① 江苏省政府训令（卅五）府人三字第 2142 号，1946 年 9 月 11 日，江苏省档案馆藏，卷宗号：1006-乙-367。

② 江苏省政府训令府人一字第 7026 号，1947 年 3 月 24 日，江苏省档案馆藏，卷宗号：1009-乙-40。

③ 重庆复委会陈主任委员渝办四巳铣电，1946 年 6 月 16 日，江苏省档案馆藏，卷宗号：1006-乙-367。

④ 江苏省政府训令府人三字第 2548 号，1946 年 10 月 18 日，江苏省档案馆藏，卷宗号：1009-乙-40。

训。"① 这些办法显然形同虚设。

1947 年 7 月，青年职业训练班的学员训练期满。7 月 17 日，行政院通令各地政府，要求"各该主管机关对此项结业学员，务各尽量设法切实安插"②。这就等于再次把责任摊派到地方政府身上。据称，至 1948 年 10 月，南京、镇江等地仍有不少复员青年军待业人员。③ 实际上，各地待业的绝大部分复员青年军官兵，先后被编入了"人民服务总队""戡乱建国总队""预备干部训练团"等组织，或者重返军营。④

四 结语

国民政府十分重视青年军的复员工作，不但成立了自上而下的负责机构，而且颁布了诸多政策。江苏省遵照中央的各项指示，对来省的复员官兵予以接待和安置，基本完成了任务。但是也遇到了一些难以解决的问题，其中，各项经费缺乏是造成复员工作陷入困境的主要原因。其他省市也普遍存在这种现象。这同战后的政治、经济局势以及国民政府的接收政策、教育政策密切相关。

1946 年 9 月，国民政府在全国范围内征召流亡青年，积极组建第二期青年军。第二期青年军以及第一期青年军留营官兵的复员问题更为复杂。1950 年前后，他们随国民党退守台湾，其复员工作一拖再拖，直到 1960 年才正式完成。至此，青年军的历史宣告结束。

---

① 《青年军复员志愿兵分发各省（市）求业人员调查及救济失业办法》，江苏省档案馆藏，卷宗号：1009-乙-40。
② 南京市政府训令府总人字第 7255 号，1947 年 7 月 26 日，南京市档案馆藏，卷宗号：1003-8-378。
③ 贾亦斌：《半生风雨录》，第 173 页。
④ "国防部"史政编译局编纂《国民革命军青年军军史》（上），台北，"国防部"史政编译局，2001，第 353~357、360~362、366~367 页。

· 人物与外交专题 ·

抗战时期英国邀请宋美龄访英的再考察

肖如平[*]

　　自 1942 年蒋介石与宋美龄访印后，中英关系一度跌入低谷。为了改善中英关系，英国在宋美龄访美之际先后三次邀请她顺道访英。然而，宋美龄在访问美国和接受加拿大的邀请之后，却拒绝了英国的邀请，使中英关系雪上加霜。对宋美龄访英事件，学界主要利用中方资料对宋美龄拒绝访英的原因进行了探讨和分析。[①] 本文主要利用英国档案资料，对英国邀请宋美龄访英的过程与决策进行考察，以期对宋美龄访英事件有更全面的了解。

一　英国的邀请与宋美龄过境印度

　　太平洋战争爆发后，中国成为世界反法西斯战争的重要力量，国际地位显著提高。同时，中国的大国意识日益强烈，主动参与国际事务尤其是亚洲事务的信心增强。在亚洲具有众多殖民利益的英国，对于战时中国的

---

　[*]　肖如平，历史学博士，浙江大学历史系教授。本文系国家社会科学基金重大项目"蒋介石资料数据库建设"（15ZDB048）的前期研究成果之一。
　[①]　代表性成果有：杨天石《宋美龄与丘吉尔》，《找寻真实的蒋介石——蒋介石日记解读（二）》，华文出版社，2010，第 168～179 页；陆亚玲《1943 年宋美龄拒绝访英原因探析》，《扬州教育学院学报》2002 年第 4 期；张文禄《1943 年宋美龄拒绝访英原因新探》，《沧桑》2008 年第 5 期；李淑苹、李文惠《试析 1943 年宋美龄访美访英之取舍》，《江西社会科学》2008 年第 7 期。

崛起，颇为猜忌与防范，深恐中国将冲击其利益。1942 年 2 月蒋介石和宋美龄访问印度后，英国对蒋介石支持印度国大党的民族解放运动高度警惕，英国首相丘吉尔甚至致函蒋介石以示警告。① 在防范中国的同时，为了击败德意日法西斯，谋求战后政治、经济方面的合作，英国又力图改善中英关系，派议会代表团访华，并邀请宋子文访英，寻求与中国结盟。

1942 年 6 月，英国政府得知罗斯福总统邀请宋美龄访美的消息后，也考虑邀请她访问英国，以消除她对英国的"偏见"，② 因为之前宋美龄曾在纽约发表文章批评英国。9 月，英国政府宣布将派议会代表团访问中国，并对中国驻英大使顾维钧表示，希望邀请宋美龄"作为政府的贵宾前往英国访问"。③ 11 月 17 日，英国驻华大使薛穆（Horace J. Seymour）得知宋美龄即将赴美就医并访问华府的消息后，立即致电英国政府说："我应该得到授权，邀请她最好在返程途中访问英国。"④ 19 日，薛穆再次致电英国政府，报告宋美龄已于 11 月 18 日启程赴美，并强烈建议其政府邀请宋美龄访英。⑤ 23 日，英国外交大臣艾登（Anthony Aden）授权薛穆正式邀请宋美龄访英，他说："如果蒋夫人能够愉快地接受邀请，我将感到非常高兴。"⑥ 28 日，薛穆致函蒋介石："兹承艾登先生之嘱，谨代表英国政府，极诚邀请尊夫人于自美返华途中，顺道访英。趁此邀访之机会，穆愿向阁下表示个人诚挚之期望，即尊夫人或可能接受此项邀请，由此英国人民得热烈亲表欢迎。盖彼等已熟闻夫人之名，且尊夫人表现中国之勇敢精神，若是其伟

---

① "Prime Minister to Generalissimo Chiang Kai-shek，" August 23，1942，British National Archives，PREM 4/45/4.

② "Visit of Madame Chiang Kai-shek to Washington，" May 31，1942，British National Archives，FO371/31710/F4072.

③ 《顾维钧回忆录》第 5 册，中国社会科学院近代史研究所译，中华书局，1987，第 108 页。

④ "From H. Seymour to the British Foreign Office，" November 17，1942，British National Archives，PREM 4/28/7.

⑤ "From H. Seymour to Prime Minister，" November 19，1942，British National Archives，PREM4/28/7；"From H. Seymour to Prime Minister，" November 21，1942，British National Archives，PREM4/28/7.

⑥ "From the British Foreign Office to H. Seymour，" December 2，1942，British National Archives，FO 371/31710/F7999.

大也。"①

然而，就在薛穆邀请宋美龄访英之际，英印当局却对宋美龄秘密过境深为不满。11 月 18 日，宋美龄由重庆启程，途经印度、东非，前往美国。出于安全考虑，宋美龄赴美行程极为保密，完全由美国军方安排。在抵美之前，连蒋介石都未曾收到任何消息。② 因此，宋美龄虽取道印度，却未曾通知英印当局。22 日，艾登致电英印总督林里资哥（Lord Linlithgow）说："蒋夫人在 11 月 18 日由重庆赴美。我们未曾收到更多的消息，也未被要求提供任何便利。当然，如果她需要取道印度，我相信你们一定会尽力相助。"③ 11 月 26 日，林里资哥复电艾登："您 22 日的 1367 号密电 23 日收到。刚刚获得消息，蒋夫人和她的 8 位随员过境印度并于 20 日午夜至 21 日由卡拉奇（Karachi）飞往东非的厄立特里亚（Eritrea）。其路线是由美国空军安排的。"④

对宋美龄过境印度而不通知英印当局，英印总督非常不满，并建议英国政府向中国提出非正式抗议。他说："我们应该让中国和美国知道，中国在此事中的行为是非常无礼和不友好的。我反对正式抗议，但就中国而言，我建议我们应以非正式的方式让叶公超知道我们的想法，因为此事使中英双方在情报和宣传上陷入困境。如被公诸众，敌人肯定会利用此事使我们之间产生矛盾与分歧。"⑤ 英印事务大臣埃默里（Leopold Amery）认为总督的态度是可以理解的，因为宋美龄秘密过境印度的确有失礼节，但他同时也指出，宋美龄秘密过境印度是特殊情形下的一次特例，虽然造成了一些麻烦，却也未产生实质性的危害。向中国政府提出非正式抗议不仅不能产

---

① 《薛穆致蒋中正函》（1942 年 11 月 28 日），台北，"国史馆"藏，"蒋中正总统文物"，典藏号：002-080114-00020-016。

② 蒋介石在日记中写道："妻起飞五日尚无电告，甚念，但无恶消息乃知其必无恙也。"见《蒋介石日记》（手稿），1942 年 11 月 22 日，斯坦福大学胡佛研究所档案馆藏；下同。

③ "Telegram from Secretary of State for India to Viceroy," November 22, 1942, British National Archives, FO 371/31710/F7999.

④ "Telegram from Viceroy," November 26, 1942, British National Archives, FO 371/31710/F7999.

⑤ "Madame Chiang Kai-shek's Journey across India," November 30, 1942, British National Archives, FO 371/31710/F8117；叶公超时任国民党中央宣传部国际宣传处驻伦敦办事处处长兼中国驻英大使馆新闻参事。

生实质性的效果，而且不利于中英关系的改善。不过，为了防止此类事件在宋美龄返程时再次发生，最好的办法是通过驻美大使哈利法克斯（Lord Halifax）先生向美国国务院和白宫说明，并通过白宫转告宋美龄，其过境印度的行程应该告知英印政府。①

然而，薛穆不仅反对英印总督的建议，而且也不赞同埃默里的意见。12月7日，他致电英国政府说："我同意蒋夫人过境印度在礼节上造成了不快。这种'偷运'的想法体现了她顽固性格的一面，也很容易让人印象深刻。然而，从总督发给英印事务大臣的第3359号密电中看到，是美国人在实际负责此次安排，相较于中国，美国更应该受到谴责。与其将英印政府的想法私下告知中国政府，我宁愿什么都不做，因为我认为蒋夫人访英一事，如果实现并进展顺利，将会带来非常有价值的结果。任何可能促使蒋夫人做出反面决定的做法都是错误的。"② 次日，薛穆再次强调，宋美龄是在美国接受的教育，她对英国的了解很肤浅。如果宋美龄能够成功访问英国，将有助于纠正她的偏见，甚至改变她对英国所持的批评态度。这对未来中英关系的改善将起到积极作用。"因此，我建议对她过境印度时发生的不幸插曲不必过多深究，以免对她访英的决定产生不利影响。"③

英国政府最终采纳了薛穆的意见，决定暂时不提出非正式抗议。外交大臣艾登向薛穆保证："在尚未接到蒋夫人的访英答复之前，我无意授权'任何'形式的抗议。"④ 然而，令艾登没想到的是，英印政府此前已向美国驻新德里军事代表团提交了抗议信，批评美国军方"偷运蒋夫人过境印度，却未通知英印政府是一次非常不友好的行为"。⑤ 美国虽然未将抗议信转给宋美龄，却把它由美国驻华大使转给了中国外交部部长宋子文。宋子文对

---

① "From Mr. Amery to Anthony Eden," November 30, 1942, British National Archives, FO 371/31710 /F8117.

② "From H. Seymourto the British Foreign Office," December 7, 1942, British National Archives, FO 371/31710/F8141.

③ "From H. Seymour to the British Foreign Office," December 8, 1942, British National Archives, FO 371/31710/F8452.

④ "From the British Foreign Office to H. Seymour", December 11, 1942, British National Archives, FO 371/31710/F8170.

⑤ "From H. Seymour to the British Foreign Office," December 14, 1942, British National Archives, FO 371/31710/F8295.

抗议信非常不满，尤其对"偷运"二字极为愤怒。他说："对蒋夫人这样身份的人，用这类语言是不可宽恕的，这是印度政府的无礼和失态。"① 12 月14 日，宋子文召见薛穆，对英印政府的抗议信表示不满，并强调中国政府曾要求美军通知英印当局。他还要求薛穆收回那封抗议信，因为他不愿将此事报告给蒋介石和宋美龄而使事态恶化。当日，薛穆向英国政府汇报了宋子文的谈话，并"强烈建议此事应该被搁置下来"。② 18 日，艾登复电薛穆和英印总督："正如中国外交部部长所关心的那样，我赞成此事目前应该被搁置。"③ 至此，宋美龄过境印度的风波才暂时得以平息。

二 对宋美龄访英的期待与英王的邀请

在英国考虑是否向中国提出抗议之际，宋美龄在美国却受到了极高的礼遇。11 月 27 日，宋美龄抵达纽约，罗斯福总统的特别助理霍普金斯（Harry L. Hopkins）代表总统到机场迎接，并将她送至医院。白宫当日对外宣布蒋夫人在治疗结束后，将以总统及总统夫人上宾的身份前往白宫做客。④ 之后，总统夫人连续两天到医院探访宋美龄，可谓"殷勤倍（备）至"。⑤ 美国高调接待宋美龄，使英国倍感压力。宋美龄能否应邀来访，以及如何接待宋美龄，已引起英国上下的关注。12 月 2 日，路透社记者格林（O. M. Green）给英国外交大臣艾登写信，建议英国政府"邀请蒋夫人访问伦敦，并下榻白金汉宫"。⑥ 12 月 5 日，伦敦市市长的私人秘书对外宣称，蒋夫人将访问英国，市长希望邀请她在私人官邸共进午餐。⑦

① 《顾维钧回忆录》第 5 册，中国社会科学院近代史研究所译，第 292 页。
② "From H. Seymourto the British Foreign Office," December 14, 1942, British National Archives, FO 371/31710/F8295.
③ "From the British Foreign Office to H. Seymour," December 18, 1942, British National Archives, FO371/31710/F8295.
④ "From Halifax to the British Foreign Office," November 28, 1942, British National Archives, FO 371/31710/F8000.
⑤ 《蒋介石日记》（手稿），1942 年 11 月反省录。
⑥ "Letter from O. M Green to Anthony Eden," December 2, 1942, British National Archives, FO 371/31710/F8112.
⑦ "Visit of Madame Chiang Kai-shek to London," December 5, 1942, British National Archives, FO 371/31710/F8122.

然而，访印之后的蒋介石和宋美龄对英国极为"嫌恶"①，他们不仅没有访英的计划，还曾阻止宋子文访英。② 在蒋介石看来，接受邀请将抬高英国身价，伤害印度人民的感情。他说："英国欺弱畏强之性质是乃天成，故不可予以抬举，否则反为其轻侮。"③ 11 月 23 日，驻英大使顾维钧向蒋介石建议中英结盟，以建立中英美为核心的外交基础，蒋介石却告诫顾维钧说："毋背我外交根本方针，以解放亚洲被压迫民族，尤以不使印度民众失望为诫也。"④ 与蒋介石一样，宋美龄对英国也无好感。11 月 3 日，当顾维钧告诉宋美龄英国政府希望邀请她访问伦敦时，她明确表示不愿意接受邀请，并指责英国政府不仅未能给予中国援助，而且没收美国提供给中国的物资。⑤ 正因如此，在接到薛穆的邀请函后，蒋介石并未明确接受。12 月 2 日，中国外交部奉命复函薛穆，感谢英国政府的友好邀请，并说："蒋夫人此次赴美固为就医，如将来情形许可，当必欣然应此亲善之约，前往英国一行。"⑥

中国政府未能明确接受邀请令薛穆颇为不安。12 月 8 日，他拜会了宋子文，希望宋美龄能够接受邀请访问英国。宋子文则告诉薛穆，宋美龄此次赴美是为了治病，她的健康极为不好，家人对她非常担心，并对她的饮食做了严格要求，宋美龄很有可能难以访问英国。会后，薛穆向英国政府报告了他与宋子文的谈话，并建议由驻美大使哈利法克斯直接征询宋美龄的意见，"我希望哈利法克斯先生能够利用一切机会说服她来访"。⑦ 为此，英国政府电令哈利法克斯："请您告诉蒋夫人，让她通过您尽快让我们知道，她能否如我们所愿应邀来访。我们要尽可能提前知道她来访的确切日

---

① 《蒋介石日记》（手稿），1942 年 4 月 18 日上星期反省录。
② 蒋介石在日记中说："子文要求赴英，是其受英国运动，欲其赴英协商中英同盟问题也，余阻止之。"见《蒋介石日记》（手稿），1942 年 9 月 9 日。
③ 《蒋介石日记》（手稿），1942 年 11 月 16 日。
④ 《蒋介石日记》（手稿），1942 年 11 月 23 日。
⑤ 《顾维钧回忆录》第 5 册，中国社会科学院近代史研究所译，第 108 页。
⑥ 《复薛穆大使函译文》（1942 年 12 月 2 日），台北，"国史馆"藏，"蒋中正总统文物"，典藏号：002-080114-00020-016。
⑦ "From H. Seymourto the British Foreign Office," December 8, 1942, British National Archives, FO 371/31710/F8452.

期，只有这样，我们才能做好适当的安排来接待她。"①

英国外交部判断，中国之所以未明确接受邀请，可能是宋美龄对英国的接待规格存有顾虑，应该明确表示将邀请她下榻白金汉宫。不过，艾登对邀请宋美龄下榻白金汉宫尚无把握，因为英王和王后之前已明白表示，他们不需要配合罗斯福总统的接待方式。就外交礼节而言，这是无懈可击的，因为宋美龄不是国家元首夫人。他说："王后没有意识到，如果蒋夫人到来，她应该被视为国家元首夫人，得到如罗斯福夫人那样的待遇。"② 为了说服王室，艾登特意征询了前任英国驻华大使卡尔（Archibald C. Kerr）的意见。卡尔明确向艾登表示，从中英和英美关系来看，应该尽最大努力避免让宋美龄感到不满或认为自己受到了不如预想的待遇，这一点非常重要。如果宋美龄应邀来访，并受到礼遇的话，一定有助于改善中英关系。因此，他建议应该明确邀请宋美龄下榻白金汉宫。12 月 12 日，艾登根据卡尔等人的意见给国王的私人秘书哈丁（Alexander Hardinge）写信，希望王室能够改变主意，他说："我对这个问题已经提供了一些建议，并向卡尔先生请教过。正如我们所知，他对蒋氏家族有着特殊的研究。我们的想法是，蒋夫人抵英后的前两天应下榻白金汉宫，这样做是比较妥当的。因此，我恭敬地提请，在尚且不晚的时候，我们应再一次告诉陛下通融此事的重要性。如果陛下同意，我们可以在华盛顿放出消息，如果她访问英国，将下榻白金汉宫。"③ 然而，王室并未答复艾登的请求。28 日，哈丁复函艾登："关于邀请蒋夫人来访的信，我已呈给了国王。如果这阶段不必国王和王后陛下出面，这位夫人就能够给出肯定的答复，我认为陛下将会十分高兴。我相信，就国王和王后而言，1 月的任何时间都是不方便的，但为了接待蒋夫人，他们准备改变计划。"④

---

① "From the British Foreign Office to Halifax," December 9, 1942, British National Archives, FO 371/31710/F8141.

② "Visit of Madame Chiang Kai-shek to London," December 9, 1942, British National Archives, FO 371/31710/F8170.

③ "From Anthony Eden to A. Hardinge," December 12, 1942, British National Archives, FO 371/31710/F8170.

④ "From A. Hardinge to Anthony Eden," December 28, 1942, British National Archives, FO 371/31710/F8550.

　　王室的答复令英国外交部的官员们颇为失望。因为他们确信，宋美龄在没有明确自己将受到何种程度接待之前是不会贸然接受邀请的。如果事先对接待不满意，她将不会来访。而王室虽然愿意接待宋美龄，但不愿意在她接受邀请之前说出来。31日，外交部远东司致函艾登说："关于蒋夫人来访之事，我们似乎陷入了僵局。除非这个僵局被打破，否则她显然不会来访。……请您再次写信给哈丁先生，向他说明虽然您欣赏国王的观点，但事实上蒋夫人不会接受邀请除非她已确认了她将受到的待遇。您从各个角度说明她应邀来访是非常重要的，因此希望哈利法克斯先生可以告诉她，如果她访问英国，将被邀请下榻白金汉宫。"① 不过，艾登认为目前最有效的办法不是再次给王室写信，而是给哈利法克斯发电报，催促他尽一切努力请宋美龄对邀请做出明确的答复。"因为她的决定会影响陛下的准备。有足够的迹象表明，王室的款待是十分隆重的。"②

　　在说服王室的同时，英国外交部还请与蒋氏夫妇关系密切的克利浦斯（Richard S. Cripps）邀请宋美龄访英。12月21日，克利浦斯致函蒋介石："此间吾人切盼阁下能允任尊夫人于其健康状况可以离美时即来英访问。若此事不能实现，则中国暨阁下与夫人之诚挚友人全体将感极端失望。余确知其访问对于贵我两国间之邦交将有最大贡献，而尤以此时为甚。"③ 克利浦斯代表全体英国友人出面相邀，使蒋介石和宋美龄颇感为难。蒋在函件上批示："此英文原电转夫人，并问其愿否访英。"宋美龄则反过来又征询蒋的意见："克利浦斯电邀妹赴英一行，兄意如何？"④ 可见，他们内心仍然不愿访英。而就在同日，蒋介石却明确要宋美龄接受加拿大的邀请："加拿大总理邀妹赴加游历作上宾，对加外交关系重要，应允其所请。"⑤ 1月7

① "Visit of Madame Chiang Kai-shek to London," December 31, 1942, British National Archives, FO 371/31710/F8550.

② "Visit of Madame Chiang Kai-shek to London," January 4, 1943, British National Archives, FO 371/31710/F8550.

③ 《克利浦斯致委员长书》（1942年12月21日），台北，"国史馆"藏，"蒋中正总统文物"，典藏号：002-080114-00020-016。

④ 《宋美龄致蒋中正电》（1943年1月2日），台北，"国史馆"藏，"蒋中正总统文物"，典藏号：002-020300-00037-022。

⑤ 《蒋中正致宋美龄电》（1943年1月2日），台北，"国史馆"藏，"蒋中正总统文物"，典藏号：002-020300-00037-023。

日，宋美龄正式答复哈利法克斯："她的医疗顾问希望她能够避免身体和精神上的劳累，不要接受任何邀请，以免延缓康复。因此，这次访问暂时不会立即实现。"[1] 英国政府对此深信不疑，认为宋美龄康复后便会接受邀请。艾登说："我们认为如果哈利法克斯先生拥有我所建议的权力，那将是十分有价值的。在她健康允许时，他会在最有利的情况下重新提出邀请。"[2]

2月17日，出院后的宋美龄正式访问华府，罗斯福总统夫妇亲自到车站迎接。18日，宋美龄应邀在美国国会发表演讲，受到参众两院的热烈欢迎。宋美龄康复出院及其对白宫的成功访问说明之前不能接受邀请的理由已不复存在，因此英国政府决定再次向宋美龄发出邀请。与此同时，王室也接受了艾登的请求，同意出面邀请宋美龄。23日，哈利法克斯奉命向宋美龄转达英王和王后的邀请，希望她能够访问英国。[3] 次日，艾登在下议院发表演说，声称英国政府已正式邀请宋美龄访英："去年年底，吾人即已邀请蒋夫人来英，以后又曾再作一次邀请。余深信当时其健康尚不允许作确定之计划，然目前彼已完全康复，余有若干理由可以相信，且有一切理由可以希望此一高贵之夫人能在返华前来访吾国。"[4] 英国甚至明确表示，如她接收邀请，"下榻白金汉宫或温莎堡，任她挑选"。[5] 至此，困扰英国外交部的"僵局"已被打破，英王已给予宋美龄最热忱的邀请。

三 英国态度的渐冷与宋美龄取消访英

面对英王的邀请，宋美龄仍无意接受。她对哈利法克斯说，她非常感

---

① "Visit of Madame Chiang Kai-shek to London," January 7, 1943, British National Archives, FO 371/31710/F8550.

② "Visit of Madame Chiang Kai-shek to London," January 7, 1943, British National Archives, FO 371/31710/F8550.

③ "From Halifax to the British Foreign Office," February 24, 1943, British National Archives, WO 208/270A；《宋美龄致蒋中正电》（1943年2月24日），台北，"国史馆"藏，"蒋中正总统文物"，典藏号：002-020300-00037-064。

④ 《英政府殷望蒋夫人访英》，《中央日报》1943年2月25日，第2版；"From Parliamentary Question: Mr. Ivor Thomas," February 24, 1943, British National Archives, FO 371/35775/F1107。

⑤ 《顾维钧回忆录》第5册，中国社会科学院近代史研究所译，第218页。

谢英王和王后的盛情，但她必须服从医生的建议，因而目前无法做出具体的安排。① 然而，蒋介石却改变了态度。2月27日，他致电宋美龄："英王英后既来正式邀请，如再拒绝将甚失礼，应即允访英，并仍正式托哈立法克斯转报为宜。"② 3月14日，他再次劝宋美龄接受邀请。他说："艾登来访时必邀请吾妹游英，应即面允并作已允英国之请，决定访英之声明为宜。"③ 然而，宋美龄却表示："妹近来精神疲劳不堪，医生原不准妹再赴各地演讲，但为国家利益关系仍拟照原定计划赴芝加哥及美国西部。至英王英后邀请妹赴英之议，恐身体不堪负担，决婉言辞谢。"④ 对此，蒋介石在3月21日的日记中说："劝妻仍须力疾赴英，更应访加拿大。"⑤

英王发出邀请后，英国上下对宋美龄的访英极为期待，并通过各种形式向宋美龄表达敬意。3月11日，英国皇家外科医学院委员会授予宋美龄名誉院士称号，以表彰她"在救济难民和为自己国家的医学进步所做出的重大贡献"。⑥ 然而，由于蒋介石和宋美龄对邀请迟迟未决，使英国政府颇为难堪。3月中旬，薛穆曾催促顾维钧说："盼望实现这次访英，因为他认为，如不能实现，英国政府和人民一定会大失所望。"⑦ 宋子文也说："无论如何她应该及时做出决定，不要总叫英国等待。"⑧ 事实上，英国对中国的误解与不满日益加深，对宋美龄的访英热情逐渐冷觉。

3月21日，丘吉尔对战局发表演说，将中国排斥在大国之外。丘吉尔的演说不仅损害了中国的利益，而且极大地伤害了蒋介石的自尊心。他说："丘吉尔前日演讲词，专以先解决欧战问题为惟一算盘，而称英美俄

---

① "From Halifaxto the British Foreign Office," February 24, 1943, British National Archives, WO 208/270A.

② 《蒋中正致宋美龄电》（1943年2月27日），台北，"国史馆"藏，"蒋中正总统文物"，典藏号：002-020300-00037-065。

③ 《蒋中正致宋美龄电》（1943年3月14日），台北，"国史馆"藏，"蒋中正总统文物"，典藏号：002-020300-00037-076。

④ 《宋美龄致蒋中正电》（1943年3月19日），台北，"国史馆"藏，"蒋中正总统文物"，典藏号：002-020300-00037-077。

⑤ 《蒋介石日记》（手稿），1943年3月21日。

⑥ "Signal Honour for Madame Chiang Awarded Honorary Fellowship of Royal College of Surgeons," April 14, 1943, British National Archives, WO 208/270A.

⑦ 《顾维钧回忆录》第5册，中国社会科学院近代史研究所译，第238页。

⑧ 《顾维钧回忆录》第5册，中国社会科学院近代史研究所译，第257页。

为三大战胜国家，其无视我国与轻侮亚洲之观念毫未改过，更无觉悟。"[1] 28 日，他在日记中再次写道："丘吉尔演说遗弃我中国，其对我侮辱可谓极矣。"[2] 宋美龄对丘吉尔的言论更是不满，并于 22 日在芝加哥发表演讲，批驳丘吉尔"先欧后亚"以及由英美苏三国解决战后世界大问题的谬论。[3] 26 日，蒋介石致电宋美龄："访英问题不必肯定亦不必答复，观丘吉尔 21 日演词，对世界问题仍无觉悟，对中国观念毫无变更，将来政治似无洽商余地。如吾人此时访英将被视为有求于人，否则亦只有为其轻侮或反被其欺诈耳。"[4]

除丘吉尔发表轻视中国的演说外，艾登也拒绝了与宋美龄会晤的要求。3 月 27 日，在顾维钧的劝说下，宋美龄同意重新考虑访英问题，但要求先与艾登会面后再决定是否访英。然而，艾登以行程无法安排，以及担心"引起国内的各种怀疑与猜测"为由，拒绝由华盛顿赴旧金山与宋美龄会晤。[5] 4 月 1 日，蒋介石在日记中说："艾登已由美国赴加拿大返英，而未与吾妻会晤，此乃由丘吉尔演说所造成之结果。吾妻既发表英驻美大使面邀其访英，而以体力关系，未能允诺其请之意，则明示拒绝，彼自不便再谋晤面请求，此乃吾妻一时之感情过甚所致。然丘既侮辱吾国至此，自无访英之理。国际关系复杂，此事未必就此终结，其中或有变化，暂作静观待机可也。"[6] 此时，蒋介石内心颇为矛盾，他既对丘吉尔的演说非常愤慨，又担心拒绝英王的邀请会进一步损害中英关系。

在英国态度渐冷之际，宋美龄又于 4 月 14 日在纽约发表敦促英印当局释放尼赫鲁（Jawaharlal Nehru）的谈话。她说中美英苏四大国应发挥作用，允许落后国家获得自由，"目前印度的自由是世界问题，应当

---

① 《蒋介石日记》（手稿），1943 年 3 月 24 日。

② 《蒋介石日记》（手稿），1943 年 3 月 28 日上星期反省录。

③ "Madame Chiang Kai-shek Protests to Churchill," March 23, 1943, British National Archives, WO 208/270A.

④ 《蒋中正致宋美龄电》（1943 年 3 月 26 日），台北，"国史馆"藏，"蒋中正总统文物"，典藏号：002-020300-00037-079。

⑤ 《顾维钧回忆录》第 5 册，中国社会科学院近代史研究所译，第 266 页。

⑥ 《蒋介石日记》（手稿），1943 年 4 月 1 日。

将国大党领袖尼赫鲁释放，由他将印度人民的政治力量带入联合国的事业中，因为他是具有全球视野的政治人物，而尼赫鲁目前是英印当局的囚犯"。① 宋美龄的谈话引起了英印总督和英国政府的强烈不满。虽然宋子文向哈利法克斯做了解释，并透露"蒋夫人希望下月访问英国"②，但丘吉尔要求哈利法克斯对宋美龄访英"目前最好不必再做进一步的表示，因为蒋夫人最近有关印度的言论已引起印度总督的强烈不满，我们不能给人留下太追着她的印象"。③ 宋美龄的谈话也令蒋介石不安，他在日记中说："妻对纽约记者谈话，称'甘地思想褊狭与混沌'一语，不仅为英人利用，而且吾人对印度基本政策亦遭受不利之影响矣。应属其慎重，并催归。"④

英国态度的渐冷和蒋介石的"催归"电报，使宋美龄决定取消英国之行。4月28日，她告诉顾维钧，她身体"仍感不适，难以成行，委员长一直在催她早日回重庆"。⑤ 5月3日，宋美龄访问白宫，并通过罗斯福总统转告哈利法克斯："蒋夫人的确生病了，我建议她尽快返国。"对此，哈利法克斯认为："她的英国之行已不大可能。"⑥ 7日，宋美龄电告蒋介石："彼（罗斯福）不希望妹至欧，盖恐使妹身体更坏，且德人闻妹在英必派机轰炸，亦属问题也。彼告妹赴英之议，现赴似非时候也，妹已定取消赴英之意矣。"⑦ 宋美龄取消访英，使英国政府甚为不满。8日，哈利法克斯奉命与宋子文谈话，对宋美龄有关释放尼赫鲁的言论表示抗议，并希望他将抗议转达给宋美龄，"我们当然不想制造不必要的麻烦，但英王陛下政府十分

---

① "From Halifax to the British Foreign Office," April 20, 1943, British National Archives, WO 208/270A.
② "From Halifax to the British Foreign Office," April 21, 1943, British National Archives, PREM 4/28/7.
③ "From Prime Minister to Halifax," May 3, 1943, British National Archives, PREM 4/28/7.
④ 《蒋介石日记》（手稿），1943年4月15日。
⑤ 《顾维钧回忆录》第5册，中国社会科学院近代史研究所译，第280页。
⑥ "From Halifax to the British Foreign Office," May 4, 1943, British National Archives, WO 208/270A.
⑦ 《宋美龄致蒋中正电》（1943年5月7日），台北，"国史馆"藏，"蒋中正总统文物"，典藏号：002-020300-00037-089。

确信，总督的申诉有正当的理由"。①

事态的发展已使宋美龄访英陷入绝境。然而，随着丘吉尔访美，蒋介石再次转变态度，力劝宋美龄访英。5 月 11 日，丘吉尔抵达华盛顿，与罗斯福举行第五次会谈。蒋介石深恐英美会谈将牺牲中国利益，因此希望中国代表能参与此会，并要求宋美龄与丘吉尔会面。14 日，蒋介石致电宋美龄："丘吉尔既到华府，如能与其见面，则于公私皆有益。此正吾人政治家应有之风度，不必计较其个人过去之态度，更不必存意气，但亦必须不失吾人之荣誉与立场。此事可由顾维钧与哈立法克斯先行接洽，然后由罗总统为之介绍。"② 次日，蒋介石再次致电宋美龄："此次丘吉尔在美，终须设法会面方好。……若与丘相晤，丘约吾爱访英，则当面允其请。以最近经验与国际形势，吾爱能顺道访英，实与中国有益也。"③

为促成丘吉尔与宋美龄会晤，蒋介石一面通告美国政府，希望美国能邀请宋美龄参与英美会谈；一面指令顾维钧与英方接洽，商讨会晤地点。④ 15 日，顾维钧奉命约见哈利法克斯，希望他能设法安排宋美龄与丘吉尔在美国会晤。哈利法克斯表示，丘吉尔肯定非常乐意与宋美龄会面，但丘吉尔在华盛顿，而宋美龄在纽约，他担心丘吉尔无法抽身去纽约。⑤ 为此，哈利法克斯特意致电请示丘吉尔。次日，丘吉尔复电哈利法克斯：罗斯福总统已和他讨论了这个问题，罗总统准备邀请宋美龄参加下周五（5 月 21 日）在白宫举行的午餐会，并在午餐会上安排宋美龄与他会晤。⑥ 然而，宋美龄对这种安排并不满意。她对顾维钧说：丘吉尔目中无人，一定要她去华盛顿见他。为了维护国家和个人的礼仪与尊严，她谢绝了白宫的邀请。⑦

---

① "From Halifax to the British Foreign Office," May 8, 1943, British National Archives, WO 208/270A.

② 《蒋中正致宋美龄电》（1943 年 5 月 14 日），台北，"国史馆"藏，"蒋中正总统文物"，典藏号：002-020300-00037-097。

③ 《蒋中正致宋美龄电》（1943 年 5 月 15 日），台北，"国史馆"藏，"蒋中正总统文物"，典藏号：002-040100-00005-049。

④ 《蒋介石日记》（手稿），1943 年 5 月 15 日。

⑤ "From Halifax to Prime Minister," May 15, 1943, British National Archives, PREM 4/28/7.

⑥ "From Prime Minister to Halifax," May 16, 1943, British National Archives, PREM 4/28/7.

⑦ 《顾维钧回忆录》第 5 册，中国社会科学院近代史研究所译，第 307 页。

宋美龄拒绝白宫的邀请，令丘吉尔大为不满。他说："在纽约里兹（Ritz）饭店占据一层的蒋夫人是一个麻烦。总统邀请她出席今天的午宴，因为之前她表达了要与我会面的强烈愿望。但这位给自己颁发空军勋章的夫人，把自己当作中国的共同统治者，因而她回复说由我去纽约拜访她是必要的。我非常遗憾，这里的事务和行程非常繁忙，使我无法去纽约。总统无法理解为什么来自美国总统本人的邀请，她会认为有任何的不敬。宋子文先生认为她的行为就像一个被宠坏的孩子。"①

宋美龄拒绝与丘吉尔会晤，使访英问题彻底失去转机。对此，蒋介石在日记中批评她："固执己见，而置政策于不顾。"② 7月2日，中国驻美大使魏道明正式答复哈利法克斯："在过去的几个月，蒋夫人一直非常认真地考虑此次访问的可行性，但基于医生的建议以及急需返回中国，她非常遗憾地表示她无法使自己受益于英国政府的此次邀请。"③

6月28日，宋美龄乘专机启程返国。在美方的安排下，宋美龄再次过境印度而未通知英印当局。7月8日，英印总督要求英国政府对此提出抗议："我很遗憾，这个问题在上次未曾正式对待。如果说上次的行为仅仅是欠缺考虑造成的，那这次的行为就是刻意设计好的侮辱了。"④ 此时，埃默里也完全支持英印总督的意见，他对艾登说："正如我们一直所担心的，她又一次直接过境印度而未给印度政府任何告知或暗示。这真是给了我难以忍受的严重打击，我现在充分体会到了林里资哥的感受。"⑤ 然而，英国政府最终没有接受他们的意见。25日，艾登给英印总督和埃默里复电："我十分同意她的行为是非常令人难以忍受的。……至于目前这种情况，经过深思熟虑后，我们认为，再对中国抗议这个问题总体上是不恰当的。这看起来就像是我们的自尊心受到了伤害，并且蒋夫人也会找出自己的理由。完全无视她的无礼行为，表明我们不认可她是'引人注目的名人'反而对我

---

① "From Prime Minister to Foreign Secretary," May 21, 1943, British National Archives, PREM 4/28/7.

② 《蒋介石日记》（手稿），1943年5月18日。

③ "Letter from Ambassador of China Wei Tao-ming," July 2, 1943, British National Archives, FO 371/35776/F3569.

④ "Telegram from Viceroy," July 8, 1943, British National Archives, FO 371/35776/F3586.

⑤ "From Mr. Amery to the Secretary of State," July 12, 1943, British National Archives, FO 371/35776/F3586.

们有益。因此，如果宋子文提到任何有关于她的事，我们的建议是，对她没有接受我们的热忱只需简单地、冷淡地表示遗憾就够了。"[1] 毫无疑问，宋美龄取消访英伤害了英国人的感情，也使英国政府失去了面子。

四 结语

太平战争爆发后，中国的国际地位显著提高。面对战时中国的崛起，在亚洲具有众多殖民利益的英国，对中国加以防范的同时，又力图改善关系。英国邀请宋美龄访英，起初在于消除宋美龄对英国的"偏见"，促进中英关系的改善。随着宋美龄访美的成功，英国政府又将邀请宋美龄访英视为提升英国战时形象，促进中英美同盟关系的一项重要举措。因此，英国上下对宋美龄访英极为重视，从驻外使节、远东司到外交大臣、首相、王室都参与了事件的讨论。虽然出现宋美龄秘密过境印度之事，但英国仍接二连三地向她发出热忱邀请，明确欢迎她下榻白金汉宫。然而，由于争取美援是战时中国的最大任务，而中英双方在争取美援上存在竞争关系，且在欧亚战略、对华贷款、修订新约等问题上又存在分歧，因此面对英国的邀请，中国并没有给予足够的重视。除驻英大使顾维钧积极推动宋美龄访英外，包括外交部部长宋子文在内的高层领导都未曾真正参与其事。蒋介石面对英国的邀请，反复不决，迟迟不能予以明确答复，而宋美龄由于身体的不适及其对英国的抵触心理，始终没有访英的意愿。虽然蒋介石后来意识到访英的重要性，但始终未能说服宋美龄。宋美龄在访问美国且接受加拿大邀请之后取消访英，令英国政府极为尴尬和不满。一件本该收获友谊的外交事件却使中英关系更增困扰。

宋美龄取消访英后，英国上下对她的观感急转直下。在 1944 年赴巴西治病前和 1945 年自美返国前，宋美龄曾两次向英国透露访英的意愿，但英国政府对她的探询极为冷淡，不愿再发邀请，以免重蹈 1943 年的覆辙。艾登对顾维钧说，听到这个消息他非常高兴，但是"在炮弹横飞的特殊时期

---

[1] "From the Secretary of State to Mr. Amery," July 25, 1943, British National Archives, FO 371/35776/F3586.

并非访问的合适时机"。① 英王室也表示："如果她来访问，国王和王后将非常乐意邀请她共进午宴或下午茶，但几乎可以肯定的是，两位陛下将于 8 月的部分时间和整个 9 月离开伦敦。"② 英国的答复多少带有对宋美龄 1943 年取消访英的不满情绪。

① "Fromthe British Foreign Office to Buckingham Palace," June 4, 1945, British National Archives, FO 371/46266/F2864.
② "From Buckingham Palace to the British Foreign Office," June 5, 1945, British National Archives, FO 371/46266/F2864.

蒋廷黻与1961年“蒙古人民共和国入会案”

傅　敏*

1961年，台湾当局放弃对“蒙古人民共和国入会案”（以下简称“蒙古入会案”）的否决，得以继续占据联合国中国席位十年之久。一直以来，学术界对这一问题十分关注，但囿于史料，对于在此过程中蒋廷黻及其领导下的“常驻联合国代表团”的活动难窥究竟。本文考察了蒋廷黻对“蒙古入会案”的思考和具体运作，以期展现台湾当局围绕“蒙古入会案”的决策进程及与各方交涉的情况，呈现当时台湾当局“外交”决策机制的某些侧面。

一　争取台湾当局授权对“蒙古入会案”灵活投票

1955年后，亚非新独立国家陆续加入联合国，美国对联合国的控制力日渐削弱，台湾当局在联合国的压力日增。1960年10月，“缓议案”[①] 在联

* 傅敏，历史学博士，皖西学院思政部副教授。本文系国家社会科学基金重点项目“哈佛燕京图书馆藏‘蒋廷黻资料’整理与出版”（11AZS001）的阶段性研究成果，原刊于《当代中国史研究》2014年3期。

① “缓议案”是泰国在美国的授意下提出的提案，即对于中国代表权问题“暂缓讨论”，不进行大会表决，以达到维护台湾当局在联合国席位的目的。

合国大会（以下简称"联大"）第十五届常会中仅以微弱优势通过。^① 美国提出，既然"缓议案"无法续用，就主张以含有"两个中国"意味的新方案来替代；"外交部部长"沈昌焕认为应坚决抵制，其力主的"如非全璧，宁舍毋取"，得到蒋介石的认可。^②

此时，"毛里塔尼亚入会案"和"蒙古入会案"在联大被提上议事日程。毛里塔尼亚是法非集团的新独立国家，亟须加入联合国以获取国际社会的承认，遂于 1960 年 10 月向联大提交了入会申请，得到了法非集团的一致支持。苏联趁机将蒙古人民共和国（以下简称"蒙古"）入会申请与之捆绑，提出毛里塔尼亚和蒙古两国入会申请合并讨论的修正案。台湾当局陷入两难境地，若阻止蒙古入会，势必牵连毛里塔尼亚，将丧失法非集团的支持，这对台湾当局当时在联合国之处境，无疑是雪上加霜的。

1960 年 12 月，第十五届联大休会，1961 年 3 月复会。复会前，蒋廷黻提醒台湾当局，复会时处理"毛里塔尼亚入会案"和"蒙古入会案"将十分棘手，建议针对苏联的意图，必须向以美国为首的"已建立邦交"的国家及法非集团说明台湾的立场和处境的艰难，且"关键尤在前法属非洲国家"。同时，"尤需切洽"法国、土耳其、利比里亚、智利及厄瓜多尔五个安理会理事国对"蒙古入会案"的反对，至少弃权。^③ 因蒙古入会需两项必要条件：一是在安理会中至少获得七个理事国的赞成票；二是在这七票中，五个常任理事国不投反对票。

就在台湾当局未做最后决断时，美国透露正考虑与蒙古商谈建交，并决定改变对"蒙古入会案"的原定反对立场，即"在外蒙与多数国家树立邦交后，证明其为真正独立国家"，"可许其入会"。^④ 此举令台湾当局相当

---

① 蒋廷黻向"外交部"汇报称：该案"以四十二票赞同（较上届减去马来与寮国）、卅四票反对（除上届廿九不动外，另加阿比西尼亚、古巴、马利、赛利加及奈及尼亚五国）及廿二票弃权获通过。"参见《蒋廷黻致"外交部"电（1960 年 10 月 8 日）》，"蒋廷黻资料"，哈佛大学燕京图书馆藏；本文所引"蒋廷黻资料"均出自哈佛大学燕京图书馆。

② 《"总统"召见叶"大使"公超谈话纪录（1961 年 3 月 27 日）》，台北，中研院近代史研究所档案馆，"外交部"档案 805/0008。

③ 《蒋廷黻致"外交部"电（1961 年 2 月 28 日）》，"蒋廷黻资料"。

④ 《蒋廷黻致"外交部"电（1961 年 4 月 14 日）》，"蒋廷黻资料"。

震惊，蒋介石深感美国对蒙古入会态度"暧昧"，叹为"可痛"。① "外交部"指示蒋廷黻和叶公超协同向美方交涉，将台湾当局坚决反对美国承认蒙古入会资格之意告知美国国务院，指出美方此举是"基本原则上重大退却"，要求美国"在大会中勿作任何直接、间接赞同外蒙入会之表示或提议"，并设法使"毛里塔尼亚入会案"和"蒙古入会案"分开处理，坚定阻止蒙古入会。② 蒋廷黻对此却有不同看法，他认为按照美国新方案，蒙古"仍须照通常手续要求入会"，届时可借口蒙古"非真正独立"为由，加以阻止；如果反对美国新方案，法非集团对"毛里塔尼亚入会案"和"蒙古入会案"的"立场势必与苏联一致"，"将更难应付"，因此，"不应反对美国新办法"。③ 而沈昌焕并不认同蒋廷黻的这一看法，他认为美国的新方案"牺牲"了台湾的"基本立场"，主张"继续反对"。沈昌焕还强调，正值"代表权严重关头，此案尤有重大政治含义。政府及国内人士咸极关切"。④ 1961 年 4 月 21 日，美国不顾台湾当局的强烈反对，正式宣布改变对"蒙古入会案"原定的反对立场。

5 月 4 日，蒋廷黻受命返回台湾，当晚晋谒陈诚。蒋廷黻分析，欲抵制美国所提暗含"两个中国"之意的新方案，争取续用"缓议案"，至少需从法非集团获取五票支持。因此，必须得到法非集团对台湾当局阻止蒙古入会立场的谅解。为此，蒋廷黻建议，对"蒙古入会案"，台湾应"斟酌情形""临时决定反对或弃权"。这一对"蒙古入会案"灵活投票的建议，得到了陈诚的认可，却遭到沈昌焕的反对。沈昌焕认为，为减轻台湾当局在岛内所受政治压力计，必须在安理会否决"蒙古入会案"。⑤ 5 月 6 日，蒋廷黻参与"外交部"内会商。蒋廷黻强调，"对外蒙入会我若使用否决权，则（引起法非集团——引者注）反感大；若弃权，则反感小"，必须在"代表权要紧？抑外蒙要紧？"中抉择。对于与会人员寄希望以技术策略达到对

① 《蒋介石日记（1961 年 4 月 22 日）》，"上星期反省录"，斯坦福大学胡佛研究所档案馆藏。
② 《"外交部"致蒋廷黻电（1961 年 4 月 15 日）》，"蒋廷黻资料"。
③ 《蒋廷黻致"外交部"电（1961 年 4 月 15 日）》，"蒋廷黻资料"。
④ 《沈昌焕致蒋廷黻电（1961 年 4 月 16 日）》，"蒋廷黻资料"。
⑤ 《蒋"代表"晋谒"副总统"谈话简记（1961 年 5 月 4 日）》，台北，中研院近史所档案馆，"外交部"档案 805/0008。

"毛里塔尼亚入会案"和"蒙古入会案"分开处理的目的，蒋直言，"苏俄挟蒙案以否决茅案，为一政治问题，政治问题不能靠技术运用以求解决"。蒋廷黻再次提出对"蒙古入会案"灵活投票的建议，即在安理会讨论"蒙古入会案"时，如果赞成票达到七票，应投反对票，动用否决权；如果赞成票不足七票，可弃权。蒋廷黻强调"对外蒙基本立场，自将不变，但在运用方面，应考虑时局之变化"，"至于国内舆论责难，只好听之"。蒋的建议终未获得与会人员的认同。① 台湾当局最终决定在阻止蒙古入会的前提下，对蒙古入会案灵活投票。② 5 月 17 日，蒋廷黻带着台湾当局的授权返回美国。

二　试探放弃阻止蒙古入会换取
法非集团的全体支持

1961 年 5 月 17 日，蒋廷黻偕薛毓麒访晤美国常驻联合国代表史蒂文森（Adlai E. Stevenson）。史蒂文森警告，"如茅国因外蒙不能入会而遭苏联否决，法协非洲国家将全体反对任何支持我代表权之提案"。蒋廷黻回应，"非洲国家是否完全一致，不无疑问"。美国常驻联合国副代表岳斯特（Charles W. Yost）反驳，"目前好像完全一致"。史蒂文森进而探询，台湾当局在此形势下"能否变更态度，让外蒙入会"。蒋廷黻明确答复，"政府训令我阻止外蒙入会，必要时用否决权亦所不惜，不必要时可弃权"。史蒂文森对此答复表现"失望"。③ 于是，蒋廷黻试探，"假想茅蒙均获入会，此等非洲国家是否能在联大中支持中国代表权"。美方立即肯定答复，并表示双方可协同向非洲国家交涉。④ 此时，台湾当局面临法非集团的压力与日俱增。5 月 15 日，法国常驻联合国代表告知薛毓麒，法非集团国家对毛里塔

---

① 《"外交部"有关人员与蒋"代表"会谈简记（1961 年 5 月 6 日）》，台北，中研院近史所档案馆，"外交部"档案 805/0008。
② 《沈昌焕"部长"接见庄莱德"大使"谈话纪要（1961 年 5 月 12 日）》，台北，中研院近史所档案馆，"外交部"档案 805/0008。
③ 《蒋廷黻致"外交部"电（1961 年 5 月 17 日）》，"蒋廷黻资料"。
④ 《蒋"代表"廷黻与史蒂文生代表会谈简记（1961 年 5 月 17 日）》，台北，中研院近史所档案馆，"外交部"档案 805/0009。

尼亚入会愿望"异常迫切"，如果英美对"蒙古入会案"弃权，法非集团必将在联大投票赞成新中国入会，"以为报复"。① 5 月 19 日，法国代表再次与薛毓麒商谈，劝其权衡利害，"代表权应属头等重要之事，外蒙问题乃属次要"，"在政治上为争取首要目标，有时不得不付重大代价"。薛毓麒在强调"代价实太重大"，"政府纵欲付出，亦不能见谅于国人"的同时，也向法方试探，假设台湾"竟对外蒙不使用否决权"，"非洲各国是否可对我代表权积极投票支持"。法国代表立即回应称，"如能以此为交换条件"，相信"非洲各国必能忠实履行"。②

5 月 22 日，蒋廷黻获悉法国正协助毛里塔尼亚商请安理会其他理事国对"蒙古入会案"由弃权改为赞成，以使"蒙古入会案"获得必需的赞成七票。英国、厄瓜多尔及土耳其均有可能由弃权改为赞成。蒋廷黻再次向当局示警："外蒙与茅国必分开投票，但政治上不能分开。苏联将不遗余力使非洲国家了解，两案不能分开。任何程序上之分开似无济于事。"③ 与此同时，蒋廷黻继续积极活动，争取法非集团"谅解"台湾当局。

6 月 1 日，美国通知台湾当局，将正式与蒙古接洽建交。台湾当局认为，美国此举将成为"承认中共之先声"。④ 6 月 19 日，沈昌焕急电蒋廷黻，要求蒋廷黻更加坚定阻止蒙古入会的交涉立场。沈昌焕强调，对于美蒙接洽建交，台湾"各界均感严重关切，民意激昂"，认为美国此举是"背弃盟友，违反其反共立场"，"严促"台湾当局"向美方表示严正态度，坚守立场不得作任何让步"。⑤ 6 月 23 日，沈昌焕受蒋介石之命向庄莱德宣称：美国此举为"雅尔达密约⑥作风之重演"，台湾"绝不再尝第二次苦果"。⑦

法非集团却于此时进一步向台湾当局施压。7 月 5 日下午，尼日尔、科特迪瓦代表以法非集团发言人身份邀约薛毓麒晤谈，劝台湾当局"三

① 《蒋廷黻致"外交部"电（1961 年 5 月 16 日）》，"蒋廷黻资料"。
② 《蒋廷黻致"外交部"电（1961 年 5 月 20 日）》，"蒋廷黻资料"。
③ 《蒋廷黻致"外交部"电（1961 年 5 月 22 日）》，"蒋廷黻资料"。
④ 《沈"部长"昌焕约晤庄莱德"大使"谈话要点纪录（1961 年 6 月 5 日）》，台北，中研院近史所档案馆，"外交部"档案 805/0009。
⑤ 《沈昌焕致蒋廷黻电（1961 年 6 月 19 日）》，"蒋廷黻资料"。
⑥ 即《雅尔塔协定》。
⑦ 《沈"部长"约晤庄莱德"大使"谈话要点纪录（1961 年 6 月 23 日）》，台北，中研院近史所档案馆，"外交部"档案 805/0009。

思"，并以"彼此互助"相诱。薛毓麒首先声明，对"蒙古入会案"弃权是"放弃重大原则，殊难考虑"。薛毓麒还向对方试探，法非集团国家可否在大会中全体协助台湾，阻止蒙古入会，如此，可建议台湾当局放弃在安理会对"蒙古入会案"使用否决权。然而，对方表示，法非集团将在大会中对"蒙古入会案"投赞成票，对"中国代表权案"全体弃权，包括此前投反对票的塞内加尔在内。薛毓麒对以弃权作为互助条件表示不满。对方解释，台湾当局在联大中已获足够的支持票，若将来票数不足时，可转而相助。①

蒋廷黻等与法非集团交涉，试图劝说该集团全体在大会中投票反对蒙古入会案。如此，既可达到阻止蒙古入会目的，台湾当局也大可不必在安理会对蒙古入会案使用否决权。然而，这一交涉并未成功。

7月10日，蒋廷黻致电"外交部"："否决外蒙株连茅利坦尼亚，黑非国家势必报复，对代表权实质问题自有重大影响；若我弃权，听外蒙入会，虽未必敢担保黑非即全部或积极助我，但至少可获相当国家支助，两者后果自不能比拟。"②7月14日，"外交部"仍冀望于利用审议程序摆脱困局，询问蒋廷黻可否将"蒙古入会案"的审议时间延至"中国代表权案"审议之后，以及"塞拉利昂和科威特的入会案""有无可以运用之处"。③蒋廷黻明确表示，"欲冀程序上逃避外蒙案之先代表权问题而摊牌不可寄予希望"，"原则上，与外蒙牵连之新国愈多，对我之压力与困难自益增"。④此后，台美双方围绕"蒙古入会案"及中国代表权问题的应对策略进行数次会商。在7月18日的会商中，双方重点讨论如何在安理会中使支持蒙古入会的票数不足七票。美方认为英国是关键，有望与美国立场协调，"问题较大"的是法国。虽然美方提出该方案仍可能招致法非集团在中国代表权问题上报复台湾当局，但台湾与会人员坚持该方案是所

---

① 《蒋廷黻致"外交部"电（1961年7月6日）》，"蒋廷黻资料"。

② 《蒋廷黻致"外交部"电（1961年7月10日）》，"蒋廷黻资料"；《关于驻联合国蒋"代表"第88号电第（三）节之说明》，台北，中研院近史所档案馆，"外交部"档案805/0009。

③ 《"外交部"致蒋廷黻电（1961年7月14日）》，"蒋廷黻资料"。

④ 《蒋廷黻致"外交部"电（1961年7月17日）》，"蒋廷黻资料"。

能"让步之最高限度"。① 会商后，叶公超、蒋廷黻紧盯美方，力求美方积极商请安理会其他理事国对"蒙古入会案"弃权。② 但在 7 月 26 日的会商中，美方立场明显转变。美方首先质问台湾当局坚持认为"外蒙为中国领土之一部分"的"法理或政治"依据。蒋廷黻回避"外蒙是否为中国领土之一部分"的问题，辩解称阻止蒙古入会是基于蒙古为苏联的"附庸"的认定，但美方对此并不感兴趣，而是在着力劝说台湾当局放弃阻止蒙古入会的同时强调，为阻止蒙古入会，即使对安理会理事国进行活动使之对"蒙古入会案"弃权，仍将得罪法非集团。对此，台湾与会人员认为无法接受。蒋廷黻更是指责美国对蒙古入会的立场较"所想像者更具弹性"，在申明无论后果如何，台湾"立场决不改变"后，竟以罕见的强硬姿态退出会谈。③

三　呼吁当局放弃阻止蒙古入会

1961 年 7 月 29 日，陈诚以蒋介石全权代表身份访问美国，与美方高层四次会商，终未能在蒙古入会问题上达成一致。8 月 16 日，蒋廷黻有感于美国国务院围绕中国代表权问题的部署"思想似欠坚决，且不周到"，向台湾当局明确建议放弃阻止蒙古入会："阻止外蒙入会，必危害我代表权，纵使今日中美合作，外交全体动员，不能把握适当票数，在本届大会中，必须从非洲法语国家取得十票左右，取得以后，代表权问题可正式成为重要问题，一切排我纳匪提案，须三分之二票数，不但今年可渡此难关，二、三年内亦可无问题，而且苏联或印度在本届大会中，所提不利于我之议案，大会遭更多数反对，其比例可超过上届之四二对三四，一反仇我者所谓不

① 《中美官员关于联合国中国代表权问题之会谈简要纪录（1961 年 7 月 18 日）》，台北，中研院近史所档案馆，"外交部"档案 805/0009。
② 《"外交部"致蒋廷黻代电（1961 年 7 月 28 日）》《蒋廷黻致"外交部"电（1961 年 7 月 25 日）》，"蒋廷黻资料"。
③ 《中美官员关于联合国中国代表权问题之会谈简要纪录（1961 年 7 月 26 日）》，台北，中研院近史所档案馆，"外交部"档案 805/0009。

可挽回之趋势，故外蒙古入会，虽给我困难，同时亦给我外交机会。"①

8 月 20 日，陈诚复电称，岛内舆论大抵"主张坚守原则，不可动摇"，"蒙古入会案"关系重大，正待蒋介石"最后核定"。② 8 月 25 日，"外交部"急电蒋廷黻，当局最终决定"维持原定立场"，要求蒋廷黻亲自与英国等安理会理事国代表秘密接洽，争取他们对"蒙古入会案"弃权。③ 8 月 26 日，陈诚再次致电蒋廷黻："必须坚守原则，不可动摇"。④蒋廷黻的上述建议终未被台湾当局采纳。9 月 2 日，蒋介石召集陈诚、"总统府秘书长"张群、"行政院副院长"王云五和沈昌焕讨论后，决定"下破釜沉舟决心"，要求"务应绝对避免任何言辞使人误认我仍心存犹豫，尚有伸缩余地"。⑤

直至第十六届联大开幕前，蒋廷黻仍尝试使新会员国入会问题拖延至中国代表权各案议决之后处理，⑥ 但未能成功。此后，对台湾当局不利的消息纷至沓来，就连 11 日赶到纽约督阵的沈昌焕也不禁感叹"前途如何，难以预料"。⑦ 9 月 14 日，蒋廷黻向"外交部"汇报称，原先倾向对"蒙古入会案"弃权的国家"已摇动"，"一般空气"均对台湾当局否决"蒙古入会案"的后果表示"担忧"。⑧ 此时，欲阻蒙古入会，唯有使用否决权，台湾当局着手部署否决蒙古入会。9 月 20 日，主持"外交部务"的"外交部次长"许绍昌请示沈昌焕："岳公（指张群——引者注）顷嘱研究我倘否决外蒙，届时政府及代表团发表声明，自应互相配合，其方式及内容为何？"⑨ 9 月 22 日，蒋廷黻复电详释与沈昌焕商定的应对策略以及否决"蒙古入会案"后在安理会中发表的声明，"决定强调苏俄并案处理之办

① 《抄驻纽约蒋"代表"廷黻第一二八号电（1961 年 8 月 17 日）》，台北，中研院近史所档案馆，"外交部"档案 805/0010。
② 《陈诚致叶公超蒋廷黻电（1961 年 8 月 20 日）》，"蒋廷黻资料"。
③ 《"外交部"致蒋廷黻电（1961 年 8 月 25 日）》，"蒋廷黻资料"。
④ 《陈诚致蒋廷黻叶公超电（1961 年 8 月 26 日）》，"蒋廷黻资料"；《陈"副总统"致叶"大使"蒋"代表"电抄本（1961 年 8 月 26 日）》，台北，中研院近史所档案馆，"外交部"档案 805/0010。
⑤ 《沈昌焕致叶公超蒋廷黻电（1961 年 9 月 3 日）》，"蒋廷黻资料"。
⑥ 《蒋廷黻致"外交部"电（1961 年 9 月 7 日）》，"蒋廷黻资料"。
⑦ 《沈昌焕致"外交部"电（1961 年 9 月 16 日）》，"蒋廷黻资料"。
⑧ 《蒋廷黻致"外交部"电（1961 年 9 月 14 日）》，"蒋廷黻资料"。
⑨ 《许绍昌致沈昌焕蒋廷黻电（1961 年 9 月 20 日）》，"蒋廷黻资料"。

法为无理违法"。①

法非集团决定对台湾当局施加更大压力。9 月 21 日晚，联合国总务委员会审议新西兰和苏联分别提出的有关联合国中国代表权问题的提案。投票前，蒋廷黻等"恳商"尼日尔对苏联提案投票反对，至少应弃权，结果尼日尔、利比里亚均投票赞成苏联提案。蒋廷黻分析，此事反映了法非集团内部的"协调"。② 9 月 23 日，美方告知薛毓麒，尼日尔投票赞成苏联提案是法非集团对台湾当局的"严重警告"，以示该集团在联合国中国代表权问题上将一致投票，"决无例外"。美方强调，投票反对台湾当局在联合国占据中国代表权的国家已经超过投赞成票的国家，"形势极为险恶"。③ 但台湾当局仍决意阻止蒙古入会。9 月 25 日，陈诚召集王云五、张群等会商后报告蒋介石，蒋介石决定"坚决贯澈既定政策，不计成败，以阻外蒙入联合国"，④ 并手书电文，指示沈昌焕和蒋廷黻："切勿畏任何危难或压力有所摇撼"，要求"再将中央决议文切实体认为要"。⑤ 蒋介石责令在纽约的一线"外交官"不得对阻止蒙古入会的原则立场存动摇之念。9 月 26 日，安理会审议"蒙古入会案"的当日凌晨 2 时，沈昌焕急电指示"外交部"，"廿六日我否决外蒙后，茅、塞可能有反应，希迅指示该两馆预作闭馆准备，以防万一"。⑥ 台湾当局显然做好了否决蒙古入会的准备。

四　建议审议"蒙古入会案"时不退席

虽然一线"外交官"已做好应对否决蒙古入会后面临困境的准备，但在各方强大的压力下，蒋介石终于无力强撑。在 10 月 1 日的日记中，蒋介石首度透露改变阻止蒙古入会立场之意。10 月 2 日，蒋介石与庄莱德谈话，

---

① 《蒋廷黻致许绍昌电（1961 年 9 月 22 日）》，"蒋廷黻资料"。
② 《"代表团"致"外交部"电（1961 年 9 月 22 日）》，"蒋廷黻资料"。
③ 《蒋廷黻致"外交部"电（1961 年 9 月 23 日）》，"蒋廷黻资料"。
④ 《"外交部"致"代表团"电（1961 年 9 月 25 日）》，"蒋廷黻资料"。
⑤ 《蒋介石致沈昌焕蒋廷黻并转各代表电（1961 年 9 月 25 日）》，"蒋廷黻资料"。
⑥ 《沈昌焕致"外交部"电（1961 年 9 月 26 日）》，"蒋廷黻资料"。

交涉对"蒙古入会案"让步的条件。① 台湾决策层紧急运作改变对"蒙古入会案"的立场，却并不愿让纽约的"外交官"们知悉。10 月 4 日，蒋介石向在纽约督战的沈昌焕解释，2 日与庄莱德的谈话"并非对我政府既定政策有所改变，乃在我否决外蒙以前，为对甘乃迪（通译肯尼迪）总统不能不乘此时机亦表示我私人应有之情义"，请沈昌焕"勿误会，一切工作应照预定方针准备为要"。② 10 月 5 日，沈昌焕遵令向"高级同人"释告，台湾促请安理会审议入会案延期，"并非政府已改变原定方针"。沈昌焕甚至因"恐时机上没有考虑"，未将蒋介石来电内容告知任何人，仅在与蒋廷黻谈话时称"目前为一极微妙阶段，在未奉政府明确训令改变立场以前，吾人仍宜作否决外蒙之部署"。③ 10 月 18 日，台湾当局与美国秘密达成协议，最终放弃阻止蒙古入会。此后，以蒋廷黻为首的台湾"常驻联合国代表团"与各方着力交涉两点：第一，确保美国对"蒙古入会案"弃权，并力促法非集团于台湾当局放弃阻止蒙古入会后，兑现在联合国中国代表权问题上一致支持台湾当局的承诺；第二，安理会审议"毛里塔尼亚入会案"和"蒙古入会案"的程序。

鉴于 1960 年法非集团中的部分国家在审议前承诺支持台湾，而在大会票决时未遵守承诺，多投弃权票，蒋廷黻对索取法非集团兑现承诺一事颇费思量。蒋廷黻先后在日本代表的见证下向法非集团索取兑现承诺的保证，此举成功。随后，蒋廷黻又试图使法非集团直接向美国代表团做出兑现承诺的保证，却只获得法非集团向美方承认确曾对台湾当局做出承诺的表示。蒋廷黻对此颇感"可惜"，却又无可奈何。④

对于审议入会案的程序，蒋廷黻也先与安理会主席商量由各国代表对"蒙古入会案"和"毛里塔尼亚入会案"发言后，再对两案表决，以确保苏联不会出尔反尔。后又与利比里亚代表商妥，由其出面提出将"毛里塔尼亚入会案"和"蒙古入会案"合并为一案，先分段表决，再对全案总表决，

---

① 陈红民：《蒋介石与 1961 年联合国"外蒙入会案"》，《社会科学辑刊》2012 年第 2 期。

② 《蒋介石致沈昌焕酉支电（1961 年 10 月 4 日）》，台北，"国史馆"，"蒋中正总统文物"002-010040-00033-013。

③ 《沈昌焕致蒋介石陈诚支电（1961 年 10 月 5 日）》，台北，"国史馆"，"蒋中正总统文物"002-090103-00001-037。

④ 《蒋廷黻致"外交部"电（1961 年 10 月 24 日）》，"蒋廷黻资料"。

以便在分别表决时，如两国中有一国入会遭否决，在总表决时任何一方仍可使用否决权，使全案不得通过。蒋廷黻且与岳斯特会商，要求先审议"毛里塔尼亚入会案"，并请美方采纳蒋廷黻与利比里亚代表商定的方案，试图协调双方的投票办法。①

就在蒋廷黻围绕索取法非集团承诺及审议入会案程序问题与各方紧张交涉时，台湾当局指令蒋廷黻于安理会表决"蒙古入会案"时退席，而不是蒋廷黻在交涉时所称不参加投票即可。10 月 24 日，蒋廷黻数次致电台北，请求台湾当局收回退席之令。蒋廷黻先致电"外交部次长"许绍昌和王之珍，称："此间研究结果，明日安理会会议票决外蒙入会案时，我只宜不参加投票，不宜退席。"后电请"外交部"转呈陈诚，由于安理会程序变化多端，必须临机应付，若退席后发生对台湾当局不利的形势，"恐有不及照顾之虞"。如果安理会采用将"毛里塔尼亚入会案"和"蒙古入会案"合并为一案表决时，"尤不便退席"，并且在安理会历史上仅苏联代表曾退席，"似不应步其后尘"，因此，只宜不参加投票，"以策万全"。②台湾当局并未接受蒋廷黻的意见。10 月 25 日，陈诚令许绍昌以特急电达沈昌焕和蒋廷黻，"蒙案必须退席"。后令许绍昌再电沈昌焕和蒋廷黻两人详释退席因由：首先指明，"退席用意，在尽量表示我与蒙案之投票，绝对无关，并系强烈抗议恣态。对内对外，均有必要。此项办法，经院会决定，并先已呈报总统。立法院会议中亦有此要求，务须照办"。其后，详述对"毛里塔尼亚入会案"和"蒙古入会案"总表决与分案表决各种情况下如何应对，明确要求与各方交涉，反对先分案表决再并案总表决的方案。最后强调，退席一事为"对内交代，极为重要，希切实办理"。③

10 月 25 日下午，安理会召开会议审议"蒙古入会案"和"毛里塔尼亚入会案"。会前，苏联坚持必须先审议票决"蒙古入会案"，后议决"毛里塔尼亚入会案"，台湾当局无奈妥协。结果，会议先议决"蒙古入会案"，该案以九票赞同获得通过。"毛里塔尼亚入会案"也以九票赞成通过。蒋廷

①《蒋廷黻致"外交部"电（1961 年 10 月 23 日）》，"蒋廷黻资料"。
②《蒋廷黻致"外交部"电（1961 年 10 月 24 日）》，"蒋廷黻资料"。
③《许绍昌致沈昌焕电（1961 年 10 月 25 日）》，"蒋廷黻资料"。

黻在对"蒙古入会案"审议阶段表述台湾当局的基本立场后，退席离开会场，未参加对该案的票决。[①] 安理会议决通过"蒙古入会案"和"毛里塔尼亚入会案"后，再提交联合国大会审议。10 月 27 日，大会审议通过。会前，台美会商表决办法，美方认为，"蒙古入会案""如付表决，无反对票，即弃权亦不多"，对台湾当局"并无有利作用"。最后，仅台湾当局重申立场并申明不参加投票，主席宣布无异议通过。[②] 至此，1961 年，"蒙古入会案"和"毛里塔尼亚入会案"尘埃落定。

---

① 《蒋廷黻致"外交部"电（1961 年 10 月 25 日）》，"蒋廷黻资料"。
② 《"代表团"致"外交部"电（1961 年 10 月 27 日）》，"蒋廷黻资料"。

第一次世界大战后北京政府之
遣送德侨与对英交涉

魏兵兵[*]

1914 年 7 月底至 8 月初，第一次世界大战全面爆发。北京政府于
1917 年 8 月对德意志帝国和奥匈帝国宣战，加入协约国集团。"一战"
结束后，北京政府曾于 1919 年初大规模遣送德、奥两国侨民回国。由
于原奥匈帝国在华侨民人数甚少，故遣送之敌侨绝大多数为德人。北京
政府遣送敌侨的决策和执行过程都受到其他协约国的胁迫与干涉，其中
英国扮演了异常积极的角色，旨在将德国势力逐出中国，由此引发了
中、英之间的频繁交涉。

"一战"后北京政府大规模遣送敌侨是近代中国历史上的破天荒之举，
影响十分深远，但学界对于这一事件迄今尚乏系统、深入的探讨。[①] 本文考
察北京政府遣送敌侨的决策和施行经过，特别关注中、英之间的相关交涉
情形，以期增进对于"一战"前后中外关系的认识。

---

[*] 魏兵兵，新加坡国立大学哲学博士，浙江大学人文学院博士后，哈佛—燕京学社访问研究
员，现为中国社会科学院近代史研究所助理研究员。本文原刊于《史林》2015 年第 3 期，
收入本文集时内容有所删简和调整。

[①] 张开森对 1918 年中国与其他协约国关于德侨问题之交涉进行了细致的考察，未涉及战后遣
送敌侨的经过。张开森：《1918 年在华德侨处置案引发的中外交涉》，《近代史研究》2011
年第 3 期。简雯对遣送敌侨经过进行了简略描述，但对其间中外交涉的曲折情形几无着墨。
简雯：《一战时期北京政府德侨处置问题初探》，硕士学位论文，湖南师范大学历史文化学
院，2012，第 41~44 页。

一 "一战" 时北京政府对德侨之处置与协约国的不满

"一战"全面爆发后，北京政府随即宣布中立，以避免卷入大战。此后，为防止日本乘机夺取德国在山东的权益，也为能在战后和会上收回利权、提高国际地位，北京政府曾两次试图参战，但因无法获得主要协约国的一致支持，皆未成功。① 1917 年 1 月 31 日，德国宣布在指定海域内实施无限制潜艇袭击政策。北京政府追随美国，于 3 月 14 日宣布对德断交。德政府请荷兰代为照料德国在华利益，北京政府则请丹麦代为照料中国在德国之利益。8 月 14 日，北京政府正式对德奥宣战。

自鸦片战争以来，西方列强先后进入中国攫夺利益，德国虽抵达较晚，却进展迅猛。在与其他列强共享各种特权的同时，还向中国提出由德国独享的各种权益；至 19 世纪末，德国在华之经济权益在很多方面已仅次于英国。② 据统计，截至"一战"爆发的 1914 年，德国在华投资总额共计 2.636 亿美元，洋行 273 家，侨民 3000 人左右。③ 在华德侨中，除从事经商和其他社会事业者外，还有不少受雇于中国政府机关。据时人统计，"一战"前在华各机关服务的德籍人士有将校 1 人，海关职员 202 人，文官及普通技师约 80 人，税吏 11 人。大战第二年，德人在华的投资总额和洋行数量皆明显下降，但侨民人数反增至 3700 多人。④

对德绝交后，北京政府即着手处理德国在华利益和侨民问题。一是对德国在华的各项特殊权益采取了强制性措施，如撤废德国驻兵权、收回天津和汉口德租界、暂停向德国拨付庚子赔款等；⑤ 二是德国公使和领事被令

---

① 参见黄嘉谟《中国对欧战的初步反应》，（台北）《中央研究院近代史研究所集刊》第 1 期，1969 年 8 月 31 日；徐国琦《中国与大战：寻求新的国家认同与国际化》，马建标译，上海三联书店，2008，第 107~110 页。

② 〔美〕柯伟林：《德国与中华民国》，陈谦平、陈红民、申晓云、武菁译，江苏人民出版社，2006，第 8 页。

③ 〔美〕柯伟林：《德国与中华民国》，陈谦平、陈红民、申晓云、武菁译，第 25 页；蒋恭晟：《中德外交史》，中华书局，1929，第 91 页。

④ 蒋恭晟：《中德外交史》，第 91、92 页。

⑤ 张忠绂：《中华民国外交史》（一），正中书局，1943，第 214~215 页；陈荣广、王几道编纂《外交新纪元》，泰东图书局，1917，第 16~17 页。

限期出境，驻华德国官兵（包括使馆卫队）被解除武装，或准予出境或交由地方政府监视；三是对于普通德侨，北京政府则按照国际公法，基本上采取宽大的保护性政策。德侨可自主决定去留，留在中国境内的德侨向地方官厅登记后，"得于原有住所继续居住，并得从事于平和适当之职业，及受身体财产之保护"，而且经批准后，仍可在中国境内旅行或移居。但对于不按规定登记甚至在华进行违法或不利于中国活动的德侨，政府可令其出境或限制其行动自由。① 在中国政府及各界服务之德侨，倘若与公共安全无关，仍可继续服务，但于必要时可将其解职。所有中国兵工厂、军校及铁路所聘德人皆被辞退，一些在中国海关、矿山和邮政等机构任高级职务的德人也被停职，但仍可在境内居住，并得到地方政府的保护。②

1917 年 8 月对德宣战后，北京政府并未改变对待德侨之基本方针。按照内务部所颁《处置敌国人民条规》，德侨经登记核准后，可在原居住地继续居住，其身体、生命和私人财产仍受保护；只有在保护不便或必要时，地方官员可令德侨移居至指定地点或令其出境；德侨仍可在华从事和平正当之事业，唯禁止旅行游历。③ 虽然在中国政府部门任职的德侨均被解职或停职，但服务于教育界者，如与德政府之军务完全无关者，可按原定契约继续留任。④ 对于一些生计艰难又暂时无法出境的德侨，北京政府还给予了人道主义救济。⑤ 由于北京政府的温和政策，中德宣战后，绝大多数德侨选择了留在中国。

北京政府自称，其处置德侨办法是依据战时国际公法并参照日本对德

① 《内务、陆军部致各省军民长官电》（1917 年 3 月 15 日），前北京政府外交部编《外交文牍·参战案》，台北，文海出版社，1966 年影印本，第 45~46 页。

② 《对德问题之西报消息》，《申报》1917 年 3 月 22 日，第 6 版；《对于德人之紧急处分》，季啸风、沈友益主编《中华民国史史料外编（中文部分）——前日本末次研究所情报资料》第 1 册，广西师范学院出版社，1997，第 194 页；《收交通部咨（1917 年 3 月 20 日）》，陈湛绮编辑《民国外交部第一次世界大战档案汇编》第 3 册，全国图书馆文献缩微复制中心，2009，第 1051 页。

③ 《内务部致外交部咨》（1917 年 8 月 17 日）附件一《处置敌国人民条规》，前北京政府外交部编《外交文牍·参战案》，第 65~66 页。

④ 张忠绂：《中华民国外交史》（一），第 227 页。

⑤ 《咨知救济无资力敌侨办法》，1917 年 9 月 13 日，北洋政府外交部档 03-36-060-01-020，台北，中研院近史所档案馆藏；以下不再注馆藏地。

宣战后之措施而制定的，并表示在保护德侨的同时，将严密监视其举动。①
但实际上，战时北京政府对德侨的管理十分松懈，引起协约国的不满。"一
战"爆发后，欧洲各交战国对境内敌侨都监视甚严，并采取了看管政策。②
早在北京政府预备对德绝交时，协约国方面即对中方处置德侨的预备方针
不以为然。此后，协约国在与北京政府商谈参战条件时，要求拘留指定的
重要敌侨，但中方仅答应拘禁被发现图谋不轨的敌侨。③ 1918 年 2 月，协约
各国驻京公使团照会外交部，称中国各地均未遵照规定办法处置敌侨，望
饬令地方官员注意执行。④ 3 月初，苏俄和德国及其盟国签订《布列斯特和
约》，协约国方面认为西伯利亚释放的德、奥俘虏可能与中国境内的敌侨进
行联络活动，危害中国安定和协约国利益，故提议立即将敌侨全部遣送至
澳大利亚并加以拘禁。北京政府迫于压力接受了这一建议，但遭到国内舆
论的反对。在得知法、英两国准备以不驱逐境内德侨为条件与德国协商交
换俘虏后，北京政府与协约国方面重新交涉，最终于 7 月底商定放弃遣送计
划，改为将重要敌侨集中拘禁。⑤

　　在各协约国中，英国是主张严厉处置德侨最为积极者。英国驻华公使
朱尔典（John Jordan）是当时各国驻京外交使团的领袖，其他协约国在德侨
问题上基本以英国之态度为转移，因此北京政府的相关交涉通常与英国方
面单独进行。由于北京政府拘禁敌侨的工作进展迟缓，朱尔典数次造访外
交部表达不满，称此事主要由中、英两国协商处理，其他协约国都与英国
态度一致，朱氏要求中国在助英和助德之间做出选择。⑥

　　尽管以英国为首的协约国屡次施压，北京政府仍对拘禁德侨态度消极。
1918 年 8 月初，内务部在京西房山县西峪寺设立敌侨收容所，但截至 11 月

① 《预筹宣战后之待遇德侨》，《申报》1917 年 8 月 12 日，第 10 版。
② 〔德〕奥本海：《奥本海国际法——战争与中立》，岑德彰译，商务印书馆，1934，第 122~
　124 页。
③ 〔美〕波赖：《最近中国外交关系》，曹明道译，正中书局，1935，第 22~23、32~33 页。
④ 《公使团对于处置敌侨之微言》，《申报》1918 年 2 月 21 日，第 10 版。
⑤ 详见张开森《1918 年在华德侨处置案引发的中外交涉》，第 81~83 页。
⑥ 参见张开森《1918 年在华德侨处置案引发的中外交涉》。

11 日大战结束时，仅拘押了 21 人。① 战时北京政府之所以不愿严厉处置德侨，除了国际公法和人道主义的考虑外，至少还受到两方面因素的影响。一是为战后中德关系留下转圜余地，避免中国主权和利益受损。若过于苛待德侨，就会立刻引起德国对华侨的报复；而且如德国最终获胜，中国将为此付出更大的代价。② 二是中国朝野对德侨持同情心理。中德宣战前，两国关系实比中国与英、法、日等协约国的关系更为和睦，很多中国精英视德国为民族富强的榜样，故北京政府对德宣战曾遭遇各界激烈反对。③ 宣战之后，中国并未与德国直接交战，没有强烈的仇德情绪，军政官员和社会人士中同情德侨者为数甚众，一些地方要员甚至为德侨的活动提供庇护和帮助。④

即使到了战争末期，北京政府仍无意对德侨采取强硬的处置措施，这再度引起协约国方面的强烈不满。1918 年 10 月 30 日，各协约国驻华公使代表各自政府，联合向外交部提交了一份备忘录，指责中国参战不力，并列举 12 点注意事项，其中即包括纵容敌侨在华从事秘密活动而不从速拘留，一些地方的官员还被指责有助敌嫌疑。备忘录警告北京政府及时采取"补救"措施，切实保护和增进各协约国利益，否则将影响中国在战后和会中的地位及利益。⑤ 此时，大战结束已指日可待，且有的协约国似乎确实不希望中国参加和会。北京政府鉴于事态严重，经过审慎讨论于 11 月 10 日做出答复，表示中国将对备忘录中各款遵办不怠。⑥ 次日，德国投降，第一次世界大战结束。

---

① 张开森：《1918 年在华德侨处置案引发的中外交涉》，第 87~88 页；John Jordan to Earl Curzon of Kedleston, June 2, 1919, 英国外交部档 FO 371/3681/111276，英国国家档案馆藏，下文不再注馆藏地。

② 徐国琦：《中国与大战：寻求新的国家认同与国际化》，马建标译，第 90 页。

③ 参见〔美〕波赖《最近中国外交关系》，曹明道译，第 7~8 页；蒋恭晟《中德外交史》，第 41~42 页；徐国琦《中国与大战：寻求新的国家认同与国际化》，马建标译，第 90 页。

④ 《西报之批评我国处置敌侨》，《申报》1918 年 4 月 19 日，第 3 版；《协约国对我国处置敌侨之责备》，《申报》1918 年 11 月 2 日，第 6 版。

⑤ 陈志奇辑编《中华民国外交史料汇编》第 2 册，台北，渤海堂文化事业有限公司，1996，第 718~719 页。

⑥ 《说帖提出后之各方面》，季啸风、沈友益主编《中华民国史史料外编（中文部分）——前日本末次研究所情报资料》第 1 册，第 514 页；陈志奇辑编《中华民国外交史料汇编》第 2 册，第 720 页。

二　战后英国力促北京政府遣送德侨

北京政府承诺遵照 10 月 30 日备忘录办理后，各协约国公使暂表接受。外交部于 11 月底设立处置敌侨委员会，其成员包括来自国务院及内务、外交、财政和农商四部的 7 位官员，以及英、法、美、日四国使馆参赞各一名，五国成员共同协商处置敌侨相关事宜。[①] 此时，协约国方面仍贯彻备忘录中所提要求，督促北京政府拘禁重要敌侨。

随后，英国公使朱尔典又提议北京政府遣送敌侨，且遣送对象不限于协约国指定的重要敌侨，而是所有在华敌侨，遂引起中英之间的新一轮交涉。朱尔典称，之所以重新提出遣送计划，理由是中方难以贯彻拘禁所有重要敌侨政策，只有将敌侨全数遣送才是解决中国境内敌侨非法活动问题的唯一可行的方案。他在 12 月 9 日致英国外交部的电报中认为，如果协约国方面能提供必要的航运工具，则可说服北京政府同意遣送全部敌侨，英国外交部回电命令朱尔典敦促北京政府将所有敌侨遣送出境。[②] 24 日，朱尔典与法国驻华公使柏卜（Auguste Boppe）先后拜访外交部，称协约各国均准备遣送敌侨，中国应仿照办理。[③] 30 日，朱尔典又向外交总长陆征祥建议，先期遣送上海的重要敌侨和拘押于房山西峪寺内的敌侨，然后再将其他各埠和内地的敌侨陆续集中后一并遣送出境。陆征祥称他个人并不反对这一建议，但遣送前需先由内务部安排清理敌侨财产事宜。[④] 次日，英国外交部再次电令朱尔典尽快促成此事，并称英国政府将提供遣送所需的邮

---

① 《请派员组织委员会议处置敌侨办法由》，1918 年 11 月 22 日，北洋政府外交部档 03-36-046-04-001；《京华短简》，《申报》1918 年 11 月 28 日，第 3 版；《敌侨委员会之各委员》，季啸风、沈友益主编《中华民国史史料外编（中文部分）——前日本末次研究所情报资料》第 1 册，第 549 册。

② John Jordan to Earl Curzon of Kedleston, June 2, 1919.

③ 《内务总长钱能训呈大总统筹办遣送敌侨回国情形文》（1919 年 1 月 24 日），《政府公报》第 1811 号，1919 年 2 月 6 日。

④ Decypher. Sir J. Jordan, December 30, 1918, 英国外交部档 FO 371/3680/50。

轮。[1] 同时，英国财政部也准备承担三分之一的遣送费用。[2] 英国驻京使馆人员遂继续向北京政府施压，北京政府只得于 1919 年 1 月 7 日将遣送敌侨一事提交国务会议讨论。

同日，处置敌侨委员会召开第一次会议，列席者中方代表 6 人，英、法、美、日四国参赞各 1 人。英国参赞巴尔敦（Sidney Barton）在会上强烈建议将在华敌侨全部遣送出境，称此举对中国至少有三种好处：（1）对于中国出席巴黎和会可产生良好影响；（2）中国与德、奥议和时，两国在华势力一扫而空，反而容易就范；（3）遣送敌侨后，其财产完全清理，中国政府可将之作为抵押品争取更多赔偿。巴尔敦的建议得到了法国参赞的支持，但美国参赞丁家立（Charles D. Tenney）和日本参赞船津辰一郎均称尚未得到本国政府训令，无法表示赞同。中方代表质疑全部强行遣送的办法，主张将不安分者与一般敌侨区别对待，"为政府留有伸缩余地"。丁家立也认为全部遣送的办法不妥。但巴尔敦称安分与不安分者很难分别，且认为中方的立场是"乐留"敌侨。中方反驳称并无此意，只是主张将敌侨按类分别商议办理，且仍坚持"分别去留之权操之中国"。[3]

英国如此极力推动北京政府遣送敌侨，无疑仍是针对德侨，其主要目的并非防止德侨继续在华从事不利于协约国的活动，而是扫除德国在中国的势力，尤其是商业势力。大战结束后，德侨在华的政治宣传或密谋活动已无多大意义，但大量德商仍在中国从事商业活动，不利于英国在华利益的扩张。如前所述，自 19 世纪末期以来，德国即成为英国在华商业利益的劲敌。尤其是德国在长江流域商业势力的扩张，直接冲击了英国利益。[4] 通过将德侨全部逐出中国，英国希望可以对德人在华商业势力予以致命打击，使之无法继续与英国竞争。[5]

---

[1] John Jordan to Earl Curzon of Kedleston, June 2, 1919.

[2] The Secretary of His Majesty's Treasury to the Under Secretary of State, Foreign Office, January 2, 1919, 英国外交部档 FO 371/3680/1450。

[3] 《关于遣送敌侨回国中外委员第一次谈话录要》，1919 年 1 月 7 日，北洋政府外交部档 03-36-083-01-001。会议当晚，日本参赞告知外交部，遣送敌侨问题"如各国公使同意，日本亦当赞成"。

[4] 蒋恭晟：《中德外交史》，第 77 页；张开森：《1918 年在华德侨处置案引发的中外交涉》，第 86 页。

[5] Foreign Office to the Secretary of Treasury, January 6, 1919, 英国外交部档 FO 371/3680/1450。

在英方的大力敦促下，北京政府最终于巴黎和会召开前夕做出了遣送敌侨的决定。1月15日，外交部次长陈箓答复朱尔典，计划于3月1日从上海将敌侨一次性遣送出境，仅对几类特殊人士免于遣送。此举主要是为了赢得英、法等协约国的好感，以期他们在巴黎和会上给予中国更多的支持。为表诚意，北京政府自愿分担遣送所需费用。朱尔典对此基本满意，答应为北京政府向协约各国在京银行商借50万元作为遣散经费。① 此后，国务会议对遣送敌侨办法进行了商讨，于1月25日公布了数种相关条例，决定"于上海地方设遣送敌国人民事务局，直隶于国务总理，办理遣送敌国人民回国事宜"。② 随后，英国、日本和法国皆同意各自承担中国遣送敌侨费用的四分之一。③ 2月8日，遣送敌侨事务局（以下简称"遣侨局"）在上海静安寺路121号正式成立。④

1919年初在华德、奥侨民的人数缺乏准确的统计。据大战后期内务部的报告，旅居中国的德、奥敌侨总数为3800人左右。⑤ 另有则资料称，"一战"结束时在华敌侨约3500人，其中寓居上海者1460人。⑥ 中国参战之初，曾对上海奥侨进行统计，共158人。⑦ 若假定"一战"结束时在沪奥侨人数大致未变，则上海德、奥侨民的人数之比约为9：1。将此比例推及全国，并按内务部统计的3800人计算，则德侨为3420人，奥侨为380人。⑧ 由于战前奥匈帝国在华势力单薄，德、奥侨民人数的实际比例应更大。考

---

① John Jordan to Earl Curzon of Kedleston, June 2, 1919.

② 李新主编《中华民国史大事记》第2卷，中华书局，2011，第1046页。

③ The Secretary of Treasury to the Under Secretary of State, Foreign Office, January 27, 1919, 英国外交部档 FO 371/3680/15150；Decypher. Sir J. Jordan, January 31, 1919, 英国外交部档 FO 371/3680/18350。

④ 《遣送敌侨事务局今日开幕》，《申报》1919年2月8日，第10版。

⑤ 《内务部总长致大总统的呈》，1918年8月14日，转引自张开森《1918年在华德侨处置案引发的中外交涉》，第84页。

⑥ 岑德彰《上海租界略史》，大东书局，1931，第292页。另据1919年1月《申报》一则报道估计，当时上海约有敌侨2000人；《遣送敌侨即将实行》，《申报》1919年1月27日，第10版。

⑦ 《宣战后之上海风云》，《申报》1917年9月1日，第10版。

⑧ 中国参战之初，汉口当局称当地敌侨总数约30人，其中奥侨仅3人；这两个数字都不准确，但所得出之德奥比例也大致为9：1。《宣战发表后之武汉》，《申报》1917年9月1日，第10版。1919年2月，汉口当局称，侨居汉口之敌侨约有400名；《关于遣送敌侨之消息》，《申报》1919年2月19日，第10版。

虑到北京政府声明免遣少量敌侨，朱尔典请英国政府预备可运载 3500 人的船只。[①]

三 中英围绕免遣问题的折冲

北京政府宣布遣送敌侨后，中英之间又因"免遣"问题发生诸多分歧。中方出于人道主义和自身需要，决定对一些德侨免于遣送，而英方虽原则上同意，但仍力争尽可能多地将德侨遣送出境。双方围绕免遣敌侨的资格问题，进行了多次交涉折冲。

北京政府外交部次长陈箓 1 月 15 日向朱尔典宣布遣送敌侨的决定时，即声明将对下列六类敌侨免于遣送：

1. 六十岁以上者（协约国指定的"不受欢迎者"除外）；

2. 患病并经医生鉴定不适旅行者；

3. 医生（协约国指定的"不受欢迎者"除外）；

4. 荷兰使领馆正式留用协助照料敌国在华利益者；

5. 协约国代表为之担保者；

6. 中国政府各部门代为请求者。

对此，朱尔典并未反对，但指出敌国医生需随船照料被遣送之敌侨，且中国政府应对请留者必须严格限制，否则任何敌侨都可以通过政府部门的朋友获得免遣。[②] 在随后的处置敌侨委员会第二次会议上，四国参赞对于中方所列六类免遣敌侨基本没有异议。巴尔敦要求中方将各机关请留华的敌侨名单提交委员会，中方表示可以照办。[③]

然而，在具体各类敌侨的免遣问题上，中英两国代表还是因意见相左而发生多次辩论，屡起争执。除了年过六十或因身体患病不宜长途旅行者以及协约国担保者外，巴尔敦对其他各类中方计划免遣的敌侨几乎都提出了异议，中方代表与之反复论辩，有时激烈争执发生。英方尤其关注北京

---

① Decypher. Sir J. Jordan, January 15, 1919, 英国外交部档 FO 371/3680/9111。

② John Jordan to Earl Curzon of Kedleston, June 2, 1919.

③ 《关于遣送敌侨事宜中外委员第二次会议谈话纪要》，1919 年 1 月，北洋政府外交部档 03-36-083-01-002。

政府各部门特别请留的敌侨，因为这直接关系到战后德国在华的影响力。据朱尔典向英国外交部的报告称，北京政府最初拟定了一份约 1000 人的请留名单，后削减至 200 人，其中 60% 为海关前雇员，20% 为国立学校之教师，10% 为工程师，剩余 10% 为诉讼未判决者。① 另据 2 月 22 日《申报》刊登的一份北京政府向日本使馆提供的免遣名单，政府请留者共 203 人，其中海关前雇员 126 人、教师 48 人、工程师及其他 29 人，比例与朱尔典所说大致相近。② 在处置敌侨委员会会议上，中方曾事先向各国声明这并非最终的请留名单，因为"临时必尚有种种情形发生"。③

英方仍认为北京政府请留的敌侨过多，极力迫使中方减少留用人数。如中方原计划暂时留用部分因教学需要而不便立即遣送的德籍教员，因遭到巴尔敦的强烈反对而被迫让步，遣送了许多原拟请留的德籍教师（详见下文）。对于中方请求留用的少数德籍工程师，巴尔敦也逐一提出质疑或反对，但经中方代表力争，绝大部分获得了免遣。④ 德籍前海关雇员是北京政府请留敌侨中最多的一类。"一战"前，英国在中国海关中的势力稳居第一，位列其后的便是德国。中国参战后，海关所有敌国雇员均被停职，英国试图借机将德国人彻底排挤出中国海关。⑤ 巴尔敦最初主张将德籍前海关雇员全部遣送，但遭中方反对。⑥ 北京政府免遣部分德籍前海关雇员的官方理由，是他们在战前曾忠诚地为中国服务多年，如加以驱逐，有失政府颜面。但也不排除当局有另一层考虑，即准备战后重新起用这些雇员，以防止英国独霸中国海关。这无疑是英国不愿意看到的。北京政府原计划免遣120 余人，因遇协约国之阻力而改为仅免遣 60 岁以上或中德宣战前已服务15 年以上者。其他各国代表皆无异议，唯独巴尔敦仍"多方挑剔，始则拟

① John Jordan to Earl Curzon of Kedleston, June 2, 1919.

② 《关于遣送敌侨之消息》，《申报》1919 年 2 月 22 日，第 10 版；当时上海属江苏省。

③ 《关于遣送敌侨事宜中外委员第三次会议谈话纪要》，1919 年 1 月，北洋政府外交部档 03-36-083-01-003。

④ 《关于遣送敌侨中外委员第五次谈话纪要》，1919 年 2 月 13 日，北洋政府外交部档 03-36-083-01-005；《关于遣送敌侨中外委员第六次谈话纪要》，1919 年 2 月 20 日，北洋政府外交部档 03-36-083-01-006。

⑤ 参见蒋耘《一战期间英国在华海关利益》，金光耀、王建朗主编《北洋时期的中国外交》，复旦大学出版社，2006，第 508~523 页。

⑥ 《关于遣送敌侨中外委员第五次谈话纪要》，1919 年 2 月 13 日。

改定标准为当差二十年以上或年岁在五十以上，……继则以此项应留之人，当初并未提议"为由，与中方"辩论甚久"。① 由于英国在此事上取得了其他协约国的支持，北京政府最后被迫接受巴尔敦建议的标准，仅免遣50岁以上或战前服务20年以上者，免遣人数因之骤减至45人。②

英方蛮横阻挠中国免遣部分敌侨的计划，引起北京政府和美国方面的不满。巴尔敦一方面承认北京政府在免遣问题上有自主之权，但另一方面又不断干涉中方的决定。在处置敌侨委员会第六次会议上，北京政府外交部代表声明："会议以来，中国委员对于协商各使之提议，无不表示看重，而英馆巴参赞对于中国政府之陈述，始终不能信任。……本员不能不表示失望。"③ 朱尔典提出遣送全部敌侨的建议后不久，美国政府即训令驻华公使芮恩施（Paul Samuel Reinsch）仅支持遣送"不受欢迎者"，而将全体敌侨之处置办法留待战后和会议决。美国参赞丁家立在处置敌侨委员会会议上声称，美国使馆在这一问题上不会被任何人所左右，他本人有责任尽其所能地担保一些不愿离开的敌侨免于被遣送，同时支持北京政府各部门请留敌侨的方案。在2月24日的第七次会议上，丁家立又表示反对英国将敌侨家庭成员分船运送的计划，称"如照此不文明办法遣送，不如不遣为愈"，并以美国政府的名义提出抗议。巴尔敦极力反驳，双方"几至冲突"。④ 英国最终放弃了原定的运送办法，但此次会议之后，协约四国使馆代表已无法联合与中方协商遣送事宜，朱尔典只得于必要时派员直接与内务部交涉。⑤

尽管英方一再干涉，北京政府还是尽量坚持既定的遣送方针。许多符合免遣条件的德侨向各地政府提出申请后，获准留在了中国。除政府各部门代为请求的部分德侨外，一些有影响的社会人士也设法帮助相识的德侨

① 《关于遣送敌侨中外委员第六次谈话纪要》，1919年2月20日。

② John Jordan to Earl Curzon of Kedleston, June 2, 1919；《关于遣送敌侨之消息》，《申报》1919年2月28日，第10版。

③ 《关于遣送敌侨中外委员第六次谈话纪要》，1919年2月20日。

④ 《关于遣送敌侨中外委员第七次谈话纪要》，1919年2月24日，北洋政府外交部档03-36-083-01-007。

⑤ John Jordan to Earl Curzon of Kedleston, June 2, 1919。

争取免遣，如著名实业家张謇即数次呈请当局核准免遣德籍工程技术人员。[①] 仅 2 月 27 日一天，遣侨局即发出 50 余张免遣证书，尚不包括一些已核准但暂未发给者。[②] 获得免遣之敌侨，其家属自动准免出境。据《申报》统计，仅上海一地即有约 520 名敌侨获得免遣，内地的湖南亦有超过 50 人。[③] 最终获得免遣的敌侨总人数缺乏确切统计，但无疑大大超出了朱尔典和英国政府的预料。

四　遣送德侨经过与英国之干预

1919 年 2 月 8 日，与遣侨局在上海成立的同一天，北京政府外交部向朱尔典通告了遣送敌侨工作的进展，同时请朱氏令驻中国各地的领事团提供必要的协助。[④] 此举既是为了保障遣送工作的顺利进行，也是向英法等协约国的示好。朱尔典和各地英国领事在提供协助的同时，密切注意中国地方政府遣送德侨的事务，并积极干预，尽力使之按照英国的愿望进行。各地政府官员出于或公或私的原因，试图免于遣送或暂缓遣送一些德侨，为此不得不应付英国领事的交涉，有时几乎酿成外交事件。

朱尔典首先在上海遣侨局中安插英籍官员，使其在协助的同时监视和影响该机构的工作。遣侨局成立后，北京政府委派淞沪护军使卢永祥兼任总办，但掌理实际工作的是由京来沪担任会办的时任总税务司会办的蔡廷干。[⑤] 朱尔典争取到其他协约国公使和上海公共租界工部局的支持，委派公共租界巡捕房副督察长约翰逊（Hilton Johnson）作为协约国的非正式代表

---

① 《关于遣送敌侨之昨报》，《申报》1919 年 3 月 26 日，第 10 版；《遣送敌侨之余闻》，《申报》1919 年 4 月 12 日，第 10 版。有学者称经张謇协助而免遣的德国技术人员有 10 多人，见郭孝义《张謇的企业经营特点》，赵永泉主编《江南开发论文集》，南海出版公司，1997，第 429 页。

② 《关于遣送敌侨之消息》，《申报》1919 年 2 月 8 日，第 10 版。

③ 《免遣缓遣敌侨人数之呈请》，《申报》1919 年 4 月 17 日，第 10 版；《湘省遣送敌侨之近况》，《申报》1919 年 4 月 5 日，第 7 版。

④ John Jordan to Earl Curzon of Kedleston, June 2, 1919.

⑤ "Local German's Departure," *The North-China Herald*, February 1, 1919, p. 256.

担任蔡的助手，以确保遣侨局所采取的措施与协约国维护利益的目标保持一致。[1] 工部局总董后来称，遣侨局的中国官员不愿或无力完成遣送所需的组织工作，整个工作都落到了约翰逊的身上。[2] 这一说法言过其实，但约翰逊作为蔡廷干的副手直接参与遣送局事务，无疑会在一定程度上影响该机构的决策和执行。

遣侨局成立一周后，开始接受本地敌侨的报到和免遣申请，并择定地点设立敌侨待船所，安置本地和外地应遣送的敌侨，使其集中等候登船返国。同时，各地政府也着手安排遣送工作，派警员将应遣敌侨陆续护送至上海，由遣侨局接护安置。由于英国政府无法提供足够容量的船只，原定的一次性遣送计划最终改为分批遣送。至 2 月 21 日，英国所派之三艘轮船已先后抵沪并开始改装舱位。[3] 由于种种原因，原定为 3 月 1 日的发船时间数度推迟，直到 13 日凌晨才启程。据称三艘船可载 2200 余人，但因租界应遣敌侨 400 余人未加入第一批遣送，因此此次最终仅运载 1801 人离沪。[4]

在遣送第一批敌侨过程中，各地英国领事密切关注德侨的行动和地方政府的举措，及时向北京的朱尔典或上海的法磊斯报告。在此期间，中英双方在上海同济医工学校德国教员和在沪德医生的遣送问题上发生了较大争议。同济医工学校是同济大学的前身，1907 年由德国人创办，初名"德文医学堂"。1917 年 3 月中德断交，法租界公董局以该校为德人财产为由，强令解散。4 月，经教育部批准，该校迁至吴淞镇继续办学，多数教员仍聘用德人，次年改由华人管理。[5] 1919 年 1 月 25 日，北京政府下令，担任学校教员之敌侨如一时无法找到接任者，可免遣送。当局原定遣送该校

---

[1] John Jordan to Earl Curzon of Kedleston, June 2, 1919；上海市档案馆编《工部局董事会会议录》第 20 册，上海古籍出版社，2001，第 735~736 页。该会议录所附中文翻译部分将蔡廷干误译为蔡廷锴。

[2] 上海市档案馆编《工部局董事会会议录》第 20 册，第 741 页。

[3] 《关于遣送敌侨之消息》，《申报》1919 年 2 月 21 日，第 10 版。

[4] 《关于遣送敌侨之消息》，《申报》1919 年 3 月 9 日，第 10 版；《遣送敌侨船放洋前之消息》，《申报》1919 年 3 月 13 日，第 10 版；《遣送敌侨船放洋纪》，《申报》1919 年 3 月 14 日，第 10 版。

[5] 翁智远、屠听泉主编《同济大学史第 1 卷：1907–1949》，同济大学出版社，2007，第 21~23 页。

德国教师的三分之一。① 但巴尔敦主张将该校德国教员全部遣送，为此曾与中方发生激烈争论。在英国的坚持下，北京政府被迫同意遣送所有德国教员。② 得知消息后，上海教育总会迭次致电教育部为部分德国教员申请免遣，但遭拒绝。③ 公共租界工部局要求将该校德国教员列入第一批遣送敌侨之内，而遣侨局督办卢永祥与会办蔡廷干则称，政府有免遣该校三分之二教员的命令在先，现在即使要全数遣送，也应从缓进行。双方争执不下，据说运送敌侨的船只因此推迟了一天才启程。④ 最终，该校德国教员大多被遣送，仅少数人设法躲过。⑤

德国医生本在免遣之列，北京政府 2 月 19 日公布的免遣者即包括 49 位医生。⑥ 由于英国使馆方面强烈要求遣送所有德国医生，北京政府被迫改变立场，仅免遣在上海的 9 名德医，但其中 1 人表示自愿返回德国。⑦ 随后，北京政府又宣布将遣送其余 8 人中的 6 人。3 月 8 日，数位在沪美国侨民联合呈请遣侨局暂缓遣送在沪德医，获卢永祥批准。就在第一批遣送敌侨启程前夕，5 名德医忽然失踪。蔡廷干称此前他曾得到巡捕房副督察长约翰逊的同意，将其中 2 人改列入第二批遣送，但约翰逊否认此事，双方遂起争议。⑧ 3 月 16 日，卢永祥和蔡廷干与英总领事及副领事举行会议，各自声明此前的争议系手续上有误会之处，失踪的 5 名德医中有 2 人已寻获。⑨ 遣侨局官员是否曾暗助德医逃匿难以稽考，但他们对英方的强硬干预显然心

---

① 《遣送敌侨之定期》，《申报》1919 年 1 月 25 日，第 10 版；《关于遣送敌侨之消息》，《申报》1919 年 2 月 23 日，第 10 版。

② Consulate-General Shanghai to General Lu Yung Hsiang, March 4, 1919, 英国外交部档 FO 671/455/2278。

③ 教育部表示可拨经费 3.2 万元，供该校另聘教师。《京华短简》，《申报》1919 年 3 月 10 日，第 6 版。

④ 《关于遣送敌侨之消息》，《申报》1919 年 3 月 12 日，第 10 版。

⑤ 沈怡：《转学上海》，黄昌勇、干国华主编《老同济的故事》，江苏文艺出版社，2007，第 403 页；弗朗柯伊斯·克莱斯勒：《作为文化合作关键的技术教育：中德的经验》，许美德等《中外比较教育史》，朱维铮等译，上海人民出版社，1990，第 136 页。

⑥ 2 月 19 日，《申报》刊登了已获准免遣的敌侨人数，共 314 人，其中 60 岁以上者 58 人，政府各部留用者 203 人，药品商人和药剂师 4 人，医生 49 人；《各通讯社电》，《申报》1919 年 2 月 19 日，第 3 版。如前所述，经过与协约国方面的交涉，这些数字后来有较大变动。

⑦ "Exempted Alien Enemys," *The North-China Herald*, March 1, 1919, p. 553.

⑧ 《关于遣送敌侨之消息》，《申报》1919 年 3 月 12 日，第 10 版。

⑨ 《遣送敌侨消息》，《申报》1919 年 3 月 16 日，第 10 版。

怀不满。卢永祥事后致函驻沪协约国各领事，重申遣侨局工作"无偏无颇"，并称此后关于德医问题，请各国驻京公使直接与内务部交涉，"以免误会"。①

第一批敌侨于3月13日离沪之后，各地又有不少敌侨陆续前来，等候第二批被遣送。但一些地方官员似乎行动迟缓，态度消极。3月下旬，英、法两国因不满北京政府遣送德侨不力，准备再次提出警告。国务院随即电令各地，将应遣敌侨于第二批内全部遣送。英国驻各地领事为减少免遣人数，积极与地方官员展开交涉，以督促剩余德侨尽早启程，但地方官员往往不予配合，故效果有限。

4月3日，第二批被遣送的敌侨382人乘坐一艘英政府所派轮船离沪返国。此时在上海的敌侨中，除获准免遣者外，更多的是因故获准暂缓遣送者，真正需要立即遣送的人已不多。② 至此，遣侨局方面认为遣送事务已基本告竣，决定撤销，第三批遣送将由淞沪护军使署办理。③ 朱尔典计划第三次再遣送150人，6月中旬英国准备派一船来华运送，但由于中国不满《凡尔赛和约》，不愿再与协约国合作，遂停止了遣送工作，将此前缓遣者按照免遣处理。④ 因此，北京政府最终遣送的敌侨总数为2200人左右。据朱尔典报告称，两次遣送后留在中国的敌侨仍有1200人左右，另外青岛尚有约300名敌侨需巴黎和会决定处置办法。⑤ 1919年9月15日，总统徐世昌下令终止对德战争状态，暂按无约国对待，德人开始陆续返回中国。

五　结论

"一战"后，在北京政府遣送德侨的过程中，英国扮演了极为活跃的角色，不仅促使北京政府做出遣送之决定，而且积极干涉中方的具体遣送工

---

① 《遣送德医交涉》，《申报》1919年4月7日，第10版。
② 《二批敌侨放洋后之消息》，《申报》1919年4月4日，第10版；《遣送第二批敌侨之余闻》，《申报》1919年4月5日，第10版。
③ 《结束遣送敌侨之手续》，《申报》1919年4月26日，第10版。
④ 参见唐启华《被"废除不平等条约"遮蔽的北洋修约史（1912~1928）》，社会科学文献出版社，2010，第112页。
⑤ John Jordan to Earl Curzon of Kedleston, June 2, 1919；两次遣送的船只均经过香港，分别从那里接运了广州军政府遣送的敌侨51人和53人。

作。英方此举的主要目的是扫除德国在中国的势力和影响，尤其是商业势力。没有了德国这一劲敌，英国可以更好地维护和扩张其在华利益。遣送之举确实严重冲击了德国在中国的势力，商业和教育等领域的很多德人精英被迫离境。同时，遣送德侨也具有政治象征意义，朱尔典在给英国外交部的报告中称，被遣敌侨的离境比其他任何方式都更能让中国人确信德、奥等国已遭惨败。①

北京政府遣送德侨是在英、法等国压力下的被迫之举。出于人道主义和自身需要，北京政府计划对部分德侨免于遣送。这一计划虽遭到英方的百般阻挠，但各级官员和社会人士往往同情德侨，帮助很多不愿离华者获准免遣或缓遣，以致能最终留在了中国。这使英国扫除德国在华势力的目标大打折扣。驻九江英国领事柯克在给朱尔典的一份报告中甚至说："那些愿意离开的敌侨离开了，想留下的敌侨则留下了。官员们的唯一目标似乎是寻找各种理由，以尽可能使更多的德国人留在这个国家。"②

北京政府各机关请留部分德侨，除了现实需要和私人关系等方面的因素外，很可能也有"以夷制夷"的考虑。晚清时期，中国官员就曾试图利用国力日盛的德国来抗衡英国的在华强势。③北京政府最初打算请留许多德国前海关雇员，似乎也不无这种企图。1919年6月中国拒签《凡尔赛和约》后，中德政府很快开始接触并展开谈判，于1921年5月订立了平等新约。由于不少德侨获准免遣留在中国，被遣德侨的财产也大多未遭清理，德国得以在"一战"后迅速恢复在华商业势力，这深刻影响了两次世界大战之间的中德关系乃至整个远东国际关系格局。

---

① John Jordan to Earl Curzon of Kedleston, June 2, 1919.

② British Consulate, Kiukiang to Sir J. Jordan, April 10, 1919，英国外交部档 FO 671/455/3507。

③ 〔美〕柯伟林：《德国与中华民国》，陈谦平、陈红民、申晓云、武菁译，第9页。

蒋介石与"五二四"事件研究

王永男*

20 世纪 50 年代初，全球处于冷战时期，退守台湾的蒋介石极力寻求美国庇护，并于 1954 年同美国签订《美台共同防御条约》。随着条约的签订，大量美军入驻台湾，台湾民众与美军之间关系也开始变得紧张起来。加之台美双方并未签署明确的美军在台地位协定，从而引发了台湾民众的大规模抗议运动，具有代表性的就是"五二四"事件。

1957 年 3 月 20 日，美国顾问团上士雷诺（兹）在阳明山住宅枪杀革命实践研究院打字员刘自然。案发后，雷诺因享有"外交豁免权"，被转移到美国军事法庭进行审判，并于 5 月 23 日宣判无罪释放。24 日，刘自然妻子奥特华举牌到"美国大使馆"门前抗议，从而引发台北民众大规模的暴动。"五二四"事件的爆发对当时处于"蜜月期"的台美关系发起了严峻挑战。在台主政的蒋介石对此极为重视，并在日记中连续一个多月记载了他对该事件的思考与处理。目前学界对"五二四"事件的研究，或对事件的梳理，如陈红民等著《蒋介石的后半生》①；或进一步从美军在华地位以及美军顾问团等角度来探析台美关系，如栗国成的《1957 年台北"刘自然事件"及1965 年〈美军在华地位协定〉之签订》②、林桶法的《从刘自然案论述 1950

---

* 王永男，浙江大学中国近现代史研究所博士生。本文原刊于《台湾研究集刊》2017 年第6 期。

① 陈红民等：《蒋介石的后半生》，浙江大学出版社，2010。

② 栗国成：《1957 年台北"刘自然事件"及 1965 年〈美军在华地位协定〉之签订》，（台北）《东吴政治学报》2006 年第 24 期。

年代美军顾问团的问题》①、冈栋俊《"五·二四"事件中的美台矛盾研究》② 等；唯缺对党政军首魁蒋介石对"五二四"事件处理与考量的系统研究，因而有些许遗憾。本文利用蒋介石日记，并结合台北"国史馆""党史馆"等相关档案资料，着重探析蒋介石个人对"五二四"事件的考量与处理及其心理动机，从中窥探影响在台时期蒋介石的判断与决策的依据以及此事件处理对台美关系的影响。

一　忧心暴动影响台美关系

"五二四"事件发生当日，蒋介石正在日月潭休养。从先前蒋介石日记来看，他貌似对雷诺审判案并不知情，直到引发成大规模暴动后，才得到下属的汇报。

5月24日下午，蒋介石接到其武官对此次事件爆发的汇报，忙命"总统府"秘书沈剑虹电咨"总统府"秘书长张群了解情形③，得知"台北群众以美国昨日对其上士雷诺枪击刘自然案，军法审判不公，判决无罪结果，乃群起包围"美大使馆"，并加以捣毁与拷打其馆员，继之又包围美协防司令部"。对此，蒋判断"形势严重"，并认为此事归结于"外交部人谋不成所致"，立即命台北卫戍司令黄珍吾采取戒严措施，以"防止共谍涉入捣乱也"。④ 傍晚蒋介石在外散步时，又听闻群众围攻警察局且有五人死亡，意识到事态扩大，"心甚不安，立即戒严"。当晚，台北卫戍司令部宣布台北市及阳明山进入戒严状态。然而，戒严措施终究不能让蒋介石安心。次日下午蒋介石决定返回台北，立即处理"刘自然事件"，"因感如不速即合理解决，必将引起严重后果，徒为俄共所利用"。⑤

暴动发生当晚 8 点 20 分，美国"驻台大使"蓝钦偕台湾"外交部部长"叶公超驱车经过美使馆时，遭到群众包围并投石。美国国内得知暴动

---

① 林桶法：《从刘自然案论述 1950 年代美军顾问团的问题》，《同舟共济：蒋中正与 1950 年代的台湾》，台北，中正纪念堂，2014。

② 冈栋俊：《"五·二四"事件中的美台矛盾研究》，《国际政治研究》1988 年第 3 期。

③ 《张群先生日记》（十），1957 年 5 月 24 日，台北，党史馆，典藏号：群 7/10。

④ 《蒋中正日记》（手稿），1957 年 5 月 24 日。

⑤ 《蒋中正日记》（手稿），1957 年 5 月 25 日。

事件，舆论哗然，谓台湾受美国援助，竟发生反美事件，实属痛心。[①] 为此，蓝钦多次提出口头抗议，并于 25 日正式照会"外交部"提出严词抗议，他声称"警方迟迟未能采取行动，以保护此等建筑物以及其他美国财产，尤属难辞其咎。兹特代表本国政府要求充分道歉并对所受损失予以全部赔偿"，[②] 同时多次要求晋谒蒋介石，致使台美关系骤然紧张。为缓解事态，台当局立即为美国外交人员寻找临时办公处所，因蒋不在台北，承诺代呈蒋介石。

25 日下午，蒋介石返回台北，立即着手处理此事。他先后召见了担任"国防政治部主任"的蒋经国以及"参谋总长"彭孟缉，了解两日来事件的经过及情势，随后，又约见"副总统"陈诚等商谈美案处理方针。这时他才发现事情的解决比想象中的要复杂。"驻美大使"董显光发来的电报称，美国方面对暴动事件有两种看法，"国会方面，周以德认为此系美军人在外国行动不检之后果，应加警惕，惟渠称未能逆料台湾反美情绪竟如此之高，实甚遗憾。参议院方面，HIGKENLOOPER、MORSE、FLANDERS、MANSFIELD、FULBRIGHT 均认为此事甚为严重，HIGKEN LOOPER 并谓此事是否将影响对台美援，现尚难以预测"。[③] 其中，美国国会共和党议员周以德（Walter Judd）以亲蒋反共著称；共和党参议员 Bourke B. Hickenlooper（伯克·希肯卢珀）为共和党最保守和孤立主义的成员之一；民主党参议员 J. William Fubright（威廉·富布赖特）是美国外交政策批判者，主张多边外交，反对越战。可见，美国国内无论亲蒋派还是反蒋派对暴动的发生均颇有微词。台美关系的受损让蒋介石"痛心悲愤"，忧心"八年以来，对美忍辱负重，努力奋勉，奠定复国基础之工作，恐将毁于一旦，而且其为最不荣誉之野蛮公民行动所败毁"，"复国前途，又蒙重重之黯影，不知所止"。念及此，蒋介石怒将围攻群众称为"暴徒"，甚至将该事件比作"重演庚子年拳匪之行动"，认为是"殊为万料所不及"的。[④] 当晚台北"外交部"奉

---

① 《董显光电台北外交部》，1957 年 5 月 24、27 日，台北，"国史馆"，典藏号：02000021020A。

② "行政院档案"，台北，"国史馆"，典藏号：105-1/115：1957/6/6，见栗国成《1957 年台北"刘自然事件"及 1965 年〈美军在华地位协定〉之签订》，（台北）《东吴政治学报》2006 年第 24 期。

③ 《董显光电台北外交部》，1957 年 5 月 24 日，台北，"国史馆"，典藏号：02000021020A。

④ 《蒋中正日记》（手稿），上星期反省录，1957 年 5 月 25 日。

命电令董显光即刻向美国政府转达"国府"深切之歉意以及赔偿事宜。

显而易见，"五二四"事件的爆发让蒋介石殊感意外，并在得知消息后立即下令宣布戒严以防止事态扩大。事后，美国的强烈反应令蒋介石十分忧心。在蒋看来，稳固台美关系是台湾"反攻复国"的基础，任何威胁到他辛苦构建的美台关系的事情，都是不能容忍的。维护台美关系成为蒋日后处理"五二四"事件的总基调。

二　案涉蒋经国

5月26日上午，蒋介石召见"参谋总长"彭孟缉、台北卫戍司令黄珍吾、宪兵司令刘炜、台湾省警务处处长乐干，以及台北市市长黄启瑞、警察局局长刘国庆等，分别询问24日事情经过。① 刘炜与彭孟缉因应由谁负责发生争执，这令蒋十分生气。"以彼等负责地方责任，只顾个人地位与名位，而对于其职责应尽者不敢执行，甚至束手无策，目睹暴徒冲进美使馆捣毁一切并撕毁美国旗，而仍不敢下令使用武器负责制压，甚恐伤害群众受到处分，如此者三小时之久，而刘炜仍推托卸责，能不痛愤？"② 客观地说，刘彭之争并非全无道理。当时"国府"统辖地区仅限于台、金、马等地，"省府"相关部门职能严重重合，特别是戒严时期，军警等情治机关分工不明，造成指挥混乱。阳明山警察所在"五二四"事件检讨报告中就明确提到："本事件发生之前后，地方机关受上级指挥单位过多，因之情报系统紊乱，情报迟缓。"③ 然而，刘、彭的说法不但不能说服蒋介石，而且被认为是推诿责任。为了表明决心，给美国一个交代，蒋介石做出了从未有过的严厉处罚，决定将负责治安三主官刘炜等免职。

当天下午蒋介石接见了美国"驻台大使"蓝钦。蒋介石首先对暴动事件的发生表示遗憾，并声明"此案乃是为对刘案判决不公平而引起群愤，并无反美因素在内"。蓝钦并不买账，他对蒋介石罢免三主官的处理不以为

① 《蒋中正先生年谱长编》第十册，台北，"国史馆"，2015，第703页。
② 《蒋中正日记》（手稿），1957年5月26日。
③ 《阳明山警察所对五二四事件检讨报告》，《严家淦总统文物》，台北，"国史馆"，典藏号：006-010304-00001-025。

然，并暗示此次事件背后是有人支持、有组织的反美行动。蒋介石虽听出其暗指蒋经国，但一时又不敢确定，"乃不予详较，假作不知其所指，以免当面破裂也"。①

蓝钦将矛头指向蒋介石精心栽培的接班人蒋经国，对蒋刺激甚深。27日，蒋介石反复思考蓝钦的暗示，痛骂"美国人之幼稚糊涂与荒唐狐疑骄横之可怜，殊不易交朋友"，同时自警"除自立之外，决无可靠之友邦，应切记之"。蒋介石又担心自己会错意，立即与"外交部政务次长"沈昌焕核对沈与蓝钦的谈话记录，确定"其暗指经国无疑"，顿时情绪失控，"乃不能不向蓝钦严正驳斥"。随后又召集张群、叶公超与沈昌焕"面示其美员无理胡说，应由外交部面责其狂言"，并决定对此"彻底根究事实"。旋即蒋又担心自己过于强硬，引起美方恶感，故复召蒋经国与沈昌焕，指示对谈话录内容应予特别注意。② 当天蒋介石从出席革命实践研究院纪念周回来后，态度更为回转，决定"惟有暂忍而已"，并指示沈昌焕"不必为此特召蓝钦急斥，待其另有他事召蓝钦时，顺带指斥，以免此时对暴动案更添一层黑影也"。③

28日，蒋介石强压内心愤怒，决定以"急事缓处，大事小做"方式宽缓处理，这"或为对此次暴动案安危成败之重大关键"。当日蒋介石先后与叶公超、沈昌焕谈话，内容"皆关对蓝钦指责方式"，并猜想蓝钦今日"或已能了解其所想所言完全为其虚假情报所误，而自知其非"。④ 当晚叶公超会晤并密告蓝钦，蒋介石对其暗示暴动背后受蒋经国指使殊感不安，"倘确有其事，则蒋经国之行为实违背总统及国家之利益。盖多年来，总统及政府曾竭尽力量，执行与美国政府密切合作之政策也"。并说"总统曾面令……将此一点向蓝钦大使及其他在台之美方代表切实予以澄清"。⑤

29日，美国国务卿杜勒斯在回答记者有关"五二四"事件之问题时称，

---

① 《蒋中正日记》（手稿），1957年5月26日。

② 《蒋中正日记》（手稿），1957年5月27日。

③ 《蒋中正日记》（手稿），1957年5月27日。

④ 《蒋中正日记》（手稿），1957年5月28日。

⑤ 《张群呈美国国务卿对五二四事件记者问答部分译文及美国舆情反应与政府处理经过》，《对美国外交》（十三），"蒋中正总统文物"，台北，"国史馆"，典藏号：002-080106-000035-008。

并未接获有关蒋介石政府曾参与鼓动的报告。[①] 危机似乎减轻，但蒋介石对蒋经国的担忧并未减少。5 月 30 日，蒋介石召集蒋经国等人研究情势时，当面督导蒋经国"敏捷警觉为先"。[②] 在随后的日记中蒋介石坦言，"甚为经儿前途及其今后工作忧虑不置（应为"止"——笔者按）"。[③] 为了避免伤害台美关系，蒋介石表现极大的忍耐力，但在日记中抱怨道"当时蓝钦态度与思想之谬误更是出人意外，彼受中国反动派假情报之包围，竟疑此案为经国所主动，殊令人刺激无已，真以为不易与美国人为诚实朋友矣"；并认为"此为迁台以来最大刺激之一，但仍能极端忍耐，一本慎重处理"。[④] 直到 6 月 11 日，蒋介石在接见美国务院视察公使普立特时，仍对蓝钦之前的言辞难以释怀，即便感知蓝钦"意态似亦悔悟当初误会与听信谣言之失策矣"，还是认为美国人"非我族类，其心必疑"。[⑤]

其实，蒋介石对美国人愤恨与无奈的复杂心理与蒋有意栽培蒋经国有关。1949 年蒋介石退台后组建"救国团"，其意在培养和扶植长子蒋经国作为未来的接班人。然而，随着美苏冷战升级，美国方面对曾赴苏联长达 12 年之久，并曾申请加入苏联共产党的蒋经国极度不信任，尤其对蒋经国在台施行的政工系统极为恐惧。显然，得不到美国的信任与支持，蒋经国未来的仕途势必定坎坷。故而，蒋介石对暴动背后由蒋经国操纵与支持的流言极为不满且深表担忧，并下令不允许"如此猜疑"。[⑥]

三　发表《告民众书》以善后

为防止敌对阵营乘机加强反美宣传，离间台美关系，5 月 28 日，蒋介石主持宣传会谈，决定透过《对捣毁美大使馆告民众书》（简称《告民众书》）的

① 《张群呈美国国务卿对五二四事件记者问答部分译文及美国舆情反应与政府处理经过》，《对美国外交》（十三），"蒋中正总统文物"，台北，"国史馆"，典藏号：002-080106-000035-008。

② 《蒋中正日记》（手稿），1957 年 5 月 30 日。

③ 《蒋中正日记》（手稿），"上星期反省录"，1957 年 6 月 8 日。

④ 《蒋中正日记》（手稿），"上月反省录"，1957 年 5 月 31 日。

⑤ 《蒋中正日记》（手稿），1957 年 6 月 15 日。

⑥ 《徐永昌日记》第十二册，1957 年 6 月 1 日，台北，中研院近史所，1991，第 175 页。

方式，向美释放同一战线的政治信号，以求美国的谅解。蒋介石亲自执笔《告民众书》，认为对民众警告要点有："甲、共匪最近的宣传特别颂赞台湾暴徒反美行动的作用；……丙、敌友须认清；丁、利害须认识。"①

30 日，蒋介石召集罗家伦、黄少谷等共同研究对民众警告文字之要旨。31 日，蒋介石修正《告民众书》，讲稿时感觉"甚费心力"，但仍坚持亲力亲为，要因之一是蒋获得情报："美共同路人与英国谋在本月初对托管台湾之说作有计划的酝酿，在美国内社会上积极发展，以离间中美关系，企图承认中共，其势甚凶，适逢下旬暴动案发生，正为其反蒋毁华最大之资本。"②

"托管论"由来已久。"二战"结束后，有人曾就台湾问题提出过由国际"托管"，但遭蒋介石政府的反对。1949 年后，冷战渐趋激烈，台湾与蒋当局成为美国在东亚防止共产党阵营渗透的前方堡垒，台美关系逐渐升温。然而，美国为了本国利益，一方面协防台湾，另一方面又避免卷入蒋介石"反攻大陆"行动所引发的中国内战中，因此拟通过联合国会议提出台湾"托管论"，以确保台海"稳定"。美国此举直接触及国民党在台的合法统治，因此蒋介石对台湾国际"托管论"一直反应激烈。随着"五二四"事件的发生，美英反蒋势力借此挑拨台美关系，重提台湾国际"托管论"，并希望借此承认中共政权。在这样的情势下，蒋介石对"五二四"事件究竟如何妥善处置就显然尤为重要。对于《告民众书》内容及处理方式，蒋颇为满意和自信，"最后草拟告国民书以自责，并警告国民认识此案性质之严重程度，使之自反自觉，以打消其愤恨与冲动再发情绪，以免更使美国反蒋派不能藉此毁华扶共耳"。③

6 月 1 日，蒋介石在其主持的"总统府"月会上宣读《告民众书》，并同时向海外广播。蒋介石表示"我深切了解二十四日一般群众为了对雷诺案件的判决痛感不平，以致情绪激昂；但是不当让激昂的情绪，演变为非法的暴行"，又言"今日更有郑重的对我同胞特别说明，我们为贯彻反共抗俄的国策，唯有与世界民主集团领导者的美国站在一条阵线。在我们的阵

① 《蒋中正日记》（手稿），1957 年 5 月 29 日。
② 《蒋中正日记》（手稿），"上月反省录"，1957 年 5 月 31 日。
③ 《蒋中正日记》（手稿），"上月反省录"，1957 年 5 月 31 日。

营里，决不容许任何人反对这个国策"。① 从《告民众书》的遣词造句不难发现蒋介石的"良苦用心"：一方面，对民众晓以民族大义，缓解民众的不满情绪，以免民众继续闹事；另一方面，重申倒向美国的基本政策，借此打击美国的反蒋派。

总之，《告民众书》目的很明确，就是反驳"五二四"事件是一场"反美"行动，以减少反蒋派的借口，缓和台美关系，从而奠定其"反攻复国"的政治、经济基础。在蒋介石看来，"本周美国舆论无论其向来对我仇视与台湾问题不满者，皆乘上周捣毁其使馆不幸事件共起攻击，因之重提台湾地位主张托管……此一趋势如不设法消弭，则我根本计划与复国大业必将成为泡影"，而"民众因雷诺案之不平，反美情绪仍在普遍潜滋，匪谍亦渐活动，势将蔓延难制。尤其是一般智识阶级多不知此以撕毁他人国旗，捣毁友邦使馆为平常之事，而不知其为损毁国际公理，乃是国家最不荣誉之野蛮行动"，"若余不发布星（期）六日文告表示态度与决心，则必祸至无日"，这一切让蒋介石"不胜忧闷之至，近日心情之不愉如此"。②

尽管如此，美国内部仍有两种意见。一种是以国务卿杜勒斯为首的亲蒋派，他们愿意相信蒋介石与"国府"，表示"就现有之证据观察，大量美军驻扎台湾，似乎是此次骚动的根本原因"。另一种是以美国总统艾森豪威尔为首质疑派，他们虽然对蒋介石的迅速处理方法和态度表示满意，但仍然怀疑"暴动是有某种组织作背景的"。两者意见分歧，但他们一致认为"五二四"并不会影响台美关系，"此次事件不致引起美国在远东各项基本政策及对国民政府各项政策的任何改变"，"美国与台北的关系并无改变"。③

四 "暴动案"之军事审判

在整理《告民众书》的同时，蒋介石也着手对暴动人犯予以处置。事

---

① 秦孝仪主编《先总统蒋公思想言论总集》卷三十三书告，台北，中国国民党中央委员会党史委员会，1984，第179~183页。
② 《蒋中正日记》（手稿），"上星期反省录"，1957年6月1日。
③ 栗国成：《1957年台北"刘自然事件"及1965年〈美军在华地位协定〉之签订》，（台北）《东吴政治学报》2006年第24期。

发后，台北警察局先后逮捕嫌疑分子共计 111 人，随后一部分人陆续释放，最终逮捕 40 人。

5 月 31 日，蒋介石开始预定暴动案之审判与发表方法。对于人犯的审判方式，国民党内部高层态度不一。5 月 29 日"国防部副部长"马纪壮曾商请张群，"拟依台省民法与司法划分办法分别办理"，得到张群的认可，但蒋介石不同意。① 蒋认为"此种拳匪行径，只有……不顾国体之败类所乐者为。其实此次之暴动，乃受俄共三十年来宣传之影响所致，何况本案中尚有匪谍从中煽动之关系"。②

蒋对于"暴动案"的"匪谍"定性，意味着人犯非军事法庭审判不可。6 月 5 日，国民党召开第七届中央委员会常务委员会议，在谈及此案时，与会者一致认为，"如确已发现匪谍从中作祟之实证，尤须即实予以公布，迅速展开宣传"，但是大家对审判方式意见并不一致。蒋明确表态："对五月二十四日所逮捕不法份子之审判，余意仍以由军法审判为宜，因此项审判进行时，除可邀约少数美方人士及中外记者旁听外，不宜再有其他民众旁听，以免由旁听人数过多，影响被审人之心理，并防止不法分子利用群众情绪当庭煽动，或发生其他干扰审判之情事。"蒋继而追问那些"主张交由司法审判之同志，对此未悉曾加以考虑？如认为交由司法审判对于上述各种考虑仍可同样预为防止，自可再加研究，余无成见"。③ 蒋此番谈话与表态，强势压制异议，实为防止不当审判方式致使案情发生意外与扩大。

统一审判方式后，蒋介石开始处理暴动供词事宜，其考虑的关键点有："甲、追问与《自由中国》、傅正等有否关系；乙、宣布共匪参加之供词时应与最初无共匪关系之说法相配合，不可为美方反对者所反驳；丙、宣布以为应与美方协商办法；丁、定星期六以前宣布；戊、审判方式，凡有匪谍关系者交军法，其他人犯交法庭如何？"④ 从预定次序来看，蒋介石对《自由中国》、傅正是否牵涉暴动颇为重视。《自由中国》是台湾少有的不受当局控制的自由民主报刊之一，经常对政府的施政进行抨击，是蒋介石眼

---

① 《张群先生日记》（十），1957 年 5 月 29 日，台北，党史馆，典藏号：群 7/10。

② 《蒋中正日记》（手稿），"上星期反省录"，1957 年 6 月 1 日。

③ 《中国国民党第七届中央委员会常务委员第三六四次会议记录》，1957 年 6 月 5 日，台北，党史馆，典藏号：会 7.3/389。

④ 《蒋中正日记》（手稿），1957 年 6 月 6 日。

中典型的"反蒋派"，早已引起他的不满。6月1日，《自由中国》在社论中不仅公开否定中共参与暴动，要求当局披露刘自然与雷诺关系，而且要求国民党退回普通政党的地位。① 如此对抗，自然引起蒋介石的怀疑。除此之外，如何与美国政府协调处理，速结此事，也是蒋介石关注的重点。

6月7日，蒋介石主持情报会谈，最终决定将人犯交军法审判，并进一步指示"五二四"事件审判要领："一、审问中主要之点证明其在当场指挥煽动者，以及带领群众由大使馆转往新闻处与协防部者为最要。二、详觅此种指挥领导者，与共匪关系及其线索。"② 然而，"匪谍"确认工作令蒋介石伤透脑筋，不敢懈怠。美国政府的一举一动也牵动着蒋介石敏感而脆弱的神经。在蒋看来，台北暴动事件对于台美关系影响最大，有可能促使美国政府改变对中共的态度，"更予其美国内反蒋亲共派毁谤促成其政府改变对共匪不承认政策之口实"，尤其"爱克星（艾森豪威尔）三日对记者谈话中，仍带有怀疑台北暴动案乃有组织的行动之意"。这一切使蒋介石担心不已，自言"本周心绪不佳，但对处理暴动案与对美宣传及态度之指导，尚能一贯注意而不敢放松耳"。③

令蒋兴奋的是，台方在这些"暴徒"中费尽心力终于找到与"共匪"有关的线索，其中《基隆民众日报》的林振霆、《联合报》工友黄日张、皮靴匠徐文才都曾直接或间接与中共有过关联。④ 虽然供词前后矛盾，但对蒋来讲并无影响，稍加修改即可使用，"其中三人确为共匪之潜伏分子无疑"，但在"重核口供文字，多有不通处，应加修正"。⑤

6月18日，台北卫戍司令部军法处分设三个军事法庭，对40名肇事者同时开庭审理。然而，蒋介石在参加"中常会"听取军法审判之经过报告后表示，军政机关日常实过于缺乏警觉，指示军政有关党员检讨，并厘定改进方针，对所谓"匪谍"一字未提。⑥ 6月25日，蒋介石召开一般会谈，

① 《自由中国》，1957年6月1日，参见栗国成《1957年台北"刘自然事件"及1965年〈美军在华地位协定〉之签订》，（台北）《东吴政治学报》2006年第24期。

② 《蒋中正日记》（手稿），1957年6月7日。

③ 《蒋中正日记》（手稿），"上星期反省录"，1957年6月8日。

④ 《雷诺兹枪杀刘自然》，"外交部"档案，台北，档案管理局，档案号：425.2/0030。

⑤ 《蒋中正日记》（手稿），1957年6月9日。

⑥ 《中国国民党第七届中央委员会常务委员第三六八次会议记录》，1957年6月19日，台北，党史馆，典藏号：会7.3/393。

研讨暴动人犯判决稿，做最后核定。在当天日记中，蒋介石特别提到"暴动案之教训：上下职责不明，对所部职责视为与本身无关的惯例"[①]，亦未提及"共匪"。可见，蒋介石内心十分清楚暴动产生的原因所在。所谓"匪谍"案不过是蒋介石为转移台美危机的伎俩而已。在蒋的授意下，军事法庭最终对28人判处徒刑，最重者为有期徒刑1年，共2人；10人判免刑，2人判无罪，并在当日正式向外界公布。[②]

对于处理结果，蒋介石认为对暴动人犯判决"从轻处治"，"中外舆论翕服，皆无异词，则此一大案可告结束"。[③] 6月28日，美国国务卿杜勒斯在旧金山国际狮子会中发表演说，正式表明了美国对中共的重大政策，"反对美国承认中共及允许其进入联合国"。[④] 蒋在日记中记道：此"乃是一篇坚定明朗的罕见文字，此为五月廿四日台北暴动案件以来，对美国检讨对共政策通商与承认的声浪中一个霹雳，可以廓清疑云矣"。[⑤] 至此，事件发生以来蒋对台美关系的担心和忧虑一扫而空。换而言之，蒋对暴动案的处理与结果似乎颇为满意。

五　结语

晚年蒋介石积攒了丰富的政治经验，政治嗅觉极为灵敏，处理案件更为老练。"五二四"事件爆发后，台美关系、接班人蒋经国、台湾国际"托管论"等因素均涉入其中，时刻影响着蒋介石的判断与决策，其中，台美关系一直是蒋介石处理该事件的主轴。"反攻大陆"实现三民主义，一直是退守台湾时蒋介石的政治目标，但碍于其薄弱的军事实力，蒋不得不依附美国。故而，蒋介石在处理"暴动案"时十分谨慎，处处以维护台美关系计，即便牵涉到其精心栽培的接班人蒋经国，也不得不极度忍耐与妥协。面对台湾内外反蒋派的压力，尤其是美国政府的态度，祸引中共成为蒋介

---

① 《蒋中正日记》（手稿），1957年6月25日。

② 《不幸事件四十被告昨均经军法宣判》，（台北）《联合报》1957年6月27日，第2版。

③ 《蒋中正日记》（手稿），"上星期反省录"，1957年6月29日。

④ 栗国成：《1957年台北"刘自然事件"及1965年〈美军在华地位协定〉之签订》，（台北）《东吴政治学报》2006年第24期。

⑤ 《蒋中正日记》（手稿），1957年6月30日。

石缓解台美关系的较佳选择。最终，蒋介石将案情定性为"匪谍"煽动案，并全程控制与安排案件审理，使之得以"完满"解决。在此过程中，蒋介石将自身的强人政治发挥得淋漓尽致。

在对此事件的认识上，蒋介石与美国截然不同。在蒋看来，事件的发生起因于美国军事法庭对雷诺的不公平审判。而美方则强调暴动有受人组织与支持，并暗指蒋经国。鉴于蒋介石的精心补救以及美方并未查到切实证据，美方决定予以谅解，但并未完全抹去其疑虑。尽管有研究显示，美国对台的支持战略并未因"五二四"事件形成致命伤害①，但美国借此提出在国际范围的裁军计划，缩减拨台美援则为事实，这使蒋介石"反攻大陆"计划再次遭受挫折。诚如蒋介石所言，"五二四"事件之后，"美国政策更无援我反攻大陆的可能，故此次预算反减少"。② 由此可见，蒋介石对"五二四"事件处理结果在当时看似颇为"圆满"，但对之后的台美关系逐渐"疏离"不无影响。

---

① 林桶法：《从刘自然案论述 1950 年代美军顾问团的问题》，《同舟共济：蒋中正与 1950 年代的台湾》，台北，中正纪念堂，2014。
② 《蒋中正日记》（手稿），1957 年 9 月 11 日。

教育独立的困境

——国民政府第一次全国教育会议之考察

方　勇[*]

　　国民政府成立后，因应时势发展需要，曾多次召开全国性教育会议。1928 年 5 月 15~28 日，由中华民国大学院主持在南京召开了国民政府成立后的第一次全国教育会议。此次会议是民初以来规模最大的一次全国性教育会议，"列席的各省区各特别市和大学院当然会员及专家共七十八人，收到的议案有四百零二件，会期历两星期"[①]。此次会议对理解当时及此后中国教育发展均具重大意义，而学界尚未有专文论及。台湾学者陈哲三先生《中华民国大学院之研究》一书论及此次会议之大概，叙述较为简略，未能将其置于历史进程之中展开分析并明确其历史定位。有鉴于此，笔者不揣浅陋，拟对此次会议略做论述，以深化对近代中国教育发展的体认。

一　会议召开之目的

　　国民政府第一次全国教育会议缘起于蔡元培主导的以"教育独立"为

---

　　[*]　方勇，历史学博士，安徽工业大学马克思主义学院副教授。本文原刊于《华东师范大学学报》（教育科学版）2007 年第 3 期。

　　[①]　黄季陆主编《抗战前教育政策与改革》，中国国民党中央委员会党史史料编纂委员会、罗家伦主编《革命文献》第五十四辑，台北，中央文物供应社，1971。

目标的教育改革，此次会议的召开与当时教育改革面临的严峻形势有密切关系。

早在民初任教育总长时，蔡元培即发表《对于新教育之意见》，主张教育应超脱于政治，为推动教育改革，并曾于1912年7月召集全国临时教育会议。1917年任北京大学校长后，他便不遗余力推进教授治校。至1922年，蔡元培更明确提出《教育独立议》，呼吁汲取法国、德国、美国教育体制的长处，主张"教育事业当完全交与教育家，保有独立的资格，毫不受各派政党或各派教会的影响。……但是，什么样可以实行超然的教育呢？鄙人拟一个办法如下：分全国为若干大学区，每区立一大学；凡中等以上各种专门学术，都可以设在大学里面，一区以内的中小学校教育，与学校以外的社会教育……与其他成年教育、盲哑教育等等，都由大学办理"[①]。1927年4月18日，南京国民政府成立；10月1日，由蔡元培、李石曾、吴稚晖等人大力倡导，中华民国大学院在南京正式成立，蔡元培宣誓就任院长。"教育独立"倡议亦在此时达到高潮。《中华民国大学院组织法》明确规定："第一条、中华民国大学院，为全国最高学术教育机关，承国民政府之命，管理全国学术及教育行政事宜；第二条、本院设院长一人，综理全院事务，并为国民政府委员；第三条、本院设大学委员会，议决全国学术上、教育上一切重要问题。"[②] 从该法上述条文可以明确得出以下两点：一是大学院在行政上不受国民政府直接领导；二是全国一切教育学术事务由大学院所设大学委员会全权议决，实行专家治教。关于大学院的设立，蔡元培本人解释说，"顾十余年来，教育部处北京腐败空气之中，受其他各部之熏染；长部者又时有不知学术教育为何物，而专骛营私植党之人；声应气求，积渐腐化；遂使教育部名词与腐败官僚亦为密切之联想。此国民政府所以舍教育部之名而以大学院名管理学术及教育之机关也"[③]。实际上，大学院的成立即是此次教育改革之开始。随后，他以法国为模式开始推进

---

① 蔡元培：《教育独立议》，高平叔编，蔡元培著《蔡元培全集》第四卷，中华书局，1984，第177~178页。

② 黄季陆主编《抗战前教育与学术》，中国国民党中央委员会党史史料编纂委员会、罗家伦主编《革命文献》第五十三辑，台北，中央文物供应社，1970，第3~4页。

③ 黄季陆主编《抗战前教育与学术》，中国国民党中央委员会党史史料编纂委员会、罗家伦主编《革命文献》第五十三辑，第1页。

以设立大学区为中心的教育行政制度改革。"他之所以冒险作这样大的改革，是想实现他多年来对教育的理想，以学者为行政之指导，以学术化代替官僚化。也就是由学者制定教育政策，减少政党的干涉"，[①] 亦即实现"教育独立，学术自由"。这一激进改革的试行引起了各方的强烈反应，到1928 年 5 月第一次全国教育会议召开之时，大学区制只在江浙两省试行，且"行了年余，常有反对的人，甚至疑命名'大学'，有蔑视普通教育的趋势，提议于大学院外再设一教育部的"[②]。第一次全国教育会议的召开，很大程度上就是为了解决当时面临的各种实际问题，以继续推进教育改革。蔡元培在会议开幕致辞时即说："今日为全国教育会议开会之期，当全国尚未完成统一之前，而大学院已举行此种会议，有二原因：一以吾国教育界之统一，素未经何种势力之阻隔；二则以教育上有许多重大问题，非采取全国教育家之意见，未易解决也。"[③]

二 会议召开之背景

国民政府第一次全国教育会议的召开，正值中国从分裂走向统一，但内乱未已、外敌侵凌之际。毫无疑问，该会议在此时召开，自然担负了重大的使命。时局的变动，要求国民政府加强对教育的管理与控制，以实现"教育建国""教育救国"。

就国内政局而言，1926 年 7 月国民革命军誓师北伐，战事进展顺利，皖、直军阀相继倾覆。1927 年 4 月南京国民政府成立，虽然国民党内最高党政权力核心并未最终确立，国民政府政治体制迄未健全，国家统一尚未最后完成，但国民政府成立后，二次北伐继续进行，中国国民党即将取得全国政权。第一次全国教育会议即在此背景下召开。会议开幕当天，国民党中央党部、国民政府均派代表到会致辞。谭延闿代表国民党中央党部到

---

① 陶英惠：《蔡元培与民国教育之发展——两度主持全国教育行政的贡献》，"中华民国建国八十年学术讨论集编辑委员会"编《中华民国建国八十年学术讨论集》，台北，近代中国出版社，1991，第 276 页。

② 《蔡元培自述》，河南人民出版社，2004，第 140 页。

③ 黄季陆主编《抗战前教育政策与改革》，中国国民党中央委员会党史史料编纂委员会、罗家伦主编《革命文献》第五十四辑，第 9 页。

会讲话，谈到当时的政治形势和会议召开背景时，就说道："现在中国已经有十六省在青天白日旗飘扬之下，破坏的时期即将终了，建设的时期就要开始；换一句话说，就是全国将要由军政时期到训政时期了。训政时期的最重要工作是什么？大家都知道在教育。所以大学院才决定召集各省代表举行这个全国教育会议。……我们国民党能否统一中国，就在这一次全国教育会议代表的身上。"① 国民政府代表宋渊源到会致辞，亦说"现在革命快要成功，破坏的时期将完，建设的时期就要开始了。建设的基础，就是教育。关于教育的一切方针和制度，都要在这一次会议里决定"②。由上述可见，中国国民党在即将执掌全国政权之际，最高党政机构均对此次会议的召开寄予厚望，"教育建国"成为党政一致的言说。

就国际关系而言，中日矛盾日益激发，战争危险迫在眉睫。值此危急时刻，此次会议的召开理所当然地负有"教育救国"的重大使命。会议召开前后，日本政府出兵干涉国民政府北伐，并制造了济南惨案，引起全国公愤。会议开幕当天，蔡元培以议长名义领衔致电国际联盟及美国总统，提出"中华民国全国教育会议，于今日集会于南京，谨一致议决，请执事注意于日本对华最近之侵略行为；且为和平及正义起见，有以制止日本在华之作战行动"③。有识之士皆认为以教育对国家建设之重要，此次会议的召开可谓正当其时。各省商会联合会总事务所特致电会议："教育为救国根本，当此强邻侵逼，尤应先定雪耻主义，灌注全国青年，为兴复国权预备。贵会议集全国教育大家于一堂，必能确定方针，造福民众；百年大计，于焉寄托。"④ 国民党高层对会议召开亦颇多期待，吴稚晖在开幕式上发表演讲，指出："有人说'这几天我们的外交形势很严重，在这样的严重形势下，大学院偏有闲情来开教育会议，似乎不应该'。兄弟也觉得这话有几分理由，也觉得这两天的外交形势很严重；但是为什么缘故弄得这样严重，

① 中华民国大学院编《全国教育会议报告·丁编》，沈云龙主编《近代中国史料丛刊续编》第四十三辑，台北，文海出版社，1971，第4页。
② 中华民国大学院编《全国教育会议报告·丁编》，沈云龙主编《近代中国史料丛刊续编》第四十三辑，第6页。
③ 王世儒编撰《蔡元培先生年谱》下册，北京大学出版社，1998，第549页。
④ 中华民国大学院编《全国教育会议报告·丁编》，沈云龙主编《近代中国史料丛刊续编》第四十三辑，第28~29页。

将来怎样可以免得这种严重，这就是我今天所要说的。我以为所以弄成这样严重的形势，是由自行新政以来，三十余年办教育办的不好，想使将来免去严重，也只有设法改良教育这一途。"①

三　会议筹备、议程与会员

大学院成立后即筹备召集第一次全国教育会议，并设立全国教育会议筹备委员会（简称"筹备委员会"或"筹委会"）、全国教育会议大学院提案预备委员会（简称"提案预备委员会"），进行大会筹备工作。筹备委员会组织分文书、编辑、会计、庶务、招待五科，共聘任32名委员，其中朱经农、高君珊、金湘帆、许寿裳、过探先5人为常务委员，从1927年2月10日即开始办公，有的委员"竟忙了一两个月以上，不曾休息"②。筹委会所提之《全国教育会议规程》于1927年2月17日经国府会议修正通过，从1927年2月29日至5月14日，筹委会共召开16次筹备委员会会议，就会议筹备做了大量艰苦细致的工作，议决事项主要有：（1）经费问题、会议证章样式、开会地点、宴会地点、会员住宿、招待日程；（2）全国教育会议会员产生办法、筹备委员会组织大纲、提案预备委员会条例、全国教育会议提案办法、全国教育会议大会旁听规则等。③筹委会的有效工作为第一次全国教育会议顺利召开奠定了基础。提案预备委员会由大学院聘请专家71人组成，分为三民主义教育、教育行政及经费、初等及中等学校教学、普及教育及社会教育、出版物、科学教育、体育指导、艺术教育、专门及职业教育、改进私立学校10个小组，大学院指定各组常务委员一人，主持该组一切事宜。④提案预备委员会为此次会议各项提案的先期收集、整理与审查进行了卓有成效的工作。

---

① 中华民国大学院编《全国教育会议报告·丁编》，沈云龙主编《近代中国史料丛刊续编》第四十三辑，第13页。
② 中华民国大学院编《全国教育会议报告·丁编》，沈云龙主编《近代中国史料丛刊续编》第四十三辑，第10页。
③ 中华民国大学院编《全国教育会议报告·丁编》，沈云龙主编《近代中国史料丛刊续编》第四十三辑，第63~75页。
④ 中华民国大学院编《全国教育会议报告·丁编》，沈云龙主编《近代中国史料丛刊续编》第四十三辑，第73页。

国民政府第一次全国教育会议于 1928 年 5 月 15 日开幕至 28 日闭幕，共历时 14 天，会议主席为蔡元培与杨杏佛，两人先后交替主持召开 12 次全体会议。会议引入欧美"合议制"，根据 5 月 15 日大会通过的《全国教育会议议事细则》，"会议须有报到人数过半数出席，方得开议"，"会议分初读、再读、三读。初读时讨论大体，决定本案成立与否；再读时逐条审议；三读时修正文字。经过三读之后，议案即完全成立"，"本会议表决议案，取决于出席会员之多数。遇可否同数时，取决于主席"①。

此次会议正式会员共有 78 人，分为各省区代表 40 人，特别市代表 2 人，各机关代表 8 人，大学院选聘专家 18 人，大学院当然出席者 10 人；其中宋子文、丁惟汾、白云梯、朱霁青 4 人因故未能与会。另有大学院大学委员会委员胡适、蒋梦麟、朱家骅、吴稚晖、张乃燕、郑洪年、高鲁 7 人列席会议。② 此次会议会员与列席之大学委员，总计 81 人，其中 53 人具有留学背景并学有专长，占总数的 65%，如表 1 所示。

表 1　会员留学背景

留学国别	姓名	人数
美国	胡适、钱端升、蒋梦麟、杨杏佛、周仁、谭常恺、欧元怀、韦悫、徐善祥、廖世承、郑宗海、赵迺传、韩安、孟宪承、陈礼江、陶行知、庄泽宣、王澄、张奚若、宋子文、程时煃、黄琬、柳报青、陈嘉勋、秉志、黄华表、朱经农、陆士寅、王琎、凌冰	30
英国	孙贵定、陈剑翛	2
法国	蔡元培、吴稚晖、何尚平、谢冠生、杨芳、戴修骏	6
德国	朱家骅、马师儒、齐宗颐、马君武	4
瑞士	张乃燕	1
日本	陈尧成、马鹤天、朱葆勤、金曾澄、许寿裳、范寿康、郑贞文、许宗清、周昌寿、武肇煦	10

资料来源：根据《全国教育会议会员履历表》（中华民国大学院编《全国教育会议报告·甲编》，第 21~29 页）综合制表；会员留学多国，以获最高学位所在国计。

---

① 中华民国大学院编《全国教育会议报告·甲编》，沈云龙主编《近代中国史料丛刊续编》第四十三辑，第 12~14 页。

② 中华民国大学院编《全国教育会议报告·甲编》，沈云龙主编《近代中国史料丛刊续编》第四十三辑，第 18~21 页。

由表1可见，1928年全国教育会议召开之时，留学归国人员已基本主导中国教育政策的制定与实施，且欧美学生特别是留美学生占据了主导地位。这表明中国教育已不可避免地受到西方多种教育观念的强烈影响。

四 会议议案之考察

国民政府第一次全国教育会议会员大多身处各级教育行政机关或各级学校，对当时中国教育现状具有较为深入的观察与了解。会员出于振兴教育的急切愿望，提出议案非常踊跃。蔡元培在闭会致辞时指出，此次会议"提出各案分为三民主义教育、教育行政、教育经费、高等教育、普通教育、职业教育、科学教育、体育、艺术教育、社会教育、出版物、改进私立学校等十二组，总计有四百余案，成立者，有三百三十七案，合并其内容相近者，尚得一百三十案。对于教育上重要问题，几乎网罗无遗"①。会员们不但深刻分析问题之所在，而且以欧美教育模式为蓝本，结合国内现实，提出了解决问题的各种办法。由于数量众多，具体论述每一议案实非本文之所能，亦无必要。如就"教育独立"这一主题考察各案，便可发现此次全国教育会议议决通过了许多在理念、方法上互相矛盾、抵触的议案。

一方面，"会议里最大的成绩，好象还是教育经费独立这一件事"，② 这表明了部分教育界人士继续推进"教育独立"的坚强决心，且与会议召开的目的相切合。

如前所述，大学院召集第一次全国教育会议的本意，即在于继续推进教育改革。会议各案坚持了"专家治教"的原则，明确规定各种教育问题之解决，应受大学院所设各专门委员会的指导。由于教育经费的经常短缺与挪用较为严重，会员关于教育经费的议案有数十件之多，为各议题之最。王世镇在论述其所提《增加教育经费并保障其独立案》的理由时说，"现在世界各国，均认教育经费为社会最大之投资，不惜年耗巨大之金额。照美

---

① 黄季陆主编《抗战前教育政策与改革》，中国国民党中央委员会党史史料编纂委员会、罗家伦主编《革命文献》第五十四辑，第10页。
② 中华民国大学院编《全国教育会议报告·乙编》，沈云龙主编《近代中国史料丛刊续编》第四十三辑，第9页。

国 1918 年之统计，大都市之教育费，占全部政费百分之二五，且有占全部政费百分之五十者。而吾国教育经费，则为数甚微"①。又如普及教育组提案委员会所提《请大学院特设义务教育委员会负责厉行全国义务教育案》阐述其理由如下："厉行义务教育，需用大宗经费。举其一端而言之，如小学教员，办理义务教育，在欧洲各国，起薪金多完全由国库支给之；在美国则由各省支给之；在日本除地方担任一部分外，多数亦由国库支给之；断无将其责任，完全委诸地方，致失调节之效者。"②

鉴于"教费独立"是"教育独立"的核心，此次会议修正通过了《教育经费独立并保障案》，并规定：教育经费的标准应占年度财政收入的 10%~30%；中央及各省区市县设教育专款管理处；实行特别会计制度；由大学院制订《教育经费保障条例》；通电中央及各省实行教育经费独立运动。③ 为切实保障教育经费独立，本案特别提出制订《教育经费保障条例》的五项原则：凡中央及地方政府，均有恪守政纲保障教育经费独立之义务；教育经费一经确立，无论任何机关均不得加以变更或移挪；如遇特别事变，致有不可抗力之损失时，应由中央及地方政府设法补偿之；专管或代征教育经费人员，倘有故意或玩忽职守，以致教费有挪移或变动之情形时，应惩戒之；教育经费主管机关应与有关联的行政机关划清权限。④ 会议另议决通过了《教育经费管理处组织条例》《教育经费会计条例》等 12 件有关"教费独立"的议案。这些议案就教育经费的标准、教育经费的征收及保管、教育经费的保障设计了相当系统、完备的条例与操作程序，"议决的办法如实行起来，至少可以筹一万万元以上的教育经费"⑤。会议对"教费独立"的关注反映了部分教育界人士对"教育独立"的热烈向往并期望从制

---

① 中华民国大学院编《全国教育会议报告·乙编》，沈云龙主编《近代中国史料丛刊续编》第四十三辑，第 225 页。

② 中华民国大学院编《全国教育会议报告·乙编》，沈云龙主编《近代中国史料丛刊续编》第四十三辑，第 295 页。

③ 中华民国大学院编《全国教育会议报告·乙编》，沈云龙主编《近代中国史料丛刊续编》第四十三辑，第 23~24 页。

④ 中华民国大学院编《全国教育会议报告·乙编》，沈云龙主编《近代中国史料丛刊续编》第四十三辑，第 224 页。

⑤ 中华民国大学院编《全国教育会议报告·丁编》，沈云龙主编《近代中国史料丛刊续编》第四十三辑，第 11 页。

度上加以保障，从而实现他们源自西方经验的多年"教育理想"，并在此基础上促进中国教育的大发展。当然，关于"教费独立"的设想，此后并未得到实行。

另一方面，因应时局变动的现实需要，会议首次确立了三民主义的教育宗旨，并要求国民政府强化对教育特别是私立学校的管理与控制。这无疑与"教育独立"的内在要求背道而驰。

会议首次正式确立民国教育宗旨为"三民主义的教育"。为什么要实施三民主义的教育？这是因为"我们深信一国的教育，必有一贯的宗旨，才可以确立国家生存的基础，而筑成国民文化向上的轨道"[1]。另有会员指出，"就世界潮流论：欧美近百五十年来之教育改革，顺应政治潮流，均受民族、民权、民生三种主义之冲动，目下世界潮流，为三民主义之潮流，因此欧美主要国度现行之教育宗旨，亦不能越出三民主义范围"[2]。姜琦、邱椿所提《请大学院确定三民主义为全国教育宗旨案》第二条即云，"由委员会拟出'教育宗旨说明书'略如德国 1921 年 3 月 16 日所颁布之'基础学校课程指南'，英国教育部 1923 年 5 月公布之'教师南针'，法国教育部 1923 年 6 月 20 日公布之'小学课程标准'，及美国内务部教育司 1918 年公布之'中等教育之基本原理'"[3]。受会议之托，朱家骅等人根据会员所提相关议案起草了《中华民国教育宗旨说明书》，后经大会修正通过。《中华民国教育宗旨说明书》详细阐述了三民主义的教育"就是实现三民主义的教育；就是以实现三民主义为目的的教育；就是各级行政机关的设施，各种教育机关的设备，和各种教学科目，都是以实现三民主义为目的的教育"[4]。三民主义教育宗旨的确立是此次会议的一大成果，无疑对此后民国教育的发展产生了深刻影响。三民主义教育宗旨的首次确立，表明政治对教育的渗透、控制渐成事实，这无疑与以"教育独立"为目标的改革背道

---

[1] 黄季陆主编《抗战前教育政策与改革》，中国国民党中央委员会党史史料编纂委员会、罗家伦主编《革命文献》第五十四辑，第1页。
[2] 中华民国大学院编《全国教育会议报告·乙编》，沈云龙主编《近代中国史料丛刊续编》第四十三辑，第7~8页。
[3] 中华民国大学院编《全国教育会议报告·乙编》，沈云龙主编《近代中国史料丛刊续编》第四十三辑，第9页。
[4] 中华民国大学院编《全国教育会议报告·乙编》，沈云龙主编《近代中国史料丛刊续编》第四十三辑，第2页。

而驰。此后的民国教育，虽无"党化教育"之名，却有"党化教育"之实。

关于私立教育，会员胡元倓等人指出，"吾国上海等处，商业发达，学校林立，其间固有努力兴学之辈。然借学校敛钱者，亦不能说其必无"，且"国内教会学校林立，基督教化，佛化，无所不有"。会议通过了《改进私立教育案》等议案，就私立学校立案、教职员资格、课程标准、成绩考查、设备标准、指导方法、取缔及奖励办法做出详细规定。该案明确提出，凡请立案之私立学校，经主管教育行政机关审查，认为不合格者，由该主管机关令其改良继续试办，或令其停办；私立学校校长，以有本国国籍者为限。该议案力图加强对教会学校等私立学校发展的监督与管理，使之提高质量，适应国家发展的要求。[1] 这一议案成为国民政府此后制定私立教育政策的基础，为私立学校特别是私立高等学校的国有化提供了政策依据。

五　结语

国民政府第一次全国教育会议突显了民初以来"教育独立"所面临的困境及其与现实需求之间存在的深刻矛盾。自此之后，"教育独立"倡议即逐渐从"高潮"走向"低落"。此次会议由颇具"独立性"的中华民国大学院召集，精心筹备历时两月有余，云集具有欧美留学背景的众多教育界知名专家学者，规模之盛前所未有，社会各界寄望甚殷。一方面，会议目的在于继续推进蔡元培主导的，以"教育独立"为目标的大学区制教育改革。因此，会议就"教费独立"做出了明确决议。另一方面，因应时局变动，为适应"教育建国""教育救国"的现实需要，会议也就"三民主义教育""私立教育"等问题做出明确决议，要求国民政府加强对教育的管理与控制。实际上，教育界的内部分歧只不过是"教育独立"与"现实需求"这一外部矛盾的不自觉反映而已。此次会议之后，大学院制与大学区制遭受非难日益高涨，"教费独立"案之实施阻力亦困难重重，延至1928年10月与翌年7月，大学院与大学区相继被取消，"教育独立"之改革终不免于顿挫。"国家—社会"在教育这一场域中的博弈，最终以国家的胜出而告

---

[1]　中华民国大学院编《全国教育会议报告·丁编》，沈云龙主编《近代中国史料丛刊续编》第四十三辑，第629页。

终。大学区制教育改革之所以失败，主要原因是其"与训政精神不合；学界派系倾轧；主持人物的由合而分；经费的困难"等因素。① 国民政府第一次全国教育会议在中国教育现代转型过程中具有重大的标志性意义，对此后中国教育的发展与政策选择产生了重大的导向作用。

① 陈哲三：《中华民国大学院研究》，台湾商务印书馆，1976，第 177～197 页。

蒋介石与中医医政

文　庠*

南京政府时期（1927.4～1949.9），蒋介石处于权力的巅峰。一位美国外交官在1934年观察道："蒋介石的影响无处不在。（到南京之前）我不愿意相信他对建立在这里的政府的控制达到现在这种如此明显的程度。他兴趣所到之处，你必会发现政府有相应的行动；而其它地方也起码会有趋势性的政策。"① 曾经做过蒋介石顾问的何廉用一句话做了概括："总司令走到哪儿，政府的真正权力就到哪儿。就权力而言，他主宰一切。"② 因此，如要谈南京政府时期的重要问题，均无法绕开蒋介石。

1929年，中央卫生委员会通过了"规定旧医登记案原则"（史称"废止旧医案"）。其主要内容为："甲、旧医（指中医——笔者注）登记限至十九年为止。乙、禁止旧医学校。丙、其余如取缔新闻杂志等非科学医之宣传品，及登报介绍旧医等事由卫生部尽力相机进行。"③ 这本来属于中医医政的问题，却引起了医学界以及政治界、思想界围绕中医问题进行长达20多年激烈的论争，南京政府被贴上了"废止中医"的标签。这期间，蒋介石扮演了什么样的角色，他又对中医医政产生了什么样的影响？值得人们去探究。

＊ 文庠，南京中医药大学教授，专业方向为医史文献学研究。

① 《高斯致约翰逊》（1934年9月16日），美国国务院文件：893.00/12845；转引自〔美〕费正清《剑桥中华民国史》第二部，章建刚等译，上海人民出版社，1992，第151页。

② 《何廉回忆录》，中国文史出版社，1988，第160页。

③ 易南坡：《医药法规（附抗争史）》，三湘印务馆，中华民国三十六年丁亥季春初版，第149页。

一　蒋介石与中医药

蒋介石出生于浙江溪口，历史上的溪口是个文化积淀深厚、名人辈出的地方。耳濡目染，地域文化在蒋介石身上烙下了深深的印记。翻开有关蒋介石的书籍，就会发现蒋介石十分崇尚传统文化，而且在他人生的每一个重要关口均有所表现。比如说1948年他当选为中华民国总统后，他的手下不远万里从国外为他定制了西服，但在其就职大典上，他却穿着长袍马褂，他入殓时也是穿着长袍马褂。蒋经国在《守父灵一月记》中的"四月九日"条下是这样记录的："东方发白之时，余在荣民总医院服乡俗为父亲穿衣服，并着长袍马褂、佩勋章。十时许，母亲将父亲喜读之《三民主义》《圣经》《荒漠甘泉》和《唐诗》四本书，亲自置于灵椁之中，另有呢帽一顶、手杖一根。"文中还记录着这样一件事："父亲得病于六十一年之秋，其后多在休养治疗之中，……疾病初念，即嘱儿在父亲胸前，代为挂上平时常带之圣母像，吟读唐诗，有时，或于晚餐后朗读大学中庸。"[1]也就是说，蒋介石的晚年，当一切政治盔甲均卸去后，他读唐诗及《大学》《中庸》等传统文化书籍以自娱自乐。

中医药是传统文化的重要组成部分。以蒋介石的文化观，他不该也并不排斥中医药。蒋介石在西安事变中摔伤了腰脊，疼痛难忍，陈立夫找到一位气功师为他发功诊治，使他的疼痛减轻；高兴之余，蒋介石一下子就赏了该气功师2000元大洋。[2]蒋介石不仅看中医，而且家人生病时他也请中医诊治。名医金诵盘是蒋介石的好友，宋美龄患有神经性皮肤病，浑身发痒，就请金诵盘诊治。金诵盘给她开了中药，煎成汁沐浴，全身浸泡20分钟，使病情大有好转。[3]类似的例子还有很多，如1958年，宋美龄在陈纳德将军病危之际，从台北远赴美国新奥尔良市医院探望，随之带去了蒋介石致陈纳德的手书，蒋介石要他安心静养，若西医无法医治，可以到台

---

① 李敖：《戳蒋介石的底》，中国友谊出版社，2003，第149、233页。
② 《陈立夫的养生之道》，http://www.360doc.com/content/07/0713/00/32304_608066.shtml；最后访问日期：2018-1-26。
③ 王光远：《蒋介石与名医金诵盘》，《纵横》1996第10期，第36页。

北试试中医。①

然而，恰恰是在蒋介石时代，中医被推上了风口浪尖。1929年，南京政府成立不久，中央卫生委员会就通过了"废止旧医案"，接着教育部第949号部令，严令取缔中医学校②，卫生部颁布第335号部令，一律禁止中医参用西法西药；抗战八年结束后，刚刚还都的南京政府教育部一纸命令就取缔了上海3所中医学校。然而，1936年，南京政府又颁布了《中医条例》，1943年颁布了《医师法》，从法律上保障了中医的合法地位，南京政府的政令似乎充满了矛盾性。

同样，涉及中医药时，蒋介石自身也有说不清的矛盾。在政府与中医界对抗风的过程中，蒋介石有时候敷衍了事，比如说在抗战期间，蒋介石兼任行政院长，针对当时中医界呈请的有关事项——第二历史档案馆藏——他大都批转相关部门加以应对，只言片语，惜墨如金。有时候热情洋溢，如1947年10月"双十节"，蒋介石提出"建国建医"并重的口号，并为中医界题词"广济人群"；③再如1948年3月17日"国医节"，蒋介石特颁训词："国医节创始于民国二十年，十八年来我中医界同人沉潜坚贞，精进不懈，绍述轩农和缓之宗风，致力济世活人之伟大业，中西相辅，艺学兼长，其于民族保健之功，良足称道，此次全国各举行盛大纪念，所望淬砺奋发，穷究极研，本数千年之宝贵经验，而予以有系统之科学诠证。然后我国医学乃能璨然大明，并与世界各国齐驾而无愧矣，愿共勉之。中正寅铣印。"④

为什么会如此双重态度？这得从蒋介石所处的政治环境讲起。

二　蒋介石的政治手段与中医医政

蒋介石时代是中国社会矛盾极端激化的年代，在众多的社会矛盾中，中医医政问题谈不上是什么大问题，但就是在这个小问题上，蒋介石也是

---

① 陈香梅：《春水东流——陈香梅回忆录》，山东人民出版社，1992，第106页。
② 邓铁涛：《中医近代史》，广东高等教育出版社，1999，第287页。
③ "蒋主席在建国与建医并重之下对于中医界之题字"，《国医砥柱》1947年第6期，封面。
④ "国医节主席特颁训词"，《国医砥柱》1948年第6期，封面。

煞费苦心地玩弄政治手段。

一是自居正统，谨慎从事。1927 年 4 月，南京政府建立，但国民党派系林立，四分五裂，各自为政。蒋介石为树立自己的正统地位，一再标榜自己是孙中山的传人。1928 年 1 月 16 日，他在中央党务学校演讲中提出，中国"一切政治制度必须以建国大纲为基础，遇到实际上困难莫决的问题，也要以建国大纲为最高原则，拿来作解决一切的准绳"。他号召"大家不但要研究建国大纲，而且要时时刻刻不忘却了建国大纲；不但要口诵心维，反复研究，简直要随时携带，随时记取，作为行坐不离的侣伴，因为这是总理对实际政治研究的结晶，也就是我们目前建设政治的方针。……此外如教育、实业及一切政治制度、政纲、政策的基础，总不能离开这原则"。①

1929 年 3 月 15 日，国民党第三次全国代表大会在南京召开，"确定总理所著三民主义、五权宪法、建国方略、建国大纲及地方自治开始实行法，为训政时期中华民国最高之根本法"，"根据总理建国大纲，设立行政、立法、司法、考试、监察五院，逐渐实施，并决定迅速起草约法，预植五权宪法之基础"。②

1935 年 8 月 13 日，蒋介石在峨眉军训团长旗典礼讲《革命军的基本素质》中，第一次透露了他在同盟会时代与孙中山的关系："我自从十八岁追随总理直到现在敢说三十余年如一日，从来不曾有一点苟且份情、见异思迁以及畏难避祸贵生怕死的情形。"③ 1937 年 12 月初，日军兵临南京城，蒋介石不得不撤离南京。临行前之"6 日晨率同钱大钧及侍从室部分人员晋谒孙中山先生陵墓"。④ 在仓促撤退之前仍不忘去孙中山灵前走一遭，无论是否有政治作秀之嫌，此行都使人感受到他对孙中山的敬意与愧疚。

1927 年 4 月至 1949 年 9 月，虽然"从表面看，国民党在南京十年建立的政治体制与孙中山生前的有关设计并无冲突，但是这种体制在实际运作

---

① 中国第二历史档案馆：《国民党政府政治制度档案史料选编》上册，安徽教育出版社，1994，第 577~578 页。
② 荣孟源：《中国国民党历次代表大会及中央全会资料》上册，光明日报出版社，1984，第654 页。
③ 李敖：《戳蒋介石的底》，第 52~53 页。
④ 王正元：《为蒋介石接电话 12 年见闻》［《江苏文史资料》第（三十六辑）］，1991，第8 页。

中，却因国民党性质的变化，促成了国民党对政治和社会资源的全面垄断及个人专权局面的形成。这突出表现在蒋介石利用国民党对政权的'指导'与'监督'，竭力加强个人的政治地位。蒋介石以国民党化身自居，反复鼓吹在训政时期'一切要由党来负责'，'以党来管理一切'。他口称，'以党治国，政府与行政人员断不能离党而独立'，其实质含义则无疑是，'以党治国'等同于'由蒋氏治国'。因而南京十年国民党政治一个显著特点即是'法无定规，权从人转'，国民政府主席一职的权限因人而异，其权力可随一人之进退而增减"。① 无论南京政府距孙中山的政治理想有多么远，但是有两点是可以确定的：（1）南京政府的政府设计与孙中山理想并无冲突；（2）孙中山这面大旗南京政府必须扛着。

为此，当中医界扛着孙中山的旗子进行维权、抗争时，蒋介石就显得十分慎重。1929 年 3 月，中医界为维护自身合法权益进行请愿，打出了中医是"极端之民族主义"，"极端之极端的民生主义"的口号，《全国医药请愿团报告结束》中记录了蒋介石反应，代表团"至国民政府，时蒋主席已赴三全大会，由国府要员代见，略谓主席对于贵团请愿，极为重视云云"，②而请愿代表陈存仁却有如下记录。

> 3 月 23 日"中午一时，吕必筹的电话也来了，说定即日下午四时主席召见你们五位代表，时间只有五分钟，而且为了我们晋谒便利起见，到时他开车来接。不久吕必筹亲自到交通旅社来，告诉我们说他已预备了两辆大房车，请我们即刻上车。……到达主席官邸，主席见了我们，和我们一一握手，说：'你们的事，我都知道了，我对中医中药绝对拥护，你们放心好了。'主席口操宁波土音的国语，见我们都说上海话，他就改用纯粹的宁波话和我们谈话，只说了两句话：'我小时候有病都是请中医看的，现在有时也服中国药。'说罢，待从人员已拿出主席的大氅，我们也只好告辞了，临走时他叮嘱吕必筹把请愿书的批谕，从速发出。同时吩咐我们：'谒见的消息，要等批谕发表之后透

---

① 高华：《关于南京十年（1928—1937）国民政府的若干问题》，《南京大学学报》1992 年第 2 期，转引自 http://www.gongfa.com/nanjingguominzhengfugaohua.htm。

② 《全国医药请愿团报告结束》，《申报》1929 年 3 月 26 日。

露才对。'"不久，请愿团收到了由蒋介石批谕的国民政府文官处批示："撤销一切禁锢中医法令。"①

1929 年 12 月，中医界再次在南京请愿；其间，蒋介石发表了重要谈话："中医如内政，西医如外交，内政不修，国可致乱，外交不良，亦足辱国。二者并重，不可偏废。"② 此次谈话稳定了中医界的情绪，却引起了西医界的不满，废医派主将余云岫只能揣测"此次蒋主席维护旧医之论，必非蒋之本意"。③

二是左右平衡，稳居中央。民国时期围绕中医医政问题的斗争，不单纯是取消一个职业、废止一门学科的问题，而且是两种文化的冲突，反映到国民政府中就出现了两大政治派别的斗争。废医派的代表人物是汪精卫，保医派的代表人物是陈立夫等。双方围绕中医问题的斗争，让蒋介石左右为难。

一方面，汪精卫虽然是蒋介石的政治宿敌，但在 20 世纪 30 年代中期，正是蒋汪蜜月期，蒋介石正希望汪精卫成为他与日本之间的润滑剂，以此缓解中日之间日益激烈的冲突；事关全局，与汪精卫的关系显然不能轻易损坏。另一方面，蒋介石与政界保医派代表陈氏两兄弟感情笃厚。由于陈氏两兄弟的叔父陈其美（字英士）对蒋介石有知遇之恩，蒋介石一直对陈其美心怀感恩。他在一封给胡汉民等人的信中说，"今弟做事，既无人督责如先慈，又无人体贴如英士……"④ 蒋介石是个大孝子，能将陈英士与其母亲相提并论，可见陈英士在其心目中有多么高的地位。因而，蒋介石将对陈其美的感情在一定程度上转移到陈家兄弟身上。陈氏两兄弟恰恰又是坚决反对废止中医派，这使得蒋介石在决策时不得不有所考虑。另外，政界保医派中的一大批人均是国民党的元老，如废止中医案出台后，中医界代表赴京请愿团首先拜见了时任行政院院长的谭延闿，谭表示："中医决不能

---

① 陈存仁：《银元时代生活史》，上海人民出版社，2000，第 182 页。
② 《蒋主席维护本国医药——全国医药界请愿之结果》，曹伯言整理《胡适日记全编》第五卷，安徽教育出版社，2001，第 596 页。
③ 余云岫：《医学革命论二集》，余氏医室，1932，第 272 页。
④ 李敖：《戳蒋介石的底》，第 206 页。

废止，我做一天行政院长，非但不废止，还要加以提倡。"① 当时，"谭氏态度极为肯切，表示政府行政，断不违背民众之需要，中卫会议决案，断无实行之可能，即以湖南而论，除大都市略有西医足迹外，其它各县，非但西医绝迹，即中医亦极缺乏，中卫会议案如果实行，病者将坐以待毙，且药材农工商人全体失业，影响国计民生，不堪设想。中医中药，并应改进提倡，择其精当之处，可补世界医药之不足"。② 监察院院长于右任说："我一生都看中医吃中药，在我们陕西，全省只有一间教会办的西医院，一共只有三个西医生，绝大多数老百姓看病都是靠中医治理的。所以，中医对中国人的健康保障有很大的贡献，现在西医褚民谊等当政，想把中医消灭，这等于洋教徒想消灭全国的和尚道士一样，那怎么可以呢？"③ 张静江、李石曾说，"对于中医极表好感，谓中卫会之议决案，殊属违背中国之情，自愿极力援助"，④ "余于中医素极信仰，认为确有保存提倡之必要"，"这件事荒谬的很，都是卫生部几个西医和褚民谊搅出来的，相信全国人民都会反对，国民政府奠都南京之后，第一件引起全国反对的大案件，就是你们这件事。昨天四川方面有过一个电报到中央，说四川的经济以国药出产为大宗，要是一旦废止中医药的话，就会失去四川民心，现在中央正在拉拢四川归附。所以这个电报力量大得很，对你们是绝对有利的"，"关于废止中医一案，是西医在中政会所提出，这是西医们的单相思，执行是要政府来执行的，决不会有一个人敢出来主持这件事的"。⑤ 上述所举之谭延闿、于右任、张静江和李石曾，或有恩于蒋本人，或在国民党内的很高的政治威望，蒋介石都不愿轻易得罪，因此，蒋介石在这件事情上不能不慎之又慎。

如此两难的问题，着实令蒋介石感到十分地棘手。为此，他只能以政治手段解决行政问题。这样，我们就看到历史上这样的一幕，围绕《中医条例》问题，争执双方从行政院打到立法院，从中央政治会议打到国民党

① 陈存仁：《银元时代生活史》，第 130 页。
② 《全国医药请愿团报告结束》，《申报》1929 年 3 月 26 日。
③ 陈存仁：《银元时代生活史》，第 182 页。
④ 《全国医药请愿团报告结束》，《申报》1929 年 3 月 26 日。
⑤ 陈存仁：《银元时代生活史》，第 131~133 页。

代表大会，历时 3 年，1936 年《中医条例》才得以见天日，而其间竟从未听到蒋介石的声音。为什么？既然双方都得罪不得，蒋就任其双方拼杀。实际上，左右平衡，稳居中央是蒋在调节内部矛盾时的一贯作风，只不过这次他把它用在了中医医政问题上了。

三 蒋介石的政治策略与中医医政

蒋介石在中医医政问题上不仅玩尽政治手段，而且将其作为政治策略，为己所用。

全面抗战开始后，医药的重要性就被突显出来。为动员一切可以动员的力量，蒋介石在第五届中央执行委员会第九次全体会议开幕词中就特别强调"进一步实行全民总动员"。他指出："今我国抗战既与世界战争联结一体，吾人必须摧毁全世界之侵略暴力。如此艰巨之任务，自非有坚强充实之力量，不克完成。故今日如何动员全国所有之人力物力与地力，使其效果得以充分发挥，如何推动我社会政治经济，使其完成现代化之标准，实为本届全会最大之任务。"[1]

为动员全国所有的人力、物力与地力，蒋介石倡导恢复驿站运输制度。他说：

> 我们今天要解决当前抗战问题，要树立以后国计民计的基业，都觉得必须遵行驿站运输制度。在过去，我们中国一切军运货运和邮递，全赖此一制度来维持，到现在，我们更觉得有恢复并加强这个制度的必要。我们现在的缺点，就是人力、物力和器材都摆在面前，但是大家弃之不用，一切交通运输工具，都要从外国千辛万苦的买来，而惟此是赖，一旦情势变异，外货不能运入，就不能独立维持，交通运输就毫无办法。不仅交通如此，就是其它军事、政治、经济一般都犯了这个毛病，这就是我们不知道因地制宜，因时制宜和因人制宜的原故，

---

[1] 蒋介石：《加强抗战力量与确立建国基础》，中央秘书处文化驿站总管理处印《总裁训词特辑》第三集，第二历史档案馆，全宗号七一一（4），案卷号四八四。

以致有了人力而不能创造，有了物力而不能发挥，有了器材而不能运用。①

中医药业作为一支不可忽视的力量显然也被纳入动员。1939 年 7 月，陕西三原药帮同业公会向行政院递交了《呈请开禁国药由》的帖子，8 月 11 日，行政院批"拟交财政部饬查核办"，此件转到时任行政院副院长孔祥熙手上，他批曰："给予答复。"11 月 30 日，时任行政院院长的蒋介石手谕："财政部核办，并将办理情形具复。"一个多月后，1940 年 1 月 4 日，蒋介石再次做出批示："代电悉，查此案已由财政部核定运销办法，批示该公会知照。现该部又正电中央信托局从速购运，以恤商艰，仰仍遵照部批办理可也，此批。"② 笔者翻看过许多蒋介石批示的呈请报告，能对一民间组织的呈报翻翻来覆去地批示是极为罕见的。由此可见战争对药品需求，使蒋的中医药政策更加实际。

无独有偶，原本一些被争来争去的中医药管理问题，在战争面前也被务实、高效地解决了。如 1940 年 8 月 6 日内政部公布了《管理中医暂行规则》后，广西省政府主席黄旭初认为本省已按省订办法进行管理了，战争年代政策不宜改来改去，故呈卫生署一份名为《奉饬切实举办中医审查给证等因谨将经办情形乞核示遵由》的呈报，原文如下：

> ……原应遵办，惟职省关于中医审查给证事项，业经订立，职省管理中医暂行办法施行，自二十四年春举办起，至二十七年冬止，由本省府审查给证。其经审查登记，准予发给证照者，计有 2062 名在案，嗣以抗战紧张，敌机时袭，各项证件，保管困难，故变通饬由当地市县政府警局，发给临时开业执照以利国医营业，救济病民，此种办法，推行至今，尚称便利，管理亦尚严密，且该管理中医暂行办法，亦与中医条例及审查规则，大致无异，倘现在再依新条例举办，则民众不察，难免无怀疑政府法令，朝令夕改，无所适从之感。……俟抗战大

---

① 蒋介石：《驿运制之重要及其特点》，中央秘书处文化驿站总管理处印《总裁训词特辑》第三集，第二历史档案馆，全宗号七——（4），案卷号四八四。

② 中国历史第二档案馆，全宗号二，案卷号六四七〇。

功告竣后，再行从新遵照条例之规定办理，是否有当，理合呈请……①

蒋介石一向主张政令、军令的统一，如在平时广西省这一与中央政策相左另干一套的做法，肯定不为其所容，但这次蒋介石的批复竟然默许了这一做法。批复原文如下：

院长蒋中正，指令广西省政府：

……仰即将原订管理中医暂行办法及历年给证中医姓名、年龄、籍贯、资历等造册呈院　民国三十年八月六日②

抗战期间，蒋介石在中医医政上的务实的政治策略，不仅体现在其对有关中医药的某事某人的批示上，而且体现在政策层面上，故抗战期间，国民政府相继出台了一系列有关中医药的政策，如颁布了体现中西平等的《医师法》。在抗战中，中医药工作者也以实际行动标明了中医所具有的重要性，并为抗日战争的胜利做出重要贡献。

显然，从蒋介石人生经历与文化取向看，他没有理由反对中医。作为一名政治领导，他又不能单凭感情做事，中医医政与其他行政问题一样，存在着因时、因地、因人等问题，所以，民国时代的蒋介石在中医医政问题上就给后人留下了一个模糊不清的形象。

---

① 《奉饬切实举办中医审查给证等因谨将经办情形乞核示遵由》，中国历史第二档案馆，全宗号二，案卷号六四八五。
② 中国历史第二档案馆，全宗号二，案卷号六四八五。

日本在伪满公营医疗制度的
实施及其回流

赵晓红[*]

医疗卫生在殖民统治和战时军事中都发挥着无可替代的作用，如何对医疗人员及物资等进行统制和有效配置，成为殖民统治者非常重视的问题。弄清伪满洲国（简称"伪满"）对医疗的统制情况，对于探究战时体制和殖民统治的本质及特征不无裨益。目前学术界关于伪满如何对医疗人员进行统制及其效果如何等问题的相关研究成果甚少，饭岛涉和沈洁在其论著中虽有涉及，但均未深入展开[①]。本文尝试弄清伪满通过采取哪些措施对医疗进行支配和统制，分析其统制效果和影响，并进而探讨伪满公营医疗政策对日本的反影响作用。

一 公营医疗制度的确立

在日本殖民地统治政策中，有着强烈"国家卫生"倾向。伪满洲国成立后不久，即通过了所谓"三大医疗政策"的五年计划，其中之一即在各地设置"国立"医院，并在"全国"170个地方配置公医。日本之所以急于在伪满实施公医制度等"国家卫生"措施，一方面是由于日本国内不断

---

[*] 赵晓红，历史学博士，浙江大学历史系讲师，研究方向为中华民国史。本文所涉及的"满洲国"的所有机构、职务、制度等，均为伪。

[①] 飯島渉『マラリアと帝国』、東京：東京大学出版会、2005；沈潔『「満洲国」社会事業史』、京都：ミネルヴァ書房、1996。

向法西斯化道路迈进，国家主义取代了个人主义，并逐渐渗透医疗领域；另一方面，鉴于日本国内开业医制度的教训，伪满洲国建立后，实行了以国家主义为基础的公营医疗制度。

明治维新时期，日本开业医制度逐步确立。中日战争爆发后，伴随战时体制的实行，为了增强战斗力，日本政府对医疗保健卫生日渐重视，如1938年设置新的厚生省，专门负责医疗卫生，"健兵健民"成为日本国策之一。但是，现存的开业医制度却是"健兵健民"政策的障碍。一方面，在开业医制度下，药价和诊疗费均由医师会决定，因此，政府主导的公众保健卫生政策所要求的低价和医师会追求利益最大化之间就产生了矛盾，引发关于医疗报酬的纠纷就在所难免，这成为阻碍政府普及疾病保险的重要原因；另一方面，"健兵健民"政策的目的是提高壮丁们的身体素质，为征兵做准备，因此，疾病的治疗和预防等成为政府在医疗事业上重要任务。但是，一边倒的开业医制度显然无法符合，也不能满足这些条件。因为，开业医制强调其作为商品的营利性而非社会服务公益功能。①

日本政府虽然认识到开业医制度的种种弊端，但是，开业医制度的实施已有相当长的时间，并积累深厚基础，医师会具有相当大的权势和影响力，将其权力全盘推翻或进行转换，并非一朝一夕可以做到。伪满洲国建立后，日本将其作为试验田来实现在国内无法实现的理想。当时，伪满的社会事业活动家浦城满之助即认为，"世界各国采用了适合各自的医疗制度，日本以开业医制度为最根本的医疗制度。但是，满洲国应该与此相反，采取公医制度为根本方针"。② 伪满民政部事务官成田彦政更是强调"医疗制度的终极目标就是应该达到医疗国营主义的理想线"。③

日本殖民者在反省日本国内开业医制度的同时，认为伪满内部具有实行医疗公营的有利条件。伪满民政部根据调查认为，"满洲国虽然存在官公营制度及开业制度，但是，还没有把任何制度作为基干"④，这就为伪满进

---

① 关于日本开业医制度，参见〔日〕川上武『現代日本医療史—開業医制の変遷』、东京，劲草书房，1980。

② 浦城満之助「今日の救療問題」、『仁愛』Vol. 3，No. 2，1941、18 頁。

③ 〔日〕成田彦政「満洲国に於ける医療制度と将来の動向」（下）、『民生』Vol. 1，No. 5，1938、20-21 頁。

④ 〔日〕成田彦政「満洲国に於ける医療制度と将来の動向」（下）、22-23 頁。

行医疗统制，实施公营制度提供了有利条件。

二 公医及福民诊疗所的设立

伪满公营医疗制度中重要的一环即公医制度，它是统治者企图将医疗及殖民统治延伸到偏远地区的重要途径之一。日本在殖民地实行的公医制度，是由后藤新平在台湾制定的。"公医"一词最早出现在 1896 年 5 月份台湾"总督府"实行鸦片渐禁政策的文件中，公医主要担负对当地鸦片吸食者的救护治疗工作以及卫生方面事务，后来逐渐发展成为对地方进行渗透和笼络人心的重要工具和政策。① 日本在台湾的殖民主义经验先后不断向朝鲜、"关东州"和伪满传播，公医制度即其中之一。伪满的公医制度最早由南满洲铁道株式会社即"满铁"于 1914 年创始，伪满洲国成立后，为了显示其统治的正统性，加强对地方控制并安抚民众，在偏僻地区普及医疗和保健卫生成为其重要政策之一。

1933 年，伪满确立了公医医疗制度，并制订了原则上"一县一公医"的五年计划，企图使医疗机构快速普及，并使医疗社会化。② 所谓"公医"，即与私人医疗相对，为非营利性质，担负国家使命，由国家给予一定额度的生活保证，贷给其诊疗器具等，使其负责地方公众保健卫生等工作。伪满公医的诊疗地域由伪县长、伪旗长指定，而每年公医诊疗所的配置数目和地点均是在伪省长申请的基础上，由"民政部"决定，最后由伪县负责分配其工作。公医诊疗所受所在地的伪行政长官的指挥，是卫生行政执行上的辅助机关，除了一般诊疗之外，还要从事和公众卫生相关的指导、调查工作及卫生警察事务。公医诊疗所虽然受伪政府补助经营医疗事业，但从医所得收入却归己所有。重要的是诊疗费、手术费、药价的确定都要经过伪县长、伪旗长的许可。公医的药价报酬不能定得太高，对于贫民，可以在预算范围内对其发行施疗券，凭券接受公医的诊疗。公医的身份最初是直属于伪满民政大臣，接受"民政部"的嘱托，直接由"民政部"派遣

---

① 参见栗原純「台湾における日本植民地統治初期の衛生行政について―台湾総督府公文類纂に見る台湾公医制度を中心として―」、『史論』Vol. 57，2004。
② 〔日〕成田彦政「満洲国に於ける医療制度と将来の動向」（下）、14 頁。

到各地；1937 年以后，改由伪县、伪旗负责，接受伪县、伪旗的嘱托和派遣。①

公医大体上分为一般公医和移民地公医。移民地公医主要指专门为在伪满的日本移民（后称"开拓民"）进行服务的医疗人员。他们接受伪县的嘱托被派往日本移民团驻地，负责处理移民团内部卫生事务，例如，疾病的预防诊疗、卫生保健和对人以及牲畜生产的指导工作等。由于多数开拓地环境和医疗条件等各方面都非常落后，甚至极为恶劣，医师们一般不愿前往。为了保证开拓地医师的来源，1940 年以后，伪满先后成立龙井、哈尔滨（后移到北安）、齐齐哈尔和兴安（针对内蒙地区）四所开拓医学院和佳木斯医科大学，招收日籍男子，并免学费、提供奖学金，但是毕业后必须作为限定特业医师被分派到开拓地服务。

公医一般占用民房或自建开办诊疗所，条件比较简陋。其中，利用发行福民彩票所得收益而建立的诊疗所被称为福民诊疗所。福民彩票发行的目的之一就是在偏僻地区建设的公医诊疗所，为诊治疾病提供方便。福民诊疗所建立的目的是增强对所地住民的诊疗效果，因此和公医制度有着密切关系。而且，福民诊疗所促进了地方公立医院的建设，为地方公立医院的建立打下基础。以开拓地公医诊疗所为例，虽然规定每个诊疗所医师 1 名、保健妇 1 名、看护妇② 1 名，但实际上，由于医疗人员的缺乏，一般都很难达到此标准。而且，医疗器械和药品的购入情况也不乐观。③ 虽然公医诊疗所的医疗条件不能达到日本殖民者和伪满政府所计划和期待的标准，但是公医诊疗所数量的快速增长一定程度上还是达到了向偏远地区普及医疗的初衷。1938 年公医诊疗所数已从 1933 年的 29 所增至 148 所，5 年增长了 4 倍左右，如再包括福民诊疗所的话则增长了 6 倍以上，④ 由此可窥伪满对公医制度的重视及公医诊疗所发展之快速。

日本殖民者企图通过公医制度邀买人心，强化殖民统治，并对医师进

① "民政部保健司"『満洲国衛生概要』、興亜印刷株式会社、1944、10-12 頁。
② 看护妇即护士，助产士或助产妇即负责接生的医疗人员，相当于传统的接生婆，本文仍采取当时的称呼。
③ 参见宇留野勝彌『開拓地の保健状況』、満洲移住協会出版社、1942。
④ "満州帝国民政部"『民生年鑑』、東亜印書局、92-93 頁。

行统制。与此同时，日本殖民者还设立了伪官公立医院。

三　医院的"官公立化"

对于医院的战时服务功能及笼络人心的作用，满铁第一任总裁后藤新平有着超前的意识和精辟总结。在后藤"文装的武备"思想指导下，满铁推行了一系列的科技、文教、卫生措施，例如，建立诸多医院，并企图使每一所医院都具有野战医院的功能，以配合军事侵略。后藤在大连建立了当时号称"东洋第一"的满铁医院，除了热水设备、自动灭菌装置之外，过于宽阔的走廊也非常引人注目。当被人讥笑浪费时，后藤则回答："如果再来一次战争，这个走廊上将会排满伤兵担架。"① 另外，后藤对于殖民地医学的角色和作用也有着自己的看法："如果通过医学的普生济世功能，使日本人的胸襟能得以展示的话，那么这一定可以实现日中亲善，具体而言就是建立日中两国医疗工作者共同经营的医院。"② 由此可知，伪满的医院自筹备始便已被附加了政治、军事功能。而伪满对医院的掌控主要是通过医院的"官公立化"来实现的，从而使其处于伪政府的支配之下，为伪满政策服务。伪满于1934年9月14日公布了《国立医院官制》，开始推进伪官公立医院的建设。1940年11月1日，伪满政府又颁布了《公立医院令》取代《国立医院官制》，并根据该法令对伪官公立医院进行统制。③

伪官公立医院包括伪国立医院和伪公立医院，是伪满实施保健政策的核心。为了充实和振兴地方医疗机构，伪国立医院作为中枢医疗机关均建在重要都市，由"国家"直接经营管理。根据1934年的《国立医院官制》，伪满创设了吉林、哈尔滨、承德三所伪国立医院。④ 1938年6月根据《国立医院官制》，伪国立医院改由"民政部"大臣管理，进行疾病的诊疗。伪国立医院的名称和位置都由"民政部"大臣决定，医院的职员为荐任制或委

① 草柳大蔵『実録満鉄調査部』（上）、東京：朝日新聞社、1983、40頁。
② 黒田源次『満洲医科大学二十五年史』、輔仁同窓会、1936、328頁。
③ "民政部保健司"『満洲国衛生概要』、17-18頁。
④ 〔日〕成田彦政「満洲国に於ける医療制度と将来の動向」（下）、18頁。

任制。① 伪国立医院的医疗报酬大纲由伪政府制定，只有其中的细目才委托该医院院长制订，其目的主要是实现伪政府对药价的统制和管理，并且伪国立医院及其他医院的药价均是根据日本国内药价的基准而制定的。② 与伪国立医院相比，伪公立医院是由伪地方政府经营，由伪满政府统一管制。但从 1937 年 1 月 1 日以后，伪国立医院、戒烟所和公医均开始移交地方管制。由于伪国立医院向伪省一级移交管制，成为伪公立医院，于是，伪公立医院得到相当全面的整理。1940 年 11 月 1 日，《公立医院令》公布，根据该伪法令，伪公立医院是指费用由伪省政府承担，在伪新京特别市、市、县、旗设立和维持的医院。另外，伪县立医院一般由公医为母体或者以福民诊疗所为基础，这样一来就促进了伪县立医院的设置。每伪县设立两至三所伪公立医院，作为地方医疗机构的中心。1944 年伪官公立医院已由 1935 年 23 所增至 193 所③，成为地方的重要医疗机构和医疗中心。伪公立医院不单单是负责对疾病的治疗，而且负责改善伪国民身体素质，改善社会卫生条件，培养助产妇和看护妇。伪公立医院的医师和药剂师同时又是伪满的官吏，其人事权由伪政府掌握。

伪官公立医院虽然得到了快速发展，但医疗条件和设备仍十分有限。很多伪县立医院根本没有消毒设备，只能在土炕上做一些阑尾炎切除、剖腹产等小手术。④ 即便如此，当时医药费对于一般民众来说仍相当昂贵，去医院看病依然是件可望而不可即的事。例如，治疗普通重感冒约需 1~2 元伪币，相当于 10~20 尺布，或 1~2 斗高粱米的价格。另外，在日本人占绝大多数的伪官公立医院，除了有语言上的障碍之外，医护人员对中国普通民众还普遍存在严重歧视。除非是患了较罕见的疾病，可作为"学用患者"充当讲课的标本，才免收一切费用。但要签署一份书面合同，同意一切试验治疗，死后尸体要交由医院解剖。显而易见，这种所谓的免费治疗其实

---

① "民政部保健司"『满洲国衛生概要』、89 頁。荐任、委任为公务员选考和任命制度，根据任命的阶段和必要的基本资格条件的范围，分为兼任、荐任和委任，等级由高到低。
② 〔日〕成田彦政「满洲国に於ける医療制度と将来の動向」（下）、19 頁。
③ "满洲文化協会"編『满洲年鑑』（複刻版）Vol. 3，東京：日本図書センター、1945、415 頁。
④ 张占富：《我所了解的满洲九台医务界概况》，《伪满史料丛书·伪满文化》，吉林人民出版社，1993，第 746~749 页。

只是为他们提供医疗试验品的工具而已。[1]

由此可见，日本殖民者所谓的通过伪官公立医院的设置和发展以达到中日亲善的目的，其所亲善的对象并不是一般民众，而是一部分有权有势或有钱的中国人，且实际服务对象仍以日本人为主。

四 对中西医师的统制措施

明治维新以后，日本确立了以西医为基础的医疗制度，采取大力发展西医，打击和压制中医的政策。但中医在伪满占有绝对多数则是不争的事实，据 1933 年伪地方政府的调查，包括日本人、俄罗斯人医师在内，伪满全部西医只有千余名。[2]九一八事变前，中医须经过当地卫生主管部门考试及格，发给中医师证书（或叫行医执照）后，才准许开业。各县的考试日期不一定，或一年一次，或数年一次，根据当地学医的人数多少而决定，录取的名额也不限制，只要及格，就发给证书，可以自己开业或到药铺坐堂行医。九一八事变之后，日本企图消灭中医，就停止了这类考试。但中医数量大，且和民众生活密切相关，不能像日本国内那样对中医实行简单的打压或废除，因而伪满便转而采取对中医既限制又利用的政策。一方面，在各地开始训练班，迫使中医参加训练，学习简单的解剖生理知识、常用西药的性能和注射方法；另一方面，用征调的办法向各地征调中医去当所谓的"劳工医"，向各地指定名额，每月发给几十元工资，去给劳工治病。[3]

伪满政府为了提高医疗人员的素质并对其进行统制，在 1936 年 11 月颁布《医师法》后，又相继出台了《汉医法》《齿科医师法》《药剂师法》等。这些伪新法制定后，原来有开业资格者，需根据伪新法对其重新进行甄别和再认可。继而，1937 年 3 月 13 日颁布了《医师考试令》，1938 年 7 月 13 日又制定和颁布了《齿科医师考试令》和《药剂师考试令》。根据这

---

① 范作彭：《从伪满"新京"医科大学附属医院看伪满医疗机构》，《伪满史料丛书·伪满文化》，第 723~726 页。

② "国务院民政部总务司调查课"『满州国民政年报』（第一次）、1933、500 页。

③ 彭静山：《日本侵略东北时期对待中医的情况》，《伪满史料丛书·伪满文化》，第 744~746 页。

些伪法令对民间具有该技术和知识的医务人员进行重新鉴定，合格者给予开业许可资格。为了提高中医素质并吸收具有一定西医常识的中医，弥补医师的严重缺乏，1941 年 8 月 1 日，伪满政府又制定并颁布了《汉医考试令》和《汉医考试令实行细则》。1937 年，302 名应试医师中，合格者只有 6 名，1938 年 169 名中合格者只有 5 名，1939 年 176 名中合格者只有 9 名。尽管如此，伪满政府仍严格规定，若考试不及格而擅自开业的医疗人员，将会被处以 100～150 元不等的罚金。① 此时的中医考试和九一八事变前相比，难度大幅度提高，很多学医的人十年八年仍然无法获得中医证书，只好弃医改行。②

随着中日战争的深入，特别是太平洋战争的爆发，伪满对医疗人员的统制进一步加强。1943 年，伪满政府决定实施新的国民医疗制度纲要，1944 年 5 月公布和实施了《国民医疗法》，对原来的《医师法》《齿科医师法》《汉医法》进一步统合，企图进一步消除自由主义、个人主义因素。1944 年 9 月，与《国民医疗法》密切相关的《医疗团体法》开始颁布实施。医师、齿科医师和中医等原来基本上是自由团体，并不完全遵从"国家"的纲要。然而《医疗团体法》公布后，都要由伪政府重新设立，给予法人资格，使其置于"国家"的强力统制下进行运营。伪满企图通过对医疗人员团体的控制，促进医疗改良和保健指导工作，并使医疗人员在提高伪国民体力和身体素质相关"国策"方面予以配合；更重要的是，使其全面投入日益紧迫的与防空救护相关的工作。③

除了对既有的中、西医进行统制之外，伪满还对于在校的医学生也有着各种统制措施。1937 年伪满颁布了包括医学教育在内的教育行政新学制，其特色就是将教育置于伪国家管理之下。伪满医学院学生从其入学到毕业后的服务单位都在伪国家的管制之下。④

---

① 吉林省地方志编纂委员会：《吉林省志》卷 40《卫生志》，吉林省人民出版社，2005，第 217 页。

② 彭静山：《日本侵略东北时期对待中医的情况》，第 744 页。

③ "满洲文化协会"编『满洲年鑑』Vol. 11、1286 页。

④ 详见赵晓红《宗主国与殖民地医学教育的连动与差异——对伪满时期医学教育的考察》，《民国档案》2012 年第 1 期。

五　对医疗物资的一元化管理

由于西医及药学的落后，伪满西药及相关医疗物资在生产上基本是空白，主要依赖从日本国内及其他国家进口。以"新京"为例，最初西药房较少，且大部分经营日本药，也有一小部分经营德国药和上海药。[①] 因伪满对于日本实行免税政策，日货充满了伪满各大市场，其中尤以日本药品数量最为惊人。例如，日本生产的最为常用的仁丹和苦素，连很偏僻的乡村都知道。[②]

中日战争爆发后，随着战争伤亡人员数量增加，对西医医疗物资需求激增，为了对西医医疗物资进行有效控制，伪满于1940年6月20日制定了《物价及物资统制法》，对医疗物资的生产、输入、配给及价格进行统制。1940年末针对药品制造业、输入业和零售业分别成立了"满洲中央医药品统制组合""地区医药品配给统制组合""医药品零售组合"，并在1941年9月12日公布了《医药品配给统制规则》，规定了统制医药品的项目种类、配给系统及配给方法。随着战局的进展，为了增强对医药品供给的统制，1943年3月12日伪满国务院会议决定颁布《医药品统制改善方策纲要》，根据该纲要，医疗药品整个行业都将置于伪满政府的控制之下。[③] 为了确保医疗器械的供应数量和配给并控制其价格，伪满于1940年8月制定了《医科器械器具统制纲要》，并于同年11月成立"满洲医科器械中央统制组合"，该机构成为在伪满政府监督指导下对医疗器械器具的输入进行一元化统制的机关。[④]

另外，为了解决西药需求增大和供给不足的严重问题，伪满开始重视对中药的开发及管理控制。1938年伪满成立"汉药统制组合"，并从伪中央到伪省市县建立各级组合来管理药商。1940年末，伪满在营口成立了"满洲中药输出统制组合"，对中药输出进行管理。1941年3月，为了确保中药

---

① 崔镇国：《日伪统治下的中药行业》，《伪满史料丛书·伪满文化》，第750页。
② 刘子平：《满洲纪行（三）》，《新生周刊》1934年第4期。
③ "民政部保健司"『满洲国卫生概要』、53—57页。
④ "民政部保健司"『满洲国卫生概要』、59—60页。

供给，伪满将"关东州"和伪满的中药输入进行一体化管理，成立了"满洲中药输入统制组合"，且于1942年4月成立了"满洲中药统制中央会"，该机构成为集生产、收购、输入及配给于一体的一元化统制机构。①

1943年以后，伪满出现了严重的物资缺乏，但伪官公立医院的药品由上边调拨，因此医药品并未严重缺乏。以"新京"医科大学附属医院为例，其药品贮备量惊人，除了高级的"磺胺"以外，在抗战结束前从未感到用药的困难。奇缺的仅是那些包药纸和投药瓶之类的东西。② 而个人诊所缺乏最基本的设备和药品，大多是现买现用，没有储备。③

伪满政府对于医疗物资如中药、西药和医疗器械器具的统制不断增强，这和中日战争特别是太平洋战争爆发后，一切为战争服务的国家机器高度运转是密不可分，有关医疗的各个方面都受到战争影响。

六　公营医疗制度向日本的回流

日本明治政府在废藩置县之后，积极促进地方近代病院的设立，1877年大多数府县都诞生了公立病院，企图以此促进西洋医学的发展和普及。随着日本向外侵略扩张的需要，实行以军事、产业优先的政策，卫生费被大幅度削减，由府县经营的公立病院以及由其运营的公立医学校均被禁止。④

随着中日战争的爆发，健康强壮的兵力资源成为陷入战争泥淖中日本的重要支撑。但是，征兵检查的结果却令人不满，1920年代末每1000人有250人左右不合格，到1930年代增加到350～400人，即使在合格者中甲种合格者也在逐年减少。⑤ 为了提高国民身体素质，加强对人力资源的控制，陆军部积极推动建立新的卫生统制机构，并于1938年设立了厚生省来专职负责卫生保健行政工作。1938年7月成立由厚生部大臣任会长，由40名委

① "民政部保健司"『满洲国卫生概要』、57-59页。
② 范作彭：《从伪满"新京"医科大学附属医院看伪满医疗机构》，《伪满史料丛书·伪满文化》，第736页。
③ 张占富：《我所了解的满洲九台医务界概况》，《伪满史料丛书·伪满文化》，第748页。
④ 新村拓『日本医疗史』、東京：吉川弘文館、2011、234-235页。
⑤ 新村拓『日本医疗史』、266页。

员组成的"医药制度调查会"，企图以此限制私人医疗机构开业，扩充公营医疗，但在医师会的强烈反对下，改革难产，最终不得不妥协为开业医和公营医疗的双本位制，这对于试图向无医地区扩充公营医疗的初衷来说，显然是退步了。①

1942 年，日本医疗团成立，并新的公营医疗统制分为一般体系和特别体系。一般体系是在东京、大阪计划各设立一所拥有 500 张床位的中央综合病院，在道府县的中枢地区设立综合病院 47 所，在都市中心设立地方综合病院 588 所，在町村特别是无医的町村中心地设置地方诊疗所或地方出张诊疗所②，从而建立完备的医疗网络。特别体系是在统合地方既有公立疗养所的基础上，大力发展和经营结核疗养所。政府计划五年间从既有的 1.7 万床增至 10 万床，但是，随着战局的发展以及医师会的强烈反对而未能如愿。③1947 年 11 月作为支撑战时体制而形成的日本医疗团，由于战败后的财政困窘而被迫解散。虽然作为最初日本公营医疗机关的角色结束了，但是它所蓄积的人才和经验，为日本战后公营医疗机关的发展奠定了基础。

日本医疗团解散后，国立医疗机关转交地方管理，但也因财政问题而中止。1955 年前后，随着日本经济的高速发展，为了应对大都市贫困层扩大的社会问题，保证社会稳定，日本政府于 1957 年设置了"国民皆保险推进部"，1958 年制定了《国民健康保险法（新法）》，1961 年建立了国民皆保险制度。④ 根据国民皆保险制度，民众对于国民医疗资源的利用得到了改善，医疗费流通的公营管理结构得以确立。⑤

日本在战时体制下屡次尝试在国内实行公营医疗制度，一直未能如愿，但其努力奠定了战后公营医疗的基础。

七　结论

伪满洲国建立后，鉴于日本国内开业医制度的弊端，实行了以国家主

---

① 神谷昭典『日本近代医学の相剋』、東京：医療図書出版社、1992、212-214 頁。
② 即诊疗所办事处，级别和规模更小。
③ 新村拓『日本医療史』、273-274 頁。
④ 新村拓『日本医療史』、297 頁。
⑤ 新村拓『日本医療史』、300 頁。

义为基础的公营医疗制度。伪满的医学、医疗领域被称为日本国家总动员体制下的试验场，因为伪满至少在形式上保持了医疗事业的"国营化"。伪满医疗"国营化"和公医制度的实施保障了偏僻地区医疗、卫生及对该地区的控制，伪政府可以对医师进行有效调配，从而为其殖民统治和战时体系服务。

在伪满公营医疗制度下，除了偏远地区的公医诊所之外，大中小城市的重要医疗机关——医院也高度"官公立化"，医院的报酬、药价和服务职能都被伪满国家高度统制。另外，由于伪满对医药物资施行一元化管理，自由开业就非常难，伪官公立医院在伪满政府的大力扶持和统制下得到迅速发展。为了使既有的中、西医疗人员、团体以及在校的医学生都被纳入公营医疗制度，处于伪满国家的支配之下，伪满政府采取各种考试方式、颁布伪法令对其进行所谓的再认可，使制度外人员都被纳入制度内。伪满的医疗事业在伪满国家的掌控下，除了为殖民统治服务之外，还卷入了日本战争体制中，为其侵略战争服务。

高度统治下的医疗事业，为此后国家力量深入地方卫生事业提供了历史借鉴，伪满的公营医疗体系成为战后日本在国内实行医疗改革的借鉴。但二者之间不论在目的、出发点还是性质等方面均完全不同，不可等而视之。

抗战胜利后国民政府肃清
日伪奴化教育述论

沈　岚[*]

1945 年 8 月 15 日，日本宣告无条件投降，中华民族经过 14 年抗战最终取得了胜利，这也标志着日伪奴化教育的崩溃与历史终结。中国人民在收回国家主权的同时，也完全收回日本在华攫取的教育权及其强占的教育设施。清除奴化教育，毋庸置疑成为必然举措。

在日伪、国民党、共产党三方军事力量交错综的湘鄂赣边区，早在 1944 年初国民政府教育部就向所辖边区教育督导专员王广来发出"有关本区应积极准备克复地区之教育复员工作"的指令，后者则奉令拟就《武汉区教育复员计划大纲》一份，以伪教育行政机关、伪学校及伪文化机关团体为对象，规定其原则有三：一是敌退前正确明了奴化教育设施之全部情形，并完成控制伪各级机构之部署；二是敌退时确实掌握各级人员，甄别忠奸，立即派员接收各校并严防中共活动；三是敌退后督令派接办人员对各校教职员予以正确调整，改用指定课本，立即恢复上课，必要时应予思想言行有问题之员生以集训。[①] 当欧洲战事结束、抗战胜利在望之际，位处收复前沿阵地的浙江省教育厅为配合各县政权推进，清除与根绝奴化教育对沦陷区青年的遗毒，于 1945 年 6 月自行订定《浙江省肃清收复地区敌伪

---

* 沈岚，中国第二历史档案馆副研究馆员。

① 《武汉区教育复员计划大纲》，1944 年 3 月，国民政府教育部档案五/13812，中国第二历史档案馆藏。

奴化教育遗毒办法》报呈教育部，并电饬各接近游击区的各区县遵办。① 而国民政府教育部为配合整个复员计划，在战事临近结束时曾拟具教育复员计划 12 项，除对内迁各级教育文化机关复员等问题有原则性规定外，还囊括了光复区、收复区专科以上学校及其他教育文化事业单位如何接收改组、教职员学生如何甄别审定、日伪奴化教育暨所有不正确思想如何清除与矫正等内容。然而受客观条件限制，教育复员准备工作基本停滞，连教育部部长朱家骅催促设置的教育复员准备委员会也未能成立。

抗战胜利不久，朱家骅即于 1945 年 8 月 17 日以《奉告前方教育文化人士》为题，向收复区教育界发表广播讲话，要求沦陷区各级学校"必须负责保存校舍、校产、图书、仪器等，不得有丝毫损坏"，暂维现状，听候接收。② 同日，教育部紧急出台接收办法，电颁《战区各省市教育复员紧急办理事项》14 条，指令各省市政府转饬教育厅局遵照办理，其 14 条内容如下。

一、各省市教育厅局应即日办理教育复员工作，并限期恢复各县市教育局、科。

二、应即将战时所用之临时教育工作人员改派复员工作。

三、应即派员接收敌伪各级教育机关（公立剧院、电影院在内），并调查公私古物文献损失情形。

四、应尽先接收敌伪档案，连同原有档案加以整理。

五、应迅速清理各项教育款产，并筹措复员时所需经费。

六、应令各级公立学校及社教机关一律暂维现状，不得停顿。

七、应即组织甄审委员会，甄审教育行政人员、学校教职员及社教人员。

八、应即登记各级学校及社教机关所需人员，酌予短期训练后任用。

九、应尽速在半年内恢复战前所有各级学校及社教机关，其新增设而有永久性者仍照常维持。

---

① 国民政府教育部档案五/1598，中国第二历史档案馆藏。
② （重庆）《中央日报》，1945 年 8 月 20 日。

十、国立中学之迁回或移交原省者应列入中等学校计划内，并将由后方迁回之教职员尽先任用，其有在后方未入正式学校之学生应设法迁回，尽先收容。

十一、应收复各级学校及社教机关原有房屋加以修葺应用，或利用一切公共场所，对于必要之设备应即筹划补充。

十二、各级学校教科书应与各大书店印刷所接洽印行国定本，并可采用战前审订本。

十三、对于收复区学生予以正确思想之训练，并销毁敌伪教科书及一切宣传品，应保存作史料者除外。

十四、在收复区内办理复员工作时，应洽商当地招训及战教人员协助进行。①

为具体指导并推进收复区教育复员工作，国民政府教育部将全国划为宁沪、平津等六区，分设教育复员辅导委员会，进一步制定《教育复员及接收敌伪教育文化机关等紧急处理办法要项》（以下简称《要项》13 条，作为开展善后工作时应遵循之原则。②《要项》便于协调各方面关系，有利于互相监督，防止财产流失，规定了"多头并举，联合接收"原则，却没有明确规定接收各方的主次关系，对于被日伪移为他用的校产应由谁接收的问题也未做具体说明，从而为教育接收工作埋下了职责冲突、多方牵制的隐患。

1945 年 9 月 20~26 日，国民政府教育部在重庆召开全国教育善后复员会议，由各有关部会、专科以上学校、国立中等学校、各省市教育厅局、教育学术机关推派代表及教育部所聘 40 名专家共同参加。会议着重讨论了"如何肃清收复区光复区内敌伪奴化教育之流毒及如何逐渐恢复正常教育"等重要问题，其中有关收复区日伪所设中专科以上学校的处理办法包括：敌伪原设立专科以上学校及未经教育部认可之私立专科以上学校，一律由教育部派员接收；如系敌伪所设专为教育敌人或带有政治侵略性质的专科以上学校，接收后一律予以停闭；专科以上学校之敌籍学生一律令其返国；收复区专科以上学校有继续办理之必要者，由教育部规定设置地点，派员

---

① 《国民政府公报》渝字第 864 号，1945 年 9 月 24 日。
② 《第二次中国教育年鉴》，"第一编第三章复员时期之教育"，总第 14~15 页。

改组；这类学校应改归省办者，由教育部拨交办理；私立性质的专科以上学校，未经教育部认可者，接收后如认为仍须继续设置，应一律报告核准。对于收复区各种社会教育机关，无论战前原有或敌伪新设者，一律先行接收，然后斟酌其性质、业务与实际需要，决定续办、停办或调整归并。敌伪新设宣传或训练机构，其性质与社教机关相关者，接收后改设为社教机关，其可利用之物质应加以利用；登记收复区有关社教工作人员，对其进行甄审或训练。与此同时，根据行政院部署，教育部六大区特派员办公处宣告成立，与各区教育复员辅导委员会合署办公，全国教育接收工作即进入实施阶段。

对战后收复区学校的接收不光是校产清点与转手上交的问题，而且是对整个教育体制重新规划与整合的战略起点。抗战刚刚结束，国民政府教育部就对接收沦陷区日伪教育文化机关做出指导性规定，对于稳定收复区教育文化事业起到了积极的作用。善后复员会议之后，教育部又派员分赴南京、上海、北平、天津、武汉、广州、台湾、东北等区，办理专科以上学校及文教机关接收、善后事宜，同时命令各省市教育厅局从速接办境内中等学校，督促县及以下之教育复兴。

1945 年 11 月，江苏省政府特地订定《江苏省收复区各县教育复员紧急办理事项》，经该省第 21 次省务会议通过，具体规定如下：应即派员接收敌伪所设之县属各级教育文化机关，如有避不移交或隐匿侵占破坏教育财产等情事，应由有关各县依法究办；各级学校及社教机关一律暂维现状，听候整理，不得停顿；尽先接收敌伪档案，连同原有档案加以整理；迅速清理教育款产，凡关于教育款产之册籍图表应设法搜集整理，整理教育款产办法另订；组织中小学教职员及社教人员甄审委员会对曾任职于伪教育机关的教育人员进行甄审，甄审合格的应即造册报省，听候分区训练；组织中等学校学生甄审委员会甄审伪中等学校学生，各小学高年级肄业生曾在伪校肄业者应委托各小学分区甄审，甄审办法分别另订；伪校学生及自修补习团学生经甄审收容者，除正常课程外，应注重实施公民训练；举行中小学合格教师登记，对于登记合格之忠贞人员应尽先任用；各级学校教科用书应采用国订本，在未购得此种课本前则采取搜集国订本或战前教科用书审定本并联合邻近县份共同翻印一部分，暂时应用，或编印临时性补充教材等补救办法。① 其他各收复区省市教育主管部门也先后制定本地教育复员办法。

当国民政府着手接收南京日伪所辖各教育机关时，全市共有市立中等学校 5 所，中学生 2900 余人；小学 67 所，小学生 2 万余人；民众教育馆 3 所；民众图书馆 1 所；中心民众学校 2 所；战前中小学自建校舍中有 40 所被毁，15 所被日伪军警宪等机关占用。教育局除接收日伪组织市立中小学及社会教育机关外，还接收了汉奸陈群所办的私立正始中学和正始小学，对于抗战期间奸伪势力占用承恩寺公产所设的佛慈小学亦予接收整理，将其收归并入承恩寺小学。教育部门还调整了各校校长及社会教育机关主管人，对其中不堪任用者先行撤换，采用订定表格、分别调查及举行个别谈话等方式进行考查，并依据督学视察报告，以分批撤换、遴选人员等方式加以调整。为进一步肃清日伪奴化教育的毒素，教育部门曾于接收后召集该市各有关教育主管人员举行精神讲话，特别提示以下三点问题：（1）日伪组织以"和平建国"麻醉人民，并以"和平""事变"等名词掩饰欺骗，应向学生多予矫正；（2）在总理纪念周上或利用适当机会举行精神谈话，纯正学生思想；（3）检送销毁敌伪宣传品，铲除敌伪图书、标语，整饬校容。鉴于其他收复区整理学校所存在的种种纷扰情形，决定所有中小学学生一律照原有学级继续上课，利用寒假大考机会办理中学在学学生甄审，小学生则举行成绩测验，依据所规定之标准来确定升留降级。接收之初，国定教科书联合供应处还针对全市学生应用书籍不能完全供应的情况，对国定教科书储备样本进行翻印，并免费印赠小学公民课本。② 截至 1945 年11 月中旬，该市总计约有 60% 的中小学教师参加了教育部门组织的甄审，甄审后全市教师素质获较大提高。

1945 年 8、9 月，教育部派专员赴沪组织京沪区教育复员辅导委员会，行政院明令顾毓琇为上海市教育局局长，接收位于白利南路的伪市教育局，并先后成立市立中等学校复员委员会、原工部局立学校接收委员会、伪市立学校接收整理委员会等开展工作。接收工作初期颇为紊乱，甚至出现了

---

① 国民政府教育部档案五/1597，中国第二历史档案馆藏。

② 《南京市教育复员工作报告》，1946，国民政府教育部档案五/1613，中国第二历史档案馆藏。

私擅接收日伪设立学校暨附逆学校的情事，有关部门遂发布公告统一接收办法：凡专科以上高等教育及学术机关由教育部特派员接收，市级其他学校由市教育局接收。上海市教育局负责接收各级学校及社教机关共122个，其中日立学校20所，德立学校2所，伪市立中学16所，伪市立小学78所，图书馆2所，体育馆2座，动物园1座，剧院1座。接收后，奉命回迁的国立同济大学、暨南大学及私立光华大学、中正中学、务本女子中学、市立塘山路小学及施高路小学等纷纷呈请拨借敌伪校产业用以复课，上海教育局派员查实后准予拨发部分敌伪产交其使用，另外教育局为筹办或拟增市立工业专科学校、市立实验民众学校、市立师范及幼稚园等，也拨用部分敌伪校产以应新需。截至1946年11月，各敌伪校接收就绪，分别改设为市立中小学及社教机关。[①]

抗战期间汉口市沦陷时间长达七载，教育文化方面所受摧残甚高，奴化程度较深。国民政府于1945年9月13日接收伪汉口市府时，伪教育局所属教育机关计有男女中学各1所，民众教育馆1所，小学26所，由于各学馆分布地点范围过大，负责接收的人员有限，加之各校业已开学，故指示伪教育局将各校馆财产器物造具详细清册，一次性整体移交，随后于三日内派员分赴各校馆点收。不久公布各校改进要点四项：（1）换用国定课本；（2）清除奴化教育标语；（3）改正奴化礼节及生活习惯;(4)彻底清查并焚毁敌伪奴化书刊及宣传品。并督饬各校馆负责人切实遵办上述各项，维持现状，听候处理。后又在此基础上加以调整：彻底整理所接收的伪市立第一中学及市立第一女子中学，成立市立中学及市立女子中学；以顾若昭等27人为市立第一至第廿六小学校长，比照湖北省立省会小学办理通则进行调整，改进校务；增设小学1所。汉口伪市立中小学的原有教员必须呈缴资历证件，市府对其在资格审查、思想考核及教学成绩检查等三方面进行严格甄审，决定去留。初步审查合格的人员暂派为代用教员，再填缴思想保证书并经湖北省收复区教育工作人员甄审委员会甄审合格后，方可作为正式教员派用。除少数通过甄审的原校人员留用外，绝大多数教职员都是从该市登记的战前中小学教员及后方来汉口的合格人员中派用。

---

① 《上海市教育复员工作报告》，1945年9月至1946年12月，国民政府教育部档案五/1613，中国第二历史档案馆藏。

为彻底廓清日伪奴化教育遗毒，汉口市政府督饬各校馆从 10 月 8 日至 14 日举行教育清毒运动周，规定具体办法并登报宣传：（1）将过去学校及街衢墙壁上的所有奴化标语一律自行清除，或协同警局劝导民众予以铲灭；（2）有关奴化教育的各项特殊设施一律废止；（3）指示学生并宣导民众对日伪时代的奴化礼节加以改正；（4）清查封存日伪出版的教科书及沦陷期间的新闻日报、宣传刊物等，报市政府集中焚毁；（5）鉴于汉口市各书坊无中小学适用课本，市政府一面指示各校注意停授奴化科目、删除奴性课文，一面设法协助该市广益书局以最快方法从湖南购运大批国定课本到汉口售用，通饬各校一律于 10 月 10 日以前全部更换教科书。汉口市政府还会同湖北省教育厅及武汉各教育文化机关，联合举行武汉社会教育扩大运动周，以放映电影、公演戏剧、举行美术与战时新闻照片展览，以及在武汉各大报纸上发行特刊等形式广为宣传，并召集武汉文化教育界人士座谈，研究廓清奴化教育方法及扩大社会教育政策。汉口市立民众教育馆开放书报阅览室和设置民众讲座，每周定期派员赴剧场对民众宣讲时事。市政府还先后采取每周一次分区召集各校教职员举行谈话会，集中附近各校师生举行扩大国父纪念周活动，通令各校教职员撰写自传以资考核，对中小学生开展公民训练，举办青年讲习会以及论文、讲演比赛等社会活动，培养学生对国家民族的正确认识与信仰，进一步消除各级学校教职员及学生中残存的奴化思想毒素。①

1945 年 9 月，安徽省教育厅根据教育部所颁的教育复员紧急办法，制定了本省教育复员方案及具体实施办法。截至 1946 年 4 月 13 日，共计接收芜湖、滁州、蚌埠、合肥、怀远、怀宁等伪省立中学 6 所，伪联立中学 1 所，伪县中 11 所，伪私立中学 13 所，学生约 6000 人。②地处华中地区的江西省战时仅有 3 所伪省级中学，其中伪庐山中学抗战结束后自行解散，伪南昌中学由省立社会教育师范学校负责接收，伪九江中学由省政府接收后改办为九江县立中学，两校原有教职员均已离校，学生则由接收单位严加甄审，于 1946 年上半年甄审完毕；伪小学共计 21 所，学生 2869 人，教员 81

---

① 《汉口市教育概况报告》，1945 年 11 月 10 日，武汉市档案馆藏。
② 《安徽省教育复员谈话会纪录》，1946 年 4 月，国民政府教育部档案五/1599，中国第二历史档案馆藏。

人，均经各市县政府接收改组，继续上课。社会教育机关方面，1945 年 11 月庐山管理局还治后，即派员接收整理 1939 年 4 月就被敌军占领的庐山图书馆，并于次年 10 月正式恢复；伪南昌县图书馆则由南昌市政府负责接收，改办为市立图书馆。[①]

广东省战时沦陷区内共有各级伪学校及伪社教机关 160 余所，其中伪校教职员约 8000 人，伪校学生约 18 万人。抗战胜利后该省接收日伪文教机关的情况大致可分为以下几种：由广东省教育厅接收的日伪中等学校共 14 所，伪社教机关 6 所；由各校径行接收的伪校有私立岭南大学接收的伪广东大学附二中，省立黄埔中正中学接收的伪鸣崧中学，私立实用高级会计职业学校接收的伪华南计政学校，省立志锐中学奉令接收的伪辅群中学；由县市政府接收的伪校及伪社教机关有汕头市政府接收的伪省立三中，新会县政府接收的伪省立四中，南海县政府接收的伪省立五中，番禺县政府接收的伪私立八桂中学；在海南岛，文昌与琼山两县的伪学校亦由当地政府派员接收完竣；由省党部接收的伪社教机关有伪省教育会与伪教忠中学，分别由受降委员会、第二方面军接收后将校址拨还原校；此外还有伪岭峤中学、伪妇孺助产学校、伪国民助产学校等三所伪私立中等学校被改组处理。上述各日伪文教机关如系占用原来学校机关或私人产业者一概交还原主，属公共场所或自建的则拨交复员学校或机关使用。该省还从日伪文教机关接收校具 16555 件，教具 4068 件，图书 104837 册，仪器 7426 件，标本 575 件，诊疗用具 168 件，依照行政院指示分拨给省立女师、艺术专校、私立广州大学附中，以及越山、执信、培英等中学及省立民教馆、省立图书馆；由教育复员辅导委员会接收的伪广东大学附二中及伪东亚研究所图书，除发还国立中山大学、岭南大学外，余由教育部特派员办事处处理。[②]

抗日战争胜利后，国民政府在接收日伪所办各级各类学校等教育文化机关的同时，也开始对这些文教机构中的教职员和学生进行甄审和训练——前者是从物质方面接收和整理日伪教育机构或组织，后者则是从精

---

① 《江西省教育复员工作报告》，1947 年 2 月，国民政府教育部档案五/1600，中国第二历史档案馆藏。

② 《广东省教育复员工作报告》，1945 年 9～12 月，国民政府教育部档案五/1602，中国第二历史档案馆藏。

神层面甄审和训练日伪学校教职员工和学生。

1945 年 9 月召开的全国教育善后复员会议，对专科以上学校、中等学校、初等学校之教员以及中等以上学校之学生的甄审和训练等问题亦有详细规定。其中有关处理和甄审光复区学校教职员的规定如下。（1）日伪专科以上学校教职员中，有甘心附逆者，有担任我方特殊任务者，亦有为生活所迫虚与委蛇者，应分别予以奖惩，由教育部先做详尽调查，加以审核，组织收复区专科以上学校教职员调查审核委员会经管其事。（2）日伪于沦陷区域所设中学甚多，其教职员应严加甄审以定去留。凡附逆有据者，除不予甄审外，并依法严予惩处，其余须一律参加甄审，经甄审合格后发给证件准予继续服务。甄审之举办以各该省市行政区域为单位，由各该省市之教育厅局组织甄审委员会办理。未经甄审或甄审而不合格者，各校一律不得聘用。（3）收复区各县市战前原有小学应迅予恢复，各校原有之教员或迁至后方，或在敌后隐蔽工作，或有曾在日伪学校任事者，必须加以调查、甄审与训练，经考核合格后再予以分发任用。决定由各县市教育局办理，组织委员会专司其事。至于收复区学校学生甄审问题，则规定：凡中等学校已毕业学生及停办或归并之中等学校肄业生，由各省市教育厅局设置甄审委员会进行甄审；接收后仍继续办理的学校，其在校学生即由各该校举行编级试验，受战事影响而失学、自修的学生得申请参加编级试验；专科以上学校毕业生及肄业生之甄审由教育部设置委员会办理。为消除各沦陷区受日伪实施奴化教育及反动宣传的欺蒙与影响，进而唤起青年及一般民众对国家民族的正确认识，必须加强收复区各级学校学生及一般民众的公民训练：对于中小学在校学生的训练，注重加添公民教材及活动；一般民众训练则利用各种集会及巡回社教团队，随时以不同方式切实实施。

根据此次会议的决议，各收复区教职员甄审委员会纷纷成立，逐一对该区内教职员进行甄审。1945 年 12 月 1 日，国民政府教育部颁发《收复区各县市国民学校教员登记甄审训练办法》，规定各县市应设国民学校教员登记甄审训练委员会，置委员 5~7 人，以教育局局（科）长为主任委员，由县市政府（院辖市教育局）聘派督学及当地有关机关主管人员、教育界公正人士为委员。各县市教员具有国民学校及中心国民学校规则所定资格或曾经检定合格而于战时未参加敌伪工作者，经申请登记甄审认可后发给登记证，分发国民学校任用。凡日伪设立各级师范学校毕业之学生或曾在日伪学校任教之教员均应予以甄审，并经短期训练考核认可后，方得分发国民学校任用。该"办法"还特别规定，凡是附逆情节较重、犯有危害国家民族利益之事实者以及曾经附逆、道德行为不堪为师表者不予甄审。①

同年12月21日，教育部颁发《收复区专科以上学校教职员甄审办法》，规定收复区专科以上学校教职员，由教育部组织收复区各地专科以上学校教职员甄审委员会做详尽调查，并加审核。收复区专科以上学校教职员，非经该甄审委员会调查审核认为并无处理汉奸案件条例第2条第1项所列各款情事者，一律不得再担任教育工作。② 对收复区教育人员实行甄审，根据其战时在沦陷区的不同政治表现及所起作用，或严惩和清除"甘心附逆者"，或奖励"担任特殊任务"的地下工作者，或对"为生活所迫虚与委蛇者"加以洗脑验收。1946年1月24日，教育部又颁布《修正收复中等学校教职员甄审办法》。③

这项工作直至1946年9月才基本完成。教育部部长朱家骅事后曾在《教育复员工作检讨》一文中专门谈到收复区中等以上学校员生的甄审问题，指出："抗战时期滞留在陷区之教育人员，其中确有不少忠贞之士，不屈不挠，可钦可敬。彼等因种种关系不能内迁，不能不予原谅。然为明是非，辨忠奸，保障滞留陷区人士之身份，故教育善后复员会议决议组织各区教职员甄审委员会，自动调查专科以上学校教职员。除对抗战有功另行议奖外，凡未触犯处理汉奸案件条例第二条第一项所列各款者，均有继续取得续任教育工作之资格。中小学教职员经过登记手续后，只需无附逆证据，即可取得继续服务之资格。（甄审工作实施）一年以来，各地进行极为顺利，大多数教职员俱已安心服务，资历亦有所保障。"④

对收复区青年学生进行甄审的主要目的是肃清日伪奴化教育流毒，促进其思想认识和政治立场转变，提高他们的爱国觉悟。甄审中等学校肄业生的目的则主要在于检查程度、核定学籍，具体办法是由各省市教育厅局

---

① 国民政府教育部第6087号代电，中国第二历史档案馆藏中央大学档案。
② 国民政府教育部第64531号代电，中国第二历史档案馆藏中央大学档案。
③ 国民政府教育部第5019号代电，中国第二历史档案馆藏中央大学档案。
④ 朱家骅：《教育复员工作检讨》，1947年1～12月，载教育部总务司编印《教育部公报》第19卷第1期，1947，第5页。

举行考试，并委托各校将之与学年考试或毕业考试合并举行。高初中已毕业者凭呈缴《三民主义》阅读报告予以审查，合格后由所在地方教育厅局颁予毕业证书。

1945 年 12 月 27 日，教育部公布《收复区专科以上学校毕业生甄审办法》及《收复区专科以上学校肄业生学业处理办法》。前者规定收复区敌伪专科以上学校毕业生甄审事宜由各区教职员甄审委员会兼办。收复区敌伪专科以上学校毕业生应于 1946 年 1 月 20 日起至 3 月 15 日止，分别向各区教职员甄审委员会办理登记手续。其中日伪所设具有政治性学校的毕业生不得申请登记，曾在日伪组织担任荐任以上职务者、曾经担任特种工作者，或曾受日伪特种训练有据者，以及曾有危害国家、妨碍抗战，或凭借日伪势力侵害人民之行为者，一经查明属实者不予审核。毕业生经准予登记后，应对《国父遗教》及蒋介石所著《中国之命运》研读批注，读后根据心得再另作阅读报告一份，连同有关所习专门科目论文，一并于 1946 年 4 月 1 日起至 8 月底前呈送各区教职员甄审委员会，审查后转报教育部核定。审核合格者，经各区甄审委员会予以二个月至三个月的补习，再由教育部发给相当于专科以上学校毕业的证明书；审核不合格者，得按照其成绩准予投考相当之学校及年级肄业。后者则规定收复区专科以上学校肄业生，应于规定期限内向各区（分南京、上海、武汉、广州、平津五区）进行登记，登记时须填具登记表，取具保证书，并呈验学历证件。具有政治性的日伪学校肄业生不得予以登记。①

为弥补日伪奴化教育在教学课程方面带来的弊病，国民政府在上海、南京、武汉等处分设临时大学补习班，收录原日伪所设专科以上学校学生，进行训练并借以甄审。1946 年暑假补习期满、考核成绩符合教育部规定程度者，由教育部按甄审成绩编定相当年级，发给转学证明书，分发转入其他相当学校肄业。甄试科目以国文、英文、三民主义为必试科目。如教育部在上海设立临时大学补习班，计有 7 所日伪校的逾 2000 名学生陆续登记，分四院授课，预定修业期为一学期，期满各科成绩 75 分以上者分发专科以上学校肄业，60 分以上者发给证书，准予投考专科以上学校。此外还办理

① 国民政府教育部第 65698 号部令，中国第二历史档案馆藏中央大学档案。

失学失业青年登记，规定受抗战或日伪影响而未在日伪学校肄业、年龄在16 岁以上 24 岁以下者，皆可予以登记训练，分发相当学校肄业。

国民政府教育部还在南京设立留日学生资格甄审委员会，负责留日学生甄审事宜，并于同期颁布《抗战期间留日学生甄审办法》，规定战后召回的留日学生以及抗战期间赴日留学业已回国者，应在 1947 年 7 月 1 日至 9 月 30 日期限内向教育部申请登记，同时呈缴登记表、保证书、学历证件、照片及自传；曾在日本专门以上学校毕业者，尚须呈交研读《国父遗教》（包括《三民主义》《建国大纲》）及《中国之命运》的读书报告，在书内加以圈点；审查合格者，按其原毕业学校性质和教育程度，由教育部分别发给证明书；召回的留日学生曾在中等以上学校肄业，经审查合格而欲继续求学者，由教育部给予证明书，自行投考相当学校；在日本军事学校、警察学校暨讲习所、养成所等留学的学生，不属此次委员会甄审范围。[①] 据粗略统计，不包括台湾籍留日学生，抗战期间各伪政权所派遣的公费、自费留日学生共约 8000 人，而抗战胜利后除曾为日伪政权效过力、担任过伪职而不敢接受审查者，以及由于信息不灵、交通不便等客观原因无法在规定时间内赶赴南京者外，在此甄审期间前往教育部申请登记的留日归国学生仅 450 人，分别肄业于日本 94 所专门以上学校。[②] 对留日学生严格甄审，促使其进行自我检讨和清算，并以国民党正统思想对其"洗脑"，清除日伪所灌输的奴化毒素，因而具有思想甄别和学业考查的双重目的。

虽然相关甄审办法明文规定，日伪所设具有政治性学校的肄业生或毕业生一律不予登记，但国民政府为争夺抗战胜利果实，不惜大量利用日伪组织原有势力，以加强其在收复区的统治力量。譬如日伪组织统治下的警官学校与军官学校不仅无须甄审，而且摇身一变而为中央警校分校和战区干部训练团。迫于种种原因滞留沦陷区艰苦求学的学生却遭到无理歧视，被国民政府视作"伪学生"，并以甄审训练为名被剥夺了读书的权利。甄审办法颁布后，立即激起收复区广大学生的愤慨与不满。一场由近 10 万名学生参加的反甄审运动首先从南京掀起，迅速蔓延至上海、青岛、平津等地，

---

① 国民政府教育部高字第 400 号部令，载《教育部公报》第 19 卷第 2 期，1947。
② 王奇生：《留学与救国——抗战时期海外学人群像》，广西师范大学出版社，1995，第273~274 页。

"争取读书权利"的呼声遍及全国。正如原日伪控制下的北京大学 3000 多名学生向社会呼吁的那样："固然沦陷的政府是伪的，应绝对予以解散，然而沦陷区的老百姓绝不能指其为伪。固然沦陷区的行政机构是伪组织，有政治性的训练班或学校应予以解散，然而在学术机关的学校读书的学生，因为无力赴内地求学，又无力入私立学校，不得已委曲求全，这种只以求知识为目的的学生，是不能指其为伪的。"① 1945 年 11 月至次年 2 月，上海学生组织多次游行请愿，提出"人民无伪，学生无伪""我们要读书"的口号，博得社会各界的同情与共鸣，《申报》《字林西报》等报刊纷纷发表社论，为"废学学生呼吁"，抨击当局"使学生荒废学业，蹉跎光阴是严重错误"。②

迫于收复区学生和社会舆论的强烈反对，国民政府教育部不得不取消"伪学生"的决定，并于 1946 年 1 月 24 日修正公布《收复区中等学校学生甄审办法》，③ 1946 年 3 月 8 日又公布《甄审敌伪学校毕业生补充办法》。④ 比较国民政府教育部前后两次颁布的甄审条例，可以看出后者只是规定国文、英文可以免试，但较前者又增添了"三民主义不及格者"不得升级或任用的条件。因此甄审的核心主要是对收复区的广大青年进行党化教育，以此加强思想控制，防止共产党或中间派势力对广大青年的思想影响。然而国民政府这一政策因强迫执行，加之用人不当，非但没有达到预期设想，而且激化了它与收复区广大师生的矛盾。

① 金以林、丁双平：《大学史话》，社会科学文献出版社，2000，第 177~178 页。
② 《交通大学校史》，上海教育出版社，1986，第 492~494 页。
③ 国民政府教育部第 5019 号代电，中国第二历史档案馆藏中央大学档案。
④ 中国第二历史档案馆编《中华民国史档案资料汇编（第五辑第三编）·教育》，江苏古籍出版社，1994 第 27 页。

党化教育背景下竺可桢治校的
政治困境（1936~1949）

冀伟娜[*]

从 1936 年 4 月到 1949 年 4 月，竺可桢任浙大校长一职 13 年。这 13 年
正是国民党大力推行党化教育的时期，竺可桢经历了党化教育政策逐渐发
展、不断调整到最后销迹败亡的过程。作为教育行政人员，竺可桢如何响
应国民党政策，在浙江大学推行党化教育，面对党化教育的主要对象——
学生群体，竺可桢又是如何在政府与学生之间调处，将这些问题思考清楚，
可以让我们更加全面地了解党化教育在教育领域的推行状况。文章主要从
如何管理学生这一角度来探讨竺可桢对党化教育的认识，从而管窥其在推
行过程中所面临的政治困境。

一 党化教育政策的制定

党化教育政策是孙中山以党治国重要思想的体现，是国民党在教育领
域用三民主义意识形态统一全国思想的重大政治举措。

1927 年 5 月，蒋介石在南京召开的五四运动纪念大会上正式发出实行
党化教育的号召[①]，党化教育开始在全国推广。7 月国民政府教育行政委员
会颁布《国民政府教育方针草案》，对党化教育做了系统解释："所谓党化
教育，就是在国民党指导之下，把教育变成革命化和民众化，即教育方针

---

* 冀伟娜，浙江大学历史系博士研究生。

① 李华兴：《民国教育史》，上海教育出版社，1997，第 316 页。

要建筑在国民党的根本政策上。"① 1931 年 9 月国民党中央执行委员会通过了《三民主义教育实施原则》，该方案从目标、课程、训育、设备等方面，对各级学校实行党化教育做了更为详细具体的规定②，使得三民主义渗透到学校的各个方面。自此，党化教育一直延续并随着历史的发展而不断有所调整，直到 1949 年国民党政府败退台湾才得以销迹。

1927 年 5 月党化教育开始在全国推广后，1927 年 7 月浙江省党化教育大纲具体办法得以实施。大纲规定，以中国国民党训练党员的方法训练学生，使学生明了国民革命的意义，明了三民主义，以党的意志为自己的意志，受党指挥以养成良好的思想行为习惯，为革命而读书；教职员要以办党的方法来办学校，以办党的精神去办教育，以党的纪律为学校的规约，注重教育的精神党化。③

同时，大纲对学生自治团体也进行了明确规定，即学生自治组织要以国家组织为标准，学生自治团体的组织活动一律受学校的指导与监督，其一切行为不能干涉学校行政。

党化教育不仅仅是观念的传授，还是对教育的改造，用办党的方法来办学校，通过对学生思想上的教育与组织上的管理使学生明了一切反革命思想和反动组织，认同国民党，将三民主义作为自己指导思想的目的，实现学生思想上的党化和组织上的认同，从而实现教育上的"一党专政"。

二　抗战时期竺可桢对学生的管理

随着抗战的爆发与推进，国共两党在学校意识形态的斗争不断加剧。国民党为使学生免受其他党派的纷扰，认同国民党而不断调整党化教育政策并逐渐强化推行的力度，确定三民主义为一般抗战行动及建国之最高准绳，提出战时教育即平时教育的主张。

---

① 舒新城：《近代中国教育史料补编》，《民国丛书》编辑委员会编《民国丛书》第二编第 46 册，上海书店出版社，1990，第 8～9 页。

② 《三民主义教育实施原则》，1931 年 9 月，中国第二历史档案馆编《中华民国史档案资料汇编（第五辑第一编）·教育》（二），江苏古籍出版社，1994，第 1031～1047 页。

③ 舒新城：《近代中国教育史料补编》，《民国丛书》编辑委员会编《民国丛书》第二编第 46 册，第 23 页。

（一）遵守规定，积极推行总理纪念周

在普通形式的教育之外，国民党还在学校之内安排各种日常政治仪式和庆典，加强对学生的教育。总理纪念周作为各种形式的补充教育而备受国民党的重视。

总理纪念周是1926年国民党中央委员会为纪念孙中山为全民奋斗而牺牲的精神，规定中国国民党各级党部及国民政府所属各军队，一律于每周一上午9~12时举行的纪念仪式。

浙江大学对纪念周进行了明确规定，每期聘请教授、名人演讲及校外名人按期演讲，讲演的内容主要为总理遗教及革命史实。除此之外，1939年6月起，浙江大学在原有纪念周的基础上增添了国民精神总动员月会。国民月会每月集会一次，宣读国民公约以振奋国人建国卫族的精神。纪念周和国民月会在思想政治方面的意义尤为重大，其主要目的是帮助学生了解国民党，让全体国民崇拜孙中山，信仰并服从领袖，实现对国民党的思想认同。

面对日益严峻的抗战形势和日益激烈的意识形态的斗争，党化教育确有其实行的必要性。与政府机关纪念周不同的是，浙江大学纪念周并非千篇一律地介绍国民党的政纲政策。即便如此，浙江大学纪念周仍被人批评形式虚伪，应该制止，学生也纷纷抵制纪念周。竺可桢认为纪念周是国家的法令，只有推行纪念周才是守法，纪念周的确有改良之处，大学校长应该讨论关于军训、纪念周等种种问题。[①] 竺可桢对于纪念周的形式持有自己的意见，"今日开始点名及读《青年守则》十二条，余对于朗诵此种十二守则可称十二分不赞同。此等和尚念经之办法，奉行故事，于学生毫无益处，浪费时间而已"[②]，因此在任期间在看似遵照中央政府政策，推行纪念周的同时，不断对纪念周进行创新改良。他邀请政治要人演讲，增进学生对国民党的思想认同，也聘请其他领域的名人进行演讲，帮助学生了解世界大势，甚至后者所占比例更大。以1940年为例，将纪念周的活动主题整理如下表所示。

---

① 《竺可桢日记》，1937年4月19日，《竺可桢全集》第6卷，第287页。
② 《竺可桢日记》，1939年5月1日，《竺可桢全集》第7卷，第80页。

浙江大学 1940 年纪念周一览表

时间	报告人	报告主题
2 月 12 日	竺可桢	革命与科学
2 月 26 日	竺可桢	校务报告：迁移经过及教部与行政院准发迁移费
3 月 4 日	陈剑修	世界抗战与避战心理
3 月 11 日	李相旭	训育之宣传与目标
3 月 18 日	姜琦	训导实施纲要说明
3 月 25 日	王季梁	蔡孑民先生生平事迹
4 月 8 日	邓恩绥	敌军战略之批评
4 月 29 日	□□棻	汪兆铭卖国行为之分析
5 月 6 日	□□□	欧洲大战前夕之所见；欧洲大战与我国抗战之关系
5 月 13 日	黄尊生	抗战与民族突变律
5 月 20 日	吴耕民	俭学
5 月 27 日	顾毅义	欧战现势
6 月 10 日	陆寿柏	《孙子》精义
6 月 17 日	孙子明	空战技术之大概
6 月 24 日	陆大林	抗战形势
7 月 1 日	张其昀	抗战三年来之战略（联合举行国民月会，宣读国民公约）
7 月 8 日	李相旭	精神建设与抗战前途
7 月 15 日	费巩	施行导师制之我见
7 月 22 日	汤子余	国军编制概况
8 月 5 日	郭成□	英美苏相互间之关系
8 月 12 日	竺可桢；费巩	竺报告费巩就职训导长；费巩演讲"对于训导之意见"
8 月 19 日	滕若渠	讲述过去经过贵州之感想；教育的重要性
11 月 4 日	梅迪生	英国民族之特性
11 月 11 日	黄翼	缔造的思想
11 月 18 日	王季梁	学术之本体和应用
11 月 25 日	李熙谋	复兴建设
12 月 2 日	竺可桢	报告赴渝经过
12 月 9 日	卫士生	中国文化之根本问题

续表

时间	报告人	报告主题
12 月 16 日	胡刚复	目前我国抗战之形势
12 月 23 日	黄传谷	中国文化的趋势
12 月 30 日	王欲为	中国农村之改造

说明：因文献残缺或字迹不清，无法辨认，部分报告人暂用□表示。

资料来源：《竺可桢日记》（《竺可桢全集》第 7 卷，1940 年）和《两年来本校大事记——记西迁纪实中大事记》，《国立浙江大学校刊》复刊第 100 期整理而成。

从 1940 年历次纪念周可以看出，竺可桢并不是一味地讲述国家政策和国民党思想，进行单调纯粹的党义宣传。在一年 31 次的总理纪念周上，宣传国民党政策的仅有 4 次，直接宣传党义的则几乎没有，纪念周更多的是倾向于国际形势、学术文化和国家现实状况。浙江大学纪念周不仅注重对学生政治思想的教导，也注重学生品行和视野的培养，从而能够培养真正的国民党后进力量。

南京国民政府推行纪念周，目的在于通过反复的建构孙中山符号来影响人们的思想意识。在颠沛流离的西迁途中，竺可桢不顾条件的艰苦，仍然坚持执行纪念周，贯彻执行党化教育政策。面对学生严重抵制的现象，竺可桢为防范纪念周因无人参加而遭受政府关注，采取点名制度，"纪念周开始点名，到者骤增"[①]一定程度上避免了纪念周流于表面，更重要的是可以大体避免中央的注意，减少学校的麻烦。

总之，竺可桢主持浙大期间，遵行中央党化教育政策，在校内按时推行纪念周。但在推行的过程中，根据自己的权衡，在不违反上级的指示下，对纪念周进行适度的改良，从而在学校的治理与政府的指示下实现了双赢，这也从侧面反映出竺可桢对中央推行纪念周这一僵化体制的不满。

（二）成立训导处，把握思想动态

面对日益严峻的抗战形势和意识形态斗争的激烈化，1939 年 3 月第三次全国教育会议上，国民党决定各校设立训导处，与教务、总务并列，主持全校训导、教务及总务事宜。浙江大学也积极制定相应的政策来推行党

[①]《竺可桢日记》，1940 年 5 月 20 日，《竺可桢全集》第 7 卷，第 360 页。

化教育。这一时期，竺可桢遵守国家规定在浙江大学成立训导处，推行党化教育。

党化教育政策要求"学生运动应统一在党的指挥之下"①，"学生自治团体均须依训政时期之国家组织为标准"，"不能干涉学校行政"，"学生在校内外一切组织与活动亦一律受学校之督率与指导"。② 因此，训导处主要关注学生的思想动态，一旦发现有违法乱纪、思想激进的学生，即采取行政处分、单独谈话等方式对其进行思想教育，使学生的思想发展符合党化教育的要求。作为学生舆论的喉舌，各种类型的壁报成为训导处重要的审查对象。

在学校管理方式上，竺可桢坚持民主自由的办学方针。"学生在校，尽可自由信仰，但不得有政治活动"③，竺可桢支持学生参加各种演讲会，但并不代表对学生的言论放任不管。浙江大学规定，学生发行的各种刊物必须交由上级审查。例如要求学生自治会将《生活壁报》交训导处审查，学生自治会为此呈请校中收回审查壁报的命令，竺可桢告以"国家法令不能变通，各学会于一星期内必须登记，否则停止活动；出版品、刊物如壁报均须受审查"。④ 竺可桢所言确属必要，在国家法令的原则下办校，这是任何时期大学校长的首要操守，更何况当时教部来函，称浙大自由堡垒壁报"为奸伪从事宣传工作，每期稿件未经训导处审查擅自缮贴"，此外浙大"尚有《今天》、《红》、《生活》、《石榴花》等壁报发行，其内容均极反动"。⑤ 训导处审查壁报的主要目的在于规避各种反动思想在学校的蔓延，发现学生思想上的错误借以纠正学生思想，培养学生正确合理的判断力。再加上当时浙江大学已经引起教育部的注意，所以竺可桢始终坚持"壁报非有真姓名则交训导处审查，否则取缔"。⑥ 对于学生自治会干涉校政的行

① 舒新城：《近代中国教育史料补编》，《民国丛书》编辑委员会编《民国丛书》第二编第46册，第18页。
② 舒新城：《近代中国教育史料补编》，《民国丛书》编辑委员会编《民国丛书》第二编第46册，第26页。
③ 《竺可桢日记》，1947年11月9日，《竺可桢全集》第10卷，第579页。
④ 《竺可桢日记》，1940年4月19、24日，5月14日，《竺可桢全集》第7卷，第340～357页。
⑤ 《竺可桢日记》，1945年5月25日，《竺可桢全集》第9卷，第410页。
⑥ 《竺可桢日记》，1945年5月23日，《竺可桢全集》第9卷，第408页。

为，竺可桢严厉表态："学生自治会妄干校政，着即停止一切活动，俟下学期遵照中央法令规定办法重行改组后，再准行使职权。"[1] 面对竺可桢强硬立场，学生毫不妥协。为防止学生出现过激行为，竺可桢恳切告诫学生，校中因言论自由已造成危机，外间责难浙大包容反动分子甚至有捕人的可能，学校不愿意看到学生被捕，才只得使用审查制度。[2]

学生壁报虽然鼓励言论自由，但自由"盖在法律范围内始克存在"。[3] 对于学生的违法放纵行为，竺可桢作为校长并没有姑息纵容。竺可桢的命令看似限制了学生的言论自由，但无规矩不成方圆，"大学虽不应受政治的影响，但必须适合社会环境，而对于国家亦需配合"。[4] 如若对学生言论不加限制，纵然学生发表言论只是表达各自的看法，绝无思想反动的意识，但在意识形态紧绷、政治斗争紧张的局面下，学生看似毫无政治目的的言论极有可能引起当局的注意，甚至有可能导致军警的干涉。也正是基于这种认识，竺可桢在抗战全面爆发后称"自由主义不适用于战争时期"。[5]

"言论自由校中可以酌定尺度，同时亦可向外负责。"[6] 竺可桢并不反对学生表达观点，但对学生不知运用思想缜密思考的行为非常懊恼。"自治的前提是奉公守法，学校不守法则受军警的干涉，国家无秩序则受外族支配，不守法律之人不能谈自治。"[7] 竺可桢作为校长，必须多方权衡，既要服从上级的命令，又要保证学生的言论自由，面对轻率浮动的学生，竺可桢软硬兼施，力求在两者中寻找一个大致的平衡。

三 抗战胜利后竺可桢对学生的管理

抗战胜利后，学生自治会活动逐渐逾越范围，违法犯纪。国民党不断改善学校训导工作，制定严防各校学生自治会活动训令，规定"学校应经

---

① 《在遵义时所发文件》，浙江大学档案馆馆藏，档案号 L53-1-1563。
② 《竺可桢日记》，1945 年 5 月 29 日，《竺可桢全集》第 9 卷，第 413 页。
③ 《十月二十日总理纪念周竺校长报告并训话》，1941 年 11 月 10 日，《国立浙江大学校刊·校闻》复刊第 101 期。
④ 《我国大学教育的前途》，《大公报》（重庆）1945 年 9 月 23 日，第 2 版。
⑤ 《竺可桢日记》，1937 年 10 月 1 日，《竺可桢全集》第 6 卷，第 377 页。
⑥ 《竺可桢日记》，1945 年 5 月 29 日，《竺可桢全集》第 9 卷，第 413 页。
⑦ 《竺可桢日记》，1936 年 6 月 8 日，《竺可桢全集》第 6 卷，第 118 页。

常辅导自治会推进中心活动，严密防止奸伪份子，大学训导工作应着重安定学生情绪，整饬学校风纪及培养学术空气，训导处应积极辅导学生自治会推进各项课外活动，转移学生政治关注点，使学生能专注于德业之进修以免被不良分子操纵诱惑"。

1947 年 5 月 16 日，浙大学生响应中央大学学生增加膳费而罢课，竺可桢鉴于北京、武大等校学生因罢课而发生捕人事件，要求本校学生于 6 月 9 日起一律上课，但学生组织纠察队阻止参加考试之人，干涉学校行政，此种放肆行为在竺可桢看来势不可长。更何况中央政府严正声明学生"干涉校长行使职权，即不啻破坏国家法律，反对政府"①，必须严惩。竺可桢决定给予为首之人以停学处分。对此学生壁报大肆进行攻击，被停学学生以会因此引发学生风潮，威胁竺可桢，竺可桢告以"校中处置，只问事之是非，断不怕因学生闹风潮而改轻处分"。②

1947 年 6 月，浙大农学院学生在村庄利用茶店大肆宣传共党优点，大意讲共党主义如何优良，共军如何占领以后百姓不致为此吃亏。③ 蒋介石认为"破坏法纪之学潮，自与反革命无异，政府自当严厉制止，如法处惩"④，将违法乱纪行为直接等同于反革命。

1948 年，于子三惨死所引发的"一·四"风潮⑤，更是将浙江大学学生风潮推向高潮。关于于子三的安葬问题，学生与政府在如何出殡、出殡路线以及游行方式上存在不可调和的矛盾。"于子三原定明日出殡，但路线几经商榷，省政府最大让步是由停云山庄经竹斋街至鼓楼赴凤凰山，而学生必欲经官巷口、三元坊等热闹街道。省政府并不准有仪仗如军乐、照相亭以及喊口号、发传单等事，而学生则要把一二百挽联持之游行，且沿途唱挽歌。"⑥ 1948 年 1 月 4 日，学生不听学校指挥，任意出外游行，由此引

---

① 《行政院长蒋介石告诫全国学生不得掀动学潮书》，1930 年 12 月 9 日，中国第二历史档案馆编《中华民国史档案资料汇编（第五辑第一编）·政治》（四），江苏古籍出版社，1991，第 44 页。
② 《竺可桢日记》，1947 年 8 月 15、18 日，《竺可桢全集》第 10 卷，第 508~511 页。
③ 《关于学生运动》，浙江大学档案馆馆藏，档案号 L53-1-0009。
④ 《行政院长蒋介石告诫全国学生不得掀动学潮书》，1930 年 12 月 9 日，中国第二历史档案馆编《中华民国史档案资料汇编（第五辑第一编）·政治》（四），第 44 页。
⑤ 详见《竺可桢日记》，1948 年 1 月 4 日，《竺可桢全集》第 11 卷，第 5~6 页。
⑥ 《竺可桢日记》，1948 年 1 月 3 日，《竺可桢全集》第 11 卷，第 4 页。

发惨烈的"一·四"风潮。

竺可桢对当局制造"一·四"暴行非常愤慨，但对学生不听学校指挥的行为更为不满。"此次事变，出于校内，实属意外。但三号校中已有布告延期举行安葬，而自治会不听校中指挥，擅自召集。……同学既如此不听校中指挥，则学校也不能负责保证学生之安全，故必须依校中指令，即日上课，否则解散自治会"，"望诸生念学业之贵重，学校前途之应顾到，即日上课"①。学生无视党化教育政策规定，不听校中指挥，干涉学校行政，这种行为极易引发政府对学校的关注，甚至招致军警的干涉。竺可桢多次劝告学生"遵守校中命令规则，免得贻外界之口舌"②，但学生毫不理会，使得竺可桢在政府与学生之间难以措置。"学生政治兴趣浓厚，如此环境，实非书傻子校长如余者所可胜任"③，多次请辞未得批准。

面对日趋白热化的学生运动，国民党政府处置学运的方式也逐渐强硬。1949年4月5日南京党政军干部联席会议第二次会议决定，"今后对处理学生游行请愿事件，应依照戒严法采取强硬性制压，预先制止，必要时并逮捕学潮首要分子送往共区"④，对学运的处置方式更为强化。

作为党化教育的直接推行者，在政府看来，众多反动分子的出现反映了竺可桢对反动思想的纵容，浙江大学党化教育推行的不力。"自八月廿二日由此间会同特刑庭拘捕吴大信后，竺校长之态度即行转变，甚至包容奸伪匪谍学生之一切活动于不闻不问，而对于特刑庭之传讯则加拒绝。……浙大当局包容匪谍学生之非法活动，实责不容辞"⑤，竺可桢对此加以声辩，却效果不大。1949年4月竺可桢最终登上特务人员的黑名单。⑥ 而与此同时，竺可桢也越来越不为学生所认可，竺可桢离杭后，学校出现攻击竺可桢的言论，校内壁报称竺可桢"受英美教育之毒，做事不能彻底，不能对恶势力争斗，只剩了些科学救国空谈"，竺可桢"对于旧的固然厌恶，对于

---

① 《竺可桢日记》，1948年1月6日、7日，《竺可桢全集》第11卷，第7~8页。
② 《竺可桢日记》，1948年1月11日，《竺可桢全集》第11卷，第11页。
③ 《竺可桢日记》，1948年1月31日，《竺可桢全集》第11卷，第27页。
④ 《南京市党政军干部联席会议第二次会议记录》，1949年4月，中国第二历史档案馆编《中华民国史档案资料汇编（第五辑第一编）·政治》（四），第185页。
⑤ 《竺可桢日记》，1948年12月12日，《竺可桢全集》第11卷，第280页。
⑥ 《竺可桢日记》，1949年4月15日，《竺可桢全集》第11卷，第419页。

新的心存怀疑；但民主与反民主不容有中间路的"，而竺可桢"偏偏走了中间毁灭之路"。①

在党化教育的体制下，竺可桢一方面维护学生的安全，一方面服从政府的法令，在学生与政府之间交涉周旋，力图从中找出一个为双方共同接受的办法，但最终走上了为双方所不容的尴尬角色。这也许是竺可桢，甚至可以说是国民党统治时期大学校长的共同困境。

四　结语

竺可桢崇尚民主的管理方式，但他的理想并不是乌托邦式的空想。在不同的时期，竺可桢在合乎实际的情况下，对民主的执行力度与范围进行调整。抗战时期竺可桢赞同国家至上，民族至上的口号，认为"大学虽不应受政治的影响，但必须适合社会环境，而对于国家亦需配合"②，"抗战到了反攻时期，大学的使命也与平时不同，急切的需要与军事配合，以求达到抗战胜利的目标。抗战结束以后，大学即须恢复常态，使他有学术自由的空气"。③ 而战后国民党教育方针并没有改变，中央加紧了对学生思想言论的控制，而此时的学生运动无论是从活动范围还是运动规模上来说，较前一时期都有过之而无不及。竺可桢向来主张"学生在校应埋头求学问，政党须一律退出学校"④，但面对学生运动，竺可桢也不能无动于衷。前期的学生运动，竺可桢尚能应付。但到后期，学生运动逐渐演变为反政府行为，国民党对学生运动的态度也逐渐强硬，完全超出竺可桢掌控范围。在这种情况下，竺可桢最终力不从心，多次请辞未得批准，以至于最后陷入为双方所不理解的境地。这也许是在党化教育体制下，无太多政治背景的纯学者长校的艰辛与无奈，甚至可以说是民国时期大学校长的共同悲哀之处。

总之，身处党化教育体制下，竺可桢执掌浙大期间，基本上秉承了国

---

① 《竺可桢日记》，1949 年 6 月 8 日，《竺可桢全集》第 11 卷，第 456 页。
② 《我国大学教育之前途》，《大公报》（重庆）1945 年 9 月 23 日，第 2 版。
③ 《反攻时期之大学教育》，《大公报》（重庆）1944 年 9 月 8 日，第 3 版。
④ 《竺可桢日记》，1945 年 4 月 23 日，《竺可桢全集》第 9 卷，第 383 页。

民党中央的办学宗旨，在具体事务的操办上又不失原则地进行灵活地调整，在现实中有原则的妥协，力图在统制与自由之间实现双赢。竺可桢是浙江大学的校长，但在一定程度上他更是民国时期大学校长这一群体的缩影。在国民党政治体制下，民国时期的大学校长如何办学，如何生存是一个值得去探索的话题。竺可桢的尴尬栖存，折射出国民党统治时期大学校长尤其是纯学者型大学校长的政治困境——追求固有的民主，但囿于体制的因素不得不在现实中妥协。

就业与党争：20世纪30年代高校毕业生求职请愿的政治考察

金　兵[*]

20世纪30年代中期，中国专科以上学校（以下简称"高校"）毕业生曾经两次掀起规模较大的求职请愿活动，波及北平、南京、上海、太原等多个城市。高校毕业生求职请愿运动的发生，引发了社会对于毕业生就业问题的关注和讨论，也推动了南京国民政府就业措施的出台。目前学界在研究20世纪30年代高校毕业生就业问题时，曾提及当时学生的求职请愿运动。[①] 但实际上除了就业难这个原因，学生的求职请愿还带有党派政治的背景，国民党CC派有人曾介入其中。本文即试图围绕着这一问题展开论述，既分析党派政治在20世纪30年代毕业生求职请愿运动中所扮演的角色，也探讨求职请愿运动对学生就业的促进及在相关社会领域改革方面产生的影响，即党派政治事前所不能预见的副产品。

一　求职请愿：20世纪30年代的大学生职业运动与服务运动

1934年5月，谭庶潜等数十名学生，着手筹备成立北平各大学毕业生

---

* 金兵，浙江工商大学马克思主义学院副教授。本文曾以《20世纪30年代高校毕业生求职请愿的政治考察》为名，原刊于《武陵学刊》2012年第1期。

① 目前对20世纪30年代中国高校毕业生就业问题及求职请愿运动进行研究的论文，主要有：武增锋《20世纪30年代大学生失业问题的教育反动》，《南京社会科学》2003年第10期；黄佑志《简论抗战前国民政府救济大学生失业的措施》，《辽宁行政学院学报》2007年第3期；等等。

职业运动大同盟。当月 23 日，该同盟召开了第一次筹备大会，开始进行毕业生入盟登记工作，先后加入职业运动大同盟的各高校毕业生达 419 人。为扩大影响、争取支持，是年 7 月 1 日北平各大学毕业生职业运动大同盟（简称"职业运动大同盟"）在北平中山公园来今雨轩召开记者招待会。会上，谭庶潜向记者阐述开招待会的意图，称"因鉴于社会现象不良，以致于失业呼声遍于全国，大学毕业即失业呼声亦震憾（撼）社会，同人有此组织，盖所以促进政治教育之革新，与职业问题之解决耳"。① 接着，该同盟的杨道耕、崔蔚云等人又分别向媒体报告了职业运动大同盟成立经过，以及代表盟员向政府提出了解决毕业生就业问题的要求。职业运动大同盟的盟员400 多人联名发表宣言，称"同人等为时势之需要，为自身职业之企求，不能不有大同盟之组织，以公开之方式，求职业问题之解决"。当天到会的各报记者达六七十人，声势颇为浩大。1934 年 7 月 13 日晚，职业运动大同盟召开干事会，决议推派代表南下请愿。② 谭庶潜、齐联科、杨道耕、崔蔚云、胡松叔等 5 人在抵达南京后，曾到国民政府教育部甚至行政院等部门进行求职请愿。③

在北平各大学毕业生职业运动大同盟掀起求职请愿运动期间，全国其他城市的高校毕业生也纷纷行动起来，开展类似的活动以声援北平学生。早在 1934 年 7 月，南京的高校毕业生就打算组织同样的职运组织，声援北平学生的行动。④ 8 月 8 日晨，中央大学的孙光裕等十余人在蓝家庄开会，决定：第一步，从即日起在各宿舍张贴布告，征求失业毕业同学签名加入，并通过中大毕业生职业运动同盟会简章草案，起草宣言；第二步，召开会员大会，向政府请愿等。⑤ 上海暨南大学是较早行动起来的高校。8 月 2 日，暨南大学学生组织了毕业同学职业运动同盟会；次日发表宣言，打算响应北平、南京学生的职业运动，向党政及学校当局请愿。⑥ 9 日暨南大学毕业

---

① 《全国各大学毕业生职业问题严重　平市职业同盟招待记者说明组织宣述运动大纲》，《大公报》1934 年 7 月 2 日，第 4 版。
② 《平各大学生职业运动昨派代表赴京请愿》，《大公报》1934 年 7 月 15 日，第 4 版。
③ 《大学生职业问题　平方推代表到京请愿》，《大公报》1934 年 7 月 23 日，第 4 版。
④ 《南京大学毕业生响应北平职业运动》，《大公报》1934 年 7 月 11 日，第 9 版。
⑤ 《京中大毕业生组织职业运动同盟会》，《申报》1934 年 8 月 8 日，第 17 版。
⑥ 《暨大职运同盟会宣言》，《申报》1934 年 8 月 4 日，第 15 版。

同学职业运动同盟会赴京请愿代表苏鸿宾、林启文等携带呈文，由沪起程，径向行政院及教育部请愿，并决定"必要时，或就近联络平京职运会，一致进行"。同时，该会还发表致全沪各大学毕业生书，号召"一致奋起，共同自救"。① 在山西太原，先是山西大学和省立法学院两所高校的毕业生组织了联合职业运动同志会，后"以范围狭小，不能包括本省城各专门、大学，行动与力量颇嫌不足"，9月上旬召集各大学及专门学校应届毕业生代表，成立应届大专八校毕业同学职业运动同志会，决议"除继续请求政府迅予设法安置外，并拟要求建设、技术及行政人员考试，多收人数，必要时拟派代表亲赴河边村，晋谒阎伯川氏请求设法"②。一时间，大学生职业运动波及了全国多个重要城市。

时隔一年之后，中国高校毕业生的求职请愿运动再次爆发。1936年5月，北平朝阳学院一部分学生发起并组织大学毕业生服务运动大同盟，征集会员100多人，并发表《告毕业同学书》。在《告毕业同学书》中，学生公开对政府之前所采取的就业促进措施提出了的批评，"虽然，在一九三四年，也曾有过类似服务运动的所谓职业同盟，而他们所努力的结果，是口惠而实不至的工作咨询处、介绍所的设立，这种问题的本身，有何裨益"？学生进而提出，"我们要求解决的，不是口头允诺咨询处和介绍所的成立，而是分发任用"。③ 5月29日大学毕业生服务运动大同盟"在朝阳学院开会成立，到朝阳学院、北大、清华、辅仁、平大法商学院、农学院、中国学院、民国学院等校，代表八十余人，通过简章，选定干事二十五人"④。大学毕业生服务运动大同盟成立后不久，即开始推举代表，准备到南京向政府请愿。1936年6月底，该服务运动大同盟请愿团代表陈剑萍、杨洪普、富宝昌、全逦森等十人南下，"除晋京向政府当局作请愿运动外，并进行联络各地大学毕业生采取一致步骤，向各方呼吁云"。⑤ 抵达南京后，请愿团于7月14日、15日赴行政院、教育部陈述意见，并曾得到教育部部长王世杰的接见。

---

① 《暨大职运代表晋京》，《申报》1934年8月10日，第16版。
② 《晋省专科以上学校毕业生多失业》，《大公报》1934年9月24日，第9版。
③ 《学生服务运动大同盟发表告同学书》，《大公报》1936年5月25日，第4版。
④ 《服务运动同盟前日在平开成立会》，《大公报》1936年5月31日，第4版。
⑤ 《服动同盟请愿代表昨离平赴京》，《大公报》1936年7月1日，第4版。

二 幕后推手：党派政治与高校毕业生
求职请愿运动的发动

20 世纪 30 年代中期中国高校毕业生求职请愿的发生，与当时毕业生就业难问题有很大的关系。近代新式学校教育兴起以后，中国高校毕业生就业难问题就一直在一定范围内存在。进入 30 年代，在高等教育有了较快发展的同时，高校毕业生的就业状况也日益恶化。据《申报》报道，1931 年位于国民政府首都南京的中央大学"毕业生二百余人，半数未获相当职业"。[①] 而在大学生职业运动爆发的 1934 年，中央大学 400 多名毕业生中竟有 300 多人没有找到工作。[②] 一些北方省份，高校毕业生的失业率更是高得惊人。《大公报》1934 年 9 月根据山西地方当局的统计报道，当地高校毕业生失业率"以最近四五年内为最高，今年更打破过去一切记录，人数达到四百八十人，目下正式找得职业者，仅十分之一"。[③] "暑假到了，便见成千累万的大学毕业生，到上海职业指导所来，登记求职"，连该所的工作人员也惊呼，"不得了，不得了，大学毕业生，谋事的大学毕业生这样多"。[④] 就业问题直接关系广大毕业生的切身利益，个别毕业生甚至为此而轻生，1934 年 7 月，中央大学毕业生赵万青，"因失业致神经衰弱，二十二日在该校宿舍内，意图用绳自尽未遂"。[⑤]

高校毕业生求职请愿运动的发生，除了当时有学生就业难这个重要原因外，其幕后还有党派政治的操作。国民党 CC 派控制下的部分地方党部有人参与其间，利用就业问题，挑动和支持高校毕业生起来向政府求职请愿。

20 世纪 30 年代中国发生的两次高校毕业生求职请愿运动都起源于北平，这和当地右翼学生组织——诚社的推动及参与是分不开的。诚社是国民党内 CC 派张厉生、胡梦华等人控制下的一个右翼学生组织，活动于平津一带。该组织由时任国民党中央委员兼河北省政府委员的张厉生担任总书

---

① 《中大毕业生获业难》，《申报》1931 年 7 月 22 日，第 8 版。
② 《京中大毕业生组织职业运动同盟会》，《申报》1934 年 8 月 8 日，第 17 版。
③ 《晋省专科以上学校毕业生多失业》，《大公报》1934 年 9 月 24 日，第 9 版。
④ 《毕业与失业》，《教育与职业》总第 148 期，1933，第 602 页。
⑤ 《中大本届毕业生赵万青自尽未遂》，《申报》1934 年 7 月 24 日，第 15 版。

记，时任国民党河北省监察委员的胡梦华担任副书记，这两个人在当时都是国民党 CC 派人物。① 两次高校毕业生求职请愿活动都有诚社成员厕身其间。1934 年北平职业运动大同盟中的骨干——齐联科（北京大学经济系学生），即为诚社成员。② 有些职业运动大同盟的骨干虽未直接参加诚社，但和诚社关系密切。如胡松叔虽然不是诚社成员，但他主编过该组织的刊物《大学新闻》；再如谭庶潜因领导大学生职业运动有功，后来受张厉生资助到日本留学。1936 年第二次高校毕业生求职请愿运动——大学生服务运动发生时，虽然诚社领导人张厉生、胡梦华两人都已经离开北平③，但北平各高校中仍然有诚社成员参与了这次求职请愿运动。北平大学毕业生服务运动大同盟中的富宝昌（东北大学学生）就是诚社成员。该服务运动大同盟中另外一些骨干和诚社走得很近，如陈剑萍等人曾多次在胡梦华主编的《人民评论》杂志上发表文章。所以，两次高校毕业生求职请愿运动虽不能说由诚社完全包办，但有诚社分子参与其中，并起到了组织动员的作用，这是毫无疑问的。

高校毕业生求职请愿运动发生后，一些 CC 派成员及其控制下的地方党部，以不同方式表示对高校毕业生求职请愿运动的支持。在 1934 年 7 月 1 日北平职业运动大同盟成立时，国民党河北省党部、北平市党部都曾派代表莅会，"省党部陈访先、胡梦华，市党部刘海鸥等亦到会"。④ 省党部的陈访先、市党部的刘海鸥还在会上发表了"语意诚恳"的致辞。除胡梦华，陈访先、刘海鸥两人也为国民党内 CC 派中人物，其中前者还是 CC 派所组织的中国国民党忠实同志会河北分会的干事长。他们的到场无疑起到了支持鼓动的作用。在高校毕业生第一次求职请愿运动——大学生职业运动中，在北平职业运动大同盟代表团赴南京求职请愿的过程中，谭庶潜等人的往来旅费和食宿费用都由张厉生负担。胡梦华曾经将北平各大学毕业生职业

---

① 后来张厉生因故又脱离了 CC 派。

② 1933 年春，张厉生指派胡梦华等人在北平各高校中拉人秘密筹备右翼学生组织。1934 年秋，诚社正式成立。1934 年春夏之际，北平大学生掀起求职请愿运动时，诚社尚在筹备阶段。

③ 1935 年 7 月《何梅协定》达成后，在日军的逼迫下国民党河北省党部被取消，张厉生、胡梦华等人先后离开北平。

④《全国各大学毕业生职业问题严重　平市职业同盟招待记者说明组织宣述运动大纲》，《大公报》1934 年 7 月 2 日，第 4 版。

运动大同盟的组织情况汇报给张厉生，"希望他告知陈果夫、陈立夫运用他们的职权，通告各省市党部策动各该省市大专学校应届毕业生组织职业运动同盟，派代表到南京请愿，结成全国性的大学毕业生职业运动同盟"。① 从后来各地的反应来看，部分 CC 派分子确实起到了推波助澜的作用。在中央大学组织学生求职请愿的孙光裕是国民党南京市第八区党部的常务委员，而该区党部就设在中央大学。② 上海暨南大学学生掀起的求职请愿运动也带有党派政治的背景。据竺可桢回忆，暨南大学的杜佐周曾告诉他："沈鹏飞长校后，党部人乘机而入云。"③ 当时，CC 派正在积极谋求夺取学校的控制权。④ 另外，在 1934 年大学生职业运动期间，上海市党部还曾向国民政府呈文，要求解决毕业生就业问题，以示对求职请愿运动的支持。⑤

20 世纪 30 年代两次高校毕业生求职请愿运动，均是由国民党内部 CC 派人物及其控制下地方党部、学生组织挑动并支持而发动起来向政府求职请愿的运动。这与差不多同一时期的其他学生运动有着很大的不同。那么，国民党 CC 派为什么要挑动学生开展求职请愿活动呢？

两次高校毕业生求职请愿运动都起源于北平，其中 1934 年第一次高校毕业生求职请愿运动——大学生职业运动，作为诚社副书记的胡梦华还参与了筹划和鼓动。据胡梦华回忆，诚社之所以介入大学生职业运动的目的主要有两个：其一是转移高校学生的注意力；其二是打击当时国民党内其他派系的势力。⑥ 20 世纪 30 年代前期是中国阶级矛盾、民族矛盾相对尖锐的一个时期，学生政治运动频发。在日本侵略步步紧逼的背景下，学生多将矛头指向当时的国民党政府，批评其妥协退让的对外政策，常常搞得国民党政府焦头烂额、穷于应付。当时国民党政府的执政者坚持强调巩固国内、增强实力对于抗战的重要性，既急于从学生的批评中摆脱出来，又想

---

① 胡梦华：《CC 的反动学生组织诚社始末》，柴夫编《CC 内幕》，中国文史出版社，1988，第 142 页。

② 许青、董体全主编《南京政党志》，"表 2-11：国民党南京市区党部（1935.3）"，河海大学出版社，1997，第 319 页。

③ 竺可桢：《竺可桢全集》第 6 卷，上海科技教育出版社，2005，第 28 页。

④ 黄敬斋：《国民党 CC 系的干社》，柴夫编《CC 内幕》，第 119~120 页。

⑤ 《市党部呈请中央为大学毕业生谋出路》，《申报》1934 年 9 月 12 日，第 15 版。

⑥ 胡梦华：《CC 外围组织诚社始末》，中国人民政治协商会议全国委员会文史资料研究委员会编《文史资料选辑》第十四辑，中华书局，1961，第 154 页。

让学生为其合作、服务。文化教育界是国民党CC派自认的地盘，利用当时高等教育与用人制度中存在的实际问题以转移学生的注意力，则成为部分CC分子想到的办法。在1933年胡梦华就曾向张厉生指出，"爱国救国是大事，易于号召，而毕业后就业则是学生切身问题。当前形势，人事行政与教育背道而驰，所教非所用，所用非所教，学而无用，学而不用，人浮于事，以致毕业即失业。自救与救国，虽有轻重，但具有同样的严重性和迫切性。如果全国各省市县都动起来，来一个浩大的教育改革运动，将有利于转移当前学生运动大方向"。① 另外，诚社还试图利用高校学生求职请愿运动打击CC系的政敌。在1934年大学生职业运动爆发时，汪精卫担任国民政府行政院院长、王世杰担任教育部部长。汪精卫是国民党内的改组派，王世杰则被视为新政学系的人物，都被CC系当作自己的政敌。作为CC系的外围组织，诚社既反对汪精卫以拥护蒋介石，又要在蒋介石面前为CC系与新政学系争宠。推动高校毕业生求职请愿，则可以给自己的政敌制造麻烦，从而打击对方。在诚社组建阶段，为了拉拢学生、攻击政敌，张厉生就曾在各高校学生参加的座谈会上批评当时教育部部长王世杰等人工作不力，"以致贻误青年，学生毕业即失业或者学无所用"。②

三 意外之获：高校毕业生求职请愿运动对政府就业工作的促进

20世纪30年代中期，在大学生职业运动、大学生服务运动相继发生后，国民政府内相关派别的人物对学生求职请愿运动有着不同的想法。两次高校毕业生求职请愿运动都曾经历并成为请愿首要对象的教育不部长王世杰，自1933年4月履新起，即有"为青年求正当之出路"的想法。③ 面对学生的求职请愿，他试图把它当作整顿全国高等教育的契机。第一次高校毕业生求职请愿时担任行政院院长的汪精卫，在当时没搞清求职请愿幕

---

① 胡梦华：《CC的反动学生组织诚社始末》，柴夫编《CC内幕》，第132~133页。
② 胡梦华：《CC外围组织诚社始末》，中国人民政治协商会议全国委员会文史资料研究委员会编《文史资料选辑》第十四辑，第149~150页。
③ 林美莉编《王世杰日记（手稿本）》第一册，民国二十二年五月至民国二十七年十二月,，台北，中研院近史所，1990，第1页。

后推手的情况下，曾对学生深表同情，在接见大学生请愿代表时表示，"大学生因谋职不得，而组织职业运动大同盟，本人甚表同情"。① 蒋介石对此的态度比较复杂，他本人并没有指使部下推动学生的求职请愿运动，但效忠于他的 CC 派部分人员控制的右翼学生组织又暗中参与了求职请愿运动中。蒋介石在第二次高校毕业生求职请愿时担任行政院院长，由于其在"一二·九"运动后有心要转移学生注意力并收拢人心，觉得"学生失业，大多数由于缺乏实际工作之经验能力所致"。② 后来他对于大学生服务运动的求职请愿也采取因势利导的态度。国民党政权中枢机关各派人物的想法虽然不同，但都从各自的立场出发，对学生的求职请愿活动采取了比较积极的回应态度。在这一背景下，国民政府陆续出台了许多就业促进措施。

1934 年大学生职业运动发生后，国民政府即于当年 10 月成立了全国学术工作咨询处。该机构原本是 1934 年 3 月国际劳工局副局长莫列德来华访问时建议中国设立的，以此职掌全国学术人才的调查、登记以及使用等事务。该建议后经教育部部长王世杰在全国经济委员会会议上提出，但被议决缓办。大学生职业运动发生后，行政院督令全国经济委员会与教育部于当年 10 月联合组建了全国学术工作咨询处。该处办理"学术人才适当就业之介绍与指导事项"，为了满足高校毕业生求职请愿的要求，它又强调"学术人才暂以国内外专科以上学校毕业生为限"，优先为高校毕业生提供服务。③ 全国学术工作咨询处在成立初期主要是接受求职登记并介绍工作，后逐渐发展成一个以职业介绍为中心并兼及其他就业促进活动的机构。该处在每学年向各高校发出"国内外专科以上学校毕业声请介绍工作登记表"，让应届毕业生填报登记。然后，该机构对登记求职者进行职业介绍，其方式分为两种：一种是用人单位向该处征求；一种是该处探知某处有用人消息后主动以适宜的登记人向之推荐。从成立到 1936 年 4 月底，向该处"征求人才的机关共有二百五十三处。……至于所需人才，共有三百八十三人，经介绍成功者一百九十五人，占百分之五十强。再就人才一方面来说，经

---

① 《汪行政院长答复北平职运代表》，《申报》1934 年 7 月 31 日，第 13 版。
② 吕芳上主编《蒋中正先生年谱长编》第五册，台北，"国史馆"、中正纪念堂、中正文教基金会，2014，第 101 页。
③ 《全国学术工作咨询处规程》，《全国学术工作咨询处月刊》第 1 卷第 1 期，1935，第 8 页。

过介绍的共有七百一十九人，成功者一百九十五人，占百分之二十七强"。① 介绍成功的人数虽少，但它却开了近代中国中央政府设立高校毕业生就业促进机构的先河。

受大学生职业运动的推动，国民政府教育部还于 1934 年 10 月 24 日发出第 12930 号训令，通令"凡公私立专科以上学校均应组织职业介绍机关"，要求各校的职业介绍机关与全国学术工作咨询处通力合作以促进学生就业，并规定"各校职业介绍机关，得商请全国学术工作咨询处协助办理登记介绍等事宜"。② 在教育部的督促下，截至 1937 年 4 月，全国共有 58 所高校设立了职业介绍机构，其中公立（包括国立、省立）高校 33 所，私立高校 25 所。③ 在 20 世纪的中国，高等学校第一次大规模地建立了毕业生就业促进机构。

在 1936 年大学生服务运动发生后，国民政府又出台了新的高校毕业生就业促进措施。如 1936 年 6 月 23 日，行政院第 268 次例会决定，"由政府于中央政治学校内，举办专科以上学校毕业生就业训导班，招收国内外专科以上学校近年毕业生之尚未就业者，约一千人，加以短期训练及实习，期满后酌加考验，由政府设法助其就业"。④ 1936 年 10 月 15 日，行政院举办的就业训导班正式开学，第一期实际受训人数为 455 人。1937 年 1 月第一期期满后，"即依照各生所习学科，及受训成绩，分发预定之各机关实习，期间定为三个月，期满后，即由实习机关任用"。⑤ 接着，1937 年 2 月至 5 月，行政院就业训导班又对第二期学员进行了训练。这种就业训导班，在一定程度上解决了高校毕业生的就业问题。它的出现有助于解决学校人才培养方向与用人单位人才需求之间不相匹配的问题，为高等学校与用人单位之间搭建了沟通的桥梁。

---

① 《本处由二十三年十月至二十五年五月工作概况报告》，《全国学术工作咨询处月刊》第 2 卷第 5 期，1936，第 12 页。

② 《教育部训令第一二九三□号》（廿三年十月廿四日），《教育部公报》第 6 卷第 43、44 期，1934。

③ 《全国专科以上学校成立职业介绍机关一览表》，《全国学术工作咨询处月刊》第 2 卷第 4 期，1936，第 63~66 页。

④ 《行政院通过甄用毕业生办法》，《全国学术工作咨询处月刊》第 2 卷第 6 期，1936，第 37 页。

⑤ 《首期就业训导班分发各机关实习》，《中央日报》1937 年 1 月 28 日，第 4 版。

差不多同时，全国学术工作咨询处还制订小工业扶助计划，鼓励和支持高校毕业生创业，其颁布的《全国学术工作咨询处举办小工业声请扶助规则》规定，"凡有志办此事而力量薄弱者，得声请本处商请银行，予以贷款"，"声请人以国内外专科以上学校工科毕业生为限"。① 全国学术工作咨询处后来与金城银行合作，开展这项创业扶助计划，并帮助一部分毕业生获得了银行贷款。这种扶助创业的做法，拓宽了高校毕业生的就业思路。

此外，在两次高校毕业生求职请愿运动中，国民政府还制定一些促进学生就业的政策，如增加公务员招考、调控高校招生结构政策等。这些措施在一定程度上推动了社会改革的步伐。在毕业生求职请愿运动中，国民政府曾表示要对公务员实行优胜劣汰，为高校毕业生开辟出路，就这促进了 1935 年《公务员考绩法》《公务员考绩奖惩条例》的诞生。教育部则以当时高校毕业生存在结构性失业问题为由，进一步压缩文法科招生规模，扩大理工科的招生规模，逐渐改变了当时高等教育"重文轻理"的不合理现象。

20 世纪 30 年代中国高校毕业生的求职请愿运动，固然因部分 CC 派人物控制下的右翼学生组织的介入而带有党派政治色彩，但不可否认的是，求职请愿的发生不仅引起了社会对于学生就业问题的讨论，也推动了国民政府诸多就业促进措施的出台。总体而言，民国政府自建立开始的很长一段时间内，缺乏对高校毕业生就业问题的应有关注。就像高校毕业生求职请愿运动中所提出的批评，"三十年来，政府及社会人士，但知广设学校，造就人材，而如何安插统计，则无人过问，任其自为问题，而不加以解决"。② 受两次求职请愿运动的影响，20 世纪 30 年代中期以后，政府对高校毕业生就业问题明显重视起来，其中教育部更是将高校毕业生就业推广纳入每年的施政计划，"历年专科以上学校毕业生，除自行就业及由校介绍工作者外，教育部亦请各机关尽量录用"。③

中央政府对学生就业问题的重视及相关就业促进措施的出台，客观上

---

① 《全国学术工作咨询处举办小工业声请扶助规则》，《全国学术工作咨询处月刊》第 2 卷第 9 期，1936，第 5 页。

② 《全国各大学毕业生职业问题严重 平市职业同盟招待记者说明组织宣述运动大纲》，《大公报》1934 年 7 月 2 日，第 4 版。

③ 教育部教育年鉴编纂委员会编《第二次中国教育年鉴》，商务印书馆，1948，第 569 页。

有利于久已存在的高校毕业生就业问题的解决。一些当时就业促进措施的内容，如行政院就业训导班中对毕业生进行职前培训、全国学术工作咨询处小工业贷款计划中扶助毕业生创业等，对后来教育工作还有很大的借鉴意义。在当代社会解决毕业生就业问题时仍能看到类似的措施。在就业问题解决之外，20 世纪 30 年代高校毕业生求职请愿运动还间接推动了当时高等教育发展、公务员制度完善等方面的社会改革。前述这些都是挑动学生掀起求职请愿运动的政客所未能预见到的。就党派政治这个方面来看，这也可以算是一种意外的收获吧。

尝试与困境：九一八事变后国民政府
对学生请愿运动的应对

陈 伟[*]

九一八事变引起了全国范围的民众请愿运动，其中又以学生请愿运动影响最大。现有著述对请愿运动的过程、样态、成因，以及政府应对措施均有所涉及。[①] 对事件中的核心政治人物蒋介石而言，这是他应对民众运动问题的首次尝试，而事件的最终结果又促使蒋介石极大改变了其应对类似事件的思路和方法。目前学界尚无对蒋介石个人在事件中的作为做专门研究，因而笔者拟深入探讨蒋介石在这一事件中应对策略的演变以及得失，进而展现该事件对民众运动与国民政府中枢产生的深刻影响。

一 蒋介石应对请愿运动经过

1930 年代初，蒋介石在国民党内政治、军事斗争中取得初步胜利。此时的蒋介石，亟须稳固建立方才三年有余的南京国民政府统治，树立个人的绝对权威。九一八事变后，大规模请愿运动的爆发，给了蒋介石尝试解

---

* 陈伟，合肥工业大学马克思主义学院。本文原刊于《民国档案》2015 年第 1 期。

[①] 相关著述较少，直接与本题相关的有：陈廷湘《政局动荡与学潮起落——九一八事变后学生运动的样态及成因》，《历史研究》2011 年第 1 期；左双文、郭秀文、栾成《"九·一八"事变后学生的请愿示威与南京国民政府的应对》，《学术研究》2006 年第 7 期；唐纳德·A.周丹《"九一八"事变后抗日运动中的中国学生》，《抗日战争与中国历史——"九一八"事变 60 周年国际学术讨论会文集》，辽宁人民出版社，1994。前者关注九一八事变后学生运动的样态及成因，对蒋介石和请愿运动的关系有所论及；后两者则论及政府应对措施及各地请愿运动的大致情况。

决国内问题的一次良机。此次事件是蒋介石第一次应对民众运动难题，也是蒋介石解决民众运动问题的首次尝试。

事变发生当天，蒋介石正在由南京赴江西指挥对红军根据地的第三次"围剿"途中。19 日，蒋在得知事变消息后在日记里写道："倭寇果乘粤逆叛变，内部分裂之时，而来侵略我东省矣！呜呼！痛哉！余唯有鞠躬尽瘁，死而后已，拼以一身报我总理！报我先烈！报我民族！"① 处在内忧外患中的蒋介石在得知消息时虽有些许"死而后已"之决心，但显露悲观情绪。或许从那一刻起，诉诸国联，依靠国际社会舆论压力的事变解决之道已经在蒋介石脑海中有了初步构想。

蒋介石深知事变必将激起民众反弹。9 月 20 日，他致电韩复榘，令其注意制止民众的激烈行为，"切不可有激烈反日运动及报复暴举，使日更有所藉口，使外交益陷困难。应力持镇静，严守秩序"。②

在民众抗议浪潮中，尤以青年学生的抗议活动最为激烈。9 月 20 日，上海沪江大学组成学生抗日救国联合会，暨南大学、复旦大学、上海法学院、上海法政学院等校学生积极组织各校学生联合反日救国团，共商应付方法。③ 抗议活动很快遍及全国，"从北平到广州，从上海到西安，学生运动如燎原的野火一般，燃烧起来"④。

为使局面不再恶化，在 22 日的南京市党员大会上，蒋介石就现阶段的对日政策及民众运动系统地阐述了自己的想法。对于日益高涨的民众情绪，蒋介石认为，"唯国家当重大事变发生时，国民之精神，固不可消沉散漫，行动上尤切忌轻浮。力量从组织而生，必须动作一致，步骤一致，守严整之纪律，服从统一之指挥"；但就如何解决民众情绪高涨的根本途径，即对日交涉问题，蒋仍完全寄希望于国联，以为现在所可以做的即"上下一致，先以公理对强权，以和平对野蛮，忍痛含愤，暂取逆来顺受态度，以待国

---

① 〔日〕产经新闻社撰，〔日〕古屋奎二主笔《蒋介石秘录》第三卷，湖南人民出版社，1988，第 102 页。
② 周美华编注《蒋中正总统档案·事略稿本》（12），台北，"国史馆"，2004，第 82 页。
③ 《学生奋起反抗》，（上海）《民国日报》1931 年 9 月 21 日，第 3 张第 1 版。
④ 雷瑞英、陈木桦：《现阶段的青年运动》，建国书店，1938，第 13 页。

际公理之判断"。① 因此，面对接下来一系列局势变化，蒋介石只能尽量疏导、安抚青年学生以平息抗议声浪，将其激烈的反日情绪引导到其设想的轨道上来。

从 9 月下旬开始，各地纷纷准备进行大规模的赴京请愿运动。得知消息的蒋介石颇为紧张，为确保首都保安，巩固城防，蒋发出紧急手令。9 月 28 日，上海、南京两地的请愿学生围攻外交部，打伤外长王正廷。当天，蒋介石第一次接见了请愿学生并训话。首先，蒋肯定了学生的爱国热情，承诺接受请愿要求："在此国难当头之际，有此热烈之表现，国府同人决不辜负青年同胞之意思。……政府一定接受诸位之请愿。"其次，蒋劝告青年"尤应用冷静的头脑，热烈的血，以应付国难。如果浮躁气太甚，不过加增国耻而已"，要求"上海的同学速即回沪，在京的亦赶速回校"。② 但是，蒋介石在私下里已经对请愿运动心生厌烦甚至猜忌。就在同一天，蒋介石在得知请愿学生围攻外交部后感叹道："抗日救国，绝大事业，散漫狂动，何济于业，乃彼学生，竟致如此，此其间必有被反动派所主使者，爱国行动杂有政治作用。"③

9 月 29 日，蒋第二次接见请愿学生，训话超过一小时之久。在肯定学生请愿活动的同时，蒋保证"决不签订任何辱国丧权条约，对诸位请愿各点均诚意接受"。④ 9 月 30 日，上海大夏大学学生 400 余人清晨抵达中央党部请愿，蒋第三次出面接见，强调"政府以国民为基础，国民又以青年为基础，青年有力量，即国家有力量，国家有力量，才可以对外，青年所负的责任，甚为重大"，并承诺"中央对于各位所陈意见，一定接受"。⑤

一方面，蒋介石连续三天亲自出面"劝导"请愿学生，其训话套路基本相同，不外乎肯定学生爱国热情、应允请愿条件、劝告学生安心学业三点。请愿学生在得到蒋介石的口头承诺之后大部分满意而归。另一

---

① 蒋中正：《一致奋起共救危亡》，李云汉编《九一八事变史料》，台北，正中书局，1977，第 322 页。
② 周美华编注《蒋中正总统档案·事略稿本》(12)，第 106 页。
③ 周美华编注《蒋中正总统档案·事略稿本》(12)，第 105 页。
④ 周美华编注《蒋中正总统档案·事略稿本》(12)，第 107 页。
⑤ 《蒋主席恳切致训》，《中央日报》1931 年 10 月 1 日，第 2 张第 1 版。

方面，蒋介石 29 日致电上海市市长张群，"告以上海学生不得再来南京，并令路局不准特放车载学生来京"。① 30 日蒋出席政治会议，决议"下令国内之纪律秩序不辞任何牺牲必须保持"。② 以上措施使得请愿运动稍为平息，但蒋介石对请愿学生的许诺只是暂时敷衍，政府的既定政策照旧，学生请愿的根本诉求迟迟未见实现，以致之后的请愿运动不止，而且更为频繁、激烈。

10 月 7 日，中央大学学生向国民政府请愿，要求政府宣布对日政策，并就日本要求中国停止一切反日运动的行程质问政府如何应对。③ 10 月 20 日，首都各校学生大会召开，有来自全市 42 所学校的学生 2 万余人参加，会后前往国民政府和中央党部所在地请愿。大会最后决议通过请愿要点七项：（1）促进和平统一；（2）日本未撤兵之前，反对直接交涉；（3）严办叛国分子；（4）加紧军事训练，为世界公理而战；（5）恢复民众运动；（6）发给首都各校义勇军枪械；（7）实行钢铁政策。④ 此时，学生的请愿要求由最初的宣战抗日等对外主张扩展到恢复民众运动等对内要求，经过一个月的发展与积累，青年学生请愿运动的内涵已经有了很大的延展。

9 月 30 日，国联曾做出要求日本撤军的决议；10 月 24 日，国联大会再次做出决议，限日军于 11 月 16 日前撤军。这对急于缓解民众请愿压力的蒋介石来说十分及时，对其下一步举措寄予希望。26 日，蒋在国民政府纪念周上表示："此次的决议，是国联第一步精神的表现，到了下月十六日一定有第二步精神的表现。只要我们以严整的步骤，继续奋斗，决不会使暴力压倒公理，也决不会因一国的野心，而破坏国际和平的。……现在当此紧要关头，我们还要本着这种沉着忍耐不屈不挠的精神做去，等到下月十六日国联限日本撤尽侵占东三省区域内军队的一天，相信局势能又进一步的发展。"⑤

随后，蒋介石加紧敦促与国联的交涉，敦促日军尽早撤军，以顾维钧、

---

① 周美华编注《蒋中正总统档案·事略稿本》（12），第 107 页。
② 周美华编注《蒋中正总统档案·事略稿本》（12），第 111 页。
③ 韩信夫、姜克夫主编《中华民国大事记》第 3 册，中国文史出版社，1997，第 249 页。
④ 《首都全市学生抗日示威大游行》，《中央日报》1931 年 10 月 21 日，第 2 张第 1 版。
⑤ 蒋中正：《继续奋斗，贯彻主张》（1931 年 10 月 26 日），罗家伦主编《革命文献》第 35 辑，中国国民党中央委员会党史委员会，1978，第 1223~1224 页。

张作相、张群等为委员的接收东北各地事宜委员会很快组成，蒋介石甚至亲自研究该会的组织规章，为接收东北做好各项准备。

蒋介石除了寄希望于国联，等待日军主动撤退，实际上并无其他办法。然而，日本在国联决议通过当天就表示不能接受，日军向锦州等地发起进攻的消息接连传到南京，这使处在风口浪尖上的蒋介石十分焦虑。10月30日深夜蒋感叹道："日军不如期撤退，一切困难总无法解决也。"次日，他又感叹："对日交涉，此时中央实处于内外夹攻之中，而各报章与舆论又被反动派所蒙蔽，是非不明，人心不定，此国家之所以乱也。"① 国联要求日军撤兵的决议给了急于平息国内抗日舆论的蒋介石一根救命稻草，但这希望很快就随日军的扩大侵略步伐而破灭。

民众希望政府能拿出强硬措施，而不是一味地等待，随着11月16日的临近，青年学生要求抗日的呼声日趋高涨，请愿运动也日益激烈，并掀起了三次请愿运动的高潮。直至12月18日晨，京沪卫戍司令陈铭枢下令派出军警数千人将外地学生住处包围，北平学生约六七百人、济南约二千五百人、上海约千人被押上车船，强行遣返。② 当天，国府明令取缔学生越轨行动，"望全国青年学生，迅即觉悟，毋为反动分子所利用，而供其牺牲。应知服从法纪，即所以维护国家，遵守秩序即所以保持国力"。③ 同日，京沪卫戍司令长官公署参谋长邓世增发表谈话，表示"政府爱护青年之苦心，已至最后地步"。④ 在政府的强大压力下，次日，南京各校学生抗日救国会决定忍痛复课，并要求京沪卫戍司令部释放爱国学生，⑤ 绵延数月的学生请愿运动得以迅速平息。

---

① 秦孝仪主编《总统蒋公大事长编初稿》第 2 卷，台北，中正文教基金会出版，1978，第144 页。

② 《谷正伦关于派军警强制押送北平上海等地请愿学生回籍情况的报告》，中国第二历史档案馆编《中华民国史档案资料汇编（第五辑第一编）·政治》（四），江苏古籍出版社，1994，第 327~329 页。

③ 《国民政府取缔学生越轨行动令》（12 月 18 日），罗家伦主编《革命文献》第 35 辑，第1283 页。

④ 《京沪卫戍司令长官公署参谋长发表谈话》，《中央周报》第 185 期，1931 年 12 月 21 日，一周大事汇述，第 5 页。

⑤ 《首都各校明日复课》，《中央日报》1931 年 12 月 20 日，第 1 张第 4 版。

二　蒋介石对事件的认识与考量

九一八事变之后学生请愿运动发生的根本原因是南京国民政府的"不抵抗政策"，但这并不足以解释请愿运动随后的发展态势。在整个事件中，最让政府头痛的问题即是各地蜂拥入京的大量学生在南京得以联合，从而汇集成一波巨大的请愿洪流。这一问题本可以通过地方政府及党部进行劝导，加强民众训练与组织加以化解。蒋介石对此有着非常清楚的认识。12月2日，蒋在接见燕京大学与徐州中学各请愿学生后感叹："此等事党部每每不能解决，且以党治国之谓何。平日不善训练民众，竟使民众为邪说所诱惑，邪党所操纵，而与政府为难，此皆余用人不得其任之过，而于他人无与也。呜呼，国危至此，人不成人，可闵又何如哉。"① 12月4日晚，蒋介石思考此次内外交迫的原因所在，得出四点结论，其中一条即为对于学者及知识阶级太不注意，各地党部成为各地学者之仇敌，以致学生运动全为"反动派"所操纵。而党部毫无管教能力，徒增扰乱。②

此外，政府在事件中的处置方式也是请愿运动得以发展的重要原因。政府对请愿运动态度由宽容到严厉，大致采用化解、控制、有限强制，直至强行取缔、押送出京等措施。具体来说，可分为以下步骤：第一步，规定学生的活动不得逾越常规，不得罢课、请愿，对违反规定者，各地、各学校要尽量加以阻止；第二步，学运兴起之后，进行秘密调查，查清组织、活动情况，并尽可能将之置于党部的指导和控制之下，防止为"异党"所利用；第三步，如果各地劝阻无效，请愿团到了南京，中央训练部、中央组织部等部门则出面接待和安排，提供交通、食宿、谒中山陵等的便利；第四步，学生发动示威，将矛头主要对准政府后，加以阻挠和取缔，但以强制吓退、驱送为目的，尽可能避免流血冲突。③

根据蒋介石的日记，在12月初北平学生示威团南下之前，他基本认为

---

① 周美华编注《蒋中正总统档案·事略稿本》（12），第437页。
② 周美华编注《蒋中正总统档案·事略稿本》（12），第440页。
③ 左双文、郭秀文、栾成：《"九·一八"事变后学生的请愿示威与南京国民政府的应对》，《学术研究》2006年第7期，第103页。

请愿活动出于爱国，此后蒋的态度开始改变。但总的来说，作为国民党及国民政府核心的蒋介石在事件中的态度以容忍为主，如无有越出请愿范围之外的暴力事件发生则不采取强制措施。如10月下旬，蒋手谕南京军警，强调面对请愿学生时必须具备充分的克制精神，要"忍辱负重"。依照蒋的手谕，首都保安警察总队总队长卞稚珊要求属下遇事必须逐级请示，不准擅自行动，谁出事谁负责。① 12月17日之前，南京军警在事件中的处置方式基本上照此来进行。

政府迟迟不以严厉手段处置请愿学生是请愿运动得以持续、扩大的重要原因。面对日益危及政府威信、政局稳定的请愿运动，容忍、温和并非政府本意，而是迫于当时情势及各方压力而不得已为之的。

首先，社会舆论压力使得政府不得不以容忍态度对待请愿运动。九一八事变之后，请战抗日一时成为全国民众的共同要求，特别是在政府诉诸国联的意图破灭后，包括国民党各地方党部、各军队在内的基层组织纷纷发出请战通电，要求抗战之声响彻云霄。作为全体民意的集中反映，请愿运动显然是出于爱国；截至12月初，蒋介石本人基本上也是持这一观点。鉴于请战抗日是社会舆论的一致论调及请愿运动前期未有激烈举动，因而国民政府的最高决策者蒋介石在事件前期一直主张以容忍、温和的处理方式。

其次，粤系政治势力的攻击、指责是蒋介石采取严厉态度的主要因素。九一八事变发生时，国民党内宁粤两派争斗仍在继续，国内舆论要求宁粤息争、一致对外的声浪甚为热烈。然而，宁粤两方利用事变打击对方的意愿似乎更为强烈。南京国民党中央及各地党部纷纷向粤方发出通电，试图以此事变所造成的舆论压力迫使粤方让步，但随之而来的请愿运动给了粤方指责宁方的话柄。12月5日，南京军警逮捕了部分北京大学学生，此事立刻遭到了上海粤方的攻击指责。党内反对派的施压无形中增加了南京方面及蒋介石本人处置事件的难度，同时，宁粤两方忙于内斗，也为请愿运动提供了大好发展时机。

再次，南京政府内部在事件处置上的意见不统一也是蒋介石不得不考

① 卞稚珊：《蒋介石弹压南下学生抗日爱国请愿团始末》，《文史精华》2002年第7期，第31页。

虑的因素。戴季陶、于右任、吴稚晖、蔡元培等"老辈诸公"为避免事态扩大，一直不主张严厉处置各地来京请愿学生。12月15日，北平示威团冲击外交部及中央党部，将蔡元培、陈铭枢二人打伤时，事态已十分严重。于右任恐事态扩大，坚持要将当日被捕学生释放，遭到中央党部及军警的强烈反对后，于甚至跪地相求。① 对于内部力量掣肘，蒋介石时常表露不满，斥之为"书生谋国""妇人之仁"。但是蒋既然已经下野，"此时维持秩序纯属为他人作嫁，故不出力反而顺乎元老派之意"。② 有此考虑，强制处置请愿学生的措施因而迟迟不能执行。

最后，不得不提到的是，蒋介石的个人情感应该也是其迟迟未做出强硬决策的重要原因。自9月28日蒋介石第一次接见请愿学生后，外地学生每次来京请愿，必以蒋亲自接见为目的。虽然这时的蒋介石一面要处理对日及对国联交涉，一面又要处置党内问题，筹划四全大会议程，但每有需要，他必亲力亲为，多次会见、训导各地来京请愿学生。数月时间，他共接见学生20余次，不可谓不耐心。蒋介石一向重视青年，认为"青年是国家的主人，是民族的生命，也是革命的后备。国家和民族，一切艰难巨大的责任，都付托在青年同志的双肩"。③ 对于青年运动的失控态势，蒋在气愤之余不免为之惋惜。11月30日，蒋介石在接见上海工人代表及北平中国大学学生后目送其离去时，感叹道："最可惜而最可痛者，乃一般知识幼稚，意志薄弱，而性情纯洁，血气热沸之青年学生。不使之安心求学，成为救国后备至实，而乃煽之以浮躁，诱之以忙从，旷废学课，虚掷光阴，荡轶法纪，断丧国本，其可痛惜，宁有逾于此者乎，故余每次必亲与接见，而致诲谕也。"从个人情感出发，蒋介石始终希望能通过自己不厌其烦地训话劝导来化解迅速升温的请愿运动。显然，蒋介石过高地估计了自己在青年学生中的影响力，也低估了青年学生实现请愿要求的坚定决心。

---

① 韩信夫、姜克夫主编《中华民国大事记》第3册，第289页。
② 陈廷湘：《政局动荡与学潮起落——九一八事变后学生运动的样态及成因》，《历史研究》2011年第1期，第83页。
③ 《青年的地位及其前途》（1929年7月9日），《先总统蒋公思想言论总集》第13卷，中国国民党中央委员会党史委员会编，1984，第232~233页。

三　蒋介石应对事件的得失

在整个请愿运动中，蒋介石始终处在左右为难的困境之中。首先，在事变发生十天后，蒋介石首开党政首脑接见请愿学生先例，这当然符合蒋本人事必亲为的行事风格，但由此却带来了一连串连锁反应。各地来京请愿学生几乎都以蒋介石亲自接见为目标，蒋疲于应付，效果却并不明显，请愿运动不断扩大、蔓延，蒋介石对运动的处理方式因此陷入困境。其次，面对情绪激动的请愿学生，蒋介石有时不得不做出保证，但这些承诺在事实上并无履行的可能。由于之前的承诺并未兑现，在11月27日的接见中，请愿学生已不再相信蒋介石的口头敷衍，转而要求其书面保证。显然，蒋介石屡次接见请愿学生，耐心训导，威信不仅未有提高反而下降，身为"党国"首脑的蒋介石在青年学生中陷入严重的信任危机。

杨天石先生认为，只要蒋介石"改对日妥协为对日抵抗，学生们的爱国热情就会转化为爱国的巨大力量，对政府的态度也会随之相应改变"[①]。但作为国民党及国民政府的最高决策者，蒋介石所面对的最大难题即对日本侵略蚕食是战是和的决策。9月30日和10月24日，国际联盟两次通过决议要求日本撤兵，日军在规定时间内不但未撤离反而且在东北展开更大规模攻势。这之后，学生请愿运动不断，社会舆论不断高涨，要求"立行抗战"的声浪如潮水般向政府涌来。抗战的压力同样来自国民党及国民政府内部，各地方政府、党部纷纷发出抗战电文，军队党部也向中央发出请战通电，对中央"不抵抗"政策的抗拒情绪在基层尤其明显。从蒋介石个人角度而言，强烈的民族主义情结和军人血性决定了蒋内心也有与日本一战的意愿。在日记中和私下里，蒋介石就多次表达了领兵北上抗日的愿望。可见最终蒋选择了其认为更为实际可行的应对途径，并多次借用各种场合力图向外界解释其制定对日政策的根本初衷。

12月8日，蒋介石在一次谈话中表达了对日主和的基本观点："战败则以全国殉余一人之历史，先和则以余一人之历史为全国而牺牲，余虽身败

---

① 杨天石：《九一八事变后的蒋介石——读蒋介石未刊日记》，《蒋介石与南京国民政府》，中国人民大学出版社，2007，第299页。

名裂，但后世自有功罪之定论，只要全国有希望，余亦自愿牺牲也。"① 在这里，蒋介石做了两方面假设，即如果对日宣战则必败无疑，全国民众饱受涂炭，但蒋的个人威望会上升，是为"以全国殉余一人之历史"。反之，对日和解会使自己背上骂名，但于国家有利，是为"以余一人之历史为全国而牺牲"。同样，蒋介石在一次接见各地请愿学生代表时说："关于抗战情事，假如本人要想全国国民拥护我，是最容易做到的。只要我对日宣战，全国国民一定是称赞我，把我抬得很高，但我为什么不这样去做，反给一般人疑我不抵抗呢？我是不怕死，我不能把国家的命脉断送，不能使民族的生存危殆。我现在要为国家前途打算，要为民族前途着想，不能为个人名誉而使中国灭亡。"② 1932 年 1 月 11 日，已经下野归乡的蒋介石在奉化武岭学校纪念周上再次强调："故忠于谋国者必就实际之力量，而谋适当之措置，不能效不负责任之辈，不审查实际之利害，逞为快意之谈，徒博一时之同情，而置国家于孤注一掷也。"③

　　蒋介石出于现实考虑未能做出对日一战的政策决定，其中所顾虑的最大现实问题即是中日双方的实力对比。此外，国内问题及党内矛盾也是掣肘蒋做出作战决策的重要因素。按照古屋奎二的说法："在外侮当前的此一时期，国内如果意见分裂，是难以突破国难的。蒋介石站在国家主席的立场，要是采纳学生们的希望，对日本宣战，并不是一件困难的事情。然而，却不能不审慎考虑到宣战的后果，因为在国内尚有汪兆铭等分裂派（广东政府）……情况存在，如果正面和日本开战，实在是愚蠢的决策。因此纵使被一部分激愤学生误指为'软弱外交'，备受责难，但一时必须极力忍耐的决心，则不曾为之动摇。"④ 蒋介石也在事后承认，对日政策并无良法："战则无可战条件，和亦国人所反对，如不战不和则国家与人民被害日重一

---

① 周美华编注《蒋中正总统档案·事略稿本》（12），第 447 页。
② 转引自李云汉《抗战前中国知识分子的救国运动（民国二十年至二十六年）》，中华文化复兴运动推行委员会编《中国近代现代史论集（第二十六编）·对日抗战》（上），台湾商务印书馆，1986，第 399 页。
③ 蒋中正：《东北问题与对日方针》（1 月 11 日），罗家伦主编《革命文献》第 35 辑，第 1291~1296 页。
④ 〔日〕产经新闻社撰，〔日〕古屋奎二主笔《蒋介石秘录》第三卷，第 157 页。

日。"① 由此可见蒋介石内外决策之困境。

九一八事变之后，甚或早在"济南惨案"之后，蒋介石就已经开始有与日本一战的思想及物质准备。在随后的几年中，国民政府通过金融改革、发展实业等一系列措施的实行，其整体实力得到明显提升，最终在全面抗战来临前做好了较为充分的物质及精神准备，为抗战爆发后的持续抵抗和最终胜利奠定坚实基础。从这一点看，与民众情绪的一时激动相比，作为党政首脑的蒋介石对事件的思考则更为理性，制定政策的出发点也更为实际，或许更加符合国家与民族的长远利益。

12月15日，蒋介石下野。17日，政府出动大批军警镇压请愿学生，打死打伤30余人，逮捕约百人。18日，京沪卫戍司令下令对各地来京学生进行强制遣返，似乎蒋介石的下野使得事态很快得到控制。究其原因，主要是由于这时国民党内宁粤合作已经完成，各派力量对任何威胁到政府权威、政局稳定事件的处置方针趋于一致，因此能采取严厉手段，一举解决困扰政府数月之久的学生请愿问题。由此可知，党内矛盾是南京政府处置事件的重要制约因素，也是请愿运动得以发展、扩大的重要原因之一。另外，蒋介石下野前后，正值请愿运动激烈之时，蒋虽主张严厉处置，但未有实际举措，实质在显示非他不能应付局面。在蒋下野两天之后，出动大批军警镇压、强制遣返学生的命令出自时任京沪卫戍司令的陈铭枢之手。陈虽较为亲蒋，但毕竟属粤派，蒋介石借粤派之手平息请愿运动而又置粤方以镇压学生的恶名之中，虽然这一结果可能不是蒋介石所精心设计的，但实际上却达到了一举两得的效果。

1932年1月18日，蒋介石在杭州对来邀其"莅京坐镇"的孙科表示："余不进京，则政府必贸然与日本绝交，决无通盘计划，妄逞一时血气，孤注一掷，国必亡灭。"② 可见与日不开战、不绝交是蒋亲定的对日政策，蒋介石更是这一政策的坚定执行者。通过主动下野，蒋介石以退为进，不仅促成了宁粤合作的最终实现，同时也在政治及舆论上赢得主动，从这一点看，蒋介石又是请愿运动中的获利者。

① 《蒋介石日记》，1932年2月11日，斯坦福大学胡佛研究院档案馆藏。
② 〔日〕产经新闻社撰，〔日〕古屋奎二主笔《蒋介石秘录》第三卷，第165～166页。

四 结语

总体而言，九一八事变之后的学生请愿运动在向政府表达意愿的同时也展现了青年学生作为一个特殊群体所拥有的巨大力量。虽然就整体来看学生请愿运动组织较为松散，未形成合力，其中的某些要求也未能实现，如要求政府立即抗战等，但是此次学生请愿运动的重要性并未因此而被抹杀。在舆论"一致对外"的压力之下，国民党内宁粤两派得以合作，政府被迫放弃设立"中立区"之议，这些都与请愿学生的不懈斗争有着密切的关系。

此外，事件对青年运动的自身发展亦产生了重大影响。请愿运动中，为便于统一组织，全国学生抗日救国联合会于 11 月初成立。该联合会虽未在请愿运动中成为领导机构，但对日后青年学生请愿运动的整体发展的影响却不容小觑。国民党"三全大"以后，青年活动在法理上被限制在"学校以内之自治生活"，全国学生抗日救国联合会的组成在实质上无疑打破了这种政策制约。1932 年"一·二八"事变后，学生运动的高潮渐渐平息，但各地青年仍凭借业已成立的组织开展活动，反日团体如雨后春笋般相继成立，"其系统类似三全大会前各地学生团体之组织"。国民党中央"以国难当前，学生暂在校外从事提高民族意识工作，其赤心图报，志实可嘉，故在法规上虽未明文承认其组织，在事实并未稍加制止"。[1] 各地学生抗日救国会等类似组织大量出现，超出了政府的控制范围。事后，国民党民众运动主管部门将按照规定程序组织的学生自治会划为"法定团体"，而将"在法规上虽未明文承认其组织"的各地学生抗日救国会等组织列为"事实团体"。[2]"事实团体"的数量庞大，国民党方面虽不承认其合法地位，但无力取消，从而形成"法定团体"与"事实团体"并存的局面，南京政府对青年学生运动再度陷于失控状态。

---

① 中央民众运动指导委员会编印《中国国民党最近指导全国民众运动工作概要》，1934 年 6 月 11 日，第 14 页。

② 中央民众运动指导委员会编印《中国国民党最近指导全国民众运动工作概要》，1934 年 6 月 11 日，第 39~40 页。

应对九一八事变后的请愿运动是蒋介石在特定历史条件下解决学生运动问题的首次尝试。在请愿运动发生后，蒋介石积极介入、高调处理，不厌其烦地亲自训导和劝慰对各地请愿学生。然而，请愿运动的发展与蒋介石的意愿背道而驰，这使蒋介石充分认识到学生运动的复杂性，不得不思考解决这一难题的更好办法。在之后的历次以学生为主导的运动中，蒋介石再没有借鉴这次请愿运动中的处理方式。他深知学生问题不可也不该以急功近利的方式迅速解决，在此问题上必须戒急用忍，采取缓进策略。蒋介石认为，解决学生问题必须从学生思想入手，而影响学生思想必须倚靠教育。因此，与九一八事变中高调介入不同，蒋介石在抗战爆发前的数年中，主要通过讲演谈话的方式潜移默化地对学生的思想施加影响，以达到"训育"学生的目的。

图书在版编目（CIP）数据

传承与创新：近代中国社会变迁研究论文集. 第一
辑／肖如平主编. -- 北京：社会科学文献出版社，
2018.8

ISBN 978-7-5201-3250-3

Ⅰ.①传… Ⅱ.①肖… Ⅲ.①社会变迁-中国-近代
-文集 Ⅳ.①K250.7-53

中国版本图书馆 CIP 数据核字（2018）第 179227 号

传承与创新：近代中国社会变迁研究论文集（第一辑）

主　　编／肖如平

出 版 人／谢寿光
项目统筹／吴　超
责任编辑／吴　超　孙美子

出　　版／社会科学文献出版社·人文分社（010）59367215
　　　　　 地址：北京市北三环中路甲 29 号院华龙大厦　邮编：100029
　　　　　 网址：www.ssap.com.cn
发　　行／市场营销中心（010）59367081　59367018
印　　装／三河市尚艺印装有限公司

规　　格／开　本：787mm×1092mm　1/16
　　　　　 印　张：31　字　数：490 千字
版　　次／2018 年 8 月第 1 版　2018 年 8 月第 1 次印刷
书　　号／ISBN 978-7-5201-3250-3
定　　价／198.00 元